新能源汽车系列精品教材

汽油发动机构造与检修

赵振宁　周　明　主　编
赵宏涛　佟丽珠　副主编
李春明　主　审

电子工业出版社
Publishing House of Electronics Industry
北京·BEIJING

内 容 简 介

本书基于新能源汽车环境下的四大系统而开发，内容全面、与时俱进。全书共分 16 章，主要内容包括汽油机简介、曲柄连杆机构、配气机构、润滑系统、冷却系统、汽油机燃烧理论、发动机系统传感器、燃油喷射系统、点火系统、怠速控制、节气门体控制系统、进气控制系统、排放控制系统、电控发动机的自诊断、大修发动机，最后一章提供了五种常见的汽车发动机电路图。

本教材由百慕大汽车（www.bmdcar.com）提供作者的全套讲解视频和后台资源。

本书可作为高等职业院校新能源汽车技术、汽车检测与维修和汽车电子技术等专业的教材，也可供从事相关工程开发和售后维修的技术人员参考使用。

未经许可，不得以任何方式复制或抄袭本书之部分或全部内容。
版权所有，侵权必究。

图书在版编目（CIP）数据

汽油发动机构造与检修 / 赵振宁，周明主编. —北京：电子工业出版社，2018.2
ISBN 978-7-121-33124-4

Ⅰ. ①汽⋯ Ⅱ. ①赵⋯ ②周⋯ Ⅲ. ①汽车—发动机—构造—高等职业教育—教材②汽车—发动机—维修—高等职业教育—教材 Ⅳ. ①U472.43

中国版本图书馆 CIP 数据核字（2017）第 293113 号

策划编辑：程超群
责任编辑：刘真平
印　　刷：北京虎彩文化传播有限公司
装　　订：北京虎彩文化传播有限公司
出版发行：电子工业出版社
　　　　　北京市海淀区万寿路 173 信箱　邮编　100036
开　　本：787×1 092　1/16　印张：21.25　字数：643.2 千字
版　　次：2018 年 2 月第 1 版
印　　次：2021 年 8 月第 3 次印刷
定　　价：49.00 元

凡所购买电子工业出版社图书有缺损问题，请向购买书店调换。若书店售缺，请与本社发行部联系，联系及邮购电话：(010) 88254888，88258888。

质量投诉请发邮件至 zlts@phei.com.cn，盗版侵权举报请发邮件至 dbqq@phei.com.cn。
本书咨询联系方式：(010) 88254577，ccq@phei.com.cn。

前　言

随着我国新能源汽车行业的快速发展，具有新能源汽车研发服务、生产制造和售后服务维修能力的高职高专人才越来越受到用人单位的重视。

为了使现代职业教育内容跟上汽车生产和售后服务的步伐，我们基于"新能源汽车"的发动机、底盘、电气和电力驱动四个系统开发了这套适应新形势要求的教材，共八本。另外，针对理论和实践进行任务驱动教学时需要任务驱动工单，本套教材针对四个系统开发了四本"任务驱动合集"供学生完成，这样既有利于学生巩固理论知识，也可以对实训项目进行有针对性的训练。

新能源汽车《汽油发动机构造与检修》吸收了新能源汽车奥拓和米勒两种不同循环发动机在机械结构上的区别，以及在控制上的区别。在具体讲解时注重传感器和执行器构成的反馈控制系统。新形成的系统包括电子节气门体控制系统和电控冷却系统。

本书内容共 16 章，包括汽油机简介（融入了发动机米勒循环）、曲柄连杆机构、配气机构、润滑系统、冷却系统、汽油机燃烧理论、发动机系统传感器、燃油喷射系统、点火系统、怠速控制、节气门体控制系统（融入三种不同动力机械的直接转矩控制）、进气控制系统、排放控制系统、电控发动机的自诊断、大修发动机，以及配套本书用的电路图。

本书主要由长春汽车工业高等专科学校教师赵振宁组织编写，其中长春汽车工业高等专科学校赵宏涛和佟丽珠老师编写了第 1 章和第 2 章，云南机电职业技术学院周明老师编写了第 3 章和第 4 章，其余章节均由赵振宁编写。全书由长春汽车工业高等专科学校校长李春明教授主审，在此表示衷心感谢。

本书可作为高等职业院校汽车检测与维修、新能源汽车、汽车制造与装配等所有汽车类专业的教材，也可供从事本专业工作的工程开发和售后维修技术人员参考使用。

本书提供部分解读视频，请在无线网络环境下扫描二维码观看。

8 本教材配有部分微课，用书教师加 QQ 群 763791638 可向百慕大汽车技术视频网（www.bmdcar.com）申请一个免费的账号。全书作者视频讲解、高清 PPT、动画、图片资源、车型技术解析、实训操作等资源需要商业提供。

未经作者同意，严禁复制和摘抄本套教材的任何内容。

编　者

目 录

第1章 汽油机简介 ... 001
1.1 汽油发动机部件名称 ... 001
1.2 动力机械种类 ... 007
1.3 发动机基本构造 ... 012
1.3.1 机构和系统 ... 012
1.3.2 发动机分类 ... 015

第2章 曲柄连杆机构 ... 018
2.1 曲柄连杆机构基础知识 ... 018
2.2 曲柄连杆机构的结构认知 ... 019
2.2.1 机体组 ... 019
2.2.2 活塞连杆组 ... 025
2.2.3 曲轴飞轮组 ... 031
2.3 零部件检修 ... 036

第3章 配气机构 ... 040
3.1 配气机构基础知识 ... 040
3.1.1 充气效率 ... 040
3.1.2 配气相位 ... 041
3.2 配气机构的作用和组成 ... 042
3.2.1 配气机构的作用 ... 042
3.2.2 配气机构的形式 ... 043
3.2.3 气门组元件 ... 043
3.2.4 气门积炭故障 ... 047
3.2.5 气门传动组 ... 049

第4章 润滑系统 ... 052
4.1 润滑系统简介 ... 052
4.2 选择和更换机油 ... 055
4.3 零件结构与检修 ... 056

第5章 冷却系统 060

- 5.1 冷却系统简介 060
- 5.2 主要部件 064
- 5.3 保养与维修 068
- 5.4 冷却液 072
- 5.5 电控冷却系统（拓展） 075

第6章 汽油机燃烧理论 083

- 6.1 汽油的使用性能 083
- 6.2 正常燃烧条件 086
  - 6.2.1 正常燃烧对空燃比的要求 086
  - 6.2.2 汽油发动机正常燃烧对点火正时和能量的要求 092
- 6.3 汽油机排放基本理论 095

第7章 发动机系统传感器 100

- 7.1 传感器的性能要求 100
- 7.2 空气流量计 102
- 7.3 进气歧管压力传感器 105
- 7.4 发动机温度类传感器 110
- 7.5 爆震控制 112
- 7.6 怠速转矩控制 118
- 7.7 催化转化器 121
- 7.8 窄带型氧传感器 123
- 7.9 空燃比反馈控制 127
- 7.10 宽带型氧传感器 130
- 7.11 氧传感器故障诊断 131

第8章 燃油喷射系统 134

- 8.1 汽油喷射系统简介 134
- 8.2 燃油喷射方式 137
- 8.3 燃油泵 141
- 8.4 喷油器 145
- 8.5 供油系统的其他元件 148
- 8.6 喷油量控制 151
- 8.7 喷油器波形分析 154
- 8.8 典型燃油压力故障 156
- 8.9 缸内直喷技术 160
  - 8.9.1 缸内直喷简介 160
  - 8.9.2 直喷稀燃发动机理论 161

8.9.3　大众直喷发动机 164

第9章　点火系统 168
9.1　传统点火系统 168
9.2　点火控制 172
9.3　尼桑点火系统 174
9.4　丰田点火系统 176
9.5　大众点火系统 177
9.6　汽缸不做功判断 182
9.7　分电器点火系统故障诊断 184
9.8　点火能量不足 186

第10章　怠速控制 188
10.1　怠速控制概述 188
10.2　怠速控制类型 190
10.3　旋转滑阀式怠速控制机构 192
10.4　步进电动机式怠速控制机构 194
10.5　电子节气门式怠速控制机构 197
10.6　基本设定和自适应 199
10.7　故障诊断与排除 201

第11章　节气门体控制系统 205
11.1　加速踏板位置传感器 205
11.2　节气门位置传感器 207
11.3　全电子节气门体控制系统 210
11.4　节气门体故障 212

第12章　进气控制系统 215
12.1　可变配气相位技术 215
12.2　可变进气管长度技术 223
12.3　发动机谐振增压 227
12.4　大众涡轮增压系统控制 228

第13章　排放控制系统 236
13.1　排放控制技术 236
13.2　二次空气喷射控制 238
13.3　油箱蒸发物控制 240
13.4　废气再循环控制 243
13.5　曲轴箱强行通风系统（PCV） 246

第 14 章　电控发动机的自诊断 ... 248
14.1　车间技术 ... 248
14.2　汽车 OBD Ⅱ ... 251
14.3　数据分析 ... 253
14.4　电控发动机诊断技巧 ... 256
14.5　数据流分析 ... 258

第 15 章　大修发动机 ... 261
15.1　发动机大修基础 ... 261
15.2　部分发动机总成 ... 264
15.3　汽缸体总成大修 ... 289

第 16 章　汽车发动机电路图 ... 304
16.1　捷达五阀发动机 ... 305
16.2　捷达两阀发动机 ... 310
16.3　2005 年捷达发动机 ... 312
16.4　迈腾 1.8L 发动机 ... 315
16.5　尼桑阳光发动机 ... 331

第1章 汽油机简介

【本章知识目标】
- 能对照图写出发动机部件的名称；
- 能说出汽车动力机械有哪些；
- 能说出发动机基本术语；
- 能说出发动机的分类方式和类型。

【本章技能目标】
- 能用不同分类方式判别车间几款发动机的类型。

1.1 汽油发动机部件名称

发动机由配气机构和曲柄连杆机构这两大机构，以及润滑系统、冷却系统、燃料供给系统、点火系统、启动系统这五大系统组成，通常称为两大机构五大系统。

在老师的指导下，通过图1-1～图1-5说出这些部件属于哪个机构或系统。

注：柴油燃料供给系统在《柴油/天然气发动机构造与检修》一书中讲解，启动系统在《汽车基本电气构造与检修》一书中讲解。

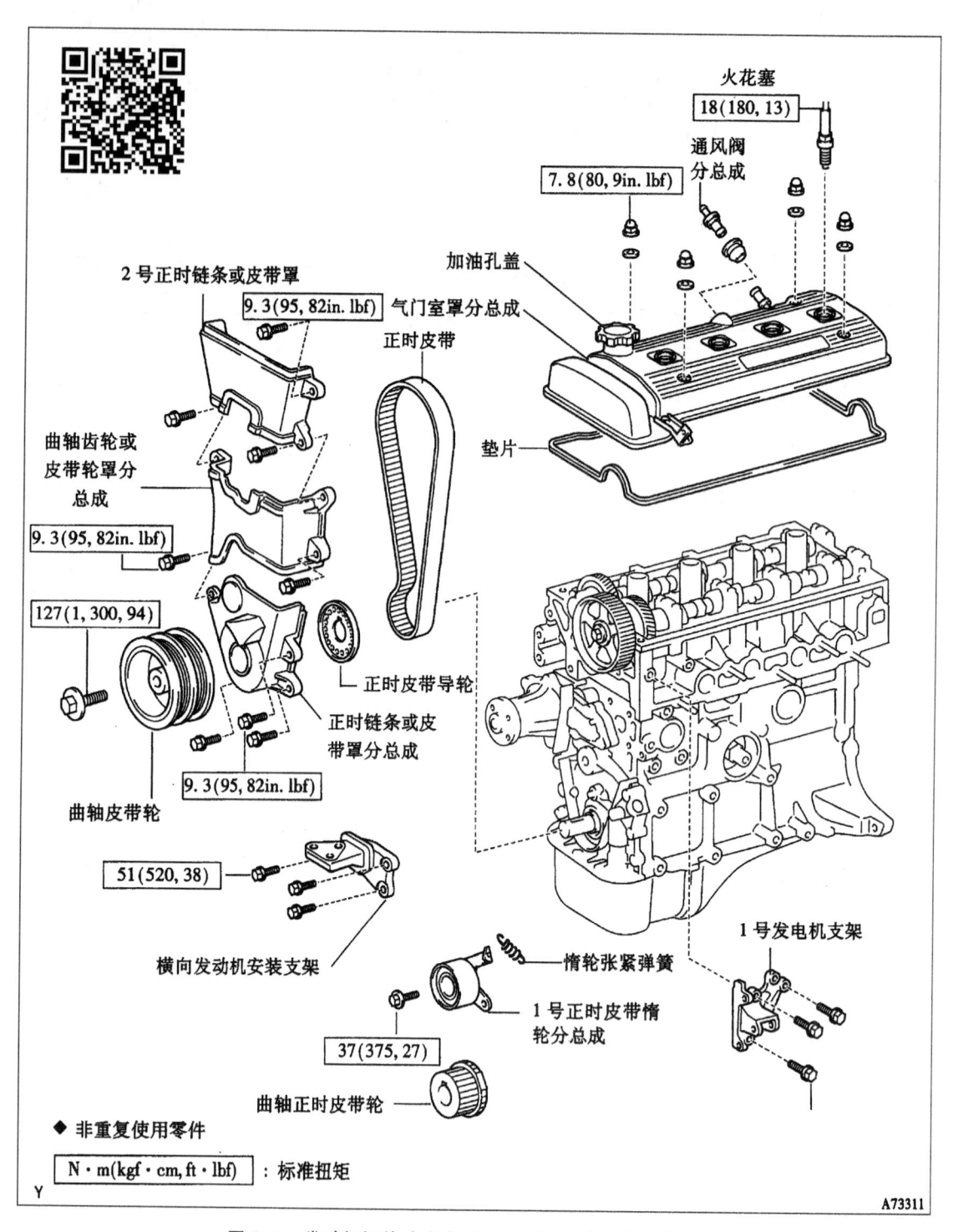

图 1-1　发动机缸体总成（5A-FE/8A-FE）外部组件之一

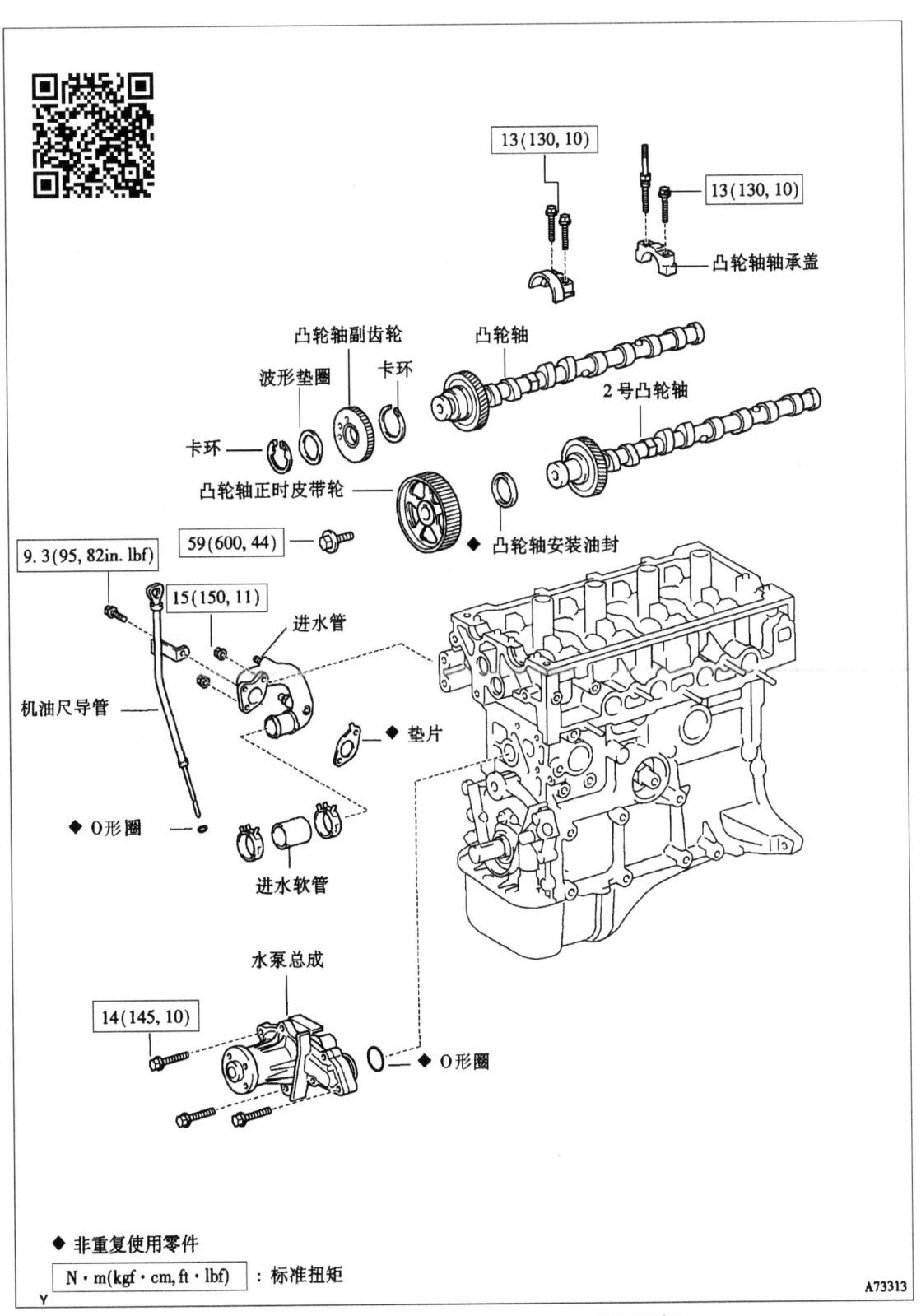

图 1-2 发动机缸体总成（5A-FE/8A-FE）外部组件之二

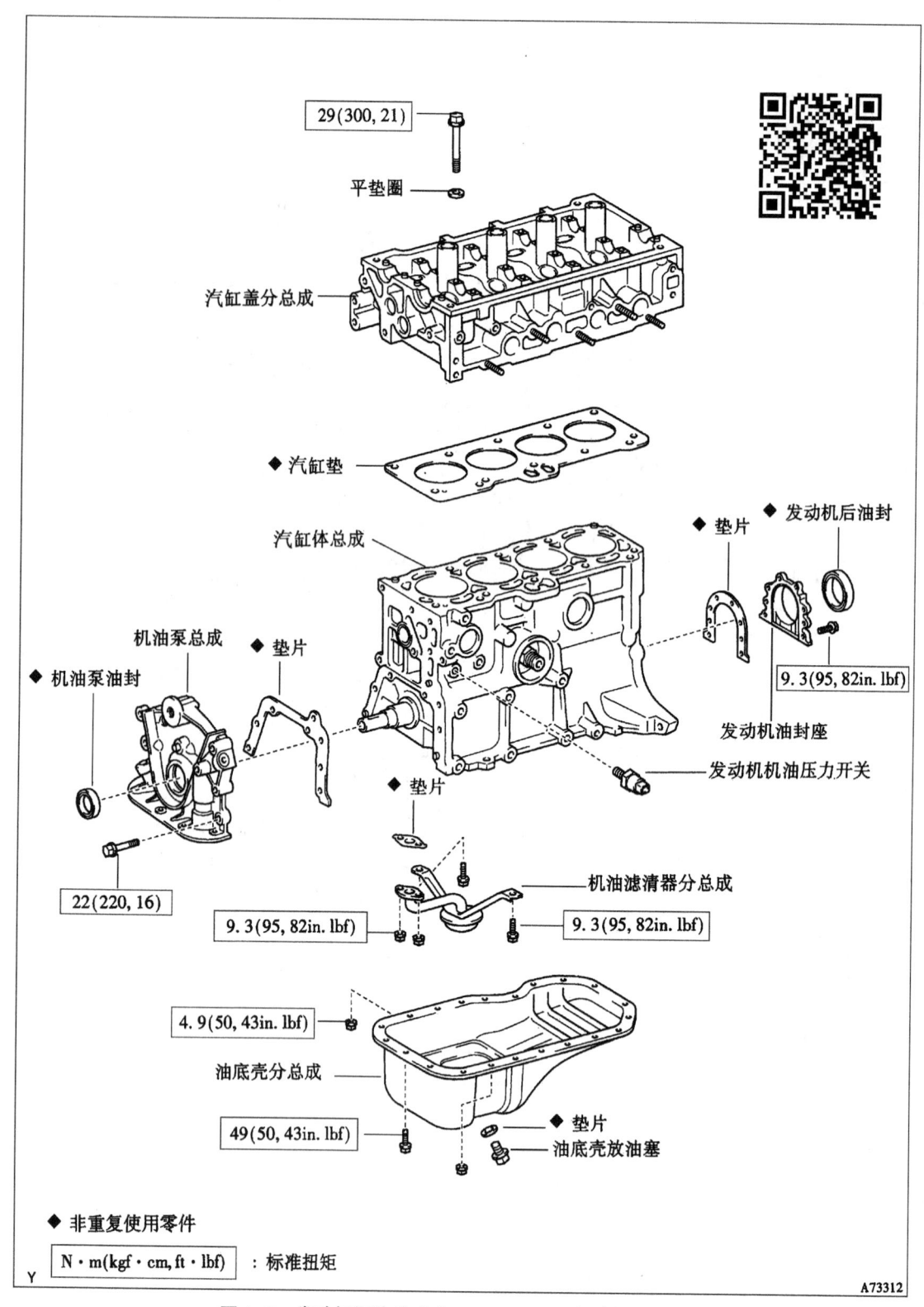

图 1-3　发动机缸体总成（5A-FE/8A-FE）外部组件之三

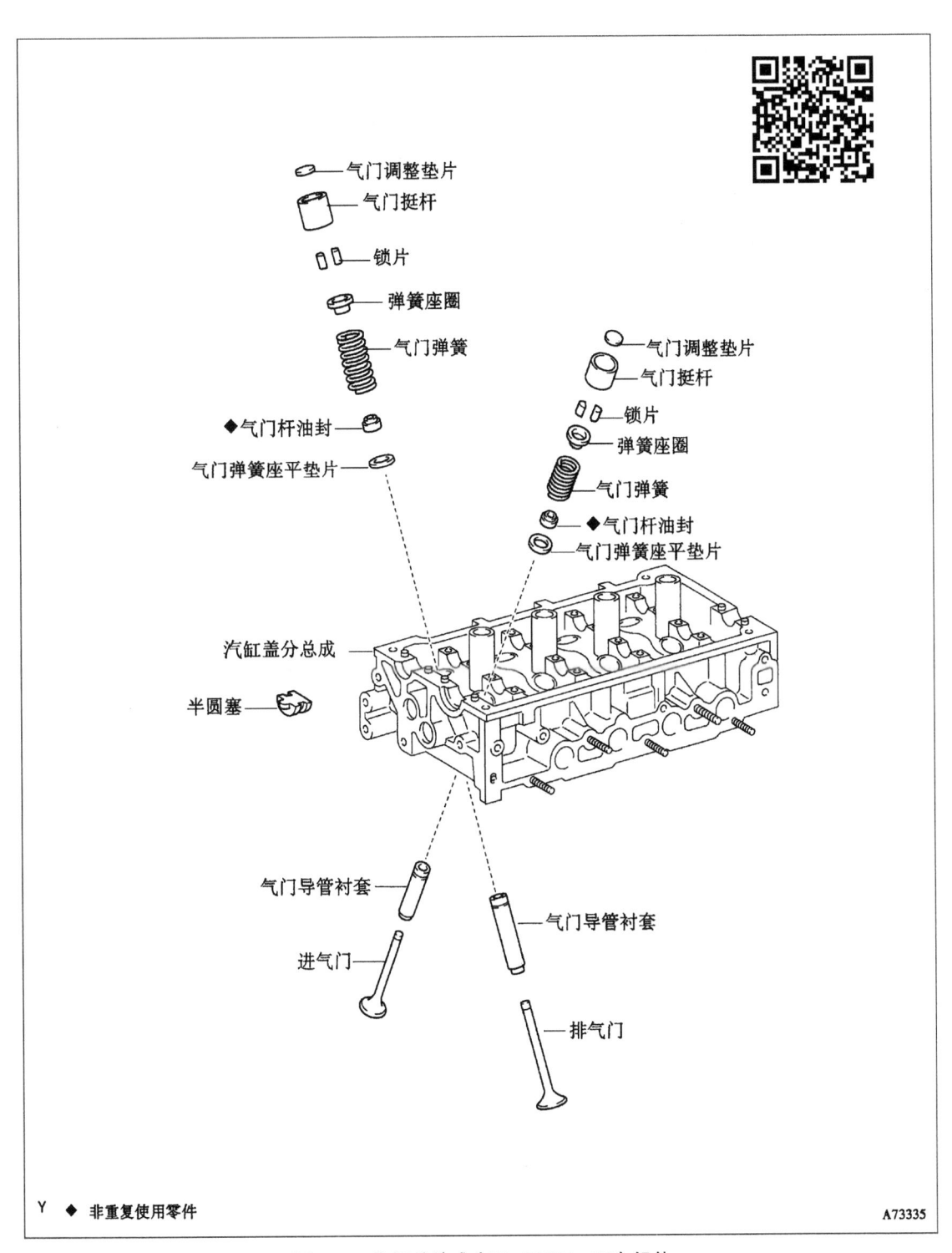

图 1-4 汽缸盖总成（5A-FE/8A-FE）组件

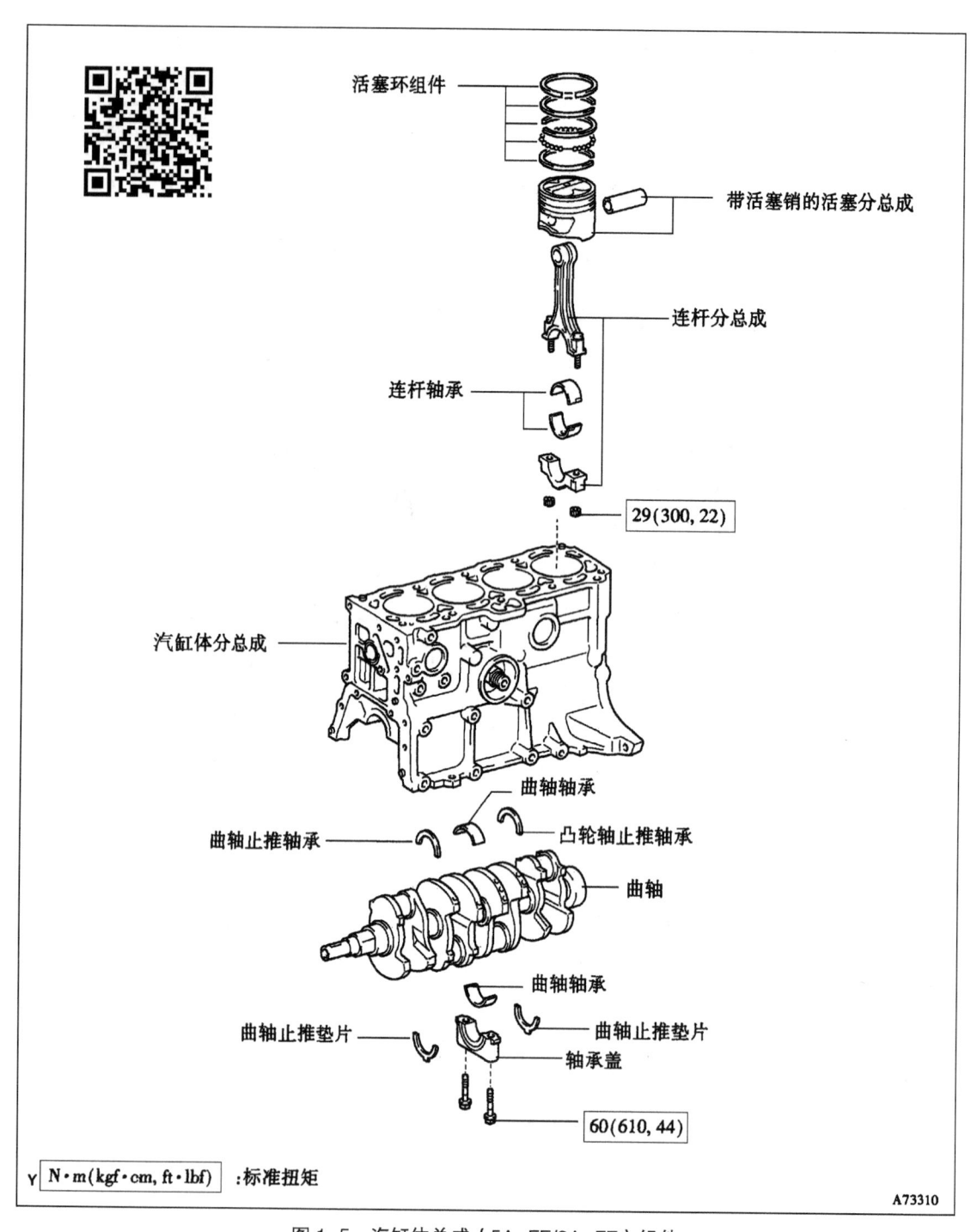

图 1-5　汽缸体总成（5A-FE/8A-FE）组件

1.2 动力机械种类

1. 什么是动力机械

动力机械是将某一种形式的能量转换为旋转机械能的装置,汽车动力机械目前有内燃机和电动机两种。汽车动力机械根据内燃机和电动机单独或组合使用形成以下三种动力机械:

(1)第一种单独采用内燃机结构,具体结构形式有传统的汽油、柴油和天然气发动机。

(2)第二种单独采用电动机驱动的"电动车",不严格要求时,书面语也可称为"电动汽车"。

(3)第三种是内燃机和电动机组合形成的混合动力机械,使用混合动力机械的汽车也称为"油电混合动力汽车"。第二种和第三种动力机械形式是所谓的"新能源汽车"。

内燃机是将液体燃料(或气体燃料)和空气在混合后直接输入机器内部燃烧产生热能,热能再转变为机械能的装置。内燃机主要有往复活塞式发动机、旋转活塞式发动机和燃气轮机等。往复活塞式发动机已有一百多年的历史,现在已发展到相当完善的程度,目前在汽车上的应用占有优势地位,其中主要是汽油机和柴油机。

外燃机是指燃料在机器外部的锅炉内燃烧,加热锅炉的水,使之变为高温、高压的水蒸气,再送往机器内部,将其热能转变为机械能的装置,其结构在现代汽车中并不存在,本书也不予讨论。

内燃机与外燃机相比,具有热效率高、体积小、启动性能好、便于移动和维修方便等优点,因而广泛应用于现代汽车及其他交通工具中。

2. 单缸基本构造

如图1-6所示为发动机基本结构和常用术语示意图。发动机的工作腔称作汽缸,汽缸内表面为圆柱形。在汽缸内做往复运动的活塞通过活塞销与连杆的上端铰接,连杆的下端则与曲轴相连,构成曲柄连杆机构。因此,当活塞在汽缸内做往复运动时,连杆便推动曲轴旋转。反之,曲轴旋转时,也可使活塞在汽缸中做往复直线运动。同时,工作腔的容积也在不断地由最小变到最大,再由最大变到最小,如此循环不已。

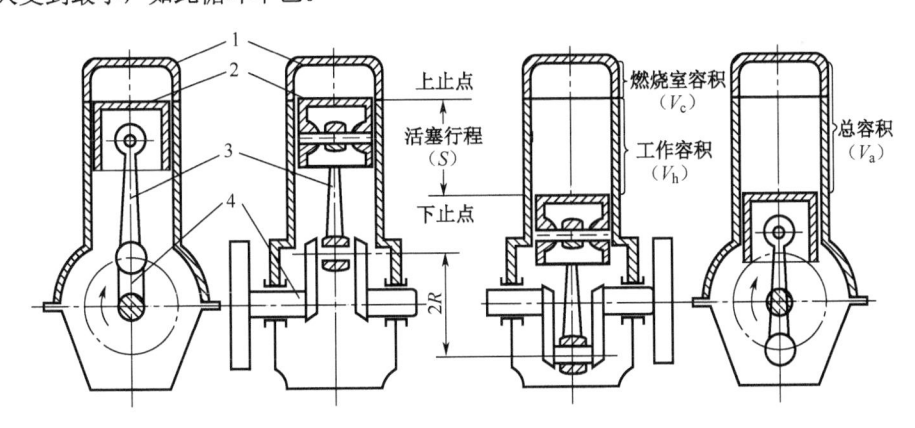

1—汽缸;2—活塞;3—连杆;4—曲轴

图1-6 发动机基本结构和常用术语示意图

3. 发动机基本术语

在描述发动机的构造和工作原理时,经常要用到以下一些专用术语。

(1)上止点:活塞在发动机缸体内上行所能达到的最高位置。

(2)下止点:活塞在发动机缸体内下行所能达到的最低位置。

(3) 活塞冲程（S）：从上止点到下止点间的距离。

(4) 曲轴半径（R）：曲轴主轴承中心线与连杆大头中心线的距离。

(5) 汽缸工作容积（V_h）：活塞从上止点运行到下止点所扫过的容积称为汽缸工作容积或单汽缸排量，用符号 V_h 表示。

(6) 发动机排量：发动机各汽缸工作容积的总和，称为发动机工作容积或发动机排量，用符号 V_L（单位为L）表示。

(7) 燃烧室容积（V_c）：活塞在上止点时，活塞顶上面的空间为燃烧室，它的容积称为燃烧室容积（单位为L）。

(8) 汽缸总容积（V_a）：活塞在下止点时，活塞顶上面整个空间的容积称为汽缸总容积（单位为L）。它等于汽缸工作容积与燃烧室容积之和，即

$$V_a = V_h + V_c$$

(9) 压缩比（ε）：汽缸总容积与燃烧室容积的比值，即

$$\varepsilon = V_a/V_c = 1 + V_h/V_c$$

它表示活塞由下止点移动到上止点时，汽缸内气体被压缩的程度。压缩比越大，则压缩终了时汽缸内的压力和温度就越高。

目前，一般车用汽油机的压缩比为 6～10，也有高达 10 以上的，如一汽奥迪 A6 轿车的六缸 2.4L 发动机压缩比为 10.5。柴油机的压缩比为 15～22。

(10) 工作循环：发动机工作时，各汽缸内每进行一次能量转换，均要经过进气、压缩、做功和排气四个过程，称为发动机的一个工作循环。发动机之所以能连续运转，就是因为各汽缸内不断进行着这种周而复始的工作循环。凡是活塞往复四个冲程完成一个工作循环的发动机，称为四冲程发动机；活塞往复两个冲程完成一个工作循环的发动机，称为二冲程发动机（如图 1-7 所示）。

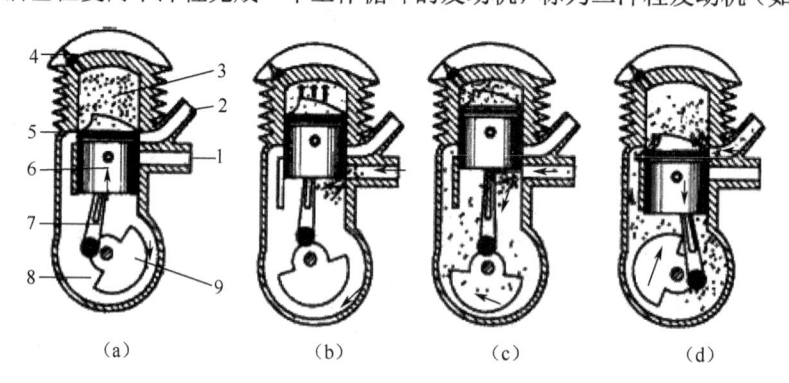

1—进气口；2—排气口；3—混合燃料；4—火花塞；5—内进气口；6—活塞；7—连杆；8—曲轴箱；9—曲柄

图 1-7　二冲程发动机工作循环

4．二冲程发动机

1）结构

如图 1-7 所示，发动机汽缸体上有三个通道，即混合气进气通道、排气通道和换气通道，这三个通道分别在一定时刻由活塞关闭。

2）原理

其工作循环包含两个冲程。第一冲程：活塞自下止点向上移动，三个通道同时被关闭后，进入汽缸的混合气被压缩；在进气孔露出时，可燃混合气流入曲轴箱。第二冲程：活塞压缩到上止点附近时，火花塞点燃可燃混合气，燃气膨胀推动活塞下移做功，这时进气通道关闭，密闭在曲轴箱内的可燃混合气被压缩；当活塞接近下止点时排气通道开启，废气冲出；随后换气通道开启，受预压的可燃混合气冲入汽缸，驱除废气，进行换气过程。

3）系统优点

二冲程发动机没有进、排气阀，这就大大简化了它们的结构，减轻了自身的重量。二冲程发动机每转一周点火一次，而四冲程发动机每转两周点火一次，所以二冲程发动机输出功率更高。二冲程发动机还可在任何方位上运转，这在某些设备如链锯上很重要，因为若是四冲程发动机的话，可能在油底润滑油晃动的时候发生故障，这大大增加了灵活性。二冲程发动机更加轻便、简易，制造成本低廉。

4）主要缺点

二冲程发动机无法像四冲程发动机那样可持续使用那么长时间。精密润滑系统的不足意味着二冲程发动机的零部件耗损得更快。二冲程发动机润滑油较贵，每使用 30 份体积的汽油，就需要 1 份体积的润滑油。如果在轿车上使用二冲程发动机，那么每 1600km 就要烧掉 3.8L 的润滑油。二冲程发动机的燃料消耗高，污染大。污染来自于燃烧润滑油造成的烟雾弥漫，同时当往燃烧室注入大量新空气/燃料时，其中的一些便从排气通道泄漏了，释出的碳氢化合物对环境造成了污染，这就是二冲程摩托艇周围能看到泛着光泽的润滑油的原因。这些不足意味着二冲程发动机只能应用于那发动机不常使用和"推重比"很重要的场合。目前二冲程发动机多应用于航空模型，以及竞赛越野摩托上。

5．四冲程汽油机

活塞在上、下止点间扫过一次称为一个冲程或行程，四冲程汽油发动机每完成一个工作循环需要经过进气、压缩、膨胀（做功）和排气四个过程，如图 1-8 所示。对应活塞上下四个冲程，相应曲轴旋转 720°（两周）。

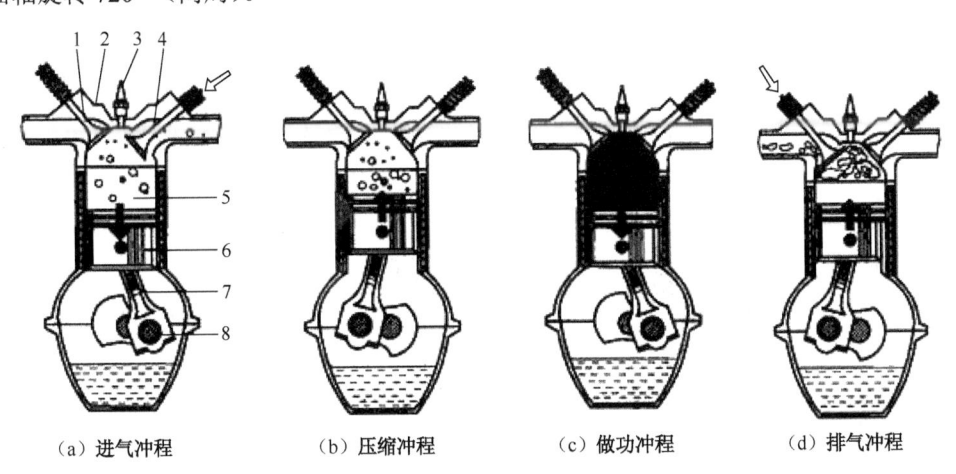

（a）进气冲程　　（b）压缩冲程　　（c）做功冲程　　（d）排气冲程

1—排气门；2—汽缸盖；3—火花塞；4—进气门；5—缸内气体；6—活塞；7—连杆；8—曲柄轴

图 1-8　四冲程汽油机工作原理示意图

1）进气冲程

如图 1-8（a）所示，进气冲程开始时，排气门关闭，进气门开启，活塞被曲轴带动从上止点向下止点移动一个冲程；曲轴由 0°沿顺时针方向转到 180°。

当活塞从上止点向下止点移动时，汽缸内活塞上方的容积增大，压力降低到小于大气压力，产生了真空度。这时，可燃混合气经进气歧管、进气门吸入汽缸。由于进气系统有阻力，且进气时间很短，故进气终了时汽缸内的气体压力略低于大气压力，为 75~90kPa。

流进汽缸内的可燃混合气因与汽缸壁、活塞顶等高温机件接触，并与前一冲程（排气冲程）留下的高温残余废气混合，所以它的温度上升到 80~130℃。

2）压缩冲程

如图 1-8（b）所示，为了使可燃混合气能迅速、完全、集中地燃烧，使发动机能发出更大的功率，燃烧前必须将可燃混合气压缩。在进气冲程终了时，活塞自下止点向上止点移动，曲轴由180°转到360°，此时进、排气门均关闭。随着汽缸的容积不断缩小，可燃混合气受到压缩，其温度和压力不断升高。压缩冲程一直持续到活塞到达上止点时为止，此时，可燃混合气被压缩到活塞上方的很小空间，即燃烧室中。压缩终了时，可燃混合气的温度为327～427℃，可燃混合气压力为600～1500kPa。

压缩终了时可燃混合气的压力和温度取决于压缩比，压缩比越大，燃烧速度越快，因而发动机发出的功率便越大，经济性越好。但压缩比过大时，不仅不能进一步改善燃烧，反而会出现爆燃和表面点火等不正常燃烧现象。

3）做功冲程

如图1-8（c）所示，在这个冲程中，进、排气门仍关闭。当活塞接近上止点时，装在汽缸盖上的火花塞在高压电作用下产生电火花，点燃被压缩的可燃混合气。可燃混合气燃烧后，放出大量的热能，使燃气的压力和温度急剧升高。瞬时压力可达3～5MPa，瞬时温度可达1927～2527℃。由于燃气体积迅速膨胀，从而活塞被高压气体推动从上止点下行，带动曲轴从360°旋转到540°，并输出机械能，能量除了维持发动机本身继续运转消耗一部分外，其余部分都用于对外做功，所以该冲程称为做功冲程。

在做功冲程终了时，压力降到0.3～0.5MPa，温度则降为1027～1327℃。

4）排气冲程

如图1-8（d）所示，当膨胀冲程接近终了时，进气门关闭排气门开启，曲轴通过连杆推动活塞从下止点向上止点运动，曲轴由540°旋转到720°。废气在自身残余压力和活塞的推力作用下从汽缸中排出，进入大气之中。活塞到上止点附近时，排气冲程结束。由于排气系统存在排气阻力，所以在排气终了时，汽缸内压力稍高于大气压力，相对压力为105～125kPa，废气温度为627～927℃。

因燃烧室占有一定容积，故排气终了时，不可能将废气排尽，留下的这一部分废气称为残余废气。

6．米勒循环

四阶段代替四冲程：一个冲程曲轴转角是180°，四冲程是从从先入为主的冲程定义衍生出来的，实际上四冲程发动机中的吸气、压缩、做功和排气冲程的曲轴转角不是180°。而所谓的四冲程发动机只是四阶段发动机，即吸气、压缩、做功和排气四个阶段。这在配气机构讲解中会详细加以说明，也就是说，利用冲程实现四个阶段的学习只是为了快速理解。根据缸内气体状态经历的曲轴转角定义成四个阶段更符合实际的工况，但初学者不太好理解。比如下面要讲解的米勒循环，曲轴转两周，缸内的状态分为五个阶段，也称为五阶段发动机。

1947年美国工程师拉尔夫·米勒在简单的奥托循环发动机的基础上实现了高燃油效率的米勒循环。在常规奥托循环发动机的做功冲程完成后，活塞到下止点，封闭在汽缸内的气体压力仍有3～5个大气压，这部分气体的压力并未做功，在排气冲程中，这部分气体的热量白白地排放到大气中。

米勒循环（见图1-9）采用高压缩比发动机，但进气门在压缩行程中将吸入汽缸的油气混合物在活塞压缩开始时又部分地推出汽缸，实际吸入的混合气量相对较少，在压缩终了点燃做功时混合气有足够的膨胀空间，活塞到下止点封闭在汽缸内的气体压力接近1个大气压，相对压力接近0，气体做功充分。

米勒循环汽缸内剩余压力变得较小，充分利用了膨胀做功，几乎没有压力浪费，因此提高了燃油效率，但也有以下缺点：

（1）由于压缩比过高，部分负荷时不能使充气效率过高，所以应避免使用小负荷，或取消小负荷。

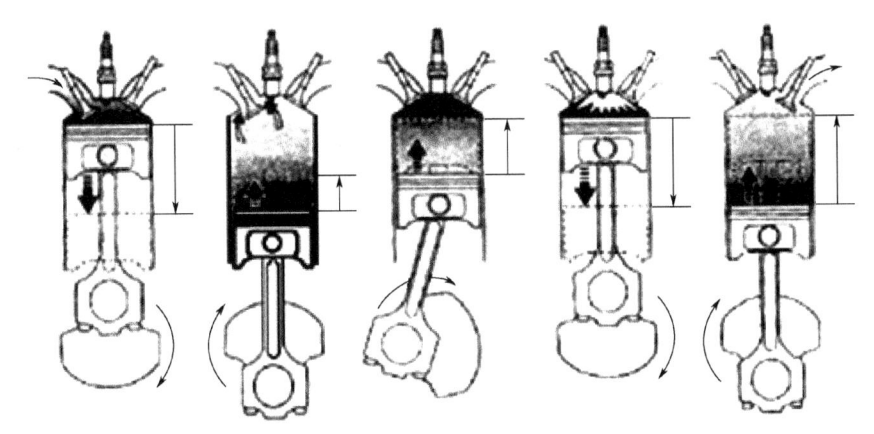

图 1-9 米勒循环

（2）大负荷时米勒循环发动机燃油效率较低，所以应避免使用大负荷，或取消大负荷。

由于米勒循环在部分负荷时具有较高的热效率，燃油经济性高，所以它正被越来越多地应用于混合动力车上，通过电动机的辅助使发动机工作在部分负荷状态，提高系统效率。

目前米勒循环发动机是在原有动力平台上开发的，因此开发周期短，更具有成本低的优势。通过优化混合动力的控制策略，混合动力汽车可在不提升任何制造成本的基础上，降低8%左右的油耗。

丰田早在普锐斯第二代车型（2003年）上就使用了米勒循环，发动机几何压缩比为13:1，实际压缩比为9:1。它采用的米勒循环没有了复杂的连杆机构，且没有在普通发动机上做太大修改，只是改变气门开闭的时刻来实现米勒循环。未来发动机将大量采用米勒循环代替奥拓循环，达到以牺牲充气效率来提高发动机效率的目的。

下面介绍一下米勒循环的五个阶段。

1）进气阶段

如图 1-9（a）所示，进气冲程开始时，排气门关闭，进气门开启，活塞被曲轴带动从上止点向下止点移动一个冲程；曲轴由 0°沿顺时针方向转到 180°吸入 13 份气体，这 13 份气体由燃烧室 1 份和缸内圆柱气体 12 份组成。

2）吐气阶段

如图 1-9（b）所示，在吐气阶段，活塞自下止点向上止点移动，此时进气门仍开启，这时会吐出 4 份气体（即缸内圆柱气体 4 份），降低充气的效率。

3）压缩阶段

如图 1-9（c）所示，在吐完 4 份气体后（缸内剩余 9 份气体），进气门才关闭。此时进、排气门均关闭，压缩阶段才真正开始。随着汽缸的容积不断缩小，可燃混合气受到压缩，其温度和压力不断升高。压缩冲程一直持续到活塞到达上止点时为止，此时，可燃混合气被压缩到活塞上方的很小空间，即燃烧室中，即实际压缩比为 9。

4）做功阶段

如图 1-9（d）所示，在这个阶段中，进、排气门仍关闭。当活塞接近上止点时，装在汽缸盖上的火花塞在高压电作用下产生电火花，点燃被压缩的可燃混合气。由于燃气体积迅速膨胀，从而活塞被高压气体推动从上止点下行，燃烧室 1 份气体膨胀为 13 份气体，也就是膨胀率比 13。在做功冲程终了时，压力降到接近一个大气压。

5）排气阶段

如图 1-9（e）所示，当膨胀冲程接近终了时，进气门关闭，排气门开启，曲轴通过连杆推动活塞从下止点向上止点运动。废气在自身残余压力和活塞的推力作用下从汽缸中排出，进入大气之中。活塞到上止点附近时，排气冲程结束。

7．四冲程柴油机

四冲程柴油机（压燃式发动机）和四冲程汽油机一样，每个工作循环也经历进气、压缩、做功、排气四个冲程。由于柴油机用的柴油黏度比汽油大，不易蒸发，且自燃温度又较汽油低，因此可燃混合气的形成及着火方式便不同于汽油机。

如图1-10所示为四冲程柴油机的工作原理示意图。柴油机在进气冲程吸入的是纯空气。在压缩冲程接近终了时，柴油经喷油泵将油压提高到10MPa以上，通过喷油器的高压喷射，将柴油分散成数以百万计的细小油雾喷入汽缸，在很短时间内与压缩后的高温空气混合，形成可燃混合气。因此，柴油机混合气的形成不同于汽油机，它是在汽缸内形成可燃混合气的。

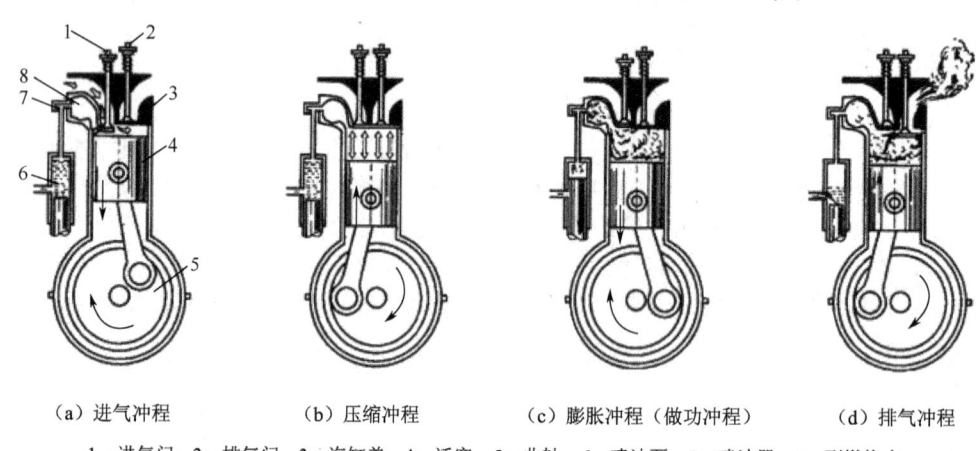

（a）进气冲程　　（b）压缩冲程　　（c）膨胀冲程（做功冲程）　　（d）排气冲程

1—进气门；2—排气门；3—汽缸盖；4—活塞；5—曲轴；6—喷油泵；7—喷油器；8—副燃烧室

图1-10　四冲程柴油机的工作原理示意图

由于柴油机压缩终了时汽缸内空气压力可达3.5～4.5MPa，同时温度高达477～727℃，大大超过柴油的自燃温度，故柴油喷入汽缸后，在很短时间内与高温高压空气混合后便立即自行发火燃烧。汽缸内气压急剧上升到6～9MPa，温度也升到1727～2227℃。在高压气体推动下，活塞向下运动并带动曲轴旋转而做功，废气同样经排气管排入大气中。

8．汽油机与柴油机的比较

柴油机与汽油机各有特点。柴油机因压缩比高，燃油消耗率平均比汽油机低30%左右，故燃油经济性较好，且柴油机没有电气和点火系统的故障。一般载质量在7t以上的载货汽车多用柴油机。但柴油机转速较汽油机低（一般最高转速在2500～3000r/min左右）、质量大、制造和维修费用高（因为喷油泵和喷油器加工精度要求较高）。柴油机的这些弱点逐渐得到克服，它的应用范围普及到中、轻型载货汽车。目前轿车也部分采用柴油机，其最高转速可达5000r/min以上。

汽油机具有转速高（目前轿车用汽油机最高转速达5000～6000r/min左右）、质量小、工作噪声小、启动容易、工作稳定、操作省力、适应性好、制造和维修费用低等特点，故在轿车和中、小型载货汽车及军用越野车上得到广泛的应用。但汽油机燃油消耗率较高，因而其燃料经济性差。

1.3　发动机基本构造

1.3.1　机构和系统

汽油机由两大机构及五大系统（如图1-11所示）组成，即机体与曲柄连杆机构、配气机构、润滑系统、冷却系统、燃油系统、点火系统、启动系统;柴油机也由相同的两大机构和去除点火系统后的四大系统组成。

1. 机体与曲柄连杆机构

机体是发动机安装各零部件的基础。曲柄连杆机构是往复活塞式发动机将热能转换为机械能的主要机构,其功用是将燃气作用在活塞顶上的压力转变为曲轴旋转运动而对外输出动力。

机体与曲柄连杆机构由机体组、活塞连杆和曲轴飞轮组三部分组成(见图1-12)。机体组包括汽缸盖、汽缸垫、汽缸体、油底壳等零部件。活塞连杆组包括活塞、活塞环、活塞销、连杆等零部件。曲轴飞轮组包括曲轴、飞轮、带轮、正时齿轮等零部件。

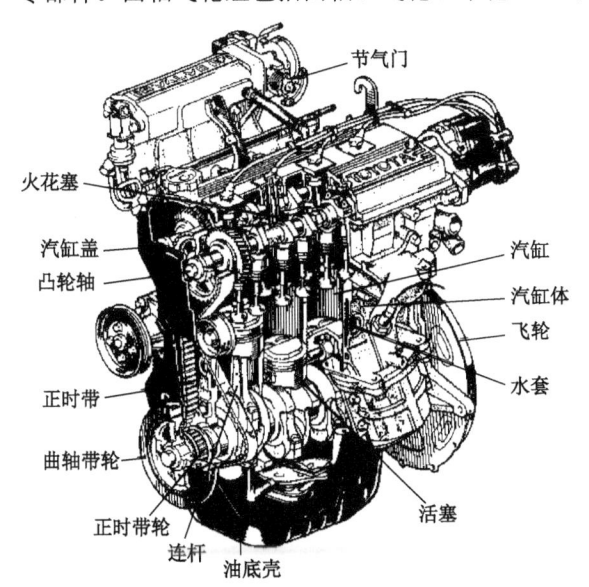

图1-11 发动机基本结构

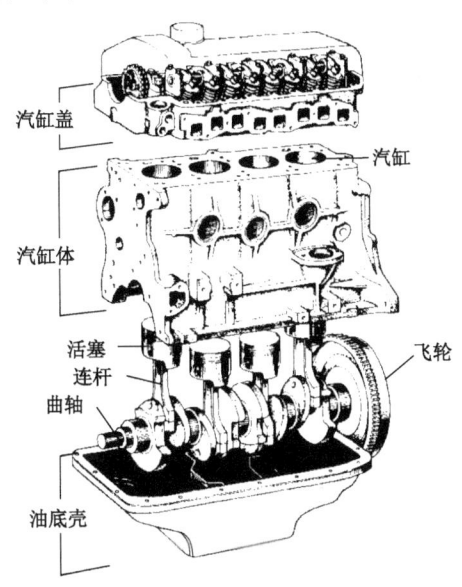

图1-12 机体与曲柄连杆机构

发动机工作过程中,燃料燃烧产生的气体压力直接作用在活塞顶上,推动活塞做往复直线运动。活塞作用力经活塞销、连杆传给曲轴,将活塞的往复运动转换为曲轴的旋转运动。

发动机产生的动力大部分由曲轴后端的飞轮传给底盘的传动系统,再经过传动系统传给汽车的驱动轮;还有一部分动力通过曲轴前端的齿轮和带轮驱动发动机自身的其他机构和系统。

2. 配气机构

配气机构的功用是按照发动机各缸的工作循环和做功次序,定时地将各个汽缸的进、排气门开启和关闭,以便使新鲜的可燃性混合气(汽油机)或空气(柴油机)及时进入汽缸,并将各汽缸中燃烧后的废气及时排出。

配气机构由气门组和气门传动组两部分组成,如图1-13所示。气门组包括气门(进气门、排气门)、气门弹簧、气门座、气门导管等零部件。气门传动组包括凸轮轴、正时带轮(或齿轮、链轮)、正时带(或正时链条)、气门挺柱等零部件。

发动机工作过程中,曲轴正时带轮通过正时带驱动凸轮轴正时带轮转动,并通过气门挺

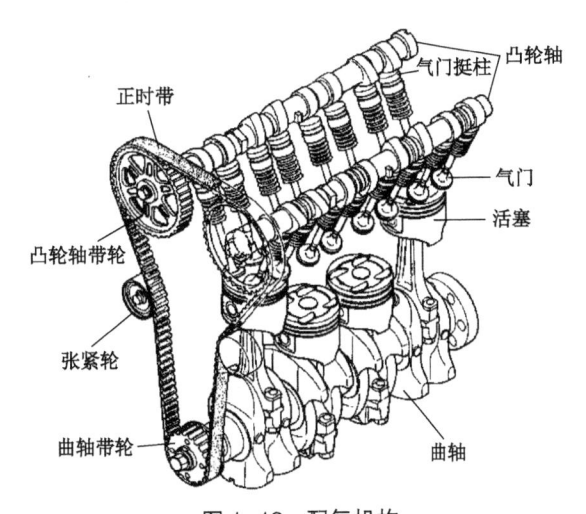

图1-13 配气机构

013

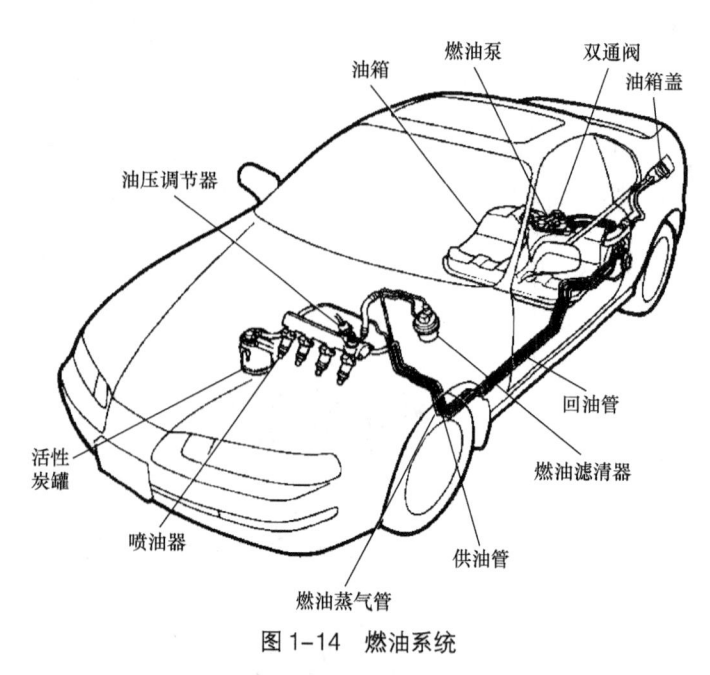

柱驱动气门组件，利用凸轮轴上的凸轮的形状和布置形式，适时准确地打开和关闭进、排气门，实现汽缸内气体顺利换气的目的。

3．燃油系统

燃油系统的功用是根据发动机各种工况的不同要求，将一定数量的燃油送入发动机进气管或汽缸中，以形成适当浓度的可燃混合气。现代汽油机电控燃油系统的主要部件有电动汽油泵、喷油器、燃油滤清器等（见图1-14）。电动汽油泵把油箱中的燃油泵入燃油管中，并产生一定的油压。喷油器在发动机计算机的控制下喷油，将适量的燃油喷入进气歧管内，与空气混合形成可燃性的混合气，进入汽缸燃烧。

图1-14 燃油系统

传统的柴油机燃油系统主要由输油泵、喷油泵、喷油器、燃油滤清器等组成。喷油泵的作用是根据发动机各缸的工作次序，适时产生适量的高压燃油，并通过喷油器喷入汽缸，与空气混合，形成可燃混合气并着火燃烧。

4．冷却系统

冷却系统的功用是利用冷却液冷却高温零件，并通过散热器将热量散发到大气中去，从而保证发动机在正常的温度状态下工作。

冷却系统主要由水泵、节温器、散热器、冷却风扇和相关的冷却软管等组成（见图1-15）。

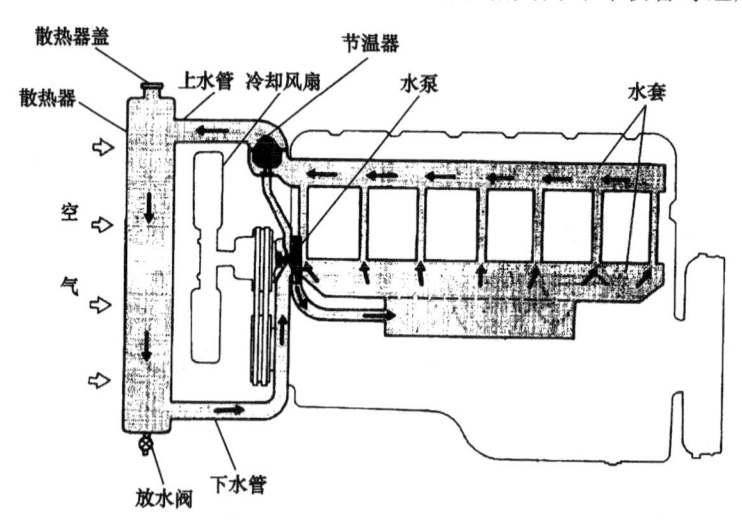

图1-15 冷却系统

在发动机运转过程中，水泵在发动机的驱动下转动，使冷却系统中的冷却液不断地在散热器和发动机缸体的冷却水套中循环，对发动机缸体进行冷却，再通过散热器把热量散发到大气中。节温器的作用是控制冷却水的循环流量，以调节发动机在冷车和热车状态下的冷却强度，即冷车时让发动机机体快速热起来，热车时快速散热。

5. 润滑系统

润滑系统的功用是将润滑油送至发动机的各个摩擦零件的摩擦表面上,以减小摩擦力,减缓机件磨损,并清洗、冷却摩擦表面,从而延长发动机使用寿命。

润滑系统主要由机油泵滤网(集滤器)、机油泵、机油滤清器和相关的油道等组成(见图1-16)。

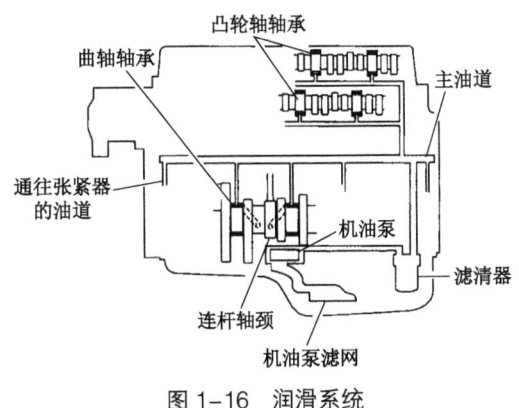

在发动机运转过程中,机油泵将油底壳里面的机油经机油泵滤网吸入,从机油泵泵出,经过机油滤清器过滤后进入发动机润滑油道中,并通过油道传输到发动机需要润滑的各部件的运动表面进行润滑,最后流回油底壳。有的发动机还让部分机油经过机油冷却器进行冷却,以降低机油的温度,提高机油的使用寿命。

图1-16 润滑系统

6. 点火系统

汽油机是点燃式发动机,点火系统的功用就是在压缩上止点前适当的时刻让汽缸内的火花塞产生电火花,以点燃缸内的可燃混合气。

点火系统主要由蓄电池、点火开关、点火线圈、分电器、火花塞、点火功率放大器(点火模块)、高压导线等零部件组成(见图1-17)。

在发动机运转过程中,蓄电池的电源通过点火控制器控制点火线圈的工作,使之产生高电压,经过高压线将高压电传给火花塞,使火花塞产生电火花。

7. 启动系统

要使发动机由静止状态过渡到工作状态,必须先用外力转动发动机的曲轴,使发动机完成进气、压缩、点火、做功的全过程,直到发动机能自行运转。启动系统的功用就是在发动机启动时,给发动机提供一个使之转动的外力。

启动系统主要由启动开关、启动机、蓄电池、启动继电器等组成(见图1-18)。驾驶员在启动发动机时,转动启动开关使启动机运转,启动机通过飞轮带动发动机曲轴转动,使发动机顺利地启动。

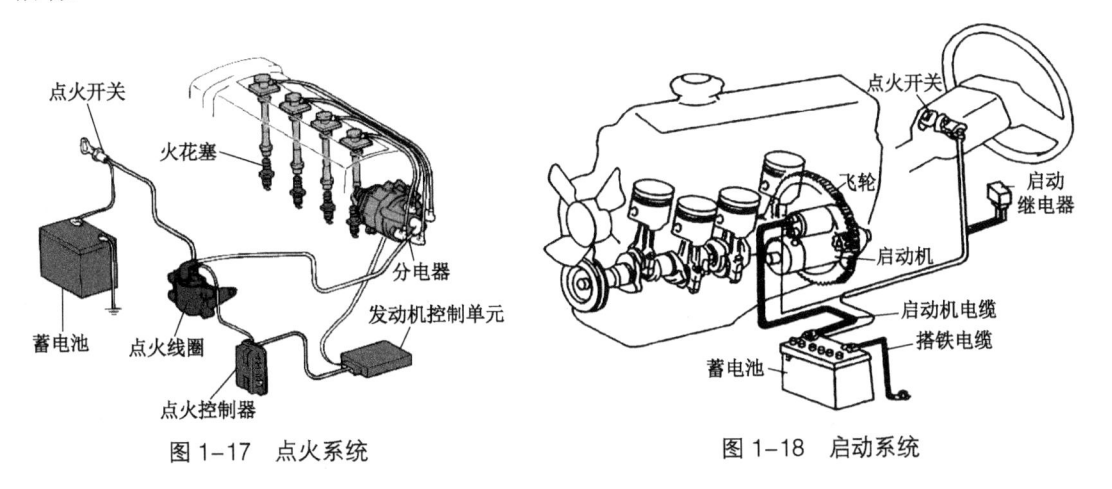

图1-17 点火系统

图1-18 启动系统

1.3.2 发动机分类

汽车发动机一般指往复活塞式内燃机,其分类方法很多,按照不同的分类方法可以把发动机分成不同类型。

1. 按冲程数分类

对于往复活塞式发动机,根据每一个工作循环所需活塞冲程数分为四冲程发动机与二冲程发动机。完成一个循环需要活塞往复四个冲程的称为四冲程发动机,完成一个循环需要活塞往复两个冲程的便称为二冲程发动机。汽车发动机广泛采用的是四冲程发动机。

2. 按使用燃料分类

发动机按照所使用的燃料不同可分为汽油机、柴油机、煤气机(液化石油气)和天然气等气体燃料发动机、多种燃料发动机等。

3. 按着火方式分类

发动机所使用的燃料不同,其着火方式也不相同,具体可分为点燃式发动机(针对汽油机)和压燃式发动机(针对柴油机)。

4. 按冷却方式分类

发动机按照冷却方式的不同可分为水冷发动机和风冷发动机。水冷发动机利用在汽缸体和汽缸盖冷却水套中进行循环的冷却液作为冷却介质进行冷却;风冷发动机利用流动于汽缸体和汽缸盖外表面散热片之间的空气作为冷却介质进行冷却。水冷发动机冷却均匀、工作可靠、冷却效果好,被广泛应用于现代车用发动机。

5. 按是否采用增压分类

发动机按照进气是否采用增压装置,可以分为增压式发动机和非增压式(也称自然吸气式)发动机。

6. 按燃料供给是否电控化分类

汽油发动机按燃料供给是否采用电控方式可分为化油器式发动机(2001年9月停售)和电控发动机两种,现代汽车全部采用电控技术控制发动机的工作。

7. 按汽缸数分类

发动机按照汽缸数可分为单缸发动机和多缸发动机。现代车用发动机多采用3缸、4缸、5缸、6缸、8缸、10缸和12缸发动机。5缸发动机仅在20世纪90年代进口奥迪5缸机械燃油喷射发动机上采用过;3缸在国内夏利发动机上采用过;8缸、10缸和12缸发动机仅在高档汽车上采用。

8. 按汽缸在汽缸体上的布置分类

多缸发动机按照汽缸的布置不同可分为直列布置、V型布置、W型布置和水平对置布置四种。

1)直列布置

发动机的各个汽缸排成一列(见图1-19(a)),垂直于地面布置。纵置发动机为了降低直列式发动机的高度,有时要妥协地把汽缸布置成倾斜的(斜置式布置),这时发动机前部高抬,而后部下沉,主要是为了配合变速器的连接,并不是想要这样,如过去日本进口的一些四驱越野车型。直列的横置发动机可缩短汽车前部的距离,如20世纪90年代末的丰田大霸王SUV车型上的水平卧式布置发动机。

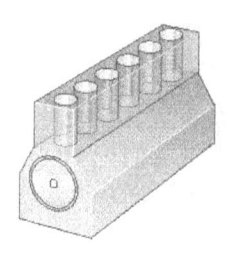

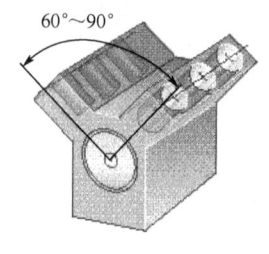

2)V型布置

发动机具有两个直列的汽缸,两列之间的夹角小于180°(一般为90°)呈V型布置(见图1-19(b))。

图1-19 直列和V型布置

3）W 型布置

发动机具有四个直列的汽缸，其中每两列之间的夹角很小，呈两个 V 型布置。常用的 W 型发动机（见图 1-20）有 W8 缸和 W12 缸两种，这样的结构有利于缩短发动机的纵向长度，缺点是发动机结构复杂、成本高、散热差，并不是发动机布置的优选，仅是针对大排量发动机空间不足的技术改进。

4）水平对置布置

V 型发动机的夹角扩大到 180°，即两列之间的夹角等于 180° 时称为对置式发动机。水平对置发动机的发动机活塞平均分布在曲轴两侧，在水平方向上左右运动，使发动机的整体高度降低，长度缩短，整车的重心降低，车辆行驶更加平稳，发动机安装在整车的中心线上，两侧活塞产生的力矩相互抵消，大大降低车辆在行驶中的振动，使发动机的转速范围得到很大提升，减少噪声。水平对置在斯巴鲁车系和保时捷车系的部分车型上使用。

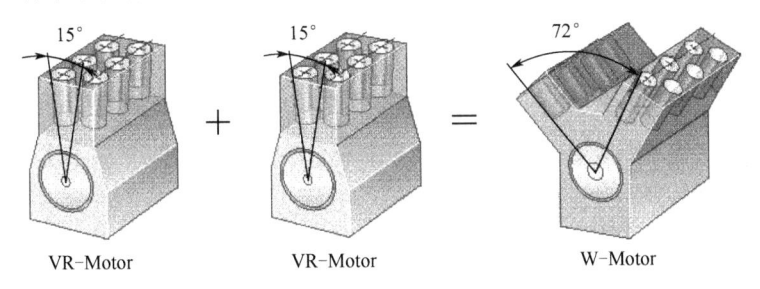

图 1-20　两个 V 型排列成 W 型

那为什么其他厂家没有研发水平对置引擎呢？除了因为水平对置结构较为复杂外，还有如机油润滑等问题很难解决。横置的汽缸因为重力的原因，会使机油流到底部，使一边汽缸得不到充分的润滑。显然保时捷和斯巴鲁都很好地解决了众多技术难题，但高精度的制造要求也带来了更高的养护成本，并且由于机体较宽，因而并不利于布局。

总结一下：直列发动机和 V 型发动机是目前最常用的发动机，水平对置和 W 型发动机较少。

第 2 章 曲柄连杆机构

【本章知识目标】
- 能说出曲柄连杆机构的受力情况并进行分析;
- 能说出多缸发动机的工作顺序;
- 曲轴轴向动平衡方法;
- 曲轴径向动平衡方法。

【本章技能目标】
- 能拆装曲柄连杆机构;
- 能独立完成活塞环三隙的检查;
- 能独立完成缸壁间隙检查;
- 能独立完成缸筒的圆柱度检查;
- 能独立完成轴瓦间隙的检查;
- 能独立完成对曲轴正时点的检查;
- 能独立完成对曲轴主轴颈和连杆轴颈螺栓的紧固操作。

2.1 曲柄连杆机构基础知识

曲柄连杆机构是往复活塞式内燃机将热能转变为机械能的机构,其功用是把燃气作用在活塞顶面上的压力转变为曲轴的转矩,向工作机械输出机械能。发动机产生的动力大部分都由曲轴后端的飞轮传给传动系统中的离合器,还有一部分经曲轴前端的齿轮和带轮驱动其他机构和系统。

1. 曲柄连杆机构的组成

曲柄连杆机构由机体组、活塞连杆组和曲轴飞轮组三部分组成:机体组主要包括汽缸盖、汽缸盖罩盖、汽缸垫、机体、汽缸套及油底壳等;活塞连杆组主要包括活塞、活塞环、活塞销、连杆等;曲轴飞轮组主要由曲轴、飞轮等组成。

2. 工作分析

1)曲柄连杆机构的工作条件

在发动机做功时,汽缸内最高温度可高达 2500K(2227℃)以上,最高压力可达 5~9MPa,现代汽车发动机最高转速可达 3000~6000r/min,则活塞每秒要经过 100~200 个行程,线速度为 10~20m/s,可见其线速度是很大的。此外,与可燃混合气和燃烧废气接触的机件还将受到化学腐蚀。因此，曲柄连杆机构是在高温、高压、高速和有化学腐蚀的条件下工作的。

2）曲柄连杆机构的受力分析

曲柄连杆机构工作时所受的力主要有气体作用力、往复运动件的往复惯性力、旋转运动件的旋转惯性力（也称离心力）以及相对运动零件接触表面的摩擦力。

气体作用力作用于活塞顶上，在活塞的 4 个行程中始终存在，但做功行程中的气体作用力最大，压缩行程则次之。做功行程中的气体作用力是发动机对外做功的原动力，该力通过连杆、曲柄销传到曲轴，使曲轴旋转对外做功。

曲柄连杆机构的往复运动质量包括活塞组零件质量和连杆小头集中质量，它沿汽缸轴线做往复变速直线运动，产生往复惯性力；旋转运动质量包括曲柄质量和连杆大头集中质量，它绕曲轴轴线旋转，产生旋转惯性力，也称离心力。

若以 F_g、F_j 和 F_k 分别表示气体作用力、往复惯性力和旋转惯性力，则曲柄连杆机构中的受力如图 2-1（a）所示。

气体作用力 F_g 和往复惯性力 F_j 同时作用在活塞上，由于两者都是沿着汽缸轴线作用的，故活塞上的总作用力 F 等于 F_g 与 F_j 的代数和。

总作用力 F 在活塞销中心分解为垂直于汽缸轴线且使活塞压向汽缸壁的侧向力 F_N 及沿着连杆轴线作用的连杆力 F_S，如图 2-1（b）所示。侧向力使活塞和汽缸壁加剧磨损，同时它对曲轴旋转轴线的力矩称为翻倒力矩，有使发动机翻倒的倾向。翻倒力矩通过机体传到发动机支撑。连杆力使连杆受到压缩或拉伸。

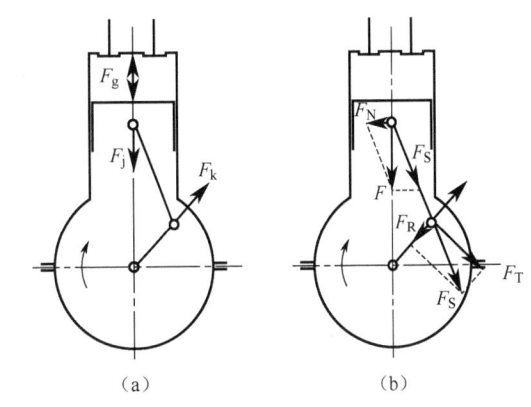

图 2-1 曲柄连杆机构的受力分析

连杆力 F_S 传到曲柄销中心分解为垂直于曲柄的切向力 F_T 和沿着曲柄作用的径向力 F_R。切向力产生曲轴转矩 T，径向力使轴承承受载荷。

由于发动机工作循环的周期性和曲柄连杆机构运动的周期性，上述各力都随曲轴转角呈周期性变化，因此曲柄连杆机构在工作中的受力情况非常复杂。上述各种力作用在曲柄连杆机构和机体的各有关零件上，使它们受到压缩、拉伸、弯曲、扭曲等不同形式的载荷。往复惯性力、旋转惯性力、翻倒力矩和曲轴转矩的周期性变化将引起发动机在支撑上的振动，从而降低了汽车行驶的平顺性和舒适性。为了保证工作可靠，减少磨损，减轻振动，在结构上必须采取相应的措施。例如，应该尽量减小曲柄连杆机构的运动质量以减小惯性力，以及在曲轴上加平衡重和设置平衡机构来平衡惯性力。

摩擦力 F 指相互运动件之间的摩擦力，取决于摩擦面的正压力和摩擦系数，它是造成配合表面磨损的根源。

2.2 曲柄连杆机构的结构认知

2.2.1 机体组

发动机机体组（见图 2-2）主要由汽缸体、汽缸盖、汽缸盖罩盖、汽缸垫、油底壳等组成。镶汽缸套的发动机还包括干式或湿式汽缸套。

1. 汽缸体

汽缸体是发动机的基体和骨架，发动机的所有零件几乎都安装在汽缸体上，汽缸体内的水套、油道等又分别是冷却系统和润滑系统的组成部分。

在发动机工作时，汽缸体承受拉、压、弯、扭等不同形式的机械负荷，同时还承受很大的热负荷。因此，汽缸体应具有足够的强度和刚度，且耐磨损和耐腐蚀。为减轻整机的重量，应力求结构紧凑、质量轻，以减小整机的尺寸和质量。

汽缸体一般用高强度灰铸铁或铝合金铸造。最近，在轿车发动机上采用铝合金汽缸体的越来越普遍，与铸铁汽缸体相比，铝合金汽缸体有下列优点：

（1）全铝汽缸体与铝活塞的热膨胀系数相同，因此，活塞与汽缸的间隙可以控制到最小，从而可以降低噪声和机油消耗量。

（2）铝合金的导热性好，因此可以提高压缩比，有利于提高发动机的功率；还可以减少冷却液容量，减小散热器尺寸，使整个发动机轻量化。

（3）铝合金汽缸体质量轻，有利于前置发动机前轮驱动的轿车前后轮载荷的分配。

汽缸体是发动机各个机构和系统的装配基体，并由它来保持发动机各运动零件之间的准确位置关系。汽缸体的上、下两个平面用以安装汽缸盖和油底壳，这两个平面也是汽缸修理的加工基准。

汽缸体上半部有若干个为活塞在其中运动导向的圆柱形空腔，称为汽缸，如图 2-3 所示。下半部用来支撑曲轴的曲轴箱，其内腔为曲轴运动的空间。曲轴箱通常与上半部的汽缸铸成一个整体，其上制有主轴承座孔。

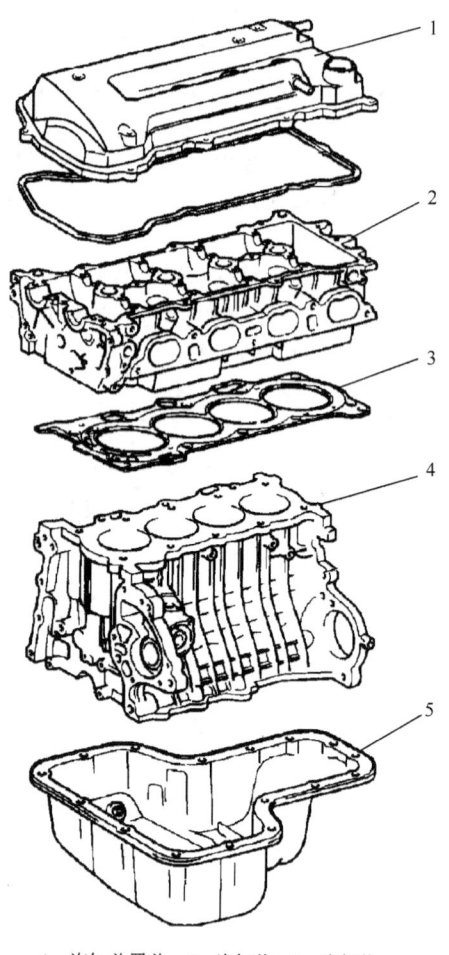

1—汽缸盖罩盖；2—汽缸盖；3—汽缸垫；
4—汽缸体；5—油底壳
图 2-2 机体组

为了这些轴承的润滑，在侧壁上钻有主油道，前后壁和中间隔板上钻有分油道。

汽缸体承受较大的机械负荷和较复杂的热负荷，因此，要求汽缸体具有足够的强度、刚度和良好的耐热性、耐蚀性等。汽缸内壁经过精加工，其工作表面的表面粗糙度、形状和尺寸精度都要求较高。

根据工作条件和结构特点，汽缸体和上曲轴箱一般采用灰铸铁、球墨铸铁或合金铸铁制造。为了提高汽缸的耐磨性，有时在铸铁中加入少量合金元素，如镍、钼、铬、磷等，也有的强化柴油机采用了球墨铸铁。某些发动机为了减轻质量，加强散热，采用铝合金制造。

汽车发动机基本上都是水冷式发动机，在汽缸周围和汽缸盖中均有用以充水的空腔，称为水套，利用水套中的冷却水流过高温零件的周围而将热量带走。

汽缸体是结构极为复杂的箱形零件，汽缸体的构造与曲轴箱的结构形式、汽缸排列形式和汽缸结构形式有关。根据曲轴箱结构形式的不同，汽缸体有三种形式：一般式汽缸体、龙门式汽缸体和隧道式汽缸体，如图 2-4 所示。

1）一般式汽缸体

一般式汽缸体的高度小，质量轻，结构紧凑，便于加工拆卸，刚度和强度差。红旗 CA488 汽油机上应用此种类型的汽缸体。

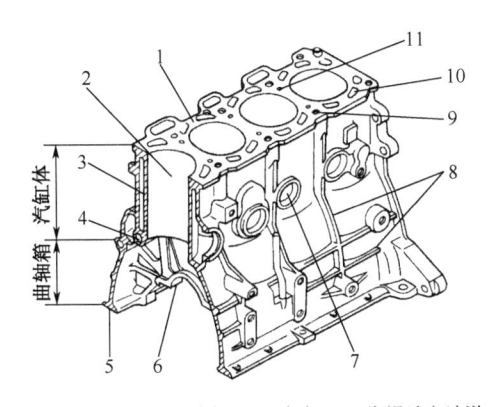

1—汽缸体上平面；2—汽缸；3—水套；4—润滑油主油道；
5—汽缸体下平面；6—曲轴主轴承座；7—水堵；8—加强肋；
9—缸盖螺栓孔；10—冷却水道；11—润滑油道
图2-3 水冷发动机的汽缸体

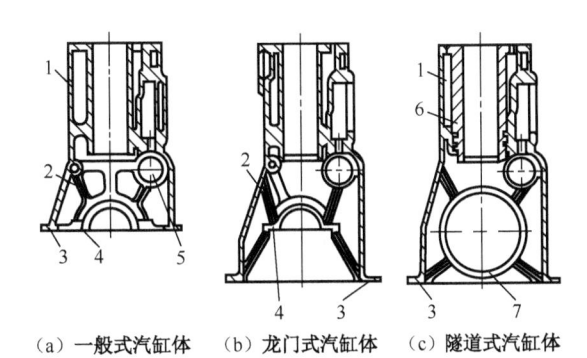

1—水套；2—加强肋；3—安装油底壳的加工面；
4—安装主轴承座孔加工面；5—凸轮轴座孔；
6—湿式汽缸套；7—主轴承座孔
图2-4 汽缸体结构示意图

2）龙门式汽缸体

龙门式汽缸体的强度和刚度较好，工艺性差，结构笨重，加工困难。捷达轿车、桑塔纳轿车发动机应用此种类型的汽缸体。

3）隧道式汽缸体

隧道式汽缸体的结构紧凑，刚度和强度好，难加工，工艺性差，曲轴拆卸不方便，在负荷较大的柴油机上应用较多。

汽缸的工作表面除承受燃气的高温、高压外，还有活塞在其中做高速往复运动，故必须耐高温、耐高压、耐磨损和耐化学腐蚀。通常从汽缸的材料、加工精度和结构形式等方面予以保证。

2．汽缸套

汽缸要承受活塞高速往复运动的摩擦作用，且要与高温、高压的燃气相接触，故必须耐高温、耐磨损、耐腐蚀。

汽缸有整体式和镶套式两种。直接在汽缸体上镗出的汽缸称为整体式汽缸，如图2-5（a）所示。整体式汽缸的强度和刚度较好，能承受较大的载荷，现代轿车发动机多采用这种整体式汽缸。为提高其耐磨性，常采用表面处理，如表面激光淬火、镀铬等。但是，由于汽缸对材料的要求较高，所以整体式汽缸的成本较高，因此有些发动机采用耐磨的优质材料制成汽缸套，然后再装到用价格较低的一般材料制成的汽缸体内，这样不但可以降低制造成本，而且汽缸套还可以从汽缸体中取出，便于修理和更换，可大大延长汽缸体的使用寿命。铝合金缸体由于耐磨性较差，大部分采用汽缸套。

汽缸套按其外表面是否与冷却水接触，分为干式汽缸套和湿式汽缸套两种。

如图2-5（b）所示，干式汽缸套的外表面不直接与冷却水接触，而是和汽缸体上加工出来的座孔内壁面接触。其壁厚较薄，一般为1~3mm。为了获得与缸体间足够的实际接触面积，以保证散热效果和汽缸套的定位，铸铁汽缸体的干式汽缸套外表面和与其相配合的汽缸体座孔内表面都需进行精加工，而且一般都采用过盈配合。铝合金汽缸体则是将合金铸铁的干式汽缸套与铝合金汽缸体铸在一起，其汽缸套外表面为刺状结构，以提高缸套与缸体的附着力和接触面积。干式汽缸套具有整体式汽缸体的优点，不易漏水、漏气，汽缸体的强度和刚度较好；缺点是修理更换不便，散热效果差。

如图2-5（c）所示，湿式汽缸套的优点是在汽缸体上没有密封的水套，铸造方便，容易拆卸，冷却效果也较好；其缺点是汽缸体的刚度差，易漏气、漏水。湿式汽缸套广泛应用于柴油机上。

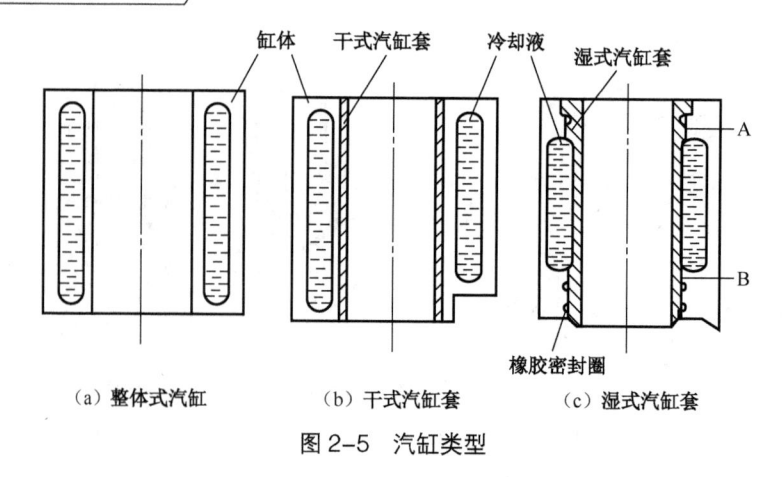

(a) 整体式汽缸　　(b) 干式汽缸套　　(c) 湿式汽缸套

图 2-5　汽缸类型

修理指导

> 20 世纪 70 年代，修理发动机采用的方法是镗大汽缸套，配加大直径活塞的方法，通常有加大 25 道、50 道、75 道三种修理等级，20 世纪 90 年代末基本不采用加大活塞的方法。现代发动机汽缸套修理方法是直接从缸体中拉出，压入新的汽缸套，配上新活塞，这样的修理可保证出厂时的质量。

3. 汽缸盖

汽缸盖用来封闭汽缸的上部，并与活塞顶、汽缸壁共同构成燃烧室，如图 2-6 所示。

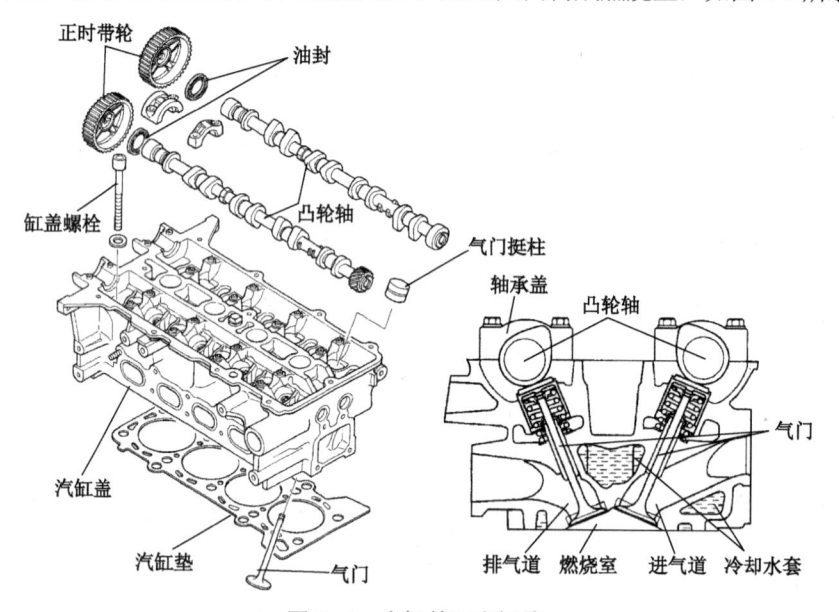

图 2-6　汽缸盖及汽缸垫

汽缸盖内有与汽缸体相通的冷却水套、燃烧室、火花塞座孔（汽油机）或喷油器座孔（柴油机）、进排气道等。

柴油机汽缸盖材料多为灰铸铁或合金铸铁，汽油机多采用铝合金缸盖，以适应高速高负荷强化汽油机散热，以及提高压缩比和减量的需要。

汽油机的燃烧室是当活塞位于上止点时，由活塞顶部及汽缸盖上相应的凹部空间组成。燃烧室形状对发动机的工作影响很大。常见的汽油机燃烧室类型主要有下面几种（见图 2-7）。

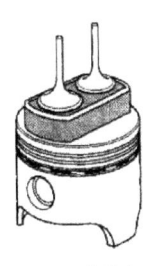

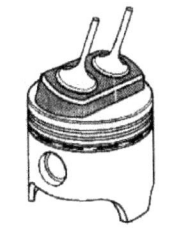

(a) 盆形燃烧室　　(b) 倾斜盆形燃烧室　　(c) 楔形燃烧室　　(d) 半球形燃烧室　　(e) 多球形燃烧室

图 2-7　汽油机燃烧室

（1）盆形燃烧室：由于断面形状像盆而得名。燃烧室上面正对着进气门、排气门，弯曲的进气歧管和排气管容易产生进气涡流，但进气效率低。

（2）倾斜盆形燃烧室：燃烧室上部是倾斜的，能产生较大的压缩比。

（3）楔形燃烧室：结构比较紧凑，气门相对汽缸轴线倾斜，进气道比较平直，进气阻力小。压缩行程终了时能产生挤气涡流。其燃烧室表面积大，可以防止异常燃烧，但热损失大。

（4）半球形燃烧室：在燃烧室容积相同的情况下，半球形燃烧室的表面积最小，因此具有良好的热效率。火花塞置于燃烧室最高点，因此能让火焰快速扩张并充满整个燃烧室，能防止爆燃。

（5）多球形燃烧室：由两个半球形组合而成，进排气门大，易形成进气涡流。其热效率比半球形燃烧室差。

修理指导　平面类件的紧固方法

紧固类似于汽缸盖（见图 2-8 缸盖螺栓的紧固顺序）这种平面面积大、厚部件的螺栓时，必须由中央对称向四周扩展。第一步由中央对称向四周扩展旋紧是为了保证缸盖和缸体对正和贴紧。第二步继续中央对称向四周扩展加力校紧，这算第一次加力校紧，第三步重复第二步，最后一次拧紧到规定力矩，即一次贴合+3次加力校紧。铝合金汽缸盖必须在冷态下按规定要求拧紧。错误的操作是在第一步进行汽缸盖和汽缸体的对正和贴紧前就进行了第二步的加力动作。

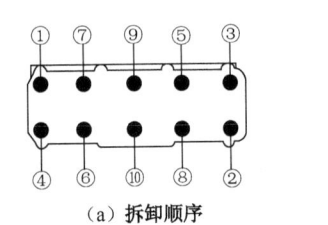

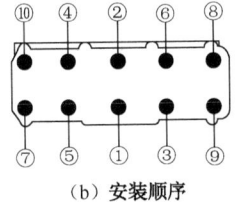

(a) 拆卸顺序　　(b) 安装顺序

图 2-8　缸盖螺栓的紧固顺序

典型故障

发动机水温过高会导致缸盖变形。缸盖燃烧室内积炭会发生爆震。

4．汽缸垫

汽缸垫用来保证汽缸体与汽缸盖结合面间的密封。汽缸垫因接触高温、高压燃气，在使用中易被烧蚀，故要求它能耐热、耐腐蚀、有足够的强度和一定的弹性，且拆装方便，能重复使用，寿命长。按所用材料的不同，汽缸垫可分为金属+石棉汽缸垫、金属+复合材料汽缸垫和全金属汽缸垫（见图 2-9）。

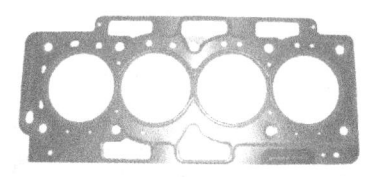

图 2-9 （左）金属+复合材料汽缸垫及（右）全金属汽缸垫

故障诊断

> 在修理上，汽缸垫上下有方向性，不要装错。汽缸垫和冷却水套相通是一个可能出现的故障，这时发动机冷却液会在活塞的吸气行程过程中被吸进燃烧室，从而导致发动机动力下降，排气有白烟。在做功行程汽油会从冲开的汽缸垫处进入汽缸套，所以会在散热器口找到油迹。

5. 汽缸盖罩

汽缸盖罩也称气门室盖，位于汽缸盖上部，起封闭及防尘作用。一般由薄钢板冲压或铸铝铸成，上设机油加注油孔和曲轴箱通风阀等（见图 2-10 和图 2-11）。

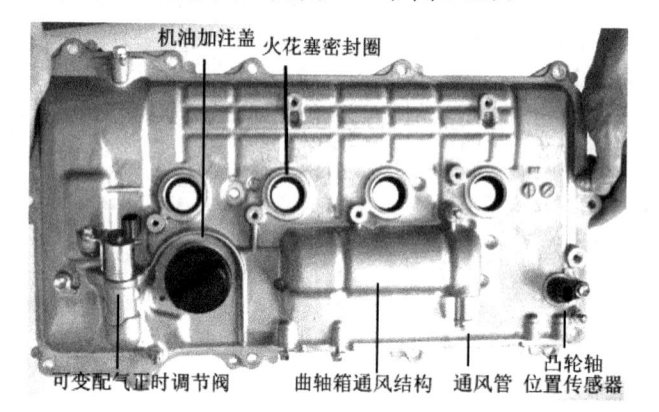

图 2-10 气门盖罩上侧

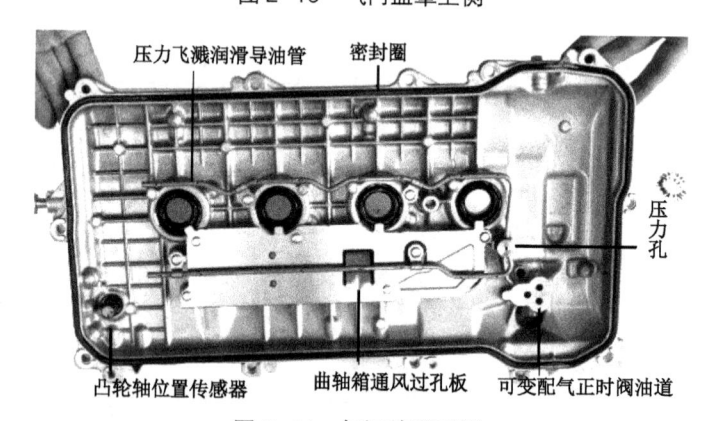

图 2-11 气门盖罩下侧

故障诊断

> 火花塞密封圈如果出现不密封现象，机油会经点火线圈外壁到达火花塞，从而导致火花塞漏电，导致发动机动力不足。

6. 油底壳

油底壳储存机油并封闭曲轴箱，又称为下曲轴箱。油底壳底部还装有放油螺塞，通常放油螺塞上装有永久磁铁，以吸附润滑油中的金属屑，减少发动机的磨损。油底壳多采用薄钢板冲压或铝合金铸造而成（见图2-12）。

图2-12 （左）薄钢板冲压+（右）铝合金铸造

修理指导

安装油底壳前要在油底壳上涂抹密封胶，3min后再安装油底壳。安装完油底壳，在2h以后才可以向油底壳内添加发动机机油。

2.2.2 活塞连杆组

活塞连杆组由活塞、活塞环、连杆等部件组成，如图2-13所示。

1. 活塞

活塞的主要作用是承受汽缸中的燃烧压力，并将此力通过活塞销和连杆传给曲轴，以推动曲轴旋转。此外，活塞还与汽缸盖、汽缸壁共同组成燃烧室。

活塞是在高温、高压、高速、润滑不良和散热困难的条件下工作的，活塞顶部的温度通常高达327～427℃。高温一方面使活塞材料的强度显著下降，另一方面会使活塞的热膨胀量增大，容易破坏活塞与其相关零件的配合。

在做功行程时，活塞顶部承受着燃气的带有冲击性的高压力，瞬时压力最大可达3～5MPa。活塞在汽缸中的平均速度可达8～12m/s，其瞬间速度会更高。活塞的自身质量越大，运动速度越快，活塞承受的惯性力也越大。

因此，活塞必须要有足够的刚度和强度、良好的导热性和耐磨性。活塞质量小，才能保持最小的惯性力，而热膨胀系数小的活塞与缸壁间的摩擦功小。

发动机活塞最常用的材料是铝硅合金。除母体金属铝外，其合金成分还包括硅11%～14%，铜、镍、镁各1%，以及少量的铁、钛和锌。硅的成分越多，则热膨胀系数越小，磨损也越小，但制造工艺性较差。车用柴油机因其活塞需承受高热、高机械负荷，故也有采用合金铸铁和耐热钢作为活塞材料的。

活塞是由活塞顶部、活塞头部和活塞裙部三部分组成的，如图2-14所示。

活塞顶部是燃烧室的组成部分，因而常制成不同的形状，如图2-15所示。常见的形状有平顶式、凹顶式、凸顶式，如图2-15（a）～（c）所示；柴油机的活塞顶部因混合气形成的要求，常设有各种形状的凹坑，如图2-15（d）～（f）所示。现代轿车用汽油机活塞的顶部通常加工有气门凹槽，其作用是防止活塞运动到上止点时和气门相碰撞。

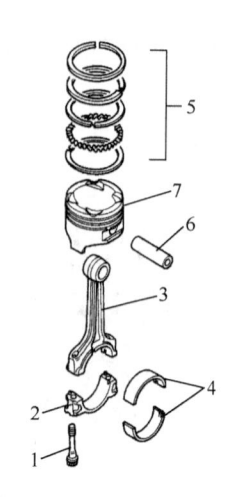

1—连杆螺栓；2—连杆盖；3—连杆；4—连杆轴承；
5—活塞环；6—活塞销；7—活塞

图 2-13 活塞连杆组

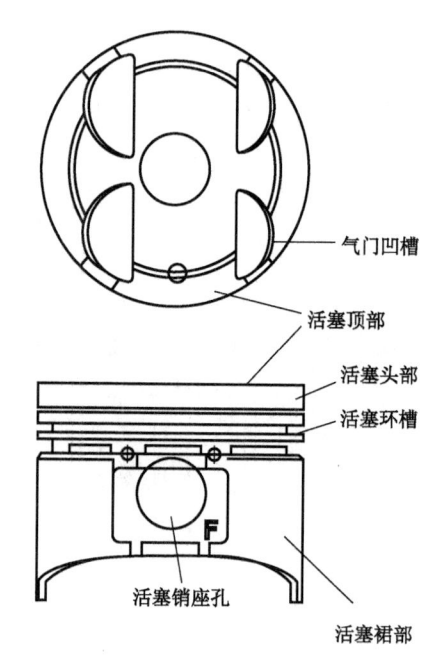

图 2-14 活塞的结构

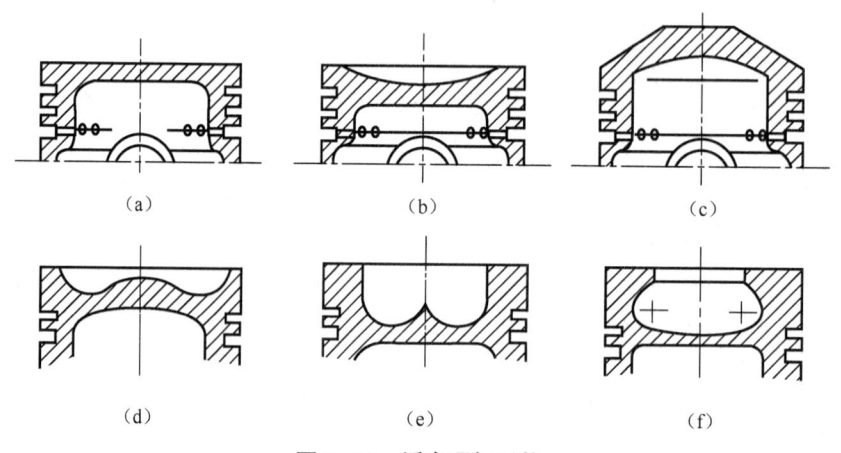

图 2-15 活塞顶部形状

由活塞顶部至最下面一道活塞环槽之间的部分称为活塞头部。其作用是承受气体压力，防止漏气，将热量通过活塞环传给汽缸壁。活塞头部切有若干环槽，用以安装活塞环。上面的2~3道槽用来安装气环，下面的一道用来安装油环。油环槽的底部钻有若干小孔（如图2-16所示），以使油环从汽缸壁上刮下的多余润滑油经此流回油底壳。

活塞环槽以下的所有部分称为活塞裙部。其作用是引导活塞在汽缸中做往复运动，并承受侧压力，如图2-17所示。

提示：为了补偿活塞在气体压力 F_g 及侧压力 F_N 的作用下发生的机械变形与受热膨胀时发生的热变形，活塞的尺寸具有如下特点：

（1）沿活塞轴线方向上制成圆锥形且上小下大。

（2）将裙部制成椭圆形，椭圆的长轴在垂直于销座孔轴线的方向。

图 2-16 活塞头部的泄油孔

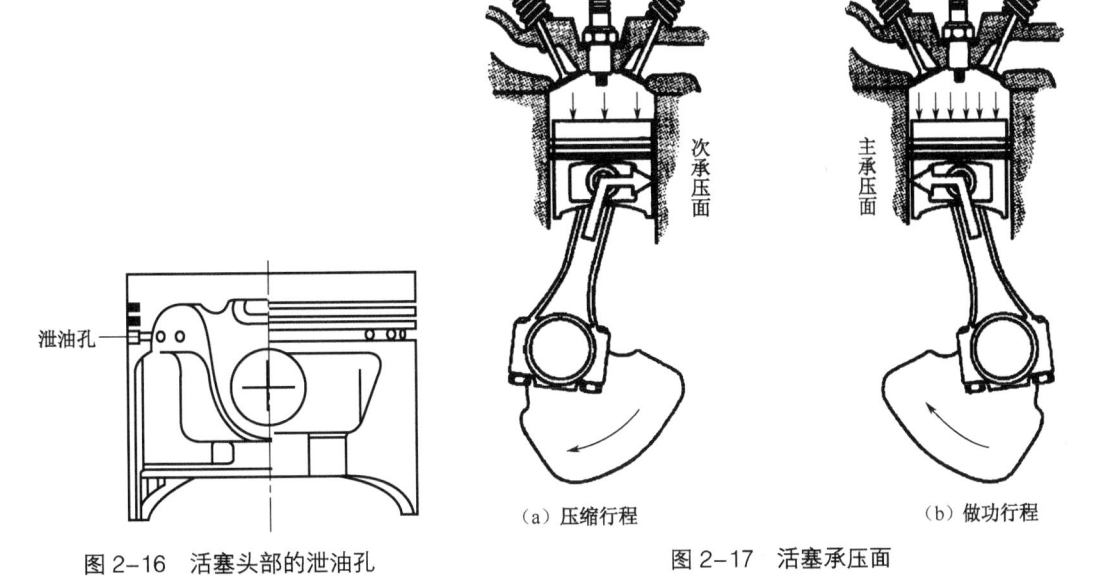

图 2-17 活塞承压面
（a）压缩行程　（b）做功行程

2. 活塞环

1）活塞环的类型与材料

按功用的不同可将活塞环分为气环和油环两种，如图 2-18 所示。气环的主要作用是密封汽缸中的高温、高压燃气，防止其大量漏入曲轴箱，同时它还将活塞头部 70%～80% 的热量传导给汽缸壁。一般轿车发动机上每个活塞装有两道气环。

油环的作用是刮除汽缸壁上多余的机油，并在汽缸壁上布上一层均匀的油膜，既可防止机油窜入燃烧室，又可减小活塞及活塞环与汽缸壁的磨损。活塞环在高温、高压、高速及润滑条件极差的条件下工作，因而是发动机所有零件中工作寿命最短的（特别是第一道气环）。一般轿车发动机上每个活塞装有一道油环。

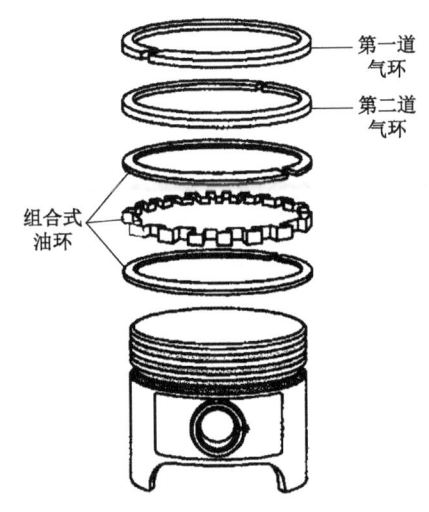

图 2-18 活塞环的类型

活塞环的材料多采用合金铸铁或球墨铸铁。为改善活塞环的滑动性能和磨合性能，其表面应涂以保护层，如经磷酸盐处理或镀锌、镀钼；对于承受压力最大的第一道气环，其工作表面常镀上多孔性铬。多孔性铬层硬度高，并能储存少量的润滑油，从而延长活塞环的使用寿命。其他各道活塞环大都采用镀锡或磷化处理，以改善其磨合性。

2）气环

（1）气环的作用。气环的作用是保证活塞与汽缸壁间的密封，防止汽缸内的混合气、高压燃气、废气大量漏入曲轴箱，同时还防止润滑油进入燃烧室。在自由状态时，活塞环的外圆尺寸比汽缸内径大些，所以装入汽缸后，环就产生一定的弹力而紧贴在汽缸壁上，形成密封面。此外，在发动机各个行程中，气环还会由于气体压力或惯性力的作用，压紧在下活塞环槽的侧面上，产生另一个密封面，切口相互错开的气环构成的封气装置，足以对汽缸中的高压燃气进行有效的密封。一般汽油机设有两道气环，而柴油机由于压缩比高，常设有三道气环。通常在保证密封的前提下，应该尽可能减少活塞环的数量，以减轻质量。

（2）气环的断面形状。气环的断面形状多种多样，根据发动机的结构特点和强化程度，选择不同断面形状的气环组合，可以得到最好的密封效果和使用性能。常见气环的断面形状如图 2-19 所示。

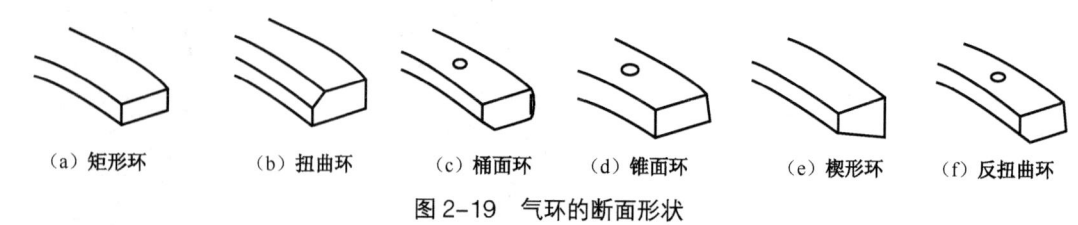

（a）矩形环　　（b）扭曲环　　（c）桶面环　　（d）锥面环　　（e）楔形环　　（f）反扭曲环

图 2-19　气环的断面形状

矩形环的断面为矩形，其结构简单，制造方便，与汽缸壁接触面积大，有利于活塞散热。但矩形环磨合性差，而且会产生"泵油作用"，即活塞下行时，由于环与缸壁之间的摩擦阻力及环本身的惯性，环将压靠着环槽的上侧面，缸壁上的机油被刮入下侧隙与背隙内；当活塞上行时，环压靠在环槽的下侧面上，结果第一道环背隙里的油就进入汽缸中，如此反复，结果就像油泵的作用一样，把汽缸壁上的机油不断地挤入燃烧室中，使机油消耗量增加，造成活塞顶及燃烧室壁面积炭（见图 2-20）。

为了消除或减小有害的泵油作用，广泛采用非矩形断面的扭曲环。扭曲环是将矩形环内圆的上边缘或外圆的下边缘切成台阶或倒角而成。扭曲环装入汽缸后，其外侧汽缸壁的作用力与内侧环的弹力使扭曲环产生扭曲，从而使环的边缘与环槽的上下侧平面都接触，避免了因环在环槽内的上下窜动造成的"泵油"现象（见图 2-21）。

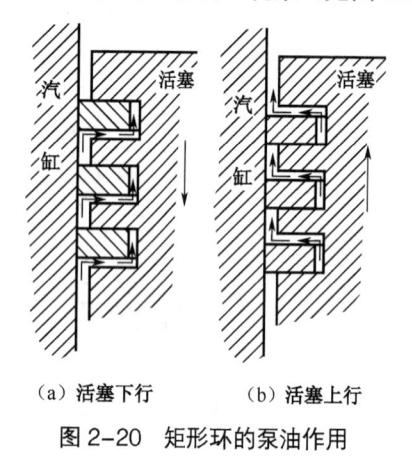

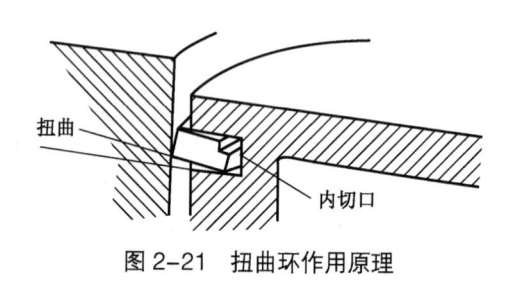

（a）活塞下行　　（b）活塞上行

图 2-20　矩形环的泵油作用

图 2-21　扭曲环作用原理

修理指导

目前扭曲环在发动机上得到了广泛的应用，其优点是密封性、磨合性好（线接触）；可防止"泵油"现象；可形成油楔，改善润滑；可提高刮油能力。扭曲环不可装反，否则机油消耗率成倍增加。安装时，必须注意环的断面形状和方向，应将其内切口或内倒角朝上，外切口或外倒角朝下。

安装时，应该注意活塞环第一道环和第二道环的区别，不能装反，并且注意开口附近的方向记号（如图 2-22 所示），安装时应将此记号朝上。

3）油环

油环的作用是形成一层必要的油膜来润滑活塞和汽缸壁，同时刮去缸壁上多余的机油，如图 2-23 所示。一般活塞上装有 1~2 道油环。采用两道油环时，下面一道多安置在活塞裙部的下端。

图 2-22 活塞环朝上方向记号

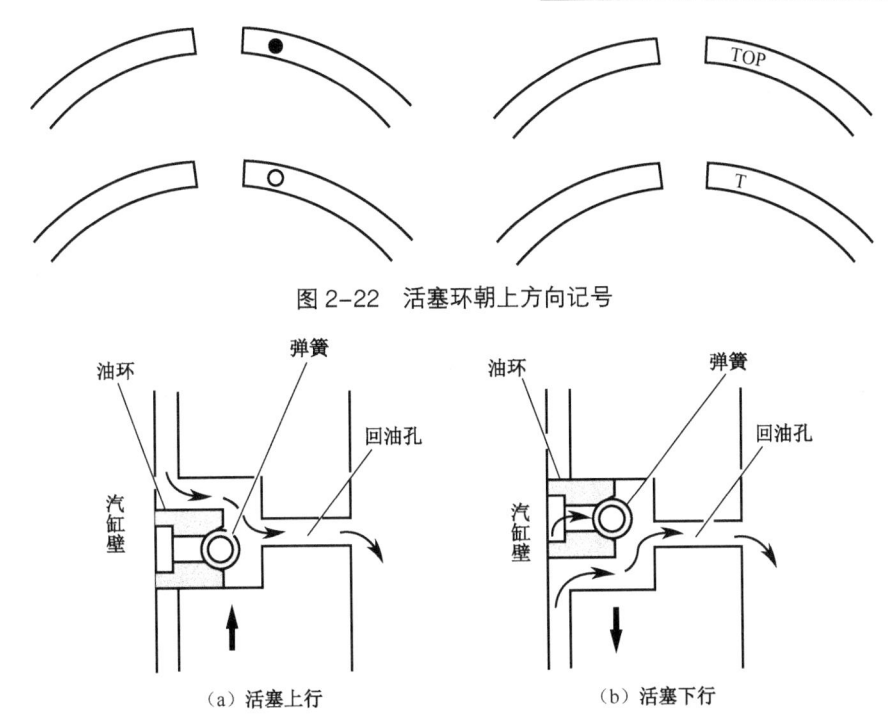

图 2-23 油环的刮油作用

油环又可分为整体式油环和组合式油环两种。

整体式油环一般是用合金铸铁制造的，其外圆面的中间切有一道凹槽，槽底开有若干回油用的小孔或窄槽。

组合式油环也称为钢带组合油环，由上、下刮片和产生径向、轴向弹力作用的衬簧组成，如图 2-24 所示。刮片很薄，对汽缸壁的单位接触压力大，刮油作用强；上、下刮油片各自独立，对汽缸的适应性好；质量小；回油通路大。因此，组合式油环在高速发动机上得到了广泛的应用。

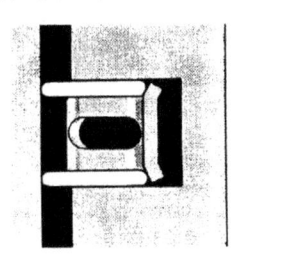

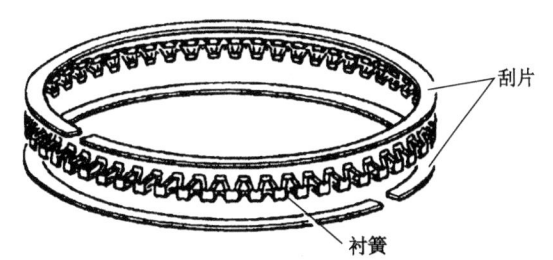

图 2-24 组合式油环

3. 活塞环三隙

发动机工作时，活塞、活塞环等机件都会发生热膨胀。而活塞环在汽缸、活塞环槽内的运动相对较为复杂，既要与活塞一起在汽缸内做上下运动、径向胀缩，还要在环槽内做微量的圆周运动；既要保证汽缸的密封性，又要防止活塞环卡死在缸内或胀死于环槽中。所以，安装时，活塞环应留有端隙、侧隙和背隙，如图 2-25 所示。

端隙Δ_1又称为开口间隙，是活塞环装入汽缸后开口处的间隙，一般为 0.25～0.50mm。为减少气体的泄漏，装环时，第一道环的开口位置应避开做功行程的主推力面（侧压力大的一面），且各道环的开口应相互错开，以获得较长的、迷宫式的漏气路线，增大漏气阻力，减少漏气量。

侧隙Δ_2又称边隙，是指活塞环装入活塞后，其侧面与活塞环槽之间的间隙。第一道环因工作温度高，一般为 0.04～0.10mm；其他环一般为 0.03～0.07mm。油环的侧隙较小，一般为 0.025～0.07mm。

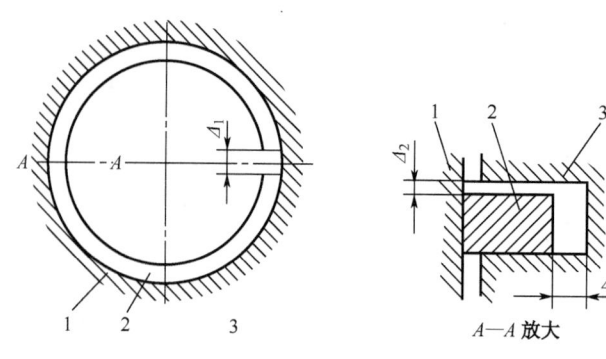

1—汽缸；2—活塞环；3—活塞；Δ_1—端隙；Δ_2—侧隙；Δ_3—背隙

图 2-25　活塞环的三隙

背隙 Δ_3 是活塞及活塞环装入汽缸后，活塞环内圆柱面与活塞环槽底部间的间隙，一般为 0.5～1mm，油环的背隙较气环大，目的是增大存油间隙，以利于减压泄油。

4. 活塞销

活塞销的功用是连接活塞和连杆小头，将活塞所承受的气体压力传给连杆，如图 2-26 所示。

活塞销的材料一般为低合金渗碳钢（15Cr3 或 16MnCr5），对高负荷发动机则采用渗氮钢（34CrAl6 或 32AlCrMn4），先经表面渗碳或渗氮以提高其表面硬度，并使心部具有一定的冲击韧性，然后进行精磨和研磨。

活塞销与活塞销座孔和连杆小头的连接方式有半浮式和全浮式两种。半浮式连接就是销与座孔之间为间隙配合，与连杆小头承孔之间为过盈配合，修理中要将活塞加热至 80～90℃，才可用塑料锤和铜棒敲出活塞销。这种连接方式工作可靠，维修方便，可减轻活塞整体的质量。

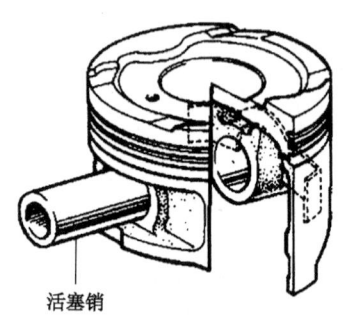

图 2-26　活塞销

全浮式连接就是在发动机达到正常工作温度时，活塞销与连杆小头衬套孔和活塞销座孔均为间隙配合。为了防止活塞销工作时轴向窜动而刮伤汽缸壁，在活塞销座两端用卡环进行轴向定位。这种连接方式由于活塞销在工作时可自由转动，使其磨损较均匀，延长了使用寿命，目前应用比较广泛。

5. 连杆

连杆的功用是将活塞承受的力传给曲轴，推动曲轴转动，变活塞的往复运动为曲轴的旋转运动。连杆在工作中要承受活塞销传来的气体压力、活塞连杆组往复运动的惯性力和连杆大头绕曲轴旋转产生的旋转惯性力的作用，且连杆本身又是一个较长的杆件，因此要求连杆要有足够的强度、刚度，质量要尽量轻。

连杆一般采用 45、40Cr 等中碳钢（如上海桑塔纳发动机连杆）或中碳合金钢（如二汽富康发动机连杆）经模锻或辊锻制成，也有少数用球墨铸铁制成。为提高疲劳强度，连杆常进行表面喷丸处理。对于小型发动机的连杆则常用高强度铝合金。

连杆可分为连杆小头、杆身和连杆大头三部分，如图 2-27 所示。连杆小头用来安装活塞销以连接活塞，在全浮式连接的连杆小头孔内压有减摩的青铜衬套或铁基粉末冶金衬套。为润滑衬套，在连杆小头和衬套上一般铣有积存飞溅润滑油的油槽或油孔。有时，在连杆杆身内钻有纵向的压力油通道，以对小头进行压力润滑。

连杆轴承也称连杆轴瓦（俗称小瓦），装在连杆大头的孔内，用以保护连杆轴颈及连杆大头孔。

现代发动机用连杆轴承是由钢背和减摩层组成的分开式薄壁轴承。钢背由厚 1~3mm 的低碳钢带制成，是轴承的基体，内圆先是一层铝合金，然后在上面浇铸 0.3~0.7mm 厚的减摩合金层（铅-锡-铜镀层），最后为一层锡层，用以减小摩擦阻力、加速磨合及保持油膜。连杆轴承内表面上还加工有油槽，用以储油，保证可靠润滑。

图 2-27 连杆

2.2.3 曲轴飞轮组

曲轴飞轮组主要由曲轴、飞轮、扭转减振器、带轮、正时齿轮（或链轮）等组成，如图 2-28 所示。

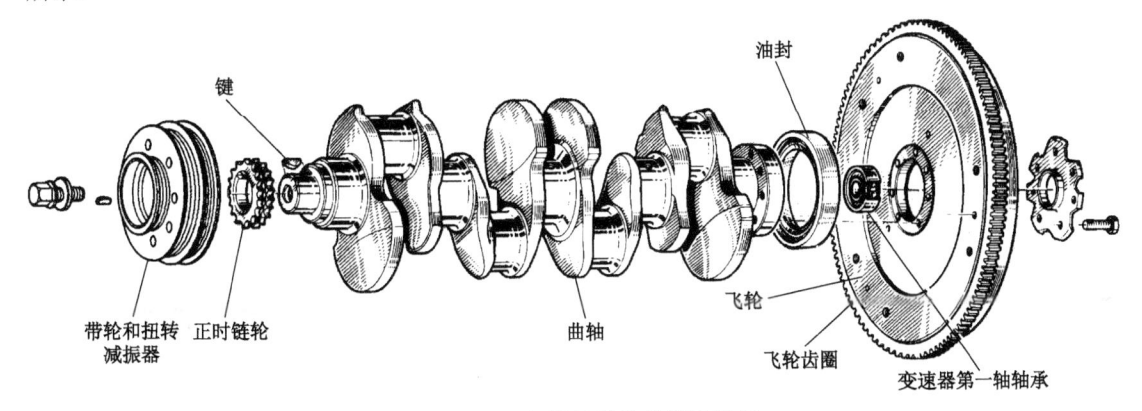

图 2-28 四缸发动机的曲轴飞轮组

1．曲轴

1）曲轴的基本结构

曲轴的主要作用是将活塞连杆组传来的气体压力转变为转矩，用以驱动汽车的传动系统和发动机的配气机构及其他辅助装置。

工作中，曲轴要承受周期性变化的气体压力、往复惯性力、离心力及由此而产生的转矩和弯矩的共同作用。因此，要求曲轴要有足够的刚度、强度，各工作表面润滑良好、耐磨，并需要很好的平衡。

目前，曲轴多采用优质中碳钢或铬镍钢（18CrNi5）、铬铝钢（34CrAl16）模锻而成，轴颈再经表面淬火或氮化处理，最后进行精加工，以提高耐磨性。

曲轴一般由主轴颈、连杆轴颈、曲柄、平衡块、前端轴等组成，如图 2-29 所示。一个连杆轴颈和它两端的曲柄及相邻两个主轴颈构成一个曲拐。曲拐的数目取决于发动机的汽缸数目及其排列方式，直列发动机的曲拐数等于汽缸数，而 V 型和对置式发动机的曲拐数为汽缸数的一半。

为减小质量和离心力，有时将曲柄销和主轴颈做成空心的。在主轴颈、曲柄销和轴承上都钻有径向油孔，通过斜向油道相连以使润滑油进入主轴颈和曲柄销的工作表面。当曲柄销上的油孔与连杆大头上的油孔对准时，润滑油可从中喷出，对汽缸壁和配气机构进行飞溅润滑（见图 2-30）。

2）曲拐的布置

曲轴的形状和各曲拐的相对位置取决于汽缸数、汽缸的排列形式和做功顺序（即点火顺序）。

当汽缸数和汽缸排列形式确定之后，曲拐的布置就只取决于发动机的做功顺序。

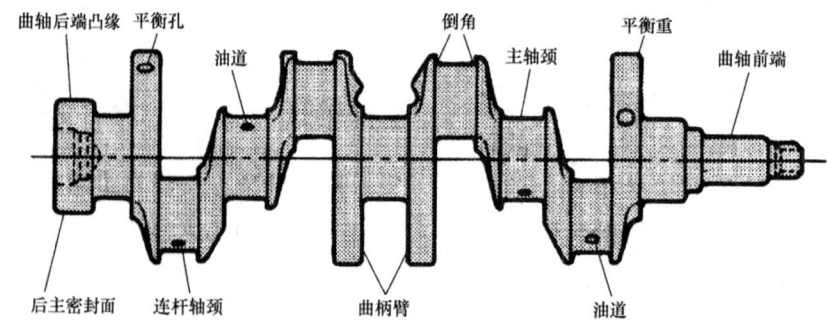

图 2-29　曲轴的结构

多缸发动机各缸的做功间隔时间（以曲轴转角表示，称为做功间隔角）应均匀。做功间隔角为 720°/汽缸数，一个汽缸做功，以保证发动机运转平稳。

在安排多缸发动机的做功顺序时，应使连续做功的两缸相隔尽量远，减小主轴承的连续载荷，同时避免因相邻两缸进气门同时开启造成的抢气现象；V 型发动机左右两列汽缸尽量交替做功。

常见的几种多缸发动机曲拐的布置和工作顺序如下。

（1）直列四缸发动机

直列四缸四冲程发动机的做功间隔角应为 720°/4=180°。其曲拐布置如图 2-31 所示，4 个曲拐布置在同一平面内。发动机做功顺序有两种：1—2—4—3 或 1—3—4—2，它们的工作循环见表 2-1。

图 2-30　曲轴内部的油道

图 2-31　直列四缸发动机的曲拐布置

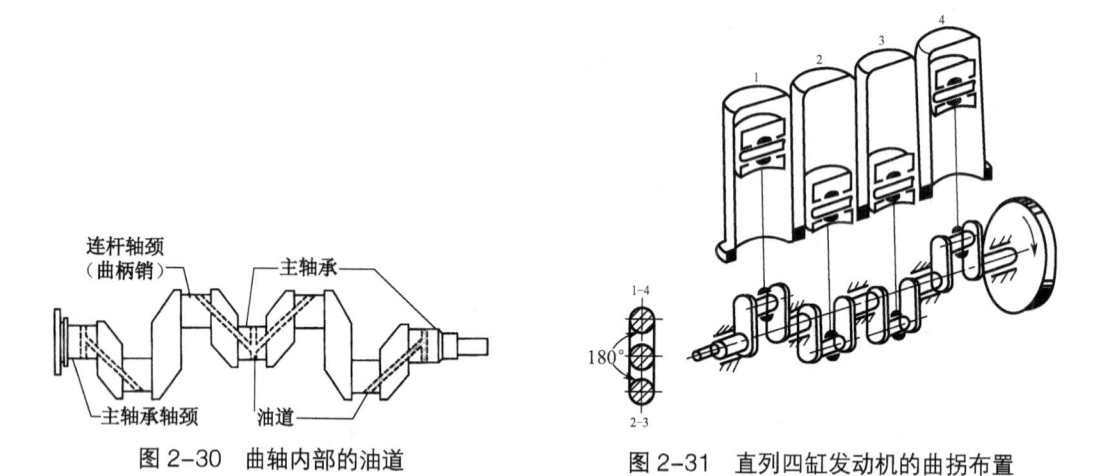

表 2-1　直列四缸发动机工作循环表（做功顺序：1—2—4—3）

曲轴转角（°）	第 一 缸	第 二 缸	第 三 缸	第 四 缸
0～180	做功	压缩	排气	进气
180～360	排气	做功	进气	压缩
360～540	进气	排气	压缩	做功
540～720	压缩	进气	做功	排气

（2）直列六缸发动机

直列六缸四冲程发动机的做功间隔角为 720°/6=120°。其曲拐布置如图 2-32 所示，6 个曲拐分别布置在3个平面内，1-6、2-5及3-4缸曲拐，各平面夹角为120°。曲拐的具体布置有两种方案，第一种做功顺序是：1—5—3—6—2—4，国产汽车的六缸发动机都用这种做功顺序，其工作循环见表2-2；另一种做功顺序是：1—4—2—6—3—5。

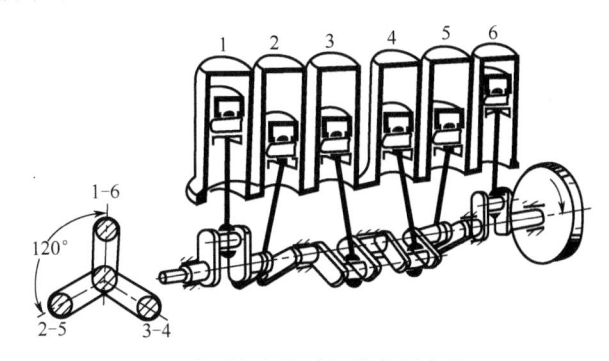

图 2-32 直列六缸发动机的曲拐布置

表 2-2 直列六缸发动机工作循环表（做功顺序：1—5—3—6—2—4）

曲轴转角（°）		第一缸	第二缸	第三缸	第四缸	第五缸	第六缸
0~180	0~60	做功	排气	进气	做功	压缩	进气
	60~120						
	120~180			压缩	排气		
180~360	180~240	排气	进气			做功	压缩
	240~300						
	300~360			做功	进气		
360~540	360~420	进气	压缩			排气	做功
	420~480						
	480~540			排气	压缩		
540~720	540~600	压缩	做功			进气	排气
	600~660						
	660~720		排气	进气	做功	压缩	

2. 平衡重

曲轴平衡重用来平衡旋转惯性力及其力矩，以使发动机运转平稳，并可减小曲轴主轴承的负荷。对四缸、六缸等直列发动机，其旋转惯性力和旋转惯性力矩是外部平衡的，但是内部不平衡，曲轴仍承受内弯矩的作用。在图2-33中惯性力 F_1、F_4 与 F_2、F_3 相平衡，力矩 M_{1-2} 与 M_{3-4} 相平衡，但 M_{1-2} 与 M_{3-4} 给曲轴造成了弯曲载荷。因此，通常在曲柄的相反方向设置平衡重，使其产生的力矩与上述惯性力矩相平衡。

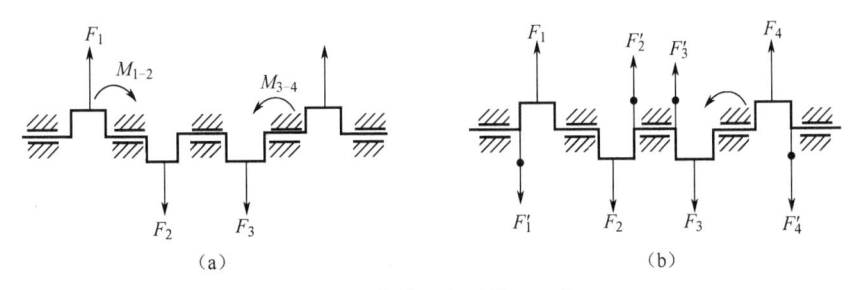

图 2-33 曲轴平衡重作用示意图

汽缸数的多少在很大程度上表明了车辆的级别，如直列四缸、直列六缸、V6、V8 等。著名的奔驰 S600 就是 V 型 12 缸的，汽缸越多，做功间隔角越小，发动机运转越平稳。最早的发动机只有直列形式的，但随着汽缸数量不断增多，发动机纵向过长受到了车辆尺寸的限制，并且曲轴过长也受到强度的限制。所以将较长的直列发动机分成两列对向布置，就变成现在的 V 型，如果展开成 180° 就成了水平对置（H 型）。

一般来说汽缸越多，做功波动越小，运转应该越平稳，实际上并不完全如此。比如直列五缸振动大于四缸，V6 振动大于直列六缸，V10 大于 V8。而最平稳的结构应该是直列六缸、直列八缸、H6、H12 及 V12。

发动机的振动主要是由活塞连杆机构的往复惯性力造成的，有些多缸发动机可以通过反向运动活塞来抵消这种惯性力。曲轴上的平衡块仅仅是为了自身旋转的动平衡而设置的（好像车轮的动平衡一样），活塞连杆的往复惯性力只能通过大小相等、方向相反的另一个力来平衡。这就是我们说的平衡轴。

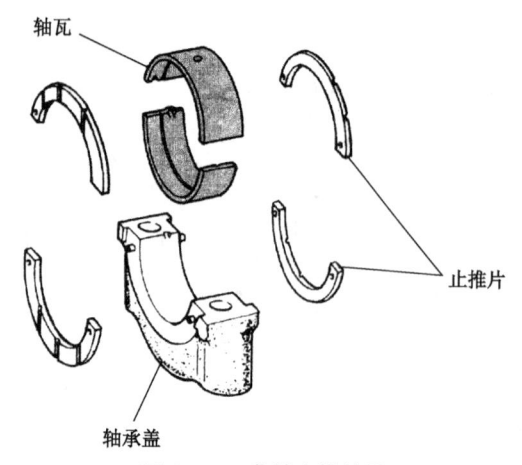

图 2-34 曲轴止推轴承

3. 曲轴的定位

曲轴由轴承盖、螺栓共同对滑动轴承进行径向定位和紧固。

通常是通过在曲轴的前部、中部或后部安装止推轴承来实现轴向定位。轴向定位可限制曲轴的轴向窜动，以保证曲柄连杆机构正确的相对位置。在曲轴受热膨胀时，应允许曲轴自由伸缩，因此曲轴轴向定位装置只能设置一处，如图 2-34 所示。

4. 曲轴扭转减振器

在发动机工作过程中，连杆作用于曲轴上的力呈周期性变化，从而使质量较小的曲拐的转速相对于质量较大的飞轮的转速忽快忽慢，造成曲轴的扭转振动。当曲轴自振频率与连杆传来的呈周期性变化的激振力频率成整倍数关系时，曲轴就会发生共振，从而引起功率损失、曲轴扭转变形甚至断裂、正时齿轮磨损严重、产生冲击噪声等后果。为此，在有些发动机（特别是那些曲轴刚度较小、旋转质量大、缸数多及转速高的发动机）的曲轴前端都装有曲轴扭转减振器。

汽车发动机最常用的曲轴扭转减振器是摩擦式扭转减振器，可分为橡胶式扭转减振器及硅油式扭转减振器两类，常用的是橡胶式扭转减振器（见图 2-35）。

目前，轿车发动机使用的扭转减振器一般都不单独设惯性盘，而是利用曲轴皮带轮兼作惯性盘，带轮和减振器制成一体（称皮带轮），同时上面刻有正时记号（见图 2-36）。

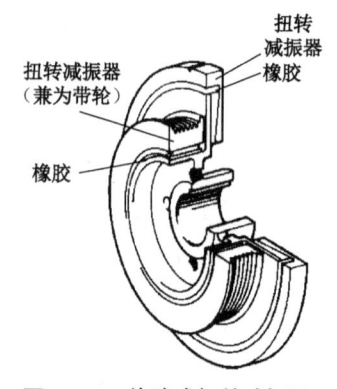

图 2-35 橡胶式扭转减振器　　　　图 2-36 曲轴带轮上的正时记号

5. 飞轮

飞轮是一个转动惯量很大的圆盘。其主要作用是储存做功行程的一部分能量，以克服各辅助行程的阻力，使曲轴均匀旋转，使发动机具有克服短时超载的能力。此外，飞轮又常作为汽车传动系统中摩擦离合器的主动盘。发动机飞轮的外缘上镶有齿圈，启动机上的齿轮工作时，供发动机启动用（见图2-37）。

目前大众公司部分发动机上安装了双质量飞轮，这种飞轮能够更好地减小发动机产生的振动。

双质量飞轮的工作原理是依据于它分离的物体质量：一部分飞轮质量用于传递发动机的转动惯量，而另一部分飞轮质量则用于提高变速器的转动惯量。两部分飞轮质量之间经一套扭转弹簧减振系统连接为一个整体，这样就可以衰减发动机的旋转振动，减轻变速器的负荷。

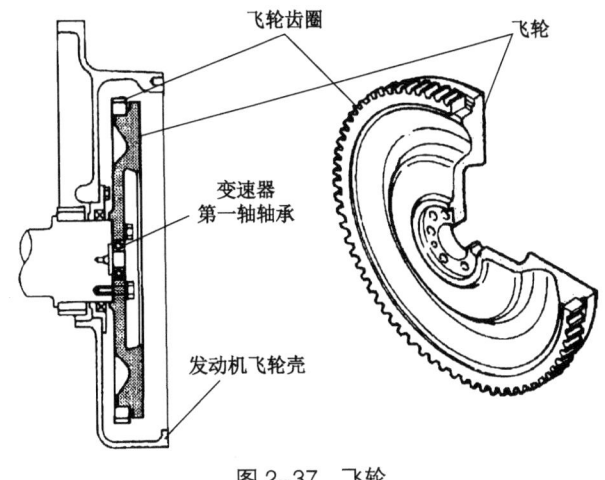

图2-37 飞轮

技师指导　发动机振动与平衡轴

在发动机的工作循环中，活塞的运动速度非常快，而且速度大小和方向变化很大，在上、下止点位置，活塞的速度为零，而在上、下止点中间的位置速度达到最高，这样必然在活塞、活塞销和连杆上产生很大的惯性力。在连杆上配置的配重可以有效地平衡这些惯性力，但连杆上的配重只有一部分运动质量参与直线运动，另一部分参与旋转运动。除了上、下止点位置外，各种惯性力不能被完全平衡，使发动机产生了振动。

发动机产生的强烈振动不但使驾驶者感到不适，而且加速了各机件的老化进程。为了消除振动，设计者为发动机加装了平衡轴机构。平衡轴是一个装有偏心重块的轴，利用偏心重块所产生的振动力，使发动机获得平衡的状态。

在发动机工作过程中，活塞在汽缸中上下运动一次，将直接使发动机产生一上一下两次振动。也就是说，发动机的振动频率和发动机的转速有关。在振动理论上，常使用多个谐波振动来描述发动机的振动，其中频率和发动机转速相等的叫一阶振动，频率是发动机转速二倍的叫二阶振动。当然，如果细分下去的话，还存在三阶和四阶振动等，但频率越高的高阶振动幅度越小，所以二阶以上的高阶振动振幅大体可以忽略不计。从人体感觉的角度看，二阶振动频率已经很高，振幅也较小，对人的影响不大，但可能引起各部分机件的疲劳，导致机件强度下降。

消除振动的方法有很多，如采用轻质的活塞减小运动件的质量，提高曲轴的刚度，采用90°夹角的V型双缸布置发动机等。但在摩托车和部分轿车发动机上会通过增加一个平衡轴来解决，如图2-38所示。平衡轴简单地说是一个装有偏心重块并随曲轴同步旋转的轴，利用偏心重块所产生的反向振动力，使发动机获得良好的平衡，减小发动机的振动。

迈腾装备的TSI发动机就采用了先进的双平衡轴技术，利用两根平衡轴自身的旋转抵消发动机的二阶往复惯性力，改善了发动机动平衡状态特性，从而更好地减小发动机振动，降低发动机噪声。

水平对置式发动机是达成平衡最简单、有效的方式。水平对置式发动机也称作Boxer发动机，其两组汽缸面对面，活塞连接杆互相搭配旋转，就好像两个拳击手（Boxer）你一拳我一拳互相对打一样。水平对置式发动机不管是几个汽缸，其两对面的汽缸活塞都永远在相对位置，具有对应的方向和速度，因此所有的力都完全平衡。但水平对置式 4 缸发动机还是有一点点二阶合成扭矩，表现为极其轻微的横向摆动。就发动机振动的平衡来说，水平对置式 6 缸发动机是最佳选择。由于对置式发动机的宽度太大，不易摆放在发动机舱里，目前只有保时捷和斯巴鲁两家车厂采用。

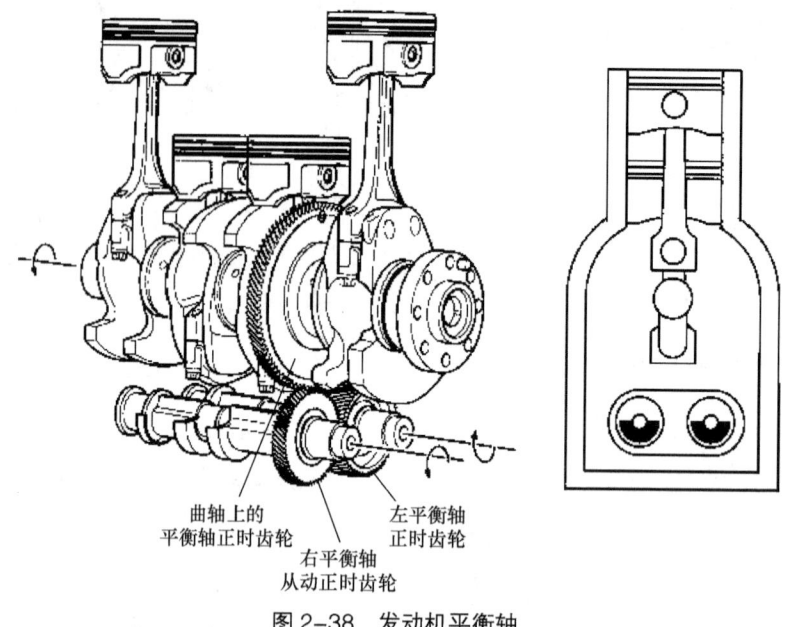

曲轴上的平衡轴正时齿轮　　左平衡轴正时齿轮　　右平衡轴从动正时齿轮

图 2-38　发动机平衡轴

2.3 零部件检修

1. 汽缸测量

汽缸的磨损程度是判断发动机技术状况是否良好、是否需要大修的重要依据。汽缸磨损至一定程度，发动机动力性能显著下降，油耗急剧增加，工作性能变坏，甚至不能正常工作。

测量发动机汽缸磨损的目的，主要是确定汽缸磨损后的圆度和圆柱度。根据汽缸的磨损程度，确定发动机是否需要大修，以及确定汽缸的修理尺寸。测量汽缸通常使用量缸表，其测量方法如下：

（1）根据汽缸直径，选择相应尺寸的测量接杆，并将其固定在量缸表杆的下端。按规定接杆固定好后与活动测杆的总长度应与被测汽缸的尺寸相适应。

（2）校正量缸表的尺寸。将千分尺校正到被测汽缸的标准尺寸，再将量缸表校准到千分尺的尺寸，并使伸缩杆有 2mm 左右的压缩行程，旋转表盘，使表针对准零位。

（3）测量汽缸上、中、下三个位置的纵向和横向上的汽缸直径。汽缸上部应测量第一道活塞环在上止点位置时所对应的汽缸壁；汽缸下部应测量距离汽缸下边缘 10mm 作用处，如图 2-39 所示。

为保证测量准确，量缸表测杆与汽缸轴线要保持垂直。测量时应转动量缸表，指针指示的最小值即为被测值，如图 2-40 所示，并将测量值逐一记录下来，计算圆度与圆柱度误差。如汽油机的圆度误差超过 0.05mm，圆柱度误差超过 0.175mm，柴油机的圆度误差超过 0.063mm，圆柱度误差超过 0.25mm，则应进行镗缸修理或直接更换缸体。

2. 汽缸体、汽缸盖测量

汽缸体、汽缸盖平面发生变形，可用平尺放在平面上，然后用塞尺测量平尺与平面间的间隙，塞入塞尺的最大厚度值就是平面度误差，如图 2-41（a）所示。

表 2-3 给出了汽缸体、汽缸盖的平面度范围。超过此值，应进行更换。

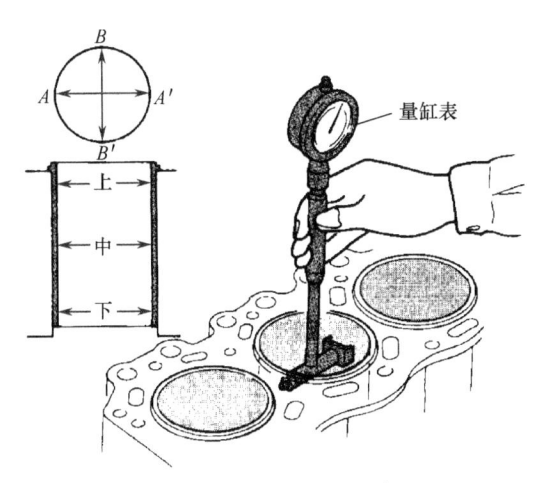

图 2-39 汽缸内径的测量

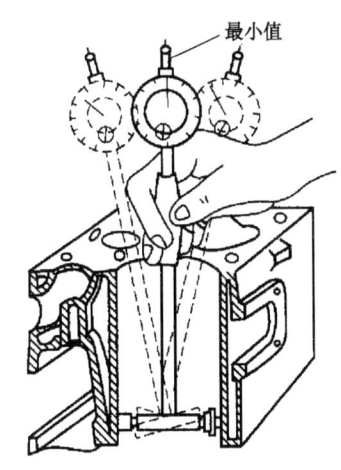

图 2-40 量缸表测杆与汽缸轴线要保持垂直

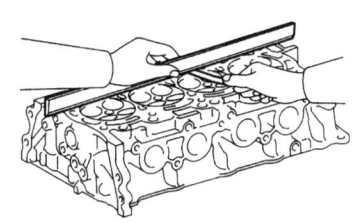

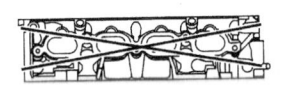

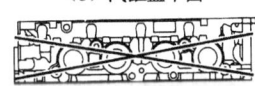

(a) 汽缸体平面
(b) 汽缸盖平面
(c) 进气歧管侧
(d) 排气歧管侧

图 2-41 汽缸体的平面度检查

表 2-3 汽缸体上面与汽缸盖下平面的平面度　　　　　　　　　　　　　　（mm）

测量范围	汽缸长度	铸 铁		铝 合 金	
		汽缸体上平面	汽缸盖下平面	汽缸体上平面	汽缸盖下平面
任 50×50		0.05	0.025	0.05	0.05
整个平面	≤600	0.15	0.10	0.15	0.15
	>600	0.25	—	0.35	—

注意：检测时，被检平面应彻底清除水垢、积炭和毛刺，并刮平或铲平螺纹孔周围的凸起部分。

3．活塞相关测量

1) 活塞直径测量

活塞裙部的磨损较小，通常是由于侧压力和惯性力作用而形成椭圆形磨损。当活塞裙部与汽缸壁间隙过大时，发动机工作易出现敲缸，并出现严重的窜油现象。检查裙部磨损时，用外径千分尺测量与活塞销垂直方向的活塞裙部直径，以捷达 ATK 发动机为例，测量位置在裙部下沿约 10mm 处，并且与活塞销轴线成 90°角，如图 2-42 所示。测得的数值与标准尺寸的最大偏差量不得超过 0.04mm。超过规定值时，应更换活塞。

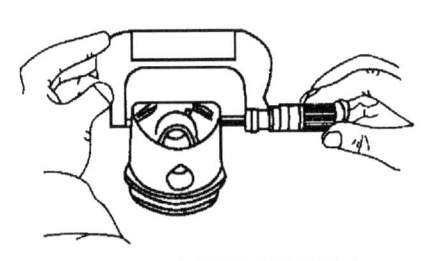

图 2-42 测量活塞裙部尺寸

2）活塞环端隙测量

活塞环的端隙过大，影响汽缸的密封性；端隙过小，活塞环受热膨胀易卡死在汽缸内。测量活塞环端隙时，用活塞将活塞环推入汽缸内，使活塞环的平面与汽缸口面平行，然后用塞尺测量活塞环的端隙，如图2-43所示。若端隙大于规定值，应另选活塞环。

3）活塞环侧隙测量

侧隙过大将影响活塞环的密封作用；过小则可能使活塞卡死在环槽内，造成拉缸现象。检查时，将活塞环放入环槽内，用塞尺测量，如图2-44所示。其经验方法是：活塞环在其槽内能沿槽转动自如，且无松旷感觉为宜。侧隙过大，则需重新更换；侧隙过小，可将活塞环放在平板的砂布上研磨。

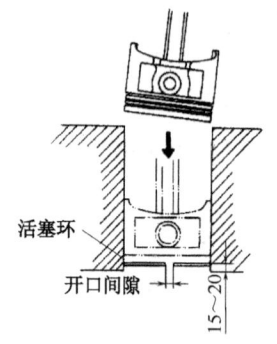

图2-43 检查活塞环端隙

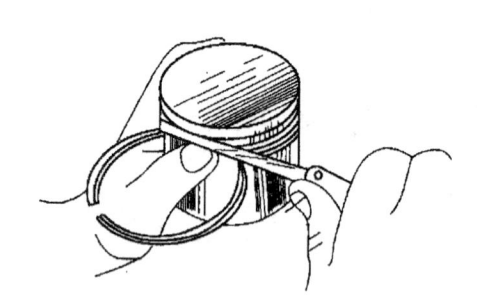

图2-44 测量活塞环侧隙

4．曲轴相关测量

1）曲轴弯曲度测量

检验曲轴弯曲度时，将曲轴两端的主轴颈搁置在检验平板的V形块上，或将曲轴支持在车床的前后顶尖上，校对中心水平后用百分表进行测量。由于中间轴颈受负荷和振动较大，弯曲变形也明显，百分表的量头应对准曲轴之间的一道或两道轴颈，转动曲轴一周，百分表上所指的最大与最小读数之差的1/2即为曲轴的弯曲度，如图2-45所示。

测量时，不可将百分表的量头放在轴颈的中间，而应放在轴颈的一端，否则会由于轴颈的不圆，而对曲轴的弯曲度给出不正确的结论。必须指出，因为涉及两端轴颈不圆所增加的误差，故为一近似值。曲轴中间轴中心弯曲如未超过0.05mm，则可不加修整；若达到0.05～0.10mm，则可结合轴颈磨削一并予以修正；若超过0.10mm，则必须加以校正。

2）曲轴主轴颈测量

曲轴轴颈磨损的检验是检查其圆度（椭圆）和圆柱度（锥形）误差。用外径千分尺在轴的同一横断面径向多点测量（先在轴颈油孔的两侧测量，然后旋转90°再测量），最大直径与最小直径之差的1/2为圆度误差，轴颈两端测得的直径差的1/2为圆柱度误差，如图2-46所示。曲轴主轴颈和连杆轴颈的圆度、圆柱度误差超过0.025mm时，应按规定修理尺寸进行修磨。

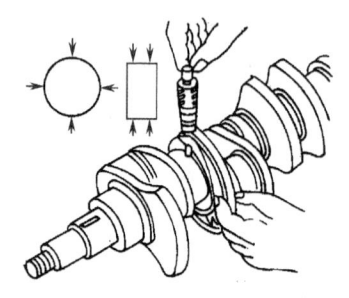

图2-45 曲轴弯曲度测量

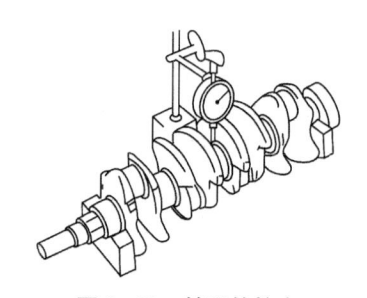

图2-46 轴颈的检查

3）曲轴间隙测量

曲轴间隙包括曲轴的径向和轴向间隙，这两项间隙都是为了适应发动机在运转过程中机件受热膨胀时的需要而规定的。

曲轴与轴承配合的径向间隙的检查可以用专用塑料线规检验法。一些汽车的曲轴轴承的配件中配有检验曲轴间隙的专用塑料线规。检验时，拆下轴承盖，把线规纵向放入轴承中，再按原厂规定的扭矩紧固轴承盖，在拧紧过程中要注意防止轴承转动。然后拆下轴承盖，取出已压扁的塑料线规，与附带的不同宽度色标的量规或第一道轴承盖侧面上不同宽度的刻线比照，其值即为轴承的间隙值，如图2-47所示，不同机型标准值查看相应维修手册。如果径向间隙不符合要求，可通过改变轴承盖的垫片厚度来达到或重新选配轴承。

曲轴的轴向间隙是指轴承止推端面与轴颈定位肩之间的间隙。曲轴轴向间隙如果过大，曲轴工作时将产生轴向窜动，加速汽缸的磨损，影响配气机构和离合器的正常工作。检查方法是用百分表触针顶在曲轴的平衡块上，再用撬棒将曲轴前后撬动，观察表针摆动数值，如图2-48所示。

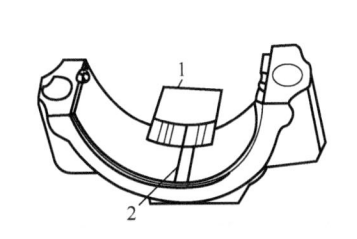

1—塑料线规标尺；2—压扁了的塑料线规

图2-47　用专用塑料线规测量主轴承间隙

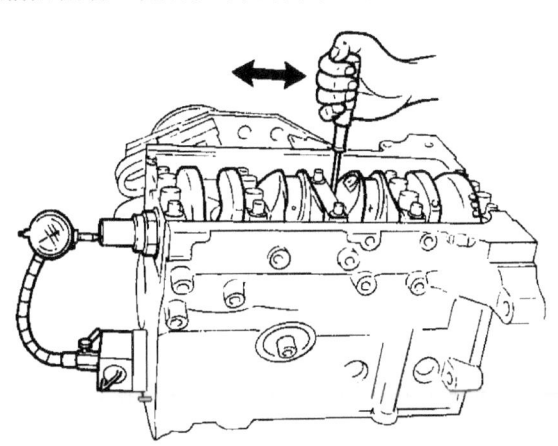

图2-48　曲轴的轴向间隙测量

另一种方法是用撬棒将曲轴撬向一端，再用塞尺在推力轴承止推面与轴承定位肩之间进行测量。曲轴轴向间隙摇臂为0.05～0.20mm，使用极限为0.35mm。捷达ATK发动机曲轴轴向间隙是靠第三道主轴承的止推片来保证的，此数值应为0.14～0.35mm。曲轴轴向间隙的调整是通过更换不同厚度的推力轴承或推力片进行的。

注意：用塑料线规测量曲轴径向间隙时，不要转动曲轴。

【本章综合任务】完成发动机大修流程中关于本章元件的检修流程。

第 3 章

配气机构

【本章知识目标】
- 能说出充气效率和影响充气效率的因素；
- 能画出配气相位图，并说出进、排气门的配气角度；
- 能说出正时可变技术的机械部分结构形式。

【本章技能目标】
- 能独立进行正时带或正时链检查和更换操作；
- 能独立进行汽缸盖检查和紧固操作；
- 能独立进行铰气门和研磨气门操作；
- 能正确进行气门间隙调节操作。

3.1 配气机构基础知识

3.1.1 充气效率

配气机构应保证发动机运转时气体能及时进入汽缸，要有最大的进气量；排气时要能将汽缸中的废气排出，尽量减少废气的残余量。

发动机的换气过程包括排气过程（包括自由排气和强制排气）和进气过程。其任务是排出缸内废气，并吸入新鲜空气或混合气。

为提高发动机的性能，对换气过程的要求是：排气彻底，进气充分，换气功耗尽量小。

为了保证发动机每个汽缸排气彻底，进气充分，要求气门具有尽可能大的通过能力。新鲜空气或可燃混合气被吸进汽缸越多，则发动机可能发出的功率就越大。新鲜空气或可燃混合气充满汽缸的程度用充气效率 η_V 来表示。所谓充气效率就是指在进气过程中，实际进入汽缸的新鲜空气或可燃混合气的质量与在理想状况下充满汽缸工作容积的新鲜空气或可燃混合气的质量之比。其公式如下：

$$\eta_V = M/M_0$$

式中 M——进气过程中，实际进入汽缸的新气的质量（Mass）；

M_0——在理想状态下，充满汽缸工作容积的新气质量。

充气效率 η_V 是衡量发动机换气质量的参数。充气效率可用于比较不同大小、不同类型发动机的充气品质和换气过程的完善程度，不受汽缸工作容积的影响。充气效率越高，表明进入汽缸内的新鲜空气或可燃混合气的质量越多，可燃混合气燃烧时可能放出的热量越大，发动机发出的功率也就越大。对于一定工作容积的发动机而言，充气效率与进气终了时汽缸内的压力和温度有关。此时压力越高，温度越低，则一定容积的气体质量就越大，因而充气效率越高。由于进气系统对气流的阻力造成进气终了时缸内气体压力降低，又由于上一循环中残留在汽缸内的高温废气，以及燃烧室、活塞顶、气门等高温零件对进入汽缸内的新鲜气体加热，使进气终了时气体的温度升高，实际充入汽缸的新鲜气体的质量总是小于在理想状况下充满汽缸工作容积的新鲜气体的质量，即充气效率一般都小于1，通常为0.80～0.90。

影响发动机充气效率的因素很多，就配气机构而言，要求其结构有利于减小进气和排气的阻力，进、排气门的开启时刻和持续开启的时间应适当，使吸气和排气过程尽可能充分，使充气效率得以提高。另外，采用可变进气系统和进气增压系统，也可有效地提高充气效率。

3.1.2 配气相位

用曲轴转角表示的进、排气门实际开闭时刻和开启持续时间，称为配气相位。通常用相对于上、下止点曲拐位置的曲轴转角的环形图来表示，这种图形称为配气相位图，如图3-1所示。

理论上，四行程发动机的进气门当曲拐处在上止点时开启，当曲拐处在下止点时关闭；排气门则当曲拐处在下止点时开启，当曲拐处在上止点时关闭。进气时间和排气时间各占180°曲轴转角。但实际上发动机转速很高，活塞每一行程历时相当短，势必会造成进气不足和排气不净，从而使发动机功率下降。因此，现代发动机都采取延长进、排气时间的方法，即实际开闭时刻不是恰好在上、下止点，而是提前开、迟后关一定的曲轴转角，以改善进、排气状况，从而提高发动机的动力性。

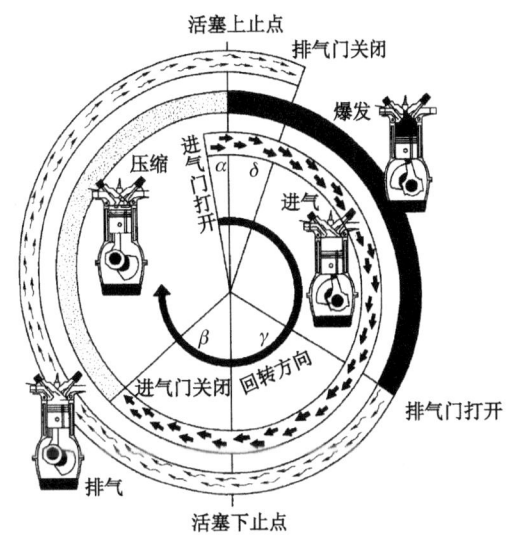

图 3-1 配气相位图

1. 进气门的配气相位

1）进气提前角

在排气行程接近终了、活塞到达上止点之前，进气门便开始开启，从进气门开始开启到活塞移到上止点所对应的曲轴转角 α 称为进气提前角。进气门提前开启的目的是：为了保证进气行程开始时进气门已开大，减小了进气阻力，新鲜气体能顺利地充入汽缸。

2）进气迟后角

在进气行程下止点过后，活塞重又上行一段，进气门才关闭。从下止点到进气门关闭所对应的曲轴转角 β 称为进气迟后角。进气门迟后关闭的目的是：由于活塞到达下止点时，汽缸内的压力仍低于大气压力，且气流还有相当大的惯性，可以利用气流惯性和压力差继续进气。

由此可见，进气门开启持续时间内的曲轴转角，即进气持续角为 $\alpha+180°+\beta$。α 一般为 10°～30°，β 一般为 40°～80°。

进入汽缸内的新气量越多，发动机的动力性越好。影响进气量的因素很多，而进、排气门开启和关闭的时刻便是其中之一。在奥拓循环发动机上可通过控制进、排气门的配气相位实现发动机在更宽的转速范围内恒转矩，动力性增加。而在米勒发动机上可实现发动机更高的效率。

2. 排气门的配气相位

整个排气过程可以分为自由排气阶段和强制排气阶段。

自由排气阶段指废气依据自身的压力自行排出，从排气门打开到汽缸压力接近排气管压力的这段时间。自由排气阶段时间虽短，但是排出的废气量很大，可达 60%。强制排气阶段指当汽缸内压力小于排气管压力后，废气由活塞上行强制推出的这段时间。

1) 排气提前角

在做功行程接近终了，活塞到达下止点之前，排气门便开始开启。从排气门开始开启到下止点所对应的曲轴转角 γ 称为排气提前角。排气门提前开启的目的是：当做功行程活塞接近下止点时，汽缸内的气体还有 0.30~0.50MPa 的压力，此压力对做功的作用已经不大，但仍比大气压力高，可利用此压力使汽缸内的废气迅速地自由排出，待活塞到达下止点时，汽缸内只剩 0.11~0.12MPa 的压力，使排气行程所消耗的功率大为减小；此外，高温废气迅速地排出，还可以防止发动机过热。

2) 排气迟后角

活塞越过上止点后，排气门才关闭。从上止点到排气门关闭所对应的曲轴转角 δ 称为排气迟后角。排气门迟后关闭的目的是：由于活塞到达上止点时，汽缸内的残余废气压力高于大气压力，加之排气时气流有一定的惯性，仍可以利用气流惯性和压力差把废气排放得更干净。

由此可见，排气门开启持续时间内的曲轴转角，即排气持续角为 $\gamma+180°+\delta$。γ 一般为 40°~80°，δ 一般为 10°~30°。

3. 气门叠开

由于进气门在上止点前即开启，而排气门在上止点后才关闭，这就出现了在一段时间内，进、排气门同时开启的现象，这种现象称为气门叠开。同时开启的曲轴转角 $\alpha+\delta$ 称为气门叠开角。由于新鲜气流和废气流的流动惯性都比较大，在短时间内是不会改变流向的，因此只要气门叠开角选择适当，就不会有废气倒流入进气管和新鲜气体随同废气排出的可能性。相反，由于废气气流周围有一定的真空度，对排气速度有一定影响，从进气门进入的少量新鲜气体可对此真空度加以填补，还有助于废气的排出。

通过同时开启进、排气门可以用新鲜气体将残余废气清扫干净，这个过程称为扫气过程。通过扫气过程可以清除残余废气，同时还可以降低高温零件的温度。一般而言，气门叠开角越大，发动机的高速性能越好，但是会产生怠速不稳。

4. 配气相位影响

不同发动机，由于其结构形式、转速各不相同，配气相位也不相同。一般来说特定发动机的配气相位是不变的，它只适应于发动机某一常用的转速。最有利的配气相位需通过反复试验确定。同一台发动机转速不同也可以有不同的配气相位，发动机低速工作时应减小气门提前角和迟后角，转速越高，提前角和迟后角也应越大。近年来，越来越多的汽车制造商采用了可变配气相位（配气正时）技术，通过利用油压来调整凸轮轴转动一个角度而对气门正时进行优化，从而提高了充气效率，增加了发动机功率输出，改善了燃料消耗率和减少废气排放。

配气正时控制可以利用设置合理的气门叠开角有效提高发动机怠速稳定性，而在排气行程末期，进气门和排气门重叠打开后借助进气歧管产生的较高真空度，燃烧室中一部分已经燃烧过的气体就又被吸入进气道内，在下个进气行程被吸入燃烧室再次燃烧，从而改变 EGR 率。如果配气正时不准确、发动机怠速不稳或输出功率下降，严重时发动机不能启动或造成发动机机械损伤。

3.2 配气机构的作用和组成

3.2.1 配气机构的作用

配气机构的作用是按照发动机每一汽缸内所进行的工作循环和发火次序的要求，定时开启和关闭各汽缸的进、排气门，使新鲜充量得以及时进入汽缸，废气得以及时从汽缸排出；在压缩与膨胀行程中，保证燃烧室的密封。新鲜充量对于汽油机而言是汽油和空气的混合气，对于柴油机而言是纯空气。

气门开闭的原理：曲轴的旋转通过正时链条（正时皮带）传递到凸轮轴，从而转动了凸轮。凸轮轴链轮（带轮）的齿数是曲轴齿轮齿数的 2 倍，故曲轴每转两圈，凸轮轴转一圈。由于凸轮轴的旋转，凸轮推动气门打开或关闭。

3.2.2 配气机构的形式

配气机构根据凸轮轴的位置分为：

1. 凸轮轴下置式
凸轮轴下置式多在早期车型中使用，多为螺栓和锁紧螺母组成的手调气门间隙的结构，如图 3-2 所示。

2. 凸轮轴中置式
凸轮轴中置式多在美国车型中使用，多为带摇臂的机构，液压间隙补偿机构在摇臂的下侧。

3. 凸轮轴顶置式
凸轮轴顶置式是目前常用的形式（见图 3-3），多数采用液压间隙补偿机构，少数采用实心挺柱。

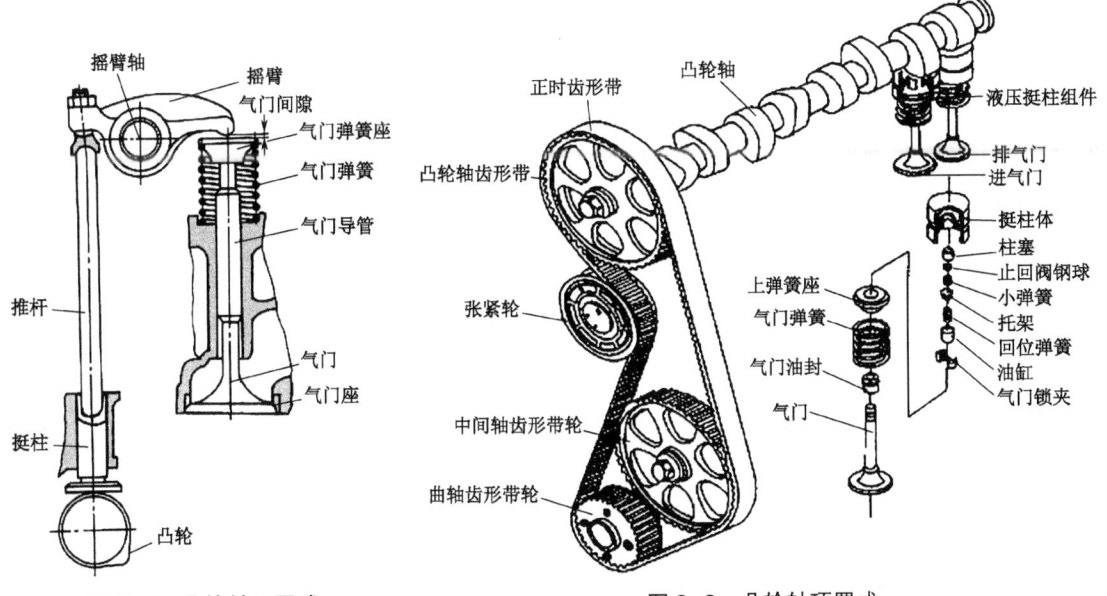

图 3-2 凸轮轴下置式

图 3-3 凸轮轴顶置式

配气机构由气门组和气门传动组组成。气门组包括气门、气门导管、气门座和气门弹簧等主要零部件。气门传动组主要包括凸轮轴、凸轮轴正时齿轮、挺柱、推杆、摇臂和摇臂轴。

3.2.3 气门组元件

气门组的作用是实现汽缸的密封，气门组构成如图 3-4 所示。

1. 气门
参见图 3-4，气门的作用是与气门座相配合，对汽缸进行密封，并按工作循环的要求定时开启和关闭，使新鲜气体进入汽缸，使废气排出汽缸。气门由头部和杆部两部分组成，头部用来封闭

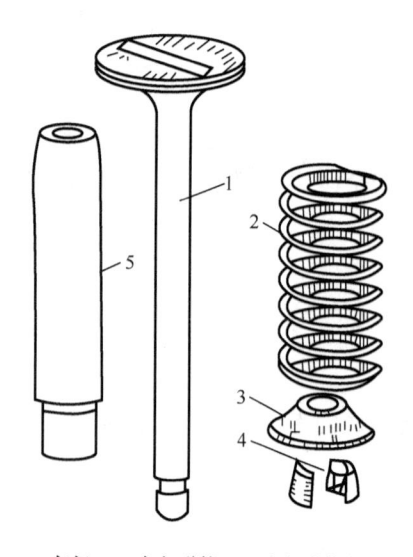

汽缸的进、排气通道，杆部则主要为气门的运动导向。气门头部受高温作用，承受高压及气门弹簧和传动组惯性力的作用；气门杆在气门导管中做高速直线往复运动，其冷却和润滑条件差，因此，要求气门必须具有足够的强度、刚度、耐热和耐磨能力。进气门材料常采用合金钢（铬钢或镍铬钢等），排气门则采用耐热合金钢（硅铬钢等）。一般而言，为增加进气量，进气门直径大于排气门直径。

另外，为了改善气门的导热性能，在气门内部充注金属钠（见图3-5），钠在970℃时为液态，液态钠可将气门头部的热量传给气门杆，冷却效果十分明显。

气门头部与气门座圈接触的工作面是与杆部同心的锥面，为保持气门和气门接触面的密封性，通常将这一锥面与气门顶部平面的夹角称为气门锥角，如图3-6所示，一般做成30°或45°。采用锥形工作面的目的是：

（1）就像锥形塞子可以塞紧瓶口一样，能获得较大的气门座贴合压力，以提高密封性和导热性。

（2）气门落座时有定位作用。

（3）避免使气流拐弯过大而降低流速。

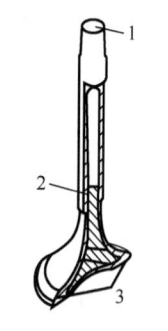

1—气门；2—气门弹簧；3—气门弹簧座；
4—锁片；5—气门导管

图3-4 气门组构成

1—气门杆端头；2—金属钠；3—气门杆菌头

图3-5 充钠排气门

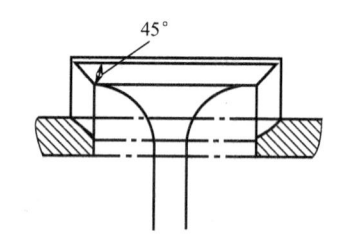

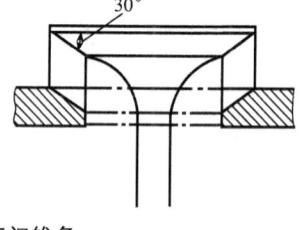

图3-6 气门锥角

修理指导

为保证良好密封，装配前应将气门头与气门座二者的密封锥面互相研磨，研磨好的零件不能互换。

气门头部直径越大，气门口通道截面就越大，进、排气阻力就越小。由于最大尺寸受燃烧室结构的限制，考虑到进气阻力比排气阻力对发动机性能的影响大得多，为尽量减小进气阻力，进气门直径往往大于排气门直径。另外，排气门稍小些还不易变形。

气门杆是圆柱形，在气门导管中不断进行上、下往复运动。气门杆应具有较高的加工精度和较小的表面粗糙度值，与气门导管保持正确的配合间隙，以减小磨损和起到良好的导向、散热作用。气门杆尾部结构取决于气门弹簧座的固定方式，如图3-7所示。常用的结构是用剖分或两半的锥形锁片4来固定气门弹簧座，这时气门杆1的尾部可切出环形槽来安装锁片。也可以用锁销5来固定气门弹簧座，对应的气门杆尾部应有一个用来安装锁销的径向孔。

2. 气门导管

参见图 3-4，气门导管一般由铸铁制成，压嵌入汽缸盖。气门导管的功用是给气门的运动导向，以使气门工作面与气门紧密地接触，并为气门杆散热。为便于调换或修理，气门导管内、外圆柱面经加工后压入汽缸盖导管孔中，然后再精铰内孔。为了防止气门导管在使用过程中松落，有的发动机对气门导管用卡环定位，使气门弹簧下座将卡环压住，导管就有了可靠的轴向定位。气门杆与气门导管之间一般留有 0.05～0.12mm 的间隙，使气门杆能在导管中自由运动。气门导管的工作温度较高，润滑比较困难，一般用含石墨较多的铸铁或铁基粉末冶金制成，以提高自润滑性能，也有的气门导管与气门杆的接触面由发动机机油润滑。为防止过多的机油进入燃烧室，在气门导管的最上端安装了气门油封，如图 3-8 所示。

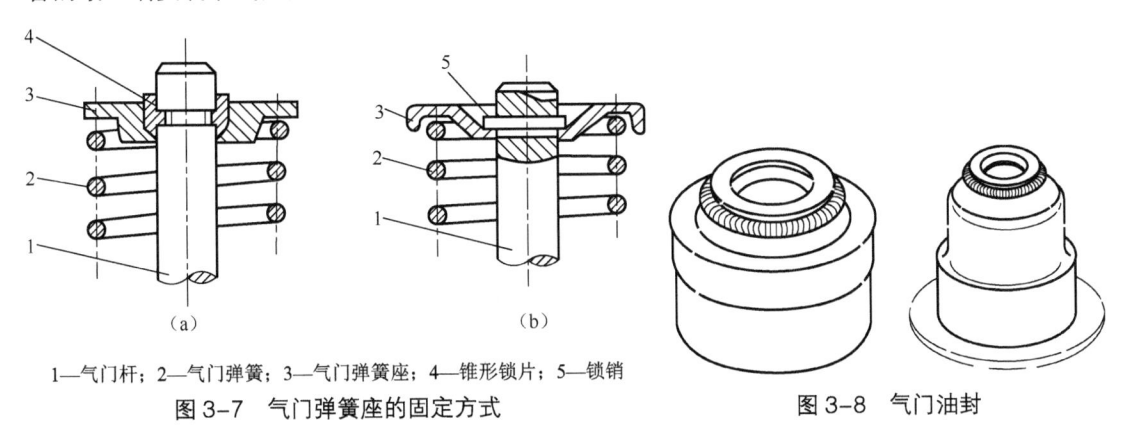

1—气门杆；2—气门弹簧；3—气门弹簧座；4—锥形锁片；5—锁销

图 3-7　气门弹簧座的固定方式　　　　图 3-8　气门油封

为了顺利拆下气门导管，先用水加热汽缸盖到 80～100℃，将汽缸盖放置在木块上，拆下气门导管。

典型故障

气门杆在气门导管中产生的不平衡运动或发涩称为"气门杆发涩"，在气门杆与气门导管之间的间隙不当或润滑不足时发生。如果气门杆油封破损或硬化，发动机机油就会进入燃烧室燃烧，使机油消耗增加，发动机在启动时排气管冒蓝烟。

3. 气门座

汽缸盖上的进、排气道与气门锥面相结合的部位称为气门座，它也有相应的锥面。气门座的作用是靠其内锥面与气门锥面的紧密贴合密封汽缸，并接受气门传来的热量，使气门冷却。因为气门座在高温下工作，磨损严重，所以制造气门座的材料必须具有极好的耐高温和耐磨损的性能。不少发动机的气门座是用耐热钢材或合金铸铁单独制成气门座圈，然后镶嵌入汽缸盖上的气门座圈孔中，以提高其使用寿命。气门座出现磨损时，可以使用硬质合金刀具研磨或更换。有些发动机气门座与汽缸盖做成一体，不能更换，维修时只能整体更换汽缸盖。

发动机汽缸的密封需要三个地方：活塞、活塞环和汽缸之间的密封；缸垫的密封；气门和气门座的密封。

在工作过程中，随着气门对气门座的撞击、高温烧蚀，气门和气门座的工作锥面出现麻点、烧蚀、凹陷，气门的密封性能下降。所以，在发动机"大修"过程中，为了保证气门的密封性能，应更换气门，同时对气门座进行铰销（见图 3-9）和研磨，以保证气门接触面的宽度和位置合适，保证气门的密封性能。

(a)　　　　　　　(b)　　　　　　　(c)　　　　　　　(d)

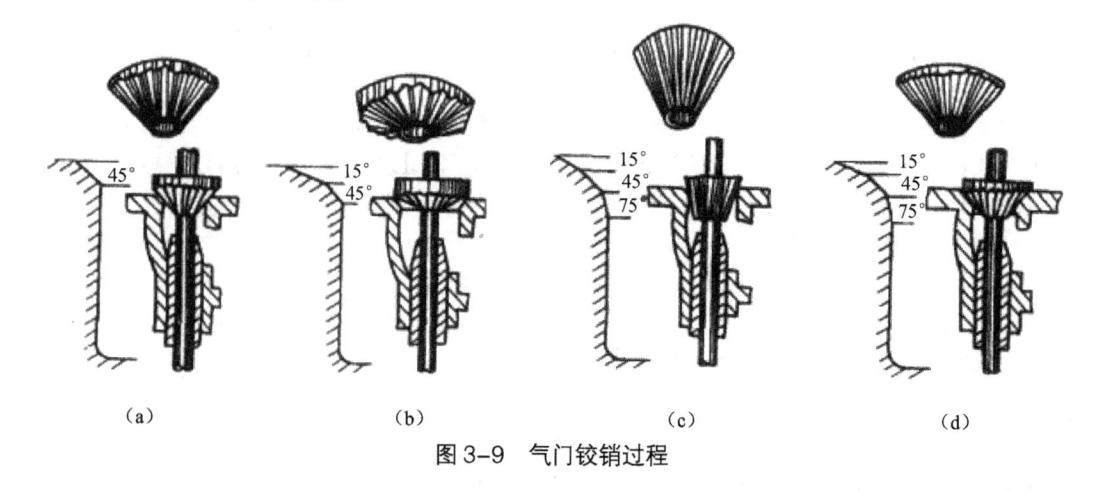

图3-9　气门铰销过程

气门座接触宽度一般应为1.0~1.4mm，气门座的接触宽度越宽，冷却效果越明显，但容易产生积炭，使气密性降低；相反，气门座接触宽度越窄，冷却效果较差，密封性能也将下降。

典型修理工作

气门座圈的维修包括铰气门座圈、研磨气门座圈和检查气门与气门座密封性。

1）铰气门座圈

无论是在汽缸盖上加工出来的气门座，还是镶嵌入汽缸盖上的气门座圈，铰销都如图3-9所示，首先铰45°工作面（见图3-9（a）），其次铰15°工作面（见图3-9（b）），再次铰75°工作面（见图3-9（c）），最后重铰45°工作面（见图3-9（d）），形成1.0~1.4mm的工作面。

2）研磨气门座圈

刚铰销的气门或气门座的配合密封若达不到要求（如气门座有轻微的烧蚀或斑点时），应采用研磨的方法，使之达到气门与气门座配合的要求。

研磨气门时应将气门在气门座上做顺时针旋转运动，然后做逆时针旋转运动，这样可以避免单向连续转动所造成的气门工作面与气门座接触面之间的擦痕。做顺、逆回转动作时要伴随气门上下起落的动作，这样可使涂抹在气门工作面上的气门砂有重新分布的可能，从而减少其结合面的擦痕。气门与气门座的相对位置要不断调换研磨，以求得全面的配合。

研磨时应施加一定的压力，这要依据气门与气门座的配合情况及所使用的气门砂的粗细来确定。一般粗磨时用力稍大些，精磨时用力小些。

3）气门和气门座密封检查

对研好的气门和气门座之间进行清洗处理，再用汽油检漏。

4．气门弹簧

气门弹簧是螺旋弹簧，其作用是克服气门关闭过程中气门及传动件所产生的惯性力，保证气门及时落座并与气门座或气门座圈紧密贴合，同时也可防止气门在发动机振动时因跳动而破坏密封。因此要求气门弹簧具有足够的刚度和安装预紧力。

气门弹簧多为用中碳铬钒钢丝或硅铬钢丝制成的圆柱形螺旋弹簧。气门弹簧在工作时承受频繁的交变载荷，为保证其可靠地工作，气门弹簧应有合适的弹力、足够的刚度和抗疲劳强度。加工后应对气门弹簧进行热处理，钢丝表面要磨光、抛光或进行喷丸处理，以提高疲劳强度，增强气门弹簧的工作可靠性。

安装时，气门弹簧的一端支承在汽缸盖上，而另一端则压靠在气门杆尾端的弹簧座上，弹簧座用锁片固定在气门杆的末端。为了防止气门锁片滑落，在气门锁片的内部涂上薄薄一层油脂，然后将其安装在气门内。

典型故障

气门弹簧长期工作有出现断裂导致气门无法关闭的故障。

3.2.4 气门积炭故障

1. 故障现象

发动机工作时声音较闷，排气不畅，怠速不稳，工作无力，油耗升高，水温、排气温度异常升高，启动困难，油门滞后，反应不灵敏等都是与积炭相关的现象。

由于积炭的结构类似海绵（见图3-10），当气门形成积炭以后每次喷入汽缸的燃油就会有一部分被吸附，使得真正进入汽缸的混合气浓度变稀，导致发动机工作不良，出现启动困难、怠速不稳、加速不良、急加油回火、尾气超标、油耗增多等异常现象。如果再严重会造成气门封闭不严，使某缸因没有缸压而彻底不工作，甚至粘连气门使之不回位。此时气门与活塞会产生运动干涉，最终损坏发动机。不过要特别提醒的一点是，要得到正确的判断，还得先排除与上述现象有关的故障后才可以得出结论，因为大家都知道，不同的故障反映出的现象有些是相同的，所以需要一一排除。排除故障的一般原则是：先简单后复杂，先排除外围，后拆解内部。大凡需要拆解发动机的故障，要先排除外围部件引起的故障后才可以做出决定，盲目轻易地拆解发动机将会造成不必要的损失，所以需要慎之又慎地做出决定。

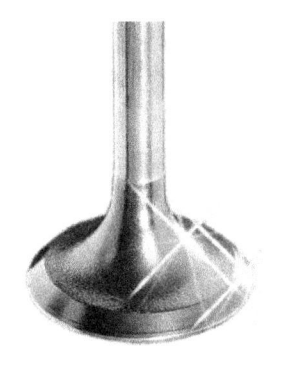

图3-10 气门积炭故障

2. 积炭的分类及清理

1）发动机进气门和燃烧室积炭

（1）汽油质量差。关闭发动机后点火被切断，但这次工作循环所喷出的汽油却只能贴附在进气门和燃烧室壁上，汽油很容易挥发，但汽油中的蜡和胶质物却留了下来，长此以往汽油中的蜡和胶质物越积越厚，反复受热后变硬，就形成了积炭，但这是正常的积炭，量会很少。而如果加注的汽油质量低劣、杂质较多，气门积炭就更严重，且形成的速度更快。

（2）发动机烧机油。如果发动机烧机油，那么气门积炭就更严重且形成的速度也更快。

（3）曲轴箱通风。常听有人抱怨燃油质量差，但人们往往忽略了曲轴箱通风。为防止污染空气，工程师们把发动机内部的废气直接引入进气歧管，随新鲜空气一起进入燃烧室进行燃烧。高温的油蒸气随新鲜空气一起充满进气歧管，一部分附着在管壁及气门背部，另一部分随进气流在进气门处与喷入的燃油混合形成混合气，进入燃烧室燃烧后被排出车外。

（4）空气滤清器。由于吸入的空气中含有细小灰尘，在空滤处无法完全滤除，伴随油气一起冲刷气门背部，经长时间冲刷造成细微划痕。细小颗粒与来自曲轴箱的润滑油储存在划痕中，在高温下形成漆状物，经长时间积累，并混合燃油中的蜡等成分形成积炭。

2）进气管积炭

由于整台发动机各个活塞的工作并不是同步的，当熄灭发动机时，有些汽缸的进气门不能完全关闭，一些未燃烧的燃油不断蒸发氧化，会在进气管中尤其是节气门后方产生一些较软的黑色积炭。一方面这些积炭会使进气管的管壁变粗糙，进气会在这些粗糙的地方产生旋涡，影响进气效果及混合气的质量。另一方面，这些积炭还会阻塞怠速通道使怠速控制装置卡滞或超出其调节范围，这样一来会造成怠速低、怠速发抖、各种附属装置的提速均失灵、收油灭车、尾气超标、费油等现象。

如果在驾驶中遇到提速慢、急加油回火、冷启动困难的现象，则车辆的气门很有可能已经积炭了。发现怠速低而且怠速时车发抖，踩下油门时发卡，换电瓶无怠速，那么车辆的进气管已经积炭很严重了。有了以上现象就应该及时去专业维修店检查。

3．减少、预防、清除积炭的方法

1）加注高质量的汽油

汽油中的蜡和胶质等不纯物是形成积炭的主要成分，所以清洁度高的汽油形成积炭的趋势就弱一些。不幸的是，目前我国的汽油质量与发达国家相比还较低，只能因陋就简。大家要注意高标号并不等于高质量，也就是说97号的油并不一定比93号的杂质就少，标号只代表油的辛烷值，并不能代表品质和清洁程度。为了保证汽油的清洁度，一些车主会采用在汽油里添加汽油清洁剂的做法。这样可有效地防止在金属表面形成积炭结层，并能逐渐活化原有的积炭颗粒将其慢慢去除，从而保护发动机免受伤害。不过汽油清洁剂的添加一定要慎重，如果加入了伪劣的产品会得到相反的效果。

2）发动机不要长时间低转速运转

怠速时间长，发动机达到正常温度的时间也就变长，汽油被喷到气门背面后蒸发的速度就慢，积炭也由此而生。同时经常怠速行驶，进入发动机的空气流量也就少，这样对积炭的冲刷作用变得也很弱，会促进积炭的沉积。

3）经常拉一下高速

尽量提高手挡车的换挡转速，多跑高速的目的就是要利用气流对进气道的冲刷作用来预防产生积炭。另外，提高换挡的转速也与多跑高速有着异曲同工之妙，把原来在转速2000r/min时换挡变成在转速2500r/min时转换，不但可以有效预防积炭的生成，还可以提高汽车的动力性。

4）使用燃油清洁添加剂清洗

用清洗保护剂来清洗发动机相当简单，具体的使用方法和注意事项可查看产品使用说明书。在发动机工作时，清洗剂被燃油泵随同燃油一起吸入供油管路内。随着燃油的流动，它不仅能清洗掉油箱内、汽油泵滤网上的胶质和喷油嘴上的胶质与积炭，还可以在发动机正常工作时，自动清洗掉进气门上和发动机汽缸内的积炭，使发动机重新焕发出澎湃的动力。由于从油箱、燃油泵滤网及燃油管道内清洁下来的胶质会沉积在汽油滤清器内，所以免拆清洗后，必须及时更换燃油滤清器。

须再次提醒各位车主的是，由于清洗剂中的化学清洗成分对橡胶供油管路有一定腐蚀作用，使用该方法时，一定要注意使用周期与间隔时间，不然会加快燃油橡胶供油管路的老化和腐蚀。

5）免拆清洗

"免拆清洗"简单省力，只需按正确的方法使用即可。但对于积炭严重的发动机，这种方法就显得力不从心，无法达到完全清洗干净的目的。"免拆清洗"后，若发动机工作性能仍旧恶劣，而技师告诉您问题就是气门和缸内积炭太多引起的，那就不得不采用拆解发动机的方法来解决了。气门积炭的清洗较为简单，在拆下进气歧管后，用手工或采用清洁药物浸泡即可清除。至于发动机缸内积炭的清洁，则必须"大动干戈"，只有拆下汽缸盖、正时皮带等才可以清洗。由于发动机重新装配后，其动力、密封性能会逊色于原产品，所以一般情况下，清洁发动机汽缸内的积炭不宜经常进行。万不得已时，也必须到正规的维修厂进行，否则发动机性能将大打折扣。

气门背部形成积炭带来的直接后果是发动机加速不良、怠速不稳，有时伴有进气歧管放炮、冷车启动困难等一系列问题。

产生积炭后通常采用免拆清洗的方法，严重的则要采用揭缸盖清洁气门的方法。

为避免揭缸盖带来损失，通过分析发现：从积炭形成到集聚至影响发动机正常工作是个渐进过程。当发动机出现凉车启动困难、怠速不稳时,说明积炭已经相当严重,再进一步就会造成失火断缸,直到无法启动。当出现凉车启动困难时应立即到维修店进行检查,排除其他因素后应及时清洗气门积炭,避免揭缸盖带来的损失。

针对积炭的危害,驾驶员应做好以下几点工作:首先要定期维护保养,保持油、气清洁;其次,每2万千米应清除一次积炭(免拆清洗);最后,注意驾驶习惯,避免长时间怠速停车,避免高速行驶后立即熄火,避免启动后立刻高速行驶,换挡时机控制在2000～3000r/min左右。

3.2.5 气门传动组

气门传动组的作用是使气门按发动机配气相位规定的时刻及时开、闭,并保证规定的开启时间和开启高度。由于配气机构的布置形式多样,气门传动组的差别也很大。气门传动组通常由凸轮轴、挺柱、推杆、摇臂、摇臂轴等组成。

1. 凸轮轴

凸轮轴由曲轴通过传动装置驱动(见图3-11),传动装置有正时齿轮、正时链条和正时齿形带等形式。如采用一对正时齿轮传动,小齿轮和大齿轮分别用键安装在曲轴和凸轮轴的前端,其传动比为2:1。在装配曲轴和凸轮轴时,必须将齿轮正时标记对准,以保证正确的配气相位和点火时刻。

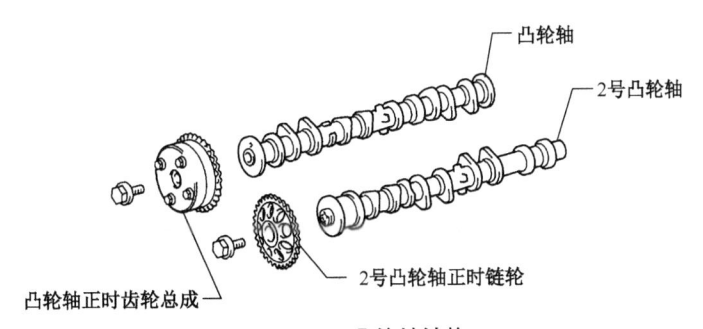

图3-11 凸轮轴结构

为了防止凸轮轴在工作中产生轴向窜动和承受正时斜齿轮产生的轴向力,凸轮轴必须有轴向限位装置。

凸轮轴主要由凸轮、凸轮轴轴颈等组成。凸轮轴的作用是驱动和控制各缸气门的开启和关闭,使其符合发动机的工作顺序、配气相位和气门开度的变化规律等要求。

凸轮轴需要承受气门间歇性开启的冲击载荷。其采用的材料为优质钢、合金铸铁、球墨铸铁。

典型故障

凸轮轴磨损有桃尖磨损、轴和瓦磨损、轴向轻微窜动等,一般不会到影响工作的地步。另外,也极少出现有因轴和瓦之间过紧而出现断轴的现象。

技术对比 正时链条和正时皮带各自的特点

随着发动机工作时间的增加,橡胶材质的正时皮带及其他附件,如张紧轮、张紧器和水泵等都会发生磨损或老化。因此,凡是装有正时皮带的发动机,厂家都会严格要求在规定的周期内定期更换正时皮带及附件。采用正时皮带的发动机只要正常按时更换一般不会发生跳齿或断裂,但并不是每个开车的人都会正常使用汽车。一旦发生跳齿现象,发动机则不能正常工作,便会出现怠速不稳、加速不良或打不着车等。如果正时皮带断裂的话,发动机就会立刻熄火,多气门发动机还会导致活塞将顶气门顶弯,严重的更会损坏发动机整体。

> 正时链条强度大，跳齿和断裂现象的发生也是微乎其微。正时链传动系统由齿轮、链条和张紧装置等部件组成，其中液压张紧器可自动调节张紧力，使链条张紧力基本不变，并且终身免维护，使用寿命可与发动机相同，不但安全性、可靠性得到了一定提升，还降低了发动机维护成本。

正时皮带噪声小、传动阻力小、传动惯性也小，能够提高发动机的动力性及加速性能；正时链条转动噪声大、传动阻力大、传动惯性也大，从一定角度来说增加了油耗，性能也有所降低。两种材质的正时结构都有一些优势和不足，从发展趋势来说，正时链条将会被运用在更多发动机上。

2. 挺柱

挺柱的作用是将凸轮的推力传递给推杆或气门杆。挺柱可分为普通挺柱和液压挺柱两种。普通挺柱一般为空心柱状结构，而液压挺柱结构较为复杂。

气门间隙是指发动机在冷态下，当气门处于关闭状态时，气门与传动件的间隙。发动机在工作时，气门及其传动件，如挺柱、推杆等都将受热膨胀而伸长。如果气门与其传动件之间在冷态的时候没有预留间隙，则在热态下会由于气门及其传动件膨胀伸长而顶开气门，破坏气门和气门座圈之间的密封，造成漏气，影响发动机性能。所以在装配发动机时，在气门与其传动件之间应预留适当的间隙。当然，这个间隙不能过大也不能过小，气门间隙过小，不能完全消除上述弊端；气门间隙过大，气门和气门座圈及传动件之间将产生撞击和异响，造成过度磨损。所以有的发动机采用液压挺杆（气门间隙自动调节器）实现零气门间隙，同时气门间隙也不需要人工调整。液压挺柱的结构如图3-12所示。

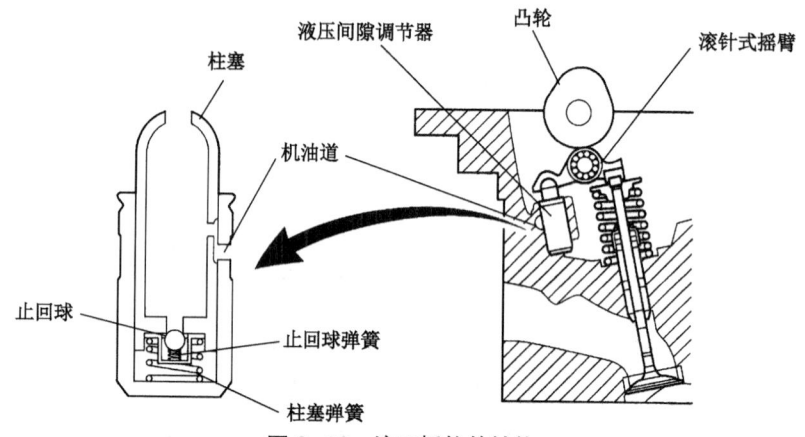

图3-12 液压挺柱的结构

液压挺柱中间为带有空腔的柱塞，止回球用来密封柱塞下口，球下有止回球弹簧和弹簧座，弹簧座下有柱塞弹簧。柱塞套的外圆柱面上加工有环形油槽，上加工机油道。发动机工作时，机油经机油道进入柱塞的空腔，向上通过开口为与摇臂形成的摩擦副润滑，向下压下止回球进入柱塞套和柱塞形成的下腔，油压和柱塞弹簧共同将柱塞上推，从而柱塞和柱塞套被拉长。

止回球弹簧将止回球压靠在柱塞的阀座上，柱塞弹簧可以使柱塞顶面与凸轮轮上的摇臂保持紧密接触，从而消除气门间隙。

当气门受热膨胀时，柱塞和柱塞套做轴向相对运动，高压油腔中的机油可经过柱塞套与柱塞间的缝隙被挤入下部油腔。所以使用液压挺柱时，可以不预留气门间隙。

液压挺柱注油：据图3-12可知，新的液压挺柱下腔没有机油。在修理中，装配液压挺柱前应使用专用工具将液压挺柱的单向阀压下将液压挺柱浸入干净的发动机机油中，使用专用工具压缩/放开柱塞5~6次，排出其中的空气（见图3-13），并让新机油进入下腔。

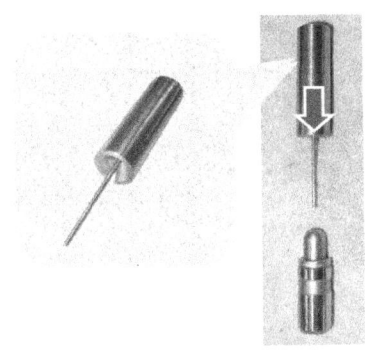

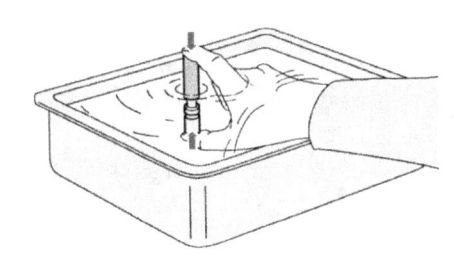

图 3-13　液压挺柱注油

使用液压挺柱的发动机应注意以下问题：对润滑油的压力和滤清质量要求较严格。当润滑油压力过低时，补油能力下降，气门间隙将变大；液压挺柱拆洗后，装机前必须人工排气，否则不易启动；冷机或停放时间长时，启动后又出现短暂的气门响声，这是正常现象；磨损后只能整体更换。

3. 推杆

在凸轮轴下置或中置的配气机构中，凸轮轴经挺柱传来的运动和作用力要通过推杆传递给摇臂，它是配气机构中最易弯曲的细长零件。为了减小质量并保证足够的刚度，推杆通常采用冷拔无缝钢管制成，对于缸体和缸盖都是铝合金制造的发动机，其推杆最好用硬铝制造。推杆可以是实心的，也可以是空心的。

4. 摇臂组件

摇臂是一个中间带有圆孔的不等长双臂杠杆，其作用是将推杆传来的力改变方向，作用到气门杆尾部使其推开气门。

摇臂的长臂端部以圆弧形的工作面与气门尾端接触用以推动气门。短臂的端部有螺孔，用来安装调整螺钉及锁紧螺母，以调整气门间隙。螺钉的球头与推杆顶端的凹球座相连接。由于靠气门一端的臂长，所以在一定的气门升程下，可减小推杆、挺柱等运动件的运动距离和加速度，从而减小了工作中的惯性力。

第4章 润滑系统

【本章知识目标】
- 能说出机油泵构造；
- 能说出机油滤清器构造；
- 能说出润滑系统工作原理；
- 了解机油压力报警电路。

【本章技能目标】
- 能更换机油滤清器，并能对保养灯归零；
- 会选用适合汽油发动机和柴油发动机的机油；
- 能用听或看的方法判别机油报警灯假报警。

4.1 润滑系统简介

1. 润滑系统的作用

发动机工作时，很多传动零件都是在很小的间隙下做高速相对运动的，如曲轴主轴颈与主轴承、活塞环与汽缸壁面、配气机构各运动副及传动齿轮副等。尽管这些零件的工作表面都经过精细的加工，但放大来看这些表面却是凹凸不平的。若不对这些表面进行润滑，它们之间将发生强烈的干摩擦，这样不仅增加发动机的功率消耗，还能加速零件工作表面的磨损，造成零件工作表面烧蚀，致使发动机无法运转。

发动机的润滑是由润滑系统来实现的。润滑系统的功用就是在发动机工作时连续不断地将数量足够、压力和温度适当的洁净润滑油输送到全部运动副的摩擦表面，并在摩擦表面之间形成油膜，实现液体摩擦，从而减小摩擦阻力、降低功率消耗、减轻机件磨损，以达到提高发动机工作可靠性和耐久性的目的。此外，流动的润滑油还能起到清洁、吸热、密封、减震、降噪、防锈等作用。

2. 润滑系统的分类

1）从润滑方式的角度

由于发动机传动件的工作条件不尽相同，因此，对负荷及相对运动速度不同的部件采用不同的润滑方式。

（1）压力润滑。利用机油泵，将具有一定压力的润滑油源源不断地送到摩擦面间，形成具有一定厚度并能承受一定机械负荷而不破裂的油膜，尽量将两摩擦零件完全隔开，实现可靠的润滑。

这种方式主要用于主轴承、连杆轴承及凸轮轴承等负荷较大的摩擦表面的润滑。

（2）飞溅润滑。利用发动机工作时某些运动零件（主要是曲轴与凸轮轴）飞溅起的油滴与油雾对摩擦表面进行润滑。飞溅润滑适合于暴露零件表面，如缸壁、凸轮等；相对运动速度较低的零件，如活塞销等；机械负荷较轻的零件，如挺柱等。汽缸壁采用飞溅润滑还可防止由于润滑油压力过高、油量过大，进入燃烧室导致的发动机工作条件恶化。

（3）润滑脂润滑。对一些不太重要、分散的部位，采用定期加注润滑脂的方式进行润滑，如发动机水泵轴承、发电机、启动机等总成的润滑，即采用这种方式。

2）从降低运行阻力的角度

从曲轴是否能扫到油底壳油面的角度可分为湿式和干式润滑两种。日常生活中的汽车多是湿式油底壳，特点是发动机曲轴每旋转一周都会浸入油底壳润滑油内一次，飞溅起的润滑油对活塞裙部有润滑作用。但是，在赛车高速过弯或者极限越野中，湿式油底壳存在润滑油由于离心力或者重力而聚集于发动机油底壳的一个局部的问题，导致飞溅润滑不良。为避免这种情况，对活塞裙部利用压力喷嘴实施飞溅润滑，这样油底壳可做得较高，油底壳局部深凹，只在这个凹槽内存有一定量的机油。过去干式润滑只在赛车上使用，现在很多轿车出于降低启动和运行阻力的目的采用了这种技术。

技师指导

典型干式润滑系统（见图4-1）：润滑回路完全密封，所有的机油通过机油滤清器。在汽缸盖罩上装有输油管以确保机油供应到滚针式摇臂的运动部件。采用圆形转子型机油泵，采用带可更换元件的机油滤清器。

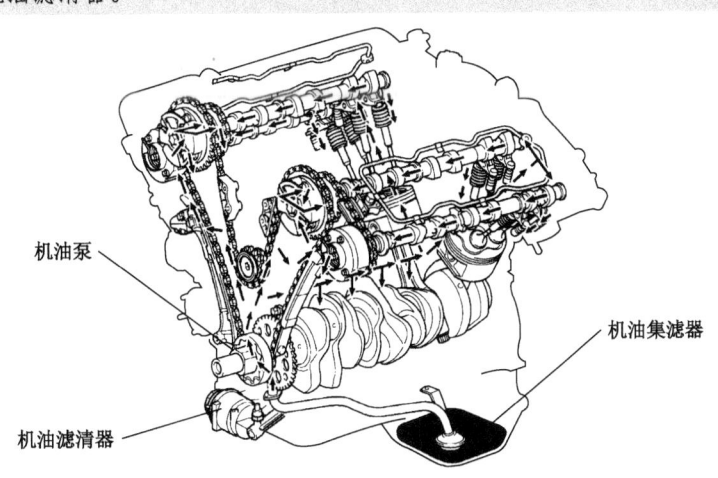

图4-1 干式油底壳特点

3. 润滑系统的组成

润滑系统的组成如图4-1所示。

1）油底壳

油底壳用来储存润滑油。在大多数发动机上，油底壳还起到为润滑油散热的作用。油底壳下部设计有放油的磁性螺栓，磁性螺栓可吸附磨损掉下的铁屑。

2）机油泵

将一定量的润滑油从油底壳中抽出经机油泵加压后，源源不断地送至各零件表面进行润滑，维持润滑油在润滑系统中的循环。机油泵大多装于曲轴箱内，也有些柴油机将机油泵装于曲轴箱外面，机油泵都采用齿轮驱动方式，通过凸轮轴、曲轴或正时齿轮来驱动。

机油泵常用的有外啮合齿轮泵、内啮合齿轮泵两种。外啮合齿轮泵通常由分电器下部的机油泵轴来驱动，为了降低油底壳高度现在多采用内啮合齿轮泵，由曲轴通过链条来驱动内啮合齿轮泵。

通过机械或电控技术可实现随发动机转速增高机油泵的排量降低，这样出油量基本不变，从而不仅提高了发动机效率，也延长了机油的寿命。

3）机油滤清器

用来防止润滑油中混入的金属磨屑、机械杂质及润滑油本身氧化生成的胶质进入主油道。机油集滤器多为滤网式，能滤掉润滑油中粒度大的杂质，其流动阻力小，串联安装于机油泵进油口之前。

4）限压阀及旁通阀

限压阀并联在油泵旁边，用来限制油泵出口处的最高油压，起安全阀作用。旁通阀并联在过滤器（或机油滤清器内部）旁边，用来避免因机油过滤器堵塞而造成主油道供油中断，两者的位置是不同的。

5）机油散热器

用来加强润滑油冷却，通常将发动机的冷却液通入机油散热器，把机油热量传递给发动机冷却液，热量通过前部散热器散出去，从而使润滑油温度保持在正常工作范围内（70~90℃），用于热负荷较高的发动机。或者说只有温度高的发动机才会设计有机油散热器。

6）机油压力监测

机油压力监测有两种方式，客车和货车一般通过机油压力表来指示机油压力，轿车一般采用机油压力开关。一部分车型还配备了集成机油温度测量的机油位置传感器，有的还在机油位置传感器上集成了机油品质传感器，这种汽车可能没有机油尺，需要利用诊断仪读取油位。

4．润滑系统油路

现代汽车发动机润滑系统的油路大致相同。在此系统中，曲轴的主轴颈、连杆轴颈、凸轮轴颈均采用压力润滑，其余部分则用飞溅润滑或润滑脂润滑。

当发动机工作时，机油从油底壳经集滤器被机油泵送入机油滤清器。全部机油经滤清器滤清之后进入发动机主油道，再经汽缸体上的纵向油道，分别润滑五个主轴承（以四缸发动机为例）。然后，机油经曲轴上的斜油道，从主轴承流向连杆轴承润滑连杆轴颈。同时主油道还和凸轮轴轴承润滑油道及液压挺柱油道相通，用于润滑凸轮轴轴承和向液压挺柱供油，如图4-2所示。

1NZ-FE发动机润滑油流量油路

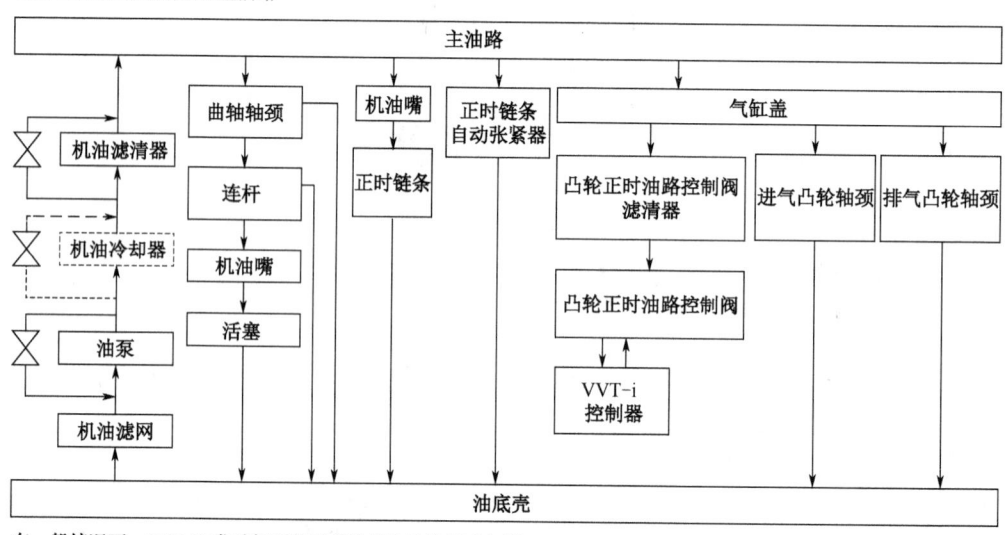

在一般情况下，1NZ-FE发动机不使用虚线框中的机油冷却器

图4-2 丰田1NZ-FE发动机润滑油路（不带气门间隙调节）

带气门间隙调节的配气机构油路如图 4-3 所示。另外，对于涡轮增压式发动机，需要设置专门的润滑油路对涡轮的轴承进行润滑和冷却，润滑完成以后通过连接到汽缸体的回油管流回油底壳。

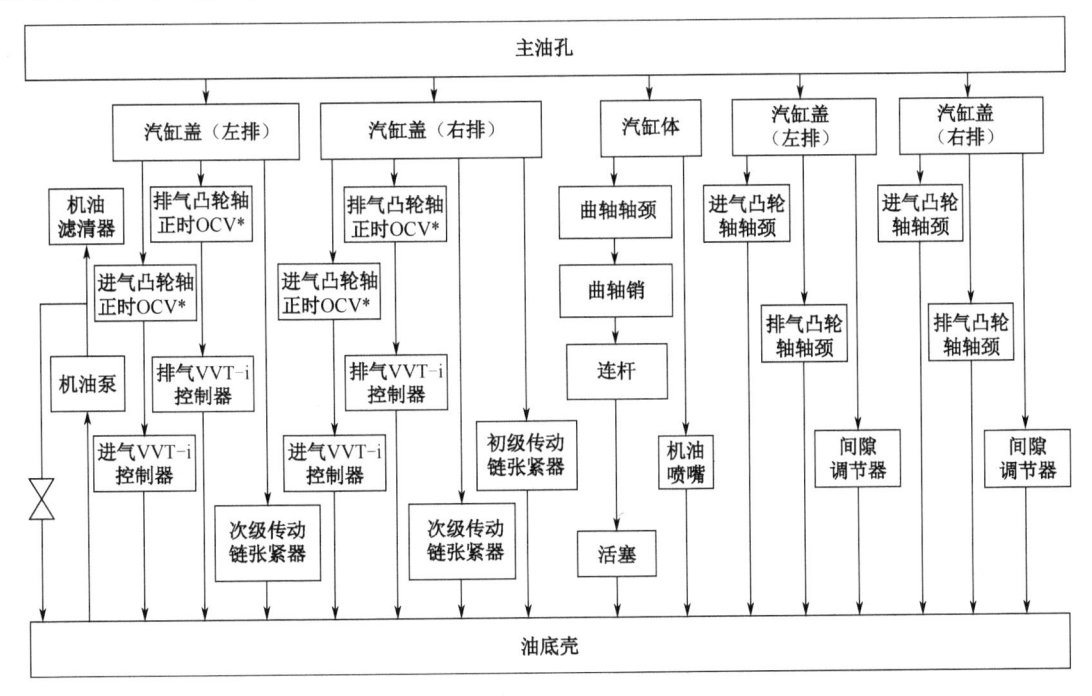

*：机油控制阀

图 4-3　丰田 CROWN 发动机润滑油路（带气门间隙调节）

4.2　选择和更换机油

目前世界上通用的机油分类分级标准包括美国石油学会（American Petroleum Institute，API）标准和美国汽车工程师协会（Society of Automotive Engineers，SAE）标准。

1. 字母含义

API 将机油分为 S（汽油机机油）和 C（柴油机机油）两大类，如果机油桶上同时标有 S 和 C，则代表这是汽油机与柴油机通用的机油。

以 S 系列为例，把机油品质从低到高分为不同级别，如 SA、SB、SC、SD、SE、SF、SG、SH、SJ、SL、SM 等，字母越靠后，机油的等级越高，当然价格也越贵。目前，SF 级以下的机油在我国已基本淘汰。SF 级机油适用于 20 世纪 80 年代开发的发动机，SG 级及以上机油则是专为电喷发动机预备的。随着发动机技术的不断进步，特别是汽油直喷和涡轮增压的应用，对润滑油的要求也不断提高，API 最新最高的级别 SL、SM 级机油在汽油直喷 FSI 和增压直喷发动机 TSI 中得到了普遍应用。

2. 前低后高原则

SAE 规定了机油黏度级别，表示在什么大气温度下使用什么级别的机油。这 11 个级别中有六个是冬季机油，用英文字母 W 表示，有 0W、5W、10W、15W、20W、25W。W 前边的数字表示该级机油适用的最低温度，数字越小，其低温黏度越小，低温流动性越好，适用的最低气温越低。例如，SAE0W 适用的最低温度是-35℃，SAE5W 适用的最低温度是-30℃，以此类推。夏季机油并不用字母表示，而是直接标注数字，共有 20、30、40、50、60 五个级别。这些数字表示机油适用的最高温度，例如，SAE50机油表示其适用的最高温度是50℃。

（1）如SAE40W、SAE50W或SAE15W-40、SAE5W-40，其中"W"表示Winter（冬季）。

（2）如SAE40、SAE50这样只有一组数值的是单级机油，不能在寒冷的冬季使用。

（3）如SAE15W-40、SAE5W-40这样两组数值都有的就代表这种机油是先进的"多级机油"，适合从低温到高温的广泛区域，黏度值会随温度而变化，从而全面保护发动机。

3．更换机油口诀

更换机油防烫伤，拆下上盖和下（螺）栓，机油放干装下（螺）栓，力矩大小是关键，拆下旧滤（清器）换新滤，要有冷却（器时）先固定，重要不忘（橡胶）密封圈（涂油润滑），先用手（紧）再用专（用工具紧），过大力矩油外钻，加机油到标记（内），启动发（动机）后看（机油）灯并听声，用手摸接缝检查漏油，最后补加到标（记）中。

4.3 零件结构与检修

1．机油泵

机油泵的功用是保证机油在润滑系统内循环流动，并在发动机任何转速下都能以足够高的压力向润滑部位输送足够数量的机油。机油泵按结构形式可分为齿轮式和转子式两类，转子式又分为摆线转子式、内啮合转子式和叶片式；按是否根据发动机转速改变排量分为定量和变量两种。

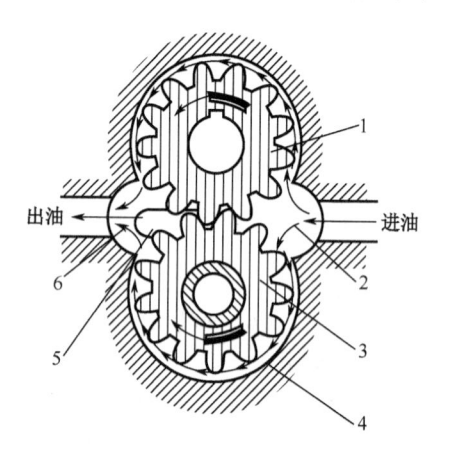

1）齿轮式机油泵

齿轮式机油泵的工作原理如图4-4所示，当齿轮按图示方向旋转时，轮齿逐渐脱离啮合而使进油腔2的容积增大，腔内产生一定的真空，机油从油底壳经进油口被吸入进油腔，随后又被轮齿带到出油腔。轮齿逐渐进入啮合而使出油腔6的容积减小，使机油压力升高，机油经出油口被压入发动机机体上的油道。在发动机工作时，机油泵齿轮不停地旋转，机油便连续不断地流入油道，经过滤清之后被送到各润滑部位。

当轮齿进入啮合时，封闭在轮齿径向间隙内的机油压力急剧升高，使齿轮受到很大的推力，并使机油泵轴衬套的磨损加剧。所以在泵盖上加工一道卸压槽5，使轮齿径向间隙内被挤压的机油通过卸压槽流入出油腔，降低油压。

安装在机油泵上的限压阀可以限制机油泵的泵油压力，如果油压达到规定值，限压阀即开启，多余的机油返回机油泵进口。

1—主动齿轮；2—进油腔；3—从动齿轮；
4—泵壳；5—卸压槽；6—出油腔

图4-4 齿轮式机油泵的工作原理

齿轮式机油泵结构简单、制造方便、工作可靠、效率高，故应用广泛。

2）摆线转子式机油泵

转子式机油泵主要由内转子、外转子、机油泵体及机油泵盖等零件组成，如图4-5所示。内转子5用半圆键固定在主动轴上，主动轴通过轴套、卡环安装在机油泵体6和机油泵盖3上。外转子4装在泵体内并与内转子啮合。机油泵体和机油泵盖通过螺栓固定在一起，两者之间装有调整垫片，可以调整内、外转子与泵体端面的间隙。在主动轴前端用半圆键连接传动链轮7，由发动机曲轴前端链轮驱动。

内转子和外转子中心有偏心距，内转子带动外转子一起沿同一方向转动。内转子有4个凸齿，外转子有 5 个凹齿，这样内、外转子同向不同步地旋转。

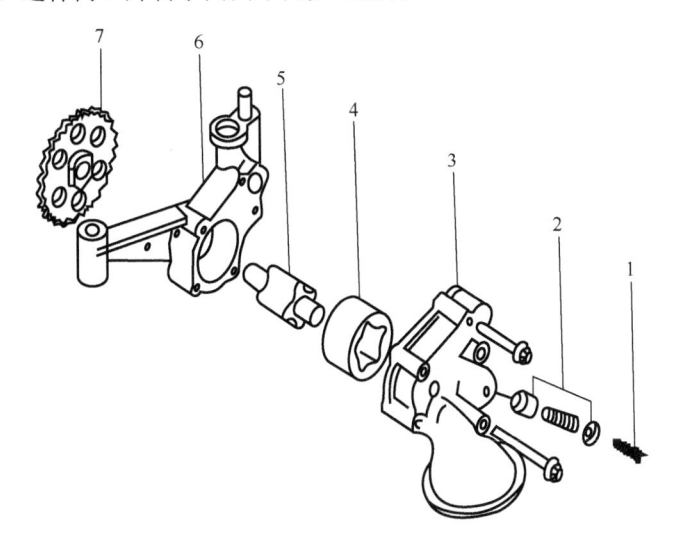

1—开口销；2—限压阀；3—机油泵盖；4—外转子；5—内转子；6—机油泵体；7—链轮

图 4-5 转子式机油泵

摆线转子式机油泵的工作原理如图 4-6 所示。当机油泵工作时，主动轴带动内转子旋转，内转子则带动外转子朝同一方向转动。内、外转子工作面的轮廓是一对共轭曲线，可以保证两个转子相互啮合时既不干涉也不脱离。内、外转子将外转子的内腔分成四个工作腔。当某一工作腔转过进油口时，容积增大，油压减小，机油经进油口被吸入工作腔。当该工作腔转过出油口时，容积减小，油压升高，机油经出油口被压出。

转子式机油泵结构紧凑，供油量大，供油均匀，噪声小，吸油真空度较高。因此，当机油泵安装在曲轴箱以外或安装位置较高时，采用转子式机油泵比较合适。但是内、外转子啮合表面的滑动阻力比齿轮泵大，因此功率消耗较大。

1—传动轴；2—进油口；3—内转子；4—外转子；5—定子壳体；6—出油口

图 4-6 摆线转子式机油泵的工作原理

机油泵的泵油压力和泵油量取决于发动机转速，当发动机转速过高时，润滑压力将通过安全阀泄压，润滑压力在满足使用时越低越好，否则会产生能量损失。因此诞生了变量泵，变量泵的排量是变化的，即在发动机高转速时，同样转一周排出液体的量变小。外啮合齿轮泵变量的方法是让其中一个齿轮做轴向移动，实现排量变小。叶片泵变量是通过改变转子和定子的偏心率实现的。

排量可变控制可采用上述机械调节方式，也可采用电控化调节，电控化调节可实现更精确的控制。方法是发动机控制单元通过机油压力控制阀改变外啮合机油泵两齿轮的啮合面积，全齿啮合时为最大排量，半齿啮合时为一半排量。另外，对于叶片泵可调节定子的位置，实现偏心率的改变。

2．机油滤清器

机油滤清器用来过滤机油中的金属屑、机械杂质和润滑油氧化物等。

机油滤清器有多种形式：按工作原理可分为过滤式和离心式；按滤芯材料可分为纸质式和金属式等；按其安装位置可分为全流式和分流式；从发动机定期保养更换机油滤清器的角度讲分为整体式更换和单换滤芯材料两种。

机油滤清器若串联安装在机油泵与主油道之间，所有机油都经过滤清器过滤，则称该滤清器为全流式滤清器；若滤清器与主油道并联安装，只有一部分机油经过滤清器过滤，则称该滤清器为分流式滤清器。一般货车发动机两种滤清器都有，全流式滤清器作为粗滤器，分流式滤清器作为细滤器。轿车发动机一般只装一个全流式滤清器。

现代汽车发动机所采用的全流式机油滤清器多为纸质过滤式，如图 4-7 所示为机油滤清器结构图。纸滤芯装在滤清器外壳内，滤清器出油口是螺纹孔，能把滤清器拧在机体上的螺纹接头上，螺纹接头与机体主油道相通。在机体安装平面与滤清器之间用密封圈密封。机油从纸滤芯的外围进入滤清器中心，流过滤芯时杂质被截留在滤芯上，然后经出油口流进机体主油道。当滤芯被污物堵塞，其内外压差达到一定值时，旁通阀的阀片即被顶开，大部分机油不经滤清器滤清，直接进入主油道，以保证足够的润滑油量。这种滤清器为整体式更换。

纸质滤清器质量轻，体积小，结构简单，滤清效果好，过滤阻力小，成本低，保养方便，目前在国内外应用广泛。

典型作业

更换机油滤清器要用专用工具取下滤清器，注满机油，用少量机油涂抹密封圈用手拧到密封圈接触后再拧 3/4 圈。一般在每 5000km 或 7500km 更换机油时，机油滤清器同时更换。为了保护环境，必须在指定的处理地点处理用过的机油和机油滤清器。

用最新开发的带可更换滤芯的机油滤清器（见图 4-8），其中有高性能过滤纸制成的滤芯，它有较高的过滤能力。滤清器盖由铝合金制成，以确保它具有长的使用寿命。采用排油结构，机油通过调整壳体和盖子的缺口排出，防止当更换机油滤清器滤芯时机油溅出来。这样可避免操作时接触到较热的机油。

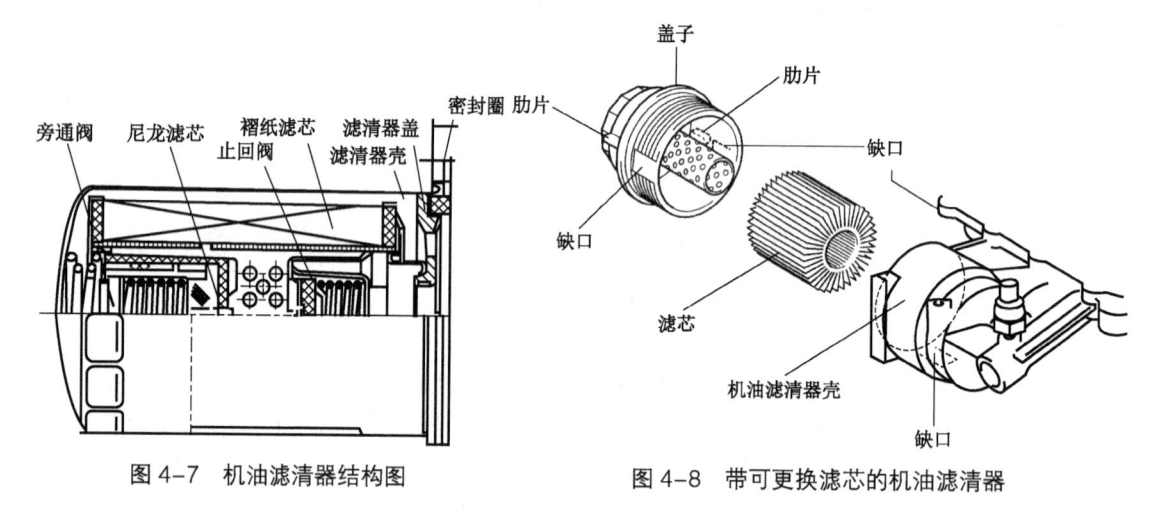

图 4-7 机油滤清器结构图

图 4-8 带可更换滤芯的机油滤清器

维修提示

为了排出机油，将盖子转动约 4 圈，以肋片为参照对齐壳体和盖上的缺口。

3. 集滤器

集滤器装在机油泵之前的吸油口端，多采用滤网式，防止粒度大的杂质进入机油泵。汽车发动机使用的集滤器目前分为浮式集滤器和固定式集滤器两种。

浮式集滤器工作时漂浮于机油油面上，以保证油泵总是吸入最上层较清洁的机油，但油面上的泡沫易被吸入，造成机油压力降低，润滑可靠性差。固定式集滤器装在油面下面，吸入的机油清洁度略逊于浮式集滤器，但可防止泡沫吸入，润滑可靠，结构简单，使用广泛。如奥迪轿车、桑塔纳轿车等发动机都采用固定式集滤器。

典型故障

集滤器常见的损坏形式有油管或滤网堵塞，可用柴油或煤油清洗后用压缩空气吹干或更换。

4．机油散热器

在高性能大功率的强化发动机上，由于热负荷大，必须装设机油散热器。机油散热器布置在润滑油路中，其工作原理与发动机散热器相同。发动机机油散热器分为风冷式和水冷式两类。风冷式机油散热器利用汽车行驶时的迎面风对机油进行冷却。这种机油散热器散热能力强，多用于赛车及热负荷大的增压汽车上。但是风冷式机油散热器在发动机启动后需要很长的暖机时间才能使机油达到正常的工作温度，所以普通轿车上很少采用。

水冷式机油散热器外形尺寸小，布置方便，且不会使机油冷却过度，机油温度稳定，因而在轿车上应用较广。机油经滤清器滤清之后直接进入散热器，机油在散热器芯内流动，从冷却系统散热器出水管引来的冷却液在散热器芯外流过。如图4-9所示，两种流体在散热器内进行热交换，使高温机油得以冷却降温。

图 4-9 机油散热器实物

典型故障

机油散热器故障体现在热交换器内漏上，机油进入冷却系统。另外，在更换机油滤清器时一定要注意机油散热器是否松动，若松动一定要先固定机油散热器再拧紧滤芯。

5．机油压力开关

机油压力开关可用于监测机油压力大小，按监测压力目的分为以下三种开关。

1）机油压力过低开关

此开关为发动机必装开关，位于机油滤清器后或发动机润滑油路的末端，如发动机缸盖侧面。按照省电原则，当发动机转速和温度正常时，若此时机油压力正常，此开关在机油压力作用下断开。当发动机转速降低或润滑系统有泄漏导致机油压力降低时此开关闭合，这个接地信号发送给仪表ECU，由仪表ECU点亮发动机机油压力警告灯。检测开关好坏时，从发动机机体上取下开关后，因无油压作用，测量此开关时为闭合导通。

2）机油压力过高开关

这种开关设计的必要性一般，大多数车辆不设计此开关，此开关位于机油滤清器后。按照省电原则，当发动机转速正常，机油压力正常时，此开关在机油压力作用下断开。当发动机转速过低、温度过低、机油过脏、大修后的发动机间隙小等导致机油压力过高时此开关闭合，这个接地信号发送给仪表ECU，由仪表ECU点亮发动机机油压力警告灯。其测量方法同机油压力过低开关。

3）机油滤清器堵塞监测开关

这种开关设计的必要性并不大，大多数车辆不设计此开关，此开关在机油滤清器前。按照省电原则，此开关在机油压力作用下断开。当滤清器堵塞造成机油压力升高时此开关闭合，这个接地信号发送给仪表ECU，由仪表ECU点亮发动机机油压力警告灯。其测量方法同机油压力过低开关。

机油压力开关、机油压力表、油位、油温和油质监测的细节内容在汽车电气相关教材中讲解，此处不再赘述。

第 5 章

冷却系统

【本章知识目标】
- 能说出机械水泵和电动水泵构造；
- 能说出普通机械节温器构造；
- 能说出自加热式节温器构造；
- 能说出发动机散热器构造；
- 能说出硅油风扇构造；
- 能说出两级串联、并联及无级冷却风扇控制电路的工作原理。

【本章技能目标】
- 能用观察或光学密度计两种方法判别冷却液的品质；
- 能进行机械水泵和电动水泵故障诊断和更换；
- 能进行普通机械节温器故障诊断和更换；
- 能进行自加热式节温器故障诊断和更换；
- 能进行发动机散热器故障诊断和更换；
- 能进行两级和无级冷却风扇控制电路的诊断。

5.1 冷却系统简介

1. 冷却系统概述

1) 冷却系统的作用

汽车用发动机，不论是柴油机还是汽油机，在产生动力时，也必然伴随着热量的产生。然而，如果发动机产生并积存了太多的热量，那么它的工作性能会迅速下降，这样导致的严重后果是发动机自身的损坏。发动机必须要有一套冷却系统以保证其必要的工作温度。另一方面，如果发动机不能产生并保留足够的热量，或者说如果发动机是在过低的温度下运转，那么发动机的动力性、经济性和废气排放控制等就会变得非常糟糕，这就意味着，冷却系统还要防止发动机在过低温度下运转。上述分析表明，为了最适于发动机的运转，冷却系统必须能够在一个狭窄和精确的温度范围内对发动机进行温度调节，使发动机不至于过热和过冷。如图 5-1 所示，由发动机的热传递路径可知，发动机缸体的热量要通过冷却液传递到发动机前部的散热器，最后由冷却风扇将热量排到空气中，水泵使冷却液在发动机中流动，把发动机的温度调整至最佳水平，冷却风扇冷却散热器中的冷却液。

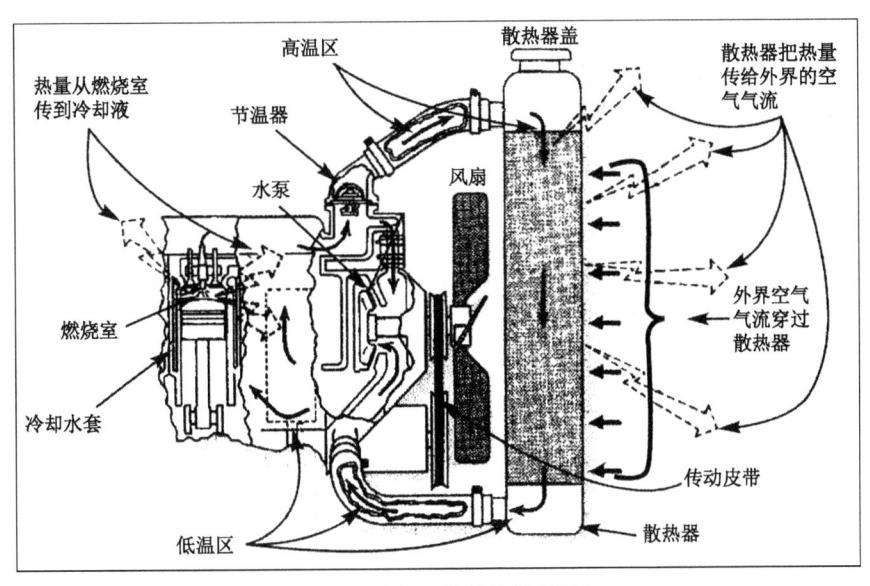

图 5-1 冷却系统的热传递路径

2）适宜工作温度

发动机的适宜工作温度在 85~95℃之间。

发动机工作时，汽缸内燃烧气体的温度可高达 1900~2500℃（汽油机），如果不对发动机采取必要的冷却措施，活塞、缸盖将变形，同时发动机会因过热而动力性下降，导致发动机无法正常工作。发动机冷却系统的作用是使发动机在冷却液温度低于正常工作温度时尽快升温，而在发动机高温时尽快得到冷却，从而保持发动机在最适宜的温度范围内工作，保证燃烧室部件寿命和保持发动机良好的运行工况。同时，适宜的发动机工作温度（85~95℃）不仅有利于发动机的动力输出和燃油经济性，同时也有利于减少有害物质排放。

3）冷却不足

一般发动机冷却液的温度高于 95℃则称为冷却不足，这时要启动冷却风扇到 1 挡低转速，当发动机冷却液温度高于 105℃时启动冷却风扇到 2 挡高转速。

发动机的冷却要适度。若冷却不足，会使发动机过热，从而造成充气效率下降，早燃和爆燃的倾向加大，致使发动机功率下降；运动机件间正常的间隙受到破坏，使零件不能正常运动，甚至卡死、损坏；零件因力学性能下降而导致变形和损坏；因润滑油黏度减小、润滑油膜易破裂而加剧零件的磨损。

4）冷却过度

若发动机冷却液的温度低于 85℃则称为冷却过度。

冷却过度会使发动机过冷，导致进入汽缸的可燃混合气（或空气）因温度过低而点燃困难或燃烧延迟，造成发动机功率下降及油耗上升；润滑油黏度增大，造成润滑不良而加剧零件的磨损；因温度低而未汽化的燃油冲刷摩擦表面（汽缸壁、活塞等）上的油膜；同时，因混合气与温度较低的汽缸壁接触，使其中原已汽化的燃油重又凝结而流入曲轴箱内，不仅增加油耗，且使机油变稀而影响润滑，从而导致发动机功率下降，磨损加剧。

2．冷却系统的分类

1）按冷却介质分类

发动机冷却系统按冷却介质的不同，可分为水冷系统和风冷系统。

（1）水冷系统。水冷系统以冷却液作为冷却介质，发动机热量先传递给冷却液，然后再传递给空气，汽缸盖内冷却水温度为 80~90℃，汽缸壁的温度为 200~280℃。

（2）风冷系统。风冷系统的冷却介质是空气，发动机热量直接传递给空气，汽缸盖和汽缸壁的允许温度分别为150～180℃和160～200℃。

风冷系统将发动机中高温零件的热量通过装在汽缸体和汽缸盖表面的散热片直接散入大气中而进行冷却的一系列装置。风冷系统因冷却效果差、噪声大、功耗大等缺点，仅用于部分小排量及军用汽车发动机。风冷系统利用高速空气流直接流过汽缸体及汽缸盖表面，而将热量散入大气。

风冷发动机特征1是汽缸体和汽缸盖通常用导热性好的铝合金分别铸出，然后装到整体的曲轴箱上。为增大散热面积，在汽缸体和汽缸盖的表面布满了散热片（见图5-2）。曲轴通过风扇平带驱动风扇叶轮旋转，将环境温度下的冷却空气吸入，经导风板将其引向汽缸体及汽缸盖并将发动机的热量带

图5-2 风冷发动机特征1是风冷发动机汽缸体外的散热片

走，然后经热风出口排出。

风冷发动机特征2是风冷发动机有体积巨大的冷却风扇（见图5-3），为了增强冷却效果，通常采用发动机通过传动皮带直接驱动。

市场上只有一些德国进口的20世纪的风冷轿车发动机，国内目前没有生产风冷轿车发动机。

2）按冷却系统是否能补水分类

按冷却系统是否能补水分为补水式和不能补水式。

图5-3 风冷发动机特征2是风冷发动机有体积巨大的冷却风扇

（1）补水式。补水式也称带补偿水桶式（见图5-4），典型的结构特点是发动机散热器上有加液口，而在低于散热器位置外部挂一个补偿水桶，冷却系统密闭压力在稍高于一个大气压时，散热器加液盖内的限压阀就打开，冷却液进入补偿水桶。在发动机冷却后，发动机缸体内形成真空，补偿水桶内的一部分冷却液可以经加液盖内的真空阀回流发动机缸体内。

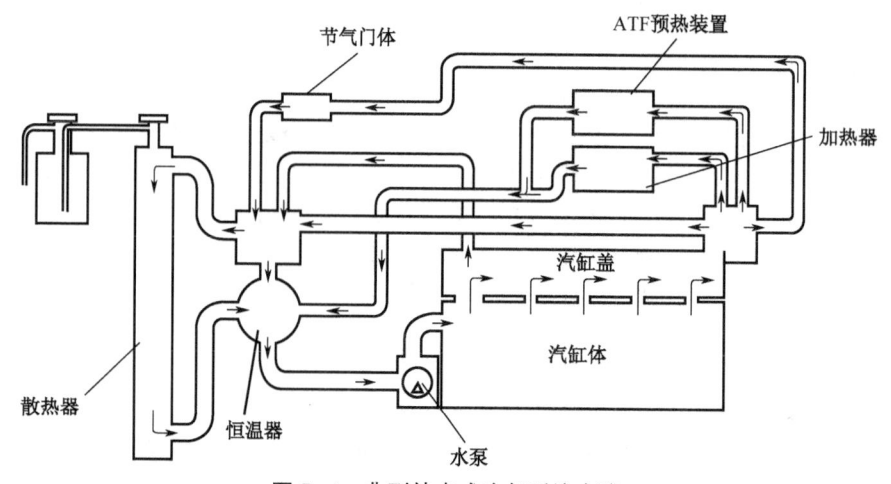

图5-4 典型补水式冷却系统水路

（2）不能补水式。不能补水式也称为膨胀罐式，典型的结构特点是发动机散热器没有加液口，在发动机冷却系统的最高处放一个储水罐，冷却系统密闭压力在高于一个大气压很多时，储水罐上的限压阀打开。由于限压阀的作用使冷却液沸点温度升高，提高发动机和外部环境的温差，增加散热能力。储水罐位置最高可用于冷却系统放气。

3）按冷却液流向分类

根据冷却液在发动机缸体内的流动方向分为纵向和横向流动。

（1）纵向流动。冷却液沿发动机缸体纵向流动，缸体出水口在缸体后端部，发动机缸体水流多为这种方式。

（2）横向流动。冷却液横穿发动机缸体流动，缸体出水口布置在缸体中部。

4）按冷却风扇转速控制方式分类

现代汽车风扇少数为机械风扇，而大多为电子扇，根据冷却风扇转速的控制方式分为有级调节和无级调节两种。

（1）有级调节。通常采用两级调节，分为低速和高速两级，多用在中、低档轿车中。一种情况是当只有一个电子扇时，通常为三端子电机，在电机内部内置一个降压电阻，实现低速运转，旁路电阻时实现高速运转。另一种情况是有两个电子扇时，这种情况多采用低速两个风扇电动机串联，高速两个风扇电动机并联。

（2）无级调节。通常采用功率放大器控制电动机的电流，多用在高档轿车上，方法是发动机控制单元结合发动机温度和空调高压管的压力后通过脉冲宽度控制调节，脉冲宽度越大，风扇转速越高。

5）按冷却风扇和水流方向协同控制分类

按冷却风扇和水流方向协同控制分为不带智能热管理和带智能热管理两种。

（1）不带智能热管理。仅根据发动机和空调系统降温的需要，对冷却风扇和水流方向进行控制。

（2）带智能热管理。不仅考虑发动机和空调系统降温的需要，也考虑发动机和变速器在低温时尽快升温和高温时尽快降温的需要，对冷却风扇和水流方向进行控制。

6）按水泵的驱动方式分类

按水泵驱动方式分为发动机驱动和电动机驱动两种。

（1）发动机驱动。发动机通过正时皮带罩内的正时带或正时皮带罩外的传动带传动。

（2）电动机驱动。水泵通过一个电动机来驱动，电动机可以是非调速型和调速型，调速型电动机内置功率放大器。

技师指导

从汽车角度分类，在新能源汽车出现以前，汽车上的冷却系统只针对发动机冷却系统。出现混合动力汽车以后，汽车上出现了发动机冷却和电力驱动冷却两套系统。而对于纯电动汽车，则只有电力驱动冷却系统。

3．水冷循环

水冷系统通过冷却水在发动机水套中循环流动而吸收多余的热量，再将此热量通过散热器散入大气。水冷系统因冷却强度大、易调节，有较长的保温作用，便于冬季熄火停机的再启动，因而广泛用于汽车发动机上。

大循环和小循环之间的切换是靠节温器的动作来实现的，冷却系统组成如图5-5所示。在发动机的汽缸盖和汽缸体中都铸出储水的、连通的夹层空间，即水套，使冷却液接近受热零件，并可在其中循环流动。水泵11将冷却液吸入并加压，使冷却液流入发动机缸体水套中。此时，冷却液从汽缸壁吸收热量，温度升高，继而流到汽缸盖水套，再次受热升温，后经出水管13沿冷却液软管流入散热器1和进气管6底部的水套中。流入进气管水套中的冷却液对进气管中的混合气进行加热,如空调系统供暖风(暖风开关7打开),冷却液又流入空调系统散热器8,对流过空调系统散热器的空气加热,最后沿冷却液软管流入水泵11中。流入散热器1中的冷却液,由于有装于散热器后的风扇3的抽吸使空气气流由前向后高速流过散热器,其热量不断散到大气中,从而得到了冷却,后沿冷却液软管流入水泵11中。冷却液如此不断地循环,发动机在高温下工作的零件就不断得到冷却,同时进气管中的混合气、流过空调散热器的空气得到加热。

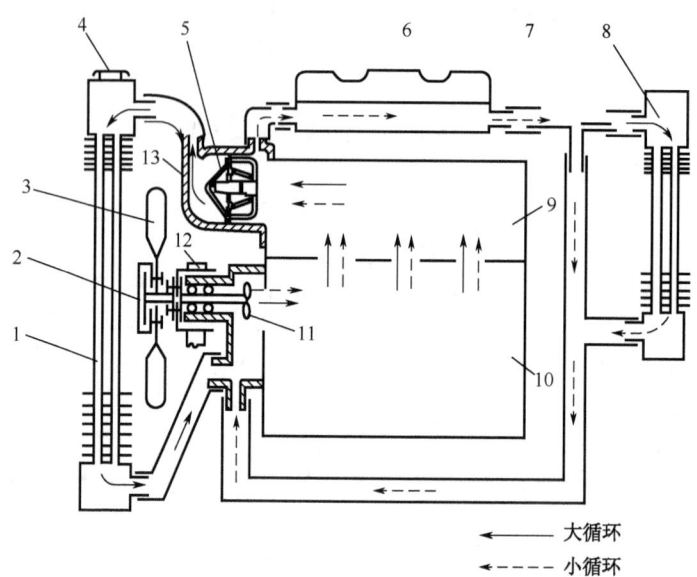

1—散热器;2—硅油风扇离合器;3—风扇;4—散热器盖;5—节温器;6—进气管;7—空调系统暖风开关;8—空调系统散热器;9—汽缸盖;10—汽缸体;11—水泵;12—风扇皮带;13—出水管

图 5-5 冷却系统组成示意图

我们通常将节温,也就是升温的循环称为小循环,而将降温的循环称为大循环。

1)小循环

水冷系统工作时,在发动机未达到正常工作温度下限时,应尽量让发动机升温,即要进行节温,在超过发动机正常工作温度的下限时,改变冷却液的循环回路,从而可以在发动机以后的继续升温过程中保持适宜的发动机工作温度。在水温低时(见图5-5中虚线),小循环就是水不经过散热器而进行的循环流动,从而保证发动机温度不会过低。实际发动机小循环水路除了发动机缸体外,还有发动机机油散热器和空调暖风散热器。

2)大循环

发动机温度高时,水经过散热器而进行的循环流动称为大循环(见图5-5中实线)。

5.2 主要部件

1. 散热器

散热器俗称水箱,作用是将冷却液在水套中所吸收的热量传给外界空气,使冷却液温度下降。散热器要用导热性能良好的材料制造,并应保证足够的散热面积。

散热器芯多采用导热性、焊接性和耐腐蚀性均好的黄铜制造。为减小质量,节约铜材,铝制散热器芯目前广泛用于许多使用条件较好的轿车上。也有些汽车发动机的散热器芯,其冷却管仍用黄铜制造,而散热片则改用铝锰合金材料制成。

散热器一般为竖流式，即冷却水从顶部流向底部。为降低汽车发动机罩轮廓的高度，有些轿车采用了横流式散热器，即冷却水从一侧的进水口进入水箱，然后水平横向流动到另一侧的出水口。

技师指导

> 散热器被泥水、柳絮或昆虫等堵塞时，不仅发动机会出现高温，同时空调制冷效果也会变得很差，为此要清洗散热器。先用压缩空气吹干外部尘垢，然后用水管（不是高压水枪）在散热器正面用清水清洗，注意不要弄倒翅片，一旦不小心弄倒可用梳子梳理一下。
> 对于较难洗净的散热器，将其从车上拆下，置于含有 10%～15%苛性钠（质量分数）的水溶液容器中，加热保持在 80～90℃，浸泡 0.5h 左右，取出放入清水池中清洗。

2. 散热器盖

汽车上广泛采用闭式水冷系统，该水冷系统的散热器盖具有空气—蒸气阀作用，可自动调节冷却系统内压力，提高冷却效果。

发动机热状态正常时，两阀在弹簧力作用下均关闭而使冷却系统与大气隔绝。因水蒸气的产生而使冷却系统内的压力稍高于大气压力，提高了冷却水的沸点，改善了冷却效能。当散热器内压力达到 126～137kPa 时（此压力下，水的沸点达 108℃），蒸气阀开启而使水蒸气从通气孔 1 排出（见图 5-6（b）），以防散热器及芯管胀裂；当水的温度下降，冷却系统内的真空度为 1～20kPa 时，空气阀打开，空气从通气孔 1 进入冷却系统（见图 5-6（a）），以防散热器及芯管被大气压瘪。

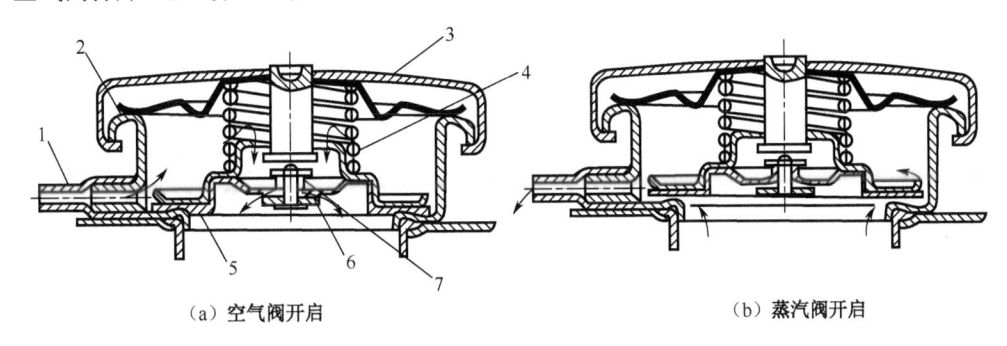

（a）空气阀开启　　　　　　　　　　　（b）蒸汽阀开启

1—通气孔；2—阀座；3—加水口盖；4—蒸汽阀弹簧；5—蒸汽阀；6—空气阀；7—空气阀弹簧

图 5-6　具有空气—蒸汽阀作用的散热器盖

散热器盖对冷却系统有着封闭和加压作用。封闭的冷却系统可减少冷却液的蒸发损失和避免车辆因晃动引起冷却液的溢出损失。由于冷却系统封闭，发动机工作时冷却系统的压力便高于大气压力，使冷却液沸点提高，它与大气的温差增大。当冷却液流经散热器时，对外散出的热量增加，增强了冷却系统的冷却效果。冷却液沸点提高后，在高海拔大气压力低的地区使用时，可有效避免散热器的"开锅"现象。

3. 节温器

汽车发动机冷却系统一般是为了发动机在某一常用工况下能得到适宜的冷却而设计的。但使用条件（如转速、负荷和环境温度等）变化时，冷却系统必须能自动调节冷却强度，以保证发动机经常在最有利的温度下工作。否则在夏季高温地区，发动机在低速大负荷下工作时，将因冷却强度不足而出现过热现象；而在冬季寒冷地区，发动机在高速小负荷下工作时，将因冷却强度过强而出现过冷现象。

该发动机的冷却系统能根据冷却液的温度，通过自动调节流经散热器的冷却液量和流过散热器的空气量来自动调节冷却强度，前者由节温器来实现，后者由硅油风扇离合器来实现。

目前各种汽车发动机基本都采用蜡式节温器,有单阀式和双阀式两种(见图 5-7),区别在于弹簧的数量是一个还是两个。

单阀式节温器用在出水管,将其压在缸盖上,并与缸盖水套相通。节温器的外形及工作原理如图 5-8 所示。支架 3 与固定凸缘 9 固接为一体,反推杆 4 上端固定在支架 3 上,下端插于橡胶套 5 中。橡胶套 5 与外壳 1 间充满石蜡 7。冷却液温度较低时,石蜡 7 呈固态,弹簧 2 将阀门压在阀门座上,阀门关闭(见图 5-8(b)),冷却液由出水管的旁通管 10 沿冷却液软管进入进气管水套、空调散热器(空调系统暖风开关打开时)后沿冷却液软管流回水泵而不流经散热器,即进行小循环,此时冷却系统的冷却强度较小。当冷却液温度高于 90℃时,石蜡受热熔化变为液态,其体积膨胀,迫使橡胶套 5 收缩。反推杆 4 上端固定在支架上而不能上移,橡胶套便推动外壳 1 克服弹簧 2 的弹力向下移动,使阀门打开(见图 5-8(c)),大部分冷却液由出水管沿冷却液软管流入散热器后流回水泵,即进行大循环,小部分冷却液进行小循环。此时,冷却系统的冷却强度较大。

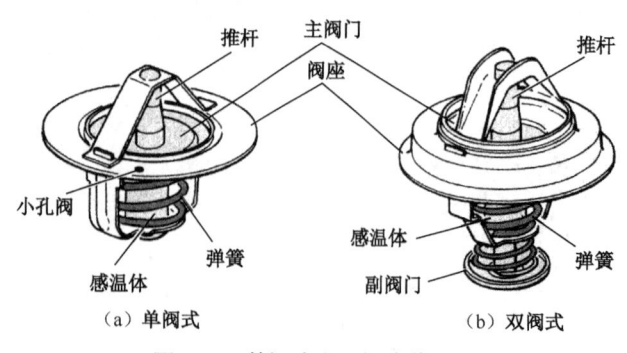

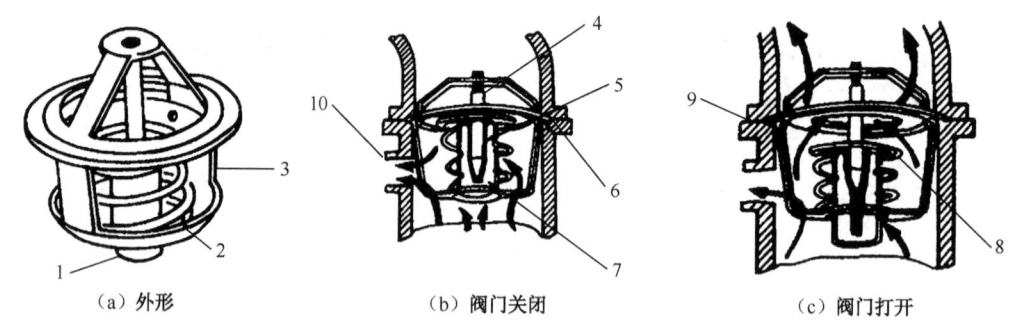

图 5-7 单阀式和双阀式节温器

1—外壳;2—弹簧;3—支架;4—反推杆;5—橡胶套;6—阀门关闭;7—石蜡;8—阀门打开;9—固定凸缘;10—旁通管
图 5-8 蜡式单阀门节温器

4. 硅油风扇离合器

硅油风扇离合器的安装位置及结构如图 5-9 所示。通过螺栓将主动轴 11、水泵皮带轮 13 和水泵轴 12 联为一体,风扇 14 安装在从动板(外壳)1 上,并位于散热器后方,水泵皮带由曲轴皮带轮驱动。

在发动机工作而冷却温度较低时,阀片 3 处在关闭从动板上进油孔 2 的位置,储油室中高黏度的硅油不能进入工作室 9,主动板与从动板的工作表面只附有少量的硅油,二者间摩擦力很小,离合器处于分离状态,风扇转速很低。此时,流过散热器的空气量相对较少,冷却系统冷却强度较低。

随着冷却液温度的升高,流过散热器的空气温度相应提高,双金属螺旋弹簧 5 因受热变形,迫使阀片轴 4 转动,固定在阀片轴 4 上的阀片 3 随之转动,将从动板 1 上的进油孔 2 打开,储油室 6 中的硅油经进油孔 2 进入工作室 9,工作表面 15 间充满了传递扭矩的介质硅油,离合器处于接合状态,主动板 8 带动从动板 1 转动,风扇转速升高。此时,流过散热器的空气量相对增大,冷却系统冷却强度相应增强。如冷却液温度由高降低,流过散热器的空气温度随之下降,双金属螺旋弹簧 5 恢复原状,阀片轴 4 带动阀片 3 转动,将从动板 1 上的进油孔 2 关闭,工作表面间的硅油由于离心力的作用经回油孔 7 返回到储油室 6 中，离合器又回到分离状态。

技师指导 硅油风扇离合器的检查

在日常维护时，硅油风扇离合器应进行就车检查，其方法是：当汽车停放 12h 后，在发动机启动前用手指拨动风扇叶片，此时应感到转动阻力很小；将发动机启动运转 10～20min 后熄火，此时拨动风扇叶片应感到有明显的转动阻力，则可认为硅油风扇离合器工作正常（见图 5-10），也可按 5.3 节的检修方法去检查。

5. 水泵

该发动机装用离心式水泵，安装位置见图 5-10，其结构与常见的离心式水泵相差不大，如图 5-11 所示。叶轮 6 由钢板冲压而成，工作时其转向与曲轴转向相反。轴承 2 是使用中不需加润滑脂的密封式轴承。为防止冷却液渗漏，在叶轮 6 与外壳 3 之间装有水封 7。在位于水封 7 与轴承 2 之间的外壳上开有通气孔 9。

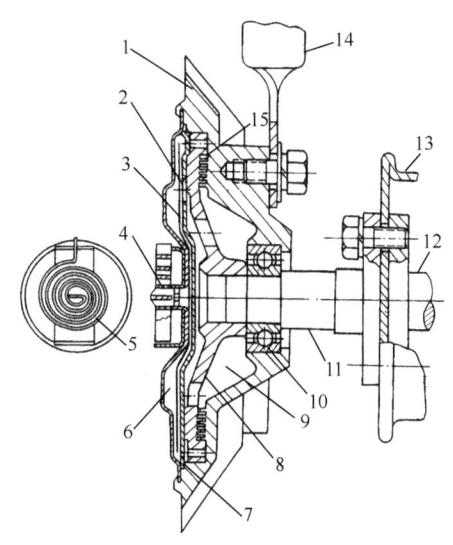

1—从动板（外壳）；2—进油孔；3—阀片；4—阀片轴；
5—双金属螺旋弹簧；6—储油室；7—回油孔；8—主动板；
9—工作室；10—轴承；11—主动轴；12—水泵轴；
13—水泵皮带轮；14—风扇；15—工作表面

图 5-9 硅油风扇离合器的安装位置及结构

图 5-10 硅油风扇离合器的检查

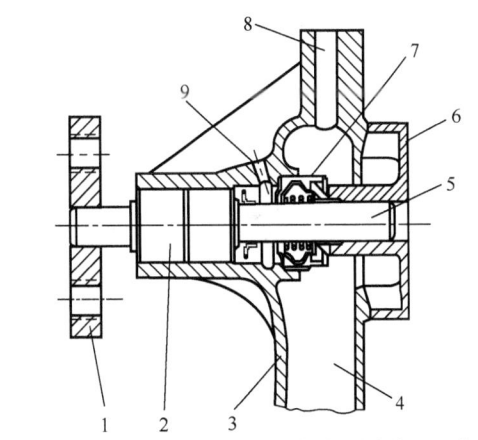

1—凸缘盘；2—轴承；3—外壳；4—大循环进水道；5—水泵轴；
6—叶轮；7—水封；8—小循环进水道；9—通气孔

图 5-11 水泵构造

典型故障 水泵的检查

水泵有两个典型故障：一个故障是叶轮从水泵轴上脱开，叶轮不泵水，该故障可通过检查发动机出水软管的脉动和硬度来检查。另一个故障是水泵的水封漏水，一旦漏水前轴承也可能受损，水封漏水可从通气孔看到水，同时储液罐的液面会下降。

6. 风扇温控开关

有些发动机采用蓄电池提供电能的电动冷却风扇，电动机的运转由冷却风扇电路根据风扇温控开关或发动机电控系统的水温信号控制，当冷却液温度过高时，风扇运转（见图 5-12）。

如图 5-13 所示为双温蜡质热敏温控开关内部结构。它由蜡质感温驱动元件及两挡触点动作机构组成，利用石蜡 9 受热由固态变为液态时体积突然变大来移动推杆 7，控制触点 4、5 的开闭。它装在散热器的水箱上。

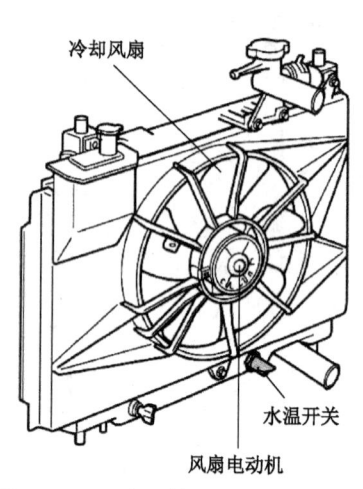

图 5-12　风扇温控开关（水温开关）

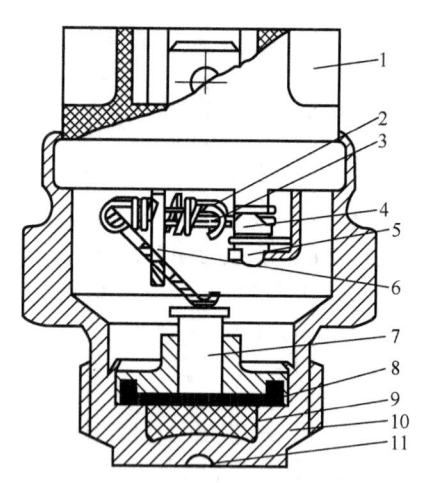

1—接线杆座；2—触点1拉簧；3—触点2拉簧；4—触点1；5—触点2；6—拉簧架；7—推杆；8—橡胶密封膜；9—石蜡；10—外壳；11—调整坑

图 5-13　双温蜡质热敏温控开关

随冷却水温度的升高，石蜡开始膨胀，通过橡胶密封膜 8 推动推杆 7 而压动拉簧架 6。当冷却水温升至 95℃时，低速触点闭合，风扇电动机以 1600r/min 的低速运转；当冷却水温继续上升至 105℃时，因石蜡继续膨胀而使高速触点闭合，风扇电动机以 2400 r/min 的高速运转，以增强冷却强度。当冷却水温下降时，石蜡体积收缩，推杆在触点拉力的作用下回缩而使触点断开。

安全指导　写出在电子扇附近工作时的注意事项

> 采用电动风扇时，风扇电动机的开关受温度开关控制，会自动启动运转，维修冷却系统时注意手要远离风扇叶片。

5.3　保养与维修

1. 冷却系统保养

1）检查冷却液液面高度

在正常使用中，每月应至少检查一次冷却液液面的高度。如气候炎热，检查次数应更多一些。检查时，发动机应处于正常的工作温度，不必打开散热盖，观察膨胀水箱中冷却液液面位置即可。冷却液液面位置应在膨胀水箱上 FULL（充满）标记与 ADD（添加）标记之间。如液面低于 ADD（添加）标记，就需往膨胀水箱中加注冷却液，直到液面位置符合要求为止。所加注冷却液的牌号应与现用的冷却液相同。不得加水，因为加水后，冷却液中防冻剂及添加剂浓度降低，会使冷却液冰点上升，冷却系统将产生锈蚀、结垢等。

注意：冷却液是有毒的，使用中严禁进入口中，手上如沾有冷却液应及时清洗。

一般情况下，不必打开散热器盖。在有必要打开散热器盖时，为防止被冷却液烫伤，应按以下程序进行：

（1）将发动机熄火，打开发动机罩。

（2）自然冷却发动机，直到散热器盖不烫手。

(3) 逆时针拧动散热器盖（不得下压），使盖上锁紧凸耳退至散热器加水口安全挡块处。此时，压力阀弹簧预紧力减小，以便从溢流管卸去散热器中的压力。

(4) 压下散热器盖，并继续逆时针拧动并取下。注意，只有在卸压后才可压下散热器盖。

2）更换冷却液

由于冷却液中加有防锈蚀剂、水软化剂等添加剂，所以冷却液可长期使用。但由于受热，添加剂会变质而失效。如果冷却液变色（出现锈红色）即需更换。一般情况下，车辆每行驶24000km应予更换。

如图5-14所示位置，更换时，按上述程序卸去冷却系统中的压力后，拧紧散热器盖，打开膨胀水箱盖，拧松散热器底部的放水开关（**注意**：在冷却系统很热或卸压之前不得拧松散热器放水开关，否则会发生严重烫伤），放出散热器、膨胀水箱中的冷却液。若不拧紧散热器盖，膨胀水箱中的冷却液将无法放出。再由散热器加水口加注新的冷却液，直到膨胀水箱中的液面位置符合要求为止。必要时，可向膨胀水箱中加注冷却液。市场上有不同冰点的冷却液出售，所加冷却液的冰点应比使用地区历史最低气温低5℃。加满冷却液后，启动发动机使其温度升高，并将空调控制板上的功能控制钮放在"HEAT"（暖风）位置，检查冷却系统有无渗漏。

3）检查、调整风扇皮带的松紧度

风扇皮带过松，将使水泵、发电机等转速过低，导致发动机过热及蓄电池电压下降；风扇皮带过紧，将使风扇皮带及水泵寿命缩短甚至损坏。

风扇皮带的松紧度可用以下方法进行检查：在动力转向泵与空调压缩机之间的皮带中部用力往下按，松紧度合适的皮带其偏移量为6~13mm，如图5-15所示。如松紧度不合适，可扳动发电机或动力转向泵进行调整。

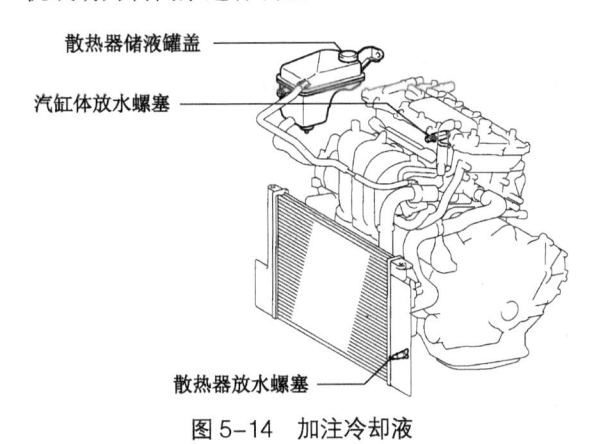

图5-14 加注冷却液

1—检查位置；2—偏移量；
3—空调压缩机及动力转向泵皮带轮

图5-15 检查皮带松紧度

4）水泵

由于水泵装用密封式轴承，在使用中不需加注润滑脂。

2. 冷却系统维修

冷却系统常见故障有冷却液液面下降过快、发动机过热和发动机升温缓慢等。

1）冷却液液面下降过快

该发动机的冷却系统是封闭的，在正常情况下，冷却液不需经常添加。若冷却液液面下降过快，即表明冷却系统有故障，可能的原因有：

(1) 冷却液渗漏。冷却液渗漏可分为外部渗漏及内部渗漏（冷却液渗漏到机油盘中）。

外部渗漏常见的部位有冷却液软管及其接头、水泵与缸体间及出水管与缸盖间的密封垫、散热器等，由于冷却液为黄绿色，很容易观察到渗漏部位，一经发现，应予更换或修补（散热器）。

还可通过冷却系统压力试验来检查有无渗漏。具体方法如下：将一能与散热器加水口对接的冷却系统压力试验仪（主要由打气筒和压力表组成）拧到散热器加水口上，接口一定要密封，如图 5-16 所示，并用其往散热器中打气直到压力表指示压力为 21kPa 为止。然后观察压力表指针位置变动情况。若压力表指针保持不动，表明冷却系统密封良好。若压力表指针回落，则表明冷却系统有渗漏：在外部渗漏部位将有冷却液滴出或流出；如观察不到外部渗漏，则表明有内部渗漏，此时应检查缸盖螺栓有无松动，缸垫是否被"冲"，缸盖是否翘曲，缸体和缸盖有无裂缝等。

（2）散热器盖及其密封垫损坏。如散热器盖及其密封垫损坏，将破坏冷却系统的密封，使发动机工作时冷却液溢出，从而造成冷却液液面下降过快。为检验散热器盖的密封性，可进行散热盖压力试验：利用一转接器，将散热器盖接到上述冷却系统压力试验仪上，如图 5-17 所示，然后打气加压。此时，压力表指针如保持不动，表明散热器盖密封良好；压力表指针如回落，则表明散热器盖不能密封，应予更换。

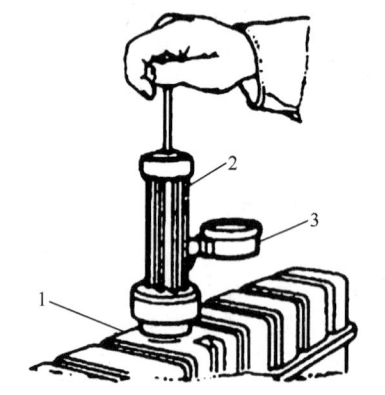

1—散热器；2—冷却系统压力试验仪；3—压力表

图 5-16　冷却系统压力试验

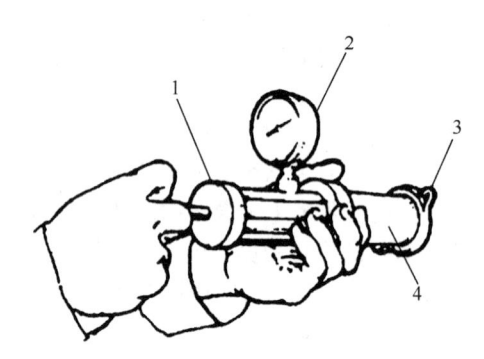

1—冷却系统压力试验仪；2—压力表；3—散热器盖；4—转接器

图 5-17　散热盖压力试验

2）发动机过热

车辆行驶中，水温表指针如长时间处在表盘上的红区，则表明发动机过热。发动机过热的可能原因有：

（1）冷却液液面过低，循环流量不足。冷却液液面高度的检查如前所述，一旦发现冷却液液面过低，应予添加。

（2）节温器不能正常开启，冷却液不能流经散热器，只有小循环而无大循环，冷却系统冷却强度低。为检查节温器能否正常工作，可进行如下试验：将节温器悬挂在水中并加热，如图 5-18 所示，能正常工作的节温器，在水温为 90℃时阀门开始打开，在水温为 100℃时阀门完全打开。如不符合此要求则应予更换。

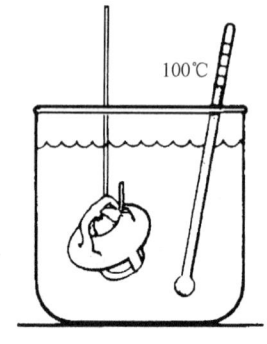

图 5-18　节温器开启试验

修理指导　如何判断节温器是否开启？

用手摸一摸散热器下水管的温度，捏一捏水管充水的硬度，并感觉一下水管中水的脉动。事实上很少有修理人员在实践中用过如图 5-18 所示的方法，主要是太麻烦。实际节温器损坏的形式为石蜡漏出，导致不能打开只有小循环而使发动机水温过高，其判断方法是发动机工作一段时间（10min 左右），水温表指针指仪表中央后，若散热器的上水管和下水管温度都较低，特别是下水管温度较低，就说明节温器应该更换了。这种方法一般的修理人员都知道，也很容易操作。

（3）节温器装反，阀门不能开启。安装时，应将节温器上的箭头或 TO RAD（到散热器，RAD=Radiator，散热器）字样朝向散热器。

（4）风扇皮带过松，详见前述。

（5）水泵损坏，使冷却液循环流量减少。水泵损坏通常是水泵轴承松旷及水封漏水。拆下风扇皮带，用手抓住水泵皮带轮转动，同时前后扳动，如能前后扳动，则说明水泵轴承松旷。泵体上的通气孔如有冷却液渗出，表明水封已损坏。如发现上述故障，应更换水泵总成。

（6）硅油风扇离合器损坏而不能接合，总是处于分离状态，使流过散热器的空气量总是很少，冷却系统冷却强度低，导致发动机过热。为检查硅油风扇离合器是否损坏，可进行以下试验：

· 静态试验

静态试验是在发动机过热下熄火，通过检查双金属螺旋弹簧和阀片轴的运动情况来判断硅油风扇离合器是否能正常工作。试验时，把双金属螺旋弹簧的末端从固定槽中撬出（见图5-19），然后逆时针转动双金属螺旋弹簧，直到转不动为止（不可用强力）。能正常工作的硅油风扇离合器，其阀片轴能随之转动（即阀片能打开从动板上的进油孔），且双金属螺旋弹簧的末端距固定槽13mm。试验后。将双金属螺旋弹簧的末端压入固定槽内。如不能达到以上要求，应更换硅油风扇离合器总成。静态试验简单易行，但不能直接、准确地判断硅油风扇离合器的工作情况。

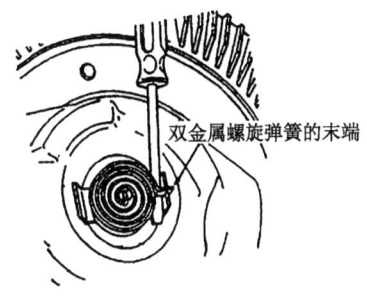

图5-19 硅油风扇离合器静态试验

· 动态试验

动态试验是在发动机工作状态下进行的。工作良好的硅油风扇离合器在工作温度（散热器后的空气温度）为88℃时应接合；接合后，工作温度下降到77℃时应分离。动态试验的目的在于测试硅油风扇离合器能否达到这一要求。为测出硅油风扇离合器的工作温度，可在散热器后的风扇护风罩顶部钻一小孔，将半导体温度计（量程为0～100℃）的传感器从孔中插入，并与双金属螺旋弹簧的中心对正（注意：传感器与风扇间应有一定的间隙）。试验时，使发动机转速稳定在2400r/min。为使硅油风扇离合器的工作温度迅速升高，可用硬纸板挡在散热器前面。用一光电式数字转速表监测风扇及水泵皮带轮的转速。当温度计显示温度在78～88℃时，风扇的转速应与水泵皮带轮的转速接近，风扇运转噪声明显增大；此后取掉挡在散热器前的硬纸板，硅油风扇离合器工作温度下降，当温度计显示温度下降11℃时，风扇的转速应比水泵皮带轮的转速低得多，风扇的运转噪声明显减弱。风扇转速变化如不符合以上要求，则表明硅油风扇离合器有故障，应更换总成。

（7）冷却系统水垢过多。井水、河水、海水等因含有大量的矿物质而被称为硬水。发动机冷却系统如意外加了硬水，在高温作用下，这些矿物质会从水中沉淀析出而产生水垢，这些水垢将积附在水套的内壁和软管的接口处，从而影响水的循环，造成高温零件散热困难而使发动机过热。附结在水套上的水垢，阻碍冷却液从高温零件吸收热量；附结在散热器内壁上的水垢，阻碍冷却液向大气散发热量，都会导致发动机过热。如发现这一故障，应清洗冷却系统，具体方法如下：将冷却系统清洗液（对于铸铁缸体和缸盖，常用的配方为苛性钠75g+煤油15g+水1000g或含水碳酸钠100g+煤油50g+水1000g）注入冷却系统中，停留10～12h后，启动发动机，使其怠速运转15～20min，直到冷却系统清洗液有沸腾现象为止，然后放出清洗液，再用清水冲洗冷却系统。

（8）混合气过稀，燃烧速度缓慢，在膨胀冲程中燃烧放出的热量增加，传给冷却系统的热量相应增大，导致发动机过热。混合气过稀的原因与排除详见供给系统。

（9）点火过早或过晚，都会引起发动机过热。点火正时的检查及调整详见点火系统。

（10）水温表及水温传感器损坏而不能正确指示冷却液的温度，此时应更换总成。

3）发动机升温缓慢

发动机工作时，水温表指针长时间到不了正常位置（90～100℃），即为升温缓慢。这将加快发动机的磨损。造成升温缓慢的可能原因有：

（1）节温器阀门粘连而不能闭合，冷却液在低温下也进行大循环。拆下节温器进行检查，必要时更换总成。

（2）快怠速转速过低（怠速时升温缓慢）。快怠速转速的检查及调整详见本书供给系统。

（3）水温表及水温传感器损坏而不能正确指示冷却液的温度，此时应更换总成。

5.4 冷却液

1. 冷却液成分

1）防冻液分类

为适应冬季行车的需要，可在冷却水中加入一定量的防冻剂以达到降低冰点、提高沸点的目的。

防冻液分类：按照组成成分，防冻液可分为乙醇型、丙三醇型和乙二醇型（甘油型）等三类。

乙醇型防冻液又叫酒精水溶液型防冻液，由于其沸点低、易蒸发、使用中损失量大等原因，目前已基本被淘汰。丙三醇型防冻液由于价格比较昂贵，其使用面也受到了限制。目前普遍使用的防冻液为乙二醇型。现代汽车使用的防冻液通常由一定比例的乙二醇和蒸馏水混合而成，其冰点可达-35℃，沸点则高达127℃左右。

冷却系统缺少防冻液，为了应急可使用清洁的软水，如纯净水。但注意会降低防冻剂的浓度，若在冬季寒冷地区，往往因冷却水结冰而发生散热器、汽缸体、汽缸盖变形及胀裂的现象。

2）防冻液性能要求

水冷式发动机对冷却介质（防冻液）有防冻、防腐及防锈、防溶胀及防侵蚀、防结垢、抗泡沫、低温黏度不太大、化学性质稳定等八点性能要求。优质的防冻液可减少保养维修工作量，延长发动机的使用寿命。

2. 选用防冻液

目前市场供应的防冻液多为乙二醇水溶液，这种防冻液可直接使用。市场上还有一种防冻液母液，即浓缩型。这种防冻液一般为进口产品或是由合资企业生产的产品，通常采用小铁桶式的包装，如良普顿、壳牌等。浓缩型防冻液即防冻液母液一般不能直接使用，而应根据使用环境的要求，用软化水调制到一定的浓度才能使用，乙二醇防冻液母液调制浓度和冰点参见表5-1。从表5-1中可以看出，乙二醇型防冻液的冰点随着乙二醇在水溶液中的浓度变化而变化，浓度在59%以下时，水溶液的冰点随着乙二醇浓度的升高而降低；当水溶液中乙二醇的浓度超过59%后，随着乙二醇浓度的升高，水溶液的冰点呈上升趋势。当乙二醇的浓度达到100%时，其冰点上升至-13℃，这就是浓缩型防冻液（防冻液母液）为什么不能直接使用的一条重要原因，必须引起使用者的注意。

表5-1 防冻液母液调制浓度和冰点

浓度（%）	冰点（℃）	密度（20℃时）（g/cm³）	浓度（%）	冰点（℃）	密度（20℃时）（g/cm³）
28.4	-10	1.0340	54	-40	1.0713
32.8	-15	1.0426	57	-45	1.0746
38.5	-20	1.0506	59	-50	1.0786
45.3	-25	1.0586	80	-45	1.0958
47.8	-30	1.0627	85	-30	1.1001
50	-35	1.0671	100	-13	1.1130

3. 使用冰点仪

近几年来，一些汽车服务站开始应用手持式电解液比重检测仪，它是为测量电解液的浓度而设计的，同时也可以测量乙二醇和丙二醇型防冻液的冰点。如图 5-20 所示为手持式电解液比重检测仪外形，只要滴几滴液体在棱镜上，然后对着光观察，即可通过在镜头内的明暗"分界线"读出溶液的浓度，通过测得的百分比浓度可以非常直观地检测蓄电池内电解液的比重及使用状态。

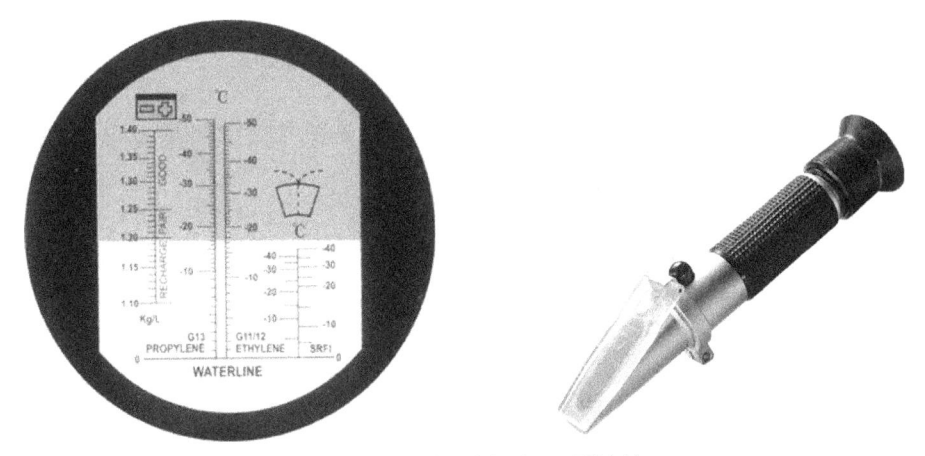

图 5-20 手持式电解液比重检测仪

工作范围：电解液 1.10～1.40kg/l（精度 0.01kg/l），（防冻液）乙二醇、丙二醇 0～-50℃（精度 5℃），（玻璃水）-40～0℃（精度 10℃）。

4. 防冻液选择原则

由于当前市场上供应的防冻液种类比较多，生产渠道又多种多样，所以选择和正确使用防冻液是一个值得重视的问题。总的来说，在选择防冻液时应从以下几个方面入手：

1）根据环境温度条件选择防冻液的冰点

防冻液的冰点是防冻液最重要的指标之一，是防冻液能不能防冻的重要条件。一般情况下防冻液的冰点应选择在比当地最低环境气温低 10～15℃左右，如当地最低环境气温为-30℃，则防冻液的冰点应选择在-45℃以下。如果要选择乙二醇母液来进行调制，则可配制乙二醇的浓度为 59%，此时其溶液的冰点为-50℃，其密度为 1.0786g/cm^3。

2）根据车辆不同要求选择防冻液

一般情况下进口车辆及国内合资厂生产的高、中档车辆应选用永久性防冻液，使用期限为 2～3 年，其余普通车辆则可采用直接使用型防冻液，夏季可换成软化水。

3）按照车辆多少和集中程度选择防冻液

车辆较多又相对集中的单位和部门，可以选用小包装的防冻液母液，这种防冻液母液性能稳定，由于采用小包装，便于运输和储存，同时又可根据不同环境使用条件和不同的工作要求进行灵活的调制达到节约和实用的目的。在车辆少或分散的情况下，可以选用直接使用型防冻液。

4）一般应选用具有良好的防锈、防腐及除垢能力的防冻液

防冻液最重要的是防锈蚀，所以宜选用名牌产品，这些产品中加有防腐剂、缓蚀剂、防垢剂和清洗剂，产品质量有保证。

5）选择与橡胶密封导管相匹配的防冻液

防冻液应对橡胶密封导管无溶胀和侵蚀等副作用。

5. 如何正确使用防冻液

使用防冻液时应注意以下几个问题：

1）清洗和检漏

加注防冻液前一定要对发动机冷却系统进行一次认真的清洗。这是因为防冻液中加有除垢剂和清洗剂，使用前如果没有对发动机冷却系统进行认真的清洗，而是直接加入防冻液，发动机冷却系统中原有的水垢与防冻液接触后脱落，使防冻液变浊、变稠，甚至变色、变味，严重时堵塞水管、水道或沉淀在水箱下部弯管接头部位，造成散热不良、防冻液不能循环，致使发动机温度过高。为防止这些现象的发生，应在加注防冻液前，使用10%的烧碱水溶液浸泡水箱1h，再将冲洗液排放干净，然后用软化水反复冲洗2～3次，以清除发动机冷却系统中原积存的水垢，冲洗完后才能加注新防冻液。

加注防冻液前要检查发动机冷却系统有无渗漏现象，如果有，则应及时排除后才能使用防冻液。

2）防冻液母液

禁止直接加注防冻液母液，有些驾驶人员及修理人员以为防冻液越纯越好，乙二醇浓度越大越好，而直接加注防冻液母液，这样做不但不能满足防冻液对冰点的要求，反而会出现一些意想不到的现象，如防冻液变质、浓度大、密度大、低温黏度增大，从而导致发动机温度高等不良现象。所以在使用防冻液母液时一定要按要求进行调制，禁止直接使用。

3）有效期

防冻液的有效期一般为2～4年，因此使用中有连续性。为了减少浪费，防冻液加注后不要随意更换，但是，使用过程中应对防冻液进行定期定项检查。例如，每年可结合换季保养对防冻液进行检查，检查内容应包括冰点和密度等，同时还应对使用中的防冻液进行外观检查，如果发现密度增大、防冻液变稠、冰点上升，以及防冻液变蚀、变质、变味，出现发泡等现象时应及时更换。

4）混合使用

不同厂家生产的防冻液不能混合使用，否则，容易导致发动机、水箱腐蚀等严重后果。

6．更换冷却液

（1）排净旧的冷却液主要步骤如下：

① 放置好冷却液接收机。
② 松开散热器放水螺塞。
③ 拆下储液罐盖。
④ 松开汽缸体放水螺塞。

（2）加注新的冷却液主要步骤如下：

① 紧固散热器放水螺塞。
② 紧固汽缸体放水螺塞。
③ 通过储液罐加注口加注新的冷却液。
④ 拆下散热器盖并将冷却液添加至储液罐下刻度线。
⑤ 用手按压散热器进水软管和出水软管数次，检查冷却液液位。如果冷却液液位过低，添加冷却液。

（3）排空冷却系统内的空气。安装散热器盖和阀门，使发动机充分暖机。发动机暖机至节温器打开。按压散热器进水软管可以确认节温器的开启，并感觉发动机冷却液从何时开始流入散热器。节温器打开后，按照以下周期运行发动机7min以上：以3000r/mim的转速运转5s，怠速运转45s，再以3000r/min的转速运转5s。按压散热器进水软管和出水软管数次，排空系统内的空气。

（4）检查冷却液是否泄漏。

7．水温报警故障排除

水温表和水温报警灯用来监控发动机冷却系统工作状态，当发动机水温过高时，水温报警灯点亮提示驾驶员及时维修汽车，避免更大损失。

下面是发动机过热的一些危害：
- 使汽缸盖、活塞等零件受热变形翘曲，破坏了零部件正常的配合间隙，使发动机损坏。
- 充气效率降低，发动机动力性下降。
- 润滑油变稀，易变质并造成发动机异常磨损。

发动机过热一般有如下原因：
- 发动机易发生爆震、早燃造成水温报警灯点亮。
- 冷却系统水量不足。
- 电动风扇不转动，风扇电动机、电动风扇ECU、继电器或线路故障。
- 节温器失效，主阀门打不开。
- 散热器堵塞、冰冻、表面脏污。
- 冷却水道堵、漏、渗、水垢太重。
- 缸垫烧蚀。
- 冷却液过热警报灯电路故障。

由于此故障是在发动机正常工作了一段时间之后发生的故障，所以冷却水道堵、水垢太重，节温器失效，主阀门打不开等因素可能性较小，而冷却液泄漏、冷却风扇突然不工作等因素可能性较大。

5.5 电控冷却系统（拓展）

正确的发动机工作温度不仅对发动机的动力输出、燃油经济性影响较大（见图5-21），同时也有利于降低有害物质排放。

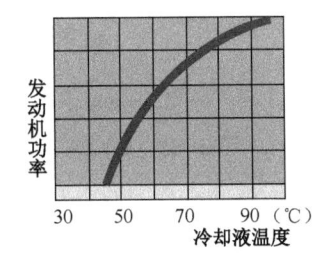

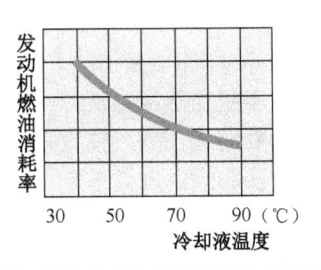

图5-21 发动机冷却液温度对发动机功率和燃油消耗率的影响

发动机的性能依靠适当的冷却，如图5-22所示为发动机冷却液温度在部分负荷和全负荷下的温度控制，在部分负荷（Part-throttle range）下，冷却液温度较高一些（95～110℃），能降低燃油消耗及有害物质的排放；在全负荷（Full-throttle range）下，冷却液温度较低一些（85～95℃），进气加热作用较小，能提高发动机性能，增加动力输出。若能依据发动机负荷使发动机在该状态下有一个适宜的温度，则能较大改善发动机的性能与降低有害物质的排放，于是电子控制发动机冷却系统应运而生。冷却液的循环（节温器控制）、冷却风扇的介入控制均由发动机负荷决定是此种冷却系统的特征。

1. 冷却液温度调节的必要性

汽车发动机在各种不同的气候条件下运转，且发动机的负荷变动也很大。为了使冷却液温度稳定保持在一个较小的范围内，必须对冷却液温度（也就是发动机温度）进行调节。适应于不同工况的有效方法是可以使用节温器来调节温度，该节温器装有对温度敏感的膨胀元件，节温器的工作不受冷却系统中压力上升和下降变动的影响。当冷却液温度下降时，节温器开启一个阀门使散热器旁通水道的流量增加,不走散热器。这种方法使工作温度稳定,汽车暖气系统的工作性能良好,排放中的污染物减少,也降低了发动机的磨损。

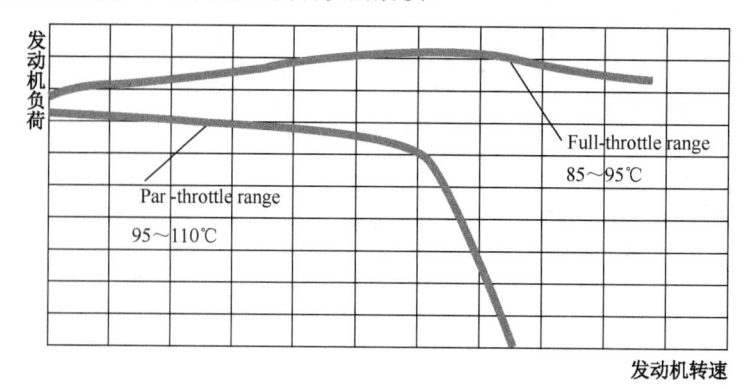

图 5-22　发动机冷却液温度在部分负荷和全负荷下的温度控制

进一步发展可采用脉谱图(MAP 图)控制的节温器。电子控制的节温器不同于单纯的膨胀元件控制的节温器。这种节温器在很大程度上取决于控制单元对节温器的加热控制。在 MAP 图控制的节温器中,石蜡元件加热后,模拟增加的冷却液温度便设定在最佳温度水平。

如图 5-23 所示为冷却液温度调节单元 F265(温度调节执行机构,功能相当于传统的节温器)。

当处于启动或停车工况时,无电压加载。温度调节单元的加热系统不是加热冷却液,而是加热温度调节单元的石蜡体部分,使大循环打开;加热电阻位于膨胀式温度调节单元的石蜡中;电阻根据特性图加热石蜡,使石蜡膨胀发生位移,温度调节单元通过此位移进行机械调节;加热是由发动机控制单元发出的一个脉冲信号来完成的,加热程度由脉宽和时间决定。

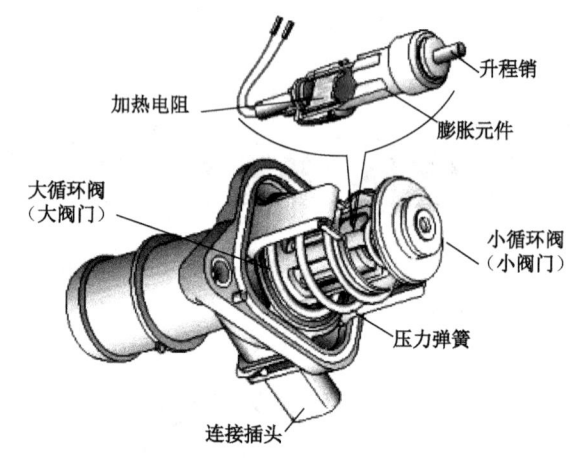

图 5-23　冷却液温度调节单元 F265

2. 风扇转速调节的必要性

在低速时,车辆需要高的冷却能力,因此散热器必须强制通风。轿车通常用注模法制成单体塑料风扇;商用车用驱动功率高达 20kW 的风扇同样用注模法制成。功率消耗不大的风扇常用直流电动机驱动,功率可达 600W。虽然风扇在叶片形状及布置上是采用低噪声设计的,但由于风扇经常高速旋转,仍会产生较大的噪声。

说明:因为费用高,电驱动不用于中型轿车和大型车辆,在这些车辆上,风扇用皮带由发动机直接驱动。在重型货车上,风扇直接装在曲轴上,省却中间传动件。

对风扇的控制需要特别注意,应视车辆的形式和行驶条件而不同。高速时,迎面气流可长达 95%的时间内提供足够的冷却,在此期间,控制单元控制风扇停止运转,则用于驱动风扇的燃料可以节省下来。为此采用电驱动的风扇时,可以用一个多级或无级控制系统来控制,即只有当冷却液超过规定温度时,温度控制的电动开关或发动机电子装置才启动风扇。

此系统应用于大众宝来 APF(1.6 L 74 kW 4 缸直列)发动机上,该系统中的冷却液温度调节、冷却液的循环(节温控制)、冷却风扇的工作均由发动机负荷决定并由发动机控制单元控制,使之相对于装备传统冷却系统的发动机在部分负荷时具有更好的燃油经济性及较低的 CO/HC 排放。这将在未来生产的发动机上逐步推广。

技师指导

> 发动机电动冷却风扇的工作是计算机根据冷却液温度、怠速开关状态及行驶车速，在需要时开关电扇。电子扇在不需要时停止，交流发电机的发电电流自动变小，发动机可以节省燃料，提高经济性。

3. 控制系统原理图

如图 5-24 所示是冷却液温度电子控制原理图。

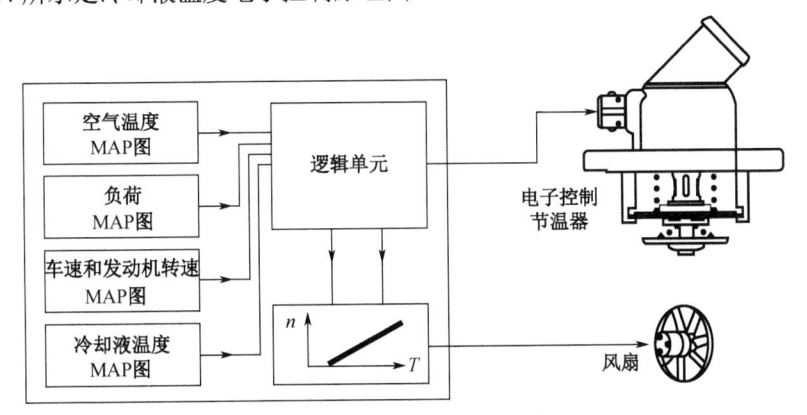

图 5-24　冷却液温度电子控制原理图

4. 控制系统组成

如图 5-25 所示为冷却液温度电子控制系统组成。

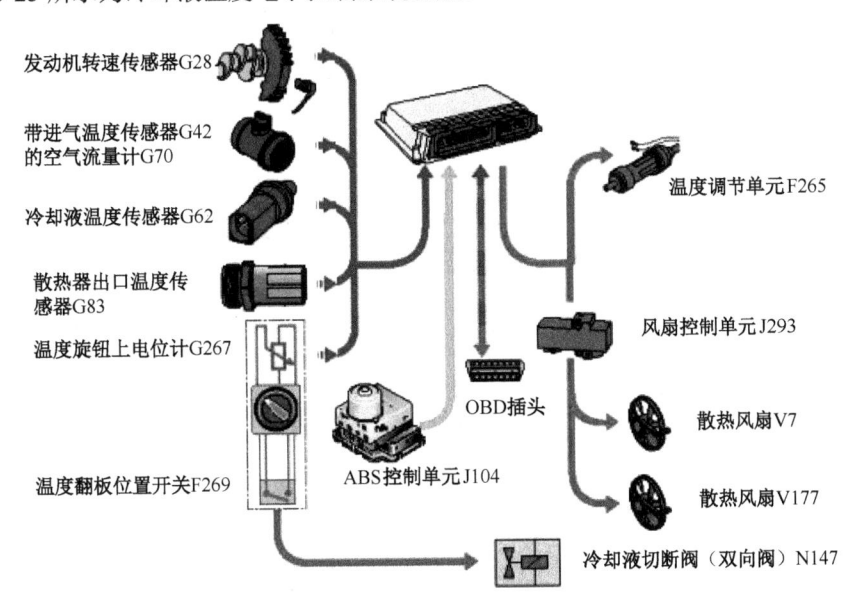

图 5-25　冷却液温度电子控制系统组成

主要逻辑关系有发动机转速传感器 G28 和发动机空气流量计 G70（也称负荷传感器）确定冷却液温度"特定值 1"；车速信号和进气温度传感器 G42 确定冷却液温度"特定值 2"；发动机冷却液温度传感器 G62、发动机转速传感器 G28 确定预控制脉冲；负荷传感器（空气流量计）G70 控

077

制散热风扇 1 挡和 2 挡时的温度差异。

传感器采集所有信息，发动机控制单元 J361 对这些信息时刻进行计算，并根据计算结果进行如下两项控制：

（1）激活加热电阻，打开大循环，调节冷却液温度。

（2）激活冷却风扇，迅速降低冷却液温度。

5．冷却液分配单元

电子控制冷却系统以最小的更改改变了传统的冷却循环，完成了冷却循环的重新布置：冷却液分配法兰与节温器合成一体，发动机缸体上不需要任何温度调节装置。如图 5-26 所示为冷却液分配单元图。

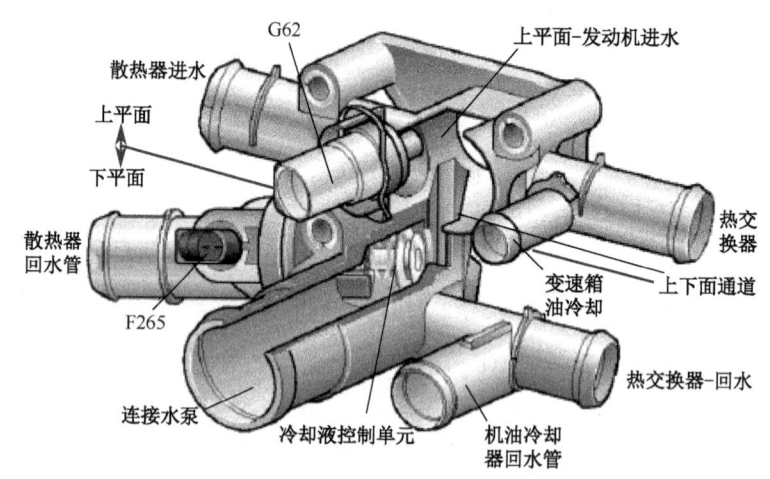

图 5-26　冷却液分配单元图

6．冷却系统流向控制

如图 5-27 所示为冷却系统布局和发动机冷启动、小负荷工况工作原理图。

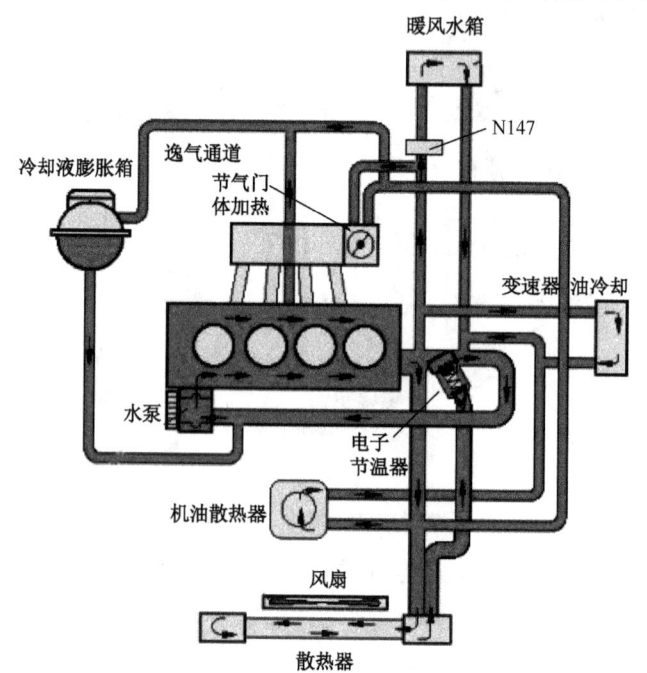

图 5-27　冷却系统布局和发动机冷启动、小负荷工况工作原理图

1）发动机冷启动、小负荷时

在发动机冷启动、暖机期间，与传统的冷却系统一样，为了使发动机尽快达到正常工作温度，系统为小循环。在冷启动、暖机及小负荷时，冷却液经过发动机缸盖、分配器上平面流入，此时，小循环阀门打开，冷却液通过小阀门直接流回水泵处，形成小循环。在暖机后的小负荷时，冷却液温度为95～110℃。如图5-28所示为发动机冷启动、小负荷工况节温器状态图。

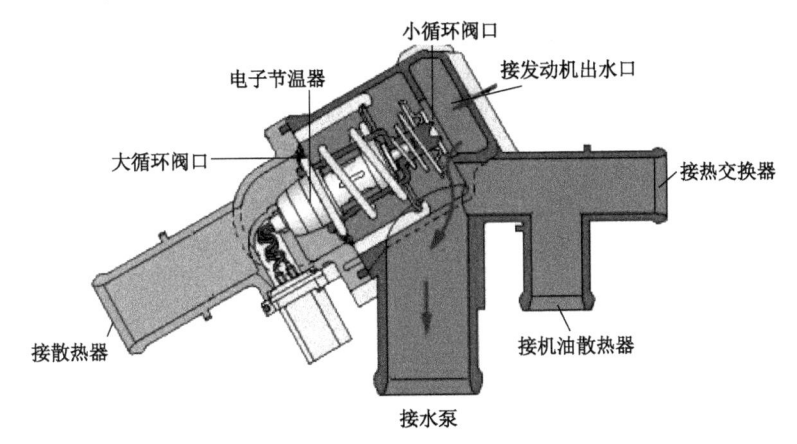

图5-28 发动机冷启动、小负荷工况节温器状态图

2）发动机全负荷时

如图5-29所示为发动机全负荷工况状态图。当发动机全负荷运转时，要求较高的冷却能力。控制单元根据传感器信号得出的计算值对温度调节单元加载电压，溶解石蜡体，使大循环阀门打开，接通大循环。同时关闭小循环通道，切断小循环。在全负荷时冷却液温度为85～95℃。如图5-30所示为发动机全负荷工况电子节温器状态图。

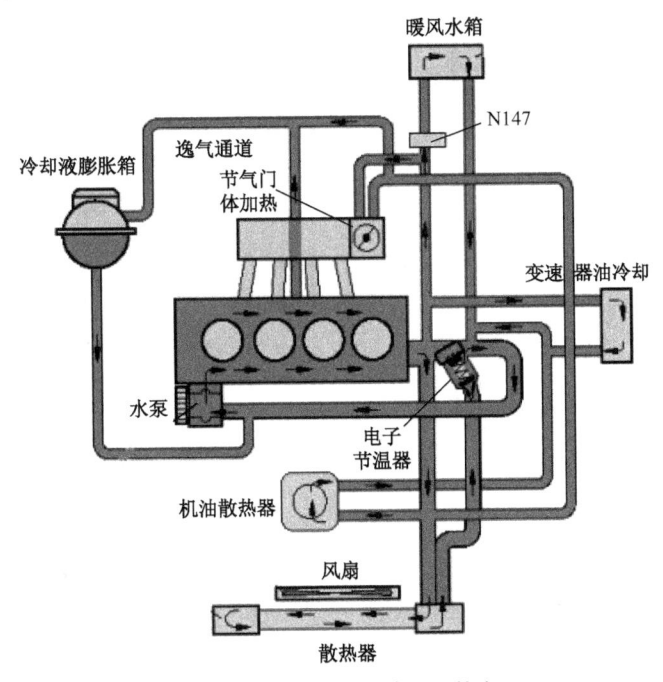

图5-29 发动机全负荷工况状态图

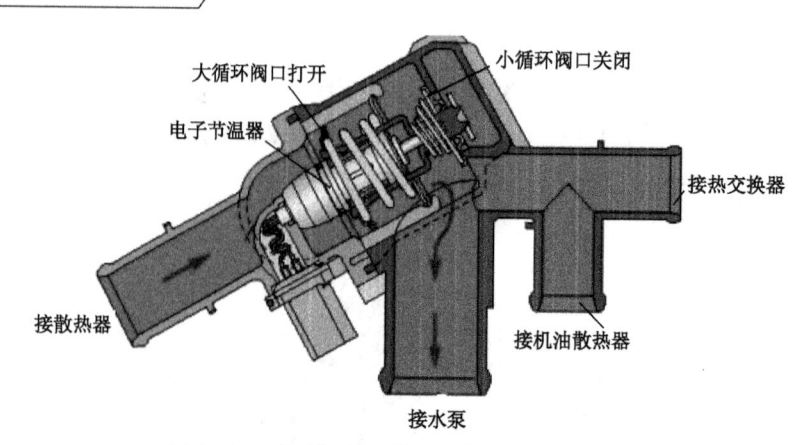

图 5-30　发动机全负荷工况电子节温器状态图

7. 电控冷却系统原理

1）电子控制冷却系统

如图 5-31 所示为宝来 APF 电子冷却系统电路图。

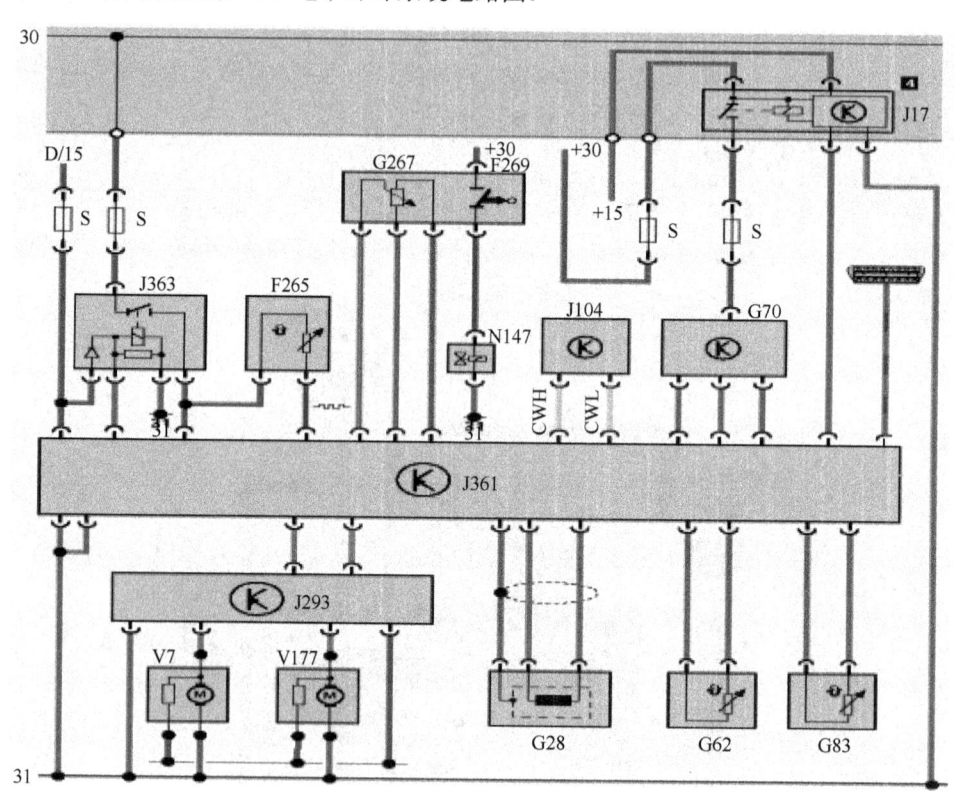

图 5-31　宝来 APF 电子冷却系统电路图

SIMOS（西门子）3.3 发动机管理系统中设有电子控制冷却系统的特性图。发动机控制单元的功能已经扩展，与电子控制冷却系统的传感器、执行器相连接。空调控制面板温度控制电位计信号和发动机前部散热器出水口温度是发动机的输入信号；发动机前部的两个散热风扇和调节单元加载电压是输出控制。

电控冷却系统的自诊断过程在发动机控制单元上实现。该发动机的控制系统是 SIMOS3.3 系统，控制单元在程序中已编有电子控制冷却系统的特性图，与传统的发动机控制单元相比功能增加了，它接收电子控制冷却系统传感器送来的信号并驱动电子控制系统的执行器，而且设计了电子控制冷却系统的监控电路，因此电子控制冷却系统具有自诊断功能并包括在发动机控制系统的自诊断中，可以用 V.A.S5051/V.A.S5052/V.A.G1552 或 1551 进行自诊断。

2）输入与输出信号

输入发动机控制单元的信号有：散热器出口温度；冷/暖风控制电位计。

发动机控制单元输出信号有：温度调节单元加载到电子节温器的电压；散热风扇控制（两个风扇分别用单独的输出信号）。

3）基本工作原理

该系统的传感器采集必要的信息，发动机控制单元对这些信息时刻进行计算，并根据计算结果进行相应控制：

- 激活加热电阻，打开大循环，调节冷却液温度。
- 激活冷却风扇，迅速降低冷却液温度。

4）开暖风时的控制

（1）当温度旋钮开关处于"非关闭"位置时，也就是说，只要温度调节旋钮不关闭，微动开关就处于打开状态，就激活双向阀 N147，并且通过真空驱动热交换器（暖风水箱）的冷却液切断阀（修理工常说的暖水阀），使其打开。如图 5-32 所示为暖风/冷风开关。

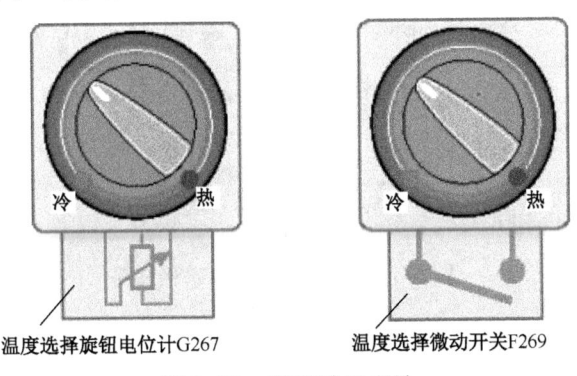

图 5-32 暖风/冷风开关

（2）车辆使用暖风过程中，空调控制面板上的温度选择旋钮电位计（G267）识别驾驶员的意图（温度），从而调节冷却液温度。当温度旋钮处于 70%位置时，冷却液温度将达到 95℃。如图 5-33 所示为暖风/冷风开关在不同位置时的冷却液温度控制。

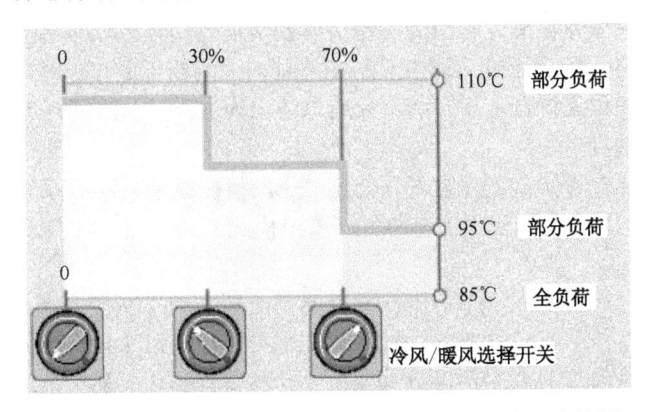

图 5-33 暖风/冷风开关在不同位置时的冷却液温度控制

车辆加热过程中，通过电位计识别驾驶者对车辆加热的要求，调节冷却液的温度，使其处于合适的温度范围（如果温度差异达到 25℃，则认为不正确）。

5）两个冷却液温度传感器（G62 和 G83）及散热风扇控制

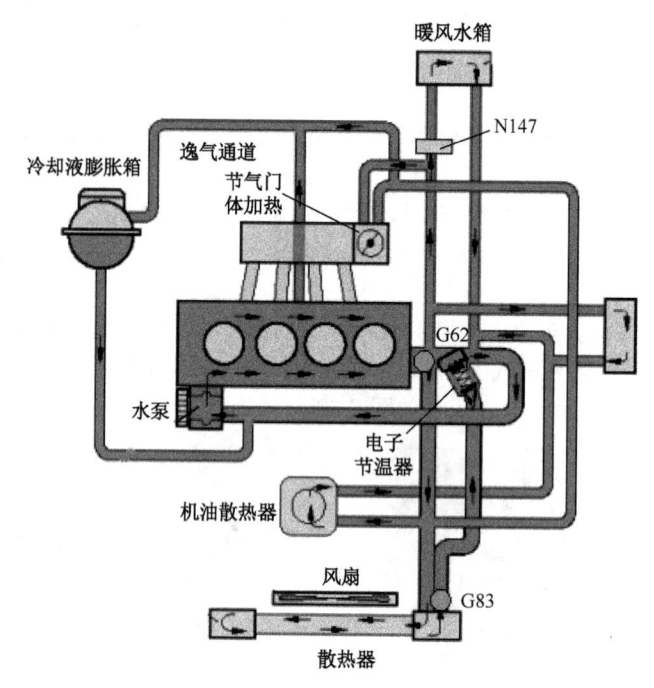

如图 5-34 所示为冷却液温度传感器位置。冷却液温度传感器 G62 和 G83 的"特征值"存储于发动机控制单元中。实际的冷却液温度值通过循环系统中两个不同的位置识别，并且传输给发动机控制单元电压信号。

图 5-34 冷却液温度传感器位置

冷却液温度实际值 1 即 G62 于冷却液法兰的冷却液出口处采集；冷却液温度实际值 2 即 G83 于散热器前出水口处采集。预编在控制单元里的冷却液的"特性值"与温度值 1 相比较后，给出一个脉冲信号，为节温器的加热电阻加载电压；温度值 1 和 2 比较后，调节散热器电子扇。

8. 全负荷和高车速控制

全负荷时要求具有足够的冷却能力。为了提高冷却能力，控制单元为风扇电动机设置了两个转速。依靠发动机出水口与散热器出水口温度的差异来控制风扇的转速。发动机控制单元中储存有风扇介入或切断的两张特性图，它们的决定性因素是发动机转速 G28 和空气流量 G70。

车速超过 100km/h，风扇不介入对发动机的冷却，因为高于此车速时，风扇无法提供额外的冷却。车辆带牵引或空调系统介入后，两个风扇电动机均工作（节温器开启大循环）。

9. 冷却风扇失效控制

如果故障发生在第一个风扇的输出端，则第二个风扇被激活（替代）。如果故障发生在第二个风扇的输出端，则控制单元将节温器完全打开（安全模式）。关闭发动机后，由于温度的影响，风扇会继续运转一段时间。

如果冷却液温度传感器 G62 损坏，则冷却液温度控制以 95℃ 为替代值，并且风扇以 1 挡转速常转。如果冷却液温度传感器 G83 损坏，控制功能保持，风扇以 1 挡转速常转。如果其中一个传感器温度超出极限，风扇 2 挡将被激活。如果两个传感器都损坏，最大的电压值被加载于加热电阻，并且风扇以 2 挡转速常转。

第6章

汽油机燃烧理论

【本章知识目标】
- 能说出汽油在汽车上应用时的理化特性；
- 能说出什么是空燃比；
- 能说出影响空燃比的因素有哪些；
- 能说出标准空燃比下五种气体的排放标准值是多少。

【本章技能目标】
- 能鉴别优质汽油和劣质汽油；
- 能使用五气分析仪测量尾气。

6.1 汽油的使用性能

1. 汽油的蒸发性

汽油机要求汽油能在极短时间（0.001~0.01s）内汽化并与空气充分混合，使每一汽油分子都被空气中的氧包围以便可以充分燃烧。所以汽油的蒸发性对汽油机的工作影响很大。挥发性是衡量燃料汽化（形成蒸汽）难易程度的，当燃料不易挥发时，称这种燃料是低挥发性的。

低挥发性的燃油可能导致下列情况发生：

（1）发动机冷启动困难。

（2）在环境温度较低时汽车的操纵性能和燃油的经济性下降。

（3）火花塞和燃烧室的积炭增加。

在化油器发动机或节气门体喷射发动机中，低的燃油挥发性可导致燃油分配不均匀，进而导致汽缸间的燃烧不均衡，在进气管中汽化燃油比液体燃油传播得更远和更快。

在环境温度较高时，挥发性过强的燃油在油管和油泵内可以形成蒸汽泡沫，这种蒸汽泡沫可以导致气阻或导致发动机性能下降，可能引起的其他问题有：

（1）较多的蒸发排放物。

（2）发动机过热时汽车的操纵性能变差。

（3）燃油经济性变差。

（4）热浸后启动困难。

> **技师指导**
>
> 气阻是由于燃油在油管或者油箱内沸腾的结果。与液体燃油不同，蒸汽是可压缩的。这意味着产生气阻时，油泵不能将燃油输送到化油器或喷油器中去，以免导致发动机失火。
> 对油管进行充分冷却后，发动机能够重新工作。
> 燃油喷射发动机采用电控喷油泵，系统中燃油压力较高。高压下燃油的沸点提高，气阻发生的可能性减小。

如果在夏天使用冬季汽油，可能发生下列问题：
（1）怠速工作粗暴。
（2）游车。
（3）气阻。
（4）加速缓慢。
（5）发动机喘振。
（6）蒸发系统受损。
（7）发动机热浸时液体溢流。

2. 含硫量

由于硫是原油的组分之一，汽油中总会包含一些硫，汽油中含硫量过高会腐蚀发动机和排放控制系统。正因为如此，在油品炼制过程中应该尽可能地除掉硫。

当汽油在燃烧室中燃烧时，燃烧的产物之一是水。燃烧的高温使得水以蒸汽的状态离开燃烧室，水蒸气经过排放控制系统时可能冷凝成为液体状态。当发动机停机并冷却后，除排放控制系统以外，燃烧室中和曲轴箱中的由于燃烧窜入的水蒸气也可能冷凝。当汽油中的硫燃烧时，它与氧结合生成二氧化硫。当二氧化硫与水结合时会形成硫酸，硫酸具有极强的腐蚀性，由于硫酸的腐蚀可能造成排气门腐蚀和排放控制系统的损坏。当二氧化硫流经催化转化器和排气系统时，会产生难闻的臭鸡蛋味道。为了降低硫酸的腐蚀性，应该严格限制汽油中硫的含量。在美国，现行的法律规定硫含量必须低于0.01%（质量含量）。在许多欧洲和亚洲国家，这个标准更严格。

3. 燃油添加剂

很多年来，炼油工业一直将铅的化合物，如四乙基铅加入到汽油中以提高汽油的辛烷值。从20世纪70年代中期以来，汽车设计要求采用无铅汽油。这是由于汽车上安装了一些防止环境污染的特殊装置，如催化转化器和氧传感器，为了使这些设备能够正常工作，含铅汽油不能再作为汽车燃料，汽油车上必须使用无铅汽油。

汽油添加剂具有不同的特性和各种不同的用途，汽油添加剂价格昂贵，因此只能加入有限的量。汽油添加剂的精确加入量是各个炼油厂的机密，人们估计每1m³的汽油中至少加入了0.598kg的添加剂，下面是在汽油调配过程中需要加入的添加剂。

（1）清净剂：用于保证燃油系统沉积物的清净性，控制添加剂燃烧的沉积物。聚醚胺被加入到添加剂中帮助溶解沉积物，以保证喷油器干净。但是此类添加剂趋向于在进气管处产生沉积物。

（2）防冻剂：在汽油中针对特定季节加入异丙醇以防止油管在寒冷的季节结冰。

（3）金属活性抑制剂和防锈剂：这些添加剂用于阻止燃油和燃油系统中的金属之间反应形成腐蚀性物质。

> **技师指导**
>
> 添加清净剂最初是为了清洁喷油嘴并使其保持干净。喷油嘴发生阻塞的原因是在高温和短程驾驶条件下，会使汽油中的烯烃（一种有机化合物）累积并形成沉淀，附着在喷嘴边上。添加清净剂的作用就在于使沉淀物分解并保持喷油器干净，但是它们自身也会在发动机进气

门背部和火花塞上形成沉淀。正因为如此，添加的汽油喷油嘴的净化物质可能也会危害发动机的运行，但此事不可避免。

节气门体喷射的供油系统很少使喷油嘴出现阻塞现象，这是因为喷油嘴的位置距发动机热源足够远，从而沉淀无法形成。

4. 汽油的抗爆性

爆燃（deflagration）是发动机发出的一种金属敲击声，通常是在发动机加速过程产生的，是由于汽缸内不正常或不可控的燃烧造成的。

汽油在发动机中正常燃烧时，火焰的传播速率为30～70m/s。但当混合气已燃烧2/3～3/4时，未燃烧的混合气中产生了高度密集的过氧化物，它的分解使混合气中出现了许多燃烧中心，燃烧速率猛增，产生强大的压力脉冲，火焰的传播速率可达800～1000m/s，甚至高达3000m/s，这种情况下汽缸内产生清脆的金属敲击声。这种燃烧就是爆燃。爆燃会使发动机过热，活塞、气阀、轴承等受冲击变形损坏。

爆燃的程度与燃料的组成有关。已经知道，异辛烷（2，2，4—三甲基戊烷）的抗爆燃性（抗爆性，antiknock character）极高，将它的辛烷值定为100；正庚烷的抗爆性极低，将它的辛烷值定为0。将二者按一定比例配成混合液，便可得到辛烷值（即异辛烷的体积百分数）为0～100的燃料，这就是燃料辛烷值（Octane number）的标准。辛烷值是汽油抗爆性的定量指标，我国汽油机用汽油的牌号就是根据辛烷值确定的。

例如，某汽油的辛烷值是93（即93#汽油），表明这种汽油在标准的单缸内燃机中燃烧时，其爆燃噪声强度与7份正庚烷和93份异辛烷的混合物在相同条件下的爆燃噪声强度相同。

汽油的抗爆性与组成汽油的烃类有关。正构烷烃随碳原子数增多抗爆性降低，辛烷值降低；异构烷烃随支链的增多抗爆性升高。环烷烃抗爆性居中，而芳香烃及其衍生物抗爆性较高。

为了提高汽油的抗爆性，常向汽油中添加抗爆添加剂，其中四乙基铅是最有效的添加剂。四乙基铅的作用是破坏生成的过氧化物，使爆燃不能发生。然而，含铅化合物的汽车尾气是大气铅污染的主要来源。从环保出发，我国早已淘汰含铅汽油而大力发展无铅汽油。

可通过重整或加入高辛烷值组分的方法来获取高辛烷值燃料。所谓重整（reforming），就是把馏分中烃类分子的结构进行重新排列，使辛烷值高的组分如芳烃、带支链异构体等含量增加，且保证所含碳原子数仍在汽油组分范围内，因而辛烷值大大提高。例如，把下面的长直链重整为芳香烃：

$$CH_3-CH_2-CH_2-CH_2-CH_2-CH_3 \xrightarrow{重整} \bigcirc$$

其他高辛烷值的化合物如甲醇、甲基叔丁基醚等加入后也可显著提高抗爆性，而无须加入四乙基铅。为了便于与含铅汽油区分，无铅汽油不添加着色染料。我国早已禁止加油站供应含铅汽油。

技师指导

2005年之前，由于社会上低劣炼制的汽油，导致化油器发动机爆震，只能转动分电器改变初始点火角来适应。对于电喷发动机，爆震传感器把信号传给控制单元（ECU）后，控制单元推迟点火提前角。若无检测仪，则不知什么原因造成发动机加速无力，在检查很多项目、更换很多元件后仍可能发现不了原因。这时可用正时枪查看点火角推迟，点火角稳定且较小，说明是油的故障；点火角乱动不稳定可能是油的故障，也可能是进气歧管压力波动太大造成的，这与传统分电器的点火角乱动故障排除方法相同。若有检测仪，可直接通过故障码或数据流诊断点火角推迟。

低标号汽油导致电喷发动机推迟点火角。修理时，反过来用，看到点火角推迟就要怀疑汽油可能有质量问题，修理上要把握，理论书上的很多描述都要倒过来才能用到实践中去。

5. 汽油的化学安定性和物理稳定性

汽油中若含有大量的不饱和烃，在储存、运输、加注及其他作业中，会因空气中氧、较高温度及光的作用而氧化生成胶质。胶质在汽油中溶解度小，会黏附在容器壁上，给汽油机的工作带来害处，降低汽油的化学安定性（chemical stability）。

胶质物或抗氧化剂：许多调和汽油中含有芳族胺和苯酚来防止胶质物和沥青质的生成，在储存期间，由于某些汽油物质和氧结合可能形成有害的胶质物沉积，加入抗氧化剂能增加汽油的稳定性。

提高化学安定性的方法，一是通过炼制工艺，使易氧化的活泼烃类、非烃类组分尽量减少；二是向汽油中添加抗氧化添加剂，如酚类（2，6—二叔丁基—4—甲酚）、胺基酚类及胺类等物质。

汽油在储存、运输、加注和其他作业时，保持不被蒸发损失的性能叫物理稳定性（physical stability）。汽油的物理稳定性主要由汽油中的低温馏分决定。

技师指导

> 不饱和烃氧化生成胶质，胶质在汽油中溶解度小，会黏附在汽油供给系统，不能充分挥发。一般发动机的汽油供给系统无论是化油器还是电喷系统，当出现喷油雾化不良及喷油量不足时，都需要清洗一下。

6. 汽油中腐蚀性物质的影响

汽油中水溶性酸和碱（H_2SO_4、NaOH、磺酸及酸性硫酸酯）等对所有的金属都有强烈的腐蚀性；环烷酸对有色金属，特别是铅和镁有强的腐蚀性。氧化生成的有机酸，特别是有水存在时，对黑色金属也有腐蚀性。

汽油中的含硫化合物，特别是 SO_2 和噻吩，不仅有腐蚀性，还会使汽油产生恶臭，促使汽油产生胶质。硫化物燃烧后生成的 SO_2、SO_3 与水反应生成 H_2SO_3、H_2SO_4，能直接与金属作用，使汽缸和活塞受到强烈腐蚀。

7. 汽油中机械杂质和水分的影响

新出厂的汽油完全没有机械杂质和水分。由于运输、倒装、用小容器向汽油箱加注，到达使用者手中时，常有机械杂质（锈、灰尘、各种氧化物）及水分落入其中。机械杂质会加速化油器量孔的磨损，堵塞化油器量孔，堵塞电喷系统的喷油嘴和汽油滤清器等；机械杂质若进入燃烧室则会使燃烧室沉积物增多，加速汽缸、活塞和活塞环的磨损。水分在冬季结冰，冰粒堆积在汽油滤清器中会堵塞油路，严重时会终止供油。水分还有加速腐蚀、加速汽油氧化生胶、破坏汽油中的添加剂等不良作用。所以汽油规格中规定不允许有机械杂质和水分存在。

技师指导

> 化油器的主供油量孔变大是由于杂质的磨损；杂质、冰粒、胶质长期不运动还可以堵塞化油器量孔，堵塞电喷系统的喷油嘴和汽油滤清器。

6.2 正常燃烧条件

汽油发动机正常燃烧基本条件有正确的空燃比、正确的点火正时和点火能量、正确的缸压和正确的配气正时。

6.2.1 正常燃烧对空燃比的要求

混合气的成分不同，对发动机动力性和经济性、排放污染有较大影响。而混合气的成分通常用"空燃比"或"过量空气系数 λ"表示。

1. 空燃比和过量空气系数 λ

空燃比和过量空气系数 λ 都是表示混合气浓稀程度的术语，在表示混合气浓稀程度时根据具体使用场合选用不同的表达方式，更为方便。

内燃机的设计都是通过燃烧有机燃料来产生动力的，汽油都可以认为是有机的碳氢燃料，由于是多种碳氢有机物的混合物，所以无化学分子式。燃烧过程将空气中的氧气（O_2）和燃料中的氢（H）和碳（C）相结合，在汽油机中，火花塞点火开始燃烧过程，燃烧过程持续 0.001~0.01s。

理论上充分燃烧过程发生的基本化学反应为：

氢（H）+碳（C）+氧气（O_2）+火花=热量+水（H_2O）+二氧化碳（CO_2）

如果燃烧过程完全，则所有的碳氢化合物（HC）与所有可用的氧（O_2）完全结合恰好完成燃烧的空气和燃料的比例称为理论空燃比，汽油的理论空燃比以质量比（重量比）为 14.7kg 空气对应 1kg 汽油，或用体积比表示为 1L 燃油完全燃烧大约需要 9500L 空气。不同的燃料有不同的理论空燃比和热量（见表6-1）。

表 6-1　不同燃料的理论空燃比和热量

燃　　料	热量（Btu/gal）	理论空燃比
汽油	大约 130000	14.7∶1
乙醇	大约 76000	9.0∶1
甲醇	大约 60000	6.4∶1

注：1Btu=1055J，1gal=3.785dm3。Btu（British thermal unit）为英、美等国采用的一种计算热量的单位，它等于 1 磅纯水温度升高 1℉所需的热量。

按理论上空气和汽油充分燃烧过程发生的基本化学方程确定空气和汽油的混合比，即空气质量与汽油质量比，称为"空燃比"，通常用 *A/F* 表示（Air/Fuel 的质量之比）。

汽油完全燃烧并生成 CO_2 和 H_2O 时的空燃比称为"理论空燃比"，为 14.7 左右。在实际的发动机燃烧过程中，燃烧 1kg 汽油所消耗的空气不一定就是理论所需求的空气量，它与发动机的结构与使用工况密切相关，所供实际空气量可能大于或小于理论空气量。将实际空气量与理论空气量 14.7 的比值称为"过量空气系数 λ"，可用公式表示：

过量空气系数 λ=实际空气质量/14.7

若 λ>1，表示所供的空气量大于理论空气量，这种混合气叫稀混合气。若 λ<1，表示空气量不足以使燃料完全燃烧，这种混合气叫浓混合气。过量空气系数 λ=1 时，与空燃比 14.7 是相同的混合气浓度。

例如，在汽缸内燃烧 1kg 汽油所消耗的空气为 12.23kg，过量空气系数 λ=12.23/14.7=0.9（小于 1），混合气过浓。这种缸内燃烧是不完全燃烧。

"空燃比"和"过量空气系数 λ"都是描述混合气浓稀的术语，在书籍里有时用"空燃比"表示混合气浓稀，有时用"过量空气系数 λ"表示混合气浓稀。

技师指导

> 实际上由于诸多因素的影响，发动机在缸内的燃烧过程发生的基本化学反应为：氢（H）+碳（C）+氧气（O_2）+氮气（N_2）+其他化学物质+火花=热量+水（H_2O）+一氧化碳（CO）+二氧化碳（CO_2）+碳氢化合物（HC）+氮氧化物（NO_x）+其他化学物质。

2. 不考虑排放达标的情况下空燃比对发动机动力性和经济性的影响

过量空气系数 λ 表示实际空燃比与理论空燃比（14.7∶1）的差异程度。λ 为发动机供给空气质量与理论完全燃烧空气质量之比，λ=1 表示发动机供给空气质量与理论完全燃烧空气质量相当。

如图 6-1 所示为过量空气系数 λ 对功率 P 和燃油消耗率 b_e 的影响。

从图 6-1 中可知：

$\lambda<1$ 为空气不足，形成浓的混合气。在 λ 为 0.85～0.95 时发动机发出最大的输出功率。

$\lambda>1$ 为在此范围内具有过量空气或称为稀燃混合气。该过量空气系数标志减少燃油消耗和发动机功率降低。λ 能达到的最大值即所谓的"稀燃极限"，它在很大程度上依赖于发动机设计和所采用的混合气形成系统。在混合气稀燃极限时混合气不再能点着，发生燃烧失火，会明显地增加运转的不均匀性。

进气管喷射的汽油发动机在缺少空气 5%～10%（$\lambda=0.95$～0.85）的情况下能得到最大的功率输出，在过量空气为 10%～20%（$\lambda=1.1$～1.2）的情况下达到最低的燃油消耗。

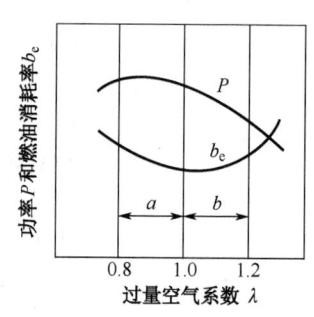

a—浓混合气（缺少空气）；b—稀混合气（空气过量）

图 6-1　过量空气系数 λ 对功率 P 和燃油消耗率 b_e 的影响

技师指导

> λ 能达到的最大值即所谓的"稀燃极限"，它在很大程度上依赖于发动机设计和所采用的混合气形成系统。在混合气稀燃极限时混合气不能点燃，或点燃后仍会发生燃烧的不连续，会明显地增加运转的不稳定性。
>
> 若采用极高压力喷射与空气对冲则可以很好地充分混合，点燃后不发生燃烧的不连续，发动机运转稳定。点燃混合气则需在火花塞附近创造低于"稀燃极限"的混合气。

3．在考虑排放达标的情况下对空燃比的要求

汽油发动机的燃油消耗率基本上取决于空燃比。为了保证真正地完全燃烧必须保证有过量空气，从而达到尽可能低的燃油消耗。这受到混合气的着火能力和燃烧时间的限制。

空燃比也对排气后处理系统的效率具有决定性的影响。三效催化转化器为了达到最大的效率需要在理论空燃比工况下工作，催化转化器有助于减少有害排放成分达 98% 以上。为了三效催化转化器的运行，发动机在正常的温度工况下准确地保证过量空气系数为 $\lambda=1$ 是绝对必要的。为此必须准确地确定吸入的空气量和准确地计量供给的燃油质量。

因此，为减少有害物质排放，现有的采用燃烧室外形成混合气的系统，只要发动机运行工况允许，均采用理论空燃比工作。某些运行工况需要对空燃比进行专门校正。例如：

- 当发动机在冷态时，水温在 80℃ 以下，这时需要采用较浓混合气。
- 节气门突然开大，需要采用较浓混合气。
- 大负荷时需要采用浓混合气。
- 节气门突然关小，需要采用稀（断油）的混合气。

为满足以上要求，混合气形成系统必须具备混合的空燃比精确和混合均匀两个功能。

1）空燃比精确

需要控制单元（ECU）控制的进气管喷射发动机能精确地喷射燃油量，并可按不同工况的空燃比喷油。

2）混合均匀

空气和燃油要充分均匀地分布在燃烧室内是充分燃烧的一个条件。这就必须达到高度燃油雾化。如这一条件不能满足，大的油滴将沉淀在进气管或燃烧室壁上。这些大的油滴不能完全燃烧，导致碳氢化合物排放增加。控制单元（ECU）控制的燃油喷射系统提高了喷油压力，汽油和空气的对冲大大增强，可达到高度燃油雾化。

燃油喷射系统的功能在于供给尽可能适合发动机相应工况空燃比的混合气。喷射系统，特别是电子系统能较好地将混合气成分保持在规定的很窄的范围内。这有利于燃油消耗、驾驶性能和功率输出。今天汽车工业大多数采用燃烧室外形成混合气的系统。

（1）直接喷射不稀燃发动机。近几年来汽油机发展日新月异，以前在技术、材料和生产成本上的问题一一被解决，像柴油机一样在汽缸内部形成混合气系统（燃油直接喷入燃烧室内的极高压喷射系统）也称为缸内直接喷射或直接喷射，适合于将汽油进一步雾化充分混合，从而进一步降低燃油消耗，这种系统的重要性越来越显示出来。

（2）直接喷射稀燃发动机。缸内直接喷射很好地将汽油进一步雾化充分混合，由于能充分混合，稀燃极限的中断燃烧情况消失，从而进一步降低燃油消耗。直接喷射具有不同的燃烧条件，使得稀燃极限得到极大提高。因此这些发动机可在部分负荷工况时以极高的过量空气系数（λ 高达 4.0）条件运行。

技师指导　省油的化油器发动机

> 早期化油器发动机中负荷使用空燃比被人为地调节为 17 左右，比缸外喷油的电喷发动机省油，但 NO_x 排放不合格。反过来想，若能解决 NO_x 排放问题，还是像化油器一样使用一定程度的稀混合气，汽油燃烧更充分，热机效率提高。可见，汽车空燃比大小的设计总在发动机动力性、经济性与排放性之间取舍。

4．发动机工况

1）发动机工况分类

发动机工况分为稳定工况和不稳定工况，稳定工况是汽车阻力和动力维持平衡的工况；不稳定工况也称瞬态工况和过渡工况，是汽车阻力和动力不能维持平衡的工况。

（1）不稳定工况。
- 启动工况；
- 暖机高怠速（水温未达到 80℃）；
- 急加速；
- 急减速。

（2）稳定工况。
- 怠速工况（水温达到 80℃）；
- 小负荷（节气门开度由最小开至 25%）；
- 中负荷（节气门开度为 25%～75%）；
- 大负荷（节气门开度为 75%～100%）；
- 全负荷（节气门开度为 100%）。

五个稳定工况、四个不稳定工况通常也称为九大工况。

在稳定工况运转时，发动机已经完成预热，运转过程中没有转速和负荷的突然变化。混合气成分的要求根据实际运行的转速与负荷而定。

2）化油器稳定工况的混合气要求

如图 6-2 所示是化油器发动机节气门开度与空燃比的对应关系，一般分为五个稳定工况。A 点怠速（节气门开度最小）、AB 小负荷（节气门开度由最小开至 25%）、BC 中负荷（节气门开度为 25%～75%）、CD 大负荷（节气门开度为 75%～100%）、D 点全负荷（节气门开度为 100%）。

（1）怠速工况。怠速工况是发动机无负荷运行。这时节气门处于关闭状态，因而进气管内的真空度很大。在进气门开启时，汽缸内的压力可能高于进气管压力，于是废气膨胀冲入进气管内，随后又由活塞的下移运动，把这些废气和新混合气又吸入汽缸内，结果汽缸内的混合气中含有较大百分数的废气。为保证这种废气稀释过的混合气能正常燃烧，就必须供给很浓的混合气。

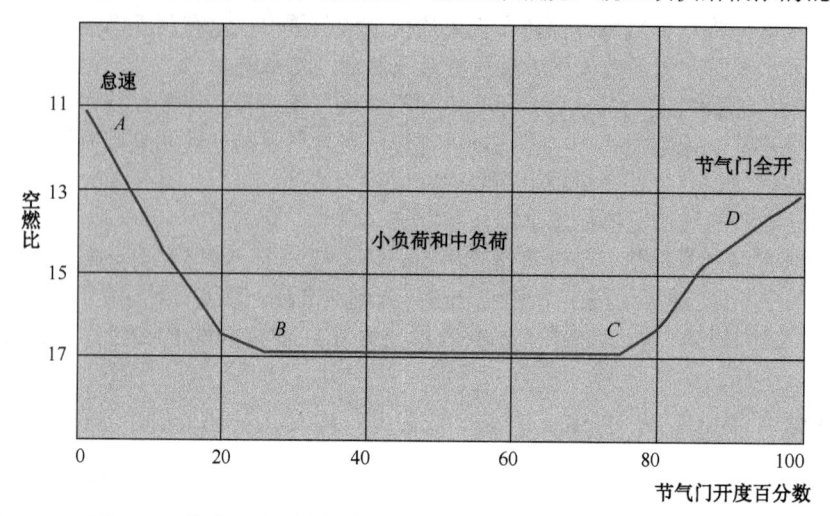

图6-2　化油器式汽油机节气门开度变化时所需的混合气空燃比

（2）小负荷工况。随着负荷的增加和节气门开度的加大，稀释将逐渐减弱，所以在小负荷工况运行时要求的混合气成分如图6-2中 AB 线段所示，即在小负荷区运行时，供给混合气也应加浓，但加浓程度随负荷加大而变小。

（3）中负荷工况。在中负荷运行时，节气门已经有足够大的开度，废气稀释的影响已经不大，因此要求供给发动机稀的混合气，以获得最佳的汽油经济性，这种工况相当于图6-2中的 BC 段，空燃比为16～17。

（4）大负荷工况。在大负荷时，节气门开度已超过3/4，这时要随着节气门开度的加大逐渐加浓混合气以满足功率的要求，如图6-2中的 CD 线段所示。实际上，在节气门全开之前，如果需要获取更大的扭矩，只要把节气门进一步开大就可以实现，因此也就没有必要使用功率空燃比来提高功率，而应当继续使用经济混合气来达到省油的目的。因此，在节气门全开之前的所有的部分负荷工况下都应当供给经济混合气。

（5）全负荷工况。在全负荷工况时，节气门已经全开，此时为了获取该工况的最大功率，必须供给功率混合气，如图6-2中的 D 点所示。从大负荷过渡到全负荷工况，节气门达全开位置时，混合气加浓也是逐渐变化的。

技师指导

化油器发动机省油就是因为汽车大多行驶在空燃比为17、混合气非常稀的 BC 段，但 NO_x 的排放超标，图6-2已经不适用于电喷发动机。

3）电喷发动机不同工况混合气

电喷发动机通常采用七大工况，其中包括三个稳定工况和四个不稳定工况。

三个稳定工况=水温80℃以上怠速+部分负荷+大负荷

四个不稳定工况=启动+水温不到80℃的高怠速+急加速+急减速

如图6-3所示为电喷汽油机节气门变化时所需的混合气空燃比。对于电喷发动机的空燃比随节气门的变化规律，一般分为三个稳定工况：AB 怠速、BC 部分负荷（节气门开度由最小至75%）、CD 大负荷（节气门开度为75%～100%）。

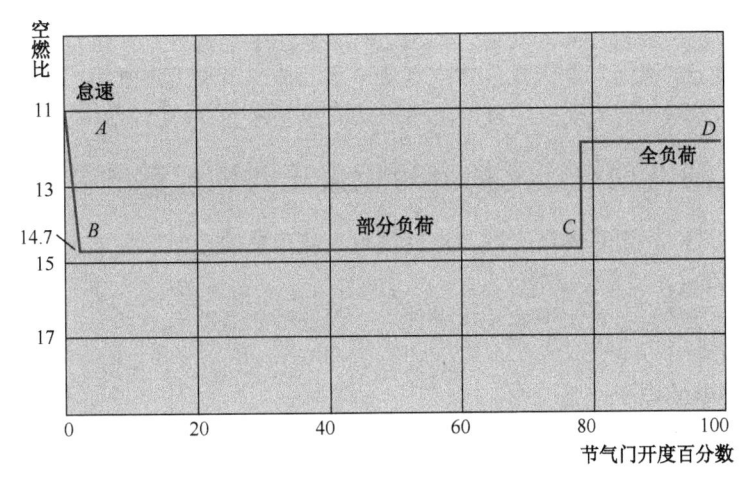

图 6-3　电喷汽油机节气门变化时所需的混合气空燃比

（1）B 点和 C 点的节气门开度因车而异。

（2）AB 段和发动机水温有关，对于化油器不存在发动机温度这样的问题，所以实际 AB 段要比图中所画的曲线变化复杂得多，或者说不能用曲线来描述。

（3）节气门开度不是表征发动机负荷的主要信号。

电喷发动机尽可能在所有稳定工况用空燃比为 14.7 的混合气，这样可充分发挥燃料的作用保证排放达标。但实际是不可能的，怠速时混合气由浓变稀，全负荷时混合气由稀变浓，只有 BC 段可用空燃比为 14.7 的混合气。这样可以保证排放不超标。

技师指导

> 电控系统在部分负荷提供空燃比为 14.7 的混合气，经三元催化器处理后即可达到排放合格，实际使用中相对化油器要费油。

4）过渡工况要求的混合气

汽车实际行驶中不全是稳定工况，而更多的是非稳态的过渡工况。过渡工况是指负荷或转速随时间不断变化的运行工况。主要过渡工况有冷启动、冷车暖机、发动机加速、减速倒拖等。

（1）冷启动时。冷启动时，发动机要求供给很浓的混合气。只有提供足够的汽油蒸汽，才能形成可燃混合气。因为在冷启动时，汽油与空气的温度很低，汽油蒸发的百分数很小，为了保证冷启动顺利，化油器发动机要拉阻风门或启动时多踩几脚油门，才能在汽缸内产生可燃的混合气。对于电控发动机，控制单元（ECU）根据水温和启动工况直接供给空燃比可浓到 2∶1 的混合气。

（2）冷车暖机。启动后，发动机进入暖机期，在暖机过程中也需要浓的混合气。暖车的加浓程度必须在暖机过程中随水温逐渐减小，一直到发动机能以正常的混合气在稳定工况运转为止。化油器发动机靠暖机调节器实现，精度不高，且不能直接控制怠速提升。电控发动机怠速转速稳定是靠怠速控制系统实现的，使暖机更平顺，且能控制怠速提升。

（3）发动机加速时。汽车发动机加速时，节气门突然开大，进气管压力随之增加，化油器发动机由于液体燃料流动的惯性和进气管压力增大后燃料蒸发量减少，大量的汽油颗粒沉积在进气管壁面上，形成厚油膜，而进入汽缸内的实际混合气成分则瞬间被减稀。严重时甚至出现过稀，使发动机转速下降。也就是踩下加速踏板后，车速不但不升高，反而下降。为了防止这种现象发生，在电控发动机加速时，要向进气管喷入一些附加燃料以弥补加速时暂时的减稀，以获得良好的加速过渡性能。

（4）减速倒拖时。当汽车减速倒拖时，驾驶员迅速松开加速踏板，节气门突然关闭，此时由于惯性作用，发动机仍保持很高的转速，因为进气管真空度急剧升高，进气管内压力降低，促使附着在进气管壁面上的汽油加速汽化，在空气量不足的情况下进入汽缸内，对于化油器发动机会造成混合气过浓。为避免这一现象出现，电控发动机减速时供给的燃料应减少一部分。

6.2.2 汽油发动机正常燃烧对点火正时和能量的要求

在汽油发动机中，汽缸内的混合气是由高压电火花点燃的，而产生电火花的功能是由点火系统来实现的。

点火系统应在发动机各种工况和使用条件下，保证可靠而准确地点火。为此应满足以下两个基本要求。

1. 能产生足够的点火能量

1）能产生足以击穿火花塞电极间隙的电压

火花塞电极间产生火花时的电压，称为击穿电压，只有火花塞间隙被击穿了才有放电火花出现，形成放电电流。

实验证明，发动机在满负荷低速时，需要8～10kV的击穿电压；启动时需要击穿电压最高可达17kV。为了保证可靠地点火，点火系统必须具有一定的次级电压储备，现代大多数点火系统已能提供28kV以上的击穿电压。

影响击穿电压的因素很多，其中包括火花塞电极间隙和形状；汽缸内混合气的压力和温度；电极的形状、温度和极性；发动机的工作情况等。例如，火花塞电极间隙过大，会导致需要更高的击穿电压。

2）火花应具有足够的电流和放电时间

要使混合气可靠点燃，火花塞产生的电压应具有一定的能量（火花能量 W=火花电压 U×火花电流 I×火花持续时间 T）。试验证明，在一定范围内，随着火花能量的增大，其着火性能更好。如果火花塞电极间隙过大，导致需要更高的击穿电压，则放电电流和时间会下降，也会影响点火。

点燃混合气所必需的最低能量，与混合气的成分、浓度、火花塞电极的间隙及电极形状等有关。发动机正常工作时，由于混合气压缩终了的温度已接近其自燃温度，所需的火花能量很小（1～5mJ）。在发动机启动、怠速及节气门急剧打开时，则需较高的火花能量。为保证可靠点火，一般应保证有50～80mJ的点火能量。目前采用的高能点火装置一般点火能量都要求超过80～100mJ。

2. 点火时刻必须适应发动机工作情况

首先，点火系统应按发动机汽缸的工作顺序进行点火；其次，必须在最佳的时刻进行点火。

1）点火时刻

点火时刻是用点火提前角来表示的。点火提前角是指从火花塞电极间跳火开始，到活塞运行至上止点时的一段时间内曲轴所转过的角度。

如果点火过迟，活塞到上止点时才点火，则活塞下行时混合气才燃烧，即燃烧是在容积增大的情况下进行的，从而使汽缸中的压力降低，发动机功率下降，同时由于炽热的气体与汽缸壁的接触面积增大，热损失增大，导致发动机过热，油耗增大。如果点火过早，则燃烧完全在压缩过程中进行，汽缸内的压力急剧上升，在活塞到达上止点前即达到最大压力，给正在上升的活塞一个很大的阻力，不仅使发动机功率下降、油耗增加，还会引起爆燃。

2）最佳点火时刻

最佳点火时刻主要是从发动机获得最大功率和最小燃料消耗的角度来考虑的，目前也有根据改善燃烧情况和减少有害气体的排放来考虑的。

实验证明：如果点火时刻适当，燃烧最大压力出现在上止点后10°左右时，发动机产生功率最大。在发动机汽缸内，从开始点火到完全燃烧需要一定的时间（约千分之几秒）。为了使发动机发出最大功率，点火时刻不应在压缩行程终了，而应适当提前。

3）影响最佳点火提前角的主要因素

不同发动机的最佳点火提前角各不相同，并且同一发动机在不同工况和使用条件下的最佳点火提前角也不相同。影响最佳点火提前角的主要因素有：

（1）启动及怠速点火角。发动机启动和怠速时，缸内残余废气所占比例较大，燃烧速度受偶然因素的影响而变动较大，过早点火容易造成发动机运转极不平稳或反转，因此要求点火提前角减小，点火提前角一般为5°~6°。特别是现代汽车发动机，由于排气净化要求的提高，在怠速工况时甚至推迟点火，使点火提前角为负值。这样可以降低燃烧室中的最高温度，减少NO_x的生成量，又可以提高汽缸内高温持续的时间及排气温度，使未燃的HC和残留的CO有充分的进一步燃烧的时间，从而减少HC和CO的排出量。

技师指导

发动机启动点火角为负值，即上止点后点火，这样做可防反转。着车怠速后一般为5°~12°之间，以利于三元催化预热，不再是固定的10°~12°之间，加负荷后可稍变大几度。

（2）发动机转速。发动机转速越高，点火提前角越大。这是因为发动机转速升高时，在同一时间内，活塞移动距离增大，曲轴相应转过的角度增大，如果混合气燃烧速度不变，则最佳点火提前角应按线性规律增长。但当转速继续升高时，由于混合气压力和温度的提高及扰流增强，会使燃烧速度也随着加快，因此当转速升高到一定程度时，最佳点火提前角虽随发动机转速的升高而增大，但增加速度减慢，因此不是线性关系。

技师指导

发动机转速相当于传统点火系统的离心点火提前角，由发动机转速传感器控制。

（3）负荷。上坡时，节气门开度增大，但发动机转速基本不变，进气管绝对压力升高，随着发动机负荷的增大，最佳点火提前角将逐渐减小。这是由于发动机负荷增大时，吸入汽缸内的混合气增多，压缩行程终了时的压力和温度增高，残存废气量相对减少，使燃烧速度加快，因此最佳点火提前角随负荷增大而减小。

技师指导

发动机负荷相当于传统点火系统的真空点火提前角，在电控发动机里由空气流量计或进气压力传感器形成负荷信号。

（4）汽油辛烷值。发动机爆燃与汽油品质有密切的关系，常用辛烷值来表示汽油的抗爆性能。辛烷值高的汽油，抗爆性能好，不易产生爆燃，但动力性不佳，相对要费油，所以也不要使用高于厂家指定标号的汽油。

技师指导

目前国内汽车采用的汽油牌号有90#、93#、95#、97#等。在使用低牌号汽油时，控制单元（ECU）控制点火提前角自动减小以防爆燃，而使用高牌号汽油时，发动机控制单元（ECU）控制点火提前角自动增大。在发动机控制单元应变汽油不同辛烷值进行点火提前角修正时需要爆震传感器信号。

（5）空燃比。如图6-4所示为最佳点火提前角随空燃比而变化的关系曲线，当空燃比A/F=11.7左右时，所需点火提前角最小。这是因为当空燃比A/F=11.7左右时，燃烧速度最快，接近30m/s，但与爆震燃烧速度相比慢得多。如图6-5所示为混合气燃烧速度与空燃比的关系。

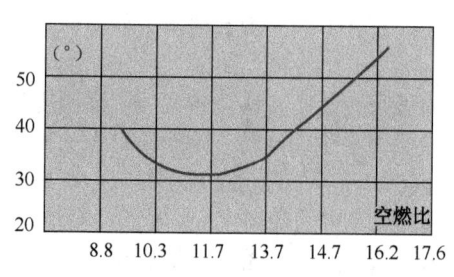

图 6-4　最佳点火提前角与空燃比的关系

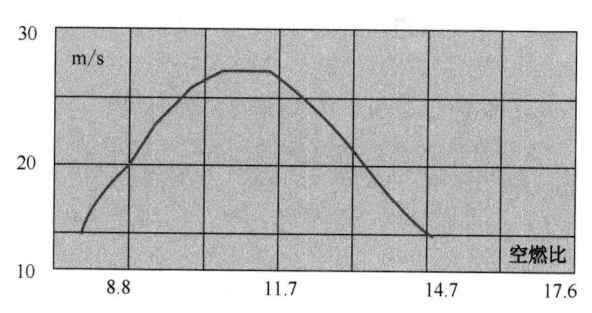

图 6-5　混合气燃烧速度与空燃比的关系

技师指导

控制单元（ECU）要对空燃比进行修正需要氧传感器信号和发动机负荷信号。具体说在部分负荷时氧传感器信号修正点火角。大负荷时混合气变浓，发动机负荷信号决定点火角变小（负荷信号是主信号）。

因此，当混合气过稀或过浓时，由于燃烧速度变慢，必须增大点火提前角。

（6）大气压力。进气压力减小，由于混合气雾化和扰流变坏，使燃烧速度变慢，因此点火提前角应增大。如在高原地区，大气压力低，应适当增大点火提前角。

技师指导

控制单元（ECU）要对进气压力值进行修正需要进气压力传感器信号，此传感器集成在控制单元（ECU）内。

（7）冷却水温。发动机水温较低时，压缩后的混合气温度较低，燃烧速度较低，从增大功率的角度考虑，应增大点火提前角。但发动机长时间在低温工作，会引起汽缸和活塞等严重磨损而缩短寿命。因此，快速暖机成为要解决的主要问题。为此，通常减小点火提前角，使高温燃烧气体与汽缸壁面接触面积增大，加强对汽缸壁及冷却水的传热，从而使发动机迅速升温。

技师指导

控制单元（ECU）要对喷油和点火进行控制需要冷却水温度传感器信号。

（8）进气温度。进气温度发生变化时，压缩后的温度必然发生变化，燃烧速度也将随之变化，因而最佳点火提前角随进气温度的变化而变化。

技师指导

控制单元（ECU）根据进气温度修正点火提前角和喷油量。

（9）压缩比。由于压缩比增大时可使汽缸压缩终了的压力和温度增高，致使混合气的燃烧速度加快，因此，随着压缩比的增高，最佳点火提前角可相应减小。这是从不同发动机的角度考虑点火提前角。同一台发动机使用一段时间后压缩比可能变大也可能变小。例如，燃烧室内积炭，压缩比增大；发动机气门关闭不严，压缩终了压力变低，相当于压缩比变低。

技师指导

控制单元（ECU）对发动机压缩比变化产生爆震的点火提前角修正需要爆震传感器信号。

（10）火花塞的数量。在汽缸内同时装有两个火花塞时，由于火焰传播距离较短，燃烧过程完成较快,因此所对应的点火提前角比用一个火花塞时小。如两个火花塞对称布置在气门两侧,若工作温度相同,则这两个火花塞应同时给出电火花。如果两个火花塞位于燃烧室中温度不同的地点,由于两处火焰传播速度不同,因此不能在同一时刻给出电火花。此外,还应考虑两处残余废气分布差异所带来的影响。位于排气门处的火花塞,由于残余废气相对较多,点火提前角要比位于进气门处的火花塞提前约2°。但实际中考虑火花塞的磨损可以交替先后跳火。

在正常工况下,各个汽缸的点火时间都是相同的,但是如果有一个汽缸或者多个汽缸发生了爆燃,则发生爆燃的汽缸的点火时间就被适当推迟。使用非常敏感的爆燃传感器可以识别出发生爆燃的汽缸,控制系统只对发生爆燃的汽缸推迟点火,提高综合燃烧效率,降低排放。

技师指导

> 点火效果最好为每缸两个火花塞,这时点火角可适当减小,不会发生爆震。

除上述因素外,影响点火提前角的因素还有燃烧室的形状、积炭等。另外,对点火系统还要求次级电压上升率要快,以减少能量的泄漏,保证可靠点火。

6.3 汽油机排放基本理论

汽油车所产生的有害污染气体通常有三个来源:第一个是燃油系统的蒸发污染,主要是碳氢化合物;第二个是由于活塞环漏气和机油蒸汽所产生的曲轴箱蒸发污染;第三个是废气排放污染。其中废气排放污染是发动机工作过程中由燃烧产生的副产品或不完全燃烧造成的。目前主要考虑控制的污染物有碳氢化合物(HC)、一氧化碳(CO)和氮氧化物(NO_x),此三种气体又称三元气体。

1. 不充分燃烧造成废气排放

燃烧室中空气和燃料混合气的燃烧是受限制的,整个燃烧过程需要以下三个基本条件:汽油、氧气和热量。完全燃烧过程将生成下列三种主要成分:热量、二氧化碳(CO_2)和水蒸气(H_2O)。

汽油即碳氢燃料(HC)中的碳原子和空气中的氧(O_2)化合生成CO_2,碳氢燃料中的氢原子和空气中的氧结合生成水(H_2O)。在完全反应中,不会有碳氢气体从排气管排放出来,即氧气恰好使燃料完全燃烧,生成没有毒害的二氧化碳和水蒸气。

实际在燃烧室中几乎不可能发生完全燃烧,即使现在人们利用控制单元(ECU)可以非常精确地控制空燃比,其他影响完全燃烧的因素包括燃烧热量不足、点火正时不理想等仍会导致生成CO和HC,仍然不可能实现完全充分燃烧,即化学反应是不可能充分进行的。否则人们就没有必要开发排放控制系统了。

2. 空气成分造成废气排放

我们知道,发动机不吸入纯氧气,进入燃烧室的空气中要包含21%的氧气和78%的氮气。氮气在高温1370℃以上且有氧气时,可以生成有害的氮氧化物(NO_x)。

3. 五种主要排放气体

汽油发动机的动力来源于燃烧室中空气和燃料混合气的受控燃烧。燃烧过程的发生需要以下三个基本要素:燃料、氧和热量。三个条件缺少任何一个,燃烧过程都不可能进行。

完全燃烧(见图6-6)过程将生成下列三种基本成分:热量、二氧化碳(CO_2)和水蒸气(H_2O)。碳氢燃料(HC)中的碳原子和空气中的氧(O_2)化合生成CO_2,碳氢燃料中的氢原子和空气中的氧结合生成水(H_2O)。在完全反应中,不会有燃料残留下来,所有能够利用的氧也被充分利用了。也就是说,一方面足够的氧使燃料能够完全燃烧,另一方面足够的燃料恰好耗掉了所有的氧。在完全燃烧过程中,生成的燃烧产物是完全没有毒害作用的二氧化碳和水蒸气。

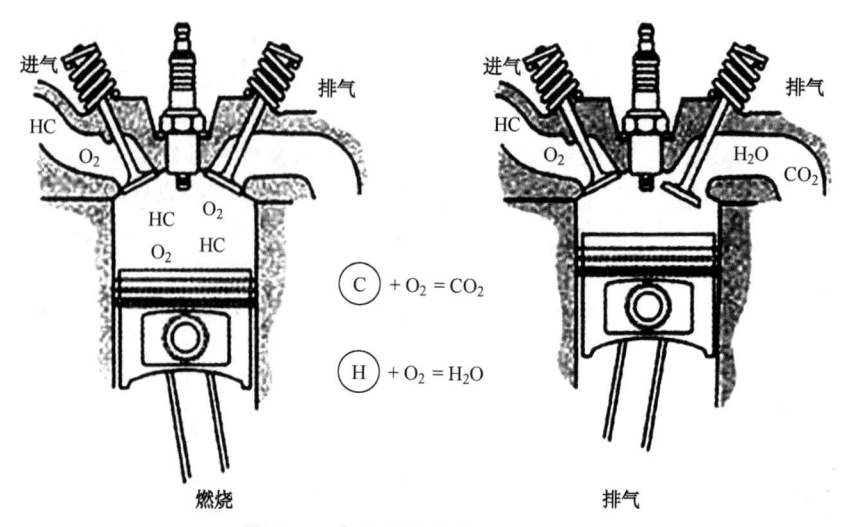

图 6-6　完全燃烧生成 CO_2 和 H_2O

实际上，在汽油机中几乎不可能发生完全燃烧，即使现在人们利用控制单元（ECU）可以非常精确地控制空燃比，但是仍然不可能实现完全燃烧。这是因为，汽油本身就是多种碳氢的混合物。此外，进入燃烧室的空气中包含 21% 的氧气和 78% 的氮气，氮气在一定条件下可以生成有害的氮氧化物（NO_x）。

完全燃烧很少发生，原因如下：
- 空燃比不是总合适；
- 空气中除了氧还有其他原子；
- 汽油燃料中含有杂质；
- 燃烧放热可能不足够；
- 点火提前角不总是很合适。

汽车的排气中，一般为以下五种主要成分：二氧化碳（CO_2）、氧气（O_2）、一氧化碳（CO）、碳氢化物（HC）和氮氧化物（NO_x）。

上述五种气体中，CO、HC 和 NO_x 为有害污染物，CO_2 和 O_2 不属于污染物，但是监测 CO_2 和 O_2 这两种物质的变化对于诊断车辆状况非常有帮助。有数据表明：如今大气中 HC 的 50%、CO 的 75%、NO_x 的 50% 左右来自汽车排放。

1）二氧化碳（CO_2）

二氧化碳是完全燃烧的产物。二氧化碳是在燃烧过程中，由一个碳原子和空气中的两个氧原子结合形成的产物，它基本上是无毒的气体。

技师指导

正常燃烧发动机排气中 CO_2 的浓度在 14%～15%。

排气中二氧化碳的含量和空燃比直接相关。混合气在理论空燃比附近时，因充分燃烧，CO_2 会达到峰值，混合气变浓或者变稀时，CO_2 浓度都将下降。这个事实使得可以用排气中的 CO_2 浓度评价发动机燃烧燃料的效率，CO_2 浓度越高，说明燃烧效率越高。

2）氧气（O_2）

氧和汽油混合形成可燃混合气，燃烧过程中将消耗氧气。只要有足够的氧气，燃烧过程就能够继续进行。如果在燃烧室中的燃料氧含量相对过剩，即混合气变稀，排气中的氧含量将增加。

无论混合气是浓还是稀，排气中氧和一氧化碳的趋势总是相反的（如果 O_2 高，CO 就低）。在理论空燃比附近，排气中的 CO 和 O_2 含量基本相同。

技师指导

正常燃烧发动机排气中 O_2 的含量为 1%～2%。

3）一氧化碳（CO）

一氧化碳分子是一个碳原子和一个氧原子的化合物。它是无色、无味、毒性很大的气体，产生于可燃混合气的不完全燃烧。

如果混合气过浓，燃烧室中缺氧，导致混合气的燃烧提前停止。在这种情况下，由于大部分氧被用尽，燃烧停止，导致一个碳原子和一个氧原子结合，生成有害的一氧化碳（CO）。

CO 排放量的高低能够直接表明可燃混合气的浓稀。一般情况下，如果废气分析仪显示 CO 排放低，混合气一定是稀混合气，反过来高的 CO 浓度意味着混合气较浓。浓混合气也有可能是喷油器泄漏或者喷油压力过高所产生的。

因为只有燃烧才能产生 CO，汽缸内失火（只喷油，不点火；或点火，但因空燃比不对也不能着火）不会额外增加 CO 的排放量。实际上，如果发动机燃烧室发生失火，CO 排放可能会稍稍有所下降。

技师指导

正常燃烧发动机排气中 CO 的含量为 0.1%～1%。

4）碳氢化物（HC）

为了减少碳氢污染，燃烧过程中必须有足够的氧。适当的氧化过程产生无害的二氧化碳和水，这种氧化过程发生在空燃比合适的时候。

如图 6-7 左图所示，当混合气变浓时 HC 排放升高，这主要是因为浓混合气中氧的含量低，燃烧后在燃烧室中留下了未燃产物。在理论空燃比时，HC 排放有所降低，这种趋势一直持续到空燃比稍稀的区域。当混合气进一步变稀时，如图 6-7 右图所示，HC 排放重新开始增大。这时是因为混合气过稀导致失火，混合气不能完全燃烧，导致未燃碳氢排放增加。

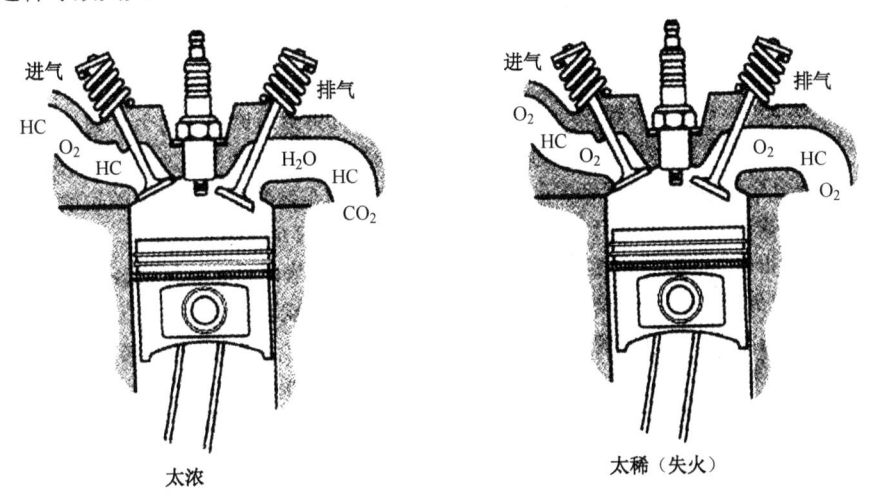

图 6-7 混合气太浓（左）与太稀（右）的排放

高的 HC 排放同样也可能由燃烧室的冷激效应所产生。在汽油机燃烧室中，温度不是均匀一致的，由于金属表面将吸收大量的燃烧热量，汽缸盖和汽缸体附近区域的温度较低（见图 6-8）。在这些冷的区域中，火焰前锋或者熄灭，或者停止传播。由于燃烧的热量不足以保证可燃混合气的充分燃烧，未燃碳氢燃料直接排到大气中产生碳氢污染。发动机设计时可以通过对燃烧室的设计和活塞环位置的设计减少冷激效应所产生的碳氢污染。

> **技师指导**
>
> 正常燃烧发动机排气中 HC 的含量为 50～150PPM。

5）氮氧化物

氮氧化物（NO_x）是一个氮原子和不同数目氧原子反应而成的几种气体的总称。一个氮原子和一个氧原子反应生成一氧化氮（NO），一个氮原子和两个氧原子反应生成二氧化氮（NO_2）。因为有多种氮和氧的化合物，所以统称为氮氧化物（NO_x），这里的 x 表示不定数量的氧原子。氮氧化物是燃烧过程的产物，但是它们的形成过程与 CO 和 HC 的形成过程大不相同。

NO_x 对环境是有害的，因为在来自太阳能的紫外辐射作用下，大气中的 NO_x 和 HC 能结合生成光化学烟雾。光化学烟雾为褐色薄雾，刺激眼睛和呼吸系统，它对酸雨的形成也有一定影响。

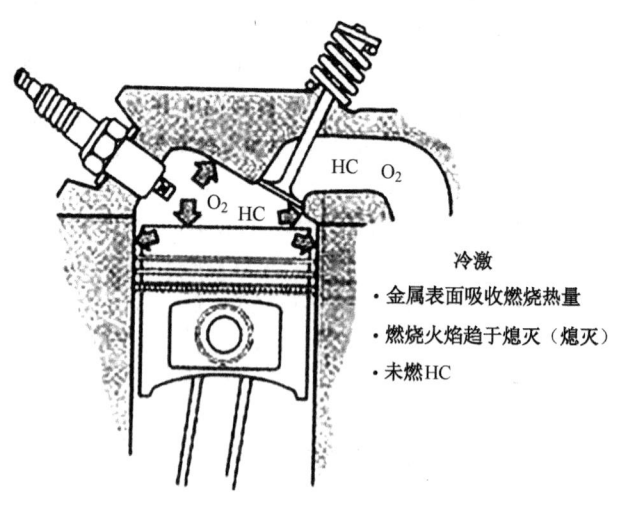

图 6-8 箭头指向为燃烧室中的冷激区域

NO_x 的生成过程依赖燃烧室温度。氮气通常是惰性的，不容易与其他原子结合。但是当温度超过 1370℃ 左右时（燃烧温度超过 2200℃ 是很平常的），氮就会和氧反应生成各种氧化物，其中最多的为一氧化氮（NO）。

发动机大负荷工况、高压缩比、混合气过稀、点火提前角过大、发动机过热、真空泄漏等都可能导致燃烧高温。所以通过降低燃烧温度，破坏氮和氧之间的联系可以减少 NO_x 的排放。

通过降低发动机的压缩比、采用控制单元（ECU）控制的可变进气门、调节排气门相位、控制空燃比及采用 EGR 系统等可以达到这个目的。

> **技师指导**
>
> 正常燃烧发动机排气中 NO_x 的含量为 2000～2500PPM。

CO_2 是温室气体，可能是全球气温变暖的原因之一。但二氧化碳能进行光合作用，生成氧气，所以认为是无污染的，氧气更不能作为污染气体。作为修理人员应当注意这两种气体，五气分析仪可以通过二氧化碳和氧气的含量确定燃烧效率，进而诊断发动机的工作状态。

4. 空燃比与五种气体的排放关系

空燃比是影响三种主要污染物（CO、HC 和 NO_x）形成的基本要素。每种污染物的产生都是由于燃烧过程中不恰当的空燃比所造成的。所以正确控制空燃比是排放控制系统设计的主要目标，是目前电控发动机的主要功能。如图 6-9 所示是五种气体的含量与空燃比的关系曲线。如果空燃比偏离理论空燃比（偏浓或者偏稀），可能导致各种不同的后果，对发动机性能和排放都有影响。

稍稀混合气可能导致 HC 和 NO_x 排放量的增加。当混合气过稀时，混合气中由于燃料不足不能被点燃，将导致稀混合气燃烧不能连续。那些没有燃烧的汽油就通过排气管排到大气中去，从而产生大量的 HC 排放。混合气过稀时，有足够的氧用来燃烧所有的燃料，使 CO 的排放水平接近零。

如果混合气只是稍微稀薄一点，过量的氧使得火焰温度很高，进而将导致燃烧温度的增加，结果使进入燃烧室的氮气和氧气反应生成有害的氮氧化物（NO_x）。

浓混合气使 HC 和 CO 排放的浓度增加。在浓混合气中，没有足够的氧气与碳原子反应生成无害的 CO_2，氧气与碳原子反应生成了有害的 CO。

在浓混合气中，因为燃烧室中缺少氧气，降低了最高燃烧温度，NO_x 排放水平不高。

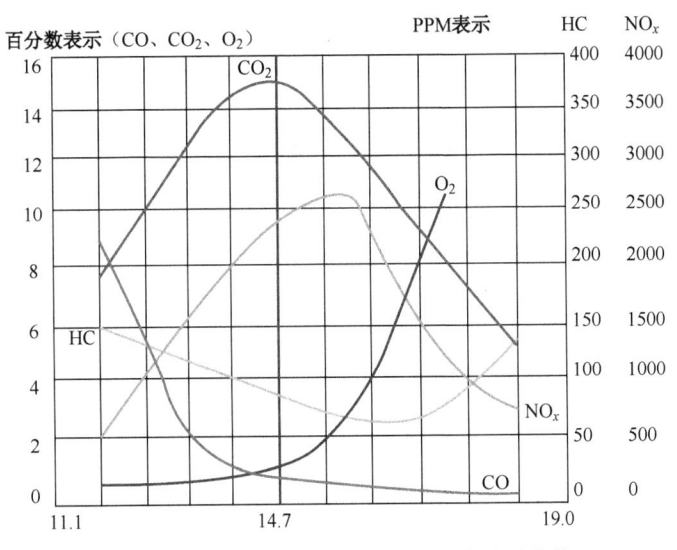

图 6-9 五种气体的含量与空燃比的关系曲线

技师指导

在五气分析仪上，CO、CO_2、O_2 用百分数浓度表示，而 HC 和 NO_x 则用 PPM 浓度表示，PPM 为百万分之一。以上为质量百分数。

图 6-9 中的五种气体是发动机排气管中的气体，即未经三元催化器催化的气体。在正常空燃比情况下，五气分析仪会得出三元催化器催化之前 CO 在 1% 左右、CO_2 在 15% 左右、O_2 在 1%~2% 左右，而 HC 在 50~150PPM、NO_x 在 1000~2500PPM 的结论。

经三元催化器催化后正常为 CO 在 0% 左右，CO_2 在 10%~12% 左右，数量增加，但比例反而下降，O_2 在 2%~6% 左右；而 HC 在 0PPM 左右，NO_x 在 120PPM 左右。这五个数据可作为故障分析的基准数据。不同车型应以新车在同一温度和转速下测得的五气数值为标准，不能以任何一本书上的数据为准。即怠速数据与怠速数据相对比，发动机转速为 2500r/min 时的数据应与发动机转速为 2500r/min 时的数据相对比。

第 7 章

发动机系统传感器

【本章知识目标】
- 能说出热线式空气流量计原理;
- 能说出进气压力传感器原理;
- 能说出负温度系数温度传感器原理;
- 能说出共振和非共振爆震传感器原理;
- 能说出发动机爆震闭环控制过程;
- 能说出窄带和宽带氧传感器原理;
- 能说出空燃比反馈闭环控制过程;
- 能说出三元催化器的催化原理。

【本章技能目标】
- 能进行热线式空气流量计数据流分析和电路测量;
- 能进行进气压力传感器数据流分析和电路测量;
- 能进行负温度系数温度传感器数据流分析和电路测量;
- 能进行共振和非共振爆震传感器数据流分析和电路测量;
- 能进行前氧传感器和后氧传感器数据流分析和电路测量。

7.1 传感器的性能要求

1. 发动机传感器种类

本章将详细阐述发动机电子控制系统中传感器的结构和工作原理。发动机控制系统传感器如图 7-1 和图 7-2 所示。

2. 传感器的性能要求

用于汽车发动机电子控制系统的传感器有空气流量传感器、压力传感器、速度传感器、加速度传感器、位置传感器、温度传感器、浓度传感器和爆震传感器等,不同型号或不同生产年代的发动机电子控制系统所采用的传感器数量多少不一,即使是同一类型的传感器也有多种结构形式。

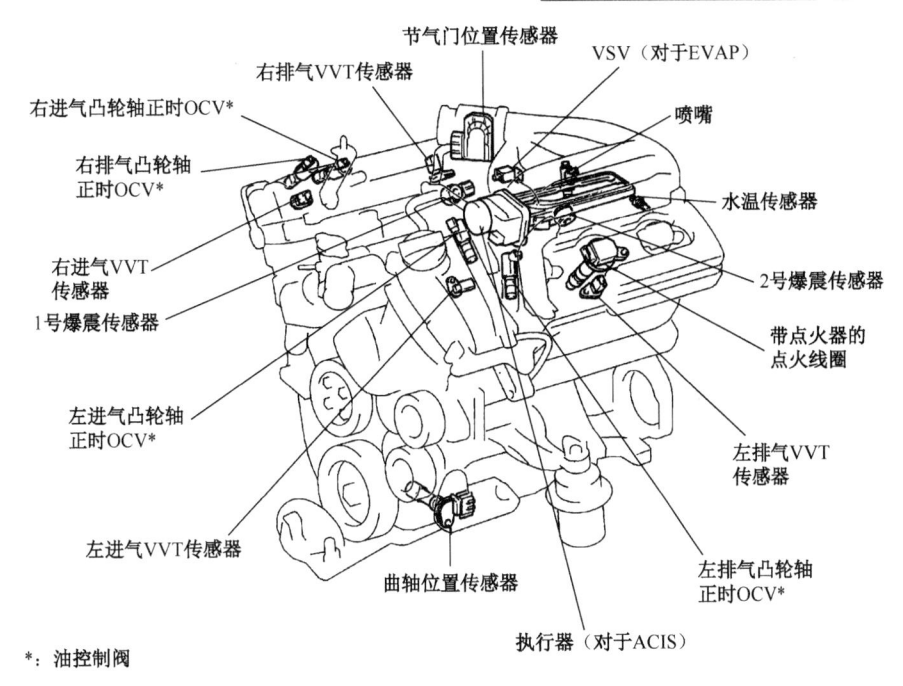

图 7-1 皇冠发动机电控系统传感器元件组成（1）

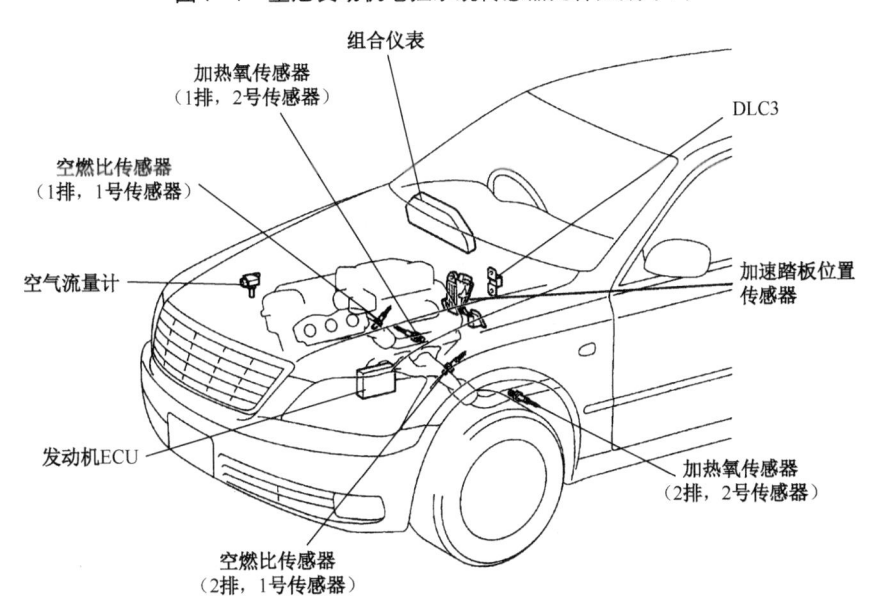

图 7-2 皇冠发动机电控系统传感器元件组成（2）

传感器的性能指标包括精度、响应特性、可靠性、耐久性、结构是否紧凑、适应性、输出电压形式和制造成本等。由于现代发动机电子控制系统已大多采用数字式微型计算机，因此对传感器的性能要求已变得宽松一些，如下所述：

1）线性特性不一定重要

因为即使线性特性不良，只要再现性好，通过控制单元也能修正计算。

2）传感器的数量不受限制

发动机电子控制系统能把传感器信号完全变成电信号，则无论数量怎样多，也能轻易地处理。事实上，随着微型计算机在汽车上的应用，传感器的数量已飞速增加。只要把各种传感器的信号送入控制单元处理，就可以实现发动机的高精度控制。

3）传感器信号可以共用和加工

一种传感器信号可以用于多个功能的控制，如可以把速度信号送到控制单元内再微分，求得加速度信号等，进行类似的信号加工便形成速度和加速度两个信号。

4）可以进行间接测量

例如，如果获得进气歧管绝对压力、密度、转速以及作为转速的函数的充气系数，并把这些数值事先存入控制单元的存储器中，就能通过控制单元计算求得空气质量。表 7-1 举例列出了汽车用传感器所要求的测量范围和精度。

表 7-1 汽车用传感器所要求的测量范围和精度

测 定 项 目	测 定 范 围	精度要求（%）
进气歧管压力（kPa）	10～100	±2
空气流量（kg/h）	6～600	±2
温度（℃）	-50～150	±2.5
曲轴转角（°）	10～360	±0.5°
燃油流量（L/h）	0～110	±1
排气中的氧浓度	$\lambda=0.4$～1.4	±1

7.2 空气流量计

1．概述

1）作用

控制单元通过瞬时采集空气流量计信号确定在此发动机转速下吸入发动机的空气量。在控制单元内部利用该信号计算喷油量、点火正时和废气再循环率。

2）失效替代

空气流量计能产生与发动机转速和节气门开度同样的负荷信号，它是决定喷油量的基本信号，一旦空气流量计信号失效，控制单元将根据发动机转速信号、节气门位置信号计算出一个替代值。

3）分类

空气流量计分为体积型和质量型两种。体积型包括翼片式空气流量计和卡门旋涡式空气流量计，已全部淘汰。计量空气质量的热线式空气流量计（或热膜式空气流量计）是唯一的汽车直接空气流量计量仪器，如图 7-3 所示为热线式空气流量计外形。最后，发动机 ECM 也可以通过 7.3 节要讲的进气歧管压力传感器信号，再结合发动机转速、节气门开度和进气温度间接计算出瞬时空气质量流量。

图 7-3 热线式空气流量计外形

4）热线式空气流量计

热线式空气流量计是测量流经节气门体空气量的传感器。ECM 利用此信息确定燃油喷射时间。如图 7-4 所示，热线式空气流量计内部有一个暴露于进气气流的铂金热丝，通过晶体管向铂金热丝施加一个特定的电流。进气气流会同时冷却铂金热丝和内部热敏电阻，从而影响它们的电阻。当空气流量增加时，铂金热丝温度下降后其分压会下降，致使 B 端输出电压上升，而 A 端电压基本不变，放大器从 B 端输入的电压大于从 A 端输入的电压，从而使放大器有输出。放大器的输出控制晶体管将更大的电流施加到电桥上，这时铂金热丝生热量增加（此时 A 端输出的电压也会因电流的增加而增加）。因为输入到电桥的总电压增加，从而 B 端输出的电压提高，输出电压高低与通过传感器的空气流量成比例，ECM 利用这种规律来计算进气量。

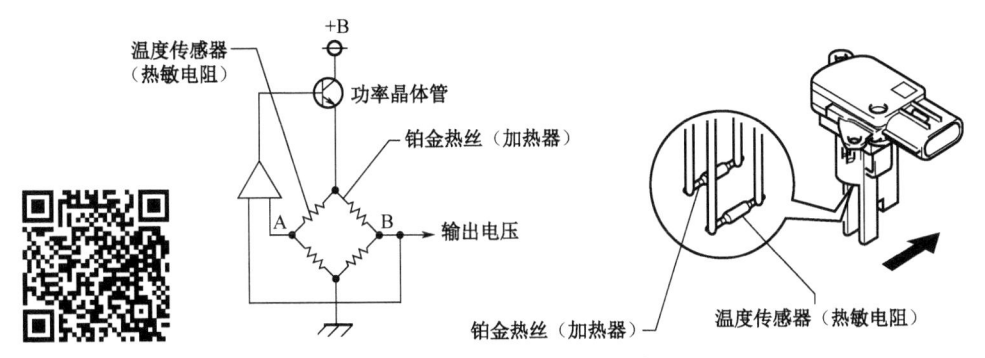

图 7-4 热线式空气流量计原理图

当空气流量计出现故障时，ECM 会忽略这个信号进入传感器失效保护模式。在失效保护模式下，ECM 根据发动机转速和节气门位置计算点火正时。失效保护模式持续运行，直至检测到通过条件。

技师指导

> 从图 7-4 中可知，热线式空气流量计只需三根线（12V 供电线、信号线、接地线），因为内部放大器要采用 5V 供电，所以在空气流量计内部还要将 12V 稳压输出 5V 给放大器供电，但有些汽车空气流量计的放大器供电 5V 取自 ECM，所以空气流量计有四根线。最后有的空气流量计还内置了进气温度传感器的信号线，所以增加到五根线。
>
> 热线式空气流量计信号输出形式有图 7-4 中的 B 端输出模拟信号式，也有将 B 端电压经内置在空气流量计中的电压频率转换器转化成频率信号输出的。

由于这种空气流量计基于铂金热丝表面与空气的热传导，热线上任何沉淀物都将对输出信号产生有害的影响，因此控制电路具备自动烧净（Burn-OFF）功能。每当发动机熄火 4s 后，控制电路发出控制电流，使热丝迅速升至 1000℃高温，加热 1s，将黏附于热丝表面的污物完全烧净。

热线式空气流量计可直接测得进气空气的质量流量，无须温度和大气压力补偿，无运动部件，进气阻力小，响应特性好，可正确测出进气管空气流量。自 20 世纪 80 年代初研制成功后，这种空气流量计得到了广泛的应用。

在流速分布不均匀的情况下，热线式空气流量计的测量误差较大。

2．电路图

如图 7-5 所示为丰田普锐斯汽车空气流量计电路图，在点火开关位于 IG-ON（点火开关打开，仪表亮）时，发动机 ECM 的 MREL 端输出电流经 EFI MAIN 继电器（2 号集成继电器）的线圈电路后搭铁。继电器开关闭合，蓄电池电流经 MAIN 熔丝、P/I 熔丝、EFI MAIN 熔丝、继电器开关、2 号 EFI 熔丝给空气流量计+B 端供电，空气流量计经 E2G 在 ECM 内部接地，VG 信号为空气流量计的输出信号。

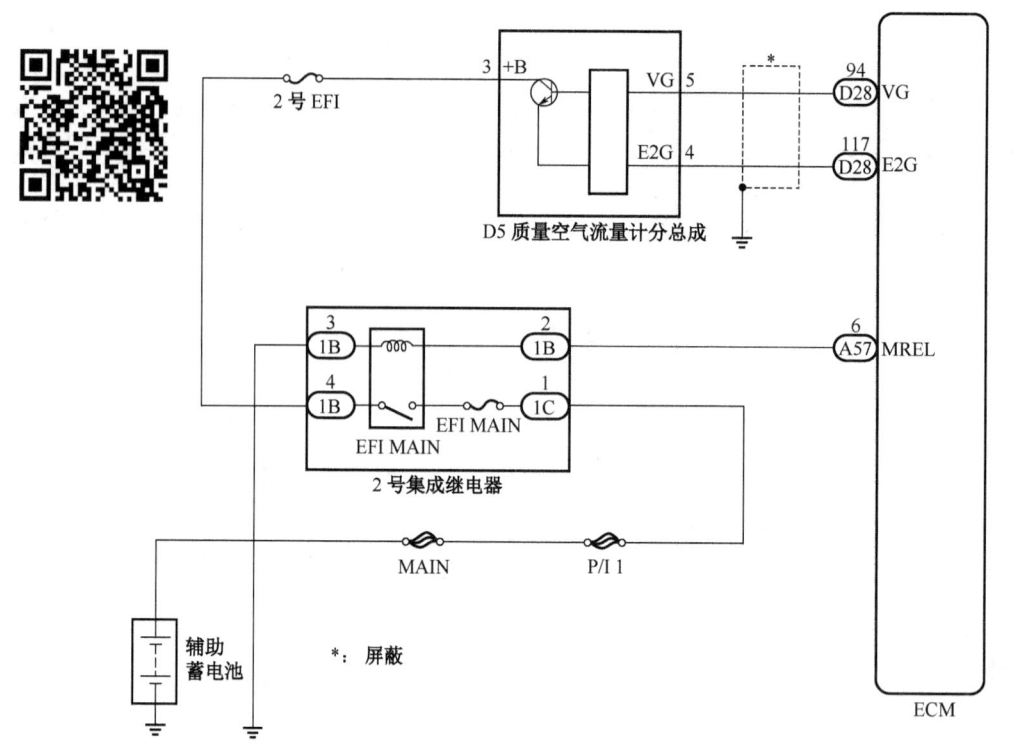

图 7-5 热线式空气流量计电路图

3．故障分析

空气质量流量计的自诊断功能。控制单元根据空气流量计计算的负荷决定喷油持续时间，同时控制单元还通过节气门开度和发动机转速计算出此时负荷决定的喷油时间。如果 ECU 发现与空气流量计计算的喷油时间差异过大，它首先的反应是储存这个出错记录，因为不能确定节气门是否有故障，所以先不给出故障码。

当车辆继续运行时，结合如氧传感器信号，会判断出具体谁有故障。直到控制单元能清楚地判断出哪里有故障时，它才会记录下有故障传感器相应的错误代码。空气流量计常见故障有信号过小和信号过大两种。

1) 空气流量计信号过小

信号过小时，实际进气量很大，混合气变稀，怠速在进气管有轻微回火，在排气管有轻微放炮声，尾气中有浓烈的 NO_x 味道，控制单元根据氧传感器和空气流量计信号给出故障码，数据流中，氧传感器的调节功能要超过上限+25%，即增加了 25%的喷油量。信号过小一般为热膜变脏所致。

空气滤清器漏灰尘使热丝过脏而引起的信号电压过低是由于热丝过脏后，散热下降，流经空气流量计热线的电流变小，将造成空气流量计信号减弱，喷油量减少，空气增多，混合气必然变稀，导致发动机动力不足。拆下空气流量计，用化油器清洗剂喷洗热丝后装复试车，故障消除。证明空气流量计是因热丝过脏而引起的信号电压过低。

发动机怠速不稳，起步时易熄火，又无故障码。在常规检查中若点火和燃油均正常，数据流显示进气量少，则说明发动机怠速不稳，动力不足是因为混合气过稀引起的。

2) 空气流量计信号过大

信号过大时，实际进气量少，混合气变浓，排气管要冒一点黑烟，控制单元根据氧传感器和空气流量计信号给出故障码，数据流中，氧传感器的调节功能要超过下限-25%，即减少了 25%的喷油量。

3）对换挡的影响

在自动变速器各工作参数中，发动机负荷是一个重要的参数，例如，空气流量计信号不正常也会引起变速器换挡油压不正常故障。即发动机负荷大，输出扭矩大，这就要求自动变速器提高控制油路压力，以避免换挡执行元件过分打滑。自动变速器在无发动机负荷信号的情况下，为了避免换挡时执行元件的打滑，而增大了换挡油压，使得执行元件接合过快，造成动力传递系统负荷突增，会引起车辆在起步、倒车时发闯。

4）对空调的影响

发动机电控系统空气流量计有较严重的故障时，为了最大限度地保护发动机，以减轻发动机的负荷，会关闭空调压缩机。空调系统中压缩机一旦关闭，由于蒸发箱的结构原因，使得空调进气受到高温暖风水箱的影响，导致出风口温度高于环境温度。在高速行驶时，空调吹出热风，停车后再起步发现车辆闯车，打开空调，不制冷。

7.3 进气歧管压力传感器

1. 作用和失效

1）作用

节气门开度和发动机转速确立的负荷可以单独用进气歧管的真空度，或者说进气管绝对压力反映，所以进气管绝对压力是反映发动机负荷的参数。因此也可以根据进气歧管的真空度和发动机转速计算出汽缸的充气量，称为MAP传感器。

进气管绝对压力信号反映发动机的负荷状态，进气压力传感器输出的电压信号与转速信号一起输送到ECU，作为决定喷油器基本喷油量（发动机负荷）的最主要依据。

2）失效

进气管压力信号能产生与发动机转速和节气门开度同样的负荷信号，它是决定"喷油量"的基本信号。一旦空气流量计信号失效，控制单元就会根据发动机转速信号、节气门位置信号计算出一个替代值。

这种传感器的优点是结构简单、体积小和成本低，但在发动机急加速和急减速时，其测量精度比直接测定法要差一些，所以在发动机急加速时发闷、响应慢，低速时遇阻力易熄火。

2. 类型

进气压力传感器种类较多，就其信号产生原理可分为半导体压敏电阻式、电容式、可变电感式、表面弹性波式。

可变电感式和表面弹性波式在20世纪末（1995年以后）的车型中已经见不到。现在只有半导体压敏电阻式进气压力传感器在发动机电子控制系统中应用较为广泛，电容式也较为少见。

3. 半导体压敏电阻式

1）压阻效应

进气压力传感器利用的是半导体的压阻效应，因其具有尺寸小、精度高、成本低和响应性、再现性、抗振性较好等优点，如今得到了广泛应用。

2）结构

其结构和输出如图7-6所示，它是由压力转换元件和把转换元件输出信号进行放大的混合集成电路等构成的。

压力转换元件是利用半导体的压阻效应制成的硅膜片。硅膜片的一面是真空室，另一面导入进气歧管压力。硅膜片（如图7-7所示）为约3mm的正方形，其中部经光刻腐蚀形成直径约2mm、厚约50μm的薄膜，薄膜周围有四个压敏电阻，以惠斯通电桥方式连接，薄膜一侧是真空室。

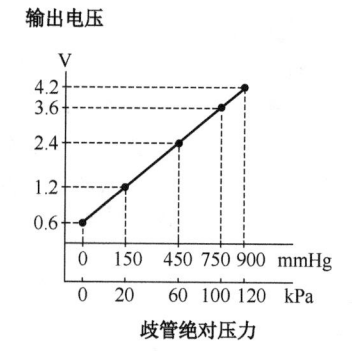

图 7-6 压敏电阻式进气压力传感器和信号输出

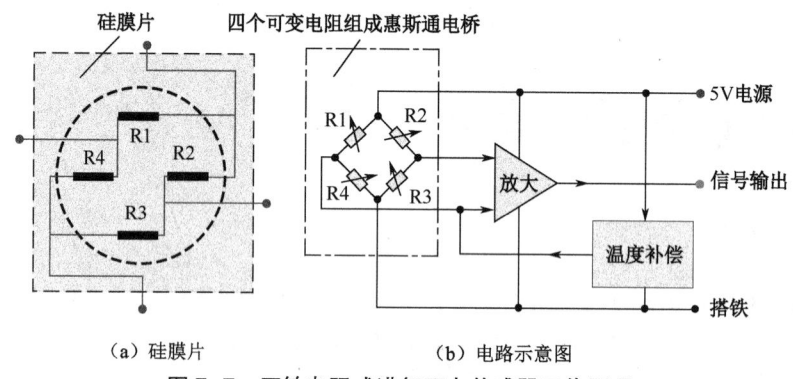

图 7-7 压敏电阻式进气压力传感器工作原理

（a）硅膜片　　（b）电路示意图

3）工作原理

薄膜的另一侧即进气歧管内绝对压力越高，硅膜片的变形越大，其应变与压力成正比，附着在薄膜上的应变电阻的阻值随应变成正比变化，这样就可利用惠斯通电桥将硅膜片的变形变成电信号。因为输出的电信号很微弱，所以需用混合集成电路进行放大后输出。这种半导体压敏电阻式进气压力传感器输出的信号电压具有随进气歧管绝对压力的增大呈线性增大的特性。

根据气体摩尔公式，进气量空气分子数计算公式 $Q=PV/(273.15+T)$，从公式中可以看出分母有温度 T，这种传感器需要温度传感器才能计算进气量，而体积 V 与发动机转速和节气门开度确定的空气柱体积有关。

进气歧管真空度传感器通常安装于发动机舱内，通过软管与进气歧管相连，传感器与计算机用三根线连接，如图 7-8 所示。VC 为 5V 基准电压，E2 为信号搭铁线，PIM 为信号输出线，大多数 MAP 传感器的接线是相同的。

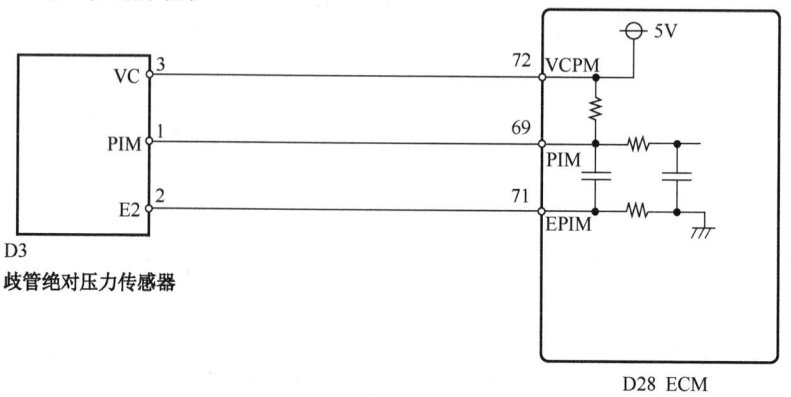

图 7-8 压力传感器电路图

当进气歧管真空度变化时，传感器会向计算机发出一个随真空度变化的电压信号。在典型的 MAP 传感器中，信号电压从怠速时的 1~1.5V 变化到节气门全开时的 4.5V。

4. 有关压强的概念

（1）绝对压强：以绝对真空为基准的压强数值为绝对压强。

（2）相对压强：以大气压为基准的正向压强为相对压强。

（3）真空度：以大气压为基准的负向压强为真空度。

绝对压强、相对压强、真空度三者之间的关系如图 7-9 所示。

例如，B 点相对压强为 200kPa，而绝对压强为 300kPa，B 点不能用真空度表示。A 点的绝对压强为 30kPa，真空度为-70kPa，A 点不能用相对压强表示。

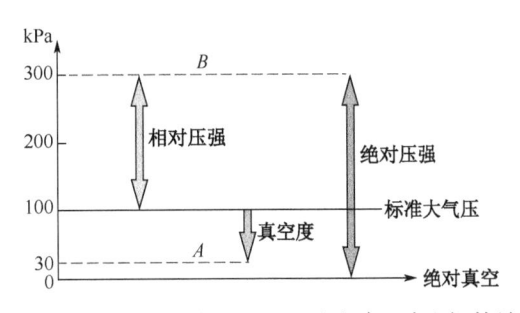

图 7-9 绝对压强、相对压强、真空度三者之间的关系

5. 进气压力传感器诊断

大众公司捷达 1.6L 二阀发动机采用绝对压力传感器，位置如图 7-10 所示。压力传感器和进气温度传感器集成于一体位于进气歧管上。

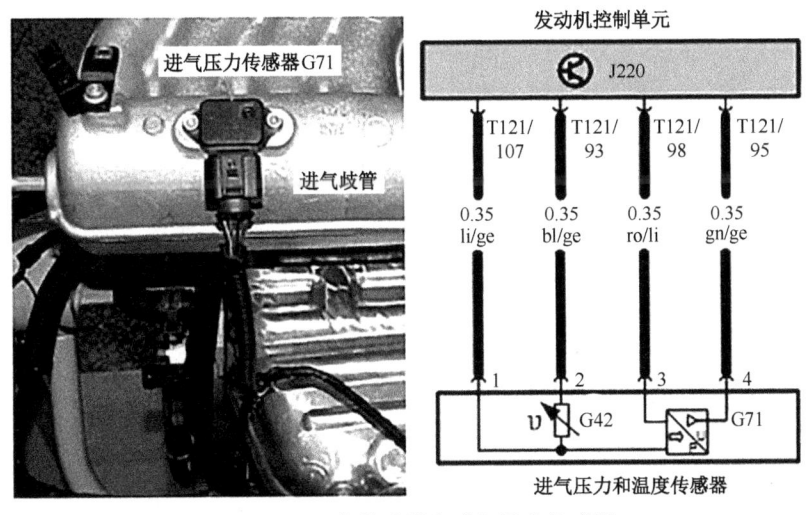

图 7-10 压力传感器和进气温度传感器

1）供电检查

图 7-10 中，1 脚接地，2 脚为进气温度传感器信号（内置 5V 电源），3 脚为进气压力传感器 5V 电源，4 脚为进气压力传感器信号。

2）信号输出检查

如图 7-6 右图所示为歧管绝对压力传感器输出曲线。检查压力传感器时可以将真空管从发动机进气歧管上拔下，用真空表的枪嘴接在压力传感器的橡胶软管上，对压力传感器抽真空。读出真空表的数据与数据流的数据对比，两者的压强相差不多说明传感器正常。

要注意的是压力传感器的橡胶软管不通畅会加速信号的迟滞。橡胶软管漏气会导致测量的进气压强过高。

3）数据流检查

数据流显示单位为 mbar（毫巴），温度在 80℃以上，怠速时在 280~340mbar 之间。

若超出范围,可能是由于怠速不稳、节气门体过脏、怠速负荷过大或怠速开关故障、电气装置打开、方向盘转到最大位置等原因。关闭所有电气装置,应将方向盘转置于中间位置,并检查喷油嘴或火花塞,读取故障码。

6. 绝对压力传感器影响因素和故障

实际上压力传感器很少损坏,但即使传感器本身并没有损坏,影响绝对压力传感器信号的因素仍然有许多。

排除故障时发现压力传感器怠速压力超标,应先查找影响压力传感器信号的因素。影响进气歧管真空度的主要因素有:点火时间过迟、配气相位不正常、进排气系统泄漏和堵塞。

1)点火时间过迟

(1)电喷发动机的燃油质量不好时,爆震修正后,点火角推迟过多。

(2)带分电器的电喷发动机点火正时调节过晚。

(3)带分电器的发动机配气正时不正确导致分电器内信号轮位置不正确,可以影响点火正时。

点火时间过迟会造成发动机动力不足,排气管冒黑烟。点火时间过迟造成发动机动力不足时,驾驶员就会加大节气门的开度来弥补发动机动力不足,以加快车速。由于节气门开度的加大,进气歧管真空度就会过多降低,导致进气压力传感器传给ECU进气量很大的信息,但因点火角原因,发动机转速仍低,控制单元认为上坡或重载,将导致控制单元计算喷油器的喷油时间会长,从而导致混合气过浓、排气管冒黑烟,也就造成了发动机动力不足,排气管冒黑烟是由于混合气过浓而造成的假象。

点火时间过迟导致的混合气过浓、排气管冒黑烟在直接测量空气流量中是没有的,在诊断时要加以区别。

2)配气相位不正常

(1)配气相位不正常会造成发动机动力不足、进气管真空度过低,致使控制系统增加喷油量引起混合气过浓的假故障现象。

(2)配气相位不正常还会引起无分电器点火发动机的凸轮轴位置传感器信号和曲轴位置传感器信号不同步,导致发动机启动困难、性能变差。

3)进排气系统泄漏和堵塞

进气歧管漏气会引起发动机怠速高,但是不会影响混合气浓度。如果转速达到1500r/min以上,就会出现发动机转速在1000~1500r/min之间游动,这是因为控制单元执行了减速断油功能。

这一现象和质量流量型空气流量计是相反的。因为质量流量型进气歧管漏气,就会使一部分空气不经过空气流量计进入发动机,致使混合气过稀,发动机就会怠速不稳转速下降。如果废气再循环系统和曲轴通风管泄漏,D型和质量流量型喷射系统的故障现象是一样的,因为废气再循环系统和曲轴通风系统漏进去的是几乎不可燃气体,所以发动机就会怠速不稳加速无力,真空度过低,进而影响ECU的空燃比控制。进气门密封不好,漏气,也会使进气歧管内的真空度降低,影响空燃比。

技师指导

> 排气管内的三元催化器堵塞或冬天的冰堵、排气不畅,也会造成发动机无力。进气歧管真空度过低(绝对压力过高)致使混合气过浓,进气压力传感器与进气歧管之间的胶管漏气或插错,也会造成混合气过浓。

从上面的分析可以看出,D型喷射系统的空燃比控制除系统本身故障外,主要是受到点火正时和机械部分的影响,所以在诊断D型喷射系统时,一定要使用真空表测量进气歧管的真空度,用真空表测得的实际真空度与进气压力传感器传给控制单元的数值进行比较,如果两个数值不相符,说明进气压力传感器本身有问题;如果两个数值相符,说明传感器没问题,问题出在其他方面。正常的进气歧管真空度怠速为-60~68kPa，发动机的真空度是对发动机综合性能评定的一项重要指标，它能反映出发动机点火时间是否正常，机械系统是否正常，可以防止因错误诊断而造成的不必要损失，测量进气歧管真空度对质量流量型发动机的故障诊断同样重要。

技师指导

> 绝对压力传感器有故障。故障现象是启动时能着车，且很好启动，但启动后多则5s，少则1~2s就熄火。如果观察数据流，会发现进气压力传感器信号无变化，一直为0V。控制单元检测到进气压力传感器信号电压为0V时，误认为此时没有进气，发动机处于静止状态，也就停止喷油了。不喷油，当然运转不了。换一个进气压力传感器后，启动着车，一切正常。测量数据如下：怠速时，信号电压为1.15V，慢慢加速可达3V左右；急加速时，瞬间电压可达4V。
>
> **注意**：启动时控制单元程序不用压力信号来调节喷油量，所以能着车。
>
> 这种故障现象有很多原因，压力传感器出现故障的概率很低，所以应先做其他检查。如先检查启动后是否又无火，为此在进气管口喷入化油器清洗剂，若又能多着几秒，说明有火；检查是否是防盗锁死造成的先着火后熄火故障，仔细观察仪表上各指示灯，是否发现防盗指示，若无则不是防盗造成的；检查不供油，启动发动机时油泵有电，油泵继电器应该没有问题。接好汽油压力表，测量油压为250kPa，正常，且发动机熄火后仍能保持油压，不是油泵问题，也不是油压不足引起熄火。
>
> 防盗系统和电控发动机系统的联系非常大，试想若车都不着，还何谈其他故障判断。

技师指导 燃料或水分堵塞软管和软管漏气

> 与MAP传感器连接的真空软管故障可能引起动力性问题，如燃料经济性差、加速迟缓、停机及怠速不稳。所以必须确保传感器到进气歧管真空管这条路畅通。检查软管时，要注意以前是否替换过软管。软管过长会在某位置下垂，夏天燃料或水分沉积于软管内较低位置，导致MAP传感器与进气管内压力变化不同步；如果是冬天水分沉积于软管内较低位置结冰，则现象更严重。
>
> 软管周围小的漏气孔会导致燃料经济性差、怠速过高，并且常常给发动机控制单元设置故障码。若是硬管，则因风化可能易碎而漏气。

7．附加内容

1）电容式进气压力传感器

电容式进气压力传感器是使氧化铝膜片和底板彼此靠近排列形成电容，根据电容大小随上下膜片距离而改变的性质，获得与压力成比例的电容值信号。把电容连接到混合集成电路的振荡器电路中，压力变化使电容大小变化，从而输出的频率信号变化，其输出信号的频率与进气歧管绝对压力成正比。其频率因电容电源和电容大小不同，控制单元根据输入信号的频率可确定进气歧管的绝对压力。

福特汽车公司的绝对压力传感器为电容式。这种传感器把进气歧管压力变为频率变化的数字电压信号，当节气门开度增大即发动机负荷增大时频率增加。MAP传感器实际上感知的是大气压力与进气歧管绝对压力之间的压力差。发动机怠速时，最高进气管真空度约为-450mmHg（一个大气压为760mmHg），这时MAP传感器信号频率在95Hz左右；在节气门接近全开的情况下，进气管真空度在-50mmHg左右，MAP传感器频率约为160Hz。

对于电容式绝对压力传感器，在检测的时候不宜将电压表直接与其输出端相连，否则将会有损坏绝对压力传感器的可能。车用示波器是检测此类器件的首选。

2）大气压力传感器

大气压力传感器与进气管压力传感器的原理相同，安装在ECU内，不测量进气管压力，它通过控制单元壳体上的通气孔把大气压力导入传感元件表面。它的作用是向发动机控制单元传送一个海拔高度修正信号，该值取决于海拔高度。涡轮增压发动机的控制单元可以据此计算出一个新的增压压力，也是废气再循环的海拔高度修正信号，翼片式、卡门旋涡式、压力传感器式空气流量计的修正信号。

在读取电喷系统数据流或看资料的诊断分析时会发现大气压力传感器数值。由于大气压力传感器在控制单元内部，在一般的海拔高度（不是高原环境），通过诊断仪读取发动机控制单元的绝对压力是一个大气压即可。

7.4 发动机温度类传感器

1．传感器种类

1）水温传感器

为了判定发动机的热状态，需要精确地测量冷却水温度来控制启动喷油量、暖机高怠速向怠速过渡的进气量；修正点火时刻（温度高，点火角小）。信号中断后冷车时启动困难，发动机暖机工作不良，油耗升高，排放值不正常，低温时阻止自动变速器升入超速挡。

2）进气温度传感器

为了计算体积型空气流量计的空气质量流量，需要精确地测量进气温度。进气温度信号用于修正喷油量、点火时刻及怠速，信号中断影响不明显。此传感器功能要比冷却液温度传感器弱得多。

3）排气温度传感器

为了排气净化处理，需要精确地测量排气的温度，判断三元催化装置是否因过热损坏，用来点亮仪表三元催化器故障灯，并在控制单元内记录高温故障码。它的另一功能是当排气系统部件（排气管、氧传感器、催化反应器）的温度超过许用温度时，将空燃比设定在较小的浓混合气范围，混合气浓，则燃烧温度下降，排气温度也下降。

20世纪80、90年代车型装有排气温度传感器，现在车上很少装配。另外，排气温度传感器损坏后汽车发动机一般反应不明显。

2．发动机温度传感器分类

温度传感器有绕线电阻式、热敏电阻式、扩散电阻式、半导体晶体管式、金属芯式和热电偶式等。应用较多的是热敏电阻式温度传感器。

汽车发动机水温和进气温度传感器性能指标：-50～+120℃（满量程150℃），主要采用热敏电阻式。

3．热敏式温度传感器

这种传感器也是利用半导体的电阻随温度变化而改变的特性，其灵敏度高。有负温度系数（Negative Temperature Coefficient，NTC）和正温度系数（Positive Temperature Coefficient，PTC）两种，实际应用的多为负温度系数传感器。热敏式传感器的响应特性优良，因而被广泛地运用于检测冷却水和进气温度。如图7-11所示为热敏电阻式温度传感器及其工作曲线。

负温度系数传感器虽然灵敏度高，但线性差，使温度限于300℃以内。不过，也有像氧化锆那样的高温型热敏式传感器。

负温度系数温度传感器内部的热敏电阻阻值随冷却液温度而变化。具体说冷却液温度越低，其阻值越大；反之，冷却液温度越高，其阻值则越小。

4．传感器信号采集

1）水温传感器原理

如图7-12所示为水温传感器电路图。水温传感器或进气温度传感器与ECU相连，通常采用上拉电阻式接法。

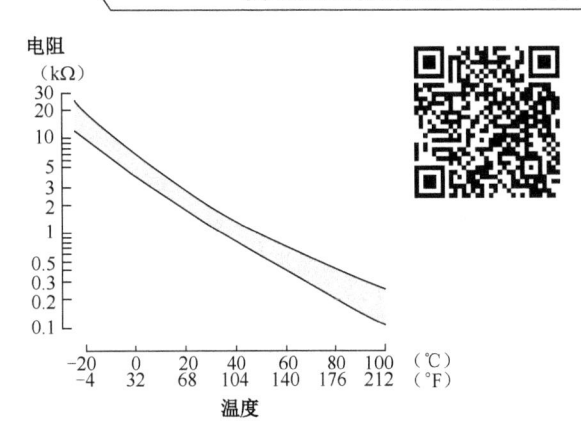

图 7-11 热敏电阻式温度传感器及其工作曲线

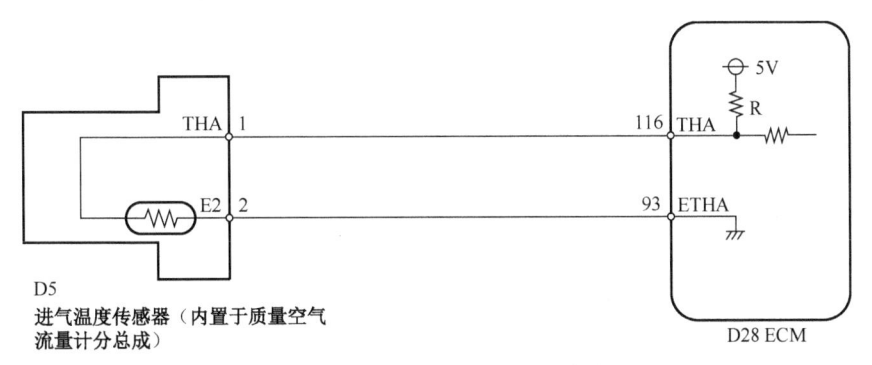

图 7-12 丰田车系水温传感器电路图

ECU 的 5V 电源电压从 THW 或 THA 端经电阻 R 加至水温传感器。也即 R 与传感器串联，当传感器电阻随着冷却液温度变化而相应地变化时，THW 或 THA 端电位也改变了（TH=Thermal，热量，温度；A=Air，空气；W=Water，水，冷却液）。

进气温度传感器单独装在进气管上，新型空气流量计车辆又把进气温度传感器回装到热膜式空气流量计上。电路与水温传感器电路原理相同。

2）水温传感器的自诊断

如图 7-13 所示为水温传感器的自诊断。

（1）线路诊断。
- 正极线与搭铁相连造成信号电压太弱，称为对负极短路；
- 正极线与电源相连造成信号电压太强，称为对正极短路；
- 正极线或负极线断线造成信号电压为 5V，称为断路。

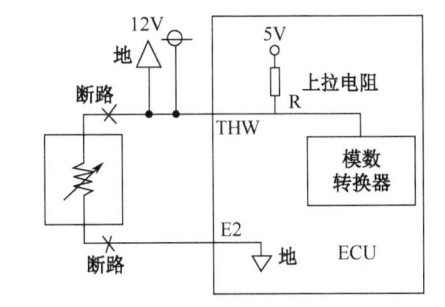

图 7-13 水温传感器的自诊断

以上三种类型是控制单元对线路故障的自诊断上码。

（2）时间模型诊断。故障码表中除了断路、对地短路和对正极短路外，还有一种称为水温信号不可靠的故障，它的诊断是通过时间模型实现的。具体诊断方法是启动后，发动机控制单元根据发动机的运行时间判断水温传感器信号不可靠。

水温传感器信号不可靠故障有两种原因：一是水温传感器粘水垢，插头松动、锈蚀、水介入产生隔离电阻、水温传感器损坏较长时间显示水温过低；二是节温器内石蜡流光造成节温器打不开，只有小循环，在启动后的一段检测时间内出现水温过高，结果冷却液温度传感器提前显示温度高。

5．温度传感器替代

1) 水温传感器替代值

控制单元启动失效安全功能，控制单元使用冷却液温度传感器在控制单元内的替代温度值80℃。结果启动困难，怠速抖动。

2) 进气温度传感器替代值

控制单元启动失效安全功能，使用进气温度传感器在控制单元内的替代温度值20℃。

6．温度传感器诊断

1) 阻值测量

对于温度传感器本身的损坏，可以用测量电阻法。表 7-2 列出了汽车用负温度系数发动机用水温及进气温度传感器的温度和阻值关系，只要传感器类型为负温度系数热敏电阻，本表即适用。

表7-2　汽车用负温度系数发动机用水温及进气温度传感器的温度和阻值关系

水温传感器			进气温度传感器		
温度（℃）	电阻（kΩ）	电压（V）	温度（℃）	电阻（kΩ）	电压（V）
-20	16.0	4.3	-20	16.0	4.3
0	5.9	3.4	0	5.9	3.4
20	2.5	2.4	20	2.5	2.4
40	1.2	1.5	40	1.2	1.5
60	0.6	0.9	60	0.6	0.9
80	0.3	0.5	80	0.3	0.5
100	0.2	0.3	100	0.2	0.3

实际只要测常温 20℃和高温 80℃两个温度下的传感器阻值，一般就可以确认水温传感器的好坏。例如，大众水温传感器和进气温度传感器电阻特性相同，同为负温度系数，随温度变化规律相同，20℃阻值为 2000～3000Ω，80℃阻值为 275～375Ω。

2) 检测仪检测

- 读取水温传感器故障码。
- 读取水温传感器数据流分析。

如果温度明显不正确或温度值不变动则有故障。水温传感器一旦出现故障，计算机内的逻辑电路会用其他相关传感器的测量值来测定此传感器的测量值是否超出范围。例如，将发动机冷却液温度传感器拔下，计算机采集到的冷却介质温度显示是-40℃。计算机微处理器中的逻辑电路会忽略这一明显的错误读数，并用一个值 80℃替换冷却介质温度值。然后储存错误代码并使故障灯亮，告诉驾驶员计算机检测到故障。正常发动机风扇由发动机在散热器上的水温开关或空调的压力开关控制，有的车还能在水温传感器断路时，由发动机计算机控制打开冷却风扇 2 挡，并保证发动机运行时一直工作，从而避免发动机过热。

7.5 爆震控制

1．什么是爆震

在某些条件下，如汽缸内积炭导致压缩压力变高、出现炽热点、混合气温度过高等会使发动机在火花塞点火之前，汽缸内发生自燃或汽油质量低劣的不正常燃烧，其特征为敲缸或金属撞击声。

这种不正常的燃烧现象是点火提前超过极限的标志，当火焰前锋到达之前，新鲜混合气自发燃烧的早燃就产生了爆震。激发爆震的通常形式是：活塞压缩力产生的温度和压力峰值引发混合气自燃。在爆震过程中火焰传播速度可能会超过 2000m/s，而正常燃烧时仅为 30m/s 左右。这种粗暴的燃烧导致压力急剧升高，压力波破坏缸壁上新鲜气体构成的淬冷层，不断地撞击汽缸壁，不再主要推动活塞。

2. 爆震危害

就如一门大炮装快速燃烧的火药（2000m/s）和缓慢燃烧的火药（30m/s）一样，快速燃烧的火药在炮筒内爆炸时，向四方产生力，压力来不及沿炮筒方向过渡，炮筒炸开，并没有把炮弹推出多远。缓慢燃烧的火药在炮筒内爆炸时，爆炸力有时间沿炮筒方向过渡，压力作用在炮弹上，炮弹被推出很远。另一个更好的例子是在缸盖抬下的发动机上，用手向下按活塞曲轴可以转动，而用锤子快砸活塞，曲轴不仅不能转动，反而会砸坏活塞。

淬冷层的破坏会导致燃烧室、缸壁、活塞顶迅速升温，温度超过 270℃ 左右，在压力的作用下，铝质件开始变形，持续早燃会导致汽缸垫窜气、窜油、窜水，活塞变形、熔化，气门周围由于压力脉冲和高温应力产生烧平或孔状漏气。

涡轮增压发动机如果点火能量不足，喷油器滴油，导致进气管和燃烧室内大量积炭时，尽管有爆震传感器，仍会爆震烧活塞顶。

尽管电子控制点火正时（如捷达化油器的霍尔点火系统）能根据发动机转速、负荷率来精确调整点火提前角，但运行时仍然留有一定的安全余量，以避免接近爆震极限。为防止发动机处于不利条件下（如发动机缸压变化、燃油质量变化、温度变化等）发生爆震，设置安全余量是必要的。但留有一定的安全余量会使发动机延迟点火，从而导致油耗增加和转矩损失。

采用爆震控制发动机，设计时可以提高压缩比，燃油经济性和转矩都能得到相当大的提高。使用该系统，不必再兼顾最差工况来确定点火正时，而以爆震控制作为确定点火正时的主要因素，这就使得每个汽缸都在接近最大点火角限值处工作。

3. 类型

电控发动机系统中已广泛应用了点火时刻闭环控制的方法，有效地抑制了发动机爆震现象的发生。爆震传感器是这一控制系统中必不可少的重要部件，它的功用是检测发动机有无爆震现象，并将信号送入发动机控制单元（ECU）。

发动机爆震的检测依据有以下三种：汽缸压力、发动机机体振动、燃烧噪声。根据汽缸压力的检测法，其精度最佳，但存在着传感器的耐久性差和难以安装的问题。根据燃烧噪声的检测法，由于是非接触式的，其耐久性很好，但精度和灵敏度偏低。目前，最常用的检测方法是采集发动机机体振动的方法。

采用发动机机体振动检测法的爆震传感器有磁致伸缩式和压电式两种类型，压电式又分共振型和非共振型结构。共振型又分为窄幅和宽幅共振电压式传感器。

振动检出型爆震传感器安装在发动机上，旨在将发动机振动频率转换成电压信号，以检测爆震强度。当发动机发生设定的爆震强度时，爆震传感器输出最大的电压信号用以表示发动机由于爆震而产生使机体异常振动的频率。

1）磁致伸缩式

磁致伸缩式爆震传感器是应用最早的爆震传感器，现已淘汰，市面上根本见不到。

2）非共振型

非共振型压电式爆震传感器以接收加速度信号的形式来判别爆震是否产生。它由两个压电元件同极性相向对接，配重将加速度变换成作用于压电元件上的压力，所用的配重由一根螺丝固定于壳体上，输出电压由这两个压电元件的中央取出，构造简单，制造时不需调整。

例如，某压电式的爆震传感器产品特性：频响范围在 3～18kHz；25℃电容在 1480～2220pF（1000Hz）；25℃电阻在 1MΩ 以上。发动机振动时，安装在发动机缸体上的爆震传感器内部配重因受振动的影响而产生加速度，因此，在压电元件上就会受到加速时惯性力的作用，而产生电压信号。在爆震发生时的频率及其附近，此种传感器产生的输出电压不会很大，不像磁致伸缩式爆震传感器在爆震频率附近产生一个较高的输出电压，用以判断爆震的产生，而是具有扁平的输出特性，有时被称为扁平爆震传感器，如图 7-14 所示为非共振型压电式爆震传感器输出电压与频率的关系。

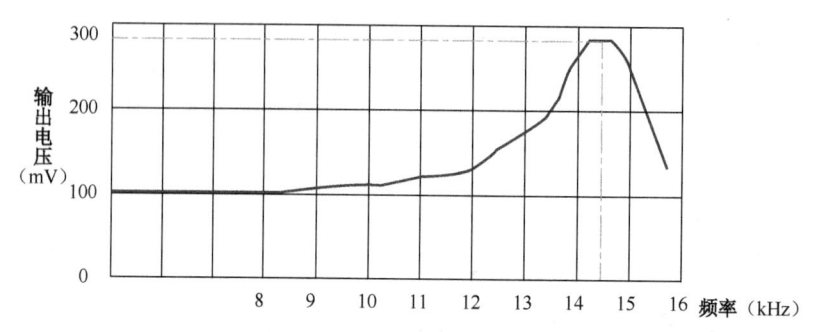

图 7-14 非共振型压电式爆震传感器输出频幅特性

因此，必须将反映发动机振动频率的输出电压信号送至识别爆震的滤波器中，判别是否有爆震信号产生。传感器的感测频率范围设计为由零至数十千赫兹，可检测具有很宽频带的发动机振动频率。用于不同发动机上时，只需将滤波器的过滤频率调整即可使用，而不需更换传感器，此为非共振型压电式爆震传感器的突出优点。

3）窄幅共振型

此种形式的爆震传感器是利用产生爆震时的发动机振动频率与传感器本身的固有频率相符合，而产生共振现象，用以检测爆震是否发生。该传感器在爆震时的输出电压比非共振（无爆震）时的输出电压高得多，因此无须使用滤波器，即可判断有无爆震发生。

共振型压电式爆震传感器的结构为压电元件紧密地贴合在振荡片上，振荡片则固定在传感器的基座上。振荡片随发动机振动而振荡，波及压电元件，使其变形而产生电压信号。当发动机爆震时的振动频率与振荡片的固有频率相符合时，振荡片产生共振，此时压电元件将产生最大的电压信号（如图 7-15 所示）。

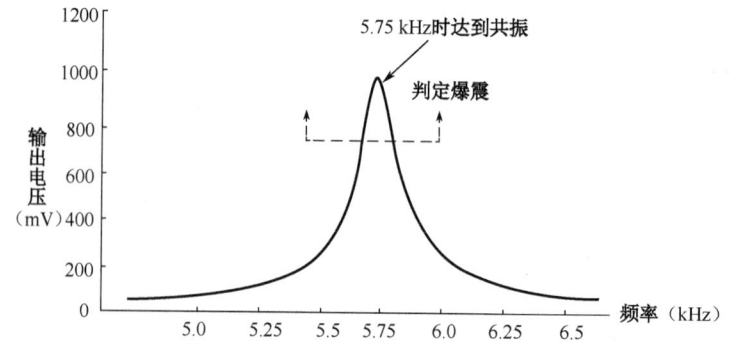

图 7-15 共振型压电式爆震传感器频幅特性

4）宽幅共振式

现在采用最多的是宽幅共振电压式传感器，其输出特性如图 7-16 所示。

虽然其输出的峰值电压较低，但可在较大的振荡频率范围内检测共振电压。当发动机发生轻微爆震时，此传感器就可输出较大的电压信号，使控制单元及早检测到发动机爆震的产生。由于宽幅共振式爆震传感器具有感测频率范围较广的优点，因此它适应于检测随发动机转速变化而产生的不同爆震频率及不同发动机所具有的不同的爆震频率。

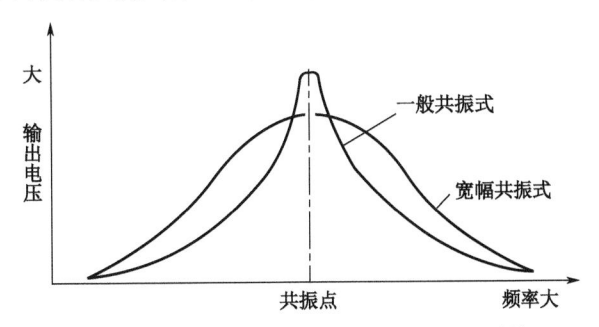

图 7-16 宽幅共振式爆震传感器的频幅特性

4. 常用爆震传感器结构

在实际修理中，只有如图 7-17 和图 7-18 所示的非共振型和共振型爆震传感器的结构较为常见。

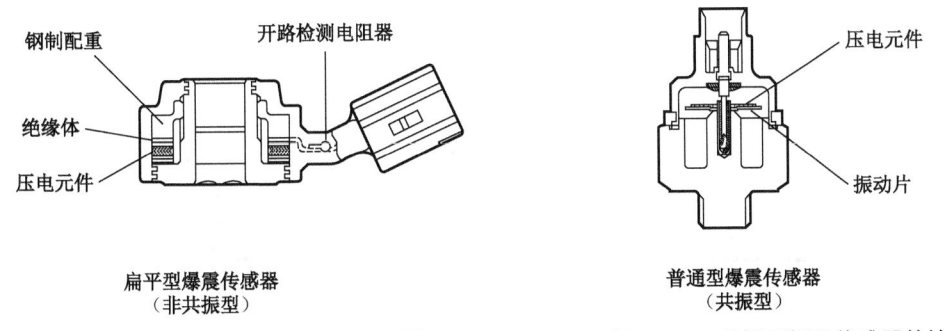

图 7-17 非共振型爆震传感器的结构

图 7-18 共振型爆震传感器的结构

5. 爆震控制电路

如图 7-19 所示为平面型爆震控制传感器电路图。平面型爆震控制传感器（非共振型）可检测频率在 6~15 kHz 之间的宽频带振动。

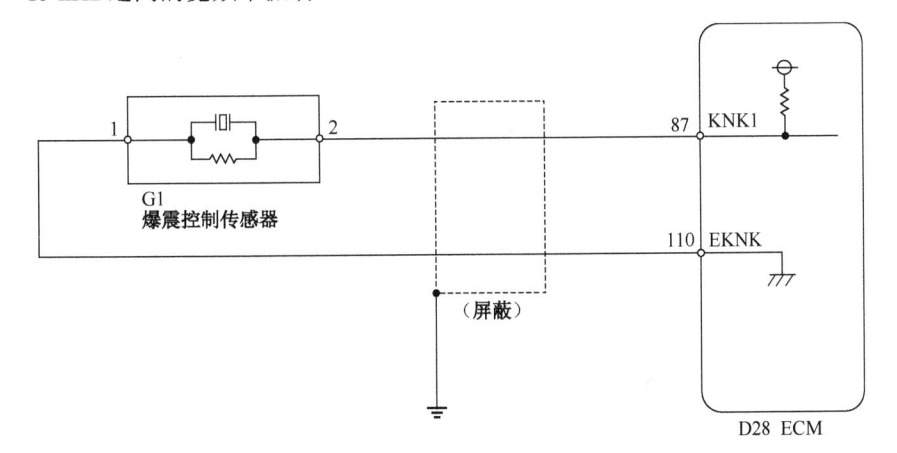

图 7-19 平面型爆震控制传感器电路图

平面型爆震控制传感器并联的几百千欧（200kΩ）电阻可以检测线路故障。

6. 爆震控制

要消除爆震，前提是必须判断具体哪个缸发生了爆震，不能一个缸爆震所有缸点火角都推迟。

1）爆震信号的判断

爆震传感器检测爆震强度，在产生爆震之前，控制单元自动减小点火提前角，使点火时刻保持在爆震边界曲线的附近，以提高发动机的功率，降低燃料的消耗。

来自爆震传感器的信号含有各种频率的电压信号，首先须经滤波电路，将爆震信号与其他振动信号分离，只允许特定范围频率的爆震信号通过滤波电路，再将此信号的最大值与爆震强度基准值进行比较，如大于设定基准值，则将爆震信号电压输入控制单元，表示发生爆震，由控制单元进行处理。

如图7-20所示某压电式的爆震传感器，装配于发动机缸体上的敏感部位，用于感应发动机产生的爆震。控制单元通过爆震传感器探测爆震强度，进而修正点火提前角，对爆震进行有效控制，并优化发动机的动力性、燃油经济性和排放水平。

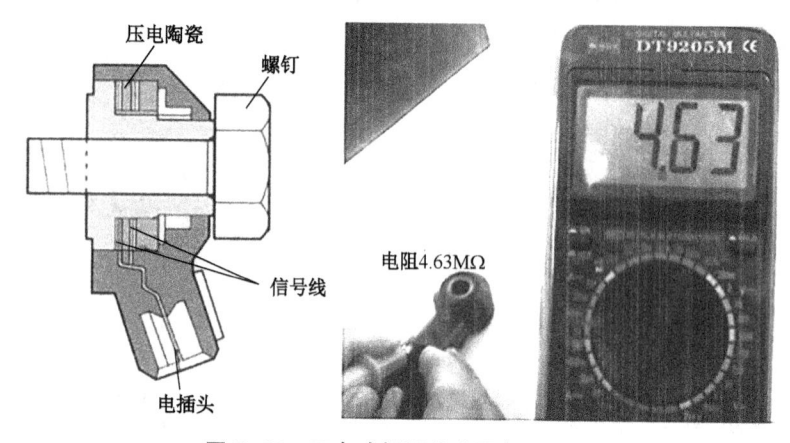

图7-20 压电式爆震传感器电阻测量

由于传感器信号相对较弱，为防止干扰，因而接线端子引线应采用屏蔽线。ECU对接收的信号进行过滤后判断是否发生了爆震。

2）爆震缸判别功能

发动机的振动频繁而剧烈，应检测爆震信号，防止发生错误的爆震判断。而判断爆震信号并非随时可行，它有一个"相位判断范围"（见图7-21），只限于辨别发动机点火后爆震可能发生时的振动，在这个范围内，爆震传感器的信号才被输入比较电路。

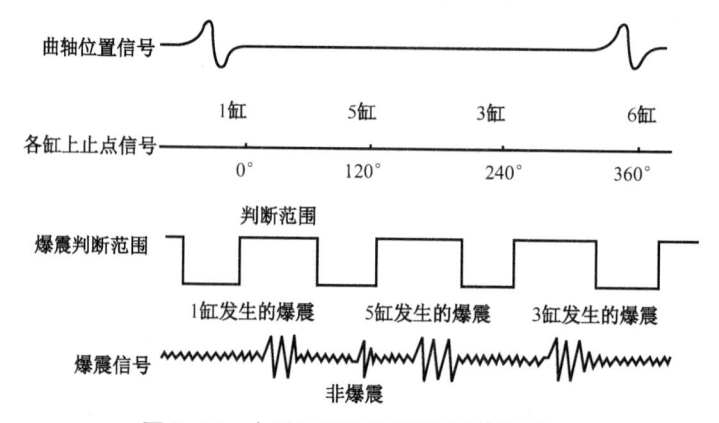

图7-21 丰田六缸发动机爆震判断的范围

ECU 运用这种算法发现每一汽缸刚出现的爆震。控制单元进行闭环控制，当某一缸产生爆震时，控制单元"立刻"减小一定的点火提前角。依据点火顺序，这个缸在下一循环点火时又产生爆震时，同样再减小点火提前角，每次逐渐减小点火提前角，一般点火角减小（推迟）不大于15°。当发动机不产生爆震时，在一定的时间内维持当前的点火提前角，在此期间若有爆震产生，也同样减小点火提前角；若无爆震产生，则一定时间内又逐渐地增大点火提前角，一直到产生爆震时。如图 7-22 所示，点火提前角减小一次达 3°，但引导回到标准点火提前角为一次 1°。

试验表明，当发动机的负荷低于一定值时，一般不出现爆震（如 LS400 在 1600r/min 以下），这时不宜采用控制爆震的方法来调整点火提前角。可采用开环控制方案控制点火提前角，即此时控制单元不再检测分析爆震传感器输入信号，只按 ROM 中存储的信息及有关传感器修正控制点火提前角的大小。

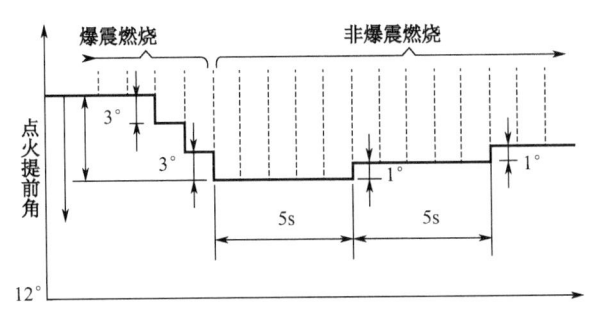

图 7-22　点火提前角减小和点火提前角增大控制

要判断在某一时刻究竟应采用开环控制还是闭环控制，由控制单元对反映负荷的传感器（空气流量计或进气压力传感器）送来的信号进行分析即可实现。

7. 爆震数据流分析

爆震缸识别后要推迟其点火角。实际上发动机缸内的压缩压力和炽热点不同，不同汽缸有不同的点火推迟角，不能因单缸爆震各缸都相等推迟，只能针对爆震缸的点火正时进行推迟。因此，为了使点火推迟角能反映在不同汽缸，每一个汽缸的点火推迟角都应分别存储。本例为高尔夫 A4 的发动机数据流分析结果。

显示组 03：基本功能—点火提前角

> Read measured value block 3
> xxxx rpm　　xx.x ms　　x<　　xx.x °BTDC

- 显示区 1：发动机转速（怠速时 740～820r/min）
- 显示区 2：喷油时间（怠速时 2.0～5.5ms）
- 显示区 3：节气门开度（怠速时 0°～6°）
- 显示区 4：实际点火提前角（怠速时为上止点前 0°～12°）

显示组 22：点火—爆震控制

> Read measured value block 22
> xxxx rpm　　xxx %　　xx.x<　　xx.x <

- 显示区 1：发动机怠速转速（740～820r/min）
- 显示区 2：发动机负荷（15%～35%）
- 显示区 3：1 缸爆震控制点火时间推迟（0°～15°）
- 显示区 4：2 缸爆震控制点火时间推迟（0°～15°）

把1缸和2缸放在一起是为了知道此信号是从1缸和2缸之间的爆震传感器传来的信号。

显示组23：点火—爆震控制

```
Read measured value block 23
xxxx rpm    xxx %    xx.x<    xx.x <
```

- 显示区1：发动机怠速转速（740～820r/min）
- 显示区2：发动机负荷（15%～35%）
- 显示区3：3缸爆震控制点火时间推迟（0°～15°）
- 显示区4：4缸爆震控制点火时间推迟（0°～15°）

把3缸和4缸放在一起是为了知道此信号是从3缸和4缸之间的爆震传感器传来的信号。

有的车里点火角推迟后并不显示点火推迟角，而是显示本缸的功率（kW）损失，道理是一样的。对于所有缸推迟值均大于15°，则可能是因为爆震传感器失效，插头锈蚀，发动机附件振动。

技师指导

> 带爆震传感器的发动机即使使用低辛烷值的汽油也能正常运行，不过此时点火角要推迟。反过来，各缸点火角都推迟也成为我们判别汽油质量好坏的一个方法。

8. 爆震传感器自诊断

发动机转速在1600～5200r/min内才会发生爆震，这时诊断和控制才有意义。若ECU检测到上述故障码，故障保护起作用，这时点火推迟角设定在最大值，发动机功率下降，油耗升高。

爆震传感器本身在实践中很少发生故障，发生故障时多为爆震传感器拧紧力矩不对，标准值为20 N·m，过大、过小都会产生故障。

大多数爆震传感器信号线为银线，为了防止外来干扰又加了屏蔽线，屏蔽线是与地相通的。如果信号线与屏蔽线相通则屏蔽失去意义，这时信号电压与地电压相等。

一旦发生故障，因点火角推迟，动力下降，为保证车速，油门踩下深度增加，导致燃油消耗增加。对于D型系统会造成进气歧管压力与正常工况的进气压力相差很大，而发动机转速不高，这样单缸的喷油量又会增加，动力性和排放性下降。

对于单缸爆震推迟点火角，则可能是因为插头锈蚀、发动机某缸内压缩比变化、发动机附件松动。而各缸点火角都推迟可能是燃油问题。观看数据流中有无点火角推迟或使用正时枪看实际点火角是否比正常值小，点火推迟角成为判别汽油质量、各缸压缩压力和缸内有炽热点的主要方法。

7.6 怠速转矩控制

1. 负荷扭矩提升

1）怠速扭矩提升

怠速工况当有负荷（外界的阻力）介入时，发动机要控制节气门体的进气量增加以提高发动机扭矩输出，以阻止发动机转速下降或熄火。

扭矩提升按控制的目标转速分为两种。一种是以怠速转速为目标增加扭矩，第二种是以新的稍高的怠速转速为目标增加扭矩。由于第二种能真实地看到转速提高，也习惯称为发动机怠速提升。这两种情况都是扭矩提升，只不过控制的目标转速设定不同。

2）怠速工况识别

发动机ECU首先要确认是怠速工况，其次是输入怠速提升的前提条件。

（1）有怠速开关的四线节气门位置传感器内的怠速开关 IDLE 闭合。

（2）没有怠速开关的三线节气门位置传感器输出电压低于 0.6V 时，控制单元也识别为怠速。

（3）对于有电子节气门的车辆，怠速状态识别不在节气门位置传感器内，而在油门踩板位置传感器上，即不踩油门（或踩制动踏板）时，控制单元通过传感器电压确认怠速工况。

2．怠速负荷提升信号

1）发电机负荷信号

当因开启大灯、雾灯、鼓风机等用电量较大的电气设备导致发电机负荷增大时，为防止励磁电流在饱和时仍发电量不足或因励磁电流增大时发动机转速下降导致发电量不足，在有用电负荷时应向 ECU 输入此信号，控制单元以此作为点火提前角与进气量控制的修正信号，控制过程为先增大点火提前角，如果效果不明显，怠速控制系统增加进气量，空气流量计监测到后，自动改变喷油量，这样设计有利于排放控制。

IC 调节器端子 M 的作用。如图 7-23 所示为丰田车的发电机负荷信号 M，对于有 PTC 电加热器的车辆，如果在发电机怠速情况下使用 PTC 电加热器，那么耗电总量大于发电机的发电量。装上 M 端子后，端子 M 经过与调节磁场电流的 Tr1 同步的 Tr3 将发电机的发电状态发送到发动机 ECU。

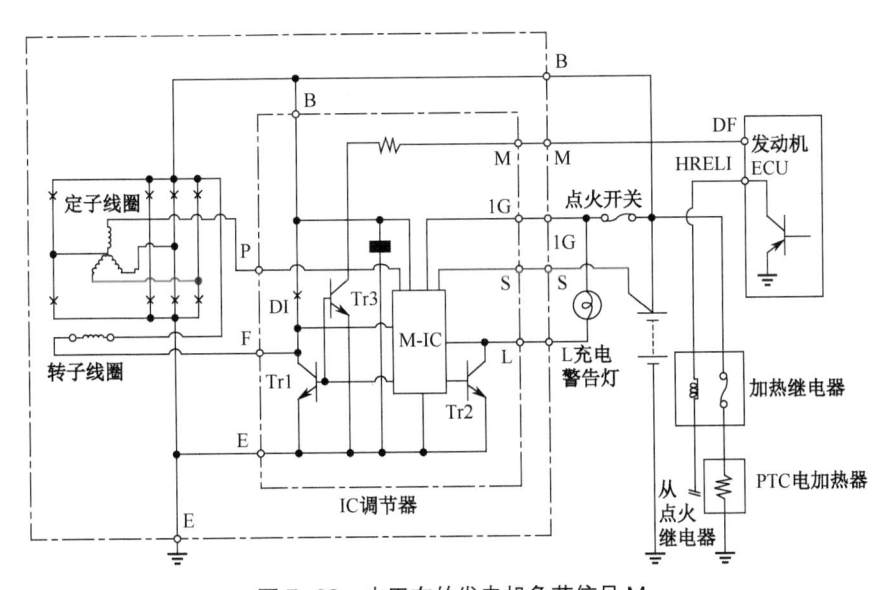

图 7-23 丰田车的发电机负荷信号 M

发动机 ECU 根据 M 端子的信号控制发动机怠速提升和 PTC 电加热器。PTC 电加热器：当加热器的作用不够时（装在加热器芯中），它加热发动机的冷却液。

大众在 2005 年以后的车型中采用电子节气门系统，发电机上多了一个端子 DFM 励磁调节反馈信号，DFM 内传输占空比形式的发电机负荷信号，当占空比超 70% 时，发动机控制单元控制电子节气门系统怠速开始提升。这样的设计对蓄电池非常有利，可保证蓄电池处于充饱状态，延长了蓄电池的使用寿命。同时，在外界用电量特别大，即发电机转子线圈内电流饱和时，发电机发电电流不能再增大，这时提高发电量的唯一方法就是提高发动机转速，这一点在现在用电设备越来越多、发电机却不变的轿车上非常实用。

2）空调作用信号（A/C）

当空调开关打开，空调压缩机进入工作，发动机负荷加大时，由空调开关向 ECU 输入空调作用信号，作为对喷油量及点火提前角控制的修正信号。

如图 7-24 所示为空调作用信号（A/C）电路。空调控制总成的 MGC 端子在控制单元内搭铁时，发动机控制单元内的 A/C 端子由 5V 变为 0V，发动机开始怠速提升（实际转速并未增加，只增加了发动机的转矩）。也就是说丰田汽车的怠速提升是先有外来输入信号再提升发动机转速。

大众汽车也有这样的一根线（有 CAN 功能时，申请信号可在 CAN 线中传输），在打开空调前先通知发动机控制单元控制稳速提升，然后空调才正式打开。这是因为空调这个负载太大，控制单元仅根据转速进行反馈控制，调节较慢，是不切合实际的。所以都是有信号先进入控制单元，在提升发动机扭矩后，空调再打开，可避免发动机转速下降。

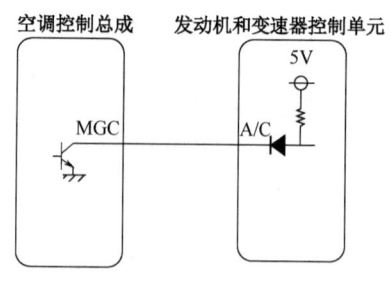

图 7-24　空调作用信号（A/C）电路

3）空挡位置开关

丰田自动变速器由 P 或 N 挡挂入其他挡位时，发动机负荷将有所增加，挡位开关向 ECU 输入信号，作为对点火提前角及进气量的修正信号。

大众车发动机控制单元不接收空挡开关信号，这是因为挂挡这个负载不大，而且是慢慢加到发动机上的，控制单元仅根据转速进行反馈控制就来得及。所以没有信号先进入控制单元，发动机动力紧跟阻力提升即可。

4）离合器开关信号

在手动变速器上，离合器开关信号相当于自动变速器的空挡位置开关信号，在离合器接合和分离过程中，由离合器开关向 ECU 输入离合器工作状态信号，作为控制启动、切断巡航、挂挡时增大点火提前角及进气量控制的修正信号。

技师指导

开关信号不具有上码功能，因为控制单元不知道开和关是人为触发的还是故障状态。为了能进行诊断，需要在开关上并联一个电阻。一般电路图中不画此电阻，想知道开关是否有上码功能，只需要查看故障码表是否有开关信号的故障码。上码的开关有短路和一定电阻两种状态，没有断路状态。

例如，奥迪 A6L 手动变速器离合器开关信号为常闭型。当启动车前仪表提示要求先踩下离合器，开关断开，但线路仍为一定电阻状态。若开关进水，则开关因绿铜锈变厚而使开关处在踩下离合器时仍为闭合且电阻很小的状态，所以启动机不运转。这时拔下开关让此线断路也启动不了车，只能更换新开关。

5）制动开关信号

变速器在行驶挡位，制动时变速器内涡轮瞬间停止会给发动机加一个运转阻力，发动机因此会降速。此时由制动开关向 ECU 提供制动信号，作为对点火提前角、进气量、自动变速器锁止解除等的控制信号。在急刹车时，右脚从油门踏板位置传感器迅速放到刹车踏板上，这时油门踏板还未完全回位，控制单元命令迅速关闭电子节气门，禁止动力输出，此时车轮通过传动系统带动发动机转速升高，发动机转速升高可增大进气管的真空度，以利于真空助力器的助力作用。

技师指导

现在轿车的刹车开关通常为一常开（用于制动灯和 ABS）、一常闭（用于取消巡航）两组开关，踩刹车时变成一闭、一开，若不同步则上故障码。刹车开关在电子节气门车辆上有解除发动机控制单元的巡航功能、识别怠速功能。

6）动力转向开关信号

采用动力转向装置的汽车，当转向盘由中间位置向左右转动时，由于动力转向油泵工作而使发动机负荷加大，此时动力转向开关向 ECU 输入修正信号，调整点火提前角及进气量。有的发动机控制单元不接收动力转向开关信号，这是因为转向这个负载不大，而且也是慢慢加到发动机上的，控制单元仅根据转速进行反馈控制就来得及。所以没有信号先进入控制单元，发动机动力紧跟阻力提升即可。

7.7 催化转化器

1. 三元催化器

HC、CO 和 NO_x 这三种气体也称为三元气体，处理这三种气体的催化器称为三元催化器（Three Way Catalyst，TWC）。为了减少 HC、CO 和 NO_x 这三种气体的排放，利用三元催化器内贵重金属铂、钯、铑作为催化剂将排气中的 HC、CO 氧化成二氧化碳（CO_2）和水（H_2O），将 NO_x 还原为氮气（N_2）。如图 7-25 所示为三元催化器的催化转化过程。

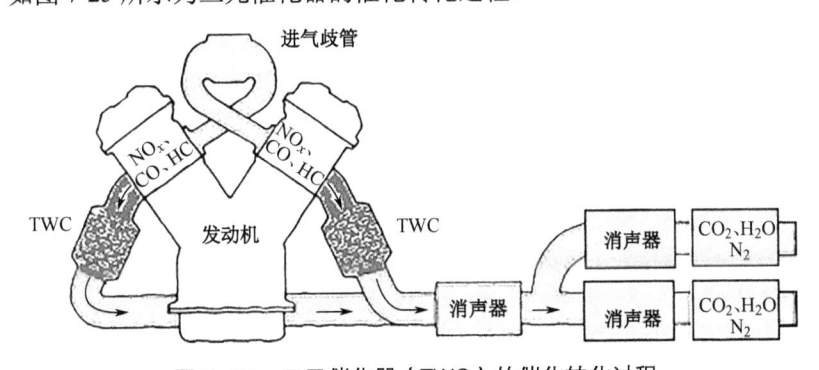

图 7-25 三元催化器（TWC）的催化转化过程

三元催化器的转化效率与空燃比关系极大，当混合气偏离标准空燃比时，转化效率变得很低。

2. 催化转化器的结构和类型

催化转化器由金属外壳、载体和活性催化剂层组成。

现在主要有两种不同的载体装置。

1）陶瓷单体式

陶瓷材料为耐高温的镁铝硅酸盐，这种单体结构对机械应力特别敏感，所以需要将它装在一个金属壳内。壳体内壁与载体之间是直径约为 0.25mm 的高合金钢丝缠绕成的柔性金属网。金属网必须是柔性的，以弥补汽车行驶底盘碰撞挤压产生的机械应力。陶瓷单体是现在使用最频繁的陶瓷转化器载体，这种结构已被欧洲所有的制造商采用，并且大部分替代了美国和日本早期的颗粒结构。

2）金属单体式

金属单体仅是有限地使用，它们主要用作预催化（启动催化器），装在紧靠发动机的位置，这样发动机冷启动后就可以更快地进行催化转化。使用中的主要问题是它的价格比陶瓷单体昂贵。

涂在陶瓷单体或金属单体表层上的活性催化物质都为稀有金属铂和钯或铂和铑。活性催化物质依附在氧化铝的洁净表面上，这个载体表层使催化转化器的有效表面积增大了几千倍。

在氧化型催化转化器中，用作活性催化层的是稀有金属铂和钯。铂和铑用于三元催化转化器。铂加速碳氢化合物和一氧化碳的氧化反应，铑能促进氮氧化物的还原反应。每个催化转化器的稀有金属用量一般为 2～3g。

3. 催化转化对象

1）双床催化转化器

双床催化转化器由两个串联的催化单元组成，因此命名为"双床"。这种方案只用于浓混合气（$\lambda<1$），即空气不足的场合。废气在进入氧化催化转化器之前，先通过一个催化转化还原装置，还原氮氧化物后，又有空气喷在两个转化器之间。第二级催化氧化碳氢化合物和一氧化碳。

因为只有在浓混合气条件下才能工作，所以从燃油经济性的角度来看，双床原理是缺乏吸引力的。它的优点是能够使用在没有电子控制的简单的混合气形成系统中。它的一个很大的缺点是，在稀混合气的条件下还原氮氧化物的过程中会生成氨气（NH_3），一部分氨气在随后的空气喷射中会再次氧化变化氮氧化物。

2）三元催化转化器

HC、CO 和 NO_x 这三种气体也称为三元气体，处理这三种气体的催化器称为三元催化器。三元催化器也叫单床转化器，主要优越性在于它能将三种污染物都除去一大部分。催化高效率的条件是发动机吸入的混合气始终保持在理论空燃比附近。所以三元催化转化器必须和氧传感器组成的闭环控制结合在一起，才能实现最有效的污染净化系统，这就是最严格的排放限制要求使用这种系统的原因。

3）NO_x 储存式催化转化器

缸内直接喷射的稀燃发动机排出 NO_x 的浓度明显高于传统的动力装置。NO_x 储存式催化转化器利用稀废气中的氧气将氮氧化物氧化为硝酸盐，聚集在转化器的活性物质表面。当催化剂的能力快要耗尽时，储存催化剂必须能再生。再生的方法是将发动机的工况暂时切换到均匀的浓混合气状态，这时所提供的大量的 CO 促使硝酸盐还原成氮气。发动机管理系统的 ECU 根据已存储的数据来评价转化器的吸收和释放性能，以此来控制储存和再生状态。装在催化转化器前后的两只氧传感器共同监测排放值。

技师指导

> 国内车现在多用三元催化转化器，而不用双床催化转化器。NO_x 储存式催化转化器是针对稀燃发动机的，尚没有应用。

三元催化转化器最怕三件事：积炭堵塞、催化剂中毒、高温烧毁。

如果汽车使用了较差的汽油，造成排气管积炭严重，发动机无法高速运转，进而造成排气管积炭更严重，大量积炭而堵死三元催化转化器。短时间，汽车在热车状态下积炭无法凝固，不会完全把三元催化转化器堵死，所以汽车熄火后可以启动，而长时间停车后就无法启动。

4. 催化转化器的工作条件

温度是催化转化器的一个很重要的影响因素。有效转化污染物的最低温度是 250℃，而要达到转化率高且寿命长的理想状况，温度应为 400～800℃。当温度达到 800～1000℃时，稀有金属会烧结在 Al_2O_3 载体的表面上，减小了有效催化接触面积，并加速催化剂的热老化。温度超过 1000℃，会使催化剂迅速变质，很快就变得无用。

考虑过热失效大大限制了安装位置的选择范围，最终只能采取折中方式。通过改善涂层的热稳定性（临界温度达到 950℃）有望缓解这种局面。催化转化器在良好的工作条件下至少能运行 10 万千米。另外，若发动机工作不正常，如失火，可能使催化剂的温度达到1400℃以上，则会将载体材料烧熔而使转化器完全损坏。

另一个能保证长期可靠工作的条件是发动机使用专用的无铅汽油，铅的生成物沉积覆盖在活性催化剂表面微细小孔的内部和上方，减少了小孔的数量。事实上我国早已没有含铅汽油。发动机的残余机油也会使催化转化器"中毒"。

技师指导

> 防止高温出现的主要方法是发展极度可靠的缸内失火识别系统。电控点火系统的失火识别功能为达到这些标准做出了很大贡献。

5. 氧传感器

混合气理论空燃比在 14.7 附近时三元催化器才有高效率,使 CO、HC 的氧化作用与 NO_x 的还原作用同时进行,具有向 CO_2、H_2O、O_2、N_2 无害化充分转化的能力。若实际空燃比不在 14.7 附近,排出的 CO、HC、NO_x 在排气中的混合比例不对,比如混合气过稀时生成 NO_x 较多,生成 CO、HC 较少,则 CO、HC 氧化成 CO_2、H_2O 与 NO_x 还原成 O_2、N_2 也能少量进行,但剩下的大多数 NO_x 不能被还原;反之,混合气过浓时生成 CO、HC 较多,生成 NO_x 较少,则 NO_x 的还原作用也能少量进行,但剩下的大多数 CO、HC 不能被氧化。

为了有效地利用三元催化器,充分净化排气,就要提高空燃比的控制精度,使其维持在以理论空燃比为中心的非常狭窄的范围内,就需要通过氧传感器监测尾气氧气浓度来判别空燃比大小,以修正实际喷油量。

根据氧传感器监测混合气浓度的范围可分为窄带式和宽带式两种。

早期的氧传感器只能监测浓稀两种状态,不能确定空燃比偏离理论空燃比的程度,所以称窄带型氧传感器,窄带型又分为氧化锆式和氧化钛式两种氧传感器。

目前监测空燃比范围为 10.0～60.0 的新型氧传感器已实际应用,因能确定空燃比偏离理论空燃比的程度,所以也称宽带型氧传感器。宽带型氧传感器 2002 年开始在中高档汽车上广泛应用。

7.8 窄带型氧传感器

1. 功能性陶瓷材料

传统陶瓷以氧化物为主,主要是天然硅酸盐矿物的烧结体,而新型陶瓷还有氮、碳、硼和砷的氧化物。现在,陶瓷(ceramic)是指经高温烧结而成的一种各向同性的多晶态无机材料的总称。多晶态之间往往还有玻璃体和气体,所以陶瓷一般由晶相、玻璃相和气相组成,其中晶相是主成分相,玻璃相为副成分相。陶瓷性能主要由其组成和微观结构的特点而定。结构和显微组织的多样性决定了陶瓷具有多种功能和广泛用途,这里只介绍功能性陶瓷材料。

功能性陶瓷材料是通过各种物理因素如声、光、热、电、磁、气作用而显示出独特功能的材料。例如,ZrO_2、TiO_2 的高温电子陶瓷对于氧气浓度差显示出优良的敏感特性。

2. 氧化锆式氧传感器

二氧化锆(ZrO_2)陶瓷对氧离子浓度特别敏感,也称为气敏陶瓷体。在内外有氧离子浓度差时,氧离子由高浓度向低浓度扩散时形成电池,这是窄带型氧传感器的原理。如图 7-26 所示为窄带型氧化锆式氧传感器和输出信号。

1)氧化锆式氧传感器结构

氧化锆式氧传感器的基本元件是专用陶瓷体,即氧化锆(ZrO_2)固体电解质。陶瓷体制成试管式的管状,也称锆管。锆管固定在带有安装螺丝的固定套中,其内表面与大气相通,外表面与废气相通。锆管内外表面都覆盖着一层多孔性的铂膜作为电极。氧传感器安装于排气管上,为了防止废气中的杂质腐蚀铂膜,在锆管外表的铂膜上覆盖有一层多孔的陶瓷层,并且还加装一个防护套管,套管上开有槽口。氧传感器的接线端有一个金属护套,其上开有一孔,用于锆管内表面与大气相通，电线将锆管内表面铂极经绝缘套从传感器引出。

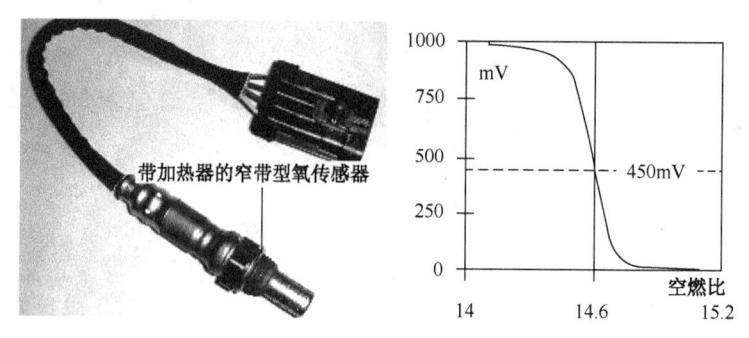

图7-26 窄带型氧化锆式氧传感器和输出信号

2）氧化锆式氧传感器工作原理

氧化锆式氧传感器工作原理如图7-27所示。锆管的陶瓷体是多孔的，允许氧渗入该固体电解质内，温度较高时，氧气分子发生电离变成氧离子。若陶瓷体内（大气）外（废气）侧氧离子含量不一致，即存在着浓度差时，在固体电解质内部氧离子从大气一侧向排气一侧扩散，结果锆管元件成了一个微电池，在锆管两铂极间产生电压。当混合气稀时，排气中所含氧多，两侧氧浓度差小，只产生小的电压；而当混合气浓时，排气中氧含量少，同时伴有较多的未完全燃烧的产物 CO、HC、H_2 等，这些成分在锆管外表面的铂催化作用下，与氧发生反应，消耗排气中残余的氧，使锆管外表面氧气浓度变为零，这样就使得两侧氧浓度差突然增大，两极间产生的电压便突然增大。

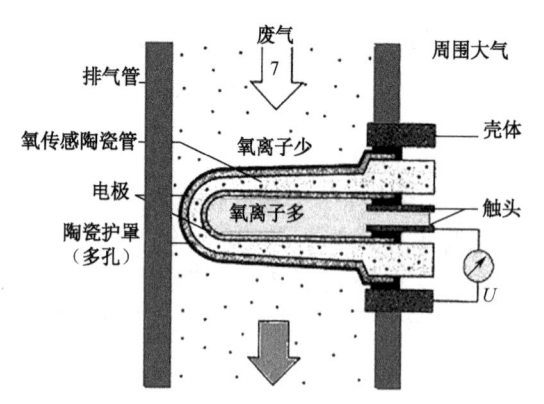

图7-27 氧化锆式氧传感器工作原理

如图7-26右图所示为氧传感器在600℃工作温度下的两状态氧传感器电压曲线。氧传感器产生的电压将在过量空气系数 $\lambda=1$ 时发生突变，$\lambda>1$ 时，氧传感器输出电压几乎为零，一般为0.1V，$\lambda<1$ 时，氧传感器输出电压接近1V或0.9V。在发动机混合气闭环控制的过程中，氧传感器相当于一个浓稀开关，根据空燃比变化向控制单元输送脉冲宽度变化的电压信号。

技师指导

由于信号只在空燃比 14.7 附近突变，其他空燃比范围信号差别不大，所以只能利用它在 0.45V 上下的两态信号判断浓稀，而不能具体知道空燃比的大小。

3. 氧化钛式氧传感器

氧化钛式氧传感器是利用二氧化钛（TiO_2）材料的电阻值随排气中氧含量的变化而变化的特性构成的，故又称为电阻型氧传感器。

二氧化钛是在室温下具有很高电阻的半导体。但当排气中氧含量少（混合气浓）时，氧分子将脱离，使其晶体出现缺陷，便有更多的电子可用来传送电流，材料的电阻也随之降低。此种现象与温度和氧含量有关，因此，欲将二氧化钛在300~900℃的排气温度中连续使用，必须做温度补偿。

氧化钛式氧传感器具有两个二氧化钛元件，一个是具有多孔性用来感测排气中氧含量的二氧化钛陶瓷，另一个则为实心二氧化钛陶瓷，用来做加热调节，补偿温度的误差。该传感器外端以具有孔槽的金属管作为防护套，一方面让废气可以进出，另一方面防止里面的二氧化钛元件受到外物撞击。传感器接线端以橡胶作为密封材料，防止外界气体渗入。它一般安装于排气歧管或尾管上，同时可借助排气高温将传感器加热至适当的工作温度。

氧化钛式氧传感器的优点是结构简单，造价便宜，抗腐蚀、抗污染能力强，经久耐用，可靠性高。

技师指导

二氧化钛式氧传感器的输出特性与水温传感器的输出特性差不多，所以线路图与水温传感器相同。二氧化钛式氧传感器与二氧化锆式相比，信号有差别时它们的变化趋势正好相反，混合气浓时二氧化钛式氧传感器电压变低，二氧化锆式电压变高。

4．氧传感器功能

1）空燃比反馈控制

混合气浓时输出电压大于 0.45V，控制单元接收到信号后减少喷油量；混合气稀时输出电压小于 0.45V，控制单元接收到信号后增加喷油量，从而控制空燃比。

2）监测催化器转化效率

安装在转化器后端的副氧传感器是装在转化器前端的主氧传感器的补充。一个转化效率高的催化转化器会在还原 NO_x 时放出更多氧气，这些氧气在氧化 CO、HC 时是用不了的，多余的氧气会削弱氧传感器的波动。

随着催化剂的老化，催化转化效果逐渐恶化，最终，来自主、副两个氧传感器的信号曲线汇聚一点。因此，两个氧传感器发出的信号的比值可作为评估催化转化器工作状况的依据。当探测到催化转化器中的故障时，仪表三元催化器故障灯将会提醒驾驶者。

5．氧传感器加热器

氧化锆式氧传感器输出信号的强弱与氧传感器内腔通大气端的工作温度有关，内腔通大气端的工作温度越高氧离子数目越多，输出信号越明显。所以有些氧传感器采用加热式的方法来保证其工作温度，称为加热式氧传感器。加热后，氧化锆陶瓷通渗性更好。

加热式氧传感器的结构原理与不加热式的相同，只是在传感器内部增加了一个陶瓷加热元件。早期的加热器不受控制单元控制，温度不准，大气端的氧离子数目不恒定，信号不精确，且不能进行自诊断。

现在轿车的加热器负极端由控制单元控制，通过检测电流（过热时电阻大，电流小）来确定加热器的温度，控制温度更精确。其优点是使氧传感器安装灵活性大，不受极端升温的影响，同时，也扩大了混合气闭环控制的工作范围。如图 7-28 所示为大众窄带型氧化锆式氧传感器电路图。

技师指导

控制单元识别氧传感器加热器加热温度的方法是加热温度过高时，Z19 电阻变大，回路的电流会变小，控制单元改变通电状态为频率状态。

6．氧传感器故障诊断

1）电信号的可信度

系统不断地评估传感器信号的可信度。系统对不可靠信号（如信号线与加热器电源或搭铁之间短路）的反应是关闭与氧传感器控制相关的功能，与此同时，故障记录里会插入相应的故障代码。氧传感器信号线与加热器线正极短路时，有的车系烧控制单元。

2）传感器动态响应

氧传感器在高温中长期暴露后，会使其对混合气的变化反应迟钝，于是两状态控制曲线中的相位周期延长。诊断功能可监测这种频率快慢，并触发诊断灯以提醒驾驶员。如图 7-29 所示，氧传感器的波形测试或氧传感器高低电压的跃变时间是在没有检测仪时判别混合气浓度不正确和氧传感器好坏的最好方法。好的氧传感器在 2.5～3.0s 时就发生浓稀信号交变。

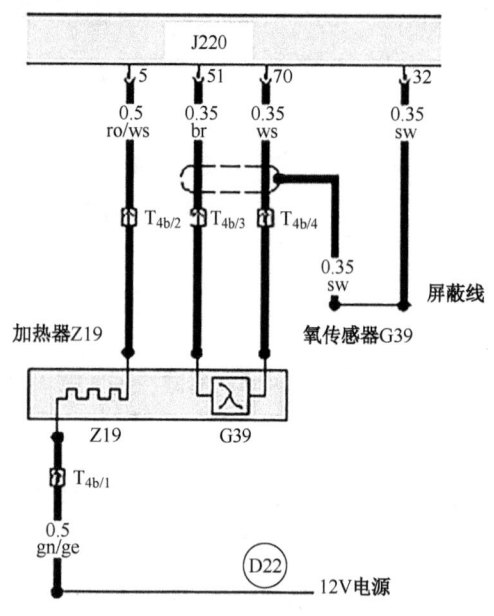

图 7-28 大众窄带型氧化锆式氧传感器电路图

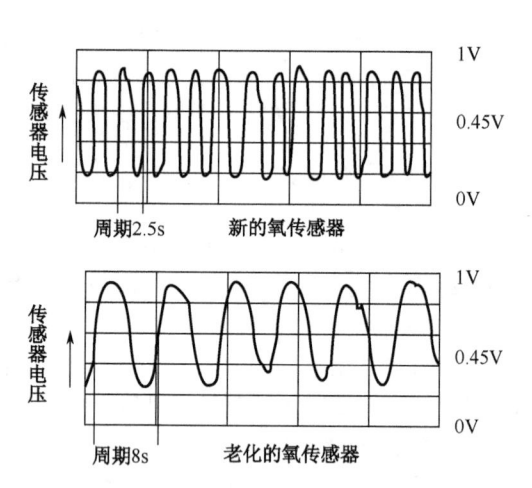

图 7-29 氧传感器输出信号

3）主、副氧传感器的信号比较

每只排气管装有两个氧传感器，可以用催化转化器后端的传感器检测其前端的传感器在其有效响应范围内的漂移量。

4）加热器

系统要检测氧传感器加热器电阻的电流，从而确定加热器的工作温度。

7. 氧传感器万用表检查

汽车氧传感器可以用检测仪检查，没有检测仪时可用万用表检查。这里主要介绍万用表检查。氧传感器的信号测量有两种，一种是测量转化后的信号，另一种是直接测量传感器信号。

1）直接测量间接信号

暖机发动机至正常工作温度。发动机加速到节气门部分开度，转速为 2500r/min，测量检查氧传感器信号输出端子 OX1 和 OX2 与 E1 之间的电压，正常情况下，电压在 0.1～0.8V 之间交变。新传感器每 10s 指针摆动 8 次正常，即高电位 0.8V 4 次，低电位 0.1V 4 次。

2）间接测量氧传感器电压

间接测量是指发动机控制单元对氧传感器的直接信号经施密特触发器处理后的 0、1 数字信号进行测量，这里以丰田车为例说明。步骤如下：

（1）暖机至发动机正常工作温度。

（2）用短接线短接自诊断插头的端子 TE1 和 E1。

（3）将红表笔接至检查连接器的端子 VF1 和 VF2，而黑表笔接至检查连接器的端子 E1。使发动机在 2500r/min 转速下运转约 2min，加热氧传感器。然后，保持发动机在 2500r/min 下运转，数一数伏特表指针在 0～5V 间的摆动次数。新传感器每 10s 指针摆动 8 次正常，即高电位 0.9V 4 次，低电位 0.1V 4 次。电压始终为 0V 或始终为 5V 不正常。

7.9 空燃比反馈控制

1. 为什么要进行空燃比反馈控制

为了获得三元催化反应器所要求的空燃比，必须十分精确地控制喷油量。但在如下情况下，仅凭空气流量计测得进气量信号是达不到这么高的控制精度的，都会造成燃烧后排出的 CO、HC、NO_x 在排气管中的混合比例不对，三元催化器效率下降，排放污染增多。因此必须借助安装在排气管中的氧传感器送来的反馈信号，对理论空燃比进行反馈控制。

（1）如喷油器漏油或堵塞时会造成实际混合气过浓或过稀。

（2）点火系统缺火或火花能量不足会造成混合气（HC 和新鲜空气）直接进入三元催化器燃烧，造成动力性、经济性和排放性下降。

（3）气门正时不对，混合气（HC 和新鲜空气）也直接进入三元催化器燃烧。

（4）空气流量计后漏气会造成生成 NO_x 过多或空气流量计有故障后的输出曲线有偏差。

（5）水温传感器输出曲线有偏差（水温传感器是控制喷油量的传感器及氧传感器主要开环和闭环控制的控制传感器）。

（6）燃油系统喷油压力调节机构失效。

（7）进气温度传感器信号输出曲线有偏差等。

2. 空燃比反馈控制过程

如图 7-30 所示，大众车系控制单元控制的喷油量主要由空气流量计 G70 和发动机转速传感器 G28 决定，实际喷油量因元件损坏有偏差，当喷油量确定的空燃比偏离 14.7 时，前氧传感器 G39 对空燃比进行负反馈控制，后氧传感器 G130 用于监测三元催化器的催化效率。

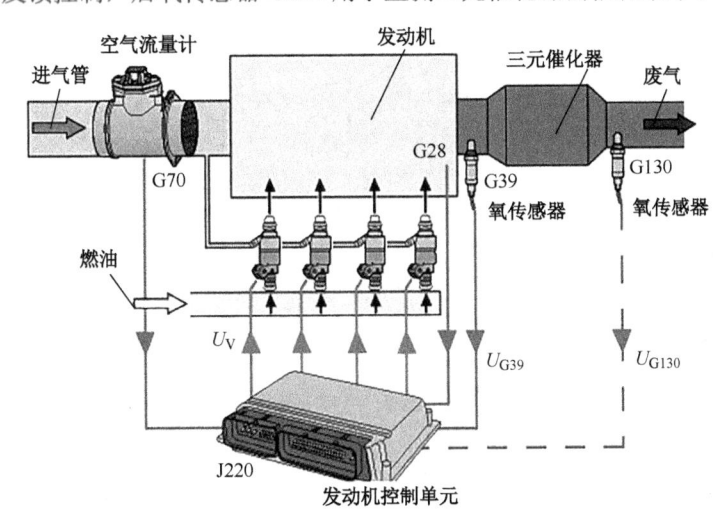

图 7-30 喷油量的确定和修正

根据氧传感器的输出特性，氧传感器输出电压信号在过量空气系数等于 1 时或者说在理论空燃比 14.7 处发生跃变。控制单元有效地利用这个空燃比反馈信号，将其信号电压与基准电压 0.45V 进行比较，判定混合气的浓稀程度以进行控制。如比理论空燃比浓，则缩短喷油时间；反之，如过稀，则延长喷油时间，这就是空燃比反馈控制。

如图 7-31 所示为空燃比、氧传感器输入控制单元的电压信号和空燃比反馈控制信号三者之间的波形关系。

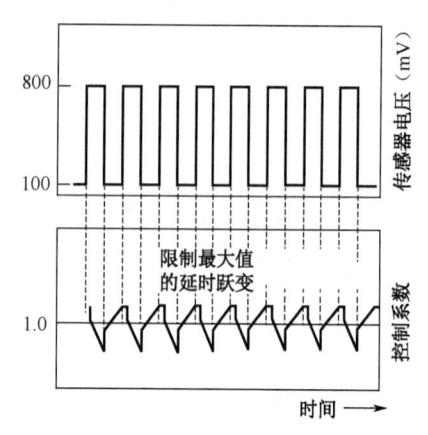

图 7-31 空燃比、氧传感器输入控制单元的电压信号和空燃比反馈控制信号三者之间的波形关

控制单元根据氧传感器的输入信号，对混合气空燃比进行控制的方法称为闭环控制。它是一个简单而实用的闭环控制系统。这个控制系统需要经过一定时间间隔，控制过程才能响应，即从进气管内形成混合气开始，至氧传感器检测排气中的含氧浓度，需要经过一定时间。这一过程的时间包括混合气吸入汽缸、排气流过氧传感器，以及氧传感器的响应时间等。由于存在滞后时间，要完全准确地使空燃比保持在理论空燃比 14.7 是不可能的，因此实际控制的混合气的空燃比总是保持在理论空燃比 14.7 附近的一个狭窄范围内。

3. 反馈控制实施条件

采用氧传感器进行反馈控制即闭环控制期间，原则上供给的混合气是在理论空燃比附近。但在有些条件下又是不适宜的，如发动机启动及刚启动未暖机时，由于发动机冷却水温度低，这时需要较浓的混合气，如按反馈控制供给的混合气在理论空燃比附近，发动机可能会熄火。又如，发动机在大负荷、高转速运转时（实际在高速公路，车速超 130km/h，风阻很大，要保证高车速必须加大油门才能维持发动机高转速高扭矩，发动机转速高，车速才能高）也需要较浓的混合气，如按反馈控制供给的混合气也在理论空燃比附近，则发动机会运转不良。所以在有些情况下应停止反馈控制，即进入开环控制状态。

一般以下情况反馈控制作用解除：
- 发动机启动时；
- 启动后燃油增量修正（加浓）时；
- 冷却水温度使燃油增量修正时；
- 节气门全开（大负荷、高转速）时；
- 加减速燃油量修正时；
- 燃油中断停供时；
- 从氧传感器送来的空燃比过稀信号持续时间大于规定值（如 10s 以上）时；
- 从氧传感器送来的空燃比过浓信号持续时间大于规定值（如 4s 以上）时。

此外，由于氧传感器的温度在 300℃ 以下不会产生电压信号，当然反馈控制也不会发生作用。以上为综合说法，各种发动机的反馈控制作用解除情况可能不完全一样。

4. 学习空燃比控制

学习空燃比控制也叫学习控制，其目的是为了进一步提高空燃比的控制精度。

对于某一型号的发动机来说，各种工况下的基本喷射时间是标准数据，它们都按照控制单元存储器 ROM 中存储的数据进行。但在实际运行过程中，由于发动机性能的变化，如空气系统、供油系统的性能变化，可能会造成实际空燃比相对于理论空燃比的偏离不断增大。空燃比的反馈修正可以修正空燃比的偏差，但偏差大时，总是需要一段时间才能找到浓稀的跃变点，导致控制不精确。

为了在下次运行时直接找到跃变点附近，提高控制精度，控制单元记录上一次运行时的空燃比的修正值，下一次运行时直接使用。修正范围是有限的，如图 7-32 所示，一般闭环控制空燃比修正系数为 0.80~1.20，也有 0.75~1.25 的，在诊断仪里显示为 ±20% 或 ±25%。如果反馈修正时反馈修正值的中心偏向稀或浓的一边，当修正值超出修正范围时，就会造成控制上的困难，此时相对应混合气只能为过稀或过浓，不再修正调节。

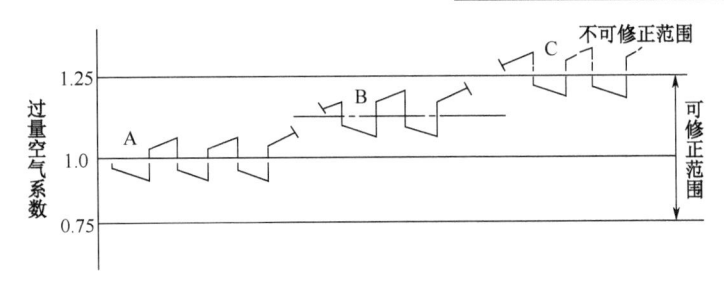

图 7-32 学习空燃比控制修正范围

学习空燃比控制过程如下（见图 7-33）。例如，由于某种原因，造成实际空燃比偏离理论空燃比，致使混合气偏浓。氧传感器输出高电压 0.9V，控制单元修正空燃比 1%，即控制单元控制喷油量减少 1%，再监测仍是混合气偏浓，控制单元修正后空燃比到 2%，即控制单元控制喷油量再减少 2%，如此反复 10 次后，监测仍是混合气偏浓，控制单元修正后空燃比到 10%。第 11 次后，控制单元才监测到氧传感器信号变为在高 0.9V 和低 0.1V 之间交变，说明实际空燃比和理论空燃比相差 10%，修正值为-10%，即减少喷油量 10%，修正后控制单元控制空燃比按 90%的标准喷油量喷射，实际在汽缸内得出的正好是标准空燃比。

混合气浓，废气经过控制单元通过氧传感器10次监测混合气浓，喷油量减少10%。第10次时由高电压0.9V跃变为0.1V，此时控制单元记忆10%为偏移量

↓

偏移量为10%，则修正系数变为90%，控制单元记忆此值

↓

从记忆此值开始，控制单元开始启用修正系数喷油。当氧传感器的交变电压又出现长时间过浓（电压大于0.45V）或过稀（小于0.45V）时，控制单元再按1%的修正量修正，直到又出现0.45V交变信号，再修正和记忆新值，如此反复

图 7-33 学习空燃比控制过程

这样有个缺点，在下次打点火开关时，由于故障未排除混合气仍浓，控制单元还得重新修正 10 次才能使实际排出的 CO、HC、NO_x 在排气中的混合比例正确，这样不利于排放控制。

要想下次反馈控制时直接就减少 10%的喷油量，方法只能是反馈修正值的中心位置由原 1.0 修正为 0.9 的位置（即减少 10%）。此时控制单元控制的过量空气系数偏离标准过量空气系数 0.1，事实上按 0.9 配制的混合气在缸内就是 1.0，可以直接使用。

以上是氧传感器调节混合气浓度步进为 1%的学习控制，实际中在氧传感器检测时每次喷油量的步进不一定是 1%，也可能每次喷油量的步进是 2%，这个依据控制软件的设置。步进越大时，纠正混合气浓度到跃变点的时间越短，但到跃变点修正值已确定后，每次喷油量微调的误差也相对变大。

控制单元求出学习"修正值"后，将该值存入存储器中（读数据流时可以读出），在下次行车过程中，把当前条件的"学习修正控制值" 0.9 立即反映到喷射时间上。如再发生其他故障，在此基础上可以继续修正。由于学习控制修正值能在故障消除之前立即反映到喷射时间上，提高了空燃比的控制精度，因此在三元催化器的催化配合下，使把 CO、HC 氧化成 CO_2、H_2O 与 NO_x 还原成 O_2、N_2 得以充分进行。

控制单元中存储学习控制修正值的存储器为 EEPROM 或 RAM，存储器不同，换电瓶后现象不同。EEPROM（电擦写只读存储器，相当于家用 U 盘）在控制单元常电源断电后内部存储的信息不丢失。若存储器是 RAM（相当于家用控制单元内的内存条），在控制单元常电源断电后内部存储的信息会丢失。两者的差别是，对于存储器 RAM，换电瓶时，RAM 中的自适应数

据丢失，换电瓶着车后发动机一段时间内空燃比不正常，甚至有回火或放炮现象，不过一段时间内，控制单元会重新找到新的修正值，这段时间内发动机的性能会由差变好，EEPROM 则不存在这种现象。

若是发动机故障消除，初始运行过程空燃比会因旧修正值的影响混合气反而不正确，不过很快就会修正过来。

技师指导

氧传感器的修正自适应值数据在检测仪的数据流中非常重要。

7.10 宽带型氧传感器

1. 宽带型氧传感器结构

窄带型氧传感器在内外有氧离子浓度差时，氧离子由高浓度向低浓度扩散时形成电池；反过来对 ZrO_2 陶瓷加电流时，会在 ZrO_2 陶瓷内外形成氧离子浓度差而形成氧气泵，且加电流方向决定氧离子的扩散方向，利用这个原理把 ZrO_2 陶瓷加电流做成泵气的单元泵。

宽带型氧传感器是将窄带型氧传感器和单元泵的工作原理合二为一的一种测量范围变大的气体浓度传感器。窄带型氧传感器发出的是混合气稀或浓的交替跃变信号，不能直接确定浓稀偏离程度，偏离程度需经多次修正才能在控制单元内得出。而宽带型氧传感器可以通过废气流来确定浓稀偏离程度。

2. 宽带型氧传感器原理

在如图 7-34 所示的宽带型氧传感器的原理图中，废气流通过气室，只有当"气室氧浓度"是标准空燃比 14.7 时，窄带型氧传感器信号才在 0.45V，这时控制单元控制泵单元不泵也不排出气室内的氧气，信号电压在 1.5V 左右。

当混合气浓时，气室中的氧气浓度会低，电压高于 0.45V 时，控制单元识别后让泵电流改变方向，这时向气室中泵入氧气，电流越大，泵入氧气越多，气室中氧气变多，浓度恢复到窄带型氧传感器电压为 0.45V 时，泵电流大小即可反映废气中氧的浓度，信号电压在 1.0~1.5V 之间。当混合气稀时，气室中的氧气浓度会高，电压低于 0.45V 时，控制单元识别后让泵电流改变方向，电流越大，排出氧气越多，气室中氧气变少，浓度恢复到窄带型氧传感器电压为 0.45V 时，泵电流大小即可反映废气中氧的浓度，信号电压在 1.5~2.0V 之间。

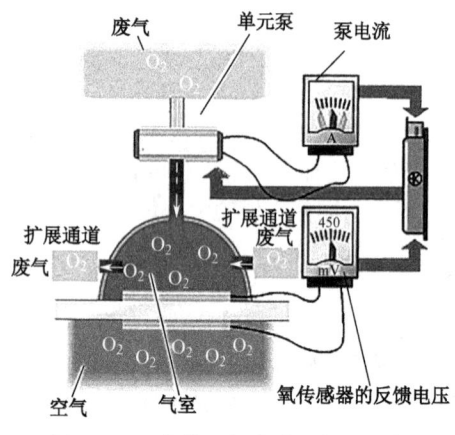

图 7-34 宽带型氧传感器的原理图

如图 7-35 所示为宽带型氧传感器的结构和输出曲线。废气稀时得到正的泵电流，而废气浓时则得到负的泵电流，它可以监测的空燃比范围为 10.0~60.0，是正常发动机因故障造成稀燃和未来稀燃发动机监测空燃比的必需传感器，所以它是发展趋势。因电路结构稍有不同，宽带型氧传感器在空燃比为 14.7 时输出的电压也不同。在标准空燃比时，有些汽车输出电压在 3.2V 左右，有些汽车输出电压在 1.5V 左右。大于 3.2V 或 1.5V 时为稀，小于 3.2V 或 1.5V 时为浓。

宽带型氧传感器可以通过废气流来确定浓稀偏离程度，使空燃比修正更加迅速、精确。

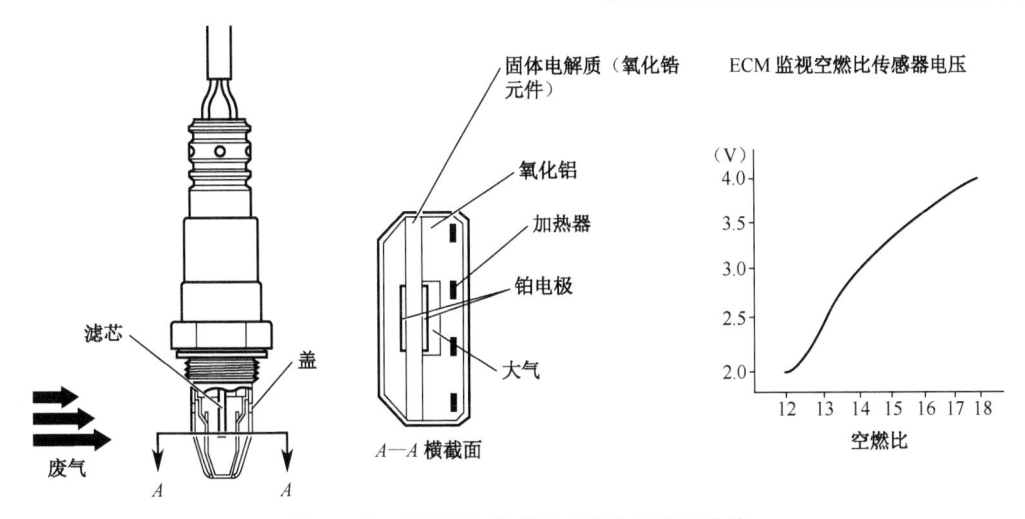

图 7-35 宽带型氧传感器的结构和输出曲线

7.11 氧传感器故障诊断

早期三元催化器之前和之后的氧传感器相同，为窄带型。现在汽车一般前氧传感器为宽带型，后氧传感器为窄带型。数据流为氧传感器工作状态和修正偏离值。在工作条件满足时，主要观察工作状态变化的频率和修正值是否超限。

1. 宝来氧传感器自诊断

检查条件主要为冷却液温度不低于 80℃，且排气系统无泄漏。

1）前氧传感器的自诊断（老化检测）

检查前氧传感器的老化情况：发动机高怠速运转，进入发动机控制单元 08 读数据流。

Read measuring Value block	34		
1800—2200rpm	MIN350℃	MAX2.5 秒	B1—S1 OK

第 1 区：发动机转速。

第 2 区：从转速和发动机负荷计算出的值。

第 3 区：周期表示传感器两次电压跳变（如浓—稀—浓）的时间，因此可用来表示传感器的老化状况，如果超出规定时间 2.5s，说明已经老化。

第 4 区：先是从 test off 变为 test on，经过一段时间的检测，变为 B1—S1 OK，显示区 4 显示 B1—S1 ni.o 说明已经老化。

2）检查加热器（01-08-041）

Read measuring Value block	41		
前加热器电阻	Htg.bc.on/off	后加热器电阻	Htg.bc.on/off

第 1 区：前加热器电阻，为 2.5~10Ω。

第 2 区：Htg.bc.on/off，加热器通电情况，on 为通电，off 为断电。

第 3 区：后加热器电阻，为 2.5~10Ω。

第 4 区：Htg.bc.on/off，加热器通电情况，on 为通电，off 为断电。

技师指导

1.6L 排量的宝来无后氧传感器。

3）检查氧传感器 G39

分别进入发动机系统 01—08—030、032、033、036 组。

（1）030 组（前后部宽、窄型氧传感器状态监测）。

```
Read measuring Value block    30
111              110
```

第 1 区为前氧传感器，规定值：111。第 1 位：Lambda 加热器已接通为 1；第 2 位：Lambda 调节已准备好为 1；第 3 位：Lambda 调节有效为 1。这三位数的第 1 位在 0~1 之间来回变动表示前传感器加热器为频率调节状态，三位数的第 3 位在部分负荷及废气温度较高时被置为 1。

第 2 区为后氧传感器 Lambda 状态 110，前两位与前氧传感器相同，后氧传感器用于检测三元催化器的效率，不用于调节混合气浓度，所以为 0。

如果达到规定值，进入 32 组，检查第 1 区和第 2 区。

（2）032 组。

```
Read measuring Value block    32
-10.0%~10.0%     -10.0%~10.0%
```

第 1 区：-10.0%~10.0%（怠速时的自学习值）。

第 2 区：-10.0%~10.0%（部分负荷时的自学习值），超过-10.0%~10.0%表示偏离很大，最大值为-25.0%~25.0%。

如果达到规定值：进入 033 组，检查第 1 区和第 2 区。

（3）033 组（后部窄型氧传感器电压状态）。

```
Read measuring Value block    33
-10.0%~10.0%         1.0~2.0
```

第 1 区：催化转化器前 λ 调节器-10%~10%，并以至少 2%的幅度在 0 左右波动。

第 2 区：前 λ 电压值 1.0~2.0V。1.0~1.5V 为混合气过浓，1.5~2.0V 为混合气过稀。若恒定为 1.5V 则为断路，恒定为 4.9V 对正极短路，恒定为 0V 对地短路。电压应以 20 次/min 的幅度波动（因正常氧传感器周期为 2.5~3.0s）。

（4）036 组（后部窄型氧传感器电压状态）。

```
Read measuring Value block    36
0.0—1.0    B1—S2 OK
```

第 1 区：0.0~1.0V（可稍微波动），若恒定为 0.4~0.5V 则为断路，10.5V 以上为对正极短路，0V 为对地短路。

第 2 区：B1—S2 OK，显示区 2 变为 B1—S2 OK 可能需要几分钟的时间。如果显示 B1—S2 NO OK，则应清除传感器上的沉积物。再次检查如果未达到规定值，应检查线路。

2. 检查前/后部的氧传感器加热器

1）检测条件

熔丝正常，蓄电池正常，油泵继电器正常。

2）数据流分析

前氧传感器加热器 Htg.bc.on/off 后部的氧传感器加热器状态 Htg.bc.on/off 根据发动机不同的工况（加热器可能接通或关闭），显示区出现 on 或 off 交替变化。

3）万用表测量

加热器加热为脉冲电流，此脉冲电流可用万用表测得。如图 7-36 所示为宽带型和窄带型氧传感器的母插头。

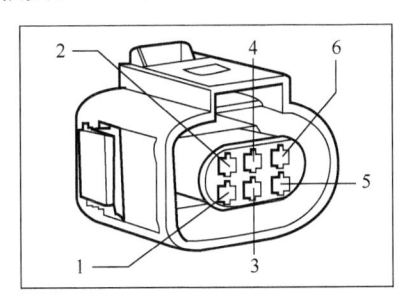

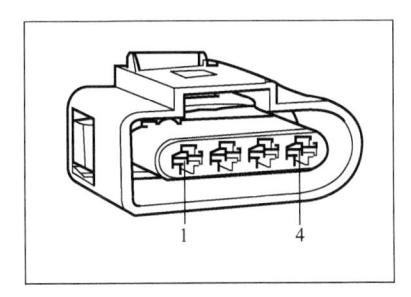

图 7-36　宽带型和窄带型氧传感器的母插头

宽带型氧传感器母插头测量 3 和 4 之间电压，on 时，应为 11.0~14.5V，on/off 交替显示，规定值：0~12V 波动。

窄带型氧传感器母插头测量 1 和 2 之间电压，on 时，应为 11.0~14.5V，on/off 交替显示，规定值：0~12V 波动。

第 8 章

燃油喷射系统

【本章知识目标】
- 能说出缸外喷射燃油系统的组成；
- 能说出燃油压力调节器结构和原理；
- 能说出油泵结构和原理；
- 能说出缸外喷射油泵几种控制电路；
- 能说出缸内喷射燃油系统的组成；
- 能说出高压泵结构和原理；
- 了解缸内喷射油泵控制电路。

【本章技能目标】
- 能更换燃油滤清器、燃油泵、高压泵总成；
- 能检查燃油系统压力，判断故障点；
- 能用执行元件诊断检查油泵继电器电路；
- 能更换缸外喷射喷油器或缸内直喷高压喷油器；
- 能读取怠速最低、最高喷油压力值，以及行驶时最高油压值。

8.1 汽油喷射系统简介

1. 汽油喷射系统分类

化油器和汽油喷射系统有一个共同的设计目标：在任何工况下都尽可能向发动机提供最佳的空气燃油混合气。汽油喷射系统在各稳定工况和不稳定工况精确控制混合气浓度优于化油器，因此可获得更好的燃油经济性、动力性和排放性。人们环境保护意识的增强使排放控制法规越来越严格，甚至为了环保宁可稍加大点燃油的同比消耗。我国已于 2001 年 9 月 1 日起禁止销售化油器，燃油喷射发动机已经普及。

目前大多数汽车应用的混合气形成系统全部都是在燃烧室外形成混合气。缸内形成混合气，即高压汽油像柴油机一样直接喷入燃烧室，由于喷油压力高，雾化更好，缸内直喷后的混合气在缸内的流动性好。国内早期进口的部分三菱太空 4G93 发动机曾采用过直喷系统，除此之外，2005年之前市面上没有其他直喷系统。

2005 年以后一汽大众生产的 C6A6 Audi A6 L（1999—2005 年为 C5A6）、2007 年 B6 MAGOTAN 迈腾 3.2L V6 发动机开始采用 FSI 燃油直接喷射。由于这种系统在降低燃油消耗上的优越性能，现在正成为不可忽视的发展趋势。虽然不是稀燃直喷,但毕竟使燃油直接喷射成为一个现实的产品。如表 8-1 所示为汽油喷射系统的分类。

表 8-1 汽油喷射系统的分类

缸外喷射	单点燃油喷射		电子间歇喷射(淘汰)
	多点燃油喷射	连续喷射	机械喷射系统(淘汰)
			机械—电子燃油喷射(淘汰)
		间歇喷射 电子喷射系统	同时喷射系统(淘汰)
			分组喷射系统(淘汰)
			顺序喷射系统(流行)
缸内直喷系统(2005 年后中高档车型开始流行)			

目前,奥拓循环发动机进气门之前的喷射汽油雾化方式最高效率还达不到 20%,直喷汽油机最高效率也达不到 30%,米勒发动机采用重混结构最高效率可以达到 35%。

截至 2013 年年末,公路上行驶的发动机控制系统有 M 型、ME 型、MED 型、混合动力型四种。M 型为无电子节气门的进气门前喷射发动机,技术水平相对较低,但可靠性极高;ME 型是有电子节气门的进气门前喷射发动机,是改进功率控制方法的 M 型发动机,为了省油导致设计时动力输出偏弱,驾驶模式学习后动力才能增强,但油耗增加;MED 型是缸内直喷型发动机,技术水平较高,维修成本在现阶段也很高。对于 ME 型和 MED 型汽油发动机,多气门技术、涡轮增压、可变进气管长度和可变配气相位技术应用得已较为普遍。直喷发动机是目前三种发动机中效率最高的,特别是直喷发动机又采用可变压缩比技术和无节气门技术等后。

2. 缸外混合气形成系统

这种系统的显著特征是空气燃油混合气在燃烧室外,即在进气管中形成,与化油器差不多。只不过化油器的出油压差小,燃油喷射压差相对大,形成的混合气中汽油颗粒更细,燃烧更充分。

1)单点燃油喷射

单点燃油喷射也称节流阀体喷射(Throttle Body Injection,TBI),是电子控制喷射系统早期的一种。电磁喷油器装在节气门上部,间歇地将燃油喷入进气管。早期凯迪拉克 V8 系统属于这种类型(见图 8-1)。国内早期出租车里上海奇瑞 SQR7160 为发动机 CAC480M1.6L 四缸单点喷射,功率为 60kW,比同排量的捷达 65kW 功率要低。单点燃油喷射控制单元控制四、六缸发动机用一只喷油器,八缸发动机则用两只喷油器。市面上轿车单点燃油喷射早已淘汰,只有部分中型客车和货车仍采用。

单点燃油喷射实际上是模拟了化油器,这样化油器的缺点仍存在。它有两种工作压力:

(1)低压节气门体喷射系统。低压节气门体喷射系统正常工作压力为 60~90kPa,最大燃油泵压力为 120~140kPa。

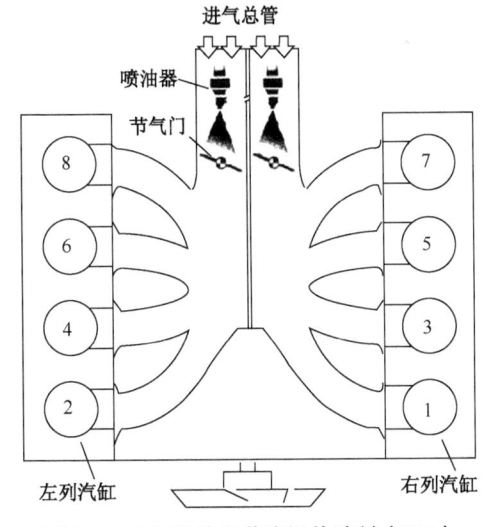

图 8-1 V8 发动机节流阀体喷射(TBI)

(2)高压节气门体喷射系统。高压节气门体喷射系统正常工作压力为 170~240kPa,最大燃油泵压力为 350~500kPa。

压力调节和多点燃油喷射方法相同,即为压力调节器控制,怠速时为低值,节气门全开时为高值，低值和高值差 0.5bar（怠速和节气门全开时的进气管压差约为 0.5bar）。

2）多点燃油喷射

多点燃油喷射是每个缸都有一只喷油器，燃油直接喷到进气门前方的位置。多点燃油喷射又分为连续喷射和间歇喷射。

（1）机械喷射系统。K—Jet（K 机械、Jet 喷射）系统是不需要外部电控驱动装置的连续喷射系统。此系统喷油量由燃油分配器确定，系统没有控制单元，更谈不上用控制单元控制喷油器的开启时间来调节喷油量。

（2）机械—电子燃油喷射。以 K—Jet 的机械喷射为基础扩展了数据监测功能，使得发动机的各特定工况燃油喷射量更精确，便构成了 KE—Jet（E=Electronic，电子控制）系统。

此系统有控制单元，喷油量由控制单元控制燃油分配器打开油路大小确定，而不是由控制单元控制喷油器的开启时间来调节喷油量，即喷油器与机械喷射系统一样。图 8-2 所示为机械喷射系统的喷油器与电子喷射系统的喷油器。

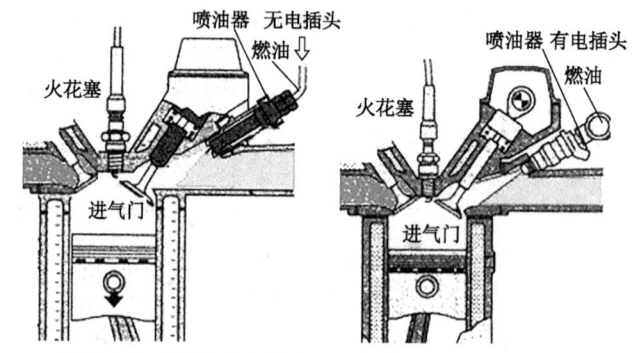

图 8-2 机械喷射系统的喷油器（左）与电子喷射系统的喷油器（右）

（3）多点燃油喷射。多点燃油喷射（Multiple Point Injection，MPI）系统以控制单元控制喷油器开启时间为特征，实际燃油喷射量由喷油器的开启持续时间确定。多点燃油喷射又分为同时喷射、分组喷射、顺序喷射。

多点燃油喷射系统怠速时工作压力为 250kPa，节气门全开时正常工作压力为 300～310kPa，最大燃油泵压力为 480～620kPa。

3. 缸外汽油喷射发动机的优点

1）启动性能好

冬季启动时不用烤车或拉阻风门，可以很容易打着车。

2）消除化油器中的节流效应

去掉化油器中喉管的节流，可以提高供气效率，这对全负荷运行特别有意义。化油器式发动机与喷射式发动机在这一点上还存在一定的差距。由于消除了化油器结冰的危险及由此而取消了化油器和进气管的加热，因而可提高供气效率。

3）进气管内燃料沉积减少

化油器在节气门体处供油，部分油会在整个进气歧管内大量沉积。缸外喷射（除单点喷射外）在进气门处喷油，所以进气管壁面的燃料沉积减少。

4）进气管造型不受制约

不需要考虑燃料及混合气的输送而自由地进行进气管造型设计，可利用空气波动效应以提高供气效率，在全负荷时相应地提高了功率。

5）减弱了对加速力的敏感性

化油器浮子室油面易受加速力的影响。通常化油器在汽车加速时由于惯性效应提供了相对更多或更少的燃料。

6）各缸混合气分配均匀

多缸发动机通过向各汽缸喷油，消除了化油器供油造成的各缸燃料的不均匀性。

7）精确控制各工况混合气浓度和混合气量

化油器发动机只有在喉管处出现相应的真空，才供给相应燃料。实际上只与节气门开度和发动机转速建立简单关系，不能兼顾发动机的其他相关因素。

8）滑行工况汽油切断

持续下坡时关闭节气门或高速后滑行时，化油器发动机会把沉积在进气门前的汽油吸入汽缸形成浓混合气，造成大量未燃 HC 出现。外喷射发动机在此工况完全切断或部分切断燃料供给，除了降低油耗外，还可避免上述的未燃 HC 出现。

9）降低发动机高度

下吸式化油器结构导致化油器要高出发动机进气歧管，使发动机高度增加。喷射式发动机允许相对自由的进气管造型，这样可以降低发动机的高度。

技师指导

我国于 2001 年 9 月 1 日起禁止销售化油器车，可以预见的是，现存运行的化油器车不久将从市面上全部消失。

8.2 燃油喷射方式

1．缸外喷射燃油供给系统

1）有回油管的燃油供给系统

有回油管的燃油供给系统（见图 8-3）由燃油箱、油泵、波动缓冲器、燃油滤清器、压力调节器和喷油器等组成。

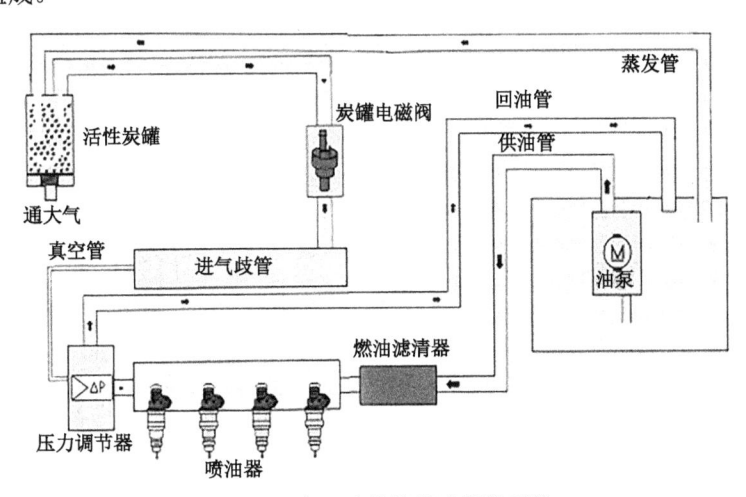

图 8-3 有回油管的燃油供给系统

2）无回油管的燃油供给系统

近年来，很多制造厂开始使用无回油管的燃油供给系统（见图 8-4），与有回油管的燃油供给系统相比，这种系统有三个主要优点。第一个优点是降低了燃油温度，因为所有的燃油都不必经过热的发动机动力舱后再重新返回到燃油箱中，这样可以减少蒸发污染，减少蒸发活性炭罐的清污。第二个优点是燃料在发动机燃烧前只通过一次燃油滤清器，延长了燃油滤清器的寿命。第三个优点是制造成本降低，因为减少了所使用的零部件。

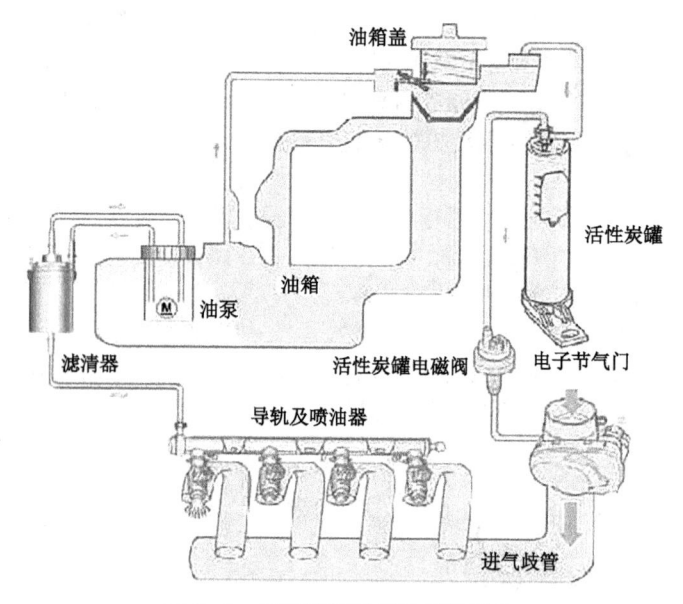

图 8-4　无回油管的燃油供给系统

2．缸外喷射方式

对于缸外多点喷射发动机，按照喷油时刻可分为同步喷射与非同步喷射两类。

同步喷射与发动机旋转同步，是在固定的曲轴转角位置进行喷射。非同步喷射与曲轴旋转角度无关，如司机猛踩下油门急加速时直接喷到进气门之前的临时性喷射。

在同步喷射发动机中，缸外喷射方式又分为同时喷射、分组喷射和顺序喷射三种基本类型。它们对喷油正时的要求各不相同。这里主要对同步喷射的各种情况进行介绍。

1）同时喷射

早期生产的燃油喷射发动机多是同时喷射（见图 8-5）。其喷油器的控制电路和控制程序都较简单。

同时喷射的控制电路如图 8-6 所示。所有的喷油器并联连接，控制单元根据曲轴位置传感器送入的基准信号发出喷油器控制信号，控制功率三极管的导通和截止，从而控制各喷油器电磁线圈电路同时导通和切断，使各缸喷油器同时喷油。通常曲轴每转一转，各缸喷油器同时喷射一次。由于在发动机的一个工作循环中喷射两次，因此又称这种喷射方式为同时双次喷射。两次喷射的燃油在进气门打开时一起进入汽缸。

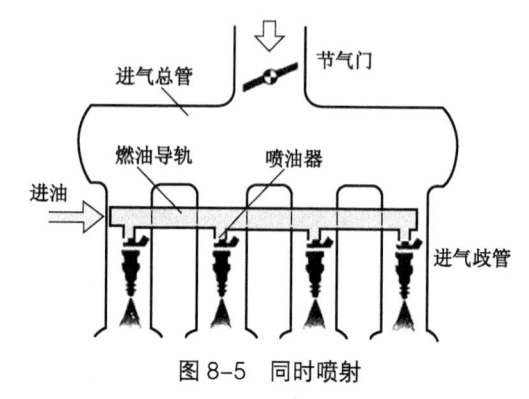

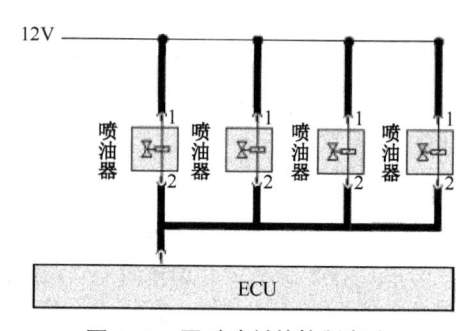

图 8-5　同时喷射

图 8-6　同时喷射的控制电路

如图 8-7 所示为同时喷射正时图。由于这种喷射方式是各缸喷油器同时喷射，所以喷油正时与发动机进气、压缩、做功、排气的工作循环没有什么关系。其缺点是由于各缸对应的喷射时间不可能最佳，有可能造成各缸的混合气形成不一样。国内早期从德国进口的三挡液控自动变速器的捷达发动机为同时喷射，点火为霍尔电子点火，不受控制单元控制，控制单元只根据翼板式空气流量计控制喷油量。这种喷射方式不需要汽缸判别信号，而且喷射驱动回路通用性好，其电路结构与软件都较简单，不过在电子控制要求越来越精确的今天这种喷射方式已经被淘汰。

1缸	进	压 ⚡	做	排	进	压 ⚡	做
3缸	排	进	压 ⚡	做	排	进	压 ⚡
4缸	做	排	进	压 ⚡	做	排	进
2缸	压 ⚡	做	排	进	压 ⚡	做	排

720°

图 8-7　同时喷射正时图

2）分组喷射

分组喷射一般是把所有汽缸的喷油器分成 2~4 组。四缸发动机一般把喷油器分成两组，控制单元分组控制喷油器，两组喷油器轮流交替喷射。如图 8-8 所示为分组喷射。

分组喷射的控制电路如图 8-9 所示。每一工作循环中，各喷油器均喷射一次或两次。一般多是发动机每转一转，只有一组喷射。如图 8-10 所示为分组喷射的正时图。

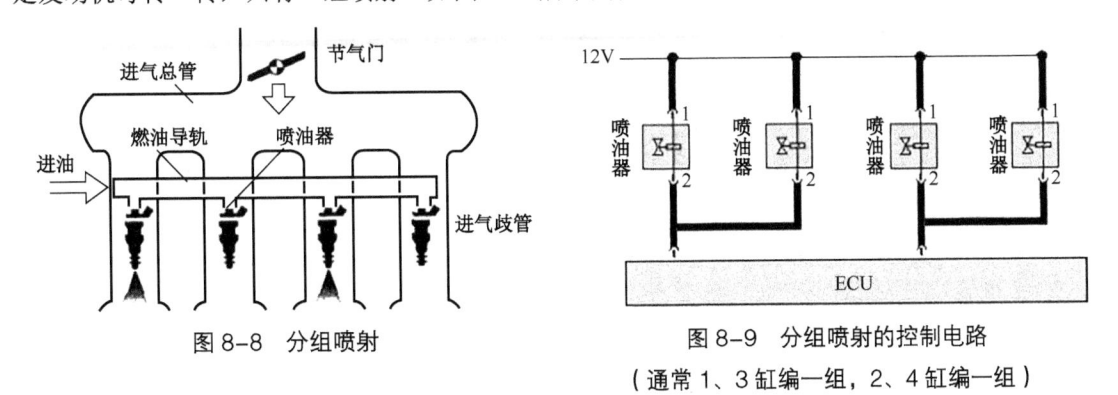

图 8-8　分组喷射

图 8-9　分组喷射的控制电路
（通常 1、3 缸编一组，2、4 缸编一组）

1缸	进	压 ⚡	做	排	进	压 ⚡	做
3缸	排	进	压 ⚡	做	排	进	压 ⚡
4缸	做	排	进	压 ⚡	做	排	进
2缸	压 ⚡	做	排	进	压 ⚡	做	排

720°

图 8-10　分组喷射正时图

3）顺序喷射

顺序喷射也叫独立喷射。曲轴每转两转，各缸喷油器都轮流喷射一次，且像点火系统一样，按照特定的顺序依次进行喷射。顺序喷射如图8-11所示。

顺序喷射的控制电路如图8-12所示。各缸喷油器分别由控制单元进行控制。驱动回路数与汽缸数目相等。

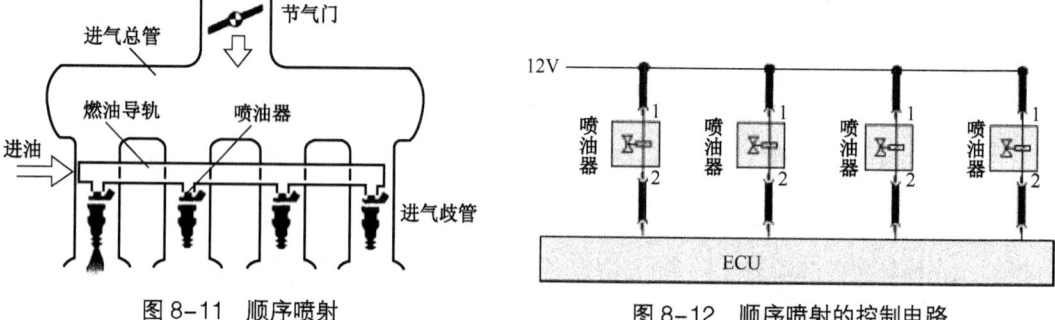

图8-11 顺序喷射

图8-12 顺序喷射的控制电路

顺序喷射方式由于要知道向哪一缸喷油，因此采用顺序喷射控制时，应具有正时和缸序两个功能。控制单元工作时，通过凸轮轴位置传感器输入的信号，可以确定向排气上止点运行的是哪一缸，可以知道活塞距离上止点前的位置，再通过曲轴转速信号相配合，这样就分清了该缸是压缩行程还是排气行程。此时微机输出喷油控制信号，接通喷油器电磁线圈电路，该缸即开始喷射。如图8-13所示为顺序喷射正时图。

图8-13 顺序喷射正时图

由于顺序喷射可以设立在最佳时间喷油，对混合气的形成十分有利，它对提高燃油经济性和降低有害物的排放等都有一定好处。但是顺序喷射方式控制系统的电路结构及软件都较复杂，然而相对日益发展的先进电子技术来讲，也是很容易得到解决的。

有些发动机处于不同转速和温度状态分别选用顺序喷射和分组喷射。具体来说，在发动机低转速和低温状态选用分组喷射，高转速和高温状态选用顺序喷射。

3．缸内直接喷射系统

直接喷射（Direct Injection，DI）系统利用电磁阀控制喷油器将燃油直接喷入燃烧室，在汽缸内形成混合气。缸内混合气形成系统为多点顺序喷射。

每缸有一只喷油器（见图8-14），从喷油器喷出的燃油完全雾化是有效燃烧的关键所在。DI系统吸入的只是空气，常规的喷射系统吸入的是空气和燃油的混合气。这正是这种系统的最大优点，它排除了在进气管通道上燃油凝结的可能性。缸外混合气形成系统通常提供给整个燃烧室均匀的接近理论空燃比的混合气。

在缸内发动机形成的混合气有两种不同的燃烧方式。

1）分层燃烧

即只对火花塞附近的将被点燃的混合气进行调节。在火花塞周边较远的燃烧室其余的空间内，可以认为只有新鲜空气和残余的气体，没有燃油。这种方式可对怠速和部分负荷工况提供整体上特别稀的混合气，从而大大地减少了燃油消耗。

2）均质燃烧

给整个燃烧室提供均匀的空气燃油混合气，与缸外混合气形成的状况相似。燃烧室中所有的新鲜空气都参与燃烧。这种工作模式也适合 WOT（节气门全开）工况。大众汽车 2005 年以后在中国应用闭环控制缸内直接喷射汽油机。

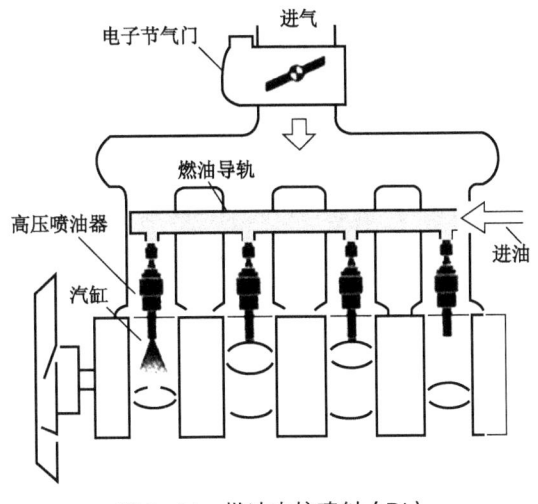

图 8-14 燃油直接喷射（DI）

技师指导

缸外喷射系统为压力调节器控制，怠速时为低值，节气门全开时为高值，低值和高值差 0.5bar（怠速和节气门全开时的进气管压差约为 0.5bar）。正常工作压力中，怠速对应低值，节气门全开对应高值。

国内现在的直喷发动机仍采用均质燃烧（进气行程喷油，压缩行程不喷油），分层燃烧技术实现困难。所以缸外顺序喷射正时控制方式也适用于缸内喷射。大众汽车缸内喷射系统高压缸内压力值不同工况是不同的，比如怠速时为 40.0bar，加速踏板到底时为 150.0bar。但不同车型或不同控制单元版本对高压泵上的流量控制阀控制是不同的，所以怠速油压和加速踏板到底油压是不同的，需要试车试出。

在缸外喷射系统的单点和多点喷射这两种供油系统当中，最大油泵供油压力大约是最低压力的两倍。它确保在较低的温度下也可以为喷油器连续供油，并有助于防止在燃油系统中形成燃油蒸汽。尽管燃油形成的蒸汽或泡沫会对发动机的工作影响很大，但是为了保证喷油嘴的工作寿命，仍要保持燃油的冷却和润滑功能。

8.3 燃油泵

1．燃油泵

燃油泵位于油箱中，通常和仪表燃油油位传感器共用一个支架，对于无回油管的燃油系统还增加了压力调节器（本质是个限压阀）。如图 8-15 所示为油泵组成。燃油泵的作用是将汽油从油箱中吸出，并以一定的压力供给各缸的喷油器。燃油泵的构造有很多种，主要的区别在于它们的转子和定子的形式，可分为侧槽泵、涡轮泵、齿轮泵和滚柱泵。

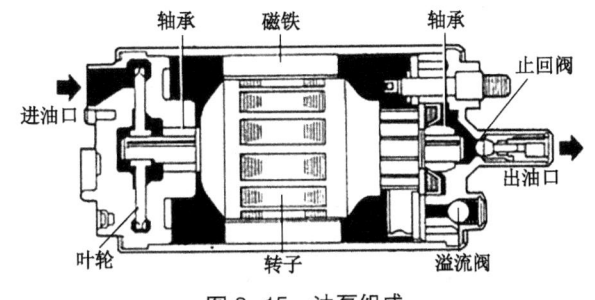

图 8-15 油泵组成

由于它的作用就是将汽油从油箱中吸出，并以一定的压力供给各缸的喷油器和冷启动喷油器，又因油泵不能拆开和修理，所以它的内部构造对修理没有意义。如图 8-15 所示，它是离心转子式电动油泵，由油泵电动机、转子油泵、减压阀和止回阀等组成，安装在汽油箱内。减压阀（溢流阀）是一个单向阀，它并联于转子式油泵的进油口和出油口。当油管或汽油滤清器阻塞时，泵油压力大于 0.4MPa，就将减压阀顶开，使部分汽油从出油口回流至进油口，以达到减压的目的，不同车的减压阀限压压力可能不同。止回阀也是一个单向阀，它相当于油泵的出油阀。当转子泵输出压力达到一定值时，将止回阀顶开，输出一定压力的汽油，而电动机停转时，止回阀关闭，防止油管内压力油回流，使油管内保持一定的静压，以利于下一次启动发动机。对于油泵，只要测出油压不足或残压下降得太快及噪声太大等就可以更换了。

2．燃油泵诊断

下面介绍一些快速诊断燃油泵磨损的方法。

1）油压表指针在某一中间位置略有停顿

缸外喷射系统正常油压为：怠速时 350kPa，加速时 400kPa；发动机转速稳定在 3000r/min 时，油压表指针在 220~300kPa 间迅速摆动，这样燃油泵是正常的，如果此时指针在某一中间位置略有停顿，就说明燃油泵有磨损。当发动机其他机件正常时，热天长时间行车后怠速发抖或易熄火，就是燃油泵磨损了。

2）打开启动开关不着火，第二次或第三次才着火

这是由于油泵磨损油压建立得慢，同时上次残存油压下降得过多而造成的。

夏季，热车怠速时，易熄火或抖动，例如在等红、绿灯时发动机熄火。根据修理经验，这一故障常与高温下长途连续行车有关，尤其是对在燃油箱经常存油不足情况下行驶的车。原因是燃油泵连续工作加之燃油箱内温度过高或燃油过少，使燃油泵磨损过快，造成泵油量及油压不足。

3．燃油泵电路

电控汽油喷射系统对油泵控制的要求是：

1）车门开关控制

对于一些直喷发动机车型，为了使低压油泵能及时给高压油泵供油，在上车开门时启动低压油泵工作几秒钟。通常打开车门听油箱中油泵工作是测试油泵线路好坏的一种方法。

2）点火开关控制

接通点火开关，油泵工作几秒钟建立启动油压。通常打开点火开关听油箱中油泵工作是测试油泵线路好坏的一种方法。

3）发动机转速控制

当点火开关回到点火挡，发动机处于运转状态时，油泵低速工作。对于有调速功能的油泵，当发动机处于运转状态时，司机突然踩下油门，发动机转速上升，油泵高速工作。油泵转速控制可以节省电能和降低噪声，延长使用寿命。

4）启动挡控制

对于有调速功能的油泵，在点火开关位于启动挡，即启动状态时，油泵高速工作。

5）撞车断油控制

在撞车时油泵应停止工作，防止发动机舱失火和引起车辆爆炸。安全气囊控制单元通过发动机控制单元控制油泵继电器实现此功能。此项功能有的车系采用机械式的碰撞开关控制油泵工作，开关串联在油泵电动机的正极线路上或油泵继电器线圈电路上，如中华或富康轿车。这种车在碰撞后开关断开，修理后一定要把开关按下，否则油泵电路仍不工作。

4．丰田油泵电路

1）3GR-FE、5GR-FE 燃油泵控制电路

丰田皇冠采用了 3GR-FE、5GR-FE 发动机，如图 8-16 所示为其燃油泵控制电路。

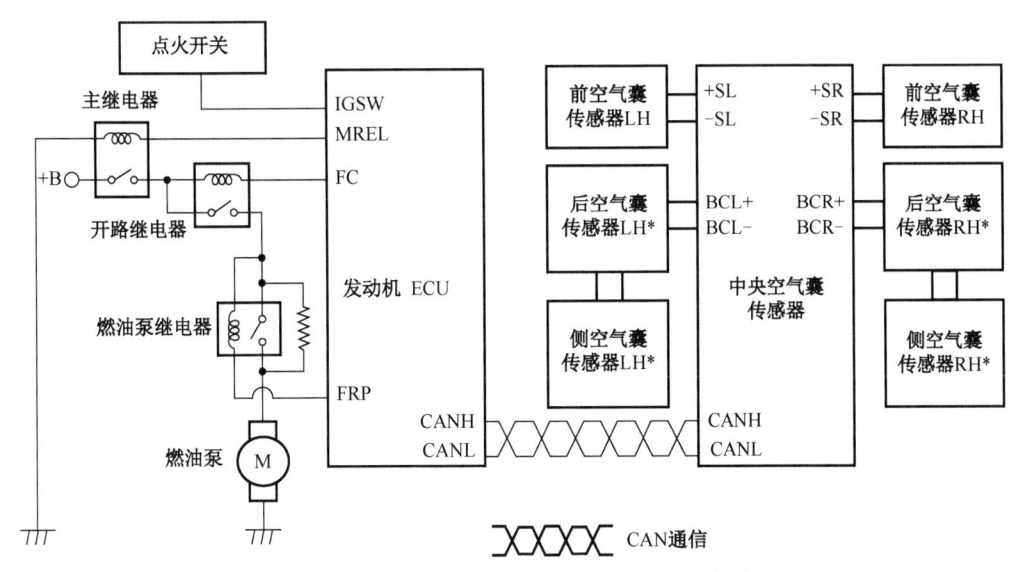

图 8-16　3GR-FE、5GR-FE 燃油泵控制电路

工作原理如下：当点火开关位于启动挡时，启动机拖动曲轴产生发动机转速信号，曲轴的旋转把发动机转速信号 NE 输入 ECU，控制单元 FC 端子在控制单元内部搭铁，开路继电器工作，触点闭合，于是开路继电器接通，经过输油泵继电器向输油泵供电，输油泵开始工作。同时，FRP 端子内部搭铁，燃油泵继电器开关闭合，燃油泵电动机通电工作。

在撞车时安全气囊控制单元传送过来撞车信号，ECU 的 FC 端子内部接地断开，燃油泵电动机断电停止工作。

技师指导

> 日本向美国和澳大利亚出口的车更为高档，而 G.C.C（Gulf Cooperation Council）为海湾阿拉伯国家合作委员会，海湾国家如伊拉克，一般国家如中国、非洲等国出口的车比同类出口美国的车配置要低，看图时要选带 G.C.C 的电路。不过国内加装防盗器时可能加在这个位置，起相同的作用，修理时注意。
>
> 油泵电路相关英文缩写：M-REL（Main Relay，主继电器）、FC（Fuel Control，油泵控制）、FPR（Fuel Pump Revolution，油泵转速）。

2）CROWN 3.0 燃油泵无级调速电路

具有转速控制的油泵控制电路的优点是：油泵的转速可以变化，发动机高速及大负荷工况时，由于所需油量增大，此时油泵高速运转，泵油量增加。在低速及中小负荷工况时，油泵低速运转，泵油量相应减少，有利于减小油泵的磨损和不必要的电能消耗。

如图 8-17 所示为 CROWN 3.0 燃油泵控制电路，2JZ—GE 发动机专门设有控制燃油泵用的 ECU。

工作原理如下：燃油泵 ECU 对泵油量的控制是通过控制供给油泵不同的电源电压，以控制油泵转速来实现的。ECU 控制 FPC 引脚的输出电压从而控制燃油泵 ECU 的 FP 引脚的输出电压，控制单元控制 FPC 电压升高，油泵控制单元的 FP 端子电压也随之提高。怠速工况 FPC 引脚为 2.5V，FP 输出 8～10V 实现低速；突然加速到 6000r/min 时，FPC 引脚为 4～6V，FP 输出 12～14V 实现高速。DI 端实现控制反馈。

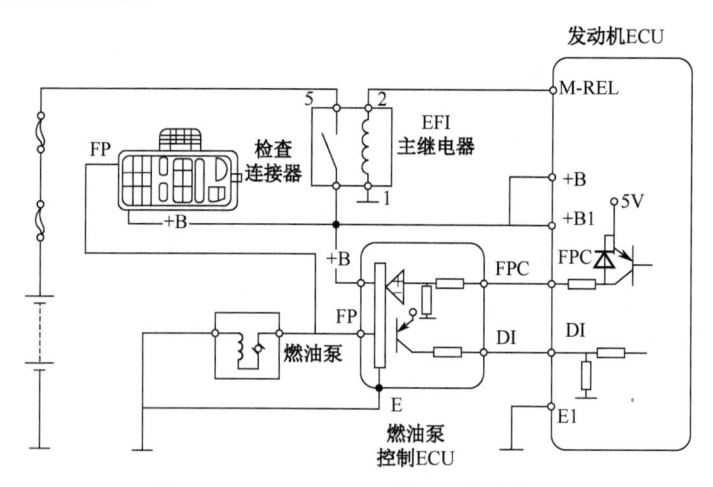

图 8-17　CROWN 3.0 燃油泵控制电路

3）大众油泵控制电路

捷达二阀 ATK 发动机油泵控制电路如图 8-18 所示。ECU 控制的油泵控制电路：发动机控制单元 J220 根据转速传感器 G28 的信号通过控制单元 80 脚仅控制油泵继电器线圈通电，继电器触点开关吸合，没有高低速控制。

技师指导

> 油泵继电器给油泵和氧传感器加热器供电，若也给喷油器供电，则点火模块供电为点火开关直接控制；两者也可相反，即油泵继电器给点火模块供电，则喷油器供电为点火开关直接控制。

5. 燃油供给系统检修

以捷达两阀发动机电路（见图 8-18）为例。

（1）打开油箱盖，打开点火开关应听到几秒钟的点火开关控制泵油。若能听到说明油泵电路没有故障。

（2）捷达 ATK 发动机测油压时，泄压拆 18 号油泵电动机熔丝。启动发动机运行，等待发动机自动熄火，此时燃油导轨内压力下降，断开滤清器和导轨之间的软管，再在滤清器和导轨之间串压力表。插上 18 号熔丝，打着车。

（3）怠速时压力应在 2.5bar，拔掉真空管提升到 3.1bar，且表针在 3.0bar 或 3.1bar 附近抖动回油说明正常（压力相差 0.1bar 也是允许的）。过低时检查油泵和压力调节器，熄火夹住滤清器和表之间的软管，压力表压力下降为压力调节器早回油，更换压力调节器；打着车夹住压力调节器回油管，压力表的压力一直在较低压力（正常为怠速时的 2 倍）为油泵内回油阀过早开启或油泵电动机损坏，转速不够，更换油泵。

停车时间过长时，启动困难，需要几次才能着车，着车时排气管还能放一下或两下炮，夏天更明显；熄火后，立即打着车，一切正常，通常为喷油嘴滴油造成混合气过浓故障。判断时可以打着车后几秒熄火，实际打不着车也不重要，主要是让油泵工作建立油压拆下进气歧管，拆下导轨固定螺钉，将导轨连同四个喷油器拆下放在铁盘里，目视喷油器，若滴油很容易看到，更换喷油器即可。也可采用熄火夹住滤清器和表之间的软管，同时夹住压力调节器的回油管看油压表油压下降的方法判断喷油器滴油，但时间要等很长。实际根据现象就可以判断为滴油故障了。

事实上，加速耸车，发动机无力，测量当时的油压低，就可判定为油泵故障，压力调节器故障几乎很难见到，油泵电路也很少出故障，更换油泵即可解决。

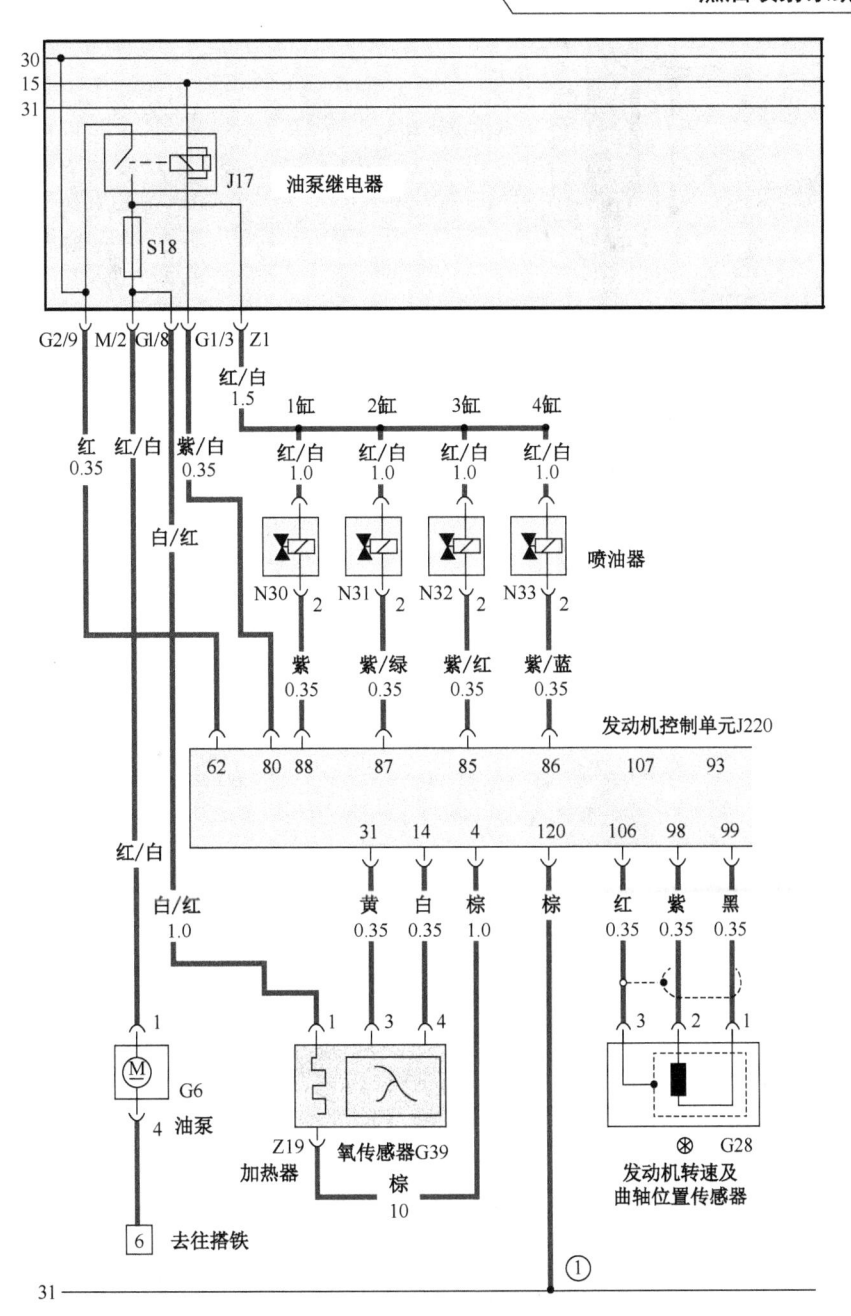

图 8-18 捷达二阀 ATK 发动机油泵控制电路

8.4 喷油器

喷油器是电控汽油喷射系统中一个非常重要的执行元件，在 ECU 的控制下，把雾化良好的汽油喷入进气管道。电控汽油喷射系统中都使用电磁式喷油器。

1. 喷油器结构

如图 8-19 所示为电控喷油器和机械式喷油器的内部结构。机械喷射喷油器开启不受控制单元控制，压力大于 4.3~4.6bar（大众奥迪五缸）就开启。

145

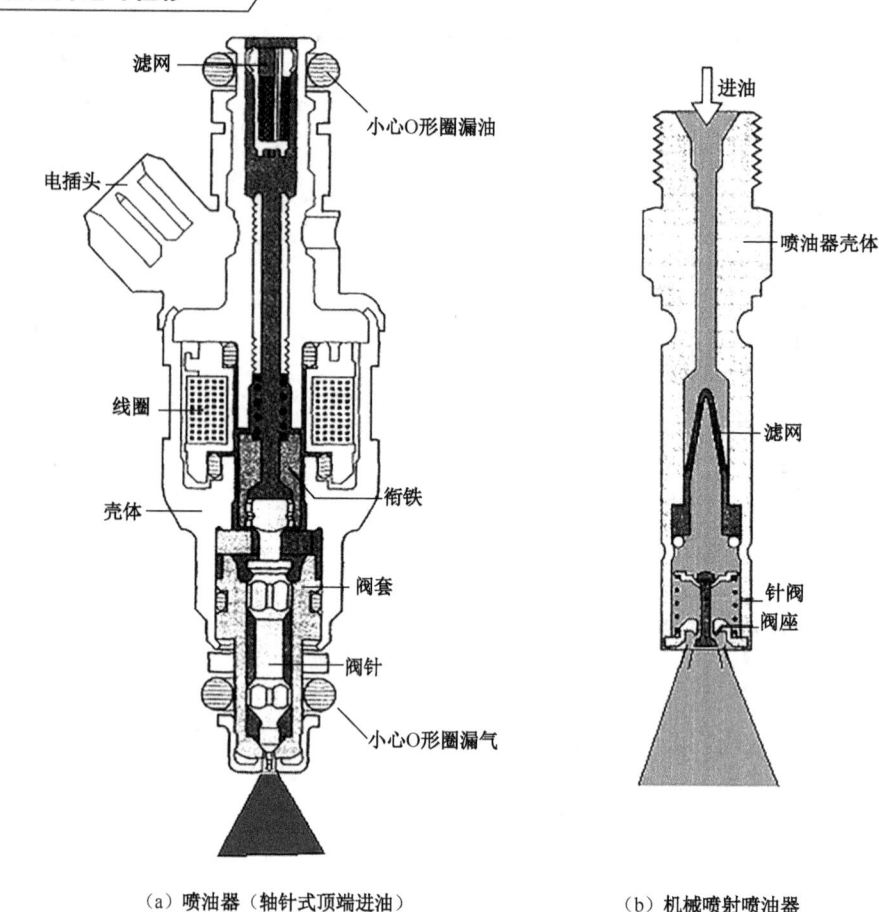

（a）喷油器（轴针式顶端进油）　　（b）机械喷射喷油器

图 8-19　喷油器

技师指导

> 喷油器关闭不严、滴油是燃油供给系统常见故障，会导致热车启动困难。雾化不均会造成各缸做功不一致，缸内积炭增多。

2. 喷油器分类

在多点电控汽油喷射系统和单点电控汽油喷射系统中，对喷油器的性能要求不完全相同，因此喷油器在结构上也存在差异。

（1）按阀针与座的密封，分为轴针式、球阀式和片阀式三种。

（2）按喷油器进油方式，分为顶部进油和侧面进油，其中单点喷射多用侧面进油。

（3）按驱动方式，分为低电阻喷油器和高电阻喷油器两种。低电阻喷油器又分为电压驱动型（喷油器电阻 0.6~3Ω，附加电阻 6Ω）和电流驱动型（电阻 0.6~3Ω，开启电流 4~8A，保持开启电流 1~2A）；高电阻喷油器为电压驱动型（电阻 12~17Ω）。

3. 喷油器驱动

由于汽车上的电源电压不是恒定的，为了消除电源电压变化时对喷射量的影响，在电源电压变化时，常采用改变通电时间的方法予以修正，电源电压低时适当延长喷射时间，电源电压高时适当缩短喷射时间。其修正值随喷油器的规格及驱动方式的不同而略有差异。

1）低电阻喷油器电流驱动方式

如图 8-20（a）所示，电流驱动方式的回路中没有使用附加电阻。低电阻喷油器直接与电源连接，因而回路阻抗小，触发脉冲接通后，电磁线圈电流上升快，针阀能快速打开，从动态范围看是相当有利的，缩短了开启时间。在本方式的回路中，增加了电流控制回路，当脉冲电流使电磁线圈电路接通后，它能控制回路中的工作电流，防止上升过高。当控制回路根据控制单元输出的脉冲信号使功率三极管导通时，能及时接通喷油器电磁线圈电路。由于开始阶段三极管处于饱和导通状态，回路阻抗小，喷油器电磁线圈的电流在极短的时间内很快上升，保证了针阀以最快的速度升起。当针阀升到全开位置时，其电磁线圈的电流达到最大，一般称为峰值电流。喷油器的结构不同，工作情况不同，其峰值电流也不同，一般为2～6A（电源电压为14V时）。在喷油器电磁线圈电流增大的同时，电流检测电阻的电压分压也不断增大，当电压达到设定值时（此时恰好针阀升至全开位置），电流控制回路使三极管在喷油期间以约20MHz的频率交替导通和截止，使针阀在全开位置时通过喷油器电磁线圈的电流降至较小的保持电流，一般保持电流平均值在1～2A左右，该电流足以维持针阀在全开位置。由于电流控制回路的作用，限制住针阀全开时的电流值，可以达到防止电磁线圈发热以及减小功耗等优点。

2）低电阻喷油器电压驱动方式

如图8-20（b）所示，低电阻喷油器与电压驱动方式配合使用时，应在驱动回路中加入附加电阻。这是因为在低电阻喷油器中减少了电磁线圈的匝数和电阻，减小了电感，其优点是喷油器本身响应特性好。但由于电磁线圈电阻的减小会使电流增加，加速了电磁线圈的发热而损坏，为此在回路中设置附加电阻。电压驱动方式的回路较简单，但由于在回路中加入了附加电阻，回路电阻大，导致流过喷油器的电流减小，喷油器产生的电磁力降低，从动态范围看，稍有不利。

3）电阻喷油器电压驱动型

如图8-20（c）所示，所谓高电阻喷油器，是指电磁线圈电阻值为12～17Ω的喷油器，从成本和安装来说是有利的。高电阻喷油器与电压驱动方式配合使用。电压驱动方式的电流波由于在功率管（实际中多为管排作为驱动电路，分立三极管少见）截止时喷油器电磁线圈存在电感，在线圈两端可能产生很高的感应电动势，此电动势与电源电压一起作用在功率管上，可能将其击穿而损坏。

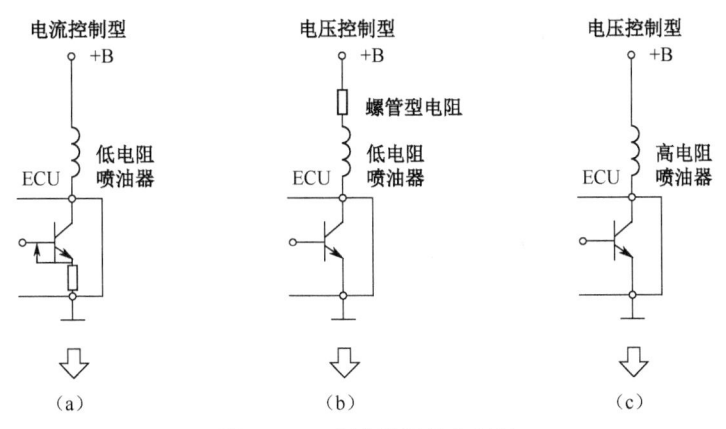

图8-20 喷油器的驱动电路

4．平衡测试

每一个喷油器的供油量必须相等，否则发动机将会形成怠速粗暴或性能不良。喷油器的喷油量与喷油器本身孔的大小和电阻有关，要进行以下两个测试。

1）喷油量平衡测试

通常拆下喷油器在喷油器清洗机上进行测试，清洗机对喷油器施加同样的类似喷油控制的间断性信号，这时从喷油器喷出的油在相同时间内应相等。

2）电阻平衡测试

电阻平衡测试意为测试喷油器线圈绕组的电阻，如要使发动机运行状态良好，所有的喷油器的电阻应该相同，测试电阻时应将接线器从喷油器上拆下来。

用欧姆表测量喷油器接线柱间的电阻。各个喷油器测量值之间的差值（喷油器最高电阻值减去喷油器最低电阻值）应该为 0.3～0.4Ω。如果任何一个喷油器与其他喷油器之间电阻的差值接近或超过 1.0Ω，在确认喷油器接线柱导电正常的情况下，必须将其更换。

喷油器电阻值的影响为：电阻值太高，电流减小、喷油器开启速度减慢、混合气变稀；电阻值太低，电流增大、喷油器开启速度加快、混合气变浓。

5．清洗喷油器

1）自适应复位

长期使用后，汽油中的不饱和烃氧化生成胶质会阻塞喷油器。在更换或清洗喷油器以后，发动机的工作可能还是不平稳。这是因为阻塞的喷油器提供的是稀空燃比混合气，控制单元根据氧传感器信号增加喷油脉宽试图将混合气控制到正常的空燃比。当更换或清洗了喷油器以后，自适应记忆（自适应记忆是控制单元的一个功能，氧传感器根据发动机的工作状态对喷油脉宽进行修正）仍然还按增加的喷油脉宽进行控制，因为喷油器已经不再阻塞了，这导致可燃混合气太浓。当发动机达到正常工作温度时，驾驶车辆工作至少 5min，令自适应记忆进行再学习。此后，计算机就能够提供正确的喷油脉宽，发动机能够平稳地进行工作。

若发动机 ECU 损坏，在更换 ECU 以后也存在同样的问题。

2）超声波清洗

超声波清洗是当前工业中应用的清洁度最高、最有效的先进清洗技术之一，超声波清洗的优势有翻新的清洗效果；可彻底地清洗零件的内外表面包括油道；大小部件均可清洗，应用面广；清洗成本低，只是涮洗的 1/6。

其基本清洗原理是 20kHz 以上的声波在液体中传播时，会产生"超声空化聚能"现象，能在液体中形成数以亿万计的微小空化泡，当空化泡在工件表面闭合破裂时将释放出巨大的能量，形成异乎寻常的高温（>5000℃）和高压射流作用（>1000 个大气压），从而实现工件内外表面附着污垢的快速、彻底剥离。

超声波清洗设备也广泛应用于微型车、轿车、卡车维修企业及镗缸磨轴客户对大件机体和机件的清洗。

8.5 供油系统的其他元件

1．燃油滤清器

由于喷油器的配合精度特别高，燃油喷射系统需要非常清洁的燃油。燃油中的颗粒磨料会造成油泵磨损，燃油中有水分会引起锈蚀卡死和膨胀。油路中的滤清器负责过滤掉这些颗粒杂质。一定时间对油箱底部放水可以减少燃油中水分引起的锈蚀卡死和膨胀。

固体颗粒会导致磨损。可以采用油泵底部加滤清器去除方式，而油路必须加专门的滤清器。当被污染的汽油流过滤清器时，污染物沉淀在滤芯的表面，经过一定时间的堆积有阻滞汽油流动作用。

滤清器大多为纸绒式，纸绒是最佳的滤芯材料。纸绒由纸纤维和充满其间的树脂材料制成，纸绒滤芯整体地置于油路的滤筛中，在油路中使通过滤芯每个表面的燃油流动速度都相同。

滤清器堵塞时会导致进入导轨内的汽油压力不足，导致混合气过稀；滤清器堵塞也会造成油泵压力提升（滤清器彻底堵塞时，泵油压力会提高到溢流阀的开启值）。油泵的运转阻力增大，导致油泵提前损坏。必须定期更换燃油滤清器，防止污染和磨损，以保证燃油喷射系统的有效工作。

技师指导

一般车 4 万千米换一次汽油滤清器，油中杂质太多时，应缩短更换里程。

2. 燃油导轨

在多点喷射系统中，燃油流过燃油导轨。燃油导轨将燃油平均分配到各个喷油器。燃油导轨除了分别用油管连接到喷油器外，还安装有燃油压力调节器和油压波动衰减器。由于喷油器的开闭引发共振会产生压力波动，从而在发动机负荷和速度改变时喷射量不准确，所以油轨的尺寸选择很重要。燃油导轨可由钢、铝或塑料制成。在德国奔驰车系和美国车系上还包含一个测压孔，此测压孔的形状与空调的高低压测压孔相同，测试燃油压力时将压力表接于此压力测试孔。

3. 燃油压力调节器

因为油轨中的燃油压力和进气管压力之间的压力差只有保持一个常数（一般少数为 0.25MPa，多数为 0.30MPa）时，燃油喷射量才由喷射持续时间决定，这就意味着应根据进气管压力的变化来调整油轨中的燃油压力。燃油压力调节器通过调节返回油箱的燃油量，使通过喷油器的燃油保持恒定的压力差。对于多点喷射系统，燃油压力调节器通常装在油轨的末端，以避免对油轨内的燃油流动造成影响。另外，它也能装在回油管路上。对于单点燃油喷射系统，其燃油压力调节器装在喷油器的中部。

燃油压力调节器的结构如图 8-21 所示，它由金属壳体、弹簧、膜片、阀座等组成，一般安装在燃油分配管上。

膜片将金属壳体的内腔分成两个腔室：一个是弹簧室，内装一个具有一定预紧力的螺旋弹簧，弹簧预紧力作用在膜片上，弹簧室通过软管引入进气歧管的负压；另一个是燃油室，通过两个管接头与燃油分配管及回油管相连。

发动机运转时，进气歧管的负压和弹簧预紧力共同作用在膜片上。燃油泵供给的燃油同时输送到喷油器和压力调节器的燃油室，若油压低于预定值，球阀将回油孔关闭，燃油不再进一步流动。当油压超过预定值时，燃油压力推动膜片使球阀向上移动，回油孔打开，燃油经回油管流回油箱，同时弹簧室的弹簧被进一步压缩。一部分燃油经回油孔流回油箱，燃油分配管内的油压下降，膜片在弹簧力的作用下向下移动到原来位置，球阀将回油孔关闭，使燃油分配管内的油压不再下降。

燃油分配管内的油压调整值随进气歧管压力而变化的情况如图 8-22 所示。作用在膜片上方的进气歧管负压用来调节燃油分配管内的压力。若弹簧的预紧力相当于 3.0bar，则进气歧管负压为

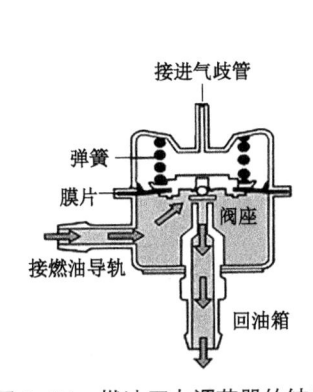

图 8-21 燃油压力调节器的结构

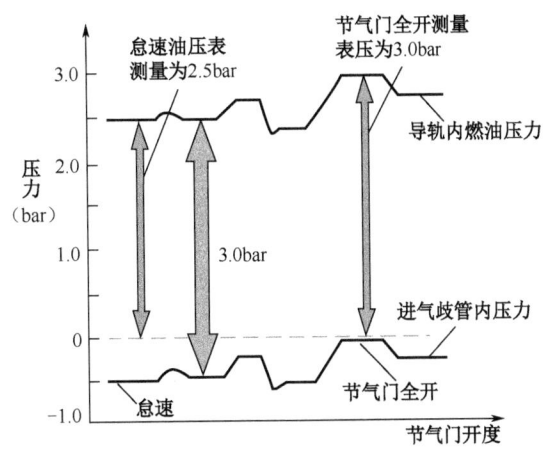

图 8-22 进气歧管内压力与燃油导轨内压力关系图

零时，燃油分配管内的压力保持在 3.0bar。发动机在怠速工况时，进气歧管压力约为-0.5bar，此时回油孔开启的燃油压力为 2.5bar。节气门全开时，进气歧管的压力约为-0.5bar，这时回油孔开启的燃油压力变为3.0bar，即节气门全开时的油压调整值自动调整为3.0bar。

电动汽油泵停止工作时，膜片在弹簧力的作用下将回油孔关闭，使电动汽油泵与燃油压力调节器之间的油路内保持一定的残余压力。

新型车采用不易产生气阻的无回油管式燃油供给系统，这种系统取消了燃油压力调节器（也叫压力限制阀）。通常压力调节器是燃油泵总成模块的一部分，在有些车辆上它是滤清器总成的一部分（见图8-23），而在其他的车辆上，它则是分立的零部件。

无回油管型燃油系统没有从油轨到燃油箱之间的回油管。与有回油型系统相类似，无回油型燃油系统中的压力调节器是一个机械装置，其中包含一个调压弹簧和一个作用在调压器阀上的膜片（见图8-24）。燃油压力作用在膜片的一侧，而弹簧则作用在另一侧。膜片回油端口将阀打开，使燃料能够返回到燃油箱中。系统中的油压反映的是打开端口所需要的压力，膜片另一端弹簧的弹力试图将该阀关闭，当燃料被送往油轨时，能使燃油压力升高。

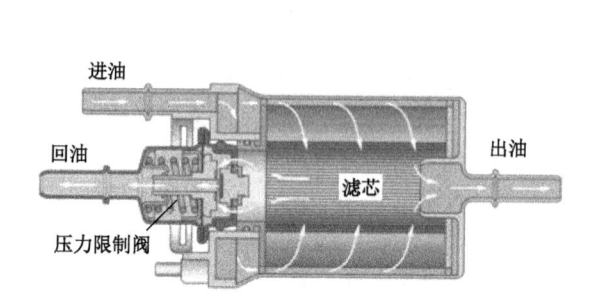

图8-23 滤清器总成内的限压阀

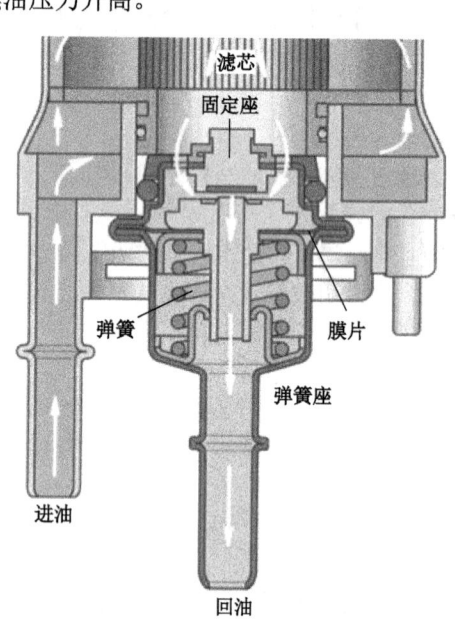

图8-24 限压阀工作原理

无回油系统不像有回油系统那样利用发动机的真空度。这种系统将压力调节器安装在燃油箱中，提供给喷油器的油压是恒定不变的，控制单元利用特殊的公式计算喷油器的压力差，相应地调节喷油脉宽（在传统喷油时间控制上发动机根据进气歧管真空度或空气量计计算的负荷对喷油时间做修正即可。

4. 脉动阻尼减振器

喷油器周期性地喷油和正排量燃油泵周期性地泵出燃油，二者能引发燃油系统中的压力波动。若电动燃油泵的安装位置不佳，油管和油轨就会将这种波动传到油箱和车身，并产生噪声。通过特殊的设计、装配和加装压力衰减器来消除这些噪声。燃油压力衰减器（见图8-25）与压力调节器的设计结构大致相似，装有弹簧的膜片将燃油腔和大气腔分成两部分。

脉动阻尼减振器由壳体、膜片、弹簧等组成。膜片把阻尼减

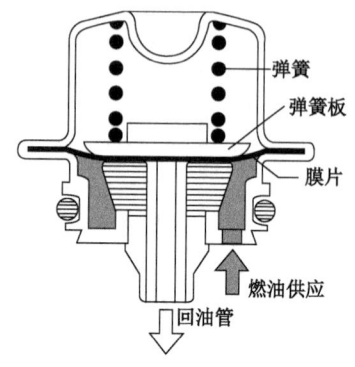

图8-25 燃油压力衰减器

振器分隔成膜片室和燃油室两部分。膜片室内有弹簧，将膜片压向燃油室，旋转调节螺钉可调整弹簧的预紧力。来自电动汽油泵的燃油经油道进入燃油室，油压通过膜片作用在弹簧上。

当油压升高时，膜片向膜片室拱曲，燃油室容积增大，燃油脉动压力下降，同时弹簧被压缩。当燃油压力下降时，弹簧伸长，膜片脉动缓冲器向燃油室拱曲，燃油室容积减小，油压上升。燃油室容积的变化吸收了油压脉动的能量，使燃油压力脉动迅速衰减，有效地降低了由压力波动产生的噪声。

因油泵已经改进，泵油的脉动较小。大多数车没有脉动阻尼减振器，一般日本车系安装。

8.6 喷油量控制

1. 不同工况的空燃比

电控燃油喷射发动机在各种工况下所需的燃油量是由控制单元通过控制喷油时间来实现的。为适应发动机不同工况的需要，发动机控制空燃比变化情况如下：

1）启动阶段

启动时控制单元内存储的程序会根据发动机冷却液温度传感器信号为发动机提供启动加浓，冷却液温度传感器信号真实反映发动机的温度。所供的混合气的空燃比范围可以从-40℃时的空燃比 1.5 到 100℃时的空燃比 14.7。发动机由冷到凉，氧传感器无信号。在启动工况，喷油器的喷油时间取决于发动机冷却水温度以及自启动开始累积转过的周数、发动机转速、启动时间四个主要因素。延长喷油时间进行加浓，同时为了在进气管道与汽缸内形成一种均匀的可燃混合气，尽可能地避免燃油在进气行程喷射造成火花塞的润湿，因此要求喷油器在发动机每转一周时进行多次喷射（异步喷射）。

2）怠速阶段

发动机 70℃以下的怠速称为暖机阶段，此时空燃比根据温升由 1.5 向 14.7 过渡，发动机渐热，氧传感器无信号，直到发动机热起来才有信号。

发动机冷却液温度在 70℃以上的怠速称为稳定的怠速阶段。发动机冷却液虽热了，而氧传感器也有信号了，但控制单元也可能不问，称为开环控制阶段。随着三元催化器温度和氧传感器温度正常，当 ECU 内的空燃比过渡到 14.7 时，进入闭环控制阶段，并保持空燃比 14.7。

3）加、减速时

急加速或急减速工况时，空燃比传感器会因为不同混合气浓度有信号输出，但微机对此阶段接到的空燃比传感器信号不做空氧比调节。

2. 喷射时间

喷射时间 T_i 取决于基本喷射时间 T_b、修正喷射时间 T_c 及电源电压修正时间 T_a 三项之和，即

$$T_i = T_b + T_c + T_a$$

1）基本喷射时间 T_b

基本喷射时间 T_b 由吸入空气质量 Q 及转速 n 按下式算出，式中 K 为常数。

$$T_b = KQ/n$$

2）修正喷射时间 T_c

修正喷射时间 T_c 取决于对应工况的各项修正系数，并由各类传感器检出，则

$$T_c = (1 + K_{at} + K_{st} + K_{a1} + K_p + K_f)(1 + K_{wt}) T_b$$

式中　K_{at}——吸气温度修正系数；

　　　K_{st}——启动增量修正系数；

K_{a1}——暖机时加速增量修正系数；

K_p——功率增量修正系数，节气门开度在一半以下时，此值为0；

K_f——空燃比修正系数，由氧传感器进行反馈控制；

K_{wt}——暖机修正系列，水温在70℃以上时K_{wt}为0。

3）电源电压修正时间T_a

电源电压修正时间T_a是根据蓄电池电压直接进行修正的。

将上述$T_b+T_c+T_a$三项时间信号送入求和电路，就得到控制燃料喷射总的时间T_i。

4）燃油喷射系统控制框图

如图8-26所示为燃油喷射系统控制框图。

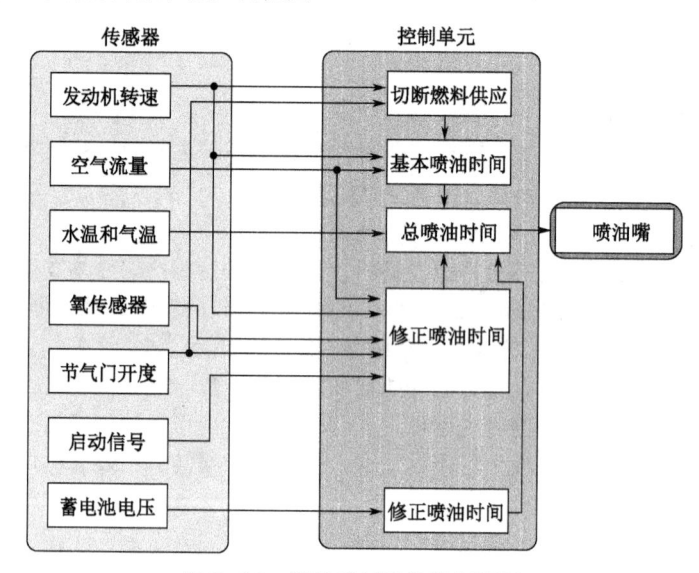

图8-26 燃油喷射系统控制框图

技师指导

> 时间T_b和时间T_i在读数据流时可以读出。时间T_b是控制单元计算的中间数据，时间T_i是输出数据。发动机转速一定时，喷油数据和进气数据成比例，所以时间T_b也是负荷信号，但时间T_i不是负荷信号。

3. 燃油停供

所谓燃油停供，是指微机停止给喷油器发送燃油喷射信号，喷油器停止喷油。

燃油停供大致可分为三种情况：第一种是减速时以降低燃油消耗和改善排气净化为目的的燃油停供；第二种是发动机高转速时以防止发动机损坏为目的的燃油停供；第三种是防止淹缸的清除溢流停供。

1）减速时燃油停供

如果遇到节气门关闭（由节气门位置传感器怠速触点IDL测得），因为汽车在挡上，车轮反拖发动机使进气门的油雾和油滴在怠速真空吸力下进入汽缸，使发动机转速在设定转速以上（硬减速），控制单元将判定为这是不需要供给燃油的减速状态，此时进入燃油停供阶段。

燃油停供转速还要根据发动机冷却水温度、有无空调之类的负荷等因素精确确定，并依此确定燃油停供范围。所谓复供转速，就是汽车在持续惯性行驶时，开始恢复喷射燃油的转速。复供转速是在停供转速下降到一定程度时开始的。发动机冷却水温度越低，燃油停供转速越高，复供转速也越高。这是因为发动机在冷态下工作时，怠速设定的转速比较高，以防止发动机在怠速状态下进入燃油停供状态。

技师指导

> 发动机减速时的燃油停供、复供功能为程序软件控制，不涉及故障，若有故障出现，多为下大坡收油门时发动机转速稍有忽上忽下，则为发动机减速时燃油停供造成。不过这是一种正常情况，若当故障处理，则找不出故障点。
>
> 减速时的燃油停供本质上是限制怠速最高发动机转速。另外，在燃油停供期间，一旦节气门被打开，就应立即恢复燃油喷射。

2）发动机超速断油（最高转速限制）

为了防止发动机转速过高而造成发动机损坏，要对发动机的最高转速进行限制。目前，多采用切断燃油的方法限速。控制单元将发动机的实际转速与微机内存储的最高转速进行比较，当达到设定的最高转速时，微机立即停止输出喷油信号，使喷油器停止喷油。当发动机转速降至规定值时，又恢复喷油，如此循环，以防止转速继续上升。

如图 8-27 所示为德国大众公司在发动机电子控制系统和机电喷射系统中采用的电子转速限制装置工作特性图。从图中可以看出，机械喷发动机最高转速值 n_0=6000r/min，有±80r/min 的活动范围；电喷发动机最高转速值 n_0=6500r/min，有±80r/min 的活动范围，实际发动机转速以实车为准。

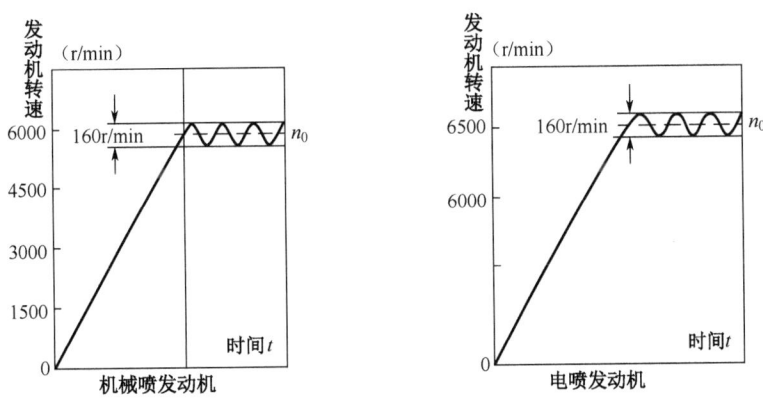

图 8-27 发动机电子控制系统和机电喷射系统的超速断油功能

此外，还有一些汽车，有超车速行驶断油功能。当车速超过限定值时，停止供油。其作用与防止发动机转速超限相同。

技师指导

> 大众车系数据流里 Overrun 即为超速，出现后，瞬间发动机转速稍下降。

3）启动时燃油停供

当发动机开始启动时，如果发动机缸内出现浸油，发动机将难以启动。此时司机踩下加速踏板，使节气门开度超过 80%，使控制单元转换至清淹工作模式。空燃比高达 20∶1 的混合气有助于清除发动机浸油，以消除燃油过多现象，直到发动机转速高达 400r/min 以上。如果发动机处于未运行状态，节气门开度超过 80%，某些发动机将停止供油。

必须是人为控制加速踏板此程序才能出现，且不是所有的电喷车都有此项功能。

8.7 喷油器波形分析

1. 信号的区别

1）喷油器驱动信号

喷油器驱动信号是控制单元向三极管基极或场效应管栅极提供的控制信号。

2）喷油器信号

喷油器信号是三极管或场效应管导通时,在喷油器负极电线上测得的电压信号。

技师指导

> 喷油器波形和喷油器的驱动波形要区分开。在修理过程中,偶尔要在车上在线测量三极管的驱动信号和喷油器的信号,以判别故障点。具体车型可能会有些差别,所以应掌握新车正常波形的产生原理,将其作为第一手资料,书上的波形仅供参考。如果善于对比分析,控制单元故障或喷油器匝间短路故障是可以发现的。

电磁喷油器是电子燃油喷射系统的主要执行元件,因其工作时要受喷油器断电时反电动势的影响,20世纪前出现问题的概率比较高,现在很少出现故障。

2. 喷油器驱动信号

喷油器驱动信号分为电压控制型和电流控制型。之所以有这两种类型,是因为所选喷油器不同,对应三极管基极的驱动信号也不同。两种驱动信号的差异是负载回路的总电阻不同,一般来讲,在一个喷射电路中,当回路的总电阻大于12Ω时,应用电压控制型驱动器;当回路的总电阻小于12Ω时,则应用电流控制型驱动器。

1）电压控制型

电压控制型也称为"饱和开关型"。对于高阻型喷油嘴,三极管驱动信号为开关信号即可。

2）电流控制型

电流控制型也称为"峰值保持型"。对于低阻型喷油嘴,驱动信号控制流过喷油器线圈的电流开始要大,保证喷油器开启,随后用小电流保证喷油器保持开启,否则喷油器很快就会因电流过大、线圈过热而损坏。

3. 喷油器波形分析

1）电压控制型

(1) 工作过程。电压控制型不需要担心电流的限制,从控制角度来讲,它更像一个开关,ECU控制三极管导通时,蓄电池电压直接加到喷油器上,喷油器工作。在驱动电流的作用下,喷油器电磁线圈很快达到磁饱和状态。

(2) 喷油器电压波形分析。其电压波形如图8-28所示。一般车辆运转状态下正常值为13.7V左右,为了在示波器获得适当的输出,一般选择 5V/格。驱动器电路完全导通(搭铁)时,在示波器上体现出来应该是干净、平直,没有圆角边沿的;一个存在问题的驱动器,体现在垂直线上往往会扭曲变形。正常情况下,电磁喷油器驱动电路饱和压降应该接近地电位,但又无法达到地电位,因为驱动电路自身输出阻抗的影响,不正常的波形往往是由于搭铁回路的问题而造成的,所以直接用蓄电池的负极作为参考往往更容易发现此类问题。电压尖峰的高度与喷油器线圈匝数、流过喷油器的电流大小有关系,线圈匝数和电流的增加都将导致尖峰电压的升高;反之,尖峰电压将减小。通常峰顶电压不应低于35V。

电压从峰值逐渐衰减到蓄电池电压,注意这个微小的隆起,这实际上是电磁喷油器阀针回落引起的电磁感应现象，表现为出现感应电压锯齿波。

如果看到一个约 35V 的峰值电压，是因为一个保护驱动三极管或场效应管的齐纳二极管起到钳位作用，这时尖峰的顶部应该是以方顶截止。因为大部分汽车电路最终是互相并联在一起的，汽车电路中电感线圈断电时出现的高压电涌会对电子元件产生破坏作用，高压电涌也可能窜入其他回路。在汽车电子系统中使用二极管有助于防止对精密的电子线路造成损伤，如图 8-29 所示。齐纳二极管将高出的部分吸收掉，如果不是以方顶截止，一般来讲是因峰值电压无法达到齐纳二极管的击穿电压，意味着喷油器的线圈存在某些问题。如果不采用齐纳二极管，正常状态下，这个电压应达到 60V 或更高。

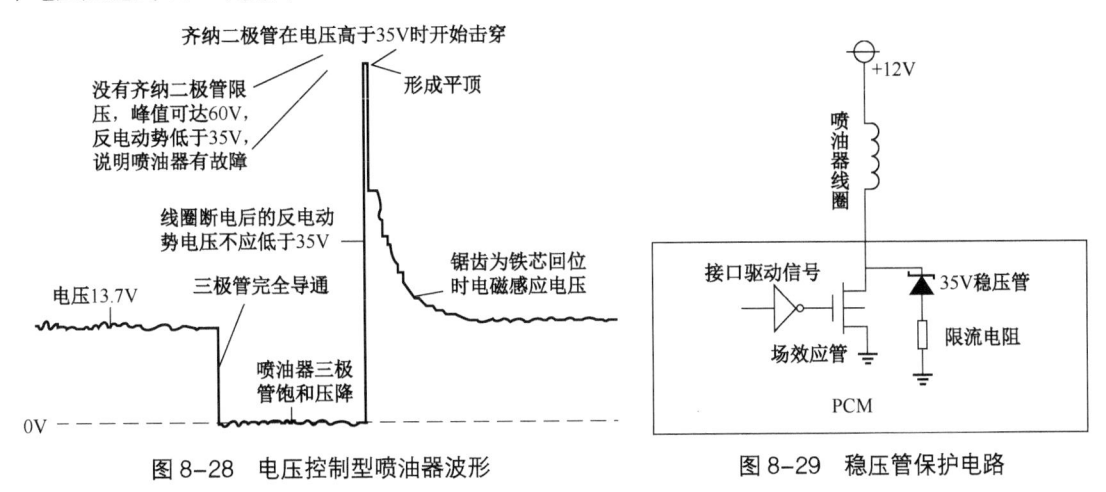

图 8-28　电压控制型喷油器波形

图 8-29　稳压管保护电路

技师指导　喷油器波形测量

（1）测量喷油器波形时探针一定要搭在喷油器的负极上，屏蔽地接在电瓶负极，这样才有利于发现控制单元搭铁不良。

（2）测量喷油器的驱动波形要打开控制单元壳体，从电路板与外部的接线处测量。根据怀疑有故障的喷油器对应的控制单元引脚找到相应的三极管；再找到此三极管的基极，在线测量基极对地信号，主要用于判断控制单元故障。

2）电流控制型

（1）工作过程。电流控制型驱动器的内部结构要比电压控制型复杂，它除了具有基本的开/关功能外，还要提供恒流控制功能，主要适用于回路总电阻小于 12Ω 的应用场合。如图 8-30 所示为电流控制型喷油器的恒流方法。一旦三极管开启，回路电流在一段时间内不受限制，直到喷油嘴针阀开启为止，典型电流值为 2～6A，实际上，电路允许电流达到峰值。一旦电磁喷油器针阀开启，电流迅速下降到一个较小值，以保护喷油器不会因在整个脉冲周期内承受大电流而发生过热损坏。维持喷嘴的开启状态需要很小的维持电流，典型值为 1A 或更小，这段时间称为"保持"时间，这个较小的保持电流足以维持已经开启的喷嘴保持在开启状态。

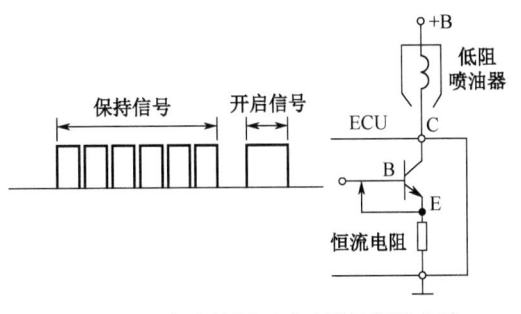

图 8-30　电流控制型喷油器的恒流方法

（2）电流控制型方法。有两种方法降低回路电流，一种是周期性地使电路处于开/关状态，当这个过程足够快时，喷油器将保持在开启状态；另外一种是调节驱动电压的方法，很少采用。

电流控制型的优点在于，喷油器开启速度快（开启电流大），关断速度快（保持电流小），响应迅速。缺点为电路结构形式复杂，成本增高。

（3）喷油器电压波形分析。喷油器电压波形如图8-31所示。一般车辆运转状态下系统电压正常值为13.5V左右，为了在示波器获得适当的输出，一般选择5V/格。驱动器电路完全导通（搭铁），在示波器上体现出来应该干净、平直没有圆角边沿；一个存在问题的驱动器，体现在垂直线上往往会扭曲变形。正常情况下，电磁喷油器驱动电路饱和压降应该接近地电位，但又无法达到地电位，因为驱动电路自身输出阻抗的影响，不正常的波形往往是由于搭铁回路的问题造成的，所以直接用蓄电池的负极作为参考往往更容易发现此类问题。注意三极管导通电压降为0V时又有了个向上的弯曲，这个微小的感应电压是由反向电压产生的，是正常的。这是因为低电阻电路能允许快速建立电磁场，进而产生反向电压。

开始启动电流限制，即所谓"保持"时间的开始，在这点之前，电流不受限制，可以自由上升到峰值以便开启喷嘴针阀，喷油嘴针阀开启，ECU开始降低回路电流，实现方法为降低加在喷油嘴上的电压，以很小的电压来维持针阀开启所需的小电流。

注意：此时轨迹中的电压与系统电压（蓄电池）相差很小，此时喷油器处于电流限制模式，或者说是"保持"状态。这条线可以是平坦、稳定的，或者是周期性的、迅速地开关，都是正常的限制回路电流的方法，任何的波形畸变都将指出喷油器驱动电路存在的问题。

4．开关管的区别

几乎所有的喷油驱动器都采用NPN型开关三极管，它的正脉冲使三极管导通，使喷油器负极变为近似接地。但实际中也有用PNP型三极管驱动的喷油器电路，如图8-32所示，基极B要用负脉冲驱动，只有发射极E和基极B之间有输入电流流过，才会在发射极E和集电极C间有饱和电流流过。

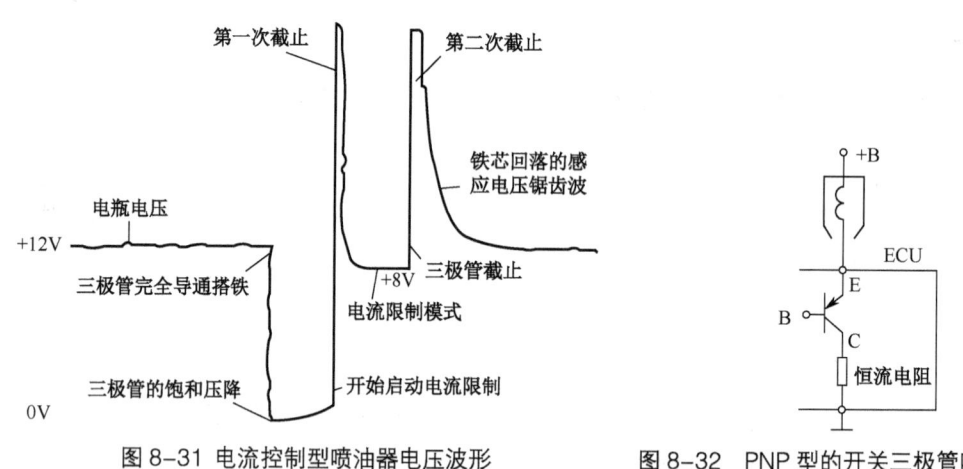

图8-31 电流控制型喷油器电压波形　　　图8-32 PNP型的开关三极管喷油器电路

这种喷油器三极管驱动电路与其他系统的喷油驱动器的区别在于，它的基极脉冲是低电位时三极管导通。这样它的驱动信号就和NPN型的相反，不过喷油器负极波形与NPN型开关管的没有差别。

8.8 典型燃油压力故障

1．加速不良

燃油压力有故障主要表现在加速不良。弄清电喷发动机"加速不良"和"动力不足"的区别是正确诊断的关键。

加速不良俗称加速坐车，是指在急速踩下油门时，发动机转速不能迅速升高，但只要踩着油门不放，发动机转速仍会缓慢升高，同时发动机没有其他故障现象。

比如汽车原来加速良好时最高车速可迅速达到 165km/h，现在加速不良，最高车速也可达 165km/h，只是踩下油门等待的时间更长些，这就是加速不良的故障。加速不良的原因比较简单，对化油器车来说，原因主要是化油器加速油路。

如果现在最高车速只能达到 130km/h，虽然加速也不良，但这属于发动机动力不足的故障。动力不足的车辆出现的加速不良应属于动力不足的故障范围。而动力不足的原因有很多，如汽缸无火、空燃比不对、点火错乱、点火正时不对、汽缸压力不足、三元催化器堵塞、传感器信号不良、进气系统漏气、空气滤清器脏、制动器卡滞、自动变速器打滑故障、轮胎气压低、车轮定位不准等。

所以实际诊断此类故障时首先应确认是加速不良还是动力不足。

2．急加速不良的原因分析

空燃比为 12.0～12.5 时能使发动机发出最大功率，因此急加速不良的主要原因，是急加速的瞬间没有提供较浓混合气，或是已提供较浓混合气，但进入汽缸的不是较浓的混合气；其次是发生了只有急加速时才出现的高压断火。

造成没有提供或进入汽缸的不是较浓混合气的原因有三点：燃油压力不足，进气门头部积炭过多，传感器信号滞后或不良。

1）燃油压力不足

当急踩油门使节气门迅速开大时，节气门位置传感器快速变化的信号传给控制单元，控制单元控制喷油器增加喷油脉宽（异步喷射），以增加喷油量。油泵泵油压力不足、油路受阻，这会使混合气浓度不足，导致加速动力不足。此时，应当测量加速不良时的燃油压力。

经验表明，急加速不良的最常见故障原因是急加速时燃油压力不足。

在怠速时测量燃油压力，油压可能是正常的。这是因为怠速时喷油器的喷油脉宽通常是 2.5～5.0ms，而加速时喷油脉宽在 50～70ms。

若油路有部分阻塞，则在急加速时油压会降低，因为喷出的油多，进入供油管路中的油少。所以在诊断加速不良的故障时，必须在行驶中急加速时测量油压。

例如，捷达车怠速时油压在 250kPa，急加速油门到底时，油压应在 280～290kPa，因为急加速时进气歧管真空度小了 50kPa 以上，所以喷油器与进气歧管压差虽仍是 250kPa，但油压达 290kPa。如果急加速时油压低于 250kPa，就会呈现急加速不良。

氧传感器的燃油修正值大于 8%，即混合气过稀，此时控制单元控制增加了 8% 的喷油量，常常是燃油泵油压不足。

燃油压力不足的原因包括：

（1）燃油泵磨损。

（2）燃油泵供电电压不足。

燃油泵电路各接头处电阻过大，会造成电阻分压，使油泵供电电压降低，如燃油泵继电器触点和接线端子处，各有关线束接线端子、搭铁端子处。应在燃油泵工作时，测量供电电压。

（3）燃油泵进油滤网过脏导致部分堵塞，汽油滤清器堵塞。

（4）供油油路有泄漏，如油管接头，甚至是油箱中的某些油管。

2）进气门头部积炭过多

电喷发动机由于喷油器喷油正好喷到进气门头部，当汽油品质不佳时很容易造成进气门头部积炭过多。这些积炭会吸附汽油，当发动机进气歧管压力稳定时，积炭中的汽油蒸汽浓度与混合气相同，但在急加速时，喷油器长时间喷油，有一部分汽油会被节气门头部积炭吸收，并未进入汽缸，造成进入汽缸的混合气并不较浓，从而导致急加速不良。

若踩着踏板不放，积炭吸收汽油饱和后，过几秒钟车速会上去。

若是进气门积炭影响急加速，则冷车发动时间也会长，打启动机需多一会时间，因为喷出的汽油被积炭吸附了，不能形成浓混合气。

3）传感器信号滞后或不良

急加速瞬间由于空气流量计、进气歧管绝对压力传感器、节气门位置传感器信号不良，信号反应过迟，会使喷油脉宽不能迅速增大，进入汽缸的混合气也会不够浓。

（1）热线式或热膜式空气流量计的热线或热膜脏污时，向控制单元发送的空气流量信号就滞后于实际气流的变化，从而导致喷油脉宽增大的滞后。

（2）若进气歧管压力传感器真空管低垂处因燃料或水堵塞，则当急加速导致进气歧管绝对压力急速变化时，传感器的绝对压力变化会滞后。当慢踩油门时，由于进气歧管中真空度变化缓慢，真空管有点堵塞，但不可能完全堵塞，所以影响也不大。

（3）节气门位置传感器用于控制加速异步喷油传感器，由于现在产品质量提高，它本身不易有电刷和滑动变速器接触不良故障，但根本就无节气门信号时，如信号中断，或控制单元检测有故障进入故障状态，也会导致控制单元不能给喷油器发送正确的喷油脉宽指令。

3．急加速不良故障诊断步骤

（1）确认是否真正是加速不良。加速不良是指缓慢加速正常，仅急加速工况不良。

（2）对于急加速不良的故障，首先测怠速时的燃油压力，如油压正常，则应在行驶中测急加速时的油压。

急加速时油压开始下降，然后又升至标准值。这表示油泵正常，问题是进出油不畅，如进油口滤网或汽油滤清器堵塞。

如急加速时油压下降后始终不能回到标准值，大都是燃油泵磨损过大或工作不良。

如果急加速时油压正常，若有冷启动时间过长的现象，则可能是进气门积炭过多所致。

为了确认此点，用故障诊断仪查看热车怠速时氧传感器的电压变化频率。无气门积炭、良好的氧传感器，电压变化在 0.2～0.8V，且变化速度在 20 次/min 左右，但必须保持多于 10 次/min。长期使用，因氧传感器老化，导致信号电压不准或电压变化频率过小，此时可更换一个新传感器来测试。

进气门头部如果有积炭，因为积炭会在加速时吸附汽油和收油门时放出汽油，导致混合气加速时减稀和收油门时变浓。

由于传感器信号滞后造成急加速不良的故障较少。若有怀疑时可通过用故障诊断仪从数据流中观察喷油脉宽能否迅速增大来判断。在急踩下油门时，若喷油脉宽增大滞后，则是传感器信号滞后或不良所致。

如以上检查都正常，则应检查点火系统，如高压线或点火线圈是否在急加速时工作不良。

2000 年以后有些新型车的诊断系统具有失火识别功能，可先用故障诊断仪读取相应的故障码，再排除故障。

4．燃油系统的日常检修

电子计算机以信号脉冲控制燃油喷油器的打开与闭合。喷油器打开时间越长，喷入汽缸的燃油量就越多。计算机通常是对安装在燃油箱体内（或附近）的燃油泵继电器进行控制。计算机用点火开关和来自发动机的转速信号控制对燃油泵继电器电路的供电。如果遵循了正确的操作程序，计算机控制的燃油喷射系统基本上是一个可靠的系统。

日常维护要记住以下几点：

1）定期更换

定期更换燃油滤清器和空气滤清器（在更换周期内多吹几次更好）。

2）使用规定标号汽油

一旦在外地加了汽油后行驶动力性下降，同时用正时灯或检测仪发现点火角推迟，则应清洗油箱和整个燃油供给系统。

3）清除积炭

曲轴箱窜气导致进气门蘑菇头伞下积炭是一个普遍的问题，进气门蘑菇头伞下积炭会在喷油器喷油时吸附燃油，造成混合气过稀；在减速时，吸附燃油析出进入汽缸，还会造成混合气过浓。

（1）发动机积炭的原因。在冬季经常出现的"三冷"现象即冷车不易启动、冷车发动机怠速抖动和冷车加速坐车，它们绝大多数是由进气门背部、进气管内积炭过多，喷嘴内部杂质过多造成的。

为防止此现象的发生，用户在日常使用时要正确操作，同时在日常保养时建议每行驶 2～3 万千米后应对发动机进行免拆清洗。

发动机积炭的原因如下：

- 使用劣质汽油，胶质含量过高（>5mg/100ml）及有杂质；
- 使用劣质机油；
- 添加了劣质的汽油或汽油添加剂很快就会产生胶质和气门积炭；
- 汽油中缺少活性添加剂；
- 空气质量状况差，灰尘大；
- 经常短距离行驶，如果距离太短，车还没有热就停车了，很容易形成积炭；
- 行车中换挡点总提前，尤其是在冬季冷车状态下，也易形成积炭。

（2）发动机积炭的处理方法。

- 方法一是将清洁剂加入油箱中，使整桶汽油成为温和的清洁剂，在行驶的同时清洁积炭，即使是严重积炭也可以连续将其清洁到不影响发动机正常运作的程度。这种方式的花费最低，没有不良副作用，但由于清洁剂的稀释导致清洗速度太慢。
- 方法二是在发动机工作时将清洁剂注入油管以清除积污，时间很快，只有十余分钟，但清洁剂的成分相当强烈，有伤害喷油器与发动机内部组件的危险，而且根据实际经验，效果并不好。
- 方法三是将清洁剂注入燃烧室中，让清洁剂直接清除积炭。这是三种方法中效果最好的一种，燃烧室与进、排气门都可以清洁到呈现金属原色的程度。不过就是因为效果太好，清出来的大片积炭常会卡在进、排气门座附近使进、排气门无法完全关闭，必须花费大量的时间、精力去处理后续问题。另外，如机油遭清洁剂稀释则必须更换，而且气门导杆有受侵蚀的危险。

切记每次针对发动机的免拆清洗后，都应以较高的车速（80km/h 以上）行驶 20km 以上，使熔化的胶质和积炭在高温下燃烧从尾气中排出。如果做免拆清洗后将车放置到第二天早上再启动发动机，会使气门被熔化的胶质粘连，也就是俗称的"气门粘连"现象。气门粘连会使进气不充分，压缩时气门可能关闭不严（取决于积炭的软硬程度）。如果出现了这种现象，还需要重新进行免拆清洗。

4）经常油箱低油位行驶

燃油喷射系统是利用汽油来冷却喷油器和油泵电动机的绕组。作为司机一定要避免汽车在油箱几乎空了的情况下运行，否则油箱底部的积水和铁锈等污物会被吸入燃油供给系统，并损坏泵和喷嘴。在油箱没油的情况下散热下降，噪声上升，寿命下降。

5）油箱中的水和污物

定期放出油箱中的水和污物。特别是现在的乙醇汽油含水量更多，必须定期放水。如果不定期放水，油和水的混合物中水的浓度增加，水会在油面下降时进入汽缸，导致启动困难，但向油箱中加满油时却可以正常启动。

8.9 缸内直喷技术

8.9.1 缸内直喷简介

1. 缸内直喷分类

缸内燃油喷射发动机分为直喷均质发动机和直喷稀燃发动机两种。为了了解它得先了解均质和非均质的概念。

1）均质

即汽缸内的油气浓度各处都相等，怠速时用浓混合气，部分负荷时用空燃比为 14.7 的混合气，全负荷时用浓混合气。这样的直喷发动机为均质直喷发动机。均质直喷发动机相对缸外喷射而言，直喷发动机的高压雾化会更好。现在所谓的直喷发动机大多停留在这个阶段。

2）非均质

即汽缸内各处的油气浓度不都相等，火花塞附近较浓，其他部分较稀，整个汽缸内的混合气总体浓度还是很稀。这样的直喷发动机为非均质直喷发动机或直喷稀燃发动机。此类发动机仍有待研究，至少在本书结稿（2017 年 9 月）时国内还没有批量生产，不过日本三菱公司已在 1996 年开始生产直喷稀燃发动机，进口国内的有三菱太空的 4G93 发动机。

2. 缸内直喷的优点

关于缸内喷射，在 20 世纪 40 年代前做过较多的研究，但就实现缸内均匀混合气而言，这种结构形式在当时没有显示出特别的优点，而且造价高、控制和调节困难。但因为其潜在的优越性，各国没有放弃研究。直接喷入汽缸的喷射方式总体上有以下七种可能的优点，特别值得注意的当然是混合式发动机可以利用这些优点中的哪一些。

1）脉冲增压可以实现

通过凸轮轴配气相位的调节，全负荷特性的曲线在很大范围内能满足要求。这样可提高最大扭矩或最大功率。通过进气系统、排气系统、配气相位、转速的协调设计来实现脉冲增压在这种喷射发动机中是可以实现的。

2）采用更大的气门叠开角

增压四冲程喷射式发动机可采用更大的气门叠开角以增强扫气和冷却效果。

3）进气管内无燃料沉积

因为在进气管内只提供空气，燃料不会在进气管系统中沉积，不存在尤其是作为油膜层形式附于进气管壁面的燃料的沉积。因此，一方面可以降低油耗，另一方面对于加速过程也不需要考虑混合气加浓的进气管黏附沉积。

4）进气管造型不受制约

不需考虑燃料及混合气的输送而自由地进行进气管造型设计，可利用空气波动效应以提高供气效率，在全负荷时相应地提高了功率。

5）可以提高压缩比

进气管不加热和汽缸内燃料蒸发时的冷却效应使得缸内温度降低，从而减弱了爆震趋势，这使得采用高压缩比成为可能，因此可以达到更高的平均压力和更高的热效率，即更低的油耗。

6）可以实现混合气分层

可以在缸内实现混合气的分层，即在缸内形成所需要的非均匀混合气，有利于点火，改善燃烧，降低油耗，特别是在部分负荷时放弃了进气节流，使经济性更好。

7）冷却燃烧室部件

将燃料直接喷入燃烧室的热区，借助于燃料蒸发时的吸热使得燃烧室内气体侧的热区得以冷却。

8.9.2 直喷稀燃发动机理论

1. 直喷稀燃方法

传统汽油发动机一般都设计成在均匀的空气和燃油混合气中工作，分层进气必然会使燃烧过程产生明显的变化。分层进气发动机的设计方法是在火花塞附近提供浓混合气以保证可靠的点火，而以后的大部分反应过程都在稀混合气中进行。尽管混合气很稀，在以前的发动机理论中很容易造成燃烧中断，但浓混合气已形成的火球会推动燃烧在稀混合气中进行。

1）主副燃烧室式

主副燃烧室式是一种很有效但较复杂的方法，它把燃烧室分成主室和副室两个区域，向装有火花塞的副室喷入浓混合气，主室喷入稀混合气。这种方案的优点是副室喷入的浓混合气能确保可靠地点火。主室的稀混合气在整个燃烧室中占了主要地位，但由于在整个燃烧过程中主室的混合气浓度是变化的，要么很浓，要么特别稀，因此这种方法能显著地减少NO_x的排放。

但是，这样的两燃烧室发动机与传统的一体燃烧室相比，其燃烧室表面积较大，因此未燃碳氢化合物排放较高。

2）直接喷射式

直接喷射式是直接把汽油喷进燃烧室，在火花塞附近形成一个浓混合气区，在周围较远的地区形成稀混合气区，造成混合气分层。从总体看在燃烧室中的混合气是稀的。这种直接喷射也有一些明显的缺点，如输出功率低、设计复杂等。现在使气流以一种精确计算的"涡流模式"进入燃烧室也有可能达到一定程度的进气分层，这种"分层效应"目前还不是很清楚，而且难以控制，导致发动机瞬时扭矩变化非常大。

对于汽油机来说，缸内直接喷射形成的高压雾化混合气相对于传统的缸外喷射发动机可减少大约20%的燃油消耗，对减少二氧化碳的排放也有很大作用。为了发挥缸内直喷的优异性能，有必要精确确定部分负荷时的分层充量形成过程和全负荷（WOT）时均匀混合气的形成过程，以及它们之间的转换。

2. 直喷稀燃存在的问题

到目前为止，执行上述直喷稀燃喷射方式的装置中仍存在问题，未来可以通过下述方法解决：

分层稀燃运行时，发动机功率的控制问题可以靠现代先进发动机管理技术来解决，所以不算问题。现代发动机管理系统可做到：精确计量所需的喷油量；形成所需的喷油压力；确定正确的喷油时刻；精确、直接地将汽油喷入到发动机燃烧室内。

1）发动机转矩控制问题

发动机管理系统还必须协调对发动机提出的千差万别的转矩要求，对发动机做必要的控制。发动机指示转矩是重要的系统参数。转矩控制结构可以细分为三个部分：转矩需求、转矩协调、转矩执行。

（1）转矩需求。最重要的转矩要求是由驾驶者踩加速踏板输入的。发动机管理系统根据加速踏板的位置，来识别驾驶者对发动机输出转矩的希望。

其余转矩要求可能来自变速箱换挡控制器位置确定的模式、牵引控制系统（TCS或ASR）和电子车辆稳定系统（ESP）、巡航控制、发动机的反拖控制、发动机的转速控制、车辆行驶速度限制、启动控制、怠速控制、催化器预热控制、发动机零部件保护控制共11项。

（2）转矩协调。转矩需求确定后，转矩协调是对确定的转矩需求进行"发动机瞬时损失扭矩修正"。"发动机瞬时损失扭矩"包括打空调、打方向盘、打大灯、挂挡等，所以转矩协调是发动机管理系统确定最终转矩需求的最后一关。经过转矩协调后输出发动机控制扭矩的三种方法。

(3) 转矩执行。发动机控制扭矩的三种方法如下：
- 控制单元通过电子节气门控制进气量，从而确定喷油量，最终确定混合气量。
- 控制单元通过控制喷油器的喷油时间控制喷油量。这个过程需要一个必须是宽带型的氧传感器反馈空燃比。
- 控制单元通过改变点火提前角来控制扭矩。

2）NO_x 的处理

稀燃期间 NO_x 的处理可以靠先进催化转化工程技术来解决。

现在的发动机管理系统是按满足欧—Ⅲ标准设计的，更为严格的欧—Ⅳ标准将会实施。目前，直喷稀燃发动机实现批量生产的关键，在于对 NO_x 处理的催化转化工程技术的开发。

分层充量时，会生成大量的 NO_x 成分，借助高废气再循环率可达到减少废气中的 NO_x 约70%的含量，余下的 30% NO_x 不做处理是不能满足废气控制法规的。三元催化转化器（TWC）不能减少稀薄的废气中的 NO_x 成分，余下的 30% NO_x 只能用新型的针对 NO_x 的一元催化转化器。

减少废气中 NO_x 含量的方法是采用 NO_x 吸藏型催化转化器。利用稀薄废气中的氧气，它能将氮氧化物以硝酸盐的形式储存在催化转化器的表面，当转化能力耗尽时，催化转化器前部的宽带型氧传感器和后部的窄带型氧传感器会对转化器的转化能力是否达到极限做出判断，控制单元暂时切换到加浓的均匀充量工况，硝酸盐与加浓时生成的 CO 结合还原成氮气，从而完成催化转化器的再生。这种浓稀混合气的切换是在不导致汽车动力突变的情况下进行的。现阶段，部分地区汽油中的硫含量超标严重，导致这种催化器失效。所以在使用这种催化转化器之前，应先减少汽油中的硫含量。

上述两个问题可以解决，但事实上国内"直喷稀燃发动机"还未批量生产，不过"直喷发动机"已经在我国生产。"直喷发动机"在控制元件上与"直喷稀燃发动机"几乎相同，但控制单元内管理系统和缸外喷射的管理系统相差不多，催化器仍然是三元催化器。

3. 设计和构造

1）高压喷油器

高压喷射系统设计成可在任意时间由电磁控制的高压喷油器直接喷入缸内。

2）压力控制电磁阀

在缸外喷射中油压是由压力调节器调节的，但在缸内喷射中压力是由控制单元控制的压力控制阀调节的。与缸外喷射相比，缸内喷射 ECU 为了触发压力控制阀而增加了额外的执行器，即压力控制电磁阀。

3）高油压传感器

为了保证压力控制阀调节正确，在高压油导轨上又加了高压传感器，所以相对缸外喷射又多了压力传感器。

4）低油压传感器

事实上，在缸内喷射系统中不仅要加高压传感器，在低压管路还要加低压传感器。

5）电子控制节气门（ETC）

吸入的空气量可由电子控制节气门（Electronic Throttle Control，ETC）自由调整。热线式空气质量流量计用来精确测量进气量。

6）宽带型氧传感器

混合气空燃比的正确性由通用的 LSU 和 LSF 型（宽带型氧传感器和后部的窄带型氧传感器）氧传感器监测，这两个传感器分别安装在催化转化器前部和后部的废气流中。这些装置不仅适用于 $\lambda=1$ 运行时的闭环控制，也适用于稀燃运行的控制和催化触媒再生。

7）进气管压力传感器

废气再循环率的精确调整是很重要的，特别是在过渡工况时。因此必须安装压力传感器，以测量进气管的压力。

4．运行方式

1）燃油供给和燃油喷射

（1）低压油路。低压油路位于系统的油箱一侧。它由电子燃油泵及与之并联的压力调节器组成，并产生 3.5 bar 的压力。通过该油路将燃油供给发动机驱动的高压泵。

（2）高压油路

- 高压泵

该泵将油压从 3.5bar 升高到 120bar，使油轨的压力波动最小，防止燃油和发动机的润滑油混合在一起。

- 蓄压器/油轨

蓄压器/油轨必须有足够的弹性，来对付喷油形成的周期压力脉动及高压泵泵油压力脉动所同步产生的压力波冲击。另外，它必须有足够的刚度，以便油轨压力对发动机的燃油要求能快速做出反应，所以油轨的弹性是根据燃油的压缩性能和油轨容积来选定的。油轨压力由压力传感器测定。

- 压力传感器

压力传感器识别油轨的压力。

- 压力控制阀

任务是在发动机全部工况范围内，根据其脉谱图来调整主压力。主压力不受喷油量和油泵输送量的影响。压力控制阀下游的过量燃油是负荷状态决定的，它不返回油箱，而是回到高压泵进口。这样可避免油箱中的燃油被加热和油箱的活性炭罐清洁系统过载。

- 喷油器

喷油器与喷射方式有关，并且必须能满足安装环境、极短的喷射持续期和高度线性等严格要求。喷油起始点和喷油量均由喷射阀触发信号确定。

2）混合气的形成和点火

要充分发挥汽油直喷的优越性，需要极其复杂的发动机管理系统。以下是两种基本工作状况之间的不同之处。

（1）低负荷范围。在低负荷范围，为了使油耗最低，发动机是在汽缸进气高度分层和高稀薄混合气的条件下运行的。在火花塞点火前，通过延迟燃油喷射，燃烧室分成两个区。这两个区是：第一个区是在火花塞周围的高易燃性混合气团，第二区是包裹高易燃性混合气团的新鲜空气和残余废气隔离层。燃烧室壁的空气隔离层使传热损失减小，提高了热效率。

（2）高负荷范围。随着发动机负荷的增加，分层进气的喷油量会增加，造成火花塞附近局部混合气变浓，这将导致废气的数值恶化，特别是废气的烟度。因此，在大负荷范围内发动机以汽缸内均匀混合气状态工作，不再加浓。基本上沿用进气管喷射控制方法实现，空燃比协调控制使空燃比在 1 和稀燃工况之间。

为了提高燃油和空气的混合效果，燃油在进气过程中就已被喷入。与现在普遍使用的进气管喷射类似，吸入的空气量也是根据驾驶者的转矩要求由节气门来进行调整的。喷油量则根据空气质量流量计算得到，并由氧传感器的闭环控制来进行修正。

这样燃油喷射系统必须能自由选择喷油时刻。

低负荷范围喷油时刻和高负荷范围喷油时刻相差很大。本来是进气行程喷油，但低负荷范围进气行程喷油到压缩行程就不能保持分层燃烧，所以喷油要推迟至压缩行程，接近点火，甚至在点火的同时喷油，喷油时间可延续至活塞做功下行。高负荷范围喷油时刻仍在进气行程。

（3）负荷范围变换。为了满足负荷与喷射时刻一致，喷射时刻在压缩行程的迟滞点和进气行程的提前点之间变化，跨越很大。

为了控制低负荷范围和高负荷范围内的进气量，进气空气质量的调整必须独立于加速踏板位移的变化，这样节气门必须是电子节气门。

在均匀充量和分层充量之间的变化过程中，受控制的喷油量、进气量和点火提前角是决定因素，也是可控因素，以便使发动机输入到变速箱的转矩保持恒定。"转矩控制"意味着电子节气门的控制功能比缸外喷射电子节气门的控制功能复杂。

当进气管压力（负荷）下降时，空燃比也随着改变。在变换期间，两个空燃比极值非常关键：

- 在分层充量时，为避免烟度增大，较低的空燃比限值约为22，过量空气系数约为1.5。在分层进气燃烧时，空燃比限值为22，表面混合气很稀，但火花塞附近很浓。
- 在均匀充量时，由于发动机稀燃能力的限制，较高的空燃比限值约为19，过量空气系数约为1.3。表面混合气变浓，但火花塞附近和汽缸内混合气的浓度相同，相对分层充量时火花塞附近的混合气是稀混合气。

由于稀薄燃烧会在两个不相邻的空燃比22和19之间切换，转换是阶跃的，因此，在转换时刻，有必要通过猛增喷油量，跳过被禁止的空燃比范围（19<空燃比<22）。因此，分层充量在向均匀充量过渡时，为防止转矩突变，要通过暂时地延迟点火角来减小转矩，从均匀充量到分层充量的转换顺序则相反。从小功率向大功率过渡时是分层充量向均匀充量的过渡。

8.9.3 大众直喷发动机

1. 直喷系统组成

缸内喷射燃油供给系统分为两个系统：低压系统和高压系统。下面是2005年C6A6 Audi A6L3.2LV6FSI发动机供油系统（见图8-33）及C6A6 Audi A6L2.0T直4FSI发动机供油组成（见图8-34）。为了满足排放要求，此种直接喷射发动机只是均质发动机，不是真正的直喷稀燃发动机。直喷稀燃被大众汽车取消变成均质混合气的原因，主要是排放不能满足要求。但这可能是未来发动机的发展方向，毕竟它是可以实际应用的发动机。

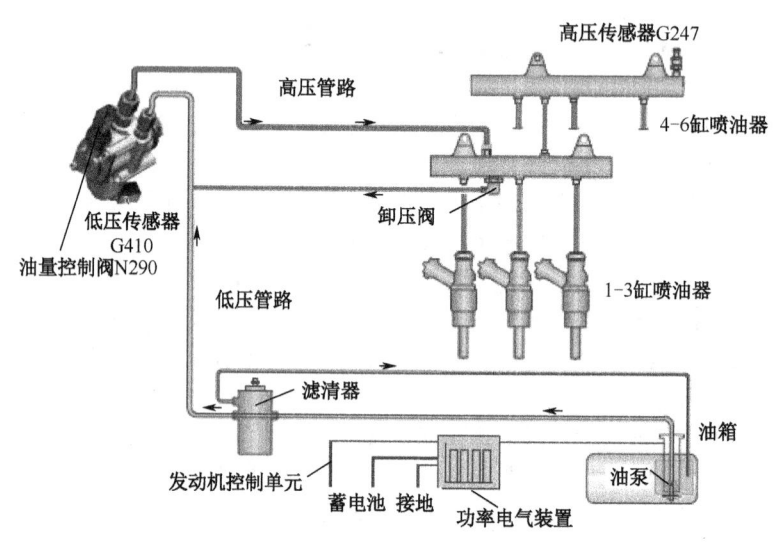

图8-33 C6A6 Audi A6L3.2LV6FSI发动机供油系统

2. 低压系统元件

低压系统是一种动态调节系统，从发动机控制单元输出的PWM信号控制功率电气装置，功率电气装置也通过输出PWM（Pulse Width Modulation，脉冲宽度调制）信号来调节电动燃油泵的转速。本系统没有燃油回油管。

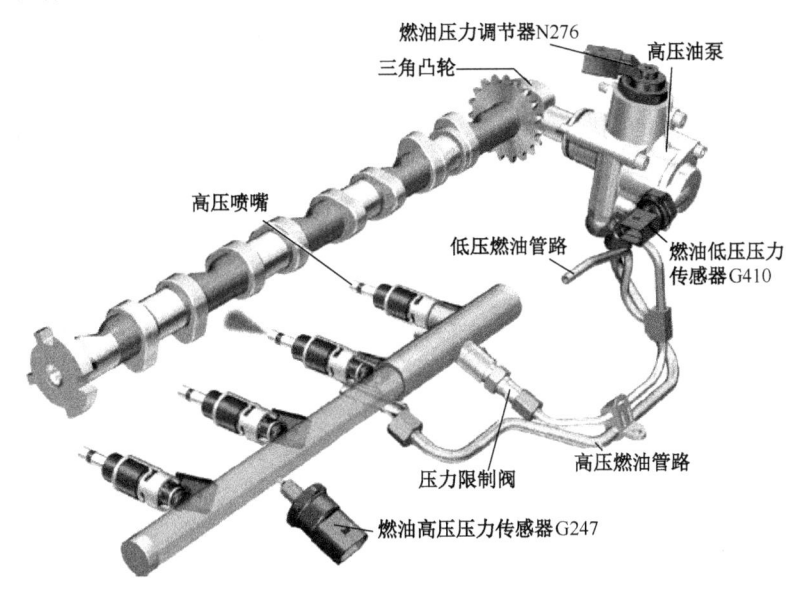

图 8-34　C6A6 Audi A6L2.0T 直 4FSI 发动机供油组成

低压传感器 N410 用来监控不同压力的保持状况。在下述工况时，预供油压力必须保持在 2bar。
- 在发动机停机时（电动燃油泵继续运行）；
- 在发动机启动前（电动燃油泵预运行）；
- 当点火开关接通或司机车门接触开关接通时；
- 在发动机启动过程中以及发动机启动后的 5s 之内；
- 在热启动以及热机运行时，时间取决于发动机温度（时间小于 5s），以防止产生气泡。

如果更换了燃油泵控制单元或发动机控制单元，必须通过 VAS5051 故障导航进行匹配（低压传感器 G410、卸荷阀、4-6 缸导轨上高压压力传感器 G247）。故障导航是大众在 VAS5051 里的一项功能，只要按仪器界面的选项要求去做，即可完成匹配。

本系统的优点如下：
- 电动燃油泵消耗的功率很低，因此可节省能量。
- 只是需要燃油量时才有压缩，燃油吸收的热量非常少。
- 提高了电动燃油泵的使用寿命。
- 在急速时降低了噪声。
- 可以通过高低压传感器对低压系统和高压系统的阻尼器进行自诊断。

3．高压系统元件

高压系统由高压燃油分配板（该板集成在进气歧管法兰上，带有压力传感器和压力限制阀）、高压燃油喷油泵、高压燃油管、高压喷油器、单活塞高压泵等部件组成。

1）高压油泵

（1）单活塞高压泵简介。该单活塞高压泵生产厂家是日立（Hitachi）公司，它位于右侧缸体的进气凸轮轴端部，由一个三角形凸轮驱动。该泵可产生 30~120bar 的燃油压力，油量控制阀 N290 根据规定值的大小来调节这个压力。燃油高压压力传感器 G247（燃油导轨上）可监控该压力的大小。该泵内集成有燃油低压压力传感器 G410。

该高压泵只将发动机控制单元内存储的特性曲线所规定的燃油量送入高压油轨。与连续供油的高压泵相比，本系统的优点是减少了消耗在泵油时的燃油量。

该泵没有泄油管，本系统是一个根据需要由油量控制阀N290来进行调节的高压泵。它在其内部就将受控的燃油消耗的驱动功率降低了，只是输送实际需要的燃油量。

（2）工作原理。

- 吸气冲程

如图8-35所示，控制单元控制油量控制阀N290断电，油量控制阀N290将低压阀保持在打开位置，凸轮的形状和活塞弹簧力使得泵活塞向下运动，泵内的空间加大，燃油流入。

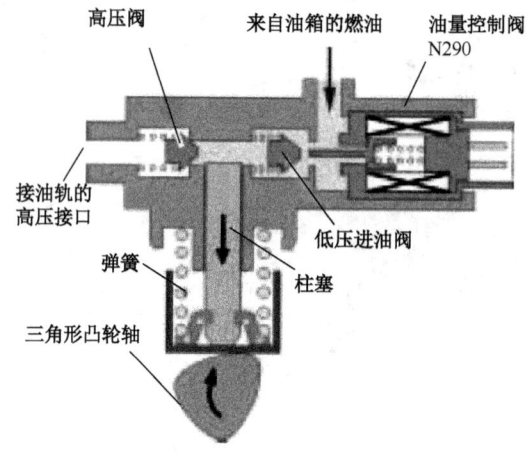

图 8-35　吸气冲程

- 做功冲程

如图8-36所示，三角形凸轮转动克服弹簧力使得泵柱塞向上运动，这时为防止低压进油阀关闭，控制单元控制油量控制阀N290保持断电打开状态，这时还无法建立起压力。

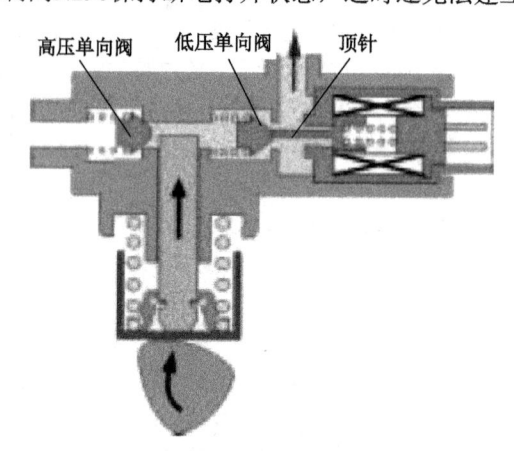

图 8-36　做功冲程

- 压缩冲程

如图8-37所示，发动机控制单元向油量控制阀N290通电，油量控制阀N290顶针被吸引向右移动。泵内的压力油将低压进油阀压入基座内。如果泵内压力超过油轨内的压力，高压单向阀就会被推开，燃油就会进入油轨。

2）高压喷油器

高压喷油器与高压泵一样，也是由日立公司生产的。喷油器的任务就是在精确的时刻将精确的燃油量喷入燃烧室。

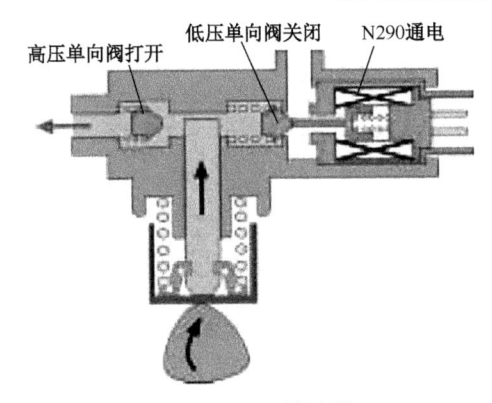

图 8-37 压缩冲程

喷油器的电控由发动机控制单元来完成,工作电压约为 65V。喷射出的燃油量由阀开启时间和燃油压力来决定。喷油器与燃烧室之间由一个聚四氟乙烯密封圈来密封,每次拆卸后必须用专用工具更换该密封圈。

图 8-38 所示为高压喷油器结构,对高压喷油器的内部结构特别是衔铁内的结构没有必要了解,知道其通电开启喷油即可。

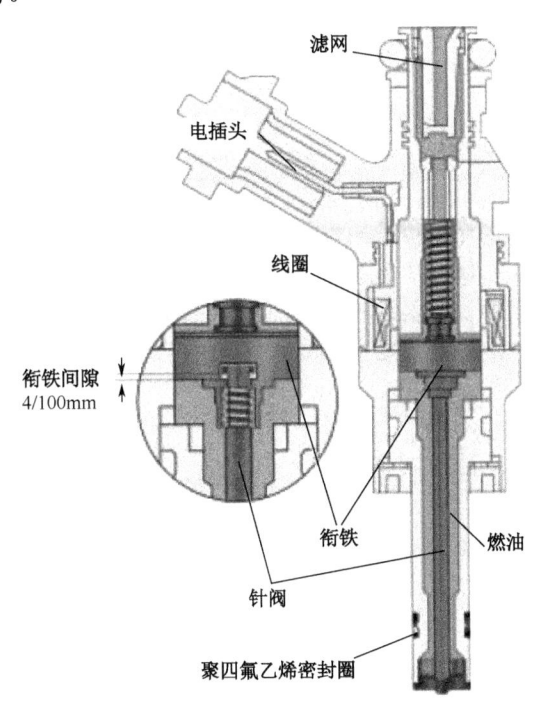

图 8-38 高压喷油器结构

第 9 章

点火系统

【本章知识目标】
- 能说出点火系统的发展过程；
- 能说出微机点火系统控制过程；
- 能说出大众汽车双缸同时点火和单缸独立点火原理；
- 能说出丰田汽车分电器点火和单缸独立点火原理；
- 能说出尼桑汽车分电器点火系统原理；
- 能说出其他点火系统原理。

【本章技能目标】
- 独立进行点火系统的元件检查操作；
- 二人协作进行点火系统低压和高压电路的检查；
- 二人协作排除不同原因引起的不点火故障一例；
- 二人协作排除不同原因点火能量不足的故障一例。

9.1 传统点火系统

目前，汽车发动机点火系统全部由发动机 ECM 控制，但这里有必要回顾一下早期的点火系统。

1. 机械触点点火系统

如图 9-1 所示，机械触点点火系统由分电器（包括由分火头和分电器盖组成的分电器、铂金触点式的断电器、真空点火提前角和离心点火提前装置）、点火线圈、高压线、火花塞、点火开关组成。如图 9-2 所示，分电器轴在发动机凸轮轴的驱动下转动，分电器的下轴和上轴采用由转速控制的离心飞块实现上轴与下轴角度上的错位，不同转速上轴和下轴错位的角度不一样，发动机转速越高上轴超前下轴的角度越大。上轴和凸轮是一体的，凸轮上有跟发动机缸数相等的凸轮用于顶开断电臂，从而产生触点的开闭，控制初级线圈通断电。

真空调节机构是个真空膜盒，膜盒上有根通往发动机节气门后的真空管，发动机节气门后真空度大时，膜盒拉杆拉动断电器支架逆时针转动，使断电臂提前被凸轮顶开，实现断电。在点火线圈中感应出的电压经中心高压线至分火头，分火头转动时把高压电分至旁电极的分缸高压线，至火花塞，从缸体搭铁构成回路。电容器可以防止烧触点。工作原理：初级电路为蓄电池—点火开关—初级线圈—断电器—分电器壳体—地；次级电路为次级线圈→中心高压线→分火头→分缸高压线→火花塞→缸体→地。

传统点火提前角=辛烷值调整器确定的初始角+离心机构和真空机构确定的动态角

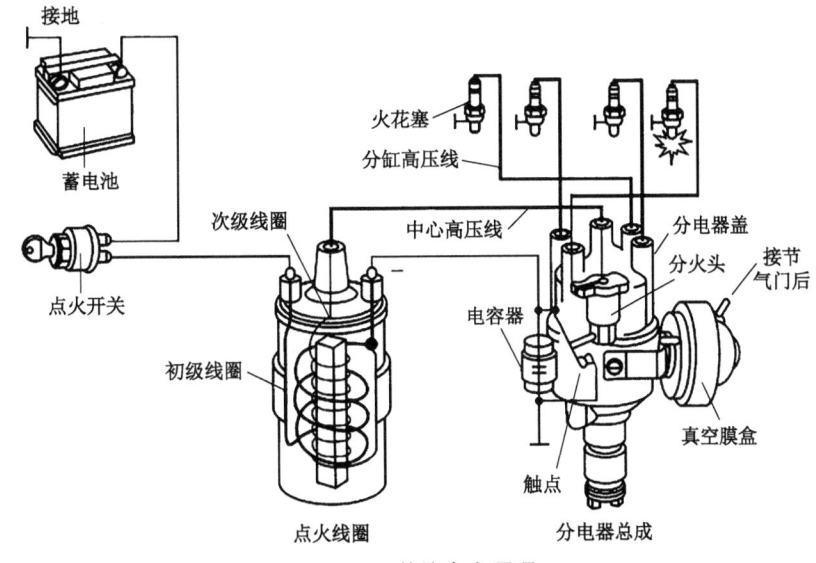

图9-1 传统点火原理

点火时刻即触点断开时刻，由发动机转速控制分电器上轴和下轴错开的角度及发动机节气门后的真空度决定，具体是发动机转速高时上轴超前下轴实现提前点火，发动机怠速时真空度大也实现提前点火，在节气门全开时真空盒控制点火角达到最小，离心角和真空角是两个随工况变化的动态角。

为了适应不同汽油标号和发动机缸内压缩比发生变化的影响允许分电器壳体转动，这时壳体上会有刻度，也称辛烷值调节器。辛烷值调节器本质上是分电器壳体上的一个长条孔，用螺钉将分电器固定在发动机缸体上，在调初始火角时修理人员把油门踩到底，同时转动分电器，听发动机缸体内刚有点爆震声音时，用螺钉锁死分电器壳体即可。在出厂或修理厂修理时可调节辛烷值调节器稍转动，以适应不同汽油标号和发动机缸内压缩比发生的变化。

最明显的例子，在发动机空载急踩油门时，正时枪下的点火角变化为先减小后增大。原因是在急踩油门时，空气质量轻，惯性小，迅速占领进气管，使进气管绝对压力上升，点火角变小；稍后，发动机转速上升，使进

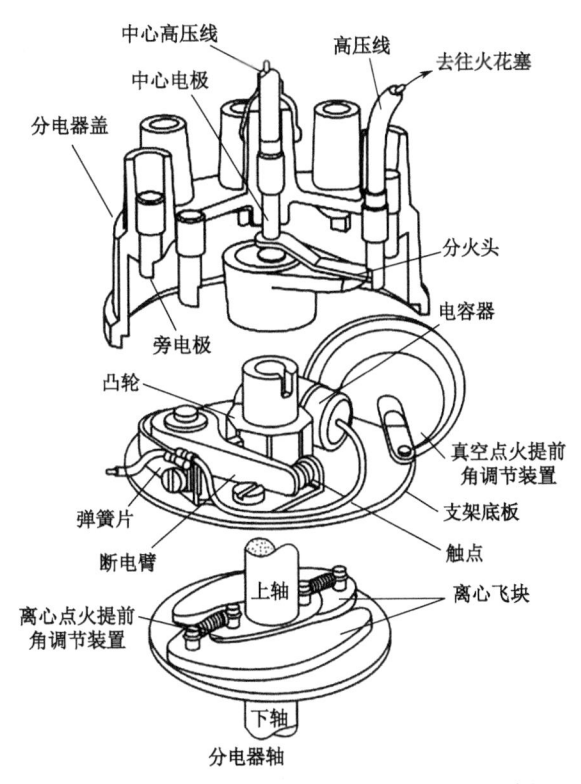

图9-2 分电器构造（电容器多放在分电器壳体外部）

气管绝对压力下降,点火角又向大的方向变化,加之离心角变大,整体点火角变大。如图9-3所示为机械式点火提前角数字化后的脉谱图。

怠速时进气管真空度大,绝对压力小,即负荷小,真空角大,但发动机转速很低,两者决定的最后点火角较小。发动机在部分负荷时,节气门开度小,发动机转速高,进气管真空度较大,点火角较大,加之发动机转速很高,离心角大,两者决定的最后点火

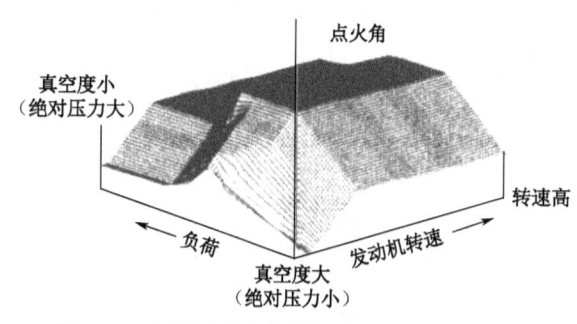

图9-3 机械式点火提前角数字化后的脉谱图

角最大。发动机在上坡时,进气管真空度小,绝对压力大,真空角小,但发动机转速较高,两者决定的最后点火角较大。

传统点火系统点火能量即初级线圈的充磁时间,也可通过调节支架在底板上的位置实现,但范围较窄,特别是多缸发动机可能提供的充磁时间不够。传统点火系统也不能在发动机低速时实现初级线圈内电流的最大限制。

2. 电磁点火系统

传统点火系统有机械触点损坏较快、点火能量较低等诸多缺点,被后来出现的电磁点火或霍尔点火系统取代。电磁点火和霍尔点火是在分电器凸轮上把分电器内凸轮做成信号轮,信号轮轮齿或窗口个数与发动机缸数对应。当分电器转动时,信号轮扫描传感头,产生磁脉冲信号或霍尔信号提供给点火模块,点火模块控制末级功率晶体管使初级线圈断开完成点火。点火提前角由分电器内的离心机构和真空机构控制,也有辛烷值调节器。

在点火模块内增加了低速恒流控制、闭合角控制、停车初级线圈断电控制等。转速信号由霍尔信号提供给点火模块,以用于闭合角控制。恒流和停车断电保护是点火模块设计的一个功能。

磁脉冲式从分电器内分出两根线,有正负之分,如图9-4所示为磁感应点火系统组成。

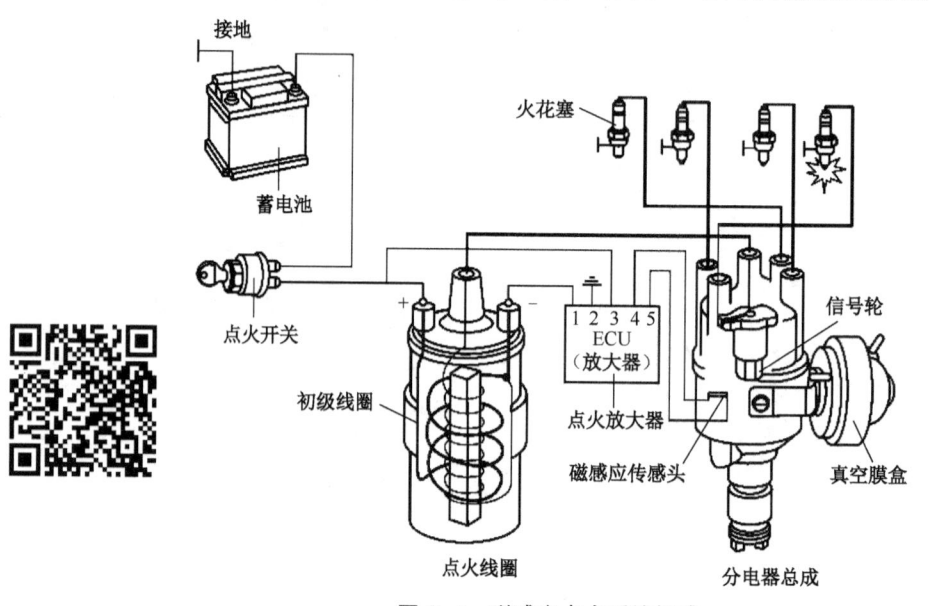

图9-4 磁感应点火系统组成

磁感应点火系统工作原理:首先考虑供电,点火开关向点火线圈和点火模块供电,磁感应传感器的传感头受分电器轴上的信号轮扫描,产生近似正弦的信号输出,点火模块接收信号后,控

制内部末级三极管，末级三极管控制点火线圈负极端导通或截止。

磁感应点火系统点火模块内虽增加了闭合角控制、恒流控制等，并大大提高了点火系统的性能，但磁感应点火系统点火提前角仍采用真空和离心机械式点火提前机构进行控制，仍有辛烷值调整器。

3. 霍尔点火系统

霍尔点火系统与磁感应点火系统基本相同，如图 9-5 所示，不同的地方是分电器内的磁脉冲发生器被霍尔信号发生器代替。

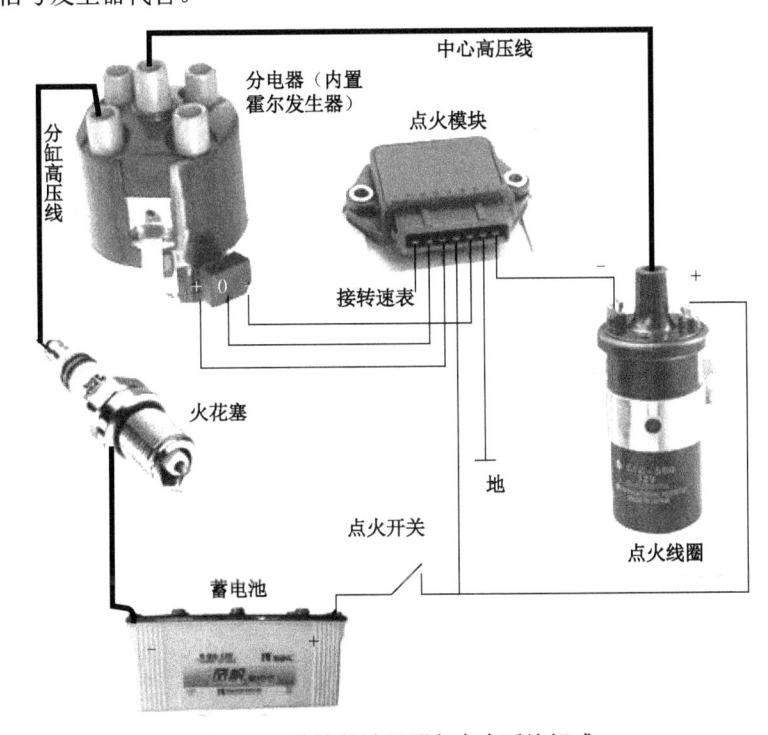

图 9-5 捷达化油器霍尔点火系统组成

霍尔点火系统工作原理：点火开关向点火线圈和点火模块供电，霍尔传感器由点火模块供电，分电器轴转动，扫描霍尔传感器，信号由霍尔传感器 0 脚输出，点火模块接收霍尔信号后，控制内部末级三极管，末级三极管控制点火线圈负极端导通或截止。

霍尔点火系统点火模块内虽增加了闭合角控制、恒流控制等，并大大提高了点火系统的性能，但霍尔点火系统点火提前角仍采用真空和离心机械式点火提前机构进行控制，仍有辛烷值调整器，其主要缺点为：

- 点火提前角的控制不精确，考虑影响点火提前角的因素（如发动机水温）不全面。
- 为了避免大负荷时的爆震，必然采用妥协方式降低点火提前角。
- 仍脱离不开机械控制范围造成点火提前角脉谱图山顶较平缓。

4. 微机点火系统

1997 年，国内开始大量采用电控发动机控制的发动机 ECM 点火系统，截至 2001 年 9 月，国内不再有霍尔点火系统。

现代发动机 ECM 控制点火系统只是在点火正时控制上更加精确，非微机点火系统中的点火模块功能如闭合角控制、恒流控制、停车断电在微机控制系统中都存在。来自发动机控制单元（发动机 ECM）的信号控制点火模块。

发动机 ECM 控制的点火系统能解决以上缺点。它除能随发动机转速控制初级线圈的通电时间外，还可以通过电子手段控制发动机各工况时的点火提前角，使发动机在功率、经济性、加速性和排放等方面达到最优。

发动机ECM控制点火系统主要由下列元件组成：监测发动机运行状况的传感器；处理信号、发出指令的微处理机；响应发动机ECM发出指令的点火器、点火线圈等。

该点火系统主要有以下优点：

（1）废除真空、离心点火提前装置，由发动机负荷信号和发动机转速信号代替控制基本点火角。

$$实际点火角=初始点火角+基本点火角+修正点火角$$

动态的实际点火提前角由发动机ECM控制，从而使发动机在各种工况都可最佳地调整点火时刻，而不影响其他范围的点火调整。

（2）修正点火角中最主要的是爆震修正。一旦爆震，控制单元推迟点火角，它保证在各种工况下将点火提前到发动机刚好不致产生爆震的范围。

9.2 点火控制

点火提前角的大小会对发动机油耗、功率、排放污染、爆震、行驶特性等产生较大影响，而影响点火提前角大小的两个主要因素是发动机的转速和负荷。根据汽车实际运行状况及不同工况的各种要求，在实验室中将获得的各种工况下的最佳点火提前角数据写在发动机ECM的存储器中。例如，在怠速时，最佳点火提前角就是使有害气体排放量最低、运转平稳和油耗最小的点火提前角；在部分负荷范围，主要要求提高行驶特性和降低油耗；而在大负荷工况，重点是提高最大扭矩，避免产生爆震。

1. 点火提前角确定

1）实际点火提前角

丰田发动机ECM依据下列因素对点火提前角进行控制。

$$实际点火提前角=原始设定点火提前角+基本点火提前角+修正点火提前角$$

2）原始点火提前角

原始设定点火提前角也称为固定点火提前角，其值为上止点前10°。

对于丰田汽车的发动机，在下列情况时，实际点火提前角直接使用固定点火提前角，不用再加基本点火提前角和修正点火提前角。

- 当发动机启动时，发动机转速变化大，无法正确计算点火提前角；
- 当发动机转速在400r/min以下时；
- 当TDCL端头短路或节气门位置传感器怠速触点闭合时，当车速在2km/h以下时；
- 当发动机ECU内后备系统开始工作时。

3）基本点火提前角

基本点火提前角储存在发动机ECM的存储器ROM中。它分为怠速的基本点火提前角和平常行驶时的基本点火提前角两种。

（1）怠速的基本点火提前角。怠速的基本点火提前角是指节气门位置传感器的怠速触点闭合时的基本点火提前角。其值又根据空调是否工作而略有不同，空调工作时其基本点火提前角为8°，不工作时其值为4°。也就是在同样怠速运转时，空调工作，其实际点火提前角将从上止点前14°增加到18°，以防因空调负荷使发动机运转不稳。

（2）平常行驶时的基本点火提前角

平常行驶时的基本点火提前角是指节气门位置传感器怠速触点打开时的基本点火提前角。其值由发动机ECM根据发动机的转速和负荷（用进气量表示），从发动机ECM的ROM中进行查表，选出最佳点火提前角。

4）修正点火提前角

原始设定点火提前角加上基本点火提前角所得的点火提前角，必须根据相关因素加以修正，包括暖机、稳定怠速、空燃比反馈和爆震修正。

（1）暖机修正。如图 9-6 所示为暖机点火提前特性。在节气门位置传感器怠速触点闭合时，发动机 ECM 根据发动机冷却水温修正点火提前角。当冷却水温较低时，必须增大点火提前角，以促使发动机尽快暖机；当水温较高时，如超过 90℃，为避免发动机过热，其点火提前角必须减小。

（2）稳定怠速修正。如图 9-7 所示为稳定怠速点火提前角特性。为了使怠速稳定运转而控制修正点火提前角，即随着怠速转速的上下变动而改变点火提前角。例如，当空调等起作用时，发动机 ECM 通过传感器检测到发动机转速下降，并根据转速下降值（目标转速减实际转速）查得修正点火提前角的大小，使发动机在怠速时稳定运转，可有效防止发动机怠速熄火的现象。

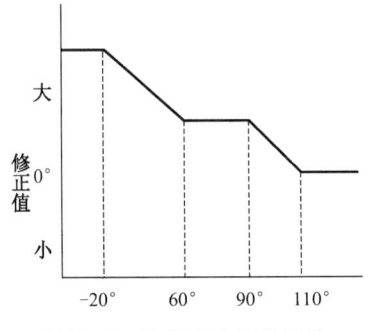

图 9-6 暖机点火提前特性

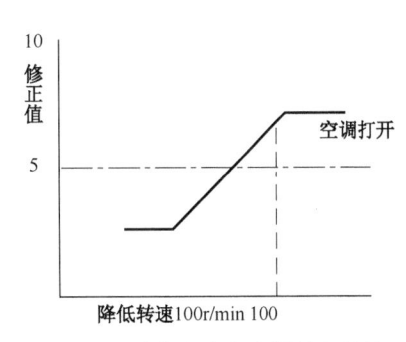

图 9-7 稳定怠速点火提前角特性

（3）空燃比反馈修正。对装有氧传感器的电子控制燃油喷射系统，发动机 ECM 根据氧传感器的反馈信号对空燃比进行修正。随着修正喷油量的增加和减少，发动机的转速在一定范围内波动。为了提高发动机转速的稳定性，在反馈修正油量减少时，点火提前角应适当地增加，如图 9-8 所示。可以人为制造空气流量计后漏气，氧传感器会监测为混合气过稀，增加喷油量，通过读诊断仪的点火角数据流，可以观察点火角的变化。

（4）爆震修正。爆震修正如图 9-9 所示。在通过曲轴和凸轮轴位置传感器及爆震传感器确定某缸爆震后，实际点火角会快速推迟，不爆震时再缓慢提前。读数据流观察点火推迟角，点火角有推迟说明爆震传感器的信号传给控制单元后正在进行爆震修正。

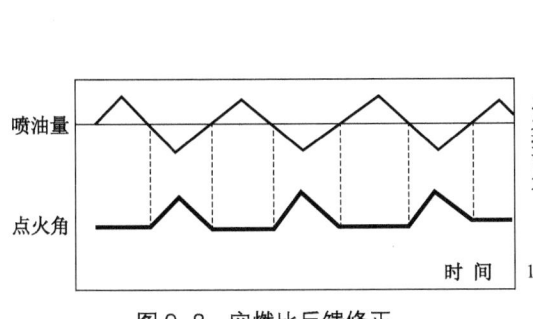

图 9-8 空燃比反馈修正

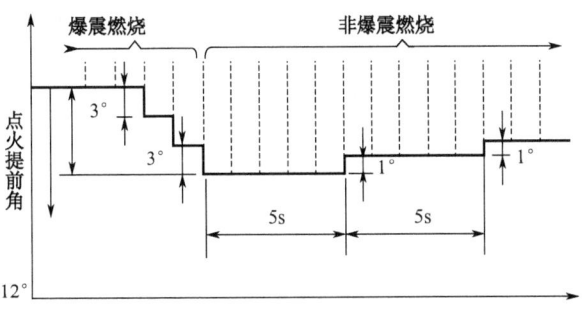

图 9-9 爆震修正

发动机实际点火提前角就是上述三项点火提前角之和。发动机每旋转一周后，发动机 ECM 就可计算并输出一次点火提前角的调整数据，因此当传感器测出发动机的转速和负荷有变化时，发动机 ECM 就使点火提前角做出相应的改变或称为刷新。但当发动机 ECM 计算出的实际点火提前角超过最大或最小点火提前角的允许值时，则发动机 ECM 以最大或最小点火提前角的允许值进行调整。其他车系的点火角确定参考尼桑和丰田车系即可。

2. 点火控制

下面以大众车型为例说明点火时刻的控制。如图 9-10 所示为点火时刻控制图。控制单元的工作步骤如下：

1）发动机 ECM 算出点火提前角

在某种运转状态下，控制单元综合发动机转速信号（决定离心点火提前角）、发动机负荷信号（决定真空点火提前角），从存储器中选出最适当的点火提前角，称为基本点火提前角。基本点火提前角通过其他如发动机水温、节气门怠速开关状态、氧传感器的反馈信号、外加负荷如空调介入、动力转向介入、挂挡介入、用电器负荷介入等修正信号进行修正。如果有爆震发生，最后还要通过爆震传感器确定的爆震推迟角进行修正。假设最后该工况最佳点火提前角为 30°。

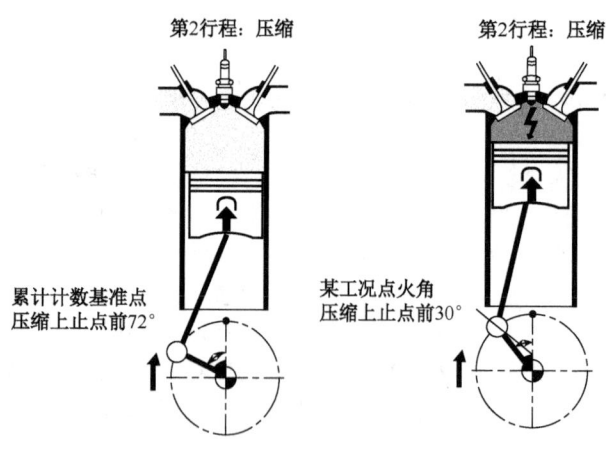

图 9-10 点火时刻控制图

2）发动机 ECM 收到计数基准点信号

以大众汽车为例，大众发动机 ECM 的凸轮轴位置传感器会在 1 缸活塞到达压缩上止点前 72°时输出一个由 5V 降为 0V 的变化信号，即从这个变化信号出现，曲轴再转 72°就到达压缩上止点。发动机 ECM 以收到此变化信号为"计数基准点"。

3）曲轴 1°转角需要经历的计算机时间

发动机 ECM 计算曲轴 1°转角需要经历的计算机时间，例如，发动机转速为 1680r/min（即 28r/s），曲轴一转（360°）大约用时 36ms，曲轴 1°转角需要经历的计算机时间为 0.1ms。

4）发动机 ECM 开始累计计数

以 1 缸压缩上止点时刻 72°为计数基准点，发动机 ECM 累计 42（72-30）个 1°计算机时间，即延时 4.2ms 后截止初级点火线圈的大功率晶体管，此时恰好点火提前角为 30°。

5）发动机 ECM 实现多缸点火

以上说的只是 1 个缸的点火，下面假设发动机是四缸（点火顺序：1—3—4—2，点火间隔角 180°）。在 1 缸压缩上止点前 72°信号出现，距 3 缸压缩上止点为 180°+72°=252°，若点火角不变，控制单元在基准点出现后累计 222（252-30）个 1°计算机时间开始点火，依次类推，直到控制单元综合发动机转速信号（决定离心点火提前角）、发动机负荷信号（决定真空点火提前角）、其他修正信号及爆震推迟角修正后，计算出最适当的点火提前角不再是 30°时，累计计数的数值也跟随改变，即"点火角刷新"。

3. 点火能量控制方法

闭合角的控制即点火线圈初级大功率晶体管导通时间的控制方法。实际应用中不是根据发动机的转速和曲轴的转角确定通电时间。

一般是点火模块根据电源电压，从点火模块内存储器中查得导通时间。发动机运转时转速越高，发电电压在调节范围内越高，所以电压可以反映发动机转速。这样设计是考虑到发动机转速和初级线圈的电感抗都与电瓶电压有关，可简化设计。

9.3 尼桑点火系统

尼桑车系如公爵、光荣、蓝鸟、阳光等的发动机，以及国内红旗世纪星等早期引进的尼桑发动机均采用分电器结构。带分电器的点火系统能进行自动分电工作，所以发动机 ECM 不需要知道给哪个缸点火，这种结构在凸轮轴上加装信号轮识别发动机转速信号和曲轴位置。

光电式传感器利用了光耦元件，光耦采用一只发光二极管和一只光敏二极管（或三极管），应用时使用带孔的信号盘来产生转速信号或位置信号，信号经处理后输出为方波，可由发动机 ECM 直接使用。

对于四缸发动机（见图 9-11），分电器信号盘上外侧有 360 个缝隙（光孔）和 360 个非缝隙，可代表曲轴两周 720° 信号，外围光耦的导通和截止各代表 1°。

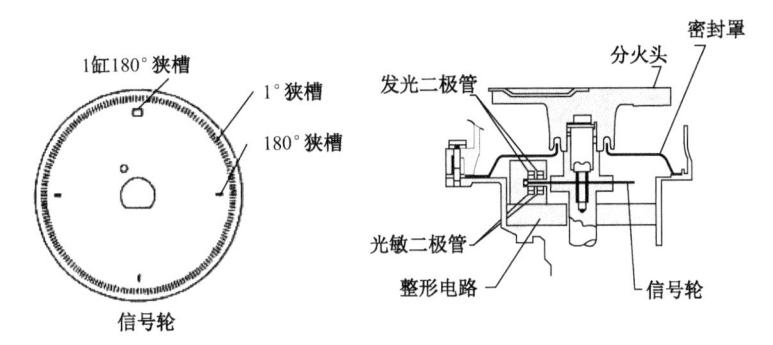

图 9-11 四缸发动机信号发生器

内侧间隔 90° 分布着四个较宽的光孔，产生 180°（曲轴转角）信号。较宽的光孔是产生 1 缸上止点对应的 180° 信号，要注意曲轴转两周，1 缸活塞要经过四次上止点。180° 信号发生器在各缸压缩上止点前 70° 产生一个脉冲，共四个脉冲信号。

尼桑车系的 1° 信号非常准确，点火基准信号输入控制单元后，控制单元只要数 1° 信号的高低电位个数即可。

在如图 9-12 所示的尼桑蓝鸟 U13 发动机点火系统电路中，启动时的转速信号触发控制单元 4 脚内部搭铁，ECCS 主继电器向控制单元 38、47 脚供电，同时向分电器供电，控制单元 39 脚是传感器搭铁，32、30 与 31、40 分别为判缸信号和 1° 信号。点火开关供电加到控制单元 36 脚，同时给点火线圈供电；电容用于防止点火线圈的电磁场干扰无线电系统，影响接收效果。控制单元的 1 脚在判缸信号和 1° 信号控制下控制功率晶体管，控制单元的 107、108、116、6、13 脚为搭铁。在 1 脚触发三极管后，若三极管可靠地开和关，3 脚的电位会与 1 脚对应变化，控制单元通过这种对应变化来判断点火放大器的好坏。电阻只是限流作用。值得注意的是这种车没有点火模块，只有点火放

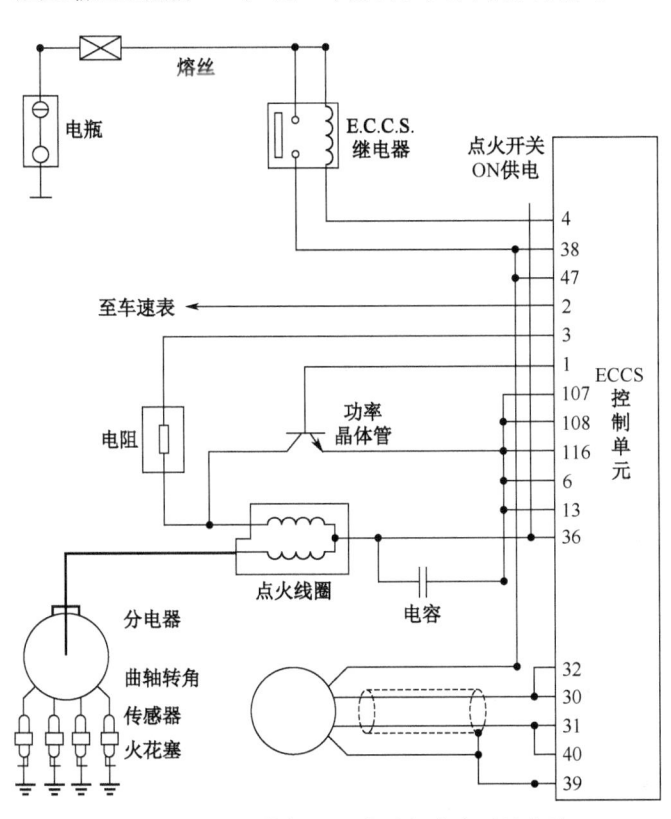

图 9-12 尼桑蓝鸟 U13 发动机点火系统电路

175

大器。

带分电器的点火系统由于分电器拆装后信号轮和传感头之间的位置发生变化，所以要通过正时枪在怠速时检测点火提前角的正确性。不正确时，可以转动分电器壳，直到正时为怠速点火角 10°～12°。

9.4 丰田点火系统

1. 分电器点火系统

丰田 5A-FE 发动机是基于 8A-FE 发动机基础上把排量由 1.3L 加大到 1.5L 的四气门、双顶置凸轮轴发动机。

如图 9-13 所示为分电器和点火模块的位置。在分电器内部，分电器轴上信号轮 G 转子产生基准信号；曲轴上的信号轮有 36 个齿槽，实际上只有 34 个齿槽。36 个齿槽代表曲轴转角 360°，每个齿位代表 10°。

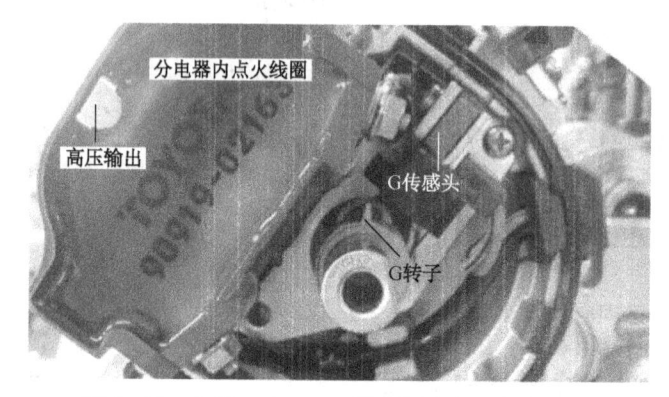

图 9-13 丰田 5A/8A-FE 发动机分电器点火系统

如图 9-14 所示为丰田 5A/8A 发动机点火系统框图。点火系统的工作过程如下：发动机控制单元从分电器内接收 G 信号，同时从曲轴信号轮上接收转速和曲轴位置信号，通过 IGT 引脚触发点火器内的波形变换电路，控制功率管的导通和截止，从而控制初级线圈的通断，在次级产生高压经高压输出端至分电器盖内，到达分火头顶部，通过分火头的转动把高压火分至各个工作缸。

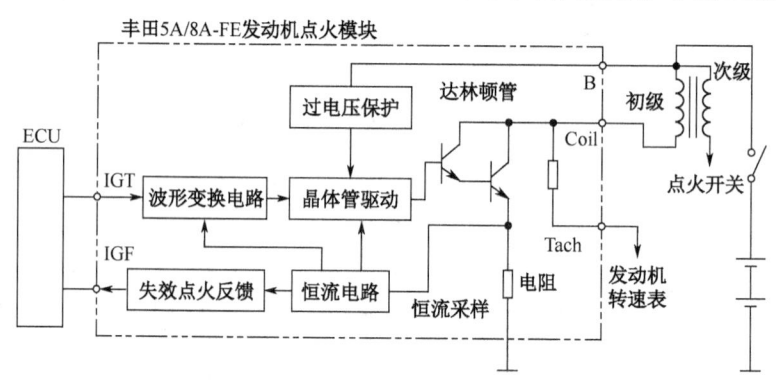

图 9-14 丰田 5A/8A 发动机点火系统框图

点火模块（点火器）内的恒流控制电路。一方面，通过监测恒流电阻上的电压降控制功率管的导通角，既使初级点火线圈能提供足够的点火能量，又能防止初级线圈过热。另一方面，当功率管损坏或初级线路有故障,功率管不能导通和截止时,恒流控制电路通过失效保护电路把初级线圈不能正常导通和截止的信号反馈给控制单元,控制单元显示相应失火的故障码。

点火器位于发动机舱右侧,在减震器附近。点火器外壳搭铁,易发生搭铁不良故障。

2. 单缸独立点火系统

丰田 1NZ-FE 和 2NZ-FE 是在国内使用较广的发动机,其特点是发动机点火系统采用单缸独立点火系统,取消了分电器。凸轮轴端部信号轮三个齿产生基准信号;曲轴上的信号轮有 36 个齿位,实际上只有 34 个齿。36 个齿位代表曲轴转角 360°,每个齿位代表 10°。控制单元通过把一个齿转过的时间分成 10 份,从而确定 1°曲轴转角的计算机时间。如图 9-15 所示为曲轴位置信号轮和凸轮轴位置信号轮位置。

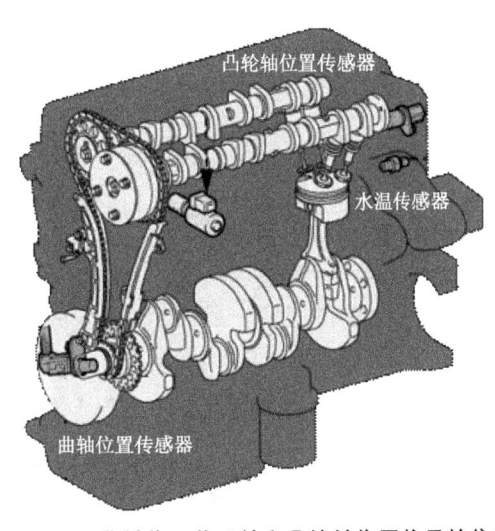

图 9-15 曲轴位置信号轮和凸轮轴位置信号轮位置

如图 9-16 所示的点火系统的工作过程如下:

发动机控制单元接收 G2 信号,同时从曲轴信号轮上接收转速和曲轴位置 NE+信号。通过 IGT 引脚触发点火器内的波形变换电路,控制功率管的导通和截止,从而控制初级线圈的通断,在次级产生高压经高压输出端至工作缸的火花塞。IGF 把四个点火器反馈初级线圈的导通/截止信号传给控制单元。

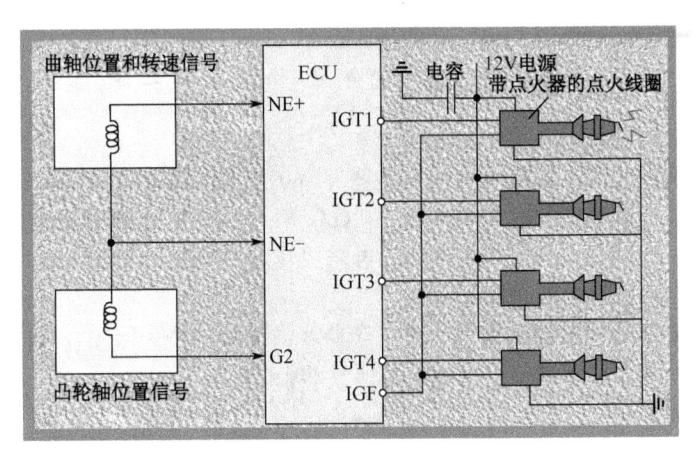

图 9-16 丰田 1NZ/2NZ-FE 单缸独立点火系统

9.5 大众点火系统

1998 年以后一汽大众生产的大众电喷车直接采用无分电器点火系统,没经历分电器阶段。大众无分电器的点火系统分为双缸同时点火式和单缸独立点火式两种方式。

1. 曲轴转速/位置传感器

如图 9-17 所示为发动机转速和曲轴位置传感器 G28 位置。发动机转速和曲轴位置传感器 G28 有两个作用。

G28 是一个感应式传感器，为控制单元提供发动机转速信号及 1、4 缸上止点前 72°参考点信号，确定喷油时间、点火时刻、点火顺序、怠速稳定控制、发动机最高转速控制、超速切断控制、油泵继电器接合控制等。信号中断时 5V 发动机停转，2V 发动机可继续运转，但动力性受影响，发动机发闷。

曲轴上信号轮扫描 G28 传感头，当信号轮经过感应式传感器时产生一个交变电压信号，其频率随发动机转速变化而变化。控制单元根据交变电压的频率识别发动机转速。信号轮上有一处缺 2 个齿（见图 9-18 发动机转速传感器），作为控制单元识别曲轴转角位置的基准标记。各汽缸中的活塞通过连杆与曲轴连在一起，因此曲轴上信号轮的位置可以用来确定汽缸中的活塞位置，但由于一个循环曲轴转两周，曲轴上信号轮的位置出现两次，因此不能确定汽缸处于"压缩上止点前 72°"。上止点前 72°和"压缩上止点前 72°"的区分是前者是不分压缩行程还是排气行程的。

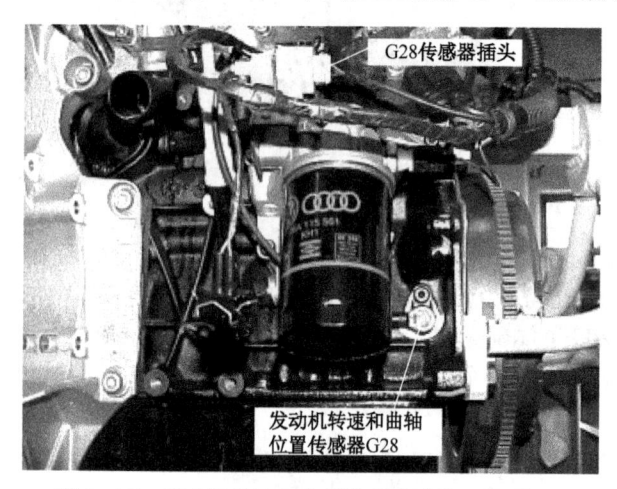

图 9-17 发动机转速和曲轴位置传感器 G28 位置

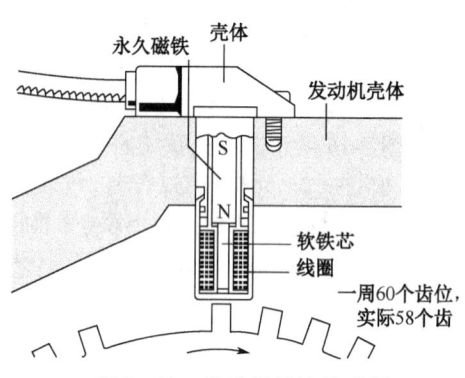

图 9-18 发动机转速传感器

1）发动机转速的识别

发动机转速是电控系统中重要的输入变量之一。60 个齿位代表曲轴转角 360°，每个记录下的齿形的正向波形或负向波形均代表曲轴转过 3°（60×6°=360°），经转化变成曲轴转 1°需要的时间，称为 1°时间。72°减去点火角数值为曲轴再需要转过的角度，此角度再乘以 1°时间，算出从压缩上止点前 72°到点火需要的时间。

在汽车的很多测速系统中都使用感应式传感器，齿圈与传感头间隙、齿圈材质等对信号有影响。G28 有静电屏蔽线，可减弱外界电磁场对信号的影响。

2）曲轴位置的识别

只要发动机转速超过 20r/min，就会有足够幅值的交流电压信号，控制单元板上的信号处理电路（施密特触发器）将幅值不同的正弦电压信号转变为恒定幅值的矩形波，即 58 个短方波和 1 个宽方波。在这些输入信号中，宽度两倍于其他方波的这个大的方波对应的曲轴位置是 1 缸活塞处于上止点前 72°的特定位置。

2. 凸轮轴位置传感器

凸轮轴和进气门、排气门所处的位置关系是确定的，所以凸轮轴位置信号可确定 1 缸活塞所处行程和距离上止点的角度。

如果点火系统中安装的是直接与凸轮轴机械连接的分电器，分电器中的分火头将自动指向对应的汽缸，ECU 不需要曲轴的位置信息。但是大众点火系统是双缸同时点火方式和单缸独立点火方式，就需要提供更多的信息给 ECU，使它能够确定哪个点火线圈应该被触发。为此，系统必须获得凸轮轴的位置信息。

霍尔传感器 G40 位于发动机汽缸盖上或凸轮轴正时齿轮的后侧（见图 9-19），采集发动机 1 缸压缩上止点前 72°信号。发动机控制单元通过此传感器判别 1 缸在压缩行程，确定爆震所在缸、喷油顺序。信号中断后不能识别爆震所在缸，发动机爆震控制从单独调节变为控制模式，即点火提前角均向后推迟约 15°。齿形皮带错齿，记忆为传感器有故障。

霍尔式传感器可以是控制单元供电也可以是电瓶供电。图 9-20 所示为霍尔传感器 G40 的工作原理。随凸轮轴一起旋转的触发轮控制触发三极管从而拉低控制单元内高电位。具体说三极管不导通时，信号线为 12V 或 5V（根据控制单元内电源而定），一旦饱和导通信号线为 0.3V（一个 PN 结电压）。高低电压变换的位置反映凸轮轴位置。

图 9-19　凸轮轴位置传感器 G40 位置

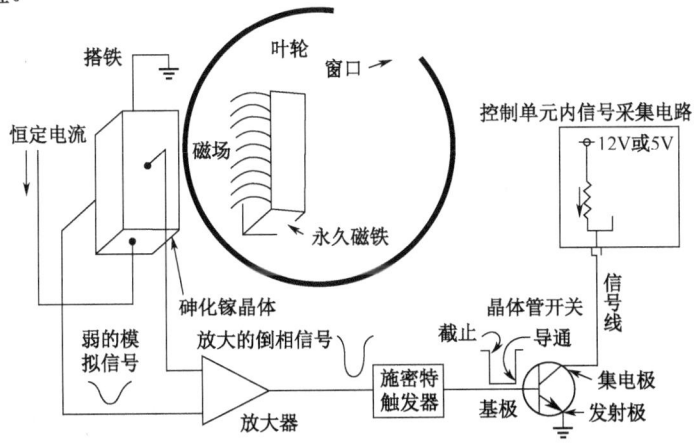

图 9-20　霍尔传感器 G40 的工作原理

顺序喷油和单缸独立点火的道理相同，它们都需要确定哪个汽缸的喷油嘴应通电喷射和哪个汽缸的火花塞要点火。所以凸轮轴的位置必须被监测，才能确定喷射和单缸独立点火顺序。

3. 点火控制信号

如图 9-21 所示为凸轮轴和曲轴信号的波形与点火对应关系。在 G40 和 G28 信号重合时为 1 缸压缩上止点前 72°，事实上单独 G40 信号出现就确定了 1 缸压缩上止点前 72°，G28 信号单独出现时确定 4 缸压缩上止点前 72°。

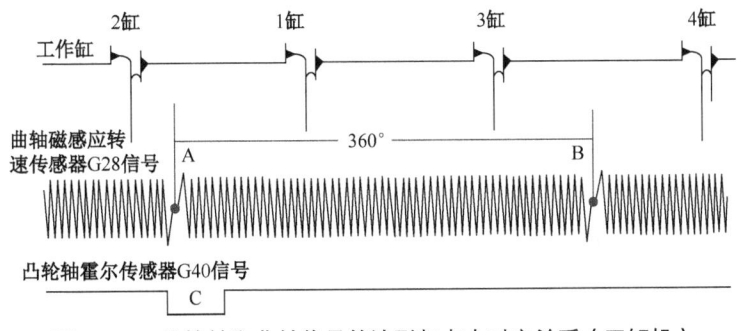

图 9-21　凸轮轴和曲轴信号的波形与点火对应关系（四缸机）

179

在一些紧急情况下，如曲轴位置传感器（即发动机转速传感器）失效后，将凸轮轴的信号作为系统的后备信号使用。但是凸轮轴信号的精度太低，因为作为备用信号使用后，曲轴两周才刷新一次点火角，所以它只能暂时代替曲轴位置信号。

4. 双缸同时点火

大众捷达发动机采用双缸同时点火技术，其点火线圈和点火模块如图 9-22 所示。两个汽缸合用一个点火线圈，即一个点火线圈有两个高压输出端，分别与一个火花塞相连，负责对两个汽缸点火。汽缸配对选择时，应注意当一个汽缸处于压缩行程时，另一个汽缸应为排气行程。因为必须确保在排气行程中所产生的点火火花既不点燃要排出的残余废气，也不点燃刚要进来的新鲜的混合气，所以对点火提前角调整的范围有一定的限制。

图 9-22 双缸同时点火线圈和点火模块

当初级电流接通时，次级线圈中会感应出 1～2kV 系统并不需要的电压，它的极性与点火高压的极性相反，而这种感应电压造成的火花塞跳火应予以避免。分电器点火系统由于有中心电极和旁电极的间隙，可以有效地消除这种现象。

对于单缸独立点火的系统来说，一般仍是在系统中采用二极管来实现这种功能。

对于双缸同时点火的系统来说，当两个火花塞串联在一起时，火花塞上的感应高压相互抵消，消除了开关跳火现象，所以可以不需要在点火线圈上再附加二极管。

捷达 1.6L 发动机点火系统电路图如图 9-23 所示。就点火而言，双缸同时点火系统如果四缸发动机点火顺序为 1—3—4—2，点火线圈配缸 1、3 缸和 2、4 缸为一组，则不需要在凸轮轴上安装凸轮轴位置传感器 G40 仍然可以点火。例如捷达，不着车时拔下 G40 传感器可以正常点车，着车后拔下 G40 传感器也可以正常着车，但爆震控制和喷油控制会受影响。

5. 单缸独立点火

单独点火方式指每个汽缸的火花塞上配用一个点火线圈，单独对本缸进行点火。

此点火方式是德国 Bosch 公司于 1983 年开发并采用的。这种点火方式特别适合在四气门、五气门（每个汽缸有两三个进气门、两个排气门）发动机上配用。这种单独点火方式突出的优点是：

- 无机械分电器和高压导线，因而能量传导损失、漏电损失小，机械磨损或破坏的机会均减少，加之各缸的点火线圈和火花塞均由金属罩包覆，其电磁干扰大大减小。
- 采用了与汽缸数相同的特制的点火线圈，该点火线圈的时间常数比传统的点火线圈小，因而线圈充电时间极短，能在高达 9000r/min 的宽广转速范围内提供足够的点火能量和高电压。
- 无机械分电器，又恰当地将点火线圈安装在双凸轮轴的中间，充分利用了有限空间，因而节省了发动机周围的安装空间，这对小轿车发动机室的合理布置有着特别重要的意义。

1）点火线圈

点火线圈由一块铁芯构成，形成一个封闭的磁回路，并且有一个塑料外壳。在壳体内，初级绕组直接安装在铁芯上的绕线管上，其外部缠有次级绕组。为了提高抗击穿能力，将绕组制成盘式或盒式（见图 9-24）。为使两级绕组之间以及绕组同铁芯之间实现有效绝缘，壳体内灌满环氧树脂。这种设计形式可与各个应用机型相匹配。

2）点火放大器

点火放大器由控制线圈初级电流的多级功率管所组成，用来替代传统点火系统中的断电器。此外，点火放大器也承担着限制初级电流和初级电压的责任。限制初级电压是为了防止次级绕组中的电压过高，而这种高压会损坏电路中的部件。限制初级电流的目的是为了使点火系统的能量输出保持在规定的水平。点火放大器可以是内部式（作为控制单元内部的一部分）或外部式（位于控制单元之外）。

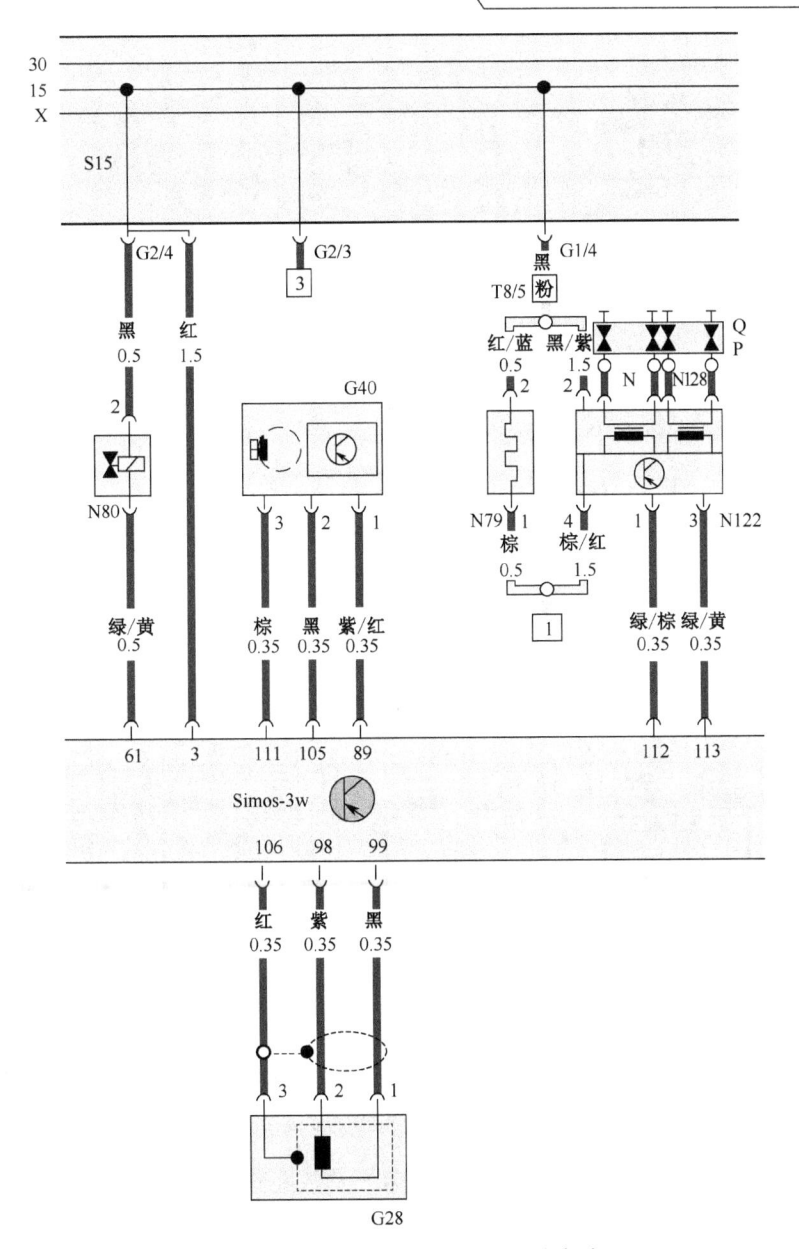

图 9-23 捷达 1.6L 发动机点火系统电路图

如图 9-24 所示为奥迪 1.8T 的点火线圈和点火放大器点火线圈。

由于增压发动机压缩终了的汽缸压力较高，放电较为困难，因此所需击穿电压较高，导致实际中点火线圈损坏的概率很高。

如图 9-25 所示为奥迪 1.8T 发动机点火系统电路图，从图中可知，单缸独立点火系统的次级线圈电阻还可以测量，而初级线圈电阻则不能测量。取消了高压线，使点火系统的初级线圈点火电压示波工作必须用专用感应元件，夹高压线的感应钳已不能用在

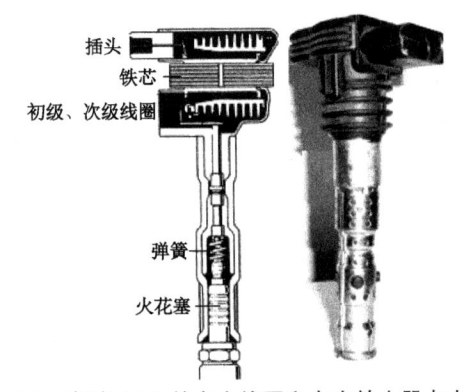

图 9-24 奥迪 1.8T 的点火线圈和点火放大器点火线圈

单缸独立点火系统了。

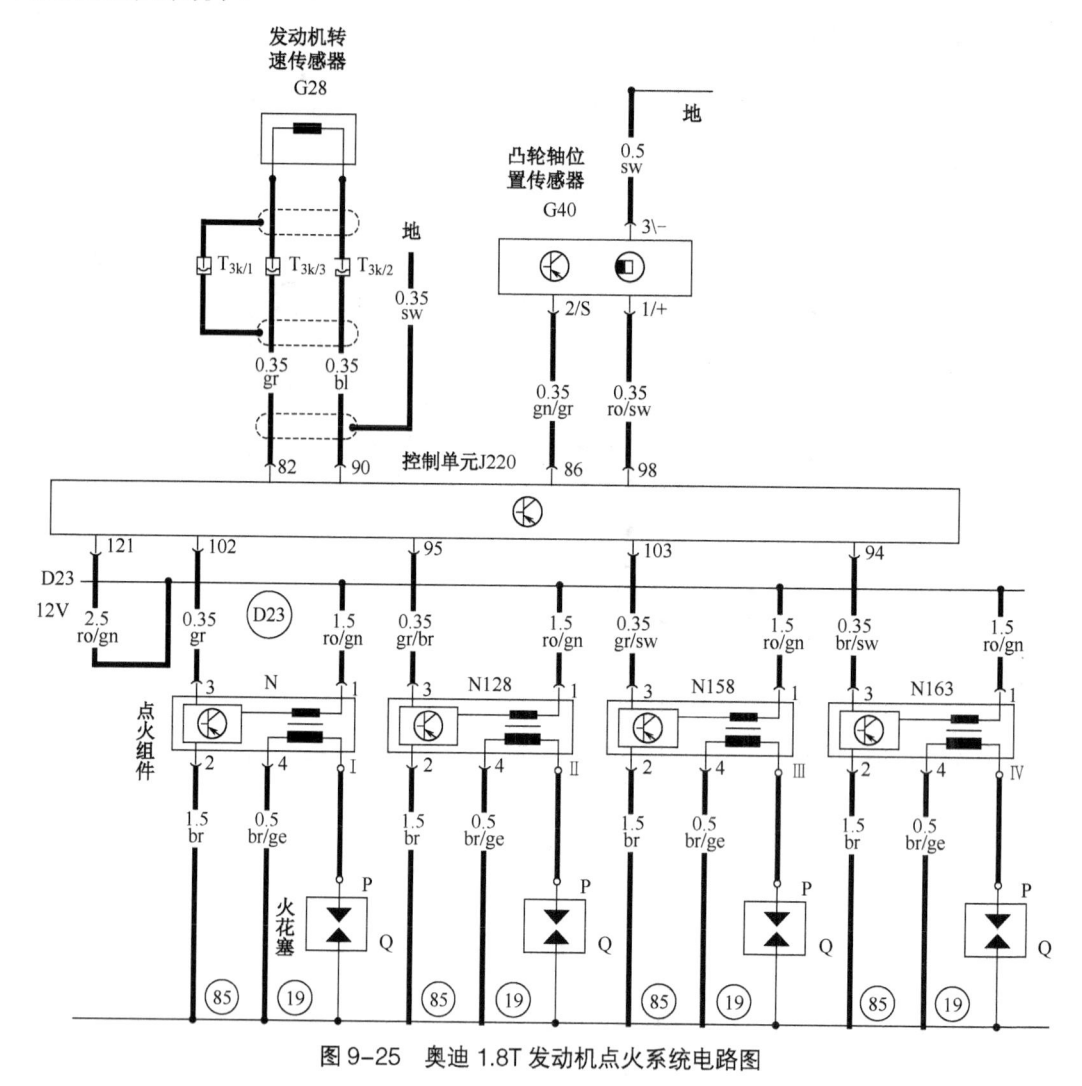

图 9-25 奥迪 1.8T 发动机点火系统电路图

单缸独立点火系统中每个汽缸安装一个线圈和一只放大器,由控制单元按点火次序触发。这种分电器系统可以灵活安装,用于任何缸数的发动机上,而且它在点火提前角的调整方面也没有任何限制。但是必须注意的问题是,这种形式的分电器必须安装同步装置,同步信号由凸轮轴传感器 G40 产生。

9.6 汽缸不做功判断

缸内在不喷油、不点火、气门关闭不严等情况下不能正常做功,这样的故障在汽车上危害很大,所以有必要判断出哪缸不做功,一旦判断出哪缸不做功可以不停止点火,但要停止这个缸的喷油。停止喷油可以防止未燃的混合气进入排气系统,造成排气管放炮、烧坏三元催化器造成堵塞、烧坏氧传感器;防止未燃汽油沿活塞进入油底稀释机油造成拉缸;防止因发动机动力不足造成司机进一步加大油门时油耗升高、发动机高温开锅、变速器油温过高等。所以非常有必要判断不做功或不正常做功的汽缸。

发动机动力不足时,一方面,司机会本能地加大油门来弥补动力不足,即节气门开大了,但实际上发动机转速并不高,进气管内压力高,压力传感器误认为进气量多,自动加大喷油量。另一方面,由于不做功不消耗氧气,氧气直接进入排气管内与一部分汽油在排气管内发生氧化反应,即放炮,但氧气仍剩余较多,导致氧传感器误认为混合气稀,信号传给控制单元后,控制单元加大喷油量,以致混合气更浓,直到氧传感器达到调整上限+25%,即增加+25%的喷油量。

汽缸不做功主要由点火系统和喷油系统引起,点火系统如点火器烧坏进入放大状态而不是开关状态、火花塞烧损、火花塞积炭导致火弱、高压线帽和点火线圈漏电等;喷油系统主要为不喷油,此时只会发生氧传感器加大喷油量,不会有太大危害,但动力下降也应立刻修理。因点火系统是导致不做功的主要原因,所以主要分析失火的影响。

如图9-26所示为燃烧失火对HC、CO、NO_x排放的影响。限制标准为纵坐标100,很显然,本车在不失火时HC、CO、NO_x三者排放都低于限值100。

在失火率为3%时,HC的排放比限值高2倍;CO排放比限值多出了许多;NO_x的实际排放比新车时的排放少了许多。

1. 通过点火器监视功率三极管

早期有些进口车通过点火器监视功率三极管。当点火器回路中的功率三极管进入放大状态不能正常截止时,点火器内的点火监视电路得不到功率三极管交替导通、截止的信号。如果ECU得不到点火器的反馈信号(IGF),则ECU判定点火系统发生故障。此时ECU立即采取措施,使喷油器停止喷射燃油。

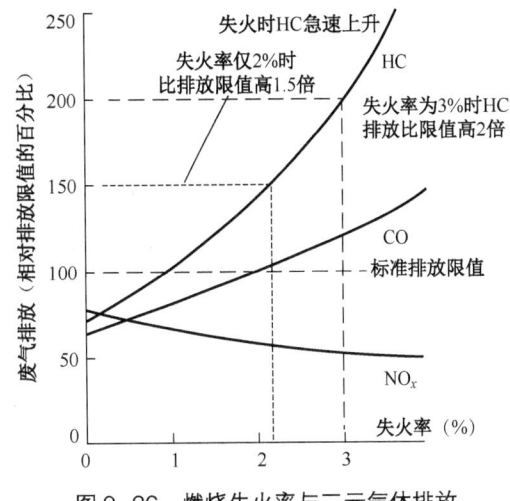

图9-26 燃烧失火率与三元气体排放

如果由于某种原因,偶尔出现一次"不正常"信号,诊断系统并不判定为故障。一般"不正常"信号必须持续一段时间。例如,控制单元6次以上通过IGT触发点火器,点火器连续6次没有IGF信号输入ECU,才判定为故障。

初级点火反馈技术只能确定初级三极管造成不点火的故障,这种故障更换点火器即可。初级点火反馈技术在"初级"正常通断时,由于高压线断路或漏电、火花塞漏电或积炭、点火线圈开裂或断路等就不能确定"次级"是否真正在汽缸内点火,更谈不上其他因素如喷油嘴不喷油、气门关闭不严等造成的缸内不做功了。

2. 检测曲轴转速的变动确定汽缸做功情况

汽缸不做功必定伴随着短时间的转矩下降,其结果是曲轴转速的下降。早期监测曲轴转速微小变化是很困难的,因为在发动机高转速、低负荷时,不做功仅使相邻两次点火间隔延长2‰,因此控制单元硬件的速度和控制单元软件的计算必须极其精确才能确定不做功汽缸。现在中高档轿车管理系统的故障监测功能相当强大,确定不做功汽缸已不是难事。如图9-27所示为缸内不做功的监测方法。

技师指导

> 汽缸做功稍差时,控制单元是不能判定为不做功故障的,主要是没有这个必要。不做功识别和初级电路三极管通断监测是完全不同的,不要弄混。

同检测爆震缸的道理一样,检测曲轴转速的变动所在相位确定不做功汽缸的位置。在图9-28中,3缸不点火或不喷油CD时间延长时,控制单元判定为3缸失火,开始对3缸进行断油控制。实际控制单元内存储3缸不做功故障码时,可能是3缸点火故障,也可能是3缸喷油嘴堵塞不喷油造成的。

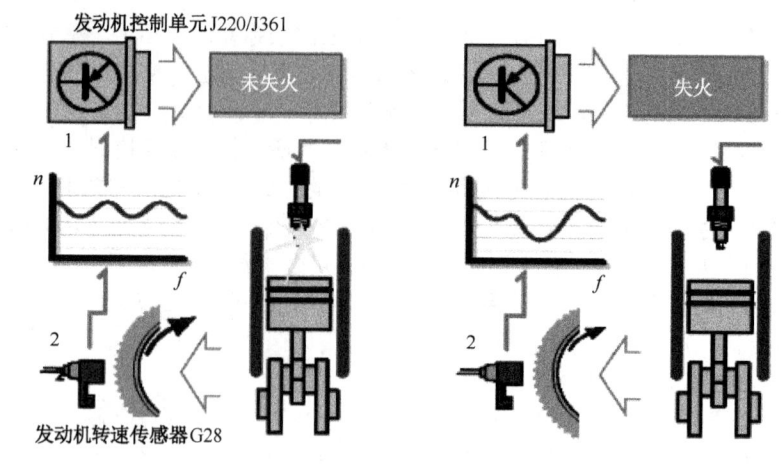

图 9-27　缸内不做功的监测方法

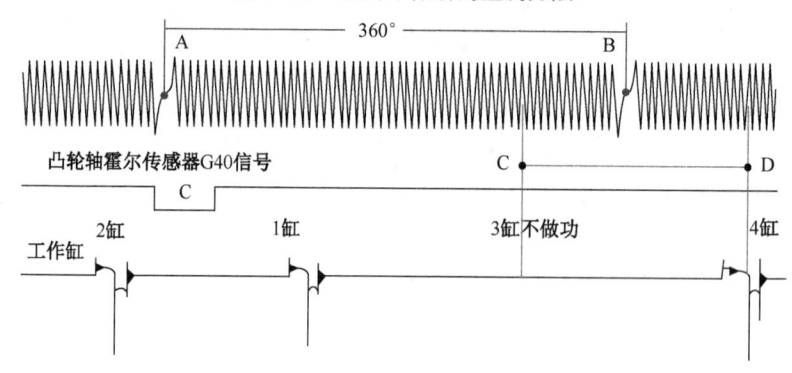

图 9-28　不做功汽缸的识别

3. 汽缸不做功故障（也称失火故障）的判断

因实际中不做功多为失火引起，所以不做功的故障也称失火故障。一旦出现某缸不做功，发动机控制单元通过转速变化情况会立刻监测到失火的汽缸，同时把失火汽缸的故障码存储起来。

故障排除中已指出能用执行元件诊断功能检查对应缸的喷油嘴，最好在喷油嘴上接二极管，应闪亮；也可用穿心螺丝刀听喷油器开启的电磁异响声。

并不是每一台发动机的管理系统都有这样的功能。大家若想知道哪款车有这样的功能，可以查看修理资料的故障码表，若有失火识别故障码，则本车的管理系统软件就有失火识别功能。知道有这项功能，就可以根据此功能的故障存储判断故障，使判断更准确。

对于没有失火识别功能的发动机管理系统，可借助火花塞判断。但排除过程很浪费时间，因而可用激光测温仪直接打在排气歧管上，不做功缸歧管的温度比做功缸要低得多，也可打在火花塞根部，不做功缸火花塞的温度比做功缸要低得多，此法可省时间。

9.7　分电器点火系统故障诊断

1. 分电器点火系统

在带分电器的点火系统中，由线圈产生的高压电要通过机械式分电器传递到需要点火的汽缸。由于系统使用电子装置实现分电器的点火角控制功能（传统为真空机构和离心机构），分电器被简化，没有真空机构和离心机构。

修理时点火器若有点火触发信号，但点火却不正常，则判断故障为点火系统故障。实际上点火基准信号和 1°信号发生部件很少有故障发生，一旦发生也多为人为故障。

低压部件有点火开关、点火线圈、点火模块等。

高压部件有分电器盖、装有限压电阻的分火头、中央高压线、分缸高压线、电磁干扰屏蔽电容、火花塞等。

有人说带分电器的点火系统要淘汰，不过国内与国外合作生产的家庭用车很多仍采用分电器点火。我们不能说双缸同时点火就比分电器点火好，毕竟分电器点火所用击穿电压比双缸同时点火击穿电压小，而且不存在火花塞上的高压火一半反跳降低点火能量的情况。所以在成本和性能上，只能说它们各有千秋。

2．分电器点火系统的检测

故障检测时同传统点火系统判断故障一样，先判断是初级电路导致的故障，还是次级电路导致的故障。方法是采用中心高压线对缸体的跳火试验，距缸体距离为 12.5mm，应有明亮的蓝火同时伴随"啪啪"声。为避免各缸进油太多，每次启动不超过 5s。

若无火，判断是初级电路故障。检查点火线圈和点火模块是否有 12V 电源，然后检查点火模块是否搭铁良好，实践中的故障多为点火模块外壳搭铁不良。如电源和搭铁良好，检查 IGT 是否有触发信号，可以用二极管串电阻测试，应闪亮。也可用示波器测试约为 5V 和 0V 的方波信号，若无方波信号，检查控制单元是否有电源和搭铁。控制单元有电源和搭铁时，检查三个传感器的信号。

若有火，判断是次级电路故障。此时检查分火头漏电、分电器盖漏电、分缸高压线漏电、火花塞积炭旁路故障。

1）点火线圈检查

测量点火线圈电阻是测量其好坏的最基本方法，但大多数情况是不奏效的，如初级线圈 0.4~0.5Ω，次级线圈 10.2~13.8kΩ。最好的方法是观察试火的声音和颜色。

2）信号传感器检查

测量磁感应线圈电阻是测量其好坏的最基本方法，但大多数情况是不奏效的，如 G1、G2、NE 三个传感器线圈电阻相同，均为 950~1250Ω，最好用示波器示波的方法。

信号轮和传感头在分电器内，由于无接触，所以不损坏。在分电器外测量传感器电阻和是否对地有短路即可。若拆分电器盖，动过分电器内传感头的固定螺钉，则一定要用间隙规按标准间隙 0.2~0.5mm 装回。事实上再装 G1 和 G2 传感头回原位很困难，因为 G1 和 G2 传感头在同一个底座上，传感头内的永久磁铁会吸分电器轴上的信号轮，而且吸力很大，分电器轴不能被吸动，这时不是 G1 传感头吸引分电器轴，就是 G2 传感头吸引分电器轴，在分电器这个小空间里，用手保证分电器轴恰在 G1 和 G2 传感头中心，确实需要反复弄几次才能安装固定。若间隙不对，打着车后，几秒钟会自动熄火，与点火模块有故障现象差不多。NE 的间隙也必须正确，否则根本不着车。

3）高压线检查

每根高压线最大电阻允许值为 25kΩ，过大电阻说明高压线内部存在断路现象；高压线外皮损伤或老化漏电时，用手摸高压线，特别是摸高压线两头时打手。若是晚上，掀开机盖会发现高压线与缸体之间在跳火。若是打开收音机，高压线漏电时也会伴随着收音机有干扰杂音。若是打开发动机舱清洗发动机或下雨，将出现打不着车的现象。

4）火花塞检查

铂金火花塞更换里程为 10 万千米，中心电极和接地电极电阻应为无穷大，但由于积炭、汽油、机油或燃烧后的添加剂堆积在白陶瓷体上，导致中心电极和接地电极之间的电阻变小，但至少也要大于标准限值 10MΩ。也可加速至 4000r/min 几次，然后检查火花塞，电极应是干的，若仅本缸是湿的，其他缸正常，应检查火花塞的螺纹和中心白陶瓷体是否损坏。

若各缸都是湿的，应检查点火线圈点火能量是否正常。中心高压线对缸体跳火，红色时为点火线圈故障，蓝色时为点火线圈正常。而分缸高压线对缸体跳火，红色时为分电器盖、分火头漏电，根据高压线对应的分火头和分电器盖检查，实际多为分火头和分电器盖漏电。分电器盖在凸轮轴前端固定，易发生开裂漏电，放炮、冒黑烟。

电极间隙过大、过小故障。电极标准间隙为1.1mm，最大间隙为1.3mm。间隙过大时，点火线圈易损坏；间隙过小时，易积炭和积油，火花能量不足。

现在的修理方法使火花塞更换得比较勤。实际中多为火花塞积炭、积油，汽油或机油中的添加剂使火花塞陶瓷体变为红棕色导致形成导电层。

火花塞拧紧力矩和拧紧方法不对，导致陶瓷体开裂漏电。现象是加速放炮，晚上着车掀开机盖发现火花塞与缸体之间在跳火，洗车后或下雨后打不着车。

以上故障现象适用于有分电器的汽车，也适用于无分电器的汽车，但元件的参数最好参考具体车型数据。

9.8 点火能量不足

1. 点火能量不足故障

点火系统主要控制点火正时和点火能量，实际中，电控系统控制正时传感器很少出故障，也就是说点火正时很少出故障，故障主要表现在能量上，主要为点火能量不足。也可以这么说，实际修理中只要能处理点火能量不足故障，即可解决绝大部分点火故障。

点火能量不足故障点在点火放大器、点火线圈、高压线、火花塞，若有分电器，则分火头和分电器盖也会导致点火能量不足。其中点火放大器、点火线圈会导致产生能量不足，其他会导致传输漏电故障。

2. 高速时耸车

1）火花塞故障

火花塞裙部被红棕色的氧化物覆盖，表现为高车速时有耸车或加速耸车，就像供不上油的感觉。若火花塞陶瓷绝缘体上积炭或火花塞陶瓷绝缘体上被红棕色的氧化物覆盖，则会出现高速缺火现象。这是因为高速时汽缸内温度极高，火花塞陶瓷绝缘体上的红棕色氧化物随温度升高其阻值变小，这样在高速时击穿氧化物而出现中心电极和接地电极之间火弱甚至缺火现象，这种现象在侧电极为负极的线圈分配式同时点火系统的火花塞中更容易出现。

分电器式点火系统的所有火花塞的中心电极都是负极性的，因中心电极的温度较侧电极的温度高，中心电极为负极时更易向侧电极发射电子，因此工作更可靠。

双缸同时点火系统有一半的火花塞中心电极是正极性的，侧电极向中心电极发射电子，但侧电极温度相对较低，不易发射电子，更易受污染。

一般的火花塞能用5万千米左右，铂金火花塞寿命为10万千米，但它只能保证在10万千米内的电极间隙变化很小，不能保证陶瓷绝缘体上不污染而漏电。这种红棕色氧化物与市场上的汽油质量参差不齐有关。另外，很多私家车耸车的原因是火花塞有黑色积炭，这主要与新手开车车速一直很低、路程很短有关。

发动机ECU若有点火识别功能，在识别出某些缸工作不良后，可令这些缸断油以控制发动机排放，并显示故障码，同时读数据流时氧传感器检测到多余的氧气，使氧传感器输出低电压，调节时控制单元认为混合气稀，加大25%的喷油量仍旧稀，喷油修正数据超上限，不能再调节。点火模块搭铁虚接在各个车速范围都可能会出现耸车现象或突然熄火，但只要没有剧烈振动，仍能跑到最高车速。

2）高压线故障

高压线中间段橡胶和两端部橡胶嘴会老化，所以高压线也是有使用寿命的。一旦高压线漏电，会排放大量的 HC、CO 在排气管内燃烧放炮，将排气管烧红，加速无力，风扇 2 挡转动，发动机开锅，在车下从车底传过很热的气流烤大腿。

司机在发动机无力时会加大节气门开度，发动机转速不高，使混合气变浓、补燃期过长，发动机生热过多而开锅。

高压线漏电会影响发动机怠速的转速，从而影响发电机发电电压，造成仪表内发电机指示灯闪烁。当漏电高压线与磁感应式车速传感器的距离较近时，对于出租车，高压漏电可能干扰车速传感器向计价器传输正确信号，使计价器乱跳字；对于家用轿车，可能导致仪表显示不准。对于单缸独立点火的点火线圈或双缸同时点火的火花塞，插火花塞处的橡胶绝缘下降漏电较多。检测时用手捏单缸独立点火线圈的橡胶嘴会发现裂口（见图 9-29），不捏则不易发现。

开裂的橡胶嘴还能使火花塞白陶瓷体出现线沟状麻点（见图 9-30）。修理过程中，发现火花塞白陶瓷体出现线沟状麻点，即可更换高压线，这已证明橡胶嘴和接地电极间有电弧发生。橡胶嘴内的白色物质为绝缘物质，有白色物质为正常现象。

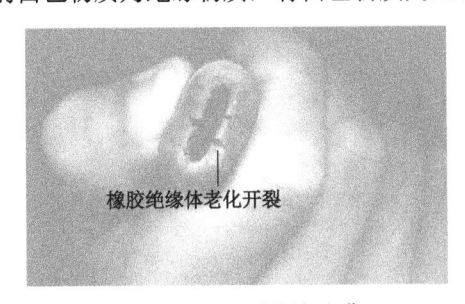

图 9-29　开裂的橡胶嘴

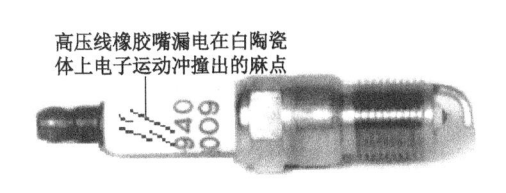

图 9-30　火花塞白陶瓷体出现线沟状麻点

3）点火线圈故障

带涡轮增压的发动机，特别是发动机的点火线圈属于点火控制模块和点火线圈集成在一起的独立式点火线圈。其中，点火控制模块位于顶端，下部为线圈部分，次级线圈被初级线圈缠绕在中间并由硬质绝缘材料封装，最外层则是金属屏蔽层。

怠速不稳，加速时发动机无力。主要是绝缘层绝缘性能不良，对已经损坏的点火线圈进行解体，会发现这些点火线圈几乎都是次级线圈绝缘层被击穿，有的在绝缘层上端被击穿，有的在绝缘层下端被击穿。绝缘层击穿并非其电路设计问题，主要是绝缘层绝缘性能不良，使匝间、层间与极间出现短路现象，从而导致点火能量下降或直接对发动机缸体上的某个位置跳火，不再经火花塞跳火。

涡轮增压器对点火电压有影响。车辆正常行驶时，发动机、火花塞电极温度都很高，此时的混合气很容易被电离击穿。涡轮增压器工作时，汽缸内的压力相对普通汽油机也要提高，混合气的密度变大。而此时击穿火花塞的电压要比普通发动机高出 2～6kV（普通发动机为 8～12kV）。在大负荷和急加速时点火击穿电压将达到 20kV 左右，所以有些车在急加速时失火故障特别明显。

因氧传感器的空燃比自动调节作用，影响缸内点火能量的因素会导致喷油量增加。

可用示波器观察点火波形电压或大距离缸体跳火。发现其点火波形异常，高压点火电压约为 7000V 左右，冷车时次级高压在 10kV 左右。

有时点火线圈或点火模块只有在高温时才断火，低温时一切正常，所以可以用暖风机加热或长时间工作后再做上述点火能量测试。

实践中双缸同时点火或单缸独立点火的点火线圈因为外壳为铸塑结构，老化或点火线圈的电流过大生热过多，都会导致塑料开裂漏电。

4）点火放大器故障

点火放大器内部控制初级、末级三极管通断的功率管或内部集成电路损坏等，也会导致加速不良，特别是在热车时。

第10章 怠速控制

本章知识目标
- 能说出各种怠速系统结构；
- 能说出电子节气门体怠速控制过程。

本章技能目标
- 能判断发动机怠速不稳现象；
- 能解决质量空气流量计节气门体后漏气的问题；
- 能对间接和直接空气质量测量这两种方式的节气门体后漏气故障进行区别。

10.1 怠速控制概述

怠速控制（Idle Speed Control, ISC）本质是怠速转速控制，不同工况，特别是不同温度发动机的怠速转速控制目标是不同的。为了达到这个转速控制目标，发动机控制系统要在不同阻力或负荷下控制输出不同的转矩。

1. 怠速转矩

维持发动机曲柄连杆机构和配气机构克服阻力运动的转矩，加上维持润滑和冷却的转矩，称为怠速基本转矩或稳态转矩。发电机负荷增加、空调打开和液压动力转向给发动机增加的阻力称为动态转矩。

2. 怠速转速

发动机怠速转速是指发动机对传动系统无动力输出情况下的发动机转速，在发动机不同工况时阻力是不同的，发动机控制系统要维持不同工况下的这个转速值，在不同情况，即看起来即使是相同的怠速转速，但实际输出的转矩不同。

在冷车状态时，为了尽快热车，发动机设定的目标值较高，随冷却液温度升高，发动机设定的目标值下降，发动机ECM在冷却液温度高于80℃后，怠速转速设定的目标值下降为一个固定值。我们通常将冷却液温度低于80℃的发动机怠速转速称为"冷车高怠速"或"高怠速"，大众汽车把冷却液温度高于80℃（日本70℃）以后的固定发动机转速称为怠速。

现在市场上的电控发动机主要为进气道喷射的缸外喷射发动机和缸内喷射发动机，一般在缸外喷射的发动机怠速较高，而缸内喷射的发动机怠速较低。另外，同种发动机日本怠速要比大众汽车低。

3. 怠速控制

怠速控制是指维持怠速转速而进行的调节进气量多少的控制。

怠速转速过高，会增加燃油消耗量。汽车在交通密度大的道路上行驶时，约有 30%的燃油消耗在怠速阶段，因此怠速转速应尽可能降低。但考虑到减少有害物的排放，怠速转速又不能过低。

怠速转速控制的实质是对怠速时进气量的控制。怠速时喷油量不用另外单独控制，只要根据此时空气流量数据匹配该工况下的空燃比的喷油量即可，这样不改变混合气的空燃比，可以避免影响发动机排放指标。

4. 转矩提升

为了维持发动机的怠速转速目标值，发动机在有阻力介入时，需要增加转矩以维持发动机怠速转速，这个过程标准称为"怠速转矩提升"。不过有的车型上在阻力介入时发动机转速控制目标值升高而不是原来的值，这个过程也称为"怠速提升"。

汽车行业中能说出"怠速转矩提升"的人很少，但了解"怠速提升"的人却很多，这实际上是怠速控制的两种说法，本质是一个内容。

发动机遇到下列情况时，要进行发动机转矩提升。

- 冷车启动后到暖机工况的运转；
- 用电器用电负荷增加；
- 空调压缩机突然吸合工作；
- 手（自）动变速器由空挡移入行驶挡位时；
- 驾驶员转动方向盘，转向泵的阻力增加时。

这些阻力介入时会引起怠速转速变化，使发动机运转不稳，甚至引起熄火现象。

5. 怠速控制内容

怠速控制的内容随车型的不同而有较大差异。一般发动机 ECM 对怠速进行控制的内容包括：

1）启动控制

为了改善发动机的再启动性能，在上次发动机点火开关关断（OFF）后，发动机 ECM 控制怠速控制机构回位或机械弹簧拉动怠速控制机构在全开位置，这样保证在下一次启动期间，经过怠速控制机构的旁通空气量最大，发动机易于克服阻力启动。

2）启动后控制

在发动机启动后，若怠速控制机构仍保持在全开状态，怠速转速会升得过高。所以在启动期间或启动后，发动机转速达到规定值（此值由冷却水温度确定）时，发动机 ECM 开始控制怠速控制机构，将阀门关小到由冷却水温确定的阀门开度。

3）暖机过程控制

在暖机时，随着水温升高，发动机自身的运转阻力变小，根据冷却水温所确定的位置，怠速控制机构开始逐渐关闭。当冷却水温达到正常温度时（不同车系的研发人员规定的这个值不同，丰田车系为 70℃，大众车系为 80℃），暖机控制结束。

4）转速反馈控制

在怠速运转时，如果发动机的实际转速与发动机 ECM 存储器存储的目标转速相差超过一定值时，发动机 ECM 将通过控制怠速控制机构，增减怠速空气量，使发动机的实际转速与目标转速相同。

5）负荷变化控制

发动机在怠速运转时，如变速器挂挡和摘挡、空调电磁离合器接通或断开、转动方向盘，都将使发动机的负荷立刻发生变化。为了避免发动机怠速时转速波动或熄火，在发动机转速出现变化前，发动机 ECM 控制怠速控制机构开大或关小一个固定距离。

开大灯，启动冷却风扇、鼓风机等用电器，用电负载增大，蓄电池端电压会降低。为了保证发动机 ECM 常电端子和点火开关供电端子具有正常的供电电压，需要控制怠速控制机构，相应地增加空气量，提高发动机怠速转速，提高发电机的输出功率。以上负荷启动后，数据流中发动机转速或电瓶电压读数下降，伴随点火提前角增大，发动机怠速进气量增加。

6) 学习控制

发动机 ECM 通过怠速控制机构的伸缩，确定怠速控制机构的位置，达到调整发动机怠速转速的目的。但发动机在整个使用期间其性能会发生变化，如怠速控制机构阀口变脏、发动机大修过、更换过发动机等都会影响发动机在同样怠速控制机构开度下的发动机转速。

如果怠速控制机构的位置不随着改变，怠速转速会变得和初设的数值不同。为防止这种不良情况发生，发动机 ECM 利用反馈控制的方法，使发动机转速达到目标值。与此同时，发动机 ECM 将怠速控制机构的开度存储到存储器中，在以后的怠速控制中使用。

学习控制也叫自适应控制。发动机 ECM 将怠速控制机构的开度存储到存储器中，在以后的怠速控制中，当发动机性能变化时（动力性因故障变坏或大修后变好），怠速控制机构的开度也变化。如果仅靠发动机 ECM 根据发动机目标转速自学习，有时学习时间会很长，在这段学习时间内怠速不正常。例如，节气门在曲轴箱通风量过大时会变脏，发动机 ECM 会在稍脏时根据目标转速开大节气门（此时节气门为怠速控制机构）保证怠速稳定。但节气门脏到一定程度时，发动机 ECM 的自学习功能会超限，在故障码中会提示怠速自适应值超限。清洗完节气门后，由于发动机 ECM 内存储的自适应值不会立刻随目标转速发生改变，会造成一段时间怠速居高不下，这是正常现象，发动机 ECM 怠速一段时间后会重新自适应，怠速会自然稳定。有些车系为了快速自适应设计了基本设定程序，由检测仪直接控制怠速控制机构找到怠速执行机构开度的最小位置和最大位置，从而快速计算出怠速稳定点，找到自适应值。

7) 减速控制

节气门被打开时，发动机的动力所需要的进气量全由节气门主气道提供，怠速旁通气道此时已无关紧要。但是为了防止松加速踏板熄火，电喷发动机在设计时已经考虑到应该在加速工况下开大怠速旁通气道，防止发生减速不稳而熄火的现象。怠速控制机构的旁通气道的打开量值比正常怠速时的开度还要大些。

10.2 怠速控制类型

怠速进气量的控制对策、方式随车型而有所不同。对电控燃油喷射发动机来讲，目前可分为旁通气道式和节气门直动式两种类型。

1. 旁通气道式

旁通气道式怠速控制执行机构的种类较多，一般可按结构分为：双金属片式、石蜡式、电磁阀式、旋转电磁阀式和步进电动机式五种。目前，仅存少量的旋转滑阀式（比如丰田科罗拉）和步进电动机式怠速调节机构。

1) 旋转滑阀式

目前旋转滑阀式在国内主要是早期的本田和丰田车系，其结构如图10-1所示，工作原理是电动机转动带动转阀转动打开或关闭旁通气道。

采用旋转滑阀式怠速控制机构的国内典型车型为丰田科罗拉（COROLLA）。

2) 步进电动机式

国内目前的三缸夏利N3、比亚迪F3等采用步进电动机式怠速控制机构。

如图10-2所示为步进电动机式怠速控制。发动机怠速时，节气门处于全关闭的位置，怠速运转所需要的空气经怠速空气旁通气道进入进气总管，在旁通气道中安装了能改变通道截面积的怠速空气调整螺钉，通过旋进或旋出怠速调整螺钉，调整发动机怠速转速。

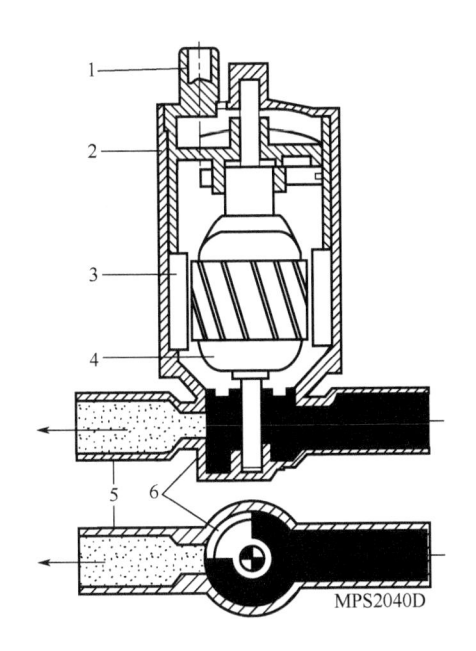

1—插头；2—电动机壳体；3—永磁体（定子）；
4—电动机电枢（转子）；5—旁通气道；6—转阀

图 10-1 旋转滑阀式怠速控制

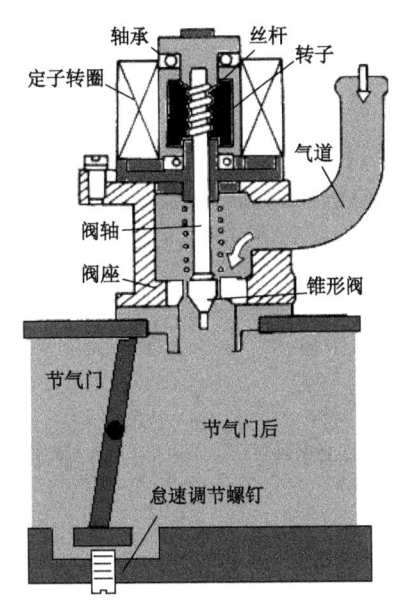

图 10-2 步进电动机式怠速控制

怠速工况下，如果怠速螺钉调整的进气量过大或过小，会导致怠速控制机构的开度初始位置被调至过大或过小，都将影响怠速控制机构的关小或开大的范围，从而易产生故障；如果怠速螺钉调整的进气量过大，怠速控制机构在目标转速反馈作用下，进气量自动会关小。发生进一步多进气的情况时，怠速控制机构不能再关闭减少进气量，所以易造成怠速转速过高。如果怠速螺钉调整的进气量过小，在目标转速反馈作用下，怠速控制机构控制的进气量会开大；发生堵塞等进气少或有负荷需要多进气时，怠速控制机构不能再开大增加进气量，所以易造成有负荷时怠速转速下降、抖动以至熄火。

所以怠速工况下的怠速螺钉是值得重视的，不可盲目调节怠速螺钉，应该有一个清晰适中的调节量，其目的是让怠速阀在怠速工况有一个较宽的自由调节量，使怠速控制机构能攻能守。

旁通气道步进电动机式怠速控制系统的维护多为清洗和做基本设定，如无人为原因或机械撞击，它基本不会损坏。

2. 节气门直动式

节气门直动式取消了旁通气道，发动机各种工况的进气量完全从主气道通过。怠速工况时，由怠速电动机在发动机 ECM 的控制下推动节气门翻板，使其按要求打开一个开度，这个微小的开度即是怠速工况的进气量，进气多少由怠速电动机转动位置所决定，而电动机转动位置由反映节气门位置的节气门位置传感器信号输入发动机 ECM，再由发动机 ECM 控制电动机转动的开度，从而完成怠速控制的目的。司机踩下油门踏板时，怠速触点断开，怠速电动机失去作用，节气门翻板完全由节气门拉线来控制。

节气门直动式分为半电子节气门式和全电子节气门式两种类型。

1）半电子节气门式

如图 10-3 所示为带节气门拉索的节气门直动式怠速控制机构，也称半电子节气门。半电子节气门的电动机仅控制怠速的空气流量。发动机 ECM 通过控制永磁可逆电动机，只在角度 1 范围内控制怠速。角度 2 仍然由与油门踏板相连的节气门拉索控制，车型如 2005 年前的捷达和红旗等。

2）全电子节气门式

节气门电动机控制所有工况的空气流量，这种节气门叫全电子节气门，如图 10-4 所示。

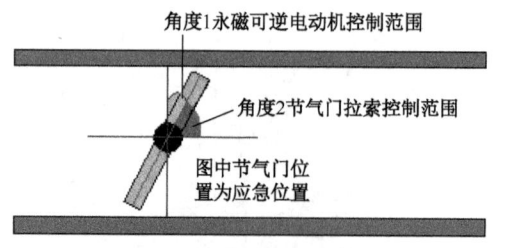

图 10-3　节气门直动式怠速控制机构

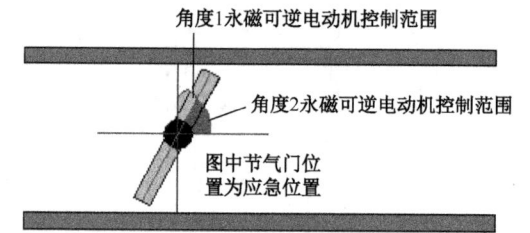

图 10-4　节气门直动式怠速控制和全程控制机构

发动机 ECM 通过控制永磁可逆电动机全程控制节气门开度。在角度 1 范围内控制怠速，在角度 2 范围内控制发动机在不同行驶工况的动力输出。

10.3 旋转滑阀式怠速控制机构

1．旋转滑阀简介

目前为电控发动机上应用较少、但功能较全面的一种怠速控制执行机构。如图 10-5 所示为两种旋转滑阀式怠速控制机构的结构示意。

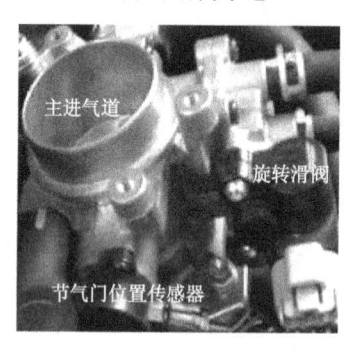

图 10-5　旋转滑阀式

1）单绕组式

单绕组式的特征是两端子，易和电磁阀弄混，电枢只能做单向驱动，绕组内通过的占空比电流产生的电磁力与复位弹簧力平衡时，滑阀位置就确定了。断电后由复位弹簧把滑阀拉到全开位置。单绕组式电枢的电接头是两根线，所以和电磁阀易弄混。单绕组式比较简单，事实上就是单向直流电动机，本节不做介绍。

2）双绕组式

双绕组式的特征是三端子，电源端子为双绕组共用，控制单元控制两个绕组端子的导通，电枢可以做双向驱动，复位弹簧只在其中起平衡作用。当电枢旋转时，带动下部的旋转滑阀就可以调节空气量的大小，主要应用在丰田车系低档车型上。

有的单绕组式本质是一个步进电动机，经减速机构控制转阀，线圈内可正反向流过电流来控制电枢转动方向，如本田车系。

运行时，ECU 根据发动机工况决定 PWM 信号的脉宽，工作可靠且控制精确。由于控制信号与比例电磁阀式怠速控制执行机构完全一样，可以在系统设计时根据情况选用，从而扩大了设计的自由度。

2. 旋转滑阀电路

双绕组旋转滑阀式怠速控制原理如图10-6所示。

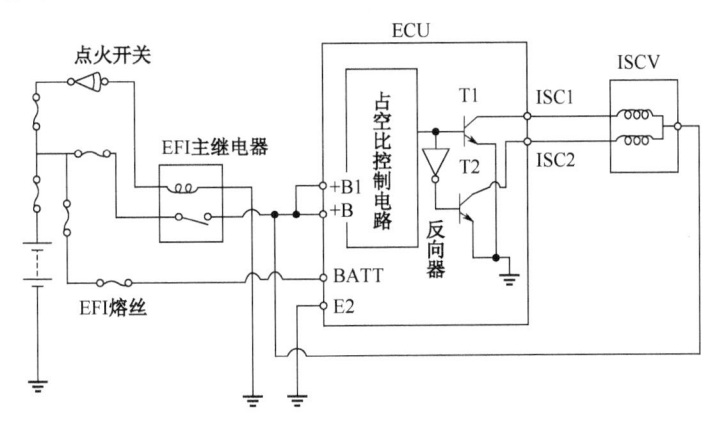

图10-6 怠速控制原理（双绕组旋转滑阀式）

主继电器向怠速控制机构（ISCV）供电，发动机ECM控制占空比控制电路使ISC1相和ISC2相绕组先后导通，由于ISC1相和ISC2相绕组绕向相反，所以转动方向相反。

3. 旋转滑阀式怠速控制机构控制内容

在整个怠速范围内，发动机ECM根据水温等传感器输入的信号，确定发动机所处怠速工况的占空比，对怠速转速进行控制。旋转滑阀式怠速转速控制内容如下：

1）启动控制

启动发动机时，发动机ECM根据发动机运行情况从存储器中取出预存的数据，控制怠速控制机构的开度。

2）暖机控制

发动机启动后，发动机ECM根据冷却水温度控制发动机在暖机过程中怠速转速的变化。

3）反馈控制

发动机启动后，当满足反馈控制条件（怠速触点闭合、车速低于2km/h、空调开关断开）时，发动机ECM将发动机实际转速与存储器中预先设定的目标转速进行比较，如果发动机的实际转速低于目标转速，发动机ECM则控制怠速控制机构将阀门开大；反之，如果发动机的实际转速高于目标转速，则将阀门关小。

4）发动机负荷变化时的控制

在发动机怠速运转时，如空挡启动开关接通或某种负载较大的电器立即工作，会使发动机的负荷改变，此时为避免由此引起发动机转速波动或熄火，在发动机转速出现变化前，发动机ECM控制怠速控制机构开大或关小一定角度。

5）学习控制

旋转滑阀式怠速控制是根据占空比怠速控制机构门的转动角，从而达到调节发动机怠速转速的目的，但由于发动机在整个使用期间其性能会发生变化，尽管控制的占空比仍保持在某一值，然而发动机的怠速转速和使用初期数值已不一样。此时发动机ECM可用反馈控制的方法进行学习修正，将怠速转速调整到目标值。当目标怠速达到后，发动机ECM将其占空比存入备用的存储器中，在以后的怠速控制中作为这一工况下控制占空比的基准值。

4. 旋转滑阀式怠速控制机构的检查

丰田三线旋转滑阀式怠速控制机构控制电路如图10-6所示，在整个怠速范围内ECU通过占空比（0%～100%）对怠速转速进行控制。

1）检查 ISC 阀阻值

+B 与 ISC1、+B 与 ISC2 之间的电阻均为 18~22Ω，如电阻值不符合要求，应更换 ISC 阀。

2）检查 ISC 阀

在丰田发动机 ECM 内有一套检查 ISC 阀工作的程序：在正常水温、发动机正常运转及变速器位于空挡位置时，将检查连接器中 TE1 和 E1 端子用连接线连接起来，标准是发动机以转速 1100~1200r/min 运转 5s 后，转速会降低 200r/min，如不符合要求，应检查 ISC 阀、ISC 阀至 ECU 的线路和 ECU。

10.4 步进电动机式怠速控制机构

步进电动机根据线圈数量分为双线圈式和四线圈式。双线圈式采用四线实现两个线圈的电流正反向变化，四线圈式采用六根线实现四个线圈的电流通断，方向不变化。

1. 六线步进电动机

1）步进电动机的结构

步进电动机安装在怠速控制机构（ISC）内，由四只线圈、磁性转子、阀轴和阀组成。发动机 ECU 根据节气门位置传感器、水温传感器、发动机转速等信号控制怠速阀的步级数，阀前后移动控制怠速旁通道开启截面积，即控制怠速空气量，从而控制怠速转速。

不同汽车公司所采用的步进电动机式怠速控制装置在结构形式上略有差异，但其基本工作原理相同。如图 10-7 所示为丰田、日产和三菱公司的步进电动机式怠速控制执行机构。步进电动机均为可逆式电动机，按步数进行控制，一般分为 125 步（通常六线）和 255 步（通常四线）两种。步数越多，控制精度越高。一个脉冲电动机转过的角度称为一步，丰田车系每周为 32 步，每步 11.25°，量程为 0~125 步，大约 4 周，调节速度可达每秒 160 步。

如图 10-8 所示为步进电动机原理图，定子为 C1、C2、C3、C4 四个线圈，每个线圈在定子上可形成 4 对磁极，4 个线圈可形成 16 对磁极，定子形成的 16 对磁极使中间的转子在空间有 16 个位置对应，360°/16=22.5°，图中为 C1 线圈通电。若图 10-8 中 4 个线圈的极数加倍则形成 32 对磁极，360°/32= 11.25°。图中步进电动机的转子由永久磁铁构成，N 极和 S 极在圆周上相间排列，共有 4 对磁极，增加转子磁极数量只增加转子的转矩，不改变转子转速，所以图中只画出一对磁极作为示意。

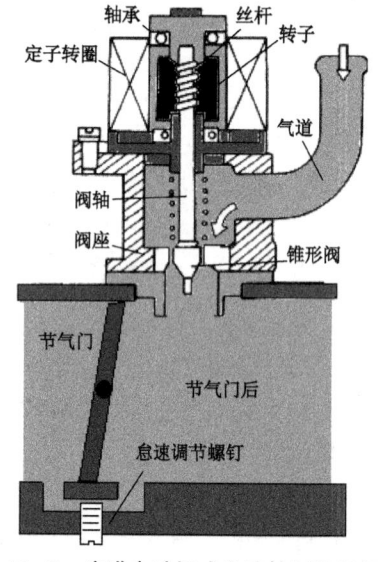

图 10-7 步进电动机式怠速控制执行机构

图 10-8 步进电动机原理图

2）步进电动机电路

ECU 通过控制定子相线绕组的电压脉冲交替变换定子爪极极性，使步进电动机转子产生步进式转动。两个定子绕组分别由 1、3 相绕组和 2、4 相绕组构成，由 ECU 内晶体三极管控制各相绕组的搭铁，如图 10-9 相线绕组的控制电路所示。欲使步进电动机正转，相线控制脉冲按 ISC1—ISC2—ISC3—ISC4 相顺序滞后 90° 相位角，定子上 N 极向右移动，转子随之正转；反之，欲使步进电动机反转，相线控制脉冲按 ISC4—ISC3—ISC2—ISC1 相顺序依次滞后 90° 相位角，定子上 N 极向左移动，转子随之反转。

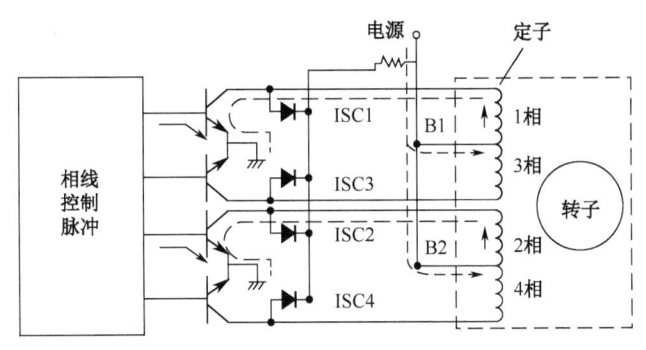

图 10-9　相线绕组的控制电路

转子转动是为了使定子线圈电磁铁及转子永久磁铁的 N 极和 S 极互相吸引到最近距离，当定子的爪极极性随相线控制脉冲的变化而改变时，转子也随之转动，以保持转子的 N 极与定子的 S 极对齐。丰田发动机六线步进电动机转子转动一圈分为 32 步，每一步转动一个爪的角度（即 11.25°），步进电动机的正常工作范围为 0~125 步。

2．步进电动机式怠速控制执行机构的控制内容

ECU 对怠速控制装置的控制内容因发动机而异。对于步进电动机式怠速控制装置，其控制内容主要有以下几项：

1）启动初始位置设定

为了保证怠速控制机构在发动机再启动时处于全开位置，在发动机点火开关关闭后，ECU 的 M—REL 端子继续向主继电器供电，使它继续保持接通状态。此时，ECU 将控制步进电动机转动使怠速控制机构全部打开（125 步级），或控制在上一次启动时的位置，为下次启动做好准备，然后主继电器才断电。

2）启动后控制

由于发动机启动前 ECU 已把怠速控制机构的初始位置设定在最大开度位置，因此发动机启动后，若怠速控制机构仍保持全开，则会引起发动机转速过高。为了避免出现这种情况，在启动过程中，当发动机转速达到由冷却水温度确定的对应转速时，ECU 控制步进电动机转动，使怠速控制机构逐渐关小到与冷却水温度对应的开度。

3）暖机控制

暖机过程中，ECU 控制步进电动机转动，使怠速控制机构从启动后的开度逐渐关小，当冷却水温度达到 70℃ 时，暖机控制结束，怠速控制机构达到正常怠速开度。

4）反馈控制

当发动机处于怠速工况运转时，如果发动机的实际转速与 ECU 存储器中所存放的目标转速差超过规定值（如 20r/min），ECU 即控制步进电动机转动，通过怠速控制机构增减旁通空气量，使发动机实际转速与目标转速差小于规定值。目标转速与发动机怠速工况时的负荷有关，对应空挡启动开关是否接通、是否使用空调、用电器增加等不同情况，都有确定的目标转速。

5)发动机转速变化的预控制

发动机处于怠速工况时,空调开关、空挡启动开关等接通或者断开,都会即时引起发动机怠速负荷变化,产生较大的怠速转速波动。为了减小负荷变化对怠速转速的影响,ECU 在收到以上开关量信号、发动机转速变化出现前,就控制步进电动机转动,预先把怠速控制机构开大或关小一个固定的距离。

6)学习控制

ECU 通过控制步进电动机的转动,进而控制怠速控制机构的位置,调整发动机的怠速转速。由于发动机在使用过程中其性能会发生变化,因此这时怠速控制机构的位置虽然没有变化,但实际的怠速转速也会偏离初始数值。出现这种情况时,ECU 除了用反馈控制使怠速转速仍达到目标值外,还将此时步进电动机转过的步数存储在备用存储器中,供以后的怠速控制用。

3. 怠速控制执行机构检查

1)车上检查

ISC 阀检查见图 10-9。当发动机熄火时,怠速控制机构会"咔嗒"一声,如果不响,应检查 ISC 阀和 ECU。

2)检查 ISC 阀电阻

检测 B1—ISC1、B1—ISC3、B2—ISC2 和 B2—ISC4 四个线圈电阻,都应是 $10 \sim 30\Omega$,如电阻不对,应更换 ISC 阀。

3)检查 ISC 阀工作情况

(1)将 B1 和 B2 端子接在蓄电池正极上,然后依次将 ISC1、ISC2、ISC3、ISC4 接负极(搭铁),步进电动机锥阀应逐步关闭。

(2)将 B1 和 B2 端子接在蓄电池正极上,然后依次将 ISC4、ISC3、ISC2、ISC1 接负极(搭铁),步进电动机锥阀应逐步开启。

如果按上述方法检查时阀不能关闭或打开,则应更换 ISC 阀。

(3)用诊断仪检测 ISC 阀步级数。丰田车步进电动机型怠速控制执行机构步级数为 0~125,0 表示怠速控制机构全部伸出,怠速空气旁通道全部关闭;125 表示怠速控制机构全部收回,怠速空气旁通道全部开启。测试某辆工作状况良好的皇冠 3.0 车发动机数据如下:冷车时,ISC=55 步,热车后 ISC=52 步,接通空调 A/C 开关,ISC=63 步,切断空调 A/C 开关,恢复到 ISC=52 步。

4. 四线制步进电动机检查

早期通用汽车公司在国内的别克、凯越、君威、赛欧车上采用的步进电动机为四线型怠速控制机构。

1)IAC 阀的结构和原理

特点是由两组线圈组成,每组线圈正反向通电实现极性变换。控制两组线圈极性变换和六线四组线圈极性不变但线圈缠绕方向改变是相同的。图 10-10 所示为通用四线制步进电动机。

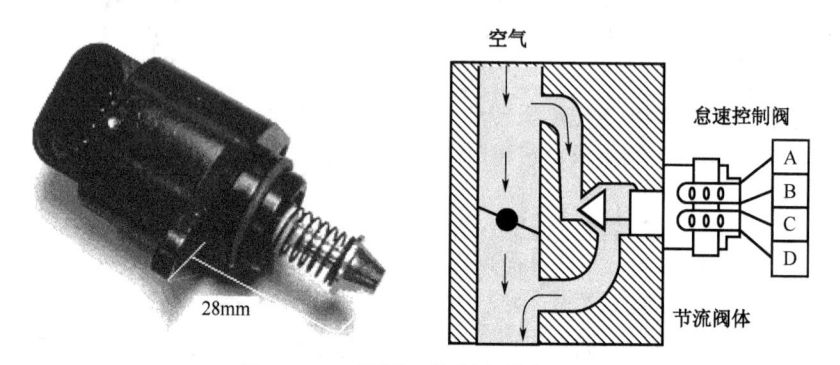

图 10-10 通用四线制步进电动机

怠速控制机构通过丝杆机构将带有24个磁极的转子的旋转运动转变为锥形阀的直线运动，其调节范围为0～255步级，怠速空气旁通道全关为0步，怠速空气旁通道全开为255步。

发动机每次关闭时，动力控制模块PCM向IAC发出步级指令，按校准步骤让针阀移到底座（伸出），然后离开底座（缩回）至上一次启动时的位置，这为重新启动发动机建立了一个正确的工作参数。

2）检修 IAC 阀

在检修IAC阀时，不要用手推或拉动针阀，否则可能损坏丝杆螺杆的螺纹；也不要将怠速控制机构浸没在任何清洗液中，因为怠速控制机构是个微型电动机，浸在清洗液中可能会损坏线圈绝缘；针阀及阀座锥面上有亮点是正常的，并不是接触不密封；要注意检查O形圈，安装时涂一点机油；更换新IAC阀要注意型号，对于别克，新阀尖到安装法兰座距离应小于28mm，若大则可轻轻压回，否则安装时阀尖顶到底上损坏丝杆螺杆的螺纹；拆过电源线或ECM插头时，在装回后，点火开关应先"ON"5s，再"OFF"5s，然后启动发动机，以便使PCM恢复怠速控制记忆。不同的车怠速学习方法不同。

怠速控制机构的空气通道堵塞或卡住、步进电动机不良会使怠速不稳或熄火，检查步骤如检测IAC阀动作是否正常，可用诊断仪检测。

下面是检测的一组动态数据：关掉点火开关IAC=100步，打开点火开关IAC=70步，冷启动时IAC=101步，热车后怠速IAC=40～44步，打开空调IAC=90步。实际上，只要怠速电动机不卡、不脏，就没有问题。

10.5 电子节气门式怠速控制机构

节气门直动式怠速控制机构通过永磁可逆电动机控制节气门开启程度，调节空气通路的截面，达到控制充气流量、实现怠速控制的目的，多用于韩国现代和大众系列车型。

1. 大众半电子节气门

一汽大众生产的捷达五阀和两电控发动机是通过节气门体控制部件中的怠速稳定控制装置直接控制节气门的开启来实现怠速稳定控制的。怠速稳定控制装置由一个直流电动机通过齿轮传动控制节气门开启，如图10-11所示。

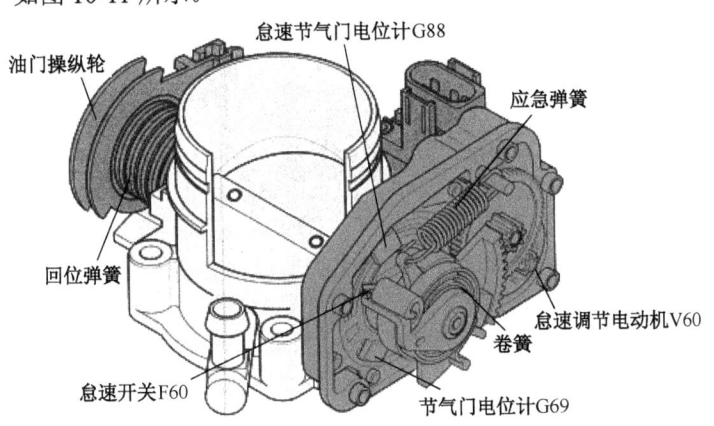

图 10-11 大众半电子节气门控制部件节流阀体

大众半电子节气门控制部件也称为节流阀体（J338），它是一个电动机系统组件，由怠速调节电动机 V60、怠速节气门电位计 G88、节气门电位计 G69、怠速开关 F60、应急弹簧和卷簧等组成，

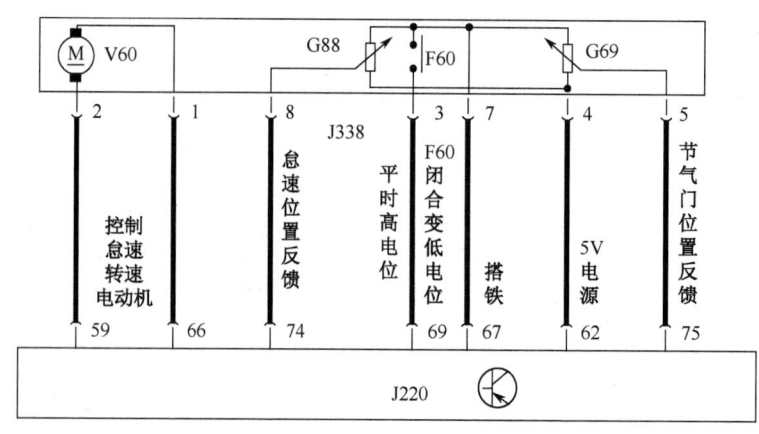

其电路如图 10-12 所示。

图 10-12 大众捷达半电子节气门位置传感器电路图

1) 节气门电位计（G69）

节气门电位计与节气门轴连接，它的阻值变化反映了节气门在全部开度范围的位置，此信号作为主要的负荷辅助信号，直接影响发动机的喷油量和点火角，还根据节气门位置信号的变化率来识别加减速工况。当节气门位置信号中断时，ECU 用发动机转速信号和空气流量计信号计算出一个替代值，发动机仍能运转。

2) 怠速节气门电位计（G88）

怠速节气门电位计与怠速直流电动机连在一起，向发动机 ECM 提供节气门的当前位置及怠速范围内怠速电动机的位置。当怠速节气门到达调节范围内的极限时，如果节气门继续开启，怠速节气门电位计将不再起作用。如果其信号中断，应急弹簧将节气门拉动进入机械应急运转状态，发动机怠速转速将提高至 1500r/min。

3) 怠速开关（F60）

怠速开关在整个怠速调节范围内闭合，ECU 通过怠速开关的闭合信号来识别怠速工况。若怠速开关信号中断，ECU 将比较节气门电位计和怠速节气门电位计的值，根据两者的相位关系判别节气门的怠速位置。

4) 怠速调节电动机（V60）

它是一个直流电动机，能在怠速调节范围内通过齿轮驱动来操纵节气门开度。ECU 不断地采集转速传感器送来的转速信号并与理论怠速转速 840r/min 进行比较，如果存在大于 50r/min 的偏差，ECU 将根据节气门电位计当时的位置信息，在怠速范围内通过控制怠速直流电动机来调节节气门开度，实现对怠速进气量的调节，以控制发动机怠速转速。

怠速提升控制先调节点火提前角再控制进气量，以保证发动机在各种工况下怠速稳定。比如，在打开空调时，ECU 将增大点火提前角，再增大进气量。节气门开度的稳定位置取决于怠速电动机内通过的占空比电流大小，电动机使节气门向关小的方向运动，应急弹簧使节气门开度向开大的方向运动，只有通占空比电流电动机才能与弹簧拉力平衡，减小占空比节气门开大，增大占空比节气门关小。如果怠速电动机损坏或电路出现故障，则应急弹簧将节气门拉到一个特定的运转位置，以保证车辆续行。

发动机怠速时，怠速稳定控制机构（V60电动机）根据发动机的负荷（进气量）和发动机的温度对节气门进行控制。启动后当发动机温度低时，节气门开度大，当发动机温度高时，节气门开度小，然后怠速转速随发动机水温上升而逐渐下降，水温到80℃时稳定在840r/min，进行目标转速（840r/min）控制。行驶中，当突然放松加速踏板时，怠速开关F60由断开变为闭合。节气门由怠速调节电动机V60逐渐关闭（事实上这个过程很快），直到目标怠速840r/min。在紧急运行状态下，节气门控制部件电源被切断，节气门控制部件内的紧急运行弹簧将节气门定位在预先设定的紧急运行位置，此时驾驶员对节气门调节无效。用诊断仪可检测怠速和节气门控制组件。

节流阀体检修：按技术要求，节流阀体外壳不能打开检修，也不允许人工调整。若因阀体积炭导致怠速不稳，在清洗积炭后，要用故障诊断仪进行基本设定。

2. 全电子节气门

关于全电子节气门的内容参见电子节气门控制系统。

10.6 基本设定和自适应

1. 基本设定

基本设定是在点火开关打开，而发动机未运行时，通过人为控制诊断仪控制某个执行器在最小的开度和最大的开度范围内动作，操作执行器工作到达最小的开度和最大的开度位置，由位置传感器将位置信号反馈给发动机 ECM，发动机 ECM 以最小的开度和最大的开度进行基于新开度范围下的开度控制。

对于电喷车的某些系统，在维修后或保养时必须进行基本设定。在基本设定过程中，发动机 ECM 中的某些参数（如怠速时的点火正时等）会调整到生产厂家设定的指定值，或者将某些元件（如节气门位置传感器的位置）参数存入发动机 ECM，以便实行精确控制。对于节气门体，无论是半电子式还是电子式，发动机 ECM 必须知道电动机控制节气门在节气门位置传感器上能达到的实际最小和最大位置。

2. 怠速基本设定

以大众半电子节气门体为例，怠速基本设定过程是通过控制电子节气门电动机（V60）把节气门关到尽可能小的开度，这时怠速节气门电位计（G88）电压传入发动机 ECM，发动机 ECM（J220）就会记忆这个开度（实际上是发动机 ECM 记忆节气门最小开度电压经模/数转换过来的数字电压），最大位置由怠速开关（F60）断开时的怠速节气门电位计（G88）的开度来决定，目的主要是重新划定怠速范围。

全电子节气门最大和最小位置由电动机所能达到的位置决定。主要目的是重新划定怠速范围、部分负荷的范围及全负荷范围，以上在解码仪读数据流时可见。

3. 自适应

随着使用，即使是为维持相同的控制目标，执行器的控制位置或控制信号也会不同，这个新位置由发动机 ECM 的自学习功能，也称自适应来完成。

4. 怠速自适应

例如，在节气门体过脏后，节气门不能完全关闭，发动机 ECM 的怠速自适应程序自适应后可以使怠速正常，但脏到一定程度超过了发动机 ECM 内的限值（也就是接近了基本设定记忆值）时，即产生自适应超限故障，怠速将变得不稳定。

清洗节气门后，此时发动机 ECM 内记忆的节气门最小值和实际节气门能达到的最小值不同，必然造成控制失准，结果发动机怠速居高不下，这种状况会在发动机 ECM 怠速自适应程序（软件）下逐渐正常，但时间很长。怠速基本设定就是让发动机 ECM 立刻记忆真实的节气门最大、最小位置，让发动机 ECM 对节气门重新分区，能使怠速转速稳定过程比自适应来得快。

5. 基本设定条件

如果节气门体未损坏，发动机 ECM 损坏，更换了新的发动机 ECM，由于新发动机 ECM 记忆的节气门最大、最小位置和实际行驶中的节气门不相同，会导致电动机控制节气门时不正常，所以更换了发动机 ECM 后也需要做基本设定。

发动机损坏，更换发动机后，发动机的性能提高，如按原来发动机ECM记忆的值进行控制，会有一定误差，所以更换了发动机后也需要做基本设定。

以下内容和发动机怠速控制没有关系，主要与变速器控制有关系。但为了区别发动机做基本设定和变速器做基本设定的目的不同，这里一并写出。自动变速箱控制单元根据发动机ECM传过来的节气门位置信号控制换挡和阀板油压。这个过程变速器控制单元必须知道节气门在怠速至全开的变化范围。使用解码仪进入变速器控制单元对自动变速箱车进行基本设定的方法是踩下油门踏板到底，触动强制低挡开关，并保持3s以上，变速器控制单元记录节气门的最大开度，以调节变速箱阀板的主油压。

另外，更换变速器控制单元和变速器与更换发动机控制单元一样，也要对节气门进行基本设定。

6．节气门基本设定过程

1）通道号设定

在早期诊断仪功能不强大时，采用通道号进行基本设定，因此需要输入通道号。例如，捷达两气门发动机采用半电子节气门。基本设定方法：在打开点火开关时，通过基本设定（功能04）在显示组060中来完成。

检查条件：
- 故障存储器中无故障；
- 发动机不运转，点火开关打开；
- 不踩下油门踏板；
- 冷却液温度高于5℃；
- 进气温度高于5℃；
- 发动机ECM供电电压高于11V。

连接诊断仪进行上述操作后，打开点火开关。在诊断仪控制面板选择"01 发动机ECM"，显示器显示与发动机ECM通信。按0和4键选择"基本设定"，按Q键确认输入，再按0、6和0键，按Q键确认，完成基本设定。

在该状态下，节气门通过位于节气门发动机ECM内的一个弹簧进入应急运行位置。两个角度传感器的应急运行位置被存入发动机ECM。然后节气门被打开，如果达到全开，节气门控制器会有大电流流过，发动机ECM记忆此时节气门开度的最大值。控制器（电动机）断电，在一定时间内，弹簧应被节气门关闭到先前应急运行位置（弹簧实验）。

随后节气门又被节气门控制器关闭，当节气门控制器又有大电流通过时，节气门发动机ECM内的角度传感器传送的数值被存入发动机ECM内。

在车辆行驶过程中，如果发动机ECM不能控制节气门电动机，则怠速升高且不稳。若此时司机急踩油门，因没有增加进气量，基本喷油量不变，发动机ECM根据油门踏板位置传感器踏下的速度增加了修正喷油量，所以发动机可以加速，但在加速时非常缓慢，排放不正常。

在显示区3和4中检查节气门发动机ECM规定值。

读取数据流		060	
xxx%	xxx%	自适应电动机计数	自适应状态

第一区：节气门角度（角度传感器1），最小：0%，最大：100%。
第二区：节气门角度（角度传感器2），最小：0%，最大：100%。
第三区：自适应电动机计数0～8，在自适应过程中，自适应步进计数应为0～8（也可能过这个数字）。
第四区：自适应状态ADP Lauft ADP I.O或ADP ERROR。
说明：显示区4的缩写"ADP"表示"自适应"，也就是适配之意。如果发动机ECM自适应中断，且显示屏显示"功能未知或当前不能执行"，那么可能是下述原因。
- 未满足检查条件；
- 节气门不能完全关闭（如脏污）；
- 节气门发动机 ECM 或导线损坏；
- 在自适应过程中，启动了发动机或踏动了油门踏板；
- 节气门壳体卡得过紧（检查螺栓连接）。

按右键头键结束发动机基本设定。按 0 或 6 键选择"结束数据传递"，按 Q 键确认退出。常见车型发动机节气门基本设定的通道号如下：进 01—04—输入通道号。小红旗电喷通道号 001，奥迪 2001.8T、捷达五阀、桑塔纳 2000 通道号为 098，捷达二阀、奥迪 C5A6 通道号为 060。

2）故障导航设定

新型诊断仪为了简化记忆，采用了故障导航功能中的基本设定操作方式。

10.7 故障诊断与排除

1. 怠速进气量不足

1）故障现象

（1）踩加速踏板才可着车，松加速踏板熄火，加速一切正常，以上现象说明怠速工况进气量不足。

（2）怠速工况发动机不稳，怠速转速漂游不定，开空调转速下降以至熄火。

（3）发动机启动困难，需踩点加速踏板启动，根本无怠速工况的现象，这是典型的有油有火而无空气的不着车故障。

2）故障原因

怠速工况进气量不足的原因有两种：
- 旁通气道不畅；
- 旁通气道怠速步进电动机控制不良。

3）故障诊断与排除

检查如下：

（1）将点火开关打开和关闭，用手摸电动机应有振动感，此法可初步判断电动机是否工作。

（2）为了进一步确认电动机工作是否正常，需用示波器或二极管逐一测量步进电动机的控制端（发动机 ECM 对电动机的控制信号），均有频率信号电压。

（3）有控制信号也不能说明电动机运转正常，需拆下步进电动机，检查阀芯脏堵情况，在用点火开关做通断试验（打开点火开关后再关掉点火开关）时，阀芯应前后移动。

（4）打着车怠速运转，拆下步进电动机做漏气和堵塞试验。

漏气试验：因拆下步进电动机在进气管上留下进气孔，通气量很大，怠速很高，此时步进电动机应全部伸出。

堵塞试验：用手堵住拆下步进电动机在进气管上留下的进气孔，通气量变小，怠速下降，此时步进电动机应缩回。

实践中通常是油污阻塞了气流的畅通，需彻底清洗节气门体和步进电动机。清洗电动机时锥形阀部分向下，不要把油泥洗进电动机的丝杆内，否则可能导致电动机内转子卡死。

2. 单、双旁通气道影响

1）单旁通气道

对于单旁通气道而言，它只设步进电动机式执行器，出现上述故障现象，只需检查气道脏堵和执行器工作状况即可。

2）双旁通气道

对于双旁通气道而言，它设置了两个控制点，即怠速螺钉和怠速阀，它们是协调工作的，不可随意调大调小。怠速螺钉的位置应让怠速阀工作在全程的 10%～30%开度范围内，如果螺钉调节气道关闭过小，则怠速阀气道必然自动开大，在怠速阀工作上限时，调节余量过小，当有负荷时，怠速增加进气量有限，导致转速下降，怠速抖动。

3．错误调整

对这种故障，许多维修人员有一个错误的处理方法，那就是调整节气门拉线或节气门翻板的固定螺钉，其目的是让节气门在初态就有一个开量，这样确实可以顺利启动，也可有一个基本的怠速，但没有解决怠速工况自动控制的问题。

更严重的是在将节气门翻板调出一个开度的同时节气门位置传感器信号发生了变化，节气门位置信号过大，而且节气门位置传感器内的怠速触点信号被打开，发动机 ECM 接到的一直是加速工况，即使有怠速，发动机 ECM 也不做怠速控制，将造成怠速不稳，或高或低，特别是有负荷时，转速下降而抖动，开空调时易熄火。这种调节化油器的做法在电喷车上是绝对不允许的。

节气门翻板的固定螺钉不是给修理人员调整节气门翻板用的，它平时就是关闭的。

对于直接控制节气门的直动式可逆电动机而言，它的怠速进气量控制是靠电动机推动节气门来完成的，如果节气门体过脏，将造成启动困难、无怠速或怠速不稳故障。

4．电子节气门体过脏导致 ASR 灯亮

1）故障现象

起步时有时防滑 ASR 警报灯常亮，但对行驶无影响，最高车速、加速性能均正常。

2）故障原因

原因在起步时 ABS 系统检测到驱动轮打滑，信号传至发动机 ECM 控制点火角和进气量都减小，节气门体过脏导致节气门不能关到最小。节气门位置传感器反馈信号开度过大，达到 ASR 灯报警条件。只要清洗节气门体，做基本设定，ASR 功能就会正常，警报灯也可立即熄灭。

这种情况下读取发动机系统故障码，会有发动机空气流量计信号太低、节气门信号不正确、节气门怠速开度超限三个故障码。

5．空气计量方式影响

质量型空气流量计和压力传感器同属空气量的检测部件，但它们的检测方法却有本质的不同。当歧管真空漏气时，发动机故障的表现形式也大不一样。在检测此类故障时，首先应明确发动机配置的是何种空气测量元件，然后再根据故障现象来分析漏气的部位。

正常情况下，空气流量计信号随进气量的增加而增加。当有真空漏气时，应根据故障现象来分析判断其漏气的部位及漏气量的大小，漏气量大时直接通过耳听即可。漏气分为外漏和内漏两种。

1）外漏

外漏指未经空气流量计测量的多余空气量。由于此多余的气体未经空气流量计测量，喷油量未增加，反而空气量增加，会造成混合气过稀，导致发动机怠速不稳，加速无力，以至熄火。

2）内漏

内漏指经过空气流量计测量的多余空气量。当旁通气道中怠速阀脏卡、怠速阀损坏、怠速控制失控时，将会有多余空气进入歧管。当主气道中节气门翻板调整不当或节气门拉线过紧时，将会有多余空气进入歧管。由于内漏气体经过了空气流量计的测量，发动机ECM随之增加喷油量，此时，将导致发动机怠速升高。

当漏气量较大，转速升高到一定转速时（一般在 2000r/min 左右），将启动怠速超速断油功能，出现怠速游车。

6. 怠速接口驱动损坏

1) 测量端子现象

在测量怠速控制阀插头时发现发动机ECM输出的火线正常，而发动机ECM控制的搭铁端中有一组始终接地或断开。

2) 故障原因

多数为发动机ECM控制端接地，一相绕组始终接地是造成步进电动机始终停留在某一位置的原因。导致怠速阀失控，始终停留在某一位置上，较多的空气经空气流量计测量后很顺利地通过怠速阀进入歧管，造成发动机转速过高而不受控。

> **技师指导**
>
> 在修理中，尼桑六线步进电动机常有发动机 ECM 内驱动装置有一相损坏故障。

尼桑发动机采用LH（Hot Line热线）型空气流量计。HFM（Hot Film热膜）型燃油喷射发动机是在LH型燃油喷射发动机的基础上改进而来的，同属直接测量空气量的发动机控制系统。只是HFM型空气流量计受污染的可能性小，结构稳定，其测量精度较HL型更高一些。但当故障出在真空漏气时，它们所表现出的故障现象相同。

（1）外漏时（不经空气流量计测量的多余气体）由于混合气较稀，将产生怠速不稳，动力不足，易熄火。

（2）内漏时（经空气流量计测量的多余气体）由于空气流量计信号增大，供油增加，混合气较正常时浓，将使怠速过高，以致产生断油游车现象。

7. 系统性检查

1) 检查顺序

（1）确认是否是怠速故障。加速时正常，怠速不正常，一般可确定为怠速故障，但不排除存在点火、供油、配气正时、汽缸密封性、进气堵塞或漏气和排气堵塞的轻微故障。

（2）确认属于哪一类怠速故障。怠速自适应控制超上限还是超下限判断；进气过多，怠速控制机构关闭已经最小，不能再关，为超下限；进气过少，怠速控制机构打开已经最大，不能再开，为超上限。还需要确认如何调节和是否需要做基本设定。

2) 诊断仪检查过程

- 读取故障码看是否有怠速超限故障码；
- 读取数据流看是否有异常。

怠速检查读取数据流应以冷却水温度、怠速转速、怠速开关状态、空调开关状态、动力转向开关状态、点火提前角、怠速控制机构的开度位置（直动节气门为位置传感器电压或开度百分数、比例电磁阀为占空比百分数、步进电动机为步数）数据、用电负荷等为检查对象。实际检查重点注意故障码提示怠速控制超限、冷却水温度、怠速转速、怠速开关状态等。发动机水温升高至暖机温度（德系80℃、日系70℃）时，高怠速过程结束，人为控制四个负荷介入，再观察怠速转速。

> **技师指导**
>
> 四个负荷介入时不同车系的信号反馈方法不同，所以现象略有不同。一种是开关信号反馈，加载时，开关信号反馈给发动机 ECM，通常控制是突然开大固定的进气量，然后再进行目标转速反馈。另一种是发动机转速快速反馈，加载不大，且载荷是慢慢加到发动机上的，比较适用于此种控制。

对于空调负荷，因负荷较大，世界各国车系的控制方法是相同的，即打开空调开关，信号到达发动机ECM，发动机ECM控制提速，通知空调发动机ECM接通压缩机，或发动机ECM直接接通压缩机。

对于动力转向，有的车系有压力开关，有的无压力开关。对于有压力开关的，在转动方向盘时，发动机转速表指针要瞬间下降100r/min左右，再恢复至正常怠速。这是由于在转向过程中，转向助力泵向发动机加载过程是循序渐进的，而压力开关是到指定压力才闭合给发动机ECM搭铁信号。对于没有转向压力开关的车系，在转动方向盘时怠速下降，但同时目标转速反馈控制程序的自适应反应很快，发动机转速表几乎看不到有下降趋势。

对于自动变速器挂挡和摘挡控制，多为多功能开关信号传入发动机ECM，有的无信号传入。这种控制方式与动力转向负荷控制方法相同，只是都看不见发动机转速下降。

3）诊断仪检查过程示例

下面以大众捷达半电子节气门为例检查怠速数据。

（1）冷却液温度应大于80℃，冷却风扇不能转。

（2）怠速开关状态，怠速开关F60闭合，如果没有显示（kerlauf，德语，怠速），应检查怠速开关是否闭合。

（3）发动机怠速标准值应为840±50r/min。如果怠速转速不在标准值范围内，读取空调工作状态数据。

（4）空调A/C开关：空调关闭应为（A/C—LOW），压缩机关闭应为（Kompr.AUS）。如果怠速转速仍然超过范围，读取怠速位置传感器数据G88的开度位置是否大于5°。

如果怠速转速过低，产生故障的可能原因是：发动机负荷太大；节气门控制部件与发动机ECM不匹配；节气门控制部件损坏。

如果怠速转速过高，产生故障的可能原因是：进气系统有泄漏；节气门控制部件与发动机ECM不匹配；节气门控制部件损坏；活性炭罐电磁阀常开。

第 11 章

节气门体控制系统

【本章知识目标】
◆ 掌握电子节气门体系统的工作过程。

【本章技能目标】
◆ 能清洗节气门体,并能解释清洗节气门体后的设定意义。

节气门体控制系统由加速踏板位置传感器、节气门位置传感器、发动机控制单元、节气门体电动机等组成。

节气门体包括节气门位置传感器、节气门电动机两部分,其分类见图 11-1。节气门位置传感器安装在节气门体内,传统方式是由驾驶员操纵油门踏板上的拉索来控制进气量。当油门踏板踩下时,节气门开度增大,进气量也随之增大。与此同时,空气流量计测量的空气流量随之增大,喷油量也相应增多,混合气总量变大。

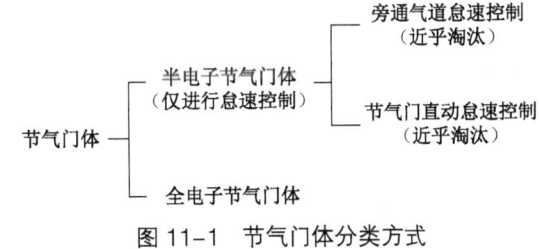

节气门体分为半电子节气门体和全电子节气门体。在传统节气门体上,节气门阀的开度由油门踏板上的拉索直接控制,动力输出完全取决于人,这种动力输出有时是不利的(比如在冰雪路面),甚至是有害的。传统节气门体难以进行怠速控制、巡航控制、车身稳定控制,通常这三种控制需要另有三个独立的系统,使结构复杂。

节气门体
├─ 半电子节气门体（仅进行怠速控制）
│   ├─ 旁通气道怠速控制（近乎淘汰）
│   └─ 节气门直动怠速控制（近乎淘汰）
└─ 全电子节气门体

图 11-1 节气门体分类方式

11.1 加速踏板位置传感器

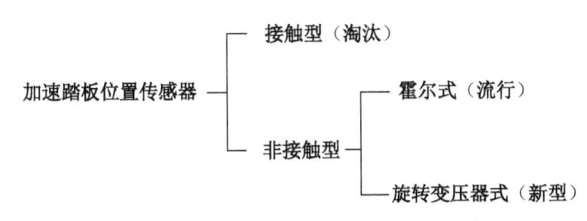

加速踏板位置传感器
├─ 接触型（淘汰）
└─ 非接触型
    ├─ 霍尔式（流行）
    └─ 旋转变压器式（新型）

图 11-2 加速踏板位置传感器分类

1. 加速踏板位置传感器类型
加速踏板位置传感器分类如图 11-2 所示。

2. 霍尔式节气门位置传感器
1) 霍尔效应的应用
普通靠滑动的滑臂和电阻元件之间的相互接触工作的元件,因相互接触寿命变短。采用非接触式的位置传感器,其寿命可大大提高。

根据霍尔电压公式：

$$U_H = R_H IB/D \tag{11-1}$$

式中，R_H 为电阻；D 为直径、厚度；I 为电流；B 为磁感应强度。

从公式可知，霍尔电压 U_H 与输入电流 I 和磁感应强度 B 都成线性关系，这种线性关系便构成了三种传感器的应用方式。

（1）当输入控制电流 I 保持不变时，传感器的输出就正比于磁感应强度。因此，凡是能转化成磁感应强度 B 变化的物理量，都可以测量，如位移、角度、转速。

（2）当磁场强度也就是磁感应强度 B 保持不变时，传感器的输出则正比于输入控制电流 I。因此，凡是能转化为电流变化的物理量，都可以进行测量。

（3）由于传感器的输出正比于输入电流 I 和磁感应强度 B 的乘积，所以凡是可以转化为乘法或功率方面的物理量，也都可以测量。

2）工作原理

驾驶员踩下加速踏板，如图 11-3 所示，踏板轴转动带动永久磁铁转动，不同的位置穿过霍尔元件的磁通量是不同的，因此输出的信号不同。

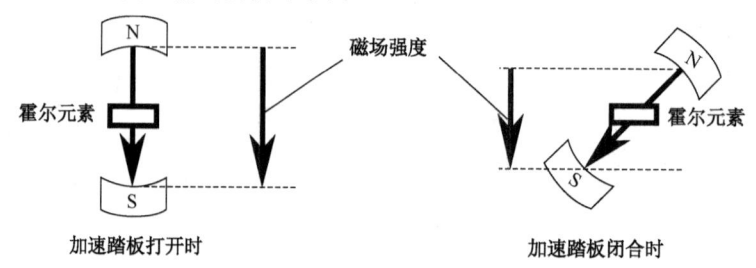

图 11-3 霍尔效应式加速踏板位置传感器示意图

实际的内部电路如图 11-4 所示，VC 为 5V 供电，E（Earth）为接地，V 为信号输出，P1 和 P2（Position）分别是主、副位置的缩写，1 为主，2 为副。PA1 和 PA2（Position Angle）分别是主、副位置角度的缩写，1 为主，2 为副。

3）传感器信号输出

加速踏板位置传感器的输出电压特性如图 11-5 所示。

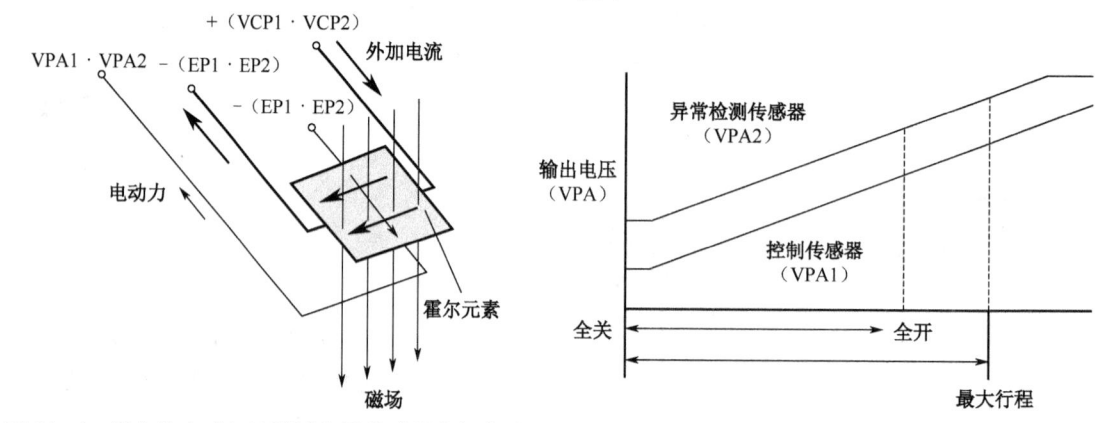

图 11-4 霍尔效应式加速踏板位置传感器内部电路

图 11-5 加速踏板位置传感器的输出电压特性

技师指导

大众汽车"支架吊挂式"加速踏板位置传感器采用霍尔式，而"地板卧式"加速踏板传感器采用变压器式。

3. 变压器式

变压器式加速踏板位置传感器结构如图 11-6 所示。其工作原理如图 11-7 和图 11-8 所示，发动机控制单元给传感器提供 5V 供电和接地，在传感器的印制电路板内部有一个正弦信号发生器，正弦信号通常为 10kHz，幅值一般在 12V 左右，这个信号送到印制电路板的初级线圈，次级线圈会感应出同频的交流电。

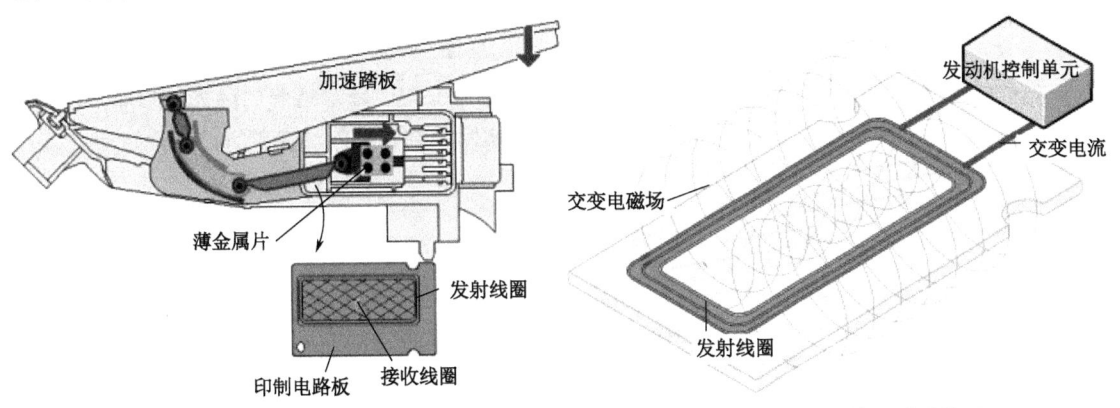

图 11-6 变压器式加速踩板位置传感器结构

图 11-7 初级线圈励磁信号

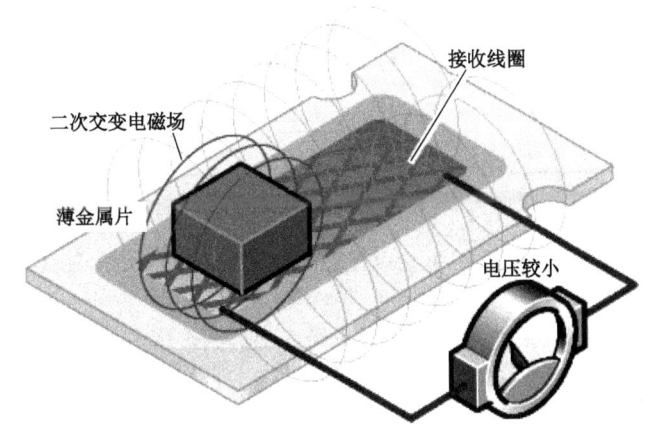

图 11-8 次级线圈输出信号

次级线圈输出交流电的幅值大小一是取决于初级线圈和次级线圈的匝数比，而匝数比通常为 1:1；二是受初级线圈和次级线圈之间的薄金属片确定的磁阻的影响。铁片的位置不同对应的磁阻也不同，使次级输出信号的幅值不同，高速数模转换器将这个输出电压和初级线圈的电压做对比，从而确定铁片及加速踏板的位置。

11.2 节气门位置传感器

1. 节气门位置传感器的作用

（1）确定节气门的开度位置，反映发动机所处工况。

（2）反映节气门开闭的速度，在急加速或急减速时，空气流量计由于惯性或灵敏度影响使其反应没那么快，这样会影响汽车的动力性能和燃油经济性。空气流量计的这个缺陷可由节气门位置传感器弥补，故节气门位置传感器也是喷油量控制的一个重要部分。

（3）在一些装有自动换挡变速器的车辆上，节气门位置传感器主要控制换挡点、变矩器的锁止和阀板的主油压。

2．节气门位置传感器的分类

无论是全电子节气门还是半电子节气门，都要有节气门位置传感器，其分类如图11-9所示。

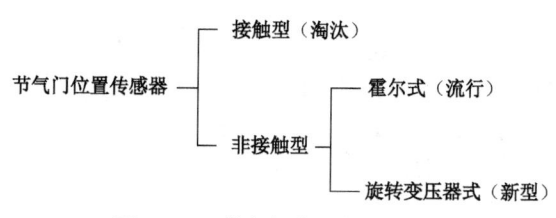

图 11-9 节气门位置传感器分类

节气门位置传感器安装在节气门体中，发动机控制单元用它检测节气门的开度和油门踏板踩下的加速度，利用它修正实际喷油量、急加速时修正实际喷油量和断油控制等的条件之一。

3．接触式节气门位置传感器

早期的节气门位置传感器为接触式，类似于滑动变阻器，其工作原理如图11-10所示，当节气门全闭时，节气门位置传感器中的触点IDL1闭合，所以在ECU的端子IDL1上电压为0V。这时，约有0.7V的电压加在ECU的端子VTA1上。当节气门打开时，IDL1触点断开，于是，大约有5V或12V的电压加到ECU的端子IDL1上。加到ECU端子VTA1上的电压随节气门的开度角成比例地增加，当节气门全开时，电压为3.5~

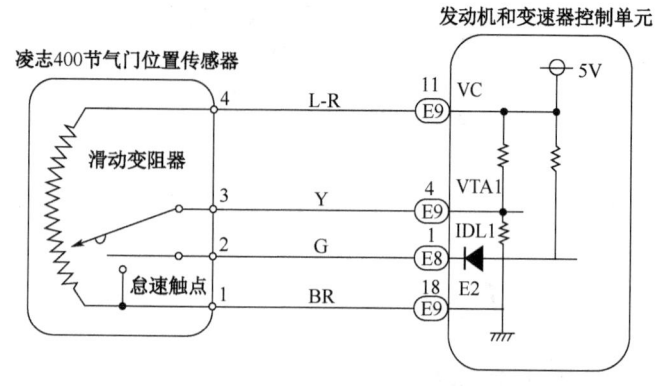

图 11-10 凌志400节气门位置传感器工作原理

5.0V。ECU根据从端子VTA1和IDL1输入的信号来判断汽车驾驶状况。

VTA1电路中开路、短路或在IDL1触点接通的情况下VTA1信号输出超过1.45V，控制单元显示故障码。

当拔下节气门位置传感器插头时，电流只流经内部的两个串联电阻，最终信号VTA1的输出被固定在一个值上，这个值在诊断仪内可读出来。

后期在一些车型上出现的三线节气门位置传感器取消了怠速开关信号，利用输出的位置信号低于下限值识别发动机处于怠速工况。

接触式节气门位置传感器由于可靠性稍差、故障率高，在20世纪末开始逐渐被淘汰。

4．霍尔式节气门位置传感器

1）节气门体结构

常用的非接触型节气门位置传感器是利用霍尔元件制成的，如图11-11所示。与加速踏板联动的轴上装有磁铁，当轴旋转时，改变了轴与霍尔元件之间的相对位置，从而改变了作用在霍尔元件上的磁场强度，结果使霍尔元件的输出电压也发生变化。测量此电压可知油门踩下角度。

2）信号输出

霍尔式节气门位置传感器信号工作原

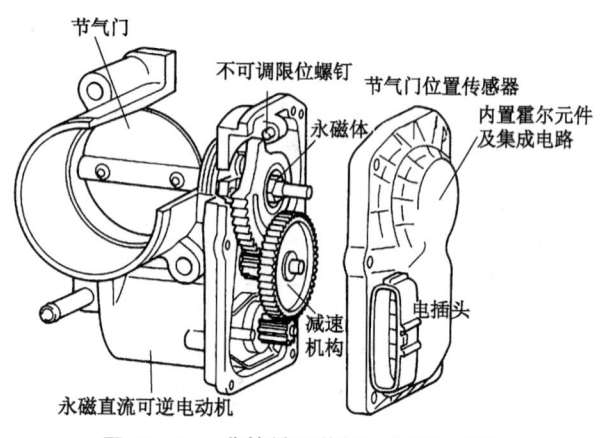

图 11-11 非接触型节气门位置传感器

理与加速踏板位置传感器相同，不再赘述。图 11-12 所示为霍尔式节气门位置传感器信号输出。

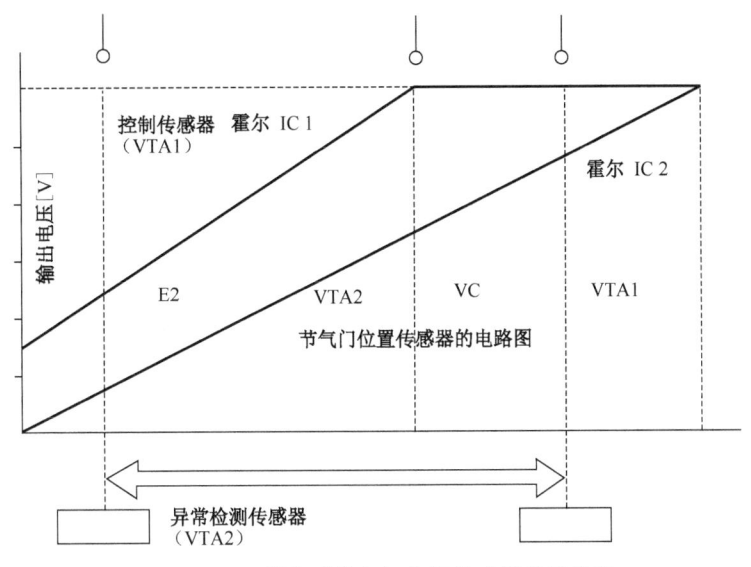

图 11-12 霍尔式节气门位置传感器信号输出

一般而言，霍尔元件本身输出电压与磁场的线性关系是良好的，只要放大器有很好的线性，就能获得良好的线性集成霍尔传感器。

5. 变压器式节气门位置传感器

变压器式节气门位置传感器最近几年才用在节气门体上用于测量节气门的开度，由于要采用励磁和信号处理芯片，成本要比霍尔式高，但变压器位置采集的精度和可靠性要高于霍尔式传感器。

其结构如图 11-13 所示，节气门电动机齿轮通过两级传动带动塑料的半边齿轮，半边齿轮内部的节气门轴带动进气道的节气门阀（翻板），然而不容易注意到的是，半边齿轮内部内置了一个永磁体，用来改变变压器之间的磁阻。

在图 11-14 中，节气门体端盖内部内置了一个印制电路板，在电路板上有两部分结构，一是变压器的初级和次级线圈，另一个是专用集成电路，这个集成电路的作用是产生正弦励磁信号给初级线圈，同时接收次级线圈感应过来的电压信号。

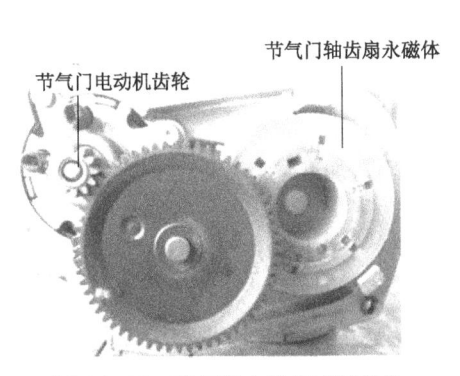

图 11-13 节气门电动机减速机构

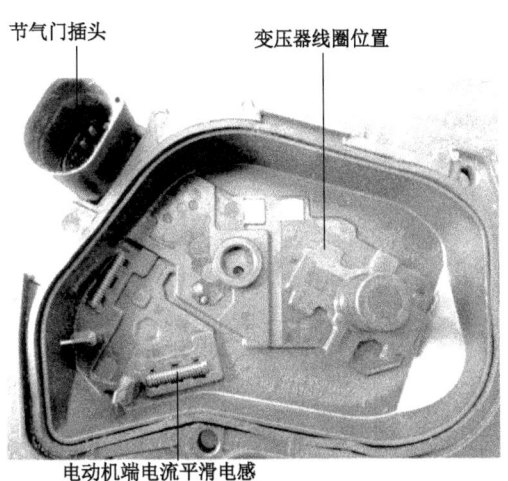

图 11-14 节气门电机端盖电路

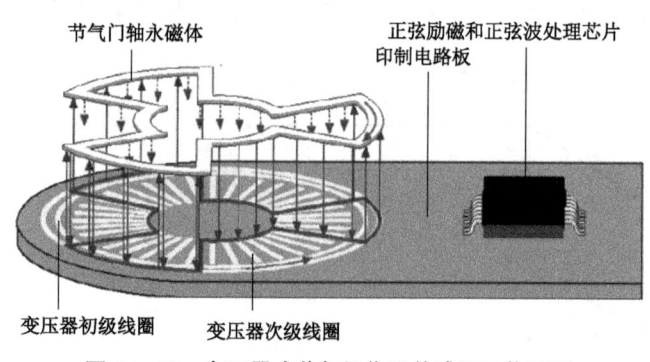

图 11-15 变压器式节气门位置传感器工作原理

具体工作原理如图 11-15 所示，当节气门体通电后，在集成电路内部产生 10kHz 的正弦交流电（幅值一般与电源供电电压相同）供给初级线圈，在次级线圈感应出同频的交流电，但幅值受两个因素控制。一是初级和次级线圈的匝数比，会使输入和输出的电压比值是一个定值，前提是理想的变压器；另一个是初级和次级线圈之间的磁阻，改变磁阻，即可改变磁通量，从而在次级线圈产生不同的电压。节气门轴半边齿扇内的永磁体转动可以改变磁阻，从而改变通过次级线圈的磁通，次级输出的正弦交流电压幅值发生变化，这个电压信号经过专用的芯片进行高速数模转换后即可知节气门体的节气门开度了。

11.3 全电子节气门体控制系统

1. 系统组成

如图 11-16 所示为丰田发动机电子节气门系统组成，在 11.1 节和 11.2 节分别讲解了加速踏板位置传感器和节气门位置传感器的类型及工作原理，本节开始讲解发动机的扭矩控制。

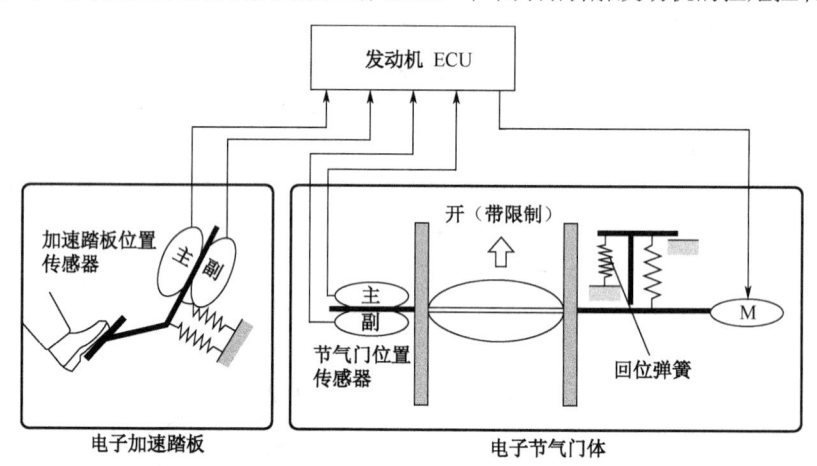

图 11-16 丰田发动机电子节气门系统组成

2. 发动机扭矩控制

什么叫发动机扭矩控制呢？事实上这个问题并不难说明，加速踏板踩下的深浅反映了驾驶员希望的发动机扭矩输出的大小，或者说驾驶员把加速踏板踩得越深，发动机输出的扭矩越大。因此，发动机控制单元不同加速踏板位置对应着不同的扭矩。

发动机的扭矩实现：不同发动机转速分别对应某一个节气门开度，要实现相同的转矩，发动机控制单元通过电动机驱动节气门达到这个开度即可。为达到精确控制，需要采用节气门位置传感器进行反馈控制。

技师指导

混合动力汽车的扭矩控制一部分由电动机完成，一部分由发动机完成，控制策略确定好后，将发动机要完成的扭矩数值直接发给发动机控制单元，发动机控制单元控制电子节气门实现发动机转矩控制。

3．加速踏板位置传感器失效

加速踏板位置传感器信号失效分为以下两种工作情况。

1）一个传感器的信号失效

第一种是其中一个传感器的信号失效（见图11-17），即信号不在正常范围内，发动机控制单元采用另一个在正常范围内的信号，但节气门实际开度受到一定的限制。

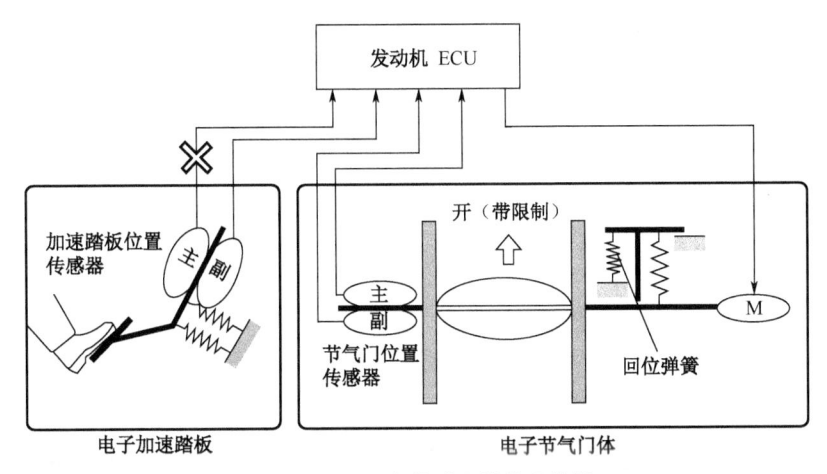

图11-17　一个传感器的信号失效

2）两个传感器的信号失效

第二种情况是两个传感器的信号失效（见图11-18），即两个传感器信号都不在正常范围内，发动机控制单元放弃对节气门电动机的控制。这时阻止节气门关闭的弹簧和阻止节气门开大的弹簧将节气门拉到一个固定的开度。

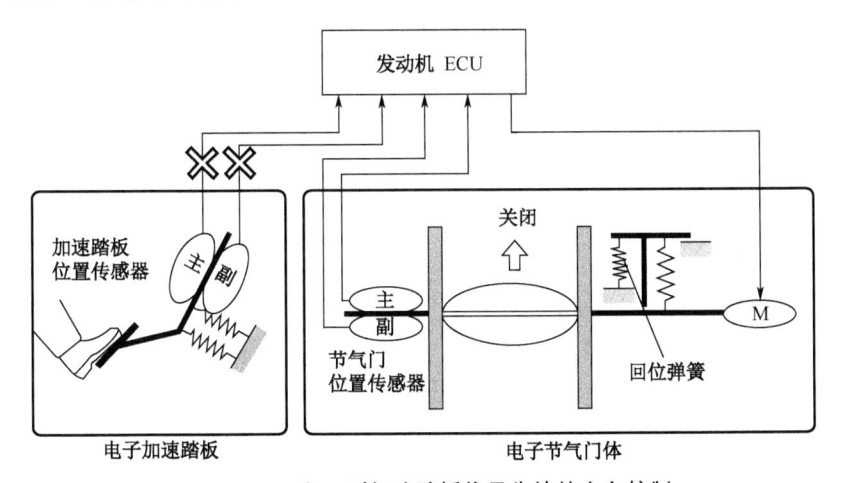

图11-18　主、副加速踏板信号失效的应急控制

4. 节气门位置传感器失效

如图 11-19 所示为丰田节气门位置传感器失效后的保护，办法是当信号断路时停止对节气门电动机的控制，这时阻止节气门关闭的弹簧和阻止节气门开大的弹簧将节气门拉到一个固定的开度。

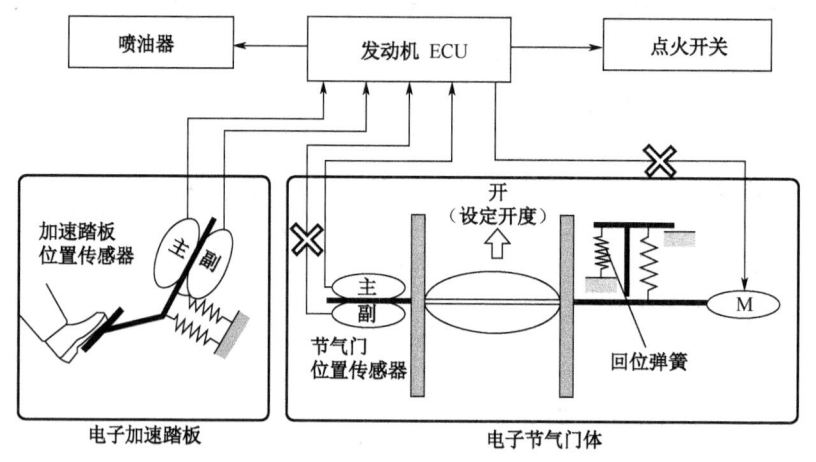

图 11-19 副节气门位置传感器失效控制

技师指导 大众汽车节气门失效保护

> 大众汽车发动机控制单元 J220 根据节气门电位计 G69 提供的发动机负荷信息确定换挡时刻和调整主油路油压（该油压与挡位有关）。控制单元还根据节气门电位计提供的油门踏板操纵速度信息调整换挡点。
>
> 节气门电位计失效时，控制单元取一适中的发动机负荷作为节气门电位计的替代信号，用于确定换挡点，同时将变速器操纵油压根据相应的挡位调整至全负荷油压。
>
> 当 G69 出现故障时，J217 不进入应急状态，此时以中等负荷信号（50%）来进行工作，但此时停止逻辑控制，锁止离合器停止工作（变速箱此时不再锁止）。信号通过发动机控制单元传递至自动变速箱控制单元
>
> 如果一个传感器信号失真或中断，而另一个传感器正处于怠速位置，则发动机进入怠速工况；如果另一个传感器正处于负荷工况，则发动机转速上升缓慢；若两个传感器同时出现故障，则发动机高怠速（1500r/min）运转。

11.4 节气门体故障

1. 节气门体过脏超过自适应上限

由于曲轴箱窜气带来的黑色积炭沉积在节气门体、进气道内壁和进气门蘑菇头伞下。

在节气门体脏污后（见图 11-20），由于有自学习功能，节气门体会自动开大保持启动控制、怠速稳定控制、外界负荷介入提速控制。节气门体过脏，超过控制单元自适应允许范围时，若再有负荷介入，如空调打开，则节气门电动机在开大调节过程中会断开怠速触点 F60，控制单元收到信号后，电动机断电，节气门不能继续开大，发动机抖动或熄火。

解决办法是当节气门体脏到需要节气门打开超过 5° 才能维持怠速转速时，即可清洗节气门，不要让积炭液体渗到节气门轴中造成节气门轴卡滞。清洗后进入发动机和变速器控制单元分别做 04 基本设定。

要减少节气门体的积炭,除了定期清洗节流阀体外,还应该维护PCV阀门,特别是在出现湿积炭时,因为湿的积炭会使干积炭沉积在上面。

2. 节气门体加热管堵塞

节气门体的水管用于防止节气门体太冷导致结冰,节气门轴卡在节气门体里。此种大众车在加防冻液时,有的修理人员拔下水温传感器,防止缸体内存空气,但高位空气也没见放出,可正常使用。其实大众车节气门体通加液罐的花皮软管可以把缸盖上积存的空气排出,加液时可见气泡从罐内翻出,所以只管加液即可。图11-21所示为节气门体加热管内部堵塞。

图11-20 节气门体积炭过脏

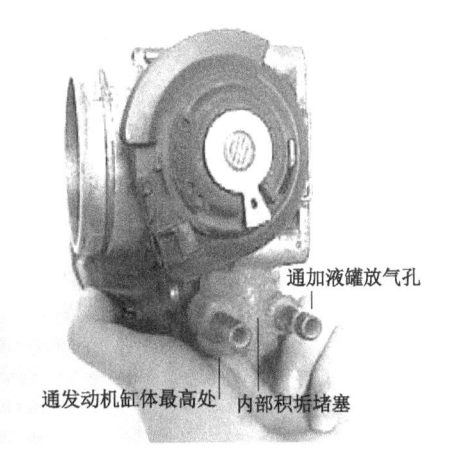

图11-21 节气门体加热管内部堵塞

在使用过程中,少有的节气门体加热管内部堵塞导致缸盖上的空气不能排出,发动机才高温。

3. 基本设定的意义

半电子节气门或全电子节气门在更换节气门体、发动机、变速器、变速器控制单元、发动机控制单元时要做基本设定。设定时,修理人员通过检测仪控制发动机控制单元或变速器控制单元找到节气门能关闭的最小位置和能开大的最大位置,控制单元自动把最大和最小位置存储起来,以便下一次启动时根据水温自动找到启动时的节气门开度。

更换节气门体、变速器控制单元、发动机控制单元后,控制单元内存储的位置值与元件不相符合,会导致控制不精确,因此要做基本设定。图11-22所示为节气门应急开度和最小开度。

更换新发动机、新变速器时,发动机动力性能发生改变,变速器无磨损。若不做基本设定恢复出厂设置值,会导致控制单元用旧发动机和旧变速器的磨损自学习值进行控制,所以也要做基本设定。

图11-22 节气门应急开度和最小开度

对于半电子节气门,通过诊断仪进入发动机地址码01—04(基本设定代码)—基本设定通道号098或060,此时应看到电动机平稳关到最小。变速器基本设定通过地址码02—04(基本设定代码)—基本设定通道号000,然后踩下油门到底保持3s。对于电子节气门,因无拉索,电动机会从应急开度关到最小,反过来再开到最大。根据修理手册中给的通道号操作即可。

4. 节气门电动机V60扫膛

对于半/全电子节气门,因电动机工作中总受力,而且电动机轴也受弯力,所以电动机轴承套损坏的概率很高，导致电动机齿轮与减速齿轮顶齿或啮合不上（见图 11-23），电动机对节气门控制失灵，基本设定做不了。

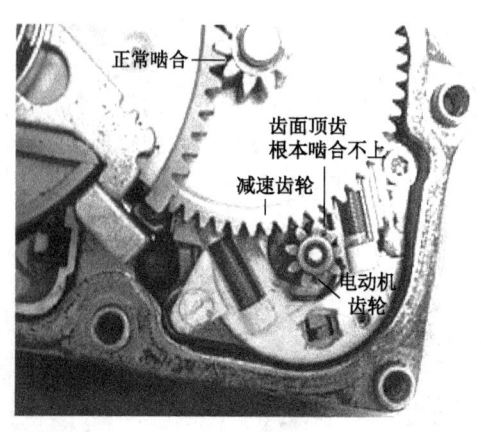

图 11-23 节气门电动机 V60 扫膛

对半电子节气门而言，电动机 V60 扫膛只影响怠速，导致怠速过高且怠速不稳，节气门体内有电动机齿轮和减速齿轮不正常啮合的"咔咔"声。对于电子节气门会影响各个工况。做基本设定时听见不正常啮合的"咔咔"声，同时车不见好转，即可更换新节气门体，重新在无故障码存储和水温 80℃ 以上时做基本设定。

实践中多为电动机轴铜套损坏，电动机很少损坏。可通过更换电动机轴铜套或电动机解决，也可通过更换节气门解决，但别忘了对发动机和变速器分别做基本设定。

5．紧急制动时发动机熄火

由于大众汽车发动机活塞下窜气量大，曲轴箱通风管带有的炭颗粒和油气过多，造成节气门体过脏，在紧急制动的情况下由于节气门体关闭过渡问题会造成发动机遇阻力时来不及反应而熄火。

第 12 章

进气控制系统

【本章知识目标】
- 能说出增加进气量技术术语;
- 能说出每种增加进气量的原理;
- 能说出涡轮增压系统的优点和缺点。

【本章技能目标】
- 能用诊断仪测试叶片式可变配气正时机构执行器的响应;
- 能用诊断仪读取涡轮增压系统的数据,从而判断故障;
- 能通过进气道判断涡轮增压系统浮动轴承处是否漏油;
- 能触发涡轮增压系统压力调节阀和增压空气循环阀。

在不改变发动机汽缸容积的情况下,增加进入汽缸的空气量,再多喷油后,可以增加混合气的总量,可以提高发动机的升功率(1L 排量能产生的最大功率)。近几十年来,提高进入汽缸空气量的新技术包括:多气门技术、涡轮增压技术、可变配气相位技术、可变进气道技术、可变进气谐波技术和可变进气升程技术。其中涡轮增压技术和可变配气相位技术贡献最大。

12.1 可变配气相位技术

进、排气门的开启时刻对一定发动机转速下的汽缸充气量和更好排气起着决定性的作用,所以可变进、排气门的配气正时技术是发动机进一步提高效率的有力措施。

可变配气相位技术包括可变进气相位技术和可变排气相位技术两种。进气相位可变的必要性见大众的链张紧式可变进气相位技术,排气相位可变的必要性和工作原理见丰田车叶片式可变配气正时机构。

1. 链张紧式可变进气相拉技术

链张紧式可变进气相位技术是大众专用的可变进气相位技术,但这样的结构难以控制排气正时可变。

发动机中、低转速时,活塞运动慢,进气管内混合气随活塞运动慢,气体的动能小或说气体的惯性小。进气行程结束,活塞进入压缩行程,由于进气门的早开和晚关的特点,在"压缩行程"的刚开始阶段,气体受压缩,进气门向关闭方向运动,但还未关闭,此时为避免已进入的混合气倒流回进气管，进气门应提前关闭。要想在压缩行程提前关闭，进气门应提前开启，即凸轮轴相位应向前转一个角度。如图12-1所示为活塞在压缩时，进气门早关示意图。进气门提前开启和进气门提前关闭是一个意思，即早开肯定早关，要想早关也必须早开。

发动机转速高时，进气管内气流速度快，在进气行程完成后，活塞在向上的"压缩行程"中，由于进气管内混合气保持原来的惯性，可继续涌入汽缸，从而增加混合气量，所以进气门应延迟关闭，即凸轮轴相位应向后转一个角度。图12-2所示为活塞在压缩时，进气门晚关示意图。

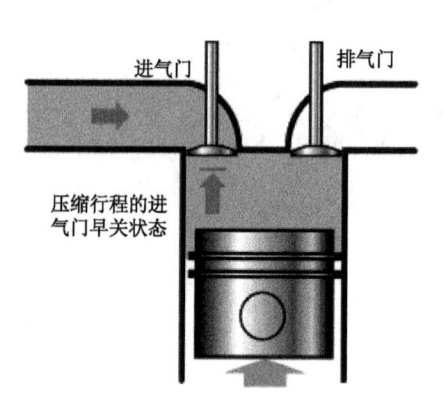

图12-1 压缩行程进气门早关

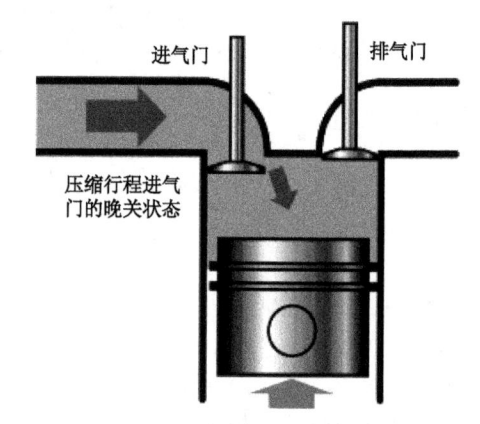

图12-2 压缩行程进气门晚关

在怠速时，为防止进气行程废气回流过多，也应延迟开启（延迟关闭）。

进气门延迟开启和进气门延迟关闭是一个意思，即晚开肯定晚关。可变进气相位技术最好是进气相位和排气相位都可变，链张紧式只能设计出进气相位可变，排气相位则不可变。

如图12-3和图12-4所示为大众公司的V型6缸发动机的可变进气系统的元件位置和调整元件名称。控制单元控制开关电磁阀实现进气门的相位可变。

技师指导

链张紧式可变进气相位只能用开关电磁阀调整，不能用脉冲电磁阀调整实现无级调节。叶片式则可用脉冲电磁阀调整，实现无级调节。

图12-3 大众公司的V型6缸发动机的可变进气系统的元件位置

1）扭矩调整

在中、低转速，为获得大扭矩输出，凸轮轴调整器向下拉长，于是链条上部变短，下部变长。因为排气凸轮轴被正时齿形带固定了，此时排气凸轮轴不能转动，进气凸轮轴朝前转一个角度，进气门提前开启。如图12-5所示为左后列从前向后看的可变进气正时的扭矩调整。

图12-6所示为可变进气正时的扭矩调整原理，正时调节电磁阀N205断电，活塞在弹簧作用下左移，油道1泄油，发动机机油泵的机油经油道3进入位置4，经油道2进入活动活塞5下部和固定活塞缸6上部之间的工作腔，与位置4油压相平衡。活动活塞5上移完成调整。

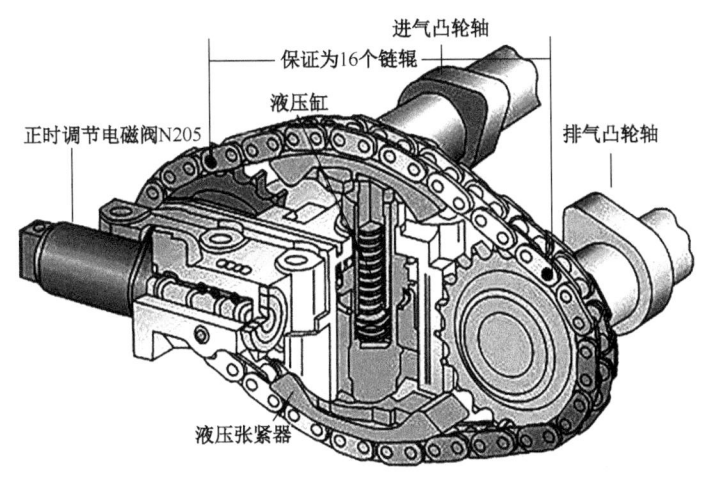

图 12-4 大众公司的 V 型 6 缸发动机左后列从后向前看的可变进气系统调整元件名称

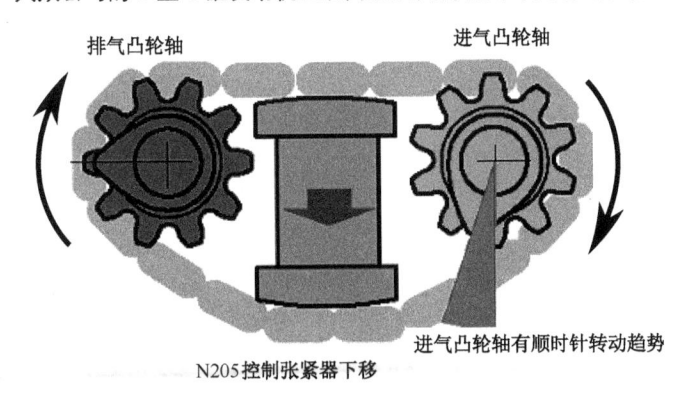

图 12-5 左后列从前向后看的可变进气正时的扭矩调整

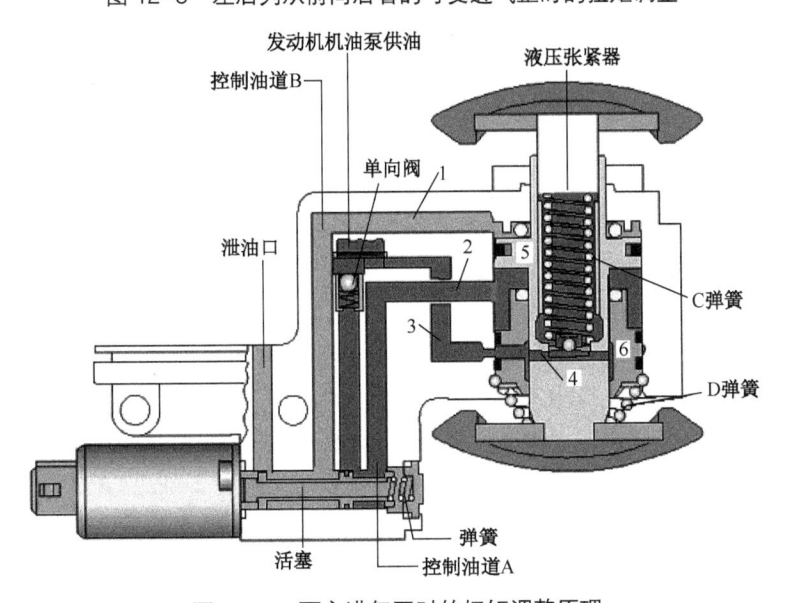

图 12-6 可变进气正时的扭矩调整原理

2）功率调整

怠速时，进气门延迟开启。发动机高转速时功率大，转速在 3700r/min 以上时，进气门也必须延迟关闭。调整链条下部短，上部长，进气门延迟开启，进气管内气流速高，汽缸充气量足。

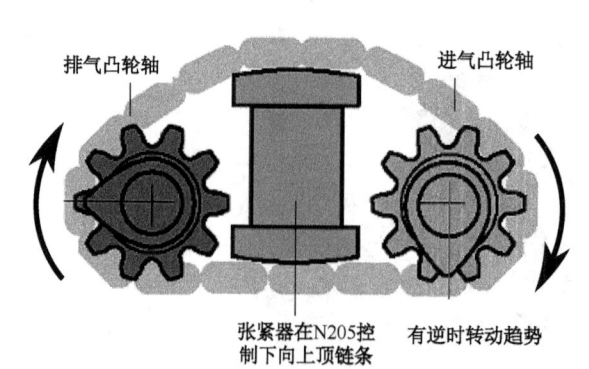

图 12-7 左后列从前向后看的可变进气正时的功率调整

如图 12-7 所示为左后列从前向后看的可变进气正时的功率调整。

如图 12-8 所示为可变进气正时的功率调整原理，正时调节电磁阀 N205 通电，活塞克服弹簧力右移，油道 2 泄油，发动机机油泵的机油经油道 3 进入活塞 4 上部位置，经油道 1 进入活塞 5 上部，活塞 5 下移压缩活塞 4，活塞 4 下移完成调整。

改变进气门的开启时刻，可以改变功率随转速变化的趋势，可用以调整发动机扭矩曲线，满足不同的使用要求。低转速时，进气门提前打开能防止低速压缩行程倒喷，有利于提高最大扭矩，但降低了此状态下的最大功率。如奥迪凸轮轴在扭矩位置时提高了输出扭矩，但功率有所损失（-3kW 为功率损失）。高转速时进气门晚开，功率增加，有利于最大功率的提高。

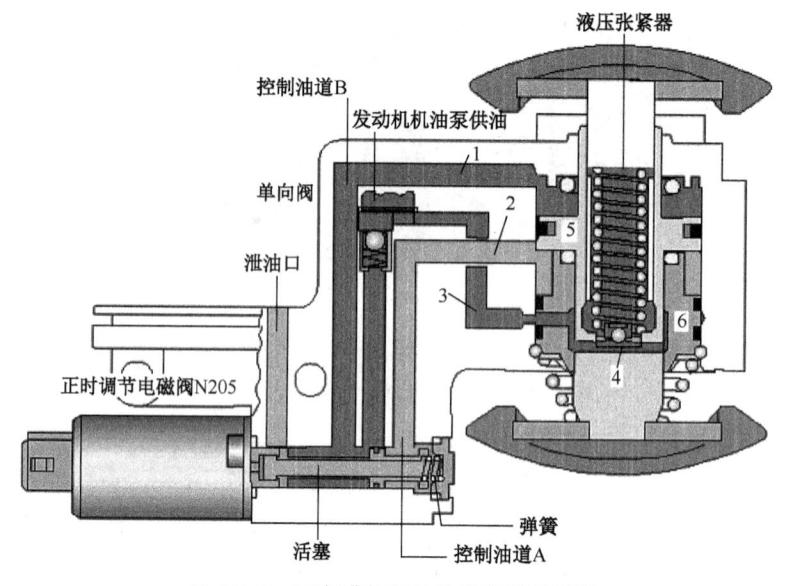

图 12-8 可变进气正时的功率调整原理

技师指导

由于奥迪 A6 发动机控制单元给液压张紧器电磁阀的信号是开关信号，所以只能有扭矩和功率两个极端调整状态，没有中间状态。

对于叶片式可变配气正时结构，读数据流时，若发动机控制单元控制电磁阀的信号不再是简单的通电和断电，而是占空比的百分数，则说明此车的可变配气正时技术真正达到了无级调节。

排气相位可变技术在大众这样设计的正时调节机构下实现较为困难。进、排气门的配气正时可变技术见丰田车系内容，当然大众的进、排气相位可变技术大多也采用叶片式。

3）传动链条的安装

在修理安装新传动链条时，凸轮轴上缺口 A 和 B 之间应为 16 个传动链辊。图 12-9 所示为链轮上第 1 和第 16 个链辊位置。

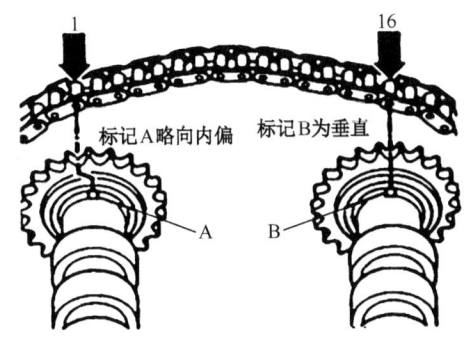

图 12-9　链轮上第 1 和第 16 个链辊位置

缺口 A 相对于链辊略向里安装，将凸轮轴调整器装到传动链中间。将带传动链条的凸轮轴和凸轮轴调整器装到缸盖上，用机油润滑凸轮轴工作面。

技师指导　链辊的多与少

（1）当凸轮轴上记号与轴承盖上记号间的链辊为 17 个时，启动和急速都正常，但在 1500～2500r/min 时加速迟钝，发动机无力，原因为进气门打开得过于滞后。

（2）当凸轮轴上记号与轴承盖上记号间的链辊为 15 个时，发动机启动困难，急速抖动，原因为进气过于提前。

（3）发动机润滑系统机油泵出现故障时，引起与（1）类似的故障。通过检查润滑系统排除此故障。以上三条会显示凸轮轴的故障码。

（4）凸轮轴调整阀 N205 对地短路、凸轮轴调节电磁阀 N205 与发动机控制单元 J220 之间导线断路、熔丝损坏及装配时 A 和 B 之间为 15 个或 17 个链节都会导致功率下降。

4）可变配气正时系统的控制和自诊断

可变配气正时系统主要利用空气流量计 G70 信号、节气门开度 G69 信号、曲轴位置传感器 G28（也是发动机转速）信号和修正信号冷却液温度 G62、两个凸轮轴位置传感器信号确定标准正时的大小，并由控制单元转化成控制电磁阀的开关或占空比信号，从而控制进入执行机构的压力和流量。控制单元同时根据曲轴位置传感器 G28 及两个凸轮轴位置传感器 G40 信号确认实际的进气门正时，并与标准正时比较，有较大差值时确定为电磁阀或液压张紧器的执行机构有故障。

技师指导

用双通道示波器观察发动机转速/位置传感器 G28 和凸轮轴位置传感器 G40 的信号时，凸轮轴位置传感器 G40 的信号在可变配气正时调节机构起作用，即信号轮随凸轮轴发生转动时，两波形会错开，此动作反馈发动机的功率变化。

5）大众可变进气正时机构检查（以 BORA 数据为例）

（1）通过 01—02 进入发动机控制单元读取故障码。

（2）通过 01—03 进行执行元件凸轮轴调节电磁阀 N205 自诊断。

（3）进入 01—08—091 组读取数据流。发动机转速达 2200～4000r/min，读取测量数据。

Read measuring value block	91		
640—6800r/min	0—98%	ON/OFF	负 3kW—正 25kW

显示区 1 为发动机转速；显示区 2 为发动机负荷；显示区 3 为开关电磁阀通/断电指示；显示区 4 为配气正时调整后发动机的功率增加量或减小量。

正常位置和调整位置：在汽车停止时挂入1挡加速，可使凸轮轴进入调整位置。显示区4显示可调凸轮轴的实际位置，如果凸轮轴调整功能已启动，显示区3为ON，显示区4将显示凸轮轴位置的角度调整后引起的功率增减量（反馈信号）。

- 发动机在低速增扭位置时的功率变化为-3～+6kW。
- 发动机在高速功率位置时的功率变化为16.0～25.0kW。如果试车时显示区4显示值在6.0～16.0kW之间，说明凸轮轴调整阀已将机油压力传至机械式凸轮轴调整器上，但未达到上或下的终点位置，卡在中间位置上（如运动困难）。

技师指导 顶气门

在修理发动机配气机构时，新手一定要把握正时带或链、进气凸轮轴和排气凸轮轴的正时装配，否则易顶气门。配气机构装配完后，多盘转曲轴几转，十几分钟后，再多盘转曲轴几转，反复2～3次，发动机油底壳内油经机油泵进入液压挺杆和张紧器，液压顶杆长的变短、短的变长，让液压顶杆和气门自动找到间隙，让可变配气正时的张紧器在进气滞后位置。修理发动机配气机构时多盘几转曲轴是非常关键的，否则液压挺杆无油过短启动困难，或有油变长，液体不可压缩，在启动的瞬间顶气门。实践中，很多大师傅都出现这样的修理事故，就是忽略了液压挺杆未装车之前在机油中浸过，液压挺杆可能变长。盘曲轴也是测试发动机曲轴与凸轮轴的正时装配、进气凸轮轴和排气凸轮轴的正时装配，盘曲轴会立刻发现气门顶活塞。

2. 叶片式配气正时调节机构

丰田发动机可变正时技术简称VVT-i（Variable Valve Timing-intelligent，智能可变配气正时技术），采用叶片式配气正时调节机构比链张紧式更易实现进、排气正时都可变。

丰田VVT-i控制器结构（见图12-10）包括由正时链条驱动的壳体及与进气和排气凸轮轴相连的叶片。进气侧是三片式，排气侧是四片式。从进气门和排气门凸轮轴处的提前或延迟侧路径传送的油压，使VVT-i控制器叶片旋转，持续地改变进气门正时。

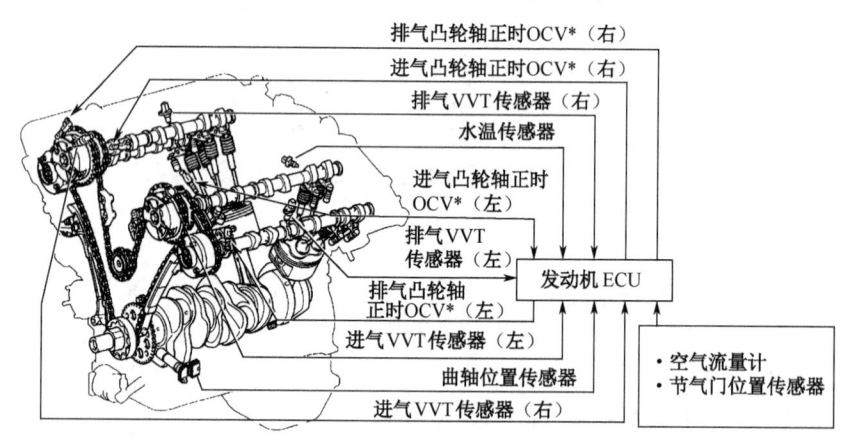

图12-10 V型发动机智能可变气门正时系统（VVT-i）元件布置图

可变气门正时系统是一种改变气门开启时间的电控系统，通过在不同的转速下为车辆匹配更合理的气门开启量和关闭量，来增强车辆扭矩输出的均衡性，提高发动机功率并降低车辆的油耗。

1) 基本要求

可变配气相位的调整基本要求如下：

（1）怠速。通过消除气门重叠角，以减少废气进入进气道，达到稳定怠速、提高燃油经济性的目的。

（2）中等负荷。通过增加气门重叠从而增加了内部 EGR（废气再循环）量，这样减小了进气歧管内的负压，因而也减小了活塞的泵吸损失并且改善了油耗。另外，由于此内部 EGR 的结果及未燃气体的再次燃烧，降低了燃烧温度，NO_x（氮氧化合物）排放减少，HC 排放也减少。

（3）低速大负荷和中速大负荷。通过提前关闭进气门提高充气效率，在低速到中速范围提高扭矩输出。

（4）高速大负荷。通过推迟进气门关闭时刻提高充气效率，达到提高功率的目的。

（5）低温。通过消除气门重叠防止废气窜入进气道。减少低温下燃油消耗，稳定怠速，降低怠速转速。

当发动机停止时，锁销在最延迟端锁止进气凸轮轴和在最提前端锁止排气凸轮轴（见图 12-11），确保发动机启动正常。

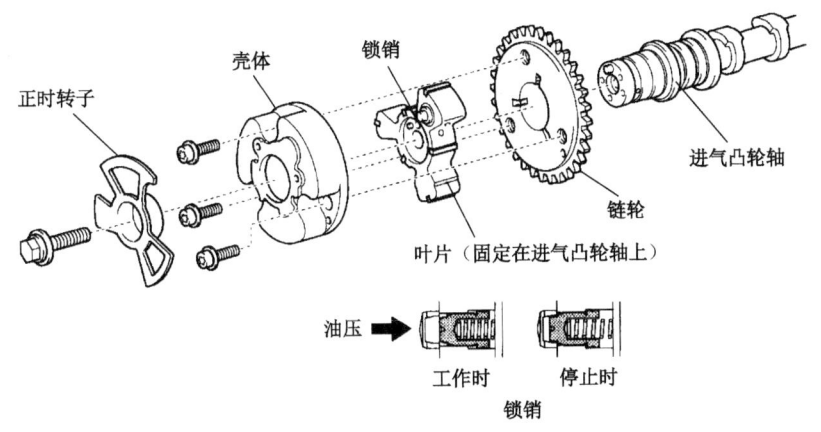

图 12-11 进气侧 VVT-i 控制器

在排气侧 VVT-i 控制器上提供了提前辅助弹簧。当发动机停止时这个弹簧应在提前方向施加扭矩，这样可确保锁销很好地啮合（见图 12-12）。

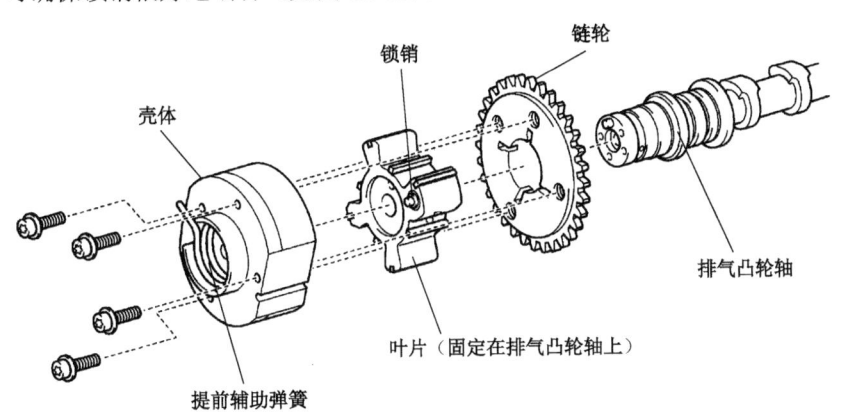

图 12-12 排气侧 VVT-i 控制器

对凸轮轴正时油压控制阀（见图 12-13），按发动机 ECU 的占空比信号改变阀芯位置，从而可以控制 VVT-i 控制器提前侧或延迟侧的油压，使之按控制单元的指令完成适度调节。

工作原理：凸轮轴正时油压控制阀根据发动机 ECU 的信号选择流向 VVT-i 控制器的通道。VVT-i 控制器应用油压使凸轮轴向提前侧、延迟侧旋转或保持固定不动。

如图 12-14 所示，发动机 ECU 根据发动机转速、进气量、节气门位置和冷却液温度来计算各种运行条件下的最佳气门正时，用来控制凸轮轴正时油压控制阀；同时，发动机 ECU 还通过凸轮轴位置信号和曲轴位置信号来计算实际气门正时，进行反馈控制。

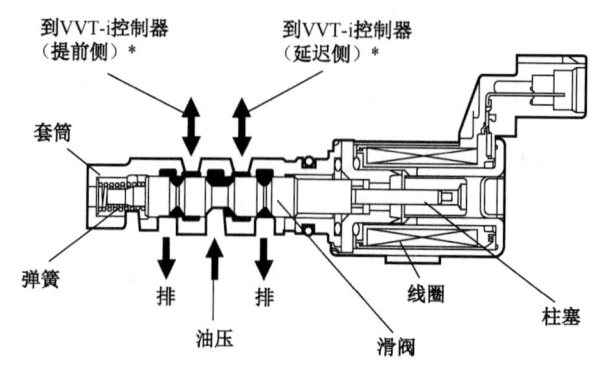

图 12-13 进气凸轮轴正时油压控制阀（*排气侧油压控制阀，提前侧和延迟侧相反）

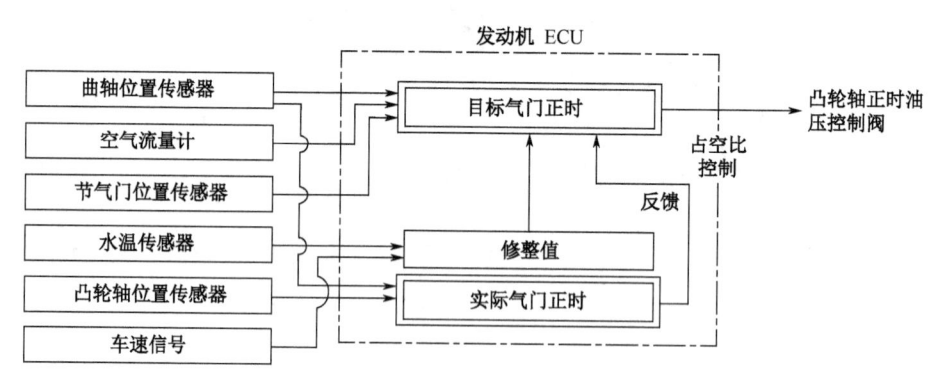

图 12-14 可变气门正时机构工作原理图

2）工作过程

（1）进气和排气配气正时提前。由发动机 ECU 控制正时油压控制阀在图 12-15、图 12-16 所示位置，此时油压作用于气门正时提前侧的叶片室，可使凸轮轴向气门正时的提前方向旋转。

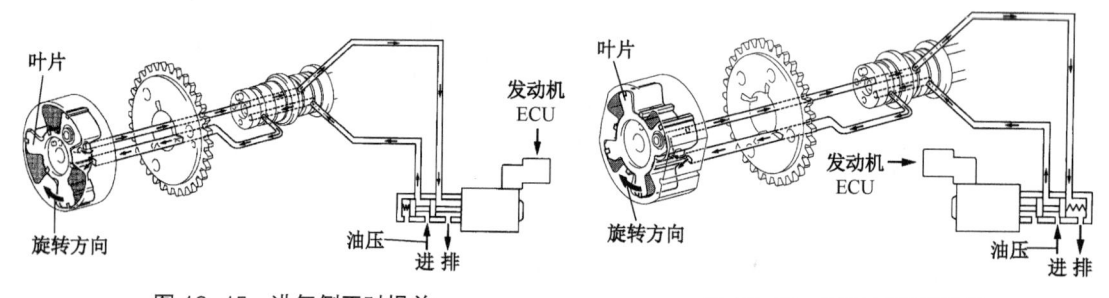

图 12-15 进气侧正时提前　　图 12-16 排气侧正时提前

（2）进气和排气配气正时延迟。由发动机 ECU 控制正时油压控制阀在图 12-17、图 12-18 所示位置，此时油压作用于气门正时延迟侧的叶片室，可使凸轮轴向气门正时的延迟方向旋转。

（3）进气和排气配气正时保持。当达到目标正时后，通过将凸轮轴正时油压控制阀保持在中立位置，从而保持气门正时，除非运行状态改变。

这可以使气门正时调整到期望的位置并防止发动机机油在不必要的时候溢出。

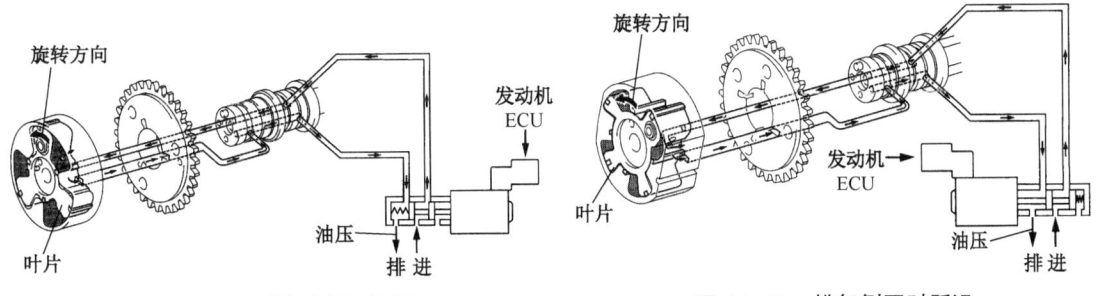

图 12-17 进气侧正时延迟

图 12-18 排气侧正时延迟

12.2 可变进气管长度技术

1. 可变进气管长度

由于进、排气门的开启和关闭，造成进、排气管内产生气体运动，在特定的不变的进气管长度和形状条件下，可以利用此气体运动来提高下一工作缸的进气压力，增大进入下一汽缸的空气量，称之为动态效应。

随着电子汽油喷射的广泛应用，进气系统设计的自由度大大增加，动态效应技术得以迅速发展，大多数汽油喷射发动机都具有调整好的进气系统。与其他增压方式（比如涡轮增压）相比，它具有结构简单、惯性小、响应快等优点，更适于频繁改变工况的车辆使用。

为分析方便，将动态效应分为惯性效应与波动效应两类。

1) 进气管的惯性效应

在进气行程前半期，由于活塞下行的吸入作用，汽缸内产生负压，新鲜空气从进气管流入，同时传出负压波，经气门、气道沿进气管向外传播，传播速度为声速（**注意：压力波和新鲜空气的行进速度和方向是不同的，压力波可正反向传波且很快，而空气只能以较低的速度"运动"，不能称为"传播"**）。当负压波传到稳压室的开口端时，稳压室内的新鲜空气量很大不易形成负压，所以负压波又从稳压室开口端向汽缸方向反射回正压波。

如果进气管的长度适当，从负压波发出到正压波返回进气门所经历的时间，正好与进气门从开启到关闭所需时间配合，即正压波返回进气门时，正值进气门关闭前夕，从而提高了进气门处的进气压力，达到增压效果。

可见，它是以稳压室为波节的压力波。若进气管的长度不适当，进气门关闭时，此处压力不是处于波峰而是在波谷位置，即负压波返回时刻，就会降低汽缸压力，得到相反的效果。

之所以叫惯性效应是因为这部分气体在进气门和稳压室之间波动时基本保持原来的动能，这部分动能也称为惯性。一定要把握惯性效应是在进气行程前半期，开口端为稳压室，否则容易与进气管波动效应概念混淆。

2) 进气管的波动效应

当进气门关闭后，进气管的气柱还在继续波动，此气柱在进气管内的弹性波动对以后其他各汽缸的进气量有影响，这称为波动效应。

进气门关闭时，进气管内流动的空气因急速停止而受到压缩，在进气门处产生正压波，向进气管的开口端滤清器传播，当正压波传到滤清器时，产生反射波，反射波的性质与入射波的性质相反，即为负压波，该波又向进气门处传播。当它到达进气门处时，若气门尚未打开，此波向进气管的开口端滤清器传播，在开口端再次反射时，反射波为正压波，该波又向进气门处传播，这样周而复始,气波在进气管中来回传播,进气门处的压力也时高时低,形成压力波动。如果使正压波与下一循环的进气过程重合,就能使进气终了时压力升高,因而提高充气效率。此时如与负压波重合,则气门关闭时压力便会下降,进气效率降低。

波动效应一定要把握是在进气门关闭后,开口端反射位置是节气门或空气滤清器,否则容易与惯性效应概念混淆。

研发人员在发动机试验台上使用几何形状可变的进气管找出发动机功率和扭矩升高的最佳区域,记录此时的发动机转速、发动机负荷和节气门位置,从而确定最理想的转矩和功率曲线。再改变进气管长度找出发动机功率和扭矩升高的最佳区域,从而确定新长度下最理想的转矩和功率曲线。依次改变进气管长度找出发动机功率和扭矩升高最佳点,从而确定长、短两个进气管长度,把发动机功率最佳点(长管)和扭矩升高最佳点(短管)的发动机转速、发动机负荷和节气门位置分别写入控制单元作为比较数据。

汽车行驶,当发动机转速、发动机负荷和节气门位置对应时,控制单元通过执行器控制进气管达到或长或短的位置。

长进气管和短进气管的变换时刻与发动机转速、发动机负荷和节气门位置这三个传感器有关。实践证明,长进气管或短进气管与发动机转速相关极大,其次为发动机负荷和节气门位置。

修理中,不用为可变进气管长度执行器不动作怀疑相应的三个传感器有故障,只要目视检查可变进气管长度执行器在动作工况是否动作即可。

2. 可变进气管长度技术

1) 长进气道

发动机在低转速时,空气经过长进气道(见图12-19)进入汽缸,使汽缸充气最佳,发动机输出扭矩增大。

图12-20所示为带可变进气道的发动机和不带可变进气道的发动机在低转速区域内的扭矩对比。

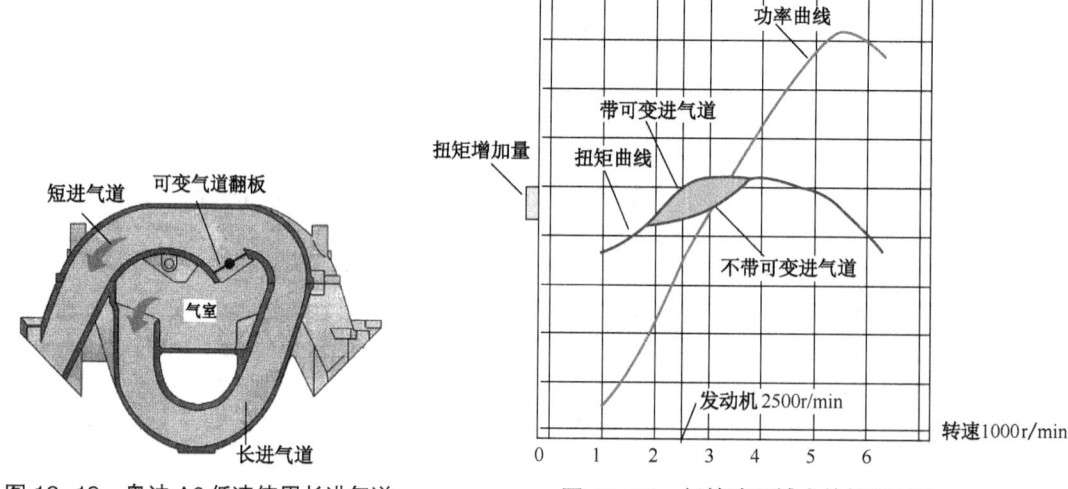

图12-19 奥迪A6低速使用长进气道

图12-20 低转速区域内的扭矩对比

2) 短进气道

如图12-21所示,发动机在高转速时,空气流经短进气道进入汽缸,可提高发动机的输出功率。
图12-22所示为带可变进气道的发动机和不带可变进气道的发动机在高转速区域内的功率对比。

3. 进气管长度无级调节

调节长、短进气管增加了汽缸的充气量,特别是在发动机低转速范围内增加的汽缸充气量更大,扭矩明显提升。

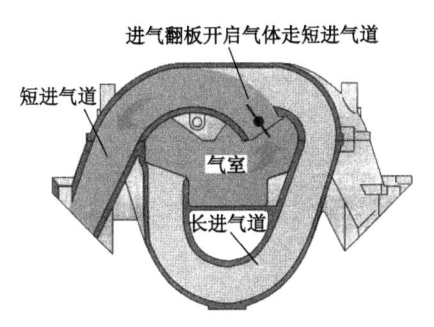

图 12-21 奥迪 A6 高速使用短进气道

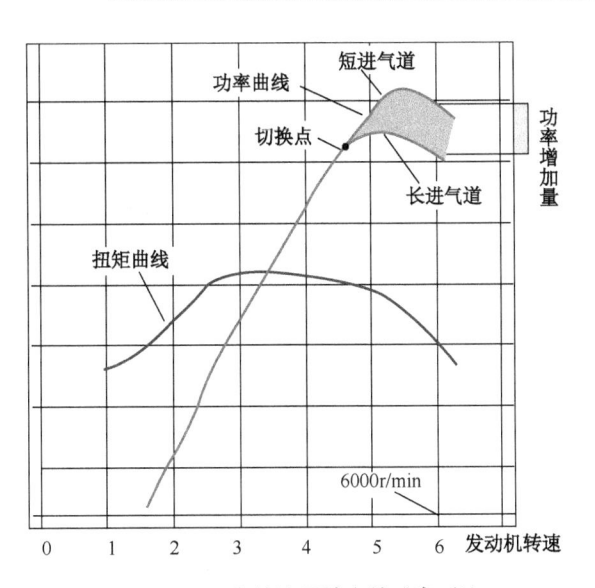

图 12-22 高转速区域内的功率对比

如图 12-23 所示。进气管长度范围内无级调节的进气系统的进气管长度随着发动机转速增加而改变。当速度增加到某一定值时，进气通道变短，发动机转速增高，转鼓向逆时针方向转动，转鼓的转动位置用滑动变阻器反馈给控制单元，用于监测转鼓是否达到 ECU 控制的目标位置。

要想实现无级可变的进气系统，研发人员必须在发动机试验台上获得各个进气管长度发出最大扭矩或功率时的发动机转速、发动机负荷和节气门位置，并把这些位置写入控制单元作为比较数据。应用时，当发动机转速、发动机负荷和节气门位置对应时，控制进气管几何形状达到理想的位置。这样的进气管长度无级可变进气系统在不久的将来会得到应用。

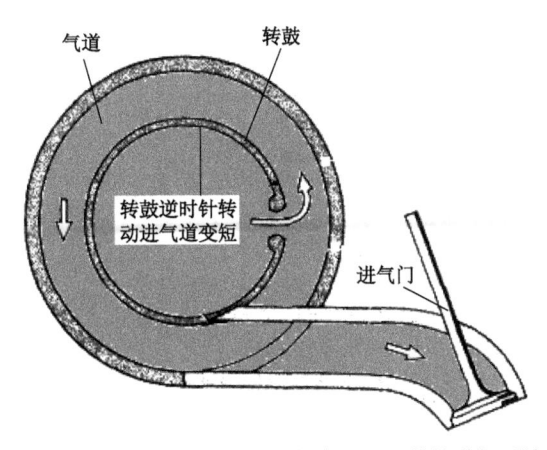

图 12-23 理想的进气通道长度无级调节的进气系统

4．可变进气系统真空作用器的控制

可变进气系统真空作用器的控制首先要建立真空源。发动机的进气歧管、单向阀、真空罐及真空管完成真空源的建立，真空罐用于储存真空，单向阀设计的目的是当节气门开度开大时刻恰好是要打开阀门的时刻，此时因膜盒膜片两边都为大气压，真空作用器内弹簧会使阀门关闭，打不开阀门。所以设计上加单向阀让真空罐能在节气门开大时保持怠速建立的真空度。

如图 12-24 所示为高尔夫 A4 的真空作用元件。一旦真空源的组成元件及管路有漏气，将导致真空作用器不能克服弹簧力拉开阀门，发动机动力下降。

真空电磁阀和真空作用器如图 12-25、图 12-26 所示。真空电磁阀本质是两位三通电磁阀，平时真空电磁阀使真空作用器通大气，通电时膜片两边压力平衡，弹簧使操作杆动作关闭阀门。控制单元控制真空电磁阀通电时，真空电磁阀使真空作用器通真空，真空作用器操作杆收缩打开阀门。真空作用器的弹簧在真空室内，不在大气室内。

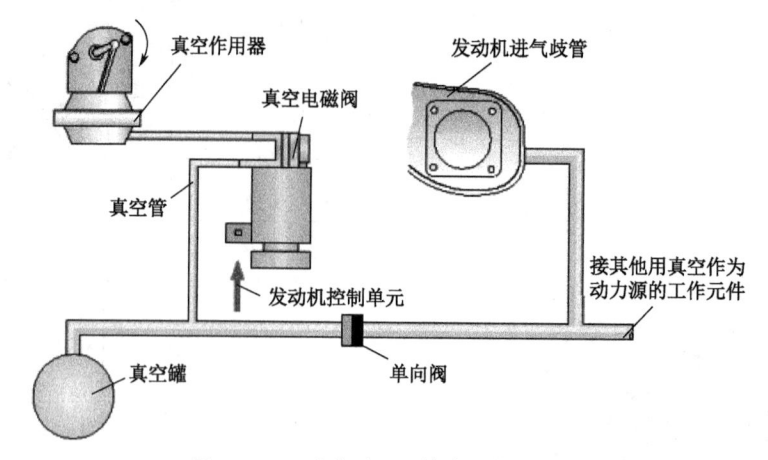

图 12-24　高尔夫 A4 的真空作用元件

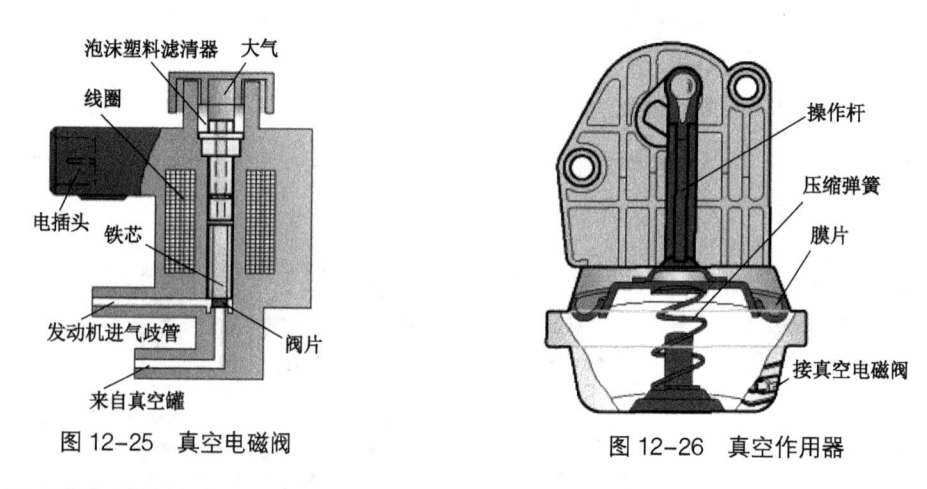

图 12-25　真空电磁阀

图 12-26　真空作用器

5．可变进气系统检查

可变进气系统出现故障后导致整车的油耗升高及高速功率差。

1）一般性检查

（1）检查转换机构是否运转自如。用手拉动拉杆看铰接机构所连的杆和轴的运动情况。实际多为轴生锈或积尘变粗卡死，但概率较小。

（2）检查真空管连接是否完好，检查真空系统元件及进气歧管真空罐的密封性。可以对真空管路整体打压后测漏，有漏后再分段检查。

2）转换电磁阀 N156 检查

（1）启动发动机，使之怠速运转。突然急加速至 4000r/min，此时真空作用器应拉动操作杆。

（2）电磁阀 N156 的电阻：25～35Ω。

（3）通过 01—03，可以对其进行执行元件自诊断，电磁阀不动作说明控制单元或线束损坏。

（4）通过 01—08，读取数据流，宝来数据流 095 组如下。

Read measuring value block	95		
640—6800r/min	0—98%	90℃	IMC-V ON/OFF

- 显示区 1 为发动机转速；
- 显示区 2 为发动机负荷；
- 显示区 3 为冷却液温度；

- 显示区 4 为调整电磁阀的通电和断电。

1 区和 2 区用来查看条件是否达到控制切换点。

4 区用来查看进气歧管转换电磁阀是否通电。IMC-V 是 Intake Manifold Control-Valve 进气歧管控制阀的缩写。显示区 4 应从 IMC-V OFF 转换成 IMC-V ON。

12.3 发动机谐振增压

1. 谐振增压作用

进气谐振增压能提高发动机的进气效率，它利用上一缸活塞进气行程下行产生的吸力导致进气管内的新鲜气体有了动能，此动能被转化成下一缸活塞进气门打开时推动气体流入汽缸的另一个动力，该动能可用来压缩新鲜充量，通常称为 ACIS（Acoustic Control Induction System，谐振控制进气系统或声学控制系统）。

2. 谐振增压结构

谐振增压系统使用短通道将有相同点火间隔的汽缸组与谐振腔相连，然后，谐振腔经过谐振管与大容积充气室相连。

在谐振增压系统中，为了充分利用进气管内脉冲能量产生的气体动能，又使各缸进气互不干扰，进气管通常采用分支方案。分支的原则是一根进气管所连各缸进气歧管必须不相重叠（或重叠很小）。

1）直列六缸发动机

发动机的进气理论行程为 180° 曲轴转角，实际上进气门要早开和晚关，进气角度实际的曲轴转角在 240° 左右，而六缸发动机实际进气间隔角为 120°，即每时每刻都是两个汽缸同时进气，这样两个汽缸进气都不会充足。

设计上，若采用两根进气管，如图 12-27 所示，一根进气管所连接汽缸的数目不宜超过三个，同时应该使点火顺序相邻的各缸进气相互错开，如发火次序为 1—5—3—6—2—4 的六缸机，可采用 1、2、3 缸及 4、5、6 缸各连一根进气管。阀门在大节气门开度和低发动机转速时关闭，1 缸进气未结束时，5 缸也进气，但互不冲突，各缸进气更充分。

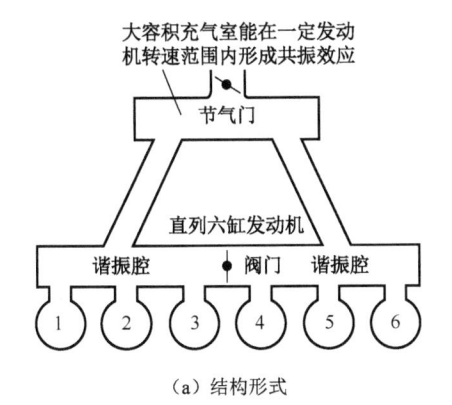

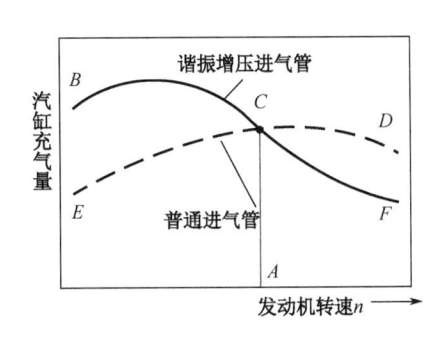

图 12-27 直列发动机谐振增压

工作原理：

（1）发动机转速低时，ACIS 阀门关闭。此时 1、2、3 缸的进气间隔角变为 240°，4、5、6 缸的进气间隔角也变为 240°，汽缸充气量走 BC 曲线，相对普通进气管各缸进气量增多。

（2）高发动机转速时，ACIS 阀门打开相当于普通进气管，进气间隔角恢复为 120°，进气量走 CD 曲线，阻止发动机转速超过 A 转速时造成的充气量下降。

2）V 型六缸发动机

V 型六缸发动机通常将左列和右列的汽缸分开，中间采用 ACIS 阀来控制实现谐波增压，结构如图 12-28 和图 12-29 所示。

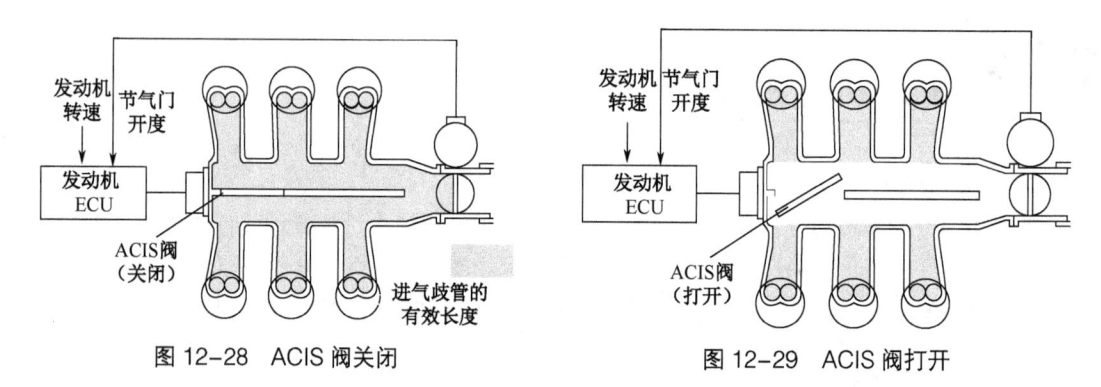

图 12-28 ACIS 阀关闭

图 12-29 ACIS 阀打开

3．谐振增压控制策略

发动机进行谐振增压控制时，谐振增压进气管和普通进气管的切换时刻由发动机转速和节气门开度控制。例如，某 V 型六缸发动机使用 ACIS 阀控制如图 12-30 所示。

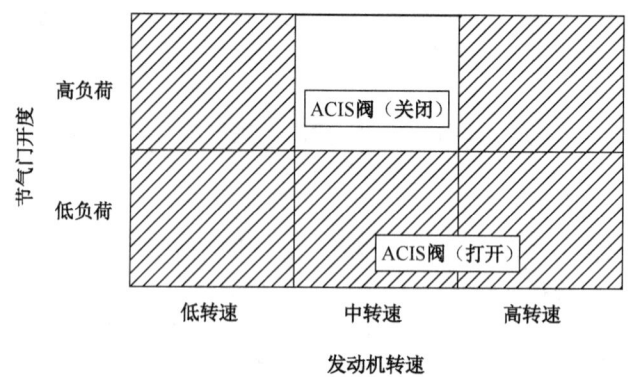

图 12-30 ACIS 阀控制时刻

12.4 大众涡轮增压系统控制

1．涡轮增压简介

1）什么是涡轮增压

所谓增压，就是利用增压器压缩滤清器过来的新鲜空气，增加其密度，使进入汽缸的实际空气量比自然吸入发动机的空气量多，达到增加发动机功率、改善燃料经济性和排放性能的目的。

涡轮增压是利用从发动机排气管排出的具有压力和较高温度的废气驱动涡轮机旋转，与涡轮同轴连接的泵轮上的泵轮便被带动旋转，将吸入的新鲜空气进行压缩后，再排入发动机汽缸内，从而在汽缸内体积不变，达到增加缸内实际空气量的目的。涡轮机和泵轮这一套系统称为增压器。

2）增压效益

在我国西北和西南有大面积的高原和山区，这些地区海拔高而空气稀薄。汽油机车辆在该地区行驶时，由于空气密度下降致使发动机功率严重下降，故采用增压汽油机增加进气量，恢复汽油机功率是非常必要的。

过去由于汽油机存在着增压后爆燃倾向增大、热负荷增高，且增压系统较复杂等问题，限制了涡轮增压在汽油机上的应用。近年来，由于汽油机广泛采用电控喷射系统，以往化油器式发动机增压后混合气不易调节控制的问题随之解决，增压发动机易产生爆燃的问题也可以通过控制单元控制点火时间与增压压力得到抑制，使增压汽油机在汽车上得到了广泛的应用。

汽油机在低负荷区工作时，燃料消耗率增加较快，费油，提高发动机负荷率和采用汽油喷射系统是提高燃料经济性的有效途径。

涡轮增压发动机在低转速时具有较低的燃料消耗率。对汽车来说，发动机的低速耗油率性能对提高汽车行驶时的燃料经济性是很重要的。不仅如此，排放性能也有所改善，在小负荷范围内，改善排放不明显，但在接近于全负荷工作区，由于增压机的压缩比较低，可进一步减少 NO_x 的排放。

发动机涡轮增压匹配试验表明，采用涡轮增压不仅使汽油机的最大功率和最大转矩有较大的提高，燃料经济性也有明显的改善，增压后耗油率降低 30% 左右。

2．发动机改进

汽油机采用增压技术后，其机械负荷和热负荷均会增加。为保证增压汽油机能可靠耐久地工作，必须对这种增压机型在主要热力参数的选取、结构设计、材料和工艺等方面采取一些措施。

1）降低压缩比

为了降低爆发压力，在增压汽油机上适当降低压缩比。但也不能降得过低，否则压缩终了压力不够反而会造成冷启动困难。

2）供油系统

汽油机采用增压后，每循环进气量增多，所以要求增加每循环的供油量。

3）改变配气相位

为了提高汽油机的扫气（借助于进、排气门之间的压力差，用新进空气驱赶废气排出汽缸）能力，清除燃烧室废气，提高充气效率及降低热负荷，增压汽油机一般采用较大的气门叠开角。

4）设置分支排气管

在脉冲增压系统中，为了充分利用脉冲能量，使各缸排气互不干扰，排气管通常也要如进气管一样采用分支方案。

分支的原则是一根排气管所连各缸排气歧管必须不相重叠（或重叠很小）。例如，一般四冲程汽油机排气脉冲延续时间为 240°曲轴转角，这时一根排气管所连接汽缸的数目不宜超过三个，同时应该使相邻发火的各缸排气相互错开，如发火次序为 1—5—3—6—2—4 的六缸机，可采用 1、2、3 缸及 4、5、6 缸各连一根排气管。

5）冷却增压空气

空气经过增压后温度也随之升高，如果直接进入汽缸，就会使进气密度减小，直接影响功率的增加。将增压器出口的增压空气加以冷却，可提高充气密度，从而提高充气效率。若增压压力不高，也可不必使用中间冷却。此外，还可降低压缩始点的温度和整个循环的平均温度，从而降低热负荷和排气温度。

汽油机采用增压技术后可使功率提高，耗油率和噪声降低，有利于解决燃料燃烧不完全等问题，排放性能得到改善。

3．两种废气涡轮增压结构

根据控制装置的形式进行分类，涡轮增压器可分为旁通阀门式涡轮增压器和可调整叶片式涡轮增压器。

1）旁通阀门式涡轮增压器

如图 12-31 所示为通常使用的旁通阀门式涡轮增压器，旁通阀门式控制单元控制电磁阀切换大气/高压空气进入气动装置无弹簧端。

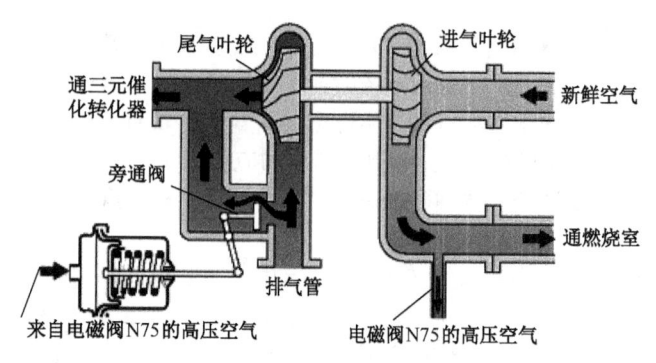

图 12-31 通常使用的旁通阀门式涡轮增压器

汽车上坡或重载时，节气门开度较大，发动机转速却较低，此时排气管排出废气的运动速度较低，泵轮转速低，增压效果不好。为了提供足够的转矩，涡轮增压器涡壳内的旁通控制阀必须要使增压器在排气管排出废气量和运动速度较低时，控制所有排气冲击泵轮，增压器内泵轮也能以高转速运转，发挥出高效率。另一方面，为了防止发动机在高转速时，涡轮增压器在较高排气量和排气速度下发动机排气不畅和增压压力过高，涡轮增压器涡壳内的旁通控制阀必须让一部分气流绕过涡轮，直接进入下游排气管。

在涡轮增压系统中，气动控制装置内的弹簧用于关闭旁通阀，从 N75 过来的增压后的空气用于开启旁通阀，降低增压压力。传统非电控涡轮增压系统把泵轮泵过来的高压空气直通气动控制装置无弹簧端，即增压压力高时，打开旁通阀降压。电控的涡轮增压系统中，在控制单元控制下，控制电磁阀 N75 让增压后的空气进入气动调节装置打开旁通阀。

2）可调整叶片式涡轮增压器

如图 12-32 所示为可调整叶片式涡轮增压器。其基本工作原理为：ECU 根据发动机负荷确定的增压压力控制电磁阀的占空比信号，从而控制叶片角度或旁通阀开度。

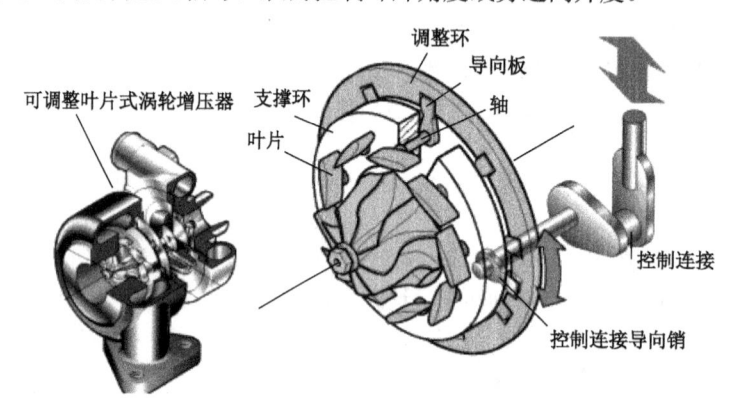

图 12-32 可调整叶片式涡轮增压器（如奥迪 200 1.8T）

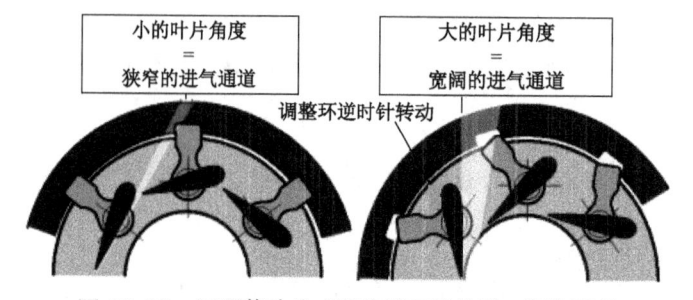

图 12-33 所示为可调整叶片式涡轮增压器的增压调节原理。气动调节器控制连接杆，连接杆控制导向销，导向销控制调整环逆时针转动，使叶片角度增大。

图 12-33 可调整叶片式涡轮增压器的增压调节原理

为了使控制增压压力精确,必须将增压压力作为反馈信号。此功能由一个测量范围达到250kPa（2500mbar）的增压压力传感器实现。传感器可以装在中冷器上,也可装在节气门体上。

4. 涡轮增压控制

发动机处于不同负荷时,控制单元有不同的增压压力。空气流量是发动机的负荷信号,它可以由进气压力传感器或空气流量计进行计量。当空气流量由进气压力传感器计量时,负荷即为压力传感器信号,进气压力传感器和增压压力传感器为同一个传感器。当空气流量由空气流量计计量时,负荷由空气流量计确定。

空气流量信号失效后可以用发动机转速和节气门转角确定负荷,作为替代信号。所以实际中也可以用发动机转速和节气门转角确定设置点,储存在控制单元中。

如图 12-34 所示为大众涡轮增压系统示意图,分为增压控制和超速切断控制。

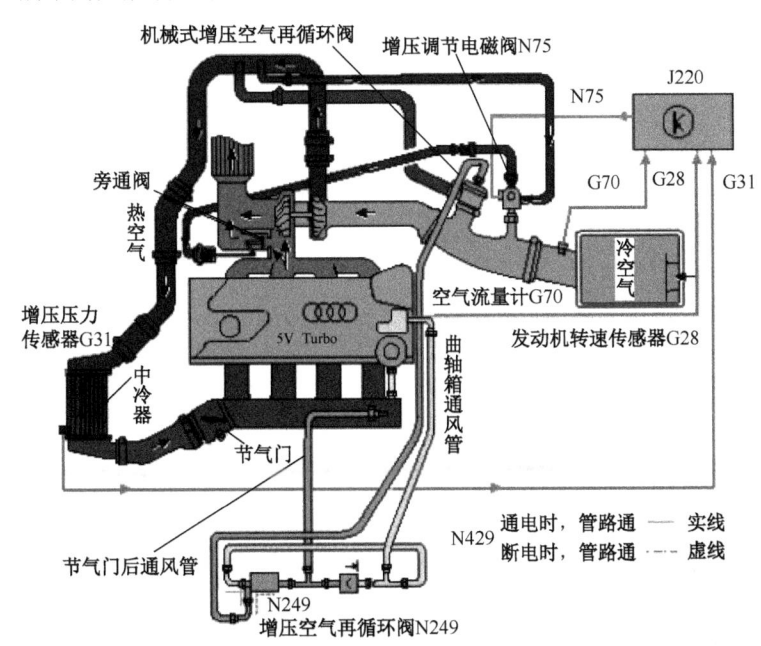

图 12-34 大众涡轮增压系统示意图

1）增压控制

控制单元根据空气流量计 G70 的信号和发动机转速传感器 G28 的信号,通过控制单元 J220 输出脉宽可变的占空比信号,并将这个信号作用到增压调节电磁阀 N75,增压调节电磁阀 N75 调整旁通阀门的有效开度,控制冲击泵轮的废气量,从而控制泵轮转速,最终控制增压压力。增压压力传感器 G31 反馈监测进气压力值,使其与控制单元内要控制的压力相一致。

2）超速切断控制

大负荷行驶,突然松开油门,节气门迅速关闭,而涡轮转速仍然较高,若不加以控制,则增压空气继续流向节气门,可能造成节气门电动机堵转。为防止节气门损坏,发动机控制单元将 N249 打开,接通空气再循环阀的真空回路,使空气再循环阀打开,增压气体在回路中形成局部循环,避免增压空气冲击节气门。

技师指导

节气门处于应急开度时电动机不通电。在大负荷时节气门开度为正向,节气门电动机电流也为正向。收油门后,油门踏板位置传感器识别为怠速,控制单元控制节气门电动机断电,节气门在回位弹簧的作用下回到应急位置,此时转速大于1500r/min,控制单元的怠速目标转速为

840r/min，所以控制单元控制电动机电流反向，使节气门开度小于应急开度，此时高压空气会阻止电动机关闭节气门造成电动机堵转烧毁，因而必须设 N249 加以控制。

如图 12-35 所示，电磁阀 N75 断电时，空气通往调节器的旁通阀。通电时，高压空气通往调节器的旁通阀将旁通阀打开，降低涡轮转速。

涡轮增压发动机使用与爆震控制相配合的增压压力控制。在发动机整个使用寿命期内，要使发动机在最大可能的点火提前角下工作，发挥最大动力，且不损坏发动机，爆震控制是唯一的办法。对于爆震，首先的反应是减小点火提前角。一旦点火角在标准点火角上推迟 15°（该极限根据废气的温度而改变），即减小了 15° 点火角，到达点火角推迟极限，若仍然爆震，则为进一步减小爆震，应降低增压压力。使涡轮增压发动机在爆燃极限内运转达到最佳效率，同时废气温度保持在可承受的范围的。

5．废气涡轮增压系统的检查

1）检查废气涡轮增压系统的条件
- 发动机系统无故障；
- 进气及排气无泄漏；
- 发动机温度高于 80℃；
- 增压压力传感器 G31 正常。

2）检查 G31 是否正常

上述条件中的第四点非常重要，为此拔下进气歧管与燃油压力调节器之间的连接软管，将它接到数字压力测示仪 V.A.G1397/A 的 T 形管上。如图 12-36 所示为进气压力的测量，如果实测压力和数据流显示压力相差过大，说明进气压力传感器 G31 有故障，则更换进气压力传感器。没故障时读取数据流。

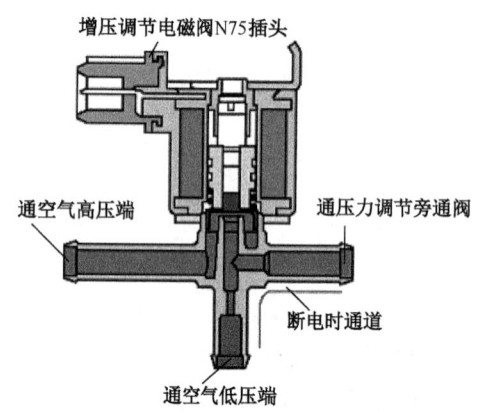

图 12-35 增压调节电磁阀 N75 的结构

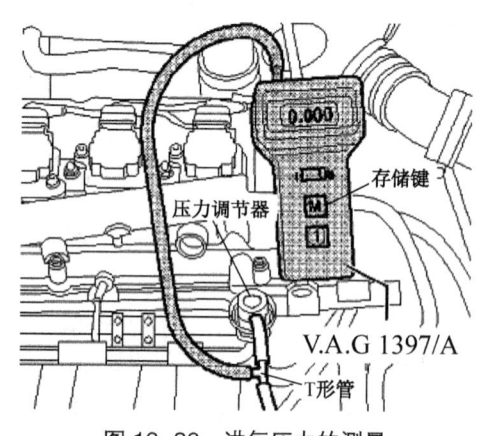

图 12-36 进气压力的测量

3）读取数据流

进入发动机系统，08—读取数据流。

（1）显示组 114。

Read measuring value block			114
10—150%	10—150%	10—150%	0—100%

显示区 1：由油门踏板位置传感器确定的特性曲线值；
显示区 2：由爆震控制、海拔高度自适应确定的发动机负荷；
显示区 3：由增压压力调节的规定负荷；

显示区 4：增压压力电磁阀占空比。

（2）显示组 115。

Read measuring value block		115	
640—6800r/min	10—150%	990—2200mbar	MAX.2200mbar

显示区 1：发动机转速；

显示区 2：由增压压力调节的规定负荷；

显示区 3：理论增压压力；

显示区 4：实际增压压力。

实际值与显示区 3 中的值进行对比，允许偏差最大为 100mbar。如增压压力过高或过低，应检查增压调节电磁阀 N75、气动控制装置工作是否顺畅，最后检查气动装置。

以 2 挡从 2000r/min 开始全负荷加速，达到 3000r/min 时，按下数字压力测试仪 V.A.G1397/A 上的存储键 M，此时绝对压力正常值为 1.5～1.65bar。若用日常生活中的普通压力表测量，注意普通表为相对压力表，读数应为 0.5～0.65bar。如果超出，检查增压调节电磁阀 N75，N75 的电阻为 25～35Ω。

4）机械部件检查

（1）检查增压压力调节执行机构。发动机机油温度不低于 60℃，进、排气无泄漏。拔下 N75 的插头，启动发动机，突然加速到最高转速，增压调节电磁阀 N75 的调节杆应运动。如果调节杆没有动，检查摇臂是否运动自如，如果卡滞，更换涡轮增压器；如果摇臂运动自如，但调节杆不动，则更换涡轮增压器。如图 12-37 所示为检查增压压力调节执行机构。

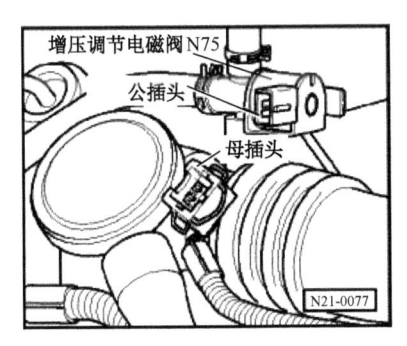

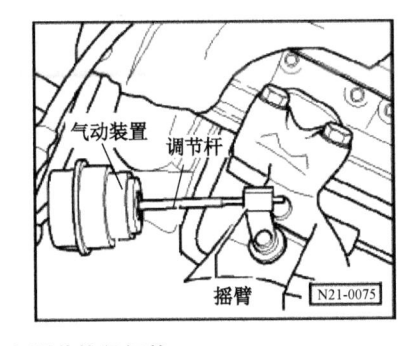

图 12-37 检查增压压力调节执行机构

增压调节电磁阀 N75 损坏后或更换未做基本设定，发动机加速不良。节气门开度变化时，旁通阀的气动调节机构应动作平顺。

技师指导

修理人员一定要熟悉爆震的声音。找一台汽油发动机，把油门猛踩到底时，你听见的"哗哗"或"哇哇"声即为爆震声（柴油车上坡时的声音）。电喷发动机有爆震传感器，最大可推迟点火角 15°，点火角推迟到最大后，正常不可能再爆震，一旦爆震则可能增压压力不可控，导致压力增高。G31 把实际压力信号传给控制单元，控制单元比较标准增压值发现超过公差范围，即超了 100mbar 时，显示故障码。查询发动机控制单元有故障存储为"增压超过公差范围"。

增压压力过高，发生爆震，根据经验压力传感器 G31 不易出故障，多为增压调节电磁阀 N75 与增压器气动调节器相连的高压气管断裂。将断裂的真空管重新接好后故障即可排除。

技师指导

> 增压调节电磁阀 N75 与增压器气动调节器相连的真空管断裂，导致 N75 失去调节作用，控制单元控制失效，从而使增压压力传感器 G31 监测到较高的压力，将该信号传递给发动机控制单元，控制单元产生上述故障记忆。

（2）增压空气再循环阀 N249 检查。N249 电阻规定值为 21～30Ω。进行 03 执行元件自诊断，触发 N249 工作看是否正常。

（3）超速切断阀检查。超速切断阀位于增压器前部，该阀在超速及怠速时由真空作用打开。图 12-38 所示为检查超速切断阀。

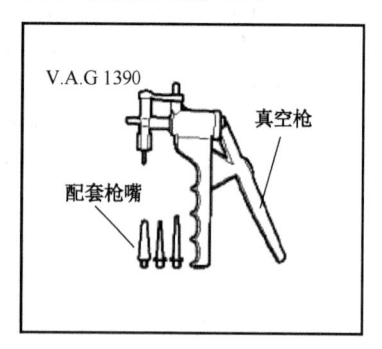

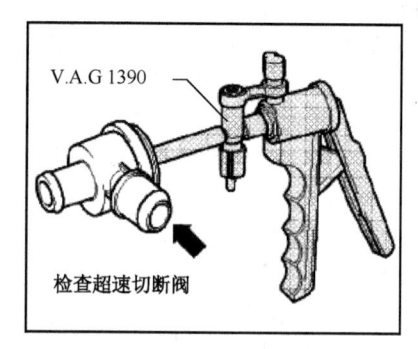

图 12-38 检查超速切断阀

将手动真空泵 V.A.G1390 连接到超速切断阀上的真空接头上，操纵手动真空泵，超速切断阀两管应打开相通。操纵手动真空泵的通气阀使超速切断阀从真空切换为通大气，超速切断阀两管应不通。

6．涡轮增压系统常见故障

排除涡轮增压系统的故障要仔细区分是涡轮增压系统故障，还是发动机其他系统故障。节气门体有故障时会产生和增压系统一样的故障现象，要通过做基本设定来解决。发动机动力不足时，仔细检查进气系统是否有堵塞和漏气的地方，多数情况为堵塞和漏气引起。

1）增压器漏油故障的表现

漏油是增压器最常见的故障。表现为从泵轮端口或涡轮端口漏出机油，造成排气管冒出大量蓝色烟雾，导致汽油机动力下降，拔机油尺明显见油位下降。

2）增压器漏油故障的原因分析

发动机运转时，增压器的转速高达每分钟 10 万转以上，并且温度很高，因此增压器必须处于完全的流体摩擦的润滑条件下。如果这个条件不能满足，增压器轴、浮动轴承、中间壳的轴承孔就会出现干摩擦。摩擦产生的高热会使增压器轴、浮动轴承、中间壳三者之间发生磨损、烧蓝，使增压器两端的金属密封环磨损失效，从而引起漏油。机油压力不足、流通量不够或排气过高温是导致增压器漏油的直接原因。图 12-39 所示为增压器漏油位置。

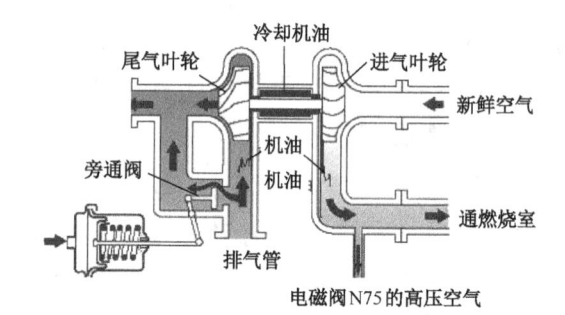

图 12-39 增压器漏油位置

增压器的回油管变形、阻塞或曲轴箱内气压太高，造成回油不畅，会使增压器中间壳体内的机油压力增大，从而造成机油从增压器两端有一定开口间隙的密封环处漏出。空气滤芯堵塞，造成进气管真空度增大，导致机油从密封处主动漏进进气管。

3）预防故障应采取的措施

（1）熄火前怠速运转降温。正确使用涡轮增压器应保持起车和收车各 3min 以上怠速运转。增压发动机启动后，应首先怠速运转 3~5min，让机油充分润滑增压器后，再挂挡投入运行。如在冬季，这个怠速运转预热的时间还可适当加长。在发动机高速运转中不能突然熄火。收车时，应先收油门，以使增压器有足够的时间降低转速，此时仍有足够的机油进行润滑带走热量，怠速运转 3~5min 后，增压器的温度已降低，再熄火。

但实际上车主这样操作的很少，所以近几年在增压器上设计了冷却液水道，辅助机油散热，并采用电动冷却液循环泵，在发动机熄火后再工作一段时间，来使增压器降温。

（2）发动机润滑系统的定期维护。定期更换机油和机油滤清器。若在增压器进油管路中也设有机油滤清器，要与三滤（汽油滤芯、机油滤芯、空气滤芯）一并更换。

对于有漏油、烧损故障的增压器，整体更换的处理措施是必要的。但是一定要弄清引发故障的最初原因，否则可能一年更换几个增压器。

（3）叶片损伤。防止异物进入进、排气道给泵轮叶轮或涡轮带来致命的损伤。

7．与涡轮增压系统易混故障

1）空气滤清器堵塞

空气滤清器堵塞后，怠速基本正常，加速加不上，发动机随加油转速反而下降，甚至熄火，检测仪检测显示为空燃比超限。

2）空气流量计后漏气

空气流量计后漏气，只能怠速运转，加不上速，且加速时放炮。

3）废气再循环阀卡滞

废气再循环阀卡滞，发动机功率不足。

第 13 章

排放控制系统

【本章知识目标】
- ◆ 能说出汽车基本污染物有哪些；
- ◆ 能说出二次空气喷射的作用、系统组成和工作原理；
- ◆ 能说出油箱挥发系统的作用、系统组成和工作原理；
- ◆ 能说出曲轴箱通风系统的作用、系统组成和工作原理；
- ◆ 能说出废气再循环系统的作用、系统组成和工作原理。

【本章技能目标】
- ◆ 能检查二次空气喷射是否工作；
- ◆ 能检查油箱挥发系统是否工作；
- ◆ 能检查曲轴箱通风系统是否工作；
- ◆ 能检查废气再循环系统是否工作。

13.1 排放控制技术

1. 汽车公害

汽车的公害主要包括以下三个方面：

1）排污对大气的污染

在大气污染中，汽车排放所造成的污染占有相当比重。据有关资料介绍，大气中所含 CO 的 75%、HC 和 NO_x 的 50%来源于汽车的排放，因此，各国制定了严格的排放标准，比如欧洲Ⅳ和欧洲Ⅴ标准（我国排放标准与欧洲相同）。为达到排放标准，在发动机上必须增加多种排放控制装置。

2）电波干扰

汽车的电气设备对无线电广播及电视的电波干扰，但只是局部问题。

3）噪声对环境的污染

噪声对环境的污染如发动机燃烧噪声、轮胎与地面的各种接触声音等。

2. 汽车排污的三个来源

汽油是多种碳氢化合物的混合物。在发动机汽缸内，汽油和空气混合并燃烧，大部分生成 CO_2 和 H_2O。依据燃烧条件，也有一部分由于不完全燃烧而生成 CO 和 HC 化合物。此外，当燃烧温度很高时，空气中的氮与未燃的氧起反应，生成 NO_x。其中 CO、HC 和 NO_x 对人类和环境都会造成很大的危害。

汽车排污的来源有以下三个方面：

1）从排气管排出的废气

主要成分是 CO、HC、NO$_x$，其他还有 SO$_2$、铅化合物和炭烟等。

2）曲轴箱窜气

即从活塞与汽缸之间的间隙漏出，再由曲轴箱经通气管排出的燃烧气体，其主要成分是 HC。

3）挥发的汽油蒸气

从油箱盖、油泵接头、油泵与油箱的连接处挥发出的汽油蒸气，成分是 HC。汽油车排放源的有害气体相对排放量如图 13-1 所示。

这些成分中，CO、HC 和 NO$_x$ 是主要的污染物质，因此，目前汽车的排污标准和净化措施也旨在降低这三种成分及其含量。

3. 有害物处理办法

已经确定的污染物来源有三个方面：蒸发污染、曲轴箱污染和尾气排放污染。

上述三个污染源都产生 HC 污染，曲轴箱污染和尾气排放污染中还包括 CO 和 NO$_x$ 排放，在设计中分别采用不同的技术控制这些排放污染。

本章所描述的控制系统总体可分为两大类。

1）燃烧前处理

燃烧前处理是控制有害污染物生成的系统，也是排放控制优先采用的方法。因为在污染物生成之前就进行控制，比在它生成之后再进行控制更有效果，这些方法和设施总称为燃烧前处理控制。

2）燃烧后处理

燃烧后处理是在污染物生成之后降低它的排放水平，称为燃烧后处理控制。

发动机燃烧前处理和燃烧后处理措施如图 13-2 所示。

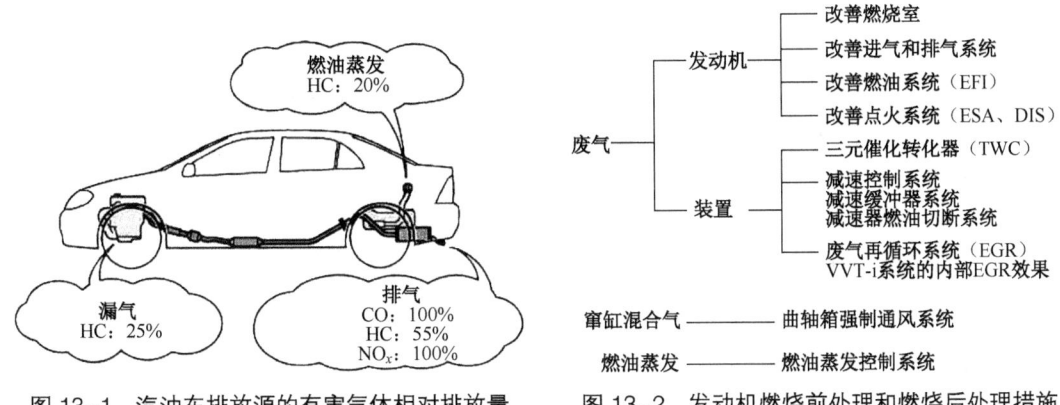

图 13-1 汽油车排放源的有害气体相对排放量　　图 13-2 发动机燃烧前处理和燃烧后处理措施

表 13-1 列出了主要的排放控制系统，并将它们分为燃烧前处理和燃烧后处理两组，表中还列出利用这些方法控制的污染物质。

表 13-1 排放控制类型的分类

系　　统	分　　类	控制的污染物
发动机设计/运行	燃烧前处理	HC、CO、NO$_x$
计算机控制	燃烧前处理	HC、CO、NO$_x$
点火控制	燃烧前处理	HC、CO、NO$_x$
废气再循环	燃烧前处理	NO$_x$

续表

系　　统	分　　类	控制的污染物
蒸发控制	燃烧前处理	HC
空气喷射	燃烧后处理	HC、CO
催化转化器	燃烧后处理	HC、CO、NO$_x$

4．燃烧前处理控制

燃烧前处理控制包括燃料配比、发动机结构设计、发动机运行、燃油控制、点火控制、废气再循环及蒸发控制。

1）其他的燃烧前处理控制技术

与污染物生成之后再对其进行控制相比，机内控制污染物的生成更加有效，因而改进发动机设计是控制汽车污染的最好措施。良好的发动机设计能够降低对附加设备和后处理方法的要求。

20世纪70年代，为了满足排放法规要求，采用了大量设施和技术。

20世纪80年代，工程师重新设计了性能全新的发动机，发动机结构设计和运行的目的是为了同时获得良好的排放水平和发动机性能。

2）全新的发动机结构设计

（1）发动机进气管设计。通过进气管设计和使用燃料喷射技术实现获取燃料的均匀性。

（2）燃烧室设计。燃烧室设计得使火焰传播速度更快。

（3）燃料喷射。由于燃料喷射的均匀性，也减少了CO的排放。

（4）计算机控制技术的进步。

- CO排放控制

计算机控制技术的进步使新开发的发动机能够同时获得良好的发动机性能和低的排放水平。例如，通过对燃料系统的控制来减少喷油量，从而可以减少CO的排放，因为它降低了部分燃烧的机会。

- HC和NO$_x$排放控制

在正常运行工况下，混合气能够提供足够的空气保证燃料完全氧化生成CO$_2$。对冷发动机进行进气加热可以改善燃料的蒸发性能，增加点火提前角可以有更多的时间实现完全燃烧。但是这将导致HC排放量的上升，同时也提高了燃烧温度，导致NO$_x$排放的增加。

NO$_x$产生于燃烧室的高温。稀混合气和点火提前角较大可使燃烧室温度升高，此时产生高的输出功率和低的燃油消耗率，通过对燃料的控制和略微推迟点火能够降低燃烧的温度。使用废气再循环技术，利用废气稀释新鲜混合气也可达到同样的目的。

以上内容很多已经讲过，本章针对二次空气供给、燃油蒸发排放控制、废气循环系统、曲轴箱强制通风加以说明。

13.2　二次空气喷射控制

随着新的排放标准的不断出台，对汽车排放的要求日益严格。2000年出台的欧洲Ⅲ号标准和2005年实施的欧洲Ⅳ号标准，除各项排放指标都比欧洲1号、2号标准有所提高外，检测方法也有所改变。过去的检测是在热启动情况下进行的，而且可以经过40s后再检验，而现在改为在冷启动状态下直接进行检验。在冷启动状态下，发动机要求极浓的混合气以利于启动，但这一阶段因为混合气不能充分燃烧，所以废气中所含CO和HC的比例较高，如不采取措施，这一过程中将造成大量的排放污染。这就要求发动机在冷启动后的排放必须达到一个新的标准，否则不会通过如此严格的检验。二次空气系统主要就在这一阶段工作。

1. 二次空气系统的作用

二次空气供给装置是降低尾气排放的机外净化装置之一，一方面可以降低冷启动阶段有害物质的排放；另一方面，再次燃烧发出的热量可以使三元催化反应器很快达到所需的工作温度，大大缩短了催化反应器的启动时间，极大地改善了冷启动阶段的排气质量。

在冷车启动后将一定量的空气引入排气管中，使废气中的 CO 和 HC 进一步燃烧，以减少 CO 和 HC 的排放，它是减少污染物排放最早使用的方法。

2. 二次空气系统举例

二次空气系统的控制实质是向废气中吹入额外的空气，以增加氧含量，使废气中因未充分燃烧而产生的 CO 和 HC 在排气的高温下再次燃烧，生成 CO_2 和 H_2O，达到排气净化的目的。

在采用催化反应器以后，这一方法仍然适用。在对汽车排放要求越来越严格的今天，二次空气供给这种净化方式的作用越来越重要，整个装置的结构也越来越完善，发展成为二次空气供给系统。

1）奥迪 A6 二次空气系统

奥迪 A6 的部分车型装有二次空气系统，现以该车型的二次空气系统为例，说明系统的组成及工作过程。奥迪 A6 二次空气系统的组成和工作原理如图 13-3 所示。

二次空气系统工作原理：在冷启动阶段，发动机控制单元 J220 控制二次空气泵继电器，从而驱动二次空气泵电动机工作，新鲜空气被加压于二次空气组合阀等待。控制单元 J220 再控制二次空气进气阀（实质是个真空电磁阀）将两个二次空气进气组合阀膜片上部抽成真空，两个二次空气进气组合阀打开将新鲜空气引到左、右两侧的排气管中与未燃的 HC 发生再次燃烧生成 CO 和 H_2O，从而达到机外净化的目的。

由此可见，二次空气系统并不是一直在工作，而是由发动机控制单元 J220 根据发动机的水温进行控制，即只在部分时间内起作用。发动机冷启动时工作时间约 100s，而热启动工作约 10s。二次空气系统工作时，因排气中氧含量高，三元催化器前的氧传感器电压输出低，通过此数据可看出系统是否工作。

2）宝来二次空气系统

宝来的部分车型装有二次空气系统，如图 13-4 所示为宝来二次空气系统空气喷射阀位置。

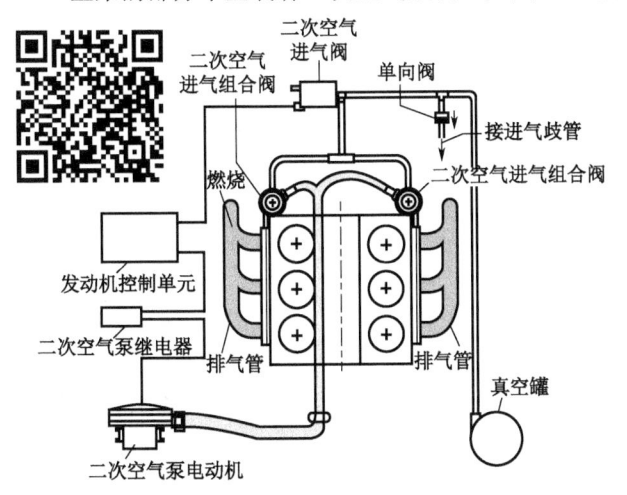

图 13-3 奥迪 A6 二次空气系统的组成和工作原理 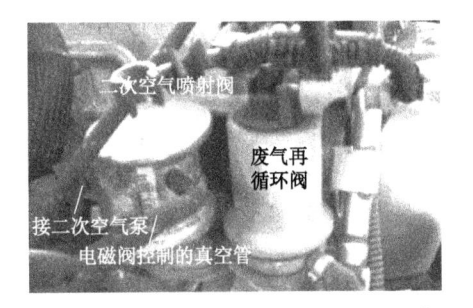　　图 13-4 宝来二次空气系统空气喷射阀位置

（1）二次空气进气组合阀。如图 13-5 所示的二次空气进气组合阀为真空开启式。

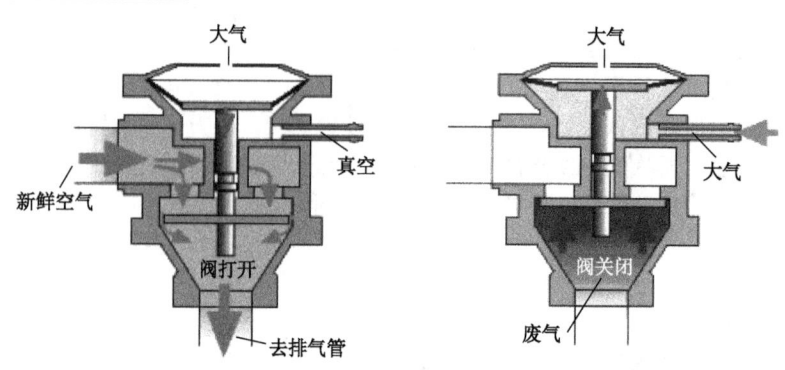

图 13-5　二次空气进气组合阀

二次空气进气组合阀也可以利用二次空气泵产生的压力来打开和关闭。此时组合阀上的真空管要取消，组合阀上部的大气孔堵死，同时膜片下通大气，用大气和废气的压力关闭组合阀，当控制系统向排气系统供气时，二次空气泵工作产生的压力打开组合阀阀门。

（2）工作原理。如图 13-6 所示，当发动机控制单元 J220 发出指令，控制二次空气泵继电器 J299 动作后，二次空气泵电动机 V101 启动，空气经二次空气泵加压后到达空气进气组合阀；同时，发动机控制单元 J220 控制真空电磁阀 N112，使与其相连的真空作用到二次空气进气组合阀上，进气组合阀在真空的作用下开启，将气泵送来的二次空气吹入到汽缸盖的排气通道中。

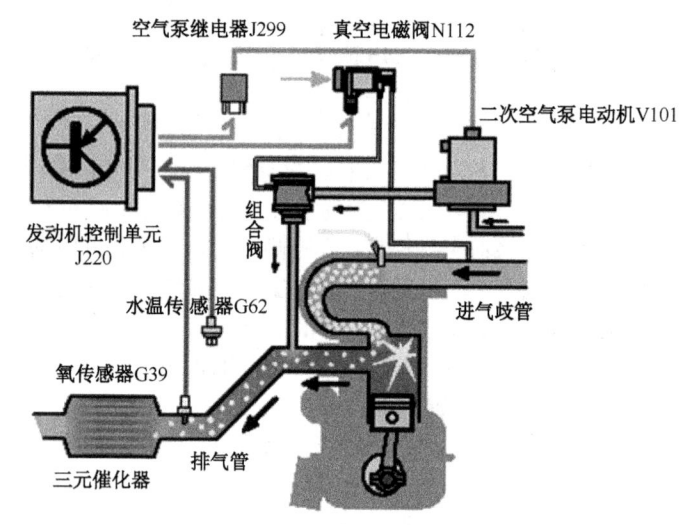

图 13-6　宝来二次空气喷射原理图

13.3　油箱蒸发物控制

油箱蒸发物控制，一是控制油箱蒸发出的汽油蒸气进入发动机燃烧，也称为活性炭罐蒸发控制；二是监测油箱盖是否有蒸气溢出，或者说油箱是否有漏的地方，也称为油箱泄漏检测控制。

1．活性炭罐蒸发控制

1）活性炭罐蒸发控制的作用

油箱中的燃油因外部空气和排气管的热辐射变热，从回油管流回燃油箱的燃油，它在流过发动机零部件时（这些部件已被热的发动机辐射加热）被加热，结果燃油箱中的燃油变热挥发。这就产生了排放物，它主要来自燃油箱的燃油蒸气。

蒸发物排放受环保法规的限制。该法规要求安装蒸发物排放控制系统，该系统配备有安装在油箱通风管末端的活性炭滤清器（又叫活性炭罐）。活性炭滤清器中的活性炭吸附燃油蒸气，为了使活性炭罐在饱和后具有再生功能，在发动机运行时，进气管中产生真空将这股新鲜空气和汽油蒸气经过炭罐吸进进气管。这股空气流吸收了储存在活性炭中的燃油蒸气，并把它们带到发动机中以供燃烧。

2）活性炭罐蒸发控制的工作原理

为了使空燃比控制更精确和利于自诊断，在与进气管相通的导管上安装炭罐电磁阀，计量这股再生"清洁"气流。

清洁气流必定是不知道成分的油气混合物，因为它含有新鲜空气，也含有从活性炭罐中吸收的一定浓度的燃油蒸气。对于空燃比闭环控制系统，清洁气流是主要的干扰因素。相当于进气总量的1%且主要是由新鲜空气组成的清洁气流，将会使全部进气混合气稀释1%；另一方面，清洁气流含有较多的汽油成分时，也可使混合气加浓30%。

如图13-7所示为蒸发物排放控制系统。

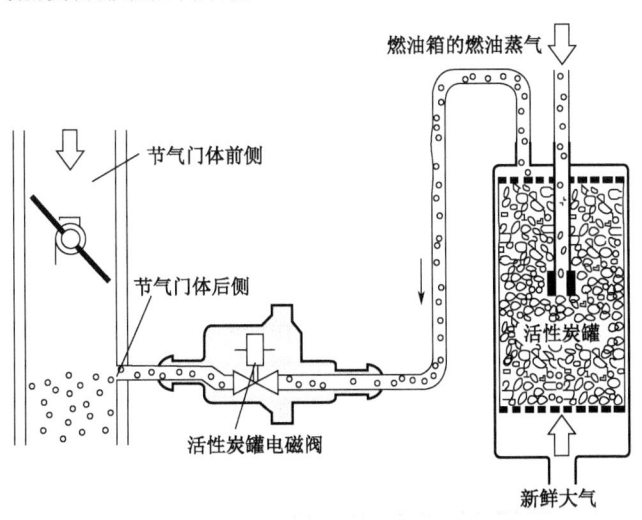

图13-7 蒸发物排放控制系统

3）活性炭罐蒸发控制的条件

活性炭罐电磁阀在保持空燃比偏移量最小的同时，应确保活性炭罐有足够的通气量，这样才能保证活性炭的吸附能力不下降。

怠速时进气歧管有最大的真空度，此时是活性炭罐电磁阀打开的最好时机。如果在其他工况打开，由于进气歧管没有最大的真空度，活性炭罐电磁阀打开也没有实际意义。

在怠速阶段，氧传感器的空燃比反馈控制系统未工作时，只有极少的清洁气流能进入进气系统或根本不进入进气系统。因为即使氧传感器的信号进入控制单元，某些工况控制单元也不进行反馈调节，系统也没有能够补偿清洁气流引起的混合气浓度偏移量的程序，所以ECU为了让此时的混合气不受来自油箱的气流干扰，活性炭罐电磁阀在此时间段中关闭。例如，启动和怠速的某些工况，活性炭罐电磁阀关闭。

又如，为防止未燃烧的燃油蒸气进入催化转化器，一旦节气门全闭，活性炭罐电磁阀立即断电关闭，以响应供油中断。

在热车时，怠速和部分负荷节气门后有真空吸力，且空燃比反馈控制起作用，这时是活性炭罐电磁阀打开的最好时刻。

清洁气流吸收一定的气态"燃油蒸气"（或叫"燃油负荷"），通过先前的再生循环数据（控制单元内时间计数器记录上一次活性炭罐电磁阀打开到现在累积的时间）来确定在刚接通清洁气流时的占空比。系统选择最合适的工况，由ECU发出占空比信号以一定的开度打开电磁阀。与此同时，控制系统减小喷油持续时间，以补偿清洁气流中的预期燃油含量，防止混合气过浓。

由于混合气调整功能是一个氧传感器的独立处理过程，因此系统可以确认任何由燃油负荷引起的空燃比偏移量，并且能根据初始状态进行适当的修正。

4）活性炭罐蒸发控制的数据分析

联系以上内容，分析大众发动机的油箱蒸发物排放控制系统数据。

显示组010（油箱通风）如下：

Read measuring value block		10	
0—99%	0.3—1.2	-3.0—+3.2	0.00—0.30

显示区1：活性炭罐电磁阀的占空比；

显示区2：油箱通风的空燃比校正系数；

显示区3：活性炭罐的充满程度，-3.0时活性炭罐中无燃油蒸气，+3.2时活性炭罐中充满燃油蒸气；

显示区4：活性炭罐过滤系统（AKF）冲洗程度，数值为0.00时没有，表示没有从AKF活性炭罐系统吸入混合气，数值为0.30时，表示吸入空气量的30%来自AKF系统。

为了对清洁空气流进行"负荷敏感"控制，2000年以后的控制单元运用了进气管模型的原始参数，这些参数包括进气管的内部压力和温度。这有利于清洁气流的准确计算。系统设计范围为清洁气流所含燃油可占燃油总量的40%。

2. 油箱泄漏检测控制

以上讲的是国内大众汽车现阶段的油箱蒸发物排放控制系统，即当前要求只是局限于检查活性炭罐是否处于正常工作状况。

新的油箱蒸发物排放控制系统要求采取措施探测到蒸发排放控制系统中油泵与油箱的接缝及油箱盖上的任何一点的泄漏情况。

1）采用真空测试诊断燃油系统泄漏

如图13-8所示为采用真空测试诊断燃油系统泄漏的结构。

工作过程：先用一个截止电磁阀中断供给活性炭罐的新鲜空气，从而密封油箱系统。然后，使发动机在怠速下运行，打开活性炭罐电磁阀，这样进气管的真空度会扩展到油箱的整个系统。装在油箱内的压力传感器监测到打开活性炭罐电磁阀以后的压力变化，压力变化曲线在指定时间内应下降为进气歧管压力，否则系统可确定存在泄漏。

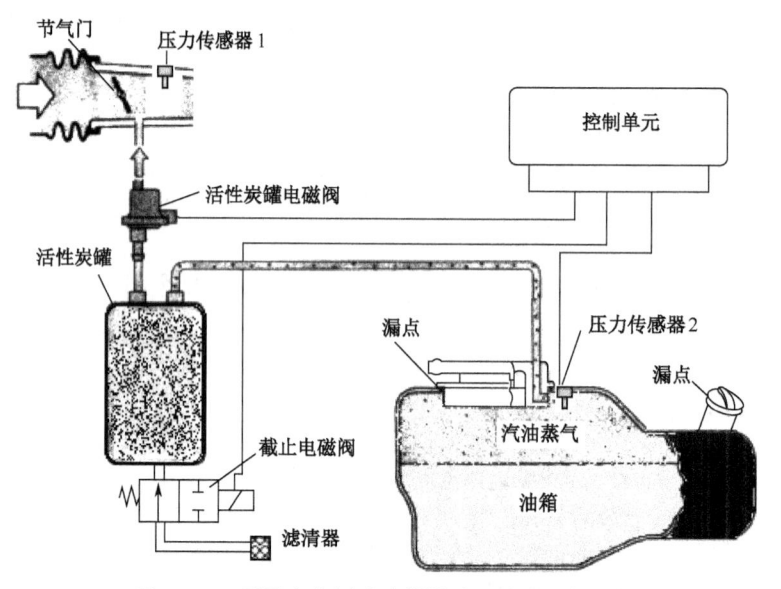

图13-8 采用真空测试诊断燃油系统泄漏的结构

2）采用打压法诊断泄漏

如图 13-9 所示为在燃油系统加压测试泄漏的结构。这种测试方法不再用压力传感器监测到的压力值作为测试参数，而是用空气泵的工作电流作为测试参数。

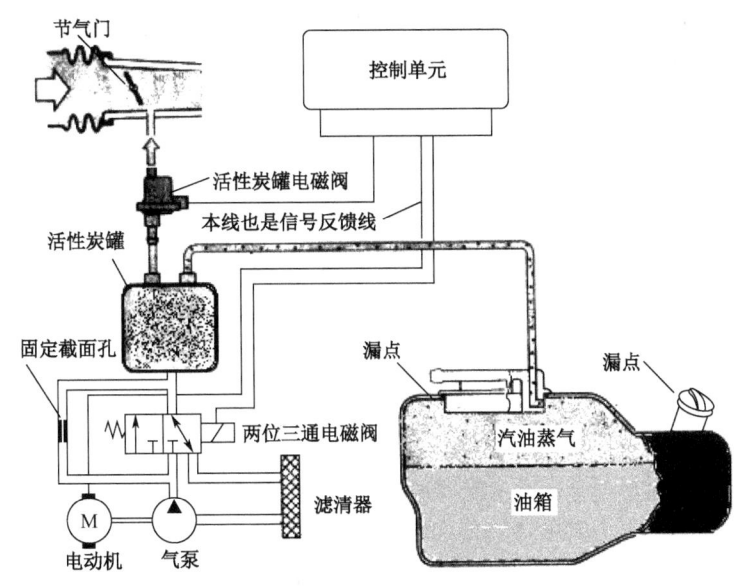

图 13-9　在燃油系统加压测试泄漏的结构

工作过程：先用电动空气泵给燃油箱加压，压力上升后，电动机的运转阻力会使电动机的工作电流加大。即如果燃油箱是个密封系统，则电动机因阻力电流在标定时间内会上升至一个指定值。

根据固定截面的基准孔，汽车行驶中或发动机运行时活性炭罐电磁阀会通过确定的空气流量。

控制单元控制用两位三通电磁阀将空气泵与活性炭罐接通。得到的电流曲线将指明燃油系统是否存在泄漏，甚至根据电流上升到标定值的时间可确定泄漏孔的大小。

抽真空和打压是空调系统测试是否有漏的测试方法，今天用到了油箱检漏上，其中打压测试要比抽真空测试效果好。

13.4　废气再循环控制

1．废气再循环控制的作用

废气再循环简称为 EGR（Exhaust Gas Recirculation），它将部分排气引入进气管与新混合气混合后进入汽缸燃烧，从而降低燃烧温度，是目前用于降低 NO_x 排放的一种有效措施。

2．废气再循环控制的基本原理

EGR 系统减少 NO_x 排放的基本原理：排气中主要成分是 CO_2、H_2O、N_2 等，这三种气体的热容量较高。当新混合气和部分排气混合后，热容量也随之增大。在进行相同发热量的燃烧时混入部分排气，可减缓火焰的传播速度，燃烧温度降低，这样就可抑制 NO_x 的生成。

3．EGR 率

由于采用了 EGR 系统，使混合气的着火性能和发动机输出功率下降。因此应选择 NO_x 排放量大的发动机运转范围，进行适量的 EGR 控制。

EGR 的控制指标大多采用 EGR 率表示，其定义如下：

$$EGR\text{率}=\frac{\text{进入汽缸的排气量}}{\text{进入汽缸的气体总量}}\times100\%$$

EEGR（Electronic Exhaust Gas Recirculation）为电子控制的废气再循环系统，不仅结构简单，而且可进行较大 EGR 率（15%～20%）控制。另外，随着 EGR 的增加，燃烧将变得不稳定，缺火严重，油耗上升，HC 的排放量也增加；当燃烧恶化时，可减小 EGR 率，甚至完全停止 EGR 控制。

控制单元控制的 EGR 控制系统的主要功能就是选择 NO_x 排放量大的发动机运转范围，进行适量 EGR 控制。

4．开环和闭环控制

1）开环控制

早期可变 EGR 率废气再循环控制的工作原理是：根据发动机台架试验确定的 EGR 率与发动机转速、进气量等的对应关系，将有关数据存入发动机 ECU 内的 ROM 中。发动机工作时，若各种传感器送来的发动机转速、进气量等的信号与微机 ROM 中的数据对应，则输出这个工况下的 EGR 率的指令，控制电磁阀的开度，以调节排气再循环的 EGR 率。

注：早期国内进口的日本汽车大多采用这种排气再循环系统。

2）闭环控制

由前述可知，在开环控制式排气再循环系统中，EGR 率只受微处理机预先设置好的程序控制，不检测发动机各种工况下的 EGR 率。而在闭环控制式排气再循环系统中，控制单元以 EGR 率作为反馈信号实现闭环控制。

现在为了保证控制电磁阀的实际开度与控制单元内控制的开度一致，并能进行自适应，加装了反馈电磁阀位置的传感器。有执行器位置反馈信号系统，都可以设计成自适应的系统，所以也必须有基本设定。

下面介绍大众宝来 1.8L 发动机 EEGR 系统的位置和组成。图 13-10 所示为宝来 1.8L 发动机 EEGR 系统的位置，图 13-11 所示为宝来 1.8L 发动机 EEGR 系统的组成。

图 13-10　宝来 1.8L 发动机 EEGR 系统的位置

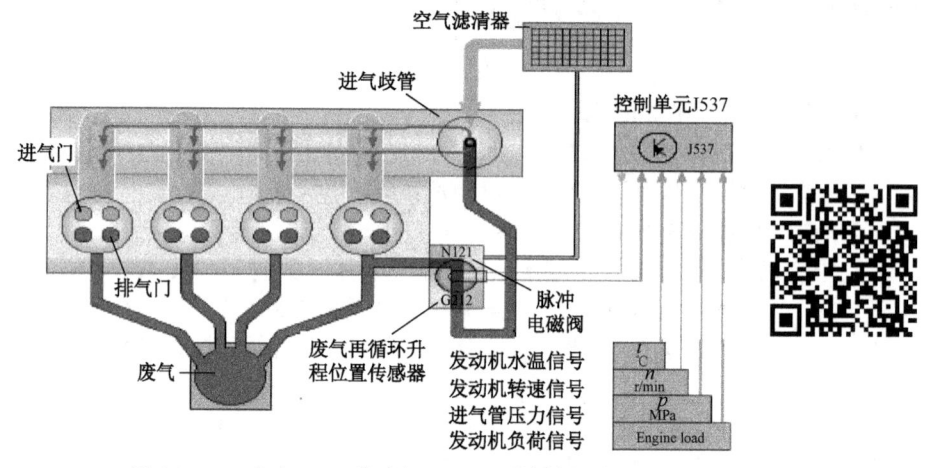

图 13-11　宝来 1.8L 发动机 EEGR 系统的组成

5. 宝来 1.8L EEGR 系统

1）工作条件

由于控制单元控制 EGR 时选择 NO_x 排放量大的发动机运转范围，进行适量 EGR 控制，所以以下不利工况应停止废气再循环。

- 发动机水温低于 50℃时，不应进行废气再循环；
- 急速和小负荷时，NO_x 排放量不大，不进行废气再循环；
- 全负荷和急加速时，不应进行废气再循环，防止损失发动机动力；
- 急速/超速时废气再循环不工作。

NO_x 排放量随负荷增加而增加，控制单元控制 EGR 率也应随之增加，废气再循环量的 EGR 率小于 18%。

2）工作原理

废气再循环电磁阀 N18 和升程位置传感器 G212 如图 13-12 所示。废气再循环电磁阀 N18 接收发动机控制单元发出的脉冲控制信号，来控制再循环阀的动作，升程位置传感器 G212 反馈控制阀位置。

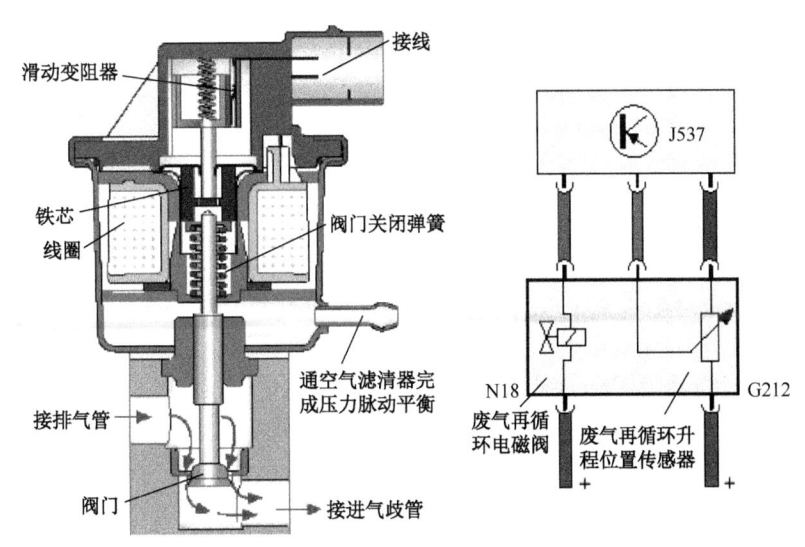

图 13-12 废气再循环电磁阀 N18 和升程位置传感器 G212

6. 宝来 1.8L EEGR 系统检修

1）基本设定

废气再循环控制阀 N18 清洗或更换之后要做基本设定，使之与控制单元内的存储值相符，否则发动机怠速抖动，出现 G212 故障码。目前大众宝来 1.8L 发动机的 EEGR 系统，使用诊断仪时，基本设定为发动机 01—基本设定 04—执行基本设定通道号 074。

如果 N18 出现故障，则废气再循环系统停止工作。发动机控制单元可以通过监测进气管压力监测到相应的故障信息。

如果废气再循环阀出现故障，因为它是机械阀，所以无故障记忆，只能通过常规方法检查。

2）数据流分析

宝来 1.8L 发动机废气再循环阀系统的数据可以进入发动机控制单元 01—08—076 读取数据块，为保证能看到 EEGR 系统工作，发动机应以中小负荷运转。

读取数值块 76			
发动机转速	发动机负荷	EGR 电位计 G212 信号	EGR 率

7. EGR 系统自诊断

因为废气再循环可以减少废气中氮氧化物的浓度,所以必须监测该系统是否运行正常。开启 EGR 阀引入部分废气返回进气管,由于残余废气进入进气管、汽缸,所以首先影响进气管的真空度,然后影响燃烧过程。根据这种特性,诊断 EGR 系统有以下两种方法:

1)歧管压力传感器诊断

在节气门部分开度时短暂地关闭 EGR 阀。EGR 阀的关闭改变了进气管真空度。这个变化由进气管压力传感器来监测,并且它的大小就是 EGR 系统工作状况的标记。此种方式较为多用。

2)基于怠速稳定性的诊断

这种方式运用于没有热膜式空气质量流量计或没有进气管压力传感器的系统中。怠速时,控制单元控制 EGR 阀稍微开启,残余气体的增加导致发动机运行状况恶化。可以通过监测系统中产生的运行恶化工况来诊断 EGR 系统工作是否正常。此种方式较为少用。

废气再循环系统在大众汽油车上目前(2007 年)仅宝来 1.8L 装有,其他车型采用了机内净化措施。

13.5 曲轴箱强行通风系统(PCV)

现在汽车上采用将窜气引入汽缸内燃烧掉的曲轴箱强行通风系统,简称 PCV(Positive Crankcase Ventilation System)。

1. 曲轴箱强行通风系统(PCV)的作用

早期从汽缸的活塞环窜入到曲轴箱的气体和曲轴箱内的润滑油蒸气,是用通风管直接排到大气中去的,这部分气体中含有高浓度的未燃烃、润滑油蒸气,不完全燃烧产物以及不同量的废气成分等。

2. 开式和闭式曲轴箱强行通风系统

曲轴箱强行通风系统(PCV)有开式和闭式两种。

1)开式曲轴箱强行通风系统

图 13-13(a)所示为开式系统,它是在早先曲轴箱通风的基础上,将曲轴箱和空气滤清器下方的进气管连通,并且加装一个 PCV 阀,而将原通风管拆除后形成的。这种结构简单、改装方便,不必维修保养,可基本上消除曲轴箱排放。但自通气孔进入曲轴箱的空气未经滤清,而且当曲轴箱内排放大量增加时,有从通气孔倒流到大气中去的可能性。

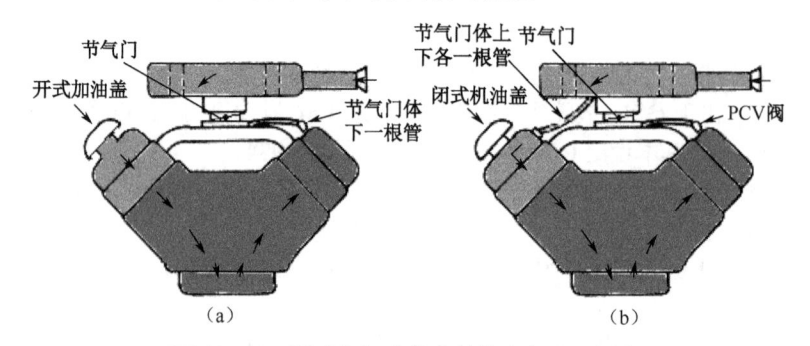

图 13-13 开式和闭式的曲轴箱强行通风系统

2)闭式曲轴箱强行通风系统

闭式 PCV 系统如图 13-13(b)所示。将通气孔改接在空气滤清器已滤清的一边,从而避免了开式系统的缺点。新鲜空气先经空气滤清器，然后进入曲轴箱和窜气混合，发动机工作时，利用进气管真空度把 PCV 阀打开，进入汽缸进行燃烧。当发动机高速全负荷工作时，一旦窜气量过多而不能完全吸尽，多余的窜气还可以从曲轴箱倒流入滤清器经进气管吸入汽缸。这种方式既不会使窜气排入大气，又能用新鲜空气进行曲轴箱换气。由于这种装置的双重优点，目前已被普通采用。

3．PCV 阀量控制

PCV 阀的功用是根据发动机不同的工况，利用进气管真空度的改变，自动控制曲轴箱窜气的再循环量，是一种计量阀，其结构如图 13-14 所示。

1）怠速或小负荷时 PCV 阀的控制

如图 13-15 所示，当怠速或小负荷时，进气管的真空度大，阀门就向通路变小的方向移动，防止过多的窜气进入汽缸，影响燃烧。

2）节气门全开时 PCV 阀的控制

如图 13-16 所示，当节气门全开时，节气门体真空度低，发动机下窜气量更大，PCV 阀向下移动，阀门流通断面增大而提供最大的窜气流量。

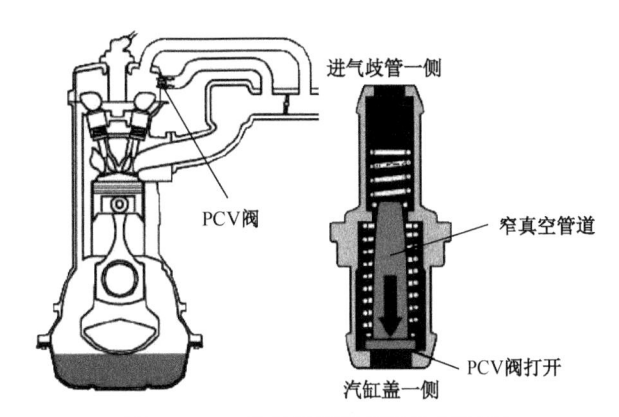

图 13-14 发动机不运行时的 PCV 阀

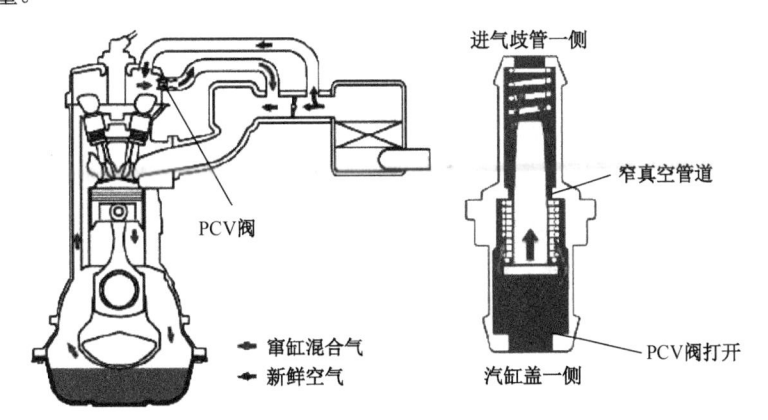

图 13-15 怠速或小负荷时 PCV 阀的控制

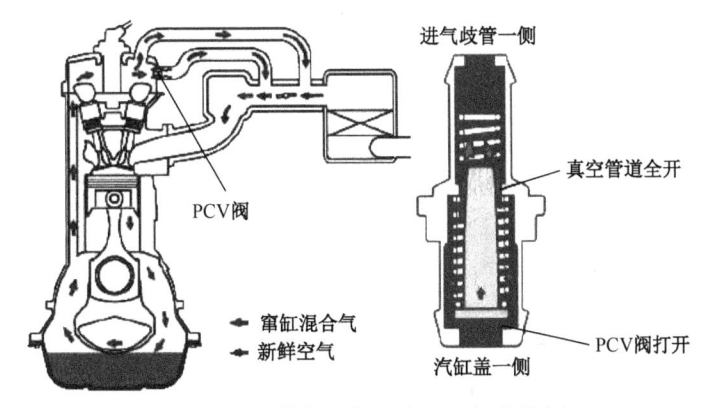

图 13-16 节气门全开时 PCV 阀的控制

第 14 章

电控发动机的自诊断

【本章知识目标】
- ◆ 能说出诊断过程；
- ◆ 能说出诊断仪的功能；
- ◆ 能说出诊断仪中的基本术语。

【本章技能目标】
- ◆ 能使用诊断仪实现读码、消码、基本设定、数据流、冻结帧功能；
- ◆ 能使用诊断仪实现执行器的诊断功能；
- ◆ 能使用诊断仪实现示波功能；
- ◆ 能根据故障码在修理手册中找到相应的处理方案，并按步骤执行；
- ◆ 能结合故障现象分析数据流。

14.1 车间技术

汽车修理中，汽车车间人员专业技术素质、车间设备、车间设备使用效率和使用深度、车间技术再培训、车间资料丰富程度、车间软件等在故障诊断和故障寻找方面具有重要意义，是维护顾客利益、平衡双方心理的关键一环。

下面让我们从车间业务谈起。

1．汽车修理行业发展趋势

许多因素影响车间业务，目前的业务趋势是：
- 汽车零部件的长维护间隔和长的寿命将导致很少将汽车送入车间修理。
- 在未来几年车间修理业务将进一步下降。
- 汽车上的电子份额增大，汽车成为"行驶的计算机"。
- 各电子系统的网络化程度增加，诊断和修理涉及整个汽车和有关系统。
- 只有使用先进的检测技术、计算机和诊断软件，才能保证今后的车间业务。

2．汽车修理行业发展产生的影响

1）要求

为了在今后能向市场提供高效的车间修理能力，车间必须适应目前的变化趋势。这些变化趋势直接导致如下的结果：

- 为能进行合格的修理，专职的故障诊断是关键。
- 技术信息是汽车修理的前提。
- 尽快利用现有的众多技术信息可保证车间盈利。
- 需提高车间人员的资质。
- 需要在故障诊断、技术信息和人员培训方面对车间进行投资。

2）测量和检测技术

为了尽可能组织好车间的维修流程，需要在正确的检测技术、故障诊断软件、技术信息和技术培训方面增大对车间的投资。图 14-1 所示为用故障诊断仪诊断汽车。

图 14-1　用故障诊断仪诊断汽车

3. 车间维修流程

与车间维修有关的工作可用流程表示。有关保养和修理工作可分为两个不同的流程。第一个流程主要是具有组织特征的事务"接受委托"；第二个流程主要是针对保养和修理时的各个技术工作步骤，如图 14-2 所示。

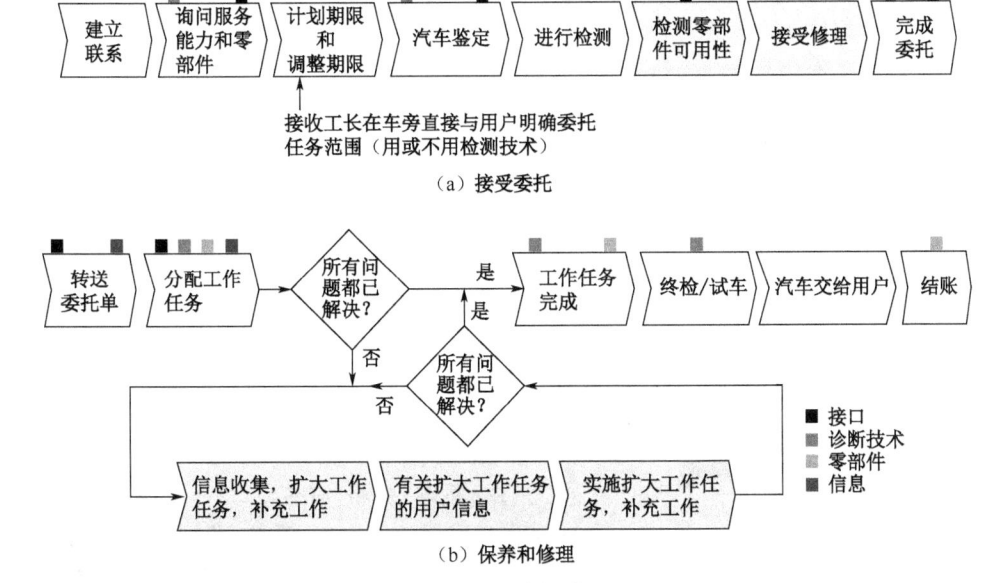

图 14-2　车间流程

1）接受委托

在车间登记时，接受委托的 EDV 系统已将有关该车的所有有用信息从数据库中取出。在接收处就有该车以往的保养和修理记录。接下来在第一个流程中要完成如下一些工作：用户的想法、用户想法的可实施性、计划时间、资源保证、零部件、工作措施、确定任务的第一次检查和工作范围。

2）保养和修理

实施在接受委托范围确定的工作。如果有遗漏则需要在相应的环节重复进行，直至达到流程要求。在保养和修理范围，按流程目的要使用产品的所有零部件功能软件 ESI（Electronics Service Information，电子服务信息）。

4. 电子服务信息

1）支持车间流程的系统功能

ESI 是模块化的用于技术贸易的软件产品。各个模块包含下列信息：

- 备件和汽车装备的技术信息。
- 备件和总成放大图样及件数目录。
- 技术资料和调整值。
- 在汽车上工作的劳动工值及劳动时间。
- 汽车诊断和汽车系统诊断。
- 汽车各系统的故障搜索指南。
- 汽车总成的修理指南，如发电机组。
- 电路图。
- 维修方案和维修图表。
- 部件、机组的检测值、调整值。
- 计算维护修理和技术管理工作的数据。

2）ESI 用户

ESI 的主要用户是汽车修理车间、部件和机组修理工及零部件大批发商。它们利用这些技术信息的目的是：

- 汽车修理车间主要是诊断、维护和修理汽车各系统。
- 部件和机组修理工主要是检测、调整和修理各部件及机组。
- 零部件大批发商主要是得到零部件信息。

汽车修理车间和部件、机组修理工补充利用诊断、修理和服务的部件信息。产品接口可实现 ESI 与汽车车间范围内的其他一些软件（特别是商业软件）和汽车零部件大批发商的联网。

3）ESI 应用

使用 ESI 软件在于它可为车间提供完成和保证业务所需的大部分信息，即利用 ESI 的生产方案可以完成车间业务。在统一的分类学顶层将信息提供给各种车型。

重要的是车间业务必须获得覆盖大量汽车的有用的、必要的信息。ESI 软件可保证各国专用的汽车数据库和新车的信息进入产品目录。定期更新 ESI 软件可跟上汽车技术开发步伐。图 14-3 所示是用于各车型的车间软件 ESI。

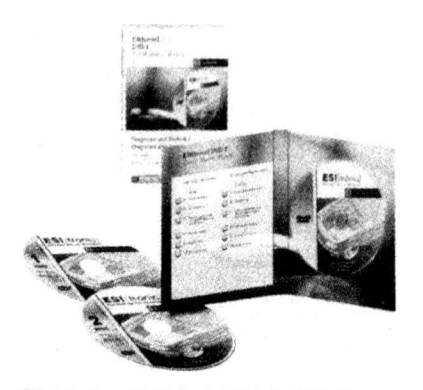

图 14-3 用于各车型的车间软件 ESI

5. 汽车-系统-分析（FSA）

Bosch 公司提供的汽车-系统-分析（Fahrzeug-System-Analyse，FSA）是汽车综合诊断的简单方案。依靠诊断接口和汽车电子系统的故障存储器可以很好地界定故障范围。

Bosch 公司开发的 FSA 部件检测对很快确定故障范围十分有用。FSA 测试技术和显示可针对任何的部件、组件并可在安装状态下检测。

6. 测试方法

为诊断汽车，车间配备了各种寻找故障的仪器、设备，如高效便携式 KTS650 系统测试仪、可与普通商用 PC 或膝上计算机相连的 KTS520 和 KTS550 系统测试仪。这些系统测试仪还兼有一个万用表功能。此外，KTS550 和 KTS650 系统测试仪还有一个双通道示波器。为能在汽车上测试，将 ESI 软件装在 KTS650 系统测试仪中或 PC 中。

7. 车间修理流程实例

在汽车的整个修理过程中，ESI 软件一直是个好帮手。诊断仪内的 ESI 软件通过诊断接口向汽车上的各个电子系统控制单元发布命令，各个电子系统控制单元向诊断仪上传电子系统自诊断出的故障码、传感器或执行器的数据、控制单元基本信息等数据给修理人员使用，也可以直接按诊断仪的执行元件诊断功能诊断执行元件。在激活服务信息系统（Service Informations System，SIS）的故障找寻指南后，PC 进入电控单元诊断并从 PC 中读出电控单元故障存储器中的故障信息。

在诊断仪中将没有附加输入的测量值与设定值比较，并将诊断结果直接传输给 ESI 的修理指南。此外，还显示其他一些信息，如部件和总成的安装位置、放大图、电路图和软管连接图。

从放大图中用户服务部可直接转换到 PC 上有订购号的备件目录上，以订购备件。所完成的全部工作和必要的备件价格将自动转入账单。在试车结束后操作几个按键即可打出账单，同时系统诊断仪打出一目了然的汽车诊断结果；用户收到有关修理工作和材料费用的一份完整记录。

14.2 汽车 OBD II

OBD II 是 On-Board Diagnostic System II 的缩写，全称是 California's second generation On-Board Diagnostic System，译为美国加利福尼亚第 2 代随车故障诊断系统。EOBD 是 European On-Board Diagnostic System 的缩写，译为欧洲随车故障诊断系统。这些微机故障诊断系统把汽车各系统电控单元（ECU）通过 K 线连在一起，诊断仪通过 K 线可对各个电控系统进行诊断。汽车电控系统出现故障时，故障指示灯 MIL（Malfunctions Indicate Lamp）闪亮告之驾驶员汽车电控系统出现故障，并将故障以代码的形式存储在汽车各系统电控单元中，为汽车维修人员诊断和排除故障提供依据。

早在 20 世纪 70 年代末、80 年代初，世界上大多数汽车制造商就开始使用电子手段并按美国环境保护局 EPA（Environmental Protection Agency）对汽车废气排放的标准来检测和控制发动机各部件功能及诊断发动机故障。最初（1988 年以前）世界各国汽车制造商所生产的各种型号的电控汽车所配置的 OBD I（第 1 代随车故障诊断系统）没有统一的标准，其故障诊断连接插座、故障代码、通信协议等形式、内容都大不相同，给电控汽车的故障诊断和维修带来了诸多不便。

1988 年美国汽车工程师协会（SAE）创建了第一个故障诊断连接插座和一套故障诊断试验信号（故障代码）作为标准进行推广，美国环境保护局（EPA）采用了 SAE 的大多数标准并推荐其作为世界范围统一使用的标准（即第 2 代电控汽车微机故障诊断系统 OBD II），要求 1996 年以后生产的轿车和轻型载货汽车的电控系统都配置 OBD II，并从 2000 年 1 月 1 日开始，所有汽车制造商所生产的轿车及轻型载货汽车都必须配置 OBD II 系统。

随后欧共体也要求欧洲各国汽车制造商生产的轿车都配置欧洲电控汽车微机故障诊断系统，即 EOBD，其故障诊断连接插座、故障代码、结构单元、系统名称、故障代码显示相应采用 SAE J962、SAE J2012、SAE J1930 和 SAE J1978 标准，并且根据欧共体条文规定，2001 年欧洲所有新生产的汽油发动机轿车一律配置 EOBD 系统，而对于柴油发动机轿车要求到 2004 年必须强制配置 EOBD 系统，其目的就是用以经常监测废气排放的发动机各部件及子系统、汽车底盘、车身附属装置和设备及部件的工作状况，同时还可用于汽车故障诊断及网络故障诊断。

1．通信协议

根据 ISO 15031-5 标准，CAN（控制器局域网）采用 ISO 15765-4 标准，OBD Ⅱ 和 EOBD 都使用三个基本的通信协议。然而有的制造商在通信模块协议上做了一些修改，但是基本型克莱斯勒汽车和所有欧洲生产的汽车及大多数亚洲进口的汽车都使用国际标准化组织 ISO 9141 通信协议电路，而美国通用（GM）汽车公司生产的轿车及轻型载货汽车使用 SAE J1850 VPW（可变的脉冲宽度调节）通信协议电路，福特（FORD）汽车使用 SAE J1850 PWM（脉冲宽度调节）通信协议电路。可通过仔细观察 OBD 故障诊断连接插座，来判断通信协议电路类型。如果故障诊断连接插座在 4、5、7、15 和 16 引脚有母插头，则该车使用 ISO 9141-2（或 KWP2000、ISO142300）协议电路；如果故障诊断连接插座在 2、4、5、10、13 和 16 引脚有金属接头，则该车使用的是 SAE J1850 PWM 协议电路；如果故障诊断连接插座在 2、4、5 和 16 引脚有金属接头，而 10 引脚没有金属接头，则该车使用的是 SAE J1850 VPW 协议电路。

2．故障诊断连接器

按照 ISO 15031-3（或 SAE J1962）标准，OBD Ⅱ 和 EOBD 故障连接器结构基本一样，如图 14-4 所示为 OBD Ⅱ 或 EOBD 故障诊断连接器，但 EOBD 和 OBD Ⅱ 故障诊断连接器在引脚内容上略有差异。

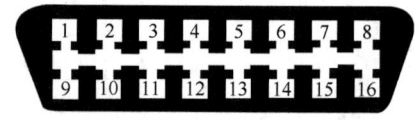

图 14-4　OBD Ⅱ 或 EOBD 故障诊断连接器

1）OBD Ⅱ 故障诊断连接器引脚含义

引脚 2——SAE J1850 Bus+（正极）；

引脚 4——车身搭铁；

引脚 5——信号搭铁；

引脚 6——CAN High（J-2284）（控制器局域网高端）；

引脚 7——ISO 9141-2 K Line（通信线）；

引脚 10——SAE J1850 Bus-（负极）；

引脚 14——CAN Low（J-2284）（控制器局域网低端）；

引脚 15——ISO 9141-2 L Line（激活线）；

引脚 16——蓄电池正极。

其他插口引脚暂空缺或由各制造厂自行引用。

2）EOBD 故障诊断连接器引脚含义

引脚 1——专门为制造商所留（点火开关正极）；

引脚 2——SAE J1850 Bus+（正极）；

引脚 3——专门为制造商所留（转速信号）；

引脚 4——车身搭铁；

引脚 5——信号搭铁；

引脚 6——多功能组合仪表；

引脚 7——ISO 9141-2 K Line（通信线/发动机控制器）；

引脚 8——汽车电路接线端：87；

引脚 9——底盘（ABS、ASR、ESP 和 ETS）；

引脚 10——SAE J1850 Bus-（负极）；

引脚 11——电控发动机和报警系统；

引脚 12——Bus 串行数据；

引脚 13——暂空缺；

引脚 14——CAN-L（控制器局域网双向信号线）；

引脚 15——ISO 9141-2 L Line（激活线）；

引脚 16——蓄电池正极。

EOBD 故障诊断连接器的引脚 2、4、5、7、10、14、15 和 16 与 OBD II 一致，其中引脚 4、5 均为搭铁，引脚 16 均为蓄电池正极，引脚 2 均为 SAE J1850 Bus+（正极），引脚 10 均为 SAE J1850Bus-（负极），引脚 7 为 ISO 9141-2 K Line 控制器通信线，引脚 15 均为 ISO 9141-2 L Line（激活线），其他引脚的用途及含义各汽车制造商使用情况各不相同。

3. 故障代码

根据 ISO 5031-6（或 SAE J2012，以后也可能执行 SAE J1939）标准，OBD II 和 EOBD 统一使用标准的故障代码。其故障代码共由五位数组成，各位数的含义如下：

- 第一位：系统英文字母代码

B——Body 车身；C——Chassis 底盘；P——Power 动力系统（电控发动机）；U——网络。

- 第二位：标准代码或生产厂家代码

0—SAE 定义的代码；1、2、3——各厂商自定义的代码。

- 第三位：故障范围代码

1、2——燃油和空气控制系统；3——点火系统；4——废气或第二空气喷射控制系统；5——车速和怠速控制系统；6——微机输出电路；7、8——电控发动机控制系统；9、0——保留或 SAE 定义系统。

- 第四位和第五位：故障码内容

00~99——代表具体故障。

例如，P0100 为空气流动电路故障代码（SAE 定义），P1456 为电子加热催化剂故障代码（生产厂商自定义）。

通常厂家对一个系统的故障码部分用 SAE 定义，部分生产厂家自定义。例如，大众公司既有用 SAE 定义的故障码（字母打头的五位码），也有生产厂家自己定义的 VAG 故障码（数字打头的五位码）。

OBD II 和 EOBD 的自检功能是不完全相同的。基本区别在于是否进行燃油箱及燃油系统的泄漏试验、探测发动机不（发）点火故障的转速是否高于 4500r/min、故障发生后经历多少个驾驶周期故障指示灯才闪亮、使用的通信协议、用故障指示灯显示汽车行驶距离。

汽车故障代码及数据的读取：通过 OBD II 或 EOBD 连接器与汽车通用诊断仪连接，使通用诊断仪与汽车建立通信，根据车型及需要选择希望的检测模块，接收所需要的诊断数据，显示读取在线动态数据。目前 OBD II 技术除用于监测废气排放值、故障检测与诊断外，还发展到了用因特网进行在线故障诊断。

14.3 数据分析

1. 什么是串行数据

串行数据是由一个控制单元发出并由其他控制单元接收和显示的电子编码信息，使用模拟/数字电路传递来自传感器、执行机构控制单元的数字化数据和其他计算信息，意味着每个传感器或执行机构的数值在传递给接收的控制单元之前都将被转换为一个字节（8 位，即 1B=8b）的二进制字。

为了便于在一些经常使用的常见设备中显示这些数据，接收的控制单元将把它接收到的每个二进制字进行转换并且用模拟电压、温度、速度、时间或其他常用的测量单位显示出来。

串行数据这个名称来源于它传递的数据参数是连续的,是一个接一个的。当所有的数据被接收以后,在接收控制单元上显示的上一次的每个数据将会被更新或刷新。因此数据的刷新速度取决于在数据流中有多少个字以及数据传递的快慢。

数据传递速度与波特率有关,波特率取决于每秒所能传递数据位的个数。例如,如果一个数据流有 12 个参数,并且每个参数都被转换为一个 8b 的数据字,那么这个数据传递的总尺寸为 96b 数据(12 个字×8b/字)。如果这个数据每秒可以被传递一次,该波特率为 96bps 或 96 波特。在这种情况下,显示屏将每秒刷新一次数据值。

对于丰田发动机控制系统,根据使用要求,诊断测试仪可以接收和显示三种不同类型的串行数据,它们是 OBD、OBDⅡ和 V-BOB。在上面三种情况中,数据将被控制单元(ECM 或 V-BOB)数字化并且显示在诊断测试仪上。这三种数据源之间的主要区别是数据流中的可用特殊参数和传递数据的速度及在诊断测试仪上显示的刷新速度。如图 14-5 所示为 OBDⅡ数据显示发动机数据。

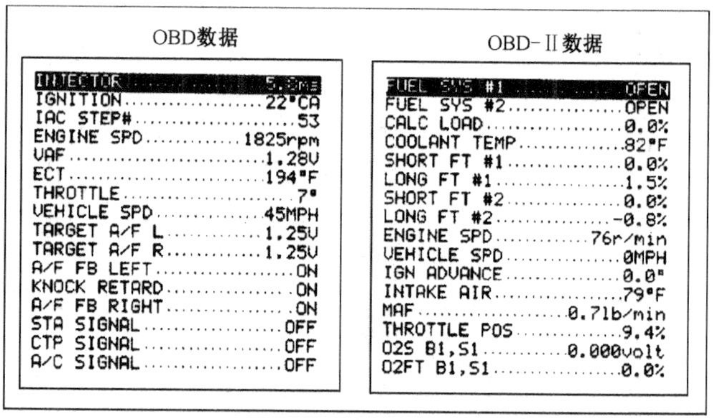

图 14-5 OBDⅡ数据显示发动机数据

可用的串行数据类型取决于所用的车辆。从 1989 年开始生产的带有 OBD 的丰田车,在 DLC1(检测接头)的 VF1 端口或 DLC2(TDCL)的 ENG 端口有串行数据流。能够提供串行数据流的车辆可以通过 TE2 电路来识别。根据车辆的不同,有约 20 种不同的传感器、执行器及诊断数据参数出现在 OBD 数据流中。

在 1994—1996 年车型的 OBDⅡ系统中,在 DLC3(01962 接口)的 2 端口有高速数据流。有超过 50 个的数据参数出现在 OBDⅡ发动机数据流中。

从这些车辆上读取串行数据的最简单方法是使用诊断测试仪。

对于 1989 年及更早的不能提供串行数据流的车型,车辆转接盒(V-BOB)可以提供诊断测试。通过将 V-BOB 与 ECM 串接,每条线上的信息都可以被串行化并被诊断。

测试仪显示。虽然安装 V-BOB 需要占用一定的时间,但这样做可以无限制地获得大量的高速数据,这是非常值得的。

OBD 诊断电路单向的数据流一般由 14~20 个数据字构成,这些数据字来自主要传感器的输入和三个输出喷油脉宽、点火提前角和怠速控制指令。数据以 100bps 的速率被传递,约每 1.25s 更新一次诊断测试仪的显示。根据不同的应用,数据将从 DLC1 或 DLC2 被读取。数据通过对 TE2 电路接地来进行触发并且读取 VF1 电路。

诊断故障代码可以使用诊断测试仪进行显示或者通过对 TE1 电路接地并通过故障指示灯(MIL)的闪烁进行显示。检测工具可以通过对诊断连接接口(DLC)的 W 端口上的低电压脉冲的计算来读代码。代码检索是一个相对较慢的过程,特别是当有很多故障码被存储时。OBDⅡ数据线是一条双向通信连接线,可以传递和接收数据。这种特性不仅允许诊断测试仪显示系统数据,还允许诊断测试仪对系统的执行器进行操作,并且对 ECM 发送指令。

高速的 OBDⅡ数据流一般由 50~75 个数据字构成,这些数据字来自所有的传感器输入、执行器的输出、一些计算参数、一些与燃油反馈相关的参数和各缸失火数据。这些数据以 10.4Kbps 的速率被传递,约每 200ms 更新一次诊断测试仪的显示。数据从 DLC3 的 2 端口被读取。当任意的 OBDⅡ功能被选定后,由诊断测试仪发出一个通信信号触发数据的读取。在具有 OBDⅡ的车辆上,诊断工具直接从串行数据流读 DTC,因此代码可以立即被显示。代码仅能使用诊断测试仪或扫描工具的设备进行取回或显示。

当对发动机控制系统的问题进行诊断时，扫描工具是一种非常有用的工具。它可以从已有的诊断接口很方便地获得大量的信息。

扫描工具可以对传感器、执行器和ECM计算数据进行"快速检查"。例如，当检查那些可能偏移出正常工作范围的传感器信号时，扫描数据允许用户快速地将所选的数据与修理手册规范或已知的正常车辆数据进行比较。

在检查间歇性故障时，若线路或部件被操作、加热和冷却，则它可以提供一种简单的方法去监控其输入信号。

2. 串行数据诊断的局限性

当使用串行数据去试图诊断某些类型的问题时，也必须考虑一些重要的局限性。

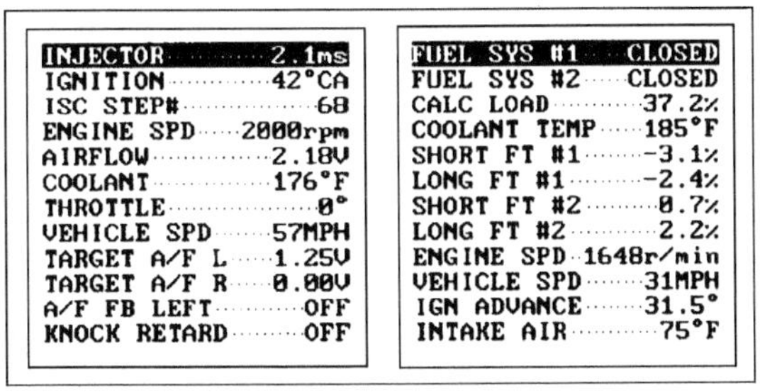

如图14-6所示为OBDⅡ数据显示，串行数据是经过处理的信息，不是实际数据。它描述ECM的"思考"数据而不是在ECM端口测量到的实际信号。串行数据能反映ECM已经默认的信号值，而不是实际信号。

例如，有OBD系统的车辆，发动机冷却液温度传感器在开路时的数据将显示80℃的错误保护值。如果在ECM的THW端口测量实际电压值，它将是5V，相当于-40℃。

图14-6 OBDⅡ数据显示

在输出命令时，串行数据仅反映计算的输出值，没有必要反映电路上的驱动器是否工作。例如，当发动机在燃油切断状态时，计算的喷油脉宽将被显示在串行数据中，而喷油器并没有工作。串行数据的传输速度使串行数据在用于诊断间歇性故障时具有局限性。当数据的刷新率较慢时，它的数据流的波特率也很慢，这将很容易在显示更新期间失去已经变化更新的信号。所以，在一个慢的数据流中，间歇性的信号问题经常不能被检测到。

例如，每当车辆受到一个颠簸时，节气门位置传感器信号线就会开路。如果开路时间短于1.25s，扫描工具将可能检测不到信号值的改变。

当在没有高速串行数据（如OBDⅡ）的车辆上检查间歇性问题时，使用由V-BOB发出的串行数据比使用OBD串行数据要好。虽然将V-BOB与ECM连接需要较长时间，但如果一个间歇性的故障发生，由V-BOB发出的高速串行数据将可以捕获这个故障。

有了这些信息，当解释串行数据和使用它确定诊断结果时就必须谨慎小心。一旦了解了上述的那些错误，发生诊断错误的危险就将大大降低。

3. 汽车电脑诊断仪

汽车电脑诊断仪和汽车电脑解码器都可以很方便地读出储存在汽车电控发动机控制单元内的故障代码。国内一般没有汽车电脑解码器，它是早期汽车电控系统的检测设备，只能读故障码，我国没有经历这个低级阶段，而是直接进入汽车电脑诊断仪阶段，但大多数人仍习惯将它称为解码器。

汽车电脑诊断仪（解码器）本身也是一个小型电脑，它的软件中储存有各国不同车型的控制单元及控制系统的检测程序和数据资料，并带有配各种车诊断口的检测插头。供电后，只需将被测汽车的生产厂家名称和车辆识别码输入汽车电脑诊断仪，就能从软件中调出相应的检测程序。然后按照诊断仪屏幕提示的检测步骤，将相应的故障检测插头和汽车上的控制单元故障检测插座连接，就可以对汽车发动机、电控发动机、制动防抱死装置等各个部分的控制单元及控制系统进行有选择的检测。

汽车电脑诊断仪不仅能读码，而且在故障代码后还写出故障代码的含义，这样就省去了查故障码表这个过程，为检修电控发动机的控制系统节省了时间。现在诊断仪一般都具有以下10种功能：读控制单元软件版本、读故障码、执行元件诊断、基本设定、清故障码、结束（结束与控制单元通信）、单元编码、读取数据流、读单个数据流、自适应。这10种功能能否使用取决于不同的电控系统。

随着车型的不断更新，汽车的控制单元及控制系统也在不断改进，因此对于专用或通用的汽车电脑诊断仪，在使用几年后，应向制造厂家更换新的软件卡，以提高诊断仪的检测能力，使它能检测各种最新车型的电脑控制系统。

14.4 电控发动机诊断技巧

对汽车进行故障诊断时，自诊断系统的故障码信息是人机对话的桥梁。它简化了诊断过程，使电控系统的故障诊断与维修变得快捷、方便。但并不是所有的故障码都能真实反映故障所在，盲目运用将会使诊断误入歧途。

1．诊断顺序和原则

在诊断电喷发动机故障时一般都遵循这样的原则：

第一步，判断故障原因是在电控部分还是在机械部分。方法是利用故障诊断仪检查是否有故障记忆，如果有故障记忆，则可基本确定故障原因在电控部分；如果没有，则可初步确定故障原因在机械部分。

第二步，根据故障记忆的内容及提示产生故障的相关原因确定系统中的故障部位。这些故障大多发生在各类信号传感器及连接导线和接插件上。

第三步，在没有故障记忆或排除了电控系统故障的基础上，按照通常的发动机故障排除规律，根据发动机的故障现象，并通过对发动机工作状况的检查，如电动燃油泵的供油能力、油路的压力状况、火花塞工作状况、点火线圈工作状况和汽缸压力等，来确定可能引起故障的部件。

经过上述三步工作后一般来说应该可以解决发动机所产生的故障了，但有时却故障依旧，这种情况有时让人无法理解，甚至有些维修人员在遇到这种情况时便束手无策了。出现这种情况，即发动机有故障现象，而电控系统的自诊断系统却又无故障代码显示，一般称电控系统存在软故障（也称无码故障）。

电控单元在控制发动机工作的过程中，若是发动机工作正常，则传感器的信号是不会超出"标定范围"的。而电控系统的自诊断系统的功能就是判断这些传感器的信号是否超出了这个范围，只有信号超出标定范围后，自诊断系统才能知道这种信号不能作为控制信号使用，这时自诊断系统才能确定系统中有故障，才能有故障记忆，给出故障代码。

如果信号没有超出给定范围，但却与实际情况有较大的偏差，这种不准确信号仍会使电控单元按照提供的不准确信号控制发动机工作，从而造成发动机产生故障现象，而自诊断系统不能给出故障代码，这些就是控制系统产生软故障的根本原因。

2．发动机电控系统的软故障诊断

发动机出现上述故障现象，而其电控系统的自诊断系统又无故障记忆时，必须进行电控系统的运行数据分析，来进一步找出产生故障的原因。方法是利用故障诊断仪的数据流阅读功能，调出电控系统的实际工作参数（在出现故障现象时），这些参数可分为三种类型：第一种是基础参数，如发动机转速；第二种是重要参数，如进气量（或进气歧管压力值）、点火提前角、喷油时间和节气门开度值等；第三种是修正参数，如冷却液温度和进气温度等。

当发动机在无故障代码的情况下出现故障现象时，应首先将实际显示的数据与标准值做比较，确定其值是否超出正常范围及偏差的程度。比如，当出现怠速不稳故障时，应首先检查控制形成怠速混合气的进气参数和喷油时间参数,同时要确定氧传感器信号是否正常。如果氧传感器信号不正常,则应先确定氧传感器自身是否损坏。氧传感器信号是电控单元判断混合气空燃比是否正确的依据,如果氧传感器自身损坏,则会给电控单元提供错误信号,从而造成电控单元错误控制喷油量。例如,氧传感器错误地提供一个混合气偏浓的信号,则电控单元会依据这个控制信号减少喷油量,从而造成实际混合气浓度偏稀,这时发动机会出现怠速运转不稳现象;如果检查氧传感器正常,而进气量测量信号出现偏差,比如给电控单元提供一个较高的进气量信号,电控单元会控制喷油器喷出较多的燃油以匹配这个较高的进气量信号,从而造成混合气过浓引起怠速不稳现象,同时发动机运行油耗增大,这时检查喷油时间参数,会发现其值也会偏离正常值。

有时空气流量传感器自身有故障,在怠速时反映不出故障现象,只是在发动机加速时,出现发动机无法高速运转,严重时最高转速仅能达到 3000~4000 r/min。造成这种现象的原因是进气量信号电压太低,电控单元接收到较低的进气量信号,从而控制发动机在低负荷、低转速条件下运转。

其他一些修正信号,如进气温度信号和冷却液温度信号出现偏差,也会造成发动机带故障运转。比如,向电控单元提供较低的温度信号,则电控单元会控制发动机按暖机工况运行,这时发动机的怠速会出现忽高忽低的现象。

如果检查电控系统中的信号参数都正常,而发动机仍然有故障表现,这时应按发动机的基本检查程序进行检查,如检查点火系统工作情况(火花塞状况、分缸高压线的阻值等)、供油压力是否正常、汽缸压力是否正常等。

3. 故障码的分类

故障码可分为两类:自生性故障码和他生性故障码。自生性故障码就是由故障码所指示的元器件或相关的电路故障导致的故障码。他生性故障码是非故障码所指示的元器件或相关电路包括非电控电路所导致的故障码。若自诊断系统储存的是自生性故障码,故障可通过换件或维修相关的电路修复;若是他生性故障码,则更换故障码显示的元器件或维修相关电路不但不能消除故障,有时甚至导致维修工作误入歧途。

1)他生性故障码的使用误区

误区一:有些维修人员不管自诊断系统存储的是他生性故障码还是自生性故障码,一律都采用换件或维修相关电路的方法修复。此时,件换了,钱花了,时间也浪费了,故障却依旧。这就是由于忽略了他生性故障码的存在。

误区二:有些维修人员经检测发现自诊断系统存储的是他生性故障码后,就认为故障码的作用到此结束,按没出现故障码处理。其实他生性故障码对我们查找故障同样有价值,应对其进行深入分析,挖掘它的本质。

2)他生性故障码实例及应用

例1:发动机抖动,高速时有回火现象,在不平路面更易发生。调取故障码,显示爆震传感器有故障;检测故障码指示的传感器及线路,一切正常。最后查出是传动轴支撑松旷振动。

例2:发动机工作不良,排气管冒黑烟。读取故障码,有氧传感器电压过高故障码。检测氧传感器及相关电路均正常,而真正故障原因是水温传感器信号失真。

以上两个例子中自诊断系统储存的都是他生性故障码。结合以上实例,谈谈笔者应用他生性故障码时的一点体会。

例1中的爆震传感器故障码经检测知其为他生性故障码。当时如果忽视故障码,仅按发动机抖动等现象检测,很可能要走很多弯路。试想,既然显示了爆震传感器故障码,控制单元很可能收到了爆震传感器异常信号。会不会是外界原因导致爆震传感器向控制单元输送虚假信号呢?这里故障码为我们查明故障指明了一个大致方向。爆震传感器给控制单元输送虚假信号的原因主要有两个方面:一是发动机振动频率接近爆震频率,给控制单元输送假爆震信号;二是由于传感器屏蔽线不良，引起强电磁干扰，给控制单元输送不正常信号。例1是由第一个原因引起的。由于传动轴松旷振动，导致发动机振动，特别是在高速或不平路面上时发动机振动频率更容易接近爆震频率，控制单元误认为是爆震，便推迟点火，多次推迟点火无效后，误认为是爆震传感器损坏。同时由于点火过迟而产生回火现象。

例2中的故障码显示氧传感器电压过高故障，经检测氧传感器及其电路均正常，也是他生性故障码。氧传感器的作用是检测排气中的氧浓度反馈给控制单元，如氧传感器检测到的氧浓度过高或过低并超过氧传感器的调节界限，控制单元就指示氧传感器故障。因为氧传感器及其相关电路都是正常的，所以故障码显示的氧传感器电压过高（或过低），说明混合气的确过浓（或过稀）。因此我们可以从混合气浓度方面着手，而不是马上怀疑控制单元有问题。除氧传感器本身外，使混合气过浓的因素主要有油压、空气流量计、进气压力传感器、水温传感器、进气温度传感器、节气门位置传感器、喷油器、火花、点火正时、活性炭罐等。结合故障现象，检查发现发动机温度过高，电子风扇不工作。这是为什么呢？原来该车冷却风扇工作信号是由水温传感器提供给控制单元的，风扇不转和混合气过浓，矛头都指向水温传感器。通过读取数据流发现水温传感器一直指示极低温，控制单元一直按极低温度供油，因而混合气极浓水温传感器给控制单元输送低温信号导致风扇不转。

当传感器出现他生性故障码时，我们还应考虑是否是相关的机械原因引起控制单元判断失误，或两传感器信号出现逻辑混乱使控制单元判断错误等。比如，空气流量计故障码也常是他生性故障码，一些机械故障如进气系统漏气、进/排气系统堵塞、EGR阀漏气、曲轴箱通风装置漏气等都会使进气流量信号与节气门开度信号不匹配，使控制单元误认为空气流量计出现故障。有时氧传感器信号失真，控制单元也会误认为是空气流量计故障导致氧传感器不能调节。

在维修中遇到故障码时，不要盲目地更换相关元器件，应先进行信号判断、线路检测。若检查后相关元器件及线路均正常（即他生性故障码），不要马上怀疑是控制单元有故障，也不要将故障码弃置不顾，应结合故障现象进行综合分析、判断，以正确寻找故障部位。

14.5 数据流分析

1. 信号偏差

1) 什么是信号偏差

电控单元在控制发动机工作的过程中，它所接收的各种传感器信号是人们给定的范围，而电控系统的自诊断系统的功能就是判断这些传感器的信号是否超出了该范围，只有信号超出规定范围后，自诊断系统才能知道这种信号不能作为控制信号使用，这时自诊断系统才能确定系统中有故障，才能有故障记忆，给出故障代码。而如果信号没有超出给定范围，但却与实际情况有较大的偏差，这种不准确信号仍会使电控单元按照提供的不准确信号控制发动机工作，从而使发动机产生故障现象，而自诊断系统又不能给出故障代码，这就是控制系统产生软故障的根本原因。

维修人员可以通过对这些数据流中的各项参数进行分析，判断电控系统或元器件工作是否正常，从而为查找故障提供有效依据。

2) 信号偏差的影响

一般电控系统中的软故障反映在发动机上主要有以下几种表现：怠速不稳，有时冒黑烟；发动机百公里油耗偏高；发动机在空负荷状态转速最高只能达到3000r/min；发动机冷车易启动，热车不易启动。

产生软故障的原因主要是电控系统的元件性能发生变化或不稳定。大家知道，电控发动机的工作主要是依靠电控单元（ECU）来控制发动机在各种工况条件下的供油量，而电控单元控制的供油量多少必须与发动机的工况相匹配，这种匹配关系必须是电控系统状况与发动机实际状况相吻合的关系。比如，驾驶员控制发动机节气门使发动机在经济车速运转时，反映的是发动机部分负荷工况，那么电控系统中各种传感器提供给电控单元的反映发动机部分负荷状态的参数也应是符合发动机在部分负荷状态下的数据：转速为 2500r/min，节气门开度为 40%，进气质量流量为 6g/s，喷油脉宽为 4.5ms（校正）。这些标志发动机负荷状态的参数必须与发动机要求达到的工况状态相吻合，如果有一项参数不能达到实际要求数值，如节气门实际开度已达 40%，但节气门位置传感器提供给电控单元的节气门开度数据却是 20%，这时相对应的发动机转速也就不能提升到 2500r/min，这种匹配关系是发动机电控系统能否满足驾驶员实际要求的一种基础关系，也是发动机电控系统能否按照人的意愿工作的基本保证。

2．数据流的读取

可以利用汽车电脑诊断仪通过汽车上的诊断座与汽车控制单元建立通信，从汽车控制单元中调取数据，用来分析汽车故障。

在进行数据分析时可以读取到静态数据（KOEO）和动态数据（KOER）。静态数据中只有个别数据是实时显示的，其余大部分数据只有在系统运行过程中才有分析价值。动态数据因工作状态的变化而在不断变化。部分车型的数据多达 200 多条，而有些车型却只有不到 10 条数据。数据的多少取决于该电控系统的设计，同时也受其他因素的影响。如汽车电脑诊断仪，厂家在软件开发中去掉了一些数据的命令，读取出来的数据数量也会相应减少。

3．数据的分类

数据流中的参数有两种形式，即数值参数和状态参数。

数值参数是有一定单位和一定变化范围的参数，用十进制数来表示，它通常反映出电控系统工作中各部件的工作电压、压力、温度、时间、速度、频率等。

状态参数是那些只有两种工作状态的参数，如开或关、闭合或断开、高或低、是或否、0 或 1 等，它通常表示电控系统中的开关和电磁阀等元件的工作状态。

在进行数值分析时，首先应分清读出的各个参数是电控系统中的传感器输送给控制单元的输入信号，还是控制单元输出给电控系统执行元件的输出指令。输入信号参数可以是状态参数，也可以是数值参数。输出指令参数大部分是状态参数，也有小部分是数值参数。

4．数据的含义

由于不同车型的控制单元决定了其数据参数的多少及内容，同时，相同名称的数据之间也存在着一定的差异，所以在进行数据分析时，一定要理解数据的含义，否则无法进行数据分析。

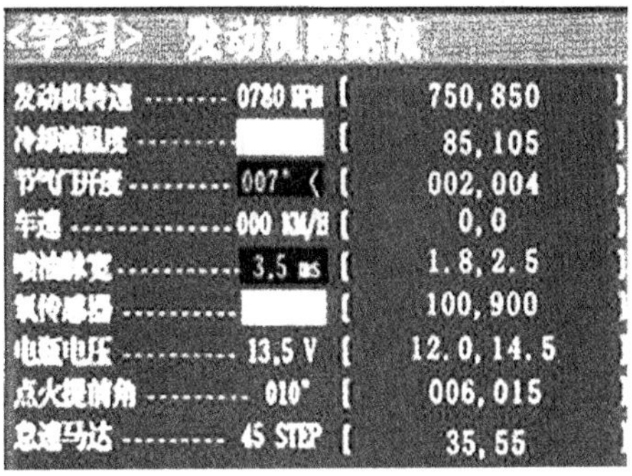

5．数据分析举例

1）发动机转速

如图 14-7 所示为 OBD II 数据显示，读取发动机系统数据流时，在诊断仪上所显示出来的发动机转速是由电控汽油喷射系统（ECU）或汽车动力系统（PCM）根据发动机点火信号或曲轴位置传感器的脉冲信号计

图 14-7 OBD II 数据显示

算而得的，它反映了发动机的实际转速。发动机转速的单位一般采用 r/min，其变化范围为 0 至发动机最高转速。该参数本身并无分析的价值，一般在对其他参数进行分析时作为参考基准。

2）氧传感器数据

该参数表示由发动机排气管上的氧传感器所测得的排气的浓稀状况。有些双排气管的汽车将这一参数显示为左氧传感器工作状态和右氧传感器工作状态两种参数。排气中的氧气含量取决于进气中混合气的空燃比。氧传感器是测量发动机混合气浓稀状态的主要传感器。氧传感器必须加热至 300℃以上才能向控制单元提供正确的信号，而发动机控制单元必须处于闭环控制状态才能对氧传感器的信号做出反应。氧传感器工作状态参数的类型依车型而不同，有些车型以状态参数的形式显示出来，显示为浓或稀；有些车型则是将它以数值参数的形式显示出来，其数字单位为 mV。浓或稀表示排气的总体状态，mV 表示氧传感器的输出电压。该参数在发动机热车后中速（1500~2000r/min）运转时呈现出浓稀交替变化或输出电压在 100~900mV 之间来回波动，每 10s 内的变化次数应大于 8 次（频率为 0.8Hz）。若该参数变化缓慢、不变化或数值异常，则说明氧传感器或微机内的反馈控制系统有故障。

3）短期燃油调节

诊断仪显示-10%~10%，短期燃油调节表示通过动力系统控制模块响应燃油控制氧气传感器在 450mV 极限上下所消耗的时间量，以便对燃油传输进行短期校正。如果氧气传感器电压保持低于 450mV，则表示空气燃油混合气较稀，短期燃油将增加到大于 0 的正数范围，动力系统控制模块将添加燃油。如果氧气传感器电压主要保持在极限之上，短期燃油调节将减小到低于 0 的负数范围，而动力系统控制模块将降低燃油传输以补偿显示的浓度条件。在诸如过长的怠速时间和过高的环境温度条件下，炭罐清洗可能会引起正常操作时短期燃油调节出现负读数。动力系统控制模块最大控制长期燃油调节认可范围在-10%~10%之间或与之接近，最大认可值的燃油调节值表示过浓或过稀的系统。

4）长期燃油调节

诊断仪显示-10%~10%，长期（Long Time）燃油调节由短期（Short Time）燃油调节值长期学习得到，用来表示喷油的长期校正。0%的值表示不需要补偿燃油；低于 0 的负值表示燃油系统过浓，控制上是减小喷油器脉冲宽度；高于 0 的正值表示燃油系统过稀，进行喷油量补偿，通过增加喷油器脉冲宽度来完成。因为长期燃油调节趋于遵循短期燃油调节，由怠速时炭罐清洗而引起的负数范围内的值应认为是不正常的。动力系统控制模块最大控制长期燃油调节认可范围在-10%~10%之间或与之接近，最大认可值的燃油调节值表示过浓或过稀的系统。

6. 数据流分析的作用

诊断发动机电控系统的软故障时，不仅需要理解电控系统电路的工作原理，利用其工作原理去分析电路中的故障，同时还要结合汽油发动机的工作原理去分析除电控系统电路以外可能产生故障的原因，这些原因不仅包含一部分发动机电路，还包含发动机油路和进气通道，也包括保证发动机能正常工作的机械部分，只有综合分析才能较快地解决电控系统存在的软故障。

在汽车电控系统越来越复杂的同时，数据也越来越多，为汽车维修带来了便利。通过数据分析可以快速有效地判断电控系统故障所在。但从目前整个维修行业的情况来看，诊断仪数据分析在维修中的利用率并不高，其主要原因在于维修人员看不懂数据，没有掌握数据分析的方法。广大汽车维修人员在进行数据分析时往往是"知其然而不知其所以然"。由于不知道各项数据的含义，导致看到了变化的数据但不知其是否在规定范围内，也就无法判断故障所在了。数据分析的前提是要了解数据的来源和含义。

第 15 章

大修发动机

【本章知识目标】
- 能说出发动机在什么情况下需要大修;
- 能说出大修发动机的流程;
- 能说出大修发动机服务站实际组织流程;
- 能说出发动机大修工作在发动机专修厂的组织流程。

【本章技能目标】
- 能进行从车上抬下发动机总成操作;
- 能进行分解发动机部件的检验操作;
- 能进行发动机大修组装和调整操作;
- 能进行发动机大修后的发动机上车操作;
- 能对大修后的发动机进行分电器点火系统的正时调整。

15.1 发动机大修基础

1. 发动机大修送修标志

汽车行驶一定的年限或里程之后,发动机内部零件会严重磨损、老化,性能会明显下降,这时必须进行大修。经过大修之后,发动机性能可恢复到先前的90%以上。

发动机大修就是通过拆卸、分解发动机以及调整、修理或更换必要的零部件等工作来检测故障并进行修复,使其达到完好技术状况和使用寿命的恢复性修理。

发动机需要大修时有如下标志:

(1) 机油消耗明显增加,每升机油维持发动机运转的时间低于标准的40%,同时伴有冒蓝烟现象,但没有漏油。机油冒蓝烟分两种情形:一种可能是气门油封老化,这种情形不需要大修,更换气门油封即可;另一种可能是活塞与缸壁间隙过大,这种情形必须大修。上述两种情形通过内窥镜可以确定。

(2) 发动机冒黑烟严重。这种情况可通过汽缸压力表测量汽缸压力,如果汽缸压力低于标准值25%以上,就必须大修了。

(3) 发动机有异响,出现噪声和金属敲击的异响,如发动机瓦响。

(4) 发动机加速性能明显低弱。

(5) 燃油消耗明显增加,每升燃油维持发动机运转时间低于标准的60%。

(6) 发生重大损伤事故。

2. 发动机大修工艺流程

1) 进厂接待

(1) 进厂大修车辆服务顾问必须在《汽车维修技术档案》中详细填写进厂检验交车单,并由用户在进厂交接签字处签字。

(2) 服务顾问在车辆进行维修前与用户签订《汽车维修合同》,合同一式两份,一份交于用户,一份公司内部存档。

2) 发动机解体、清洁与测量

(1) 服务顾问将《任务委托单》和《汽车维修技术档案》同时交于主修人员,主修人员进行发动机拆解。

(2) 主修人员对发动机拆解完毕后,对零部件进行初步清洗,对发动机缸体、曲轴等部件进行测量,确定零部件维修和更换项目。

(3) 主修人员对零部件进行分类,确定可用、可维修部件,将需更换、外加工部件以书面形式报于服务顾问。

(4) 服务顾问依据主修人员所报更换部件和维修项目与用户协商后,确定维修方案。

(5) 主修人员将缸体、曲轴、连杆、进气歧管、气门室盖、油底壳等不易腐蚀、变形的部件,利用专用清洁剂加水后加热清洗,清洗完毕,对加热清洗部件用高压水除去表面残留积炭和油垢。

(6) 主修人员利用高压空气吹净水分,在曲轴、缸体等重要部位涂抹润滑油,避免锈蚀。对于油道等重要部位应专门清理避免堵塞。

(7) 镗缸发动机外加工后,应对缸体表面及润滑油道进行彻底清理。

3) 发动机零件修理与组装

(1) 特殊气门的铰研应转交指定人员进行,保证气门结合面的密封性。气门导管的更换应使其到缸盖表面的高度保持与原车相同。同时,在装配过程中,保持缸盖表面、油道、导管、水道的清洁。

(2) 气门铰研完毕后必须对气门研磨结果进行检验。

(3) 主修人员对发动机装配前的测量数值进行检查,并对测量结果进行详细记录。

(4) 在装配过程中,主修人员对于各曲轴连杆瓦和连杆方向、活塞和活塞环的安装方向、螺栓的拧紧力矩和顺序应严格按照技术资料要求操作。

(5) 装复过程中主修人员发现质量问题时,应及时与服务顾问沟通,避免自作主张,影响维修质量。需增加维修项目和更换配件时,应及时上报服务顾问,由服务顾问与用户沟通。

(6) 在发动机缸体和缸盖分别组装完毕后,转交漆工对发动机及其零部件进行喷漆复新。

(7) 主修人员对发动机进行总成装复,缸盖螺栓按照技术资料中的规定力矩和顺序拧紧。

4) 发动机的装车与磨合

(1) 主修人员在发动机装配完毕确认正常后进行装车。

(2) 发动机启动后主修人员应根据《汽车维修技术档案》对各数据进行测量,使其达到正常值,并详细记录。

(3) 对发动机进行热磨合,同时在磨合过程中主修人员应检查有无漏油、漏水、漏气处。

(4) 质检员有责任控制《汽车维修技术档案》填写的准确性和真实性,对于不符合要求的填写方式应及时纠正。

3. 发动机大修安全须知

发动机拆装时应注意以下安全事项,以免造成人身安全事故。

(1) 正确使用起重设备,起重设备下严禁站人。

（2）保持现场环境整洁有序，实现现场的 5S 管理（整理、整顿、清扫、清洁、素养）。也只有现场环境整洁，人们才能提高安全意识。

（3）发动机试车注意配合。

（4）正确使用工量具。正确使用大修工量具能又快又好、保质保量地修好发动机，延长发动机的使用寿命。

（5）严格按操作规程拆装，避免出现意外人身伤害。

4．发动机装配要求

1）发动机装配原则

（1）发动机装配时一般本着与拆卸相反的顺序进行，由内到外地逐段装配。将拆下的零件先组装成部件或组件后再进行总装配。

（2）发动机总成一般的装配顺序是：先装曲轴飞轮组，再装活塞连杆组，装油泵、油底壳等零部件后再装汽缸盖分总成等，最后装外围件。

（3）在不违反工艺顺序的前提下，具体装配过程中可组织平行交差装配。为了保证装配质量，应该边安装边调整。否则不但影响装配质量，也影响装配速度，甚至会留下安全隐患。

2）发动机装配前的准备工作

（1）装配前应清点各零件是否齐全，同时对可预装的总成和部件应仔细清洗后进行预装。

（2）装配前必须认真清洗零件及工具，保持装配工作场地清洁。准备适当的密封胶及机油、润滑脂等常用润滑油料。

3）发动机装配注意事项

（1）拧紧螺栓、螺母应用适合的扳手按规定的顺序和力矩旋紧，对称的螺栓应交错分 2~3 次拧紧。各拆装零部件特别是螺钉、螺栓一定要对号入座，不要错装、漏装。

（2）滑动配合零件的表面在装合时应涂上润滑油，螺钉和螺栓装配需在螺纹部分涂油。

（3）如需在零件表面施以压力或锤击时，需垫软金属块或使用铜锤。安装时不要破坏密封圈及密封垫片，保持完好性。不要碰伤相对运动部位及重要表面。

（4）各部位的密封衬垫和油封装配必须换用新件。

（5）对有装配记号的零件必须按记号装配，不要装错。

5．发动机大修竣工质量评定

一台发动机大修完毕主要从以下方面评定大修竣工质量是否合格。

（1）发动机装备齐全、有效，有一处以上隐患则为不合格。

（2）启动性能：冷车启动，在环境温度不低于 -5℃时，应启动顺利，允许连续启动不多于 3 次，每次启动不多于 5s；热车启动，在发动机正常工作温度下 5s 内能启动，否则为不合格。

（3）发动机怠速时，进气歧管真空度波动六缸汽油机不超过 3kPa，四缸汽油机不超过 5kPa；发动机怠速运转稳定，其转速符合原设计规定，转速波动不大于 50r/min。

（4）汽缸压缩压力应符合原设计规定，每缸压力与各缸平均压力的差汽油机不超过 8%，柴油机不超过 10%。

（5）发动机突然加速或减速时不得有突爆声，不得有断火、回火、放炮现象。

（6）发动机在正常工况下运转时不得有异常响声。

（7）燃料消耗率：发动机最低燃料消耗率不得高于原设计要求 5%。

（8）发动机排放应符合有关国家规定。

（9）发动机应无漏水、漏油、漏气、漏电等四漏现象。

6．汽车发动机大修质量检查评定

汽车发动机大修质量检查评定按国家标准 GB/T 15746.2—1995《发动机大修质量检查评定标准》执行，该标准对汽车发动机大修做出专门规定，分为评定内容、评定规则和评定办法三个部分。

15.2 部分发动机总成

1. 丰田 5A-FE 组件

丰田 5A-FE 或 8A-FE 组件如图 A73311~图 A73313 所示。

注意： 本章图标按原厂资料格式不变。

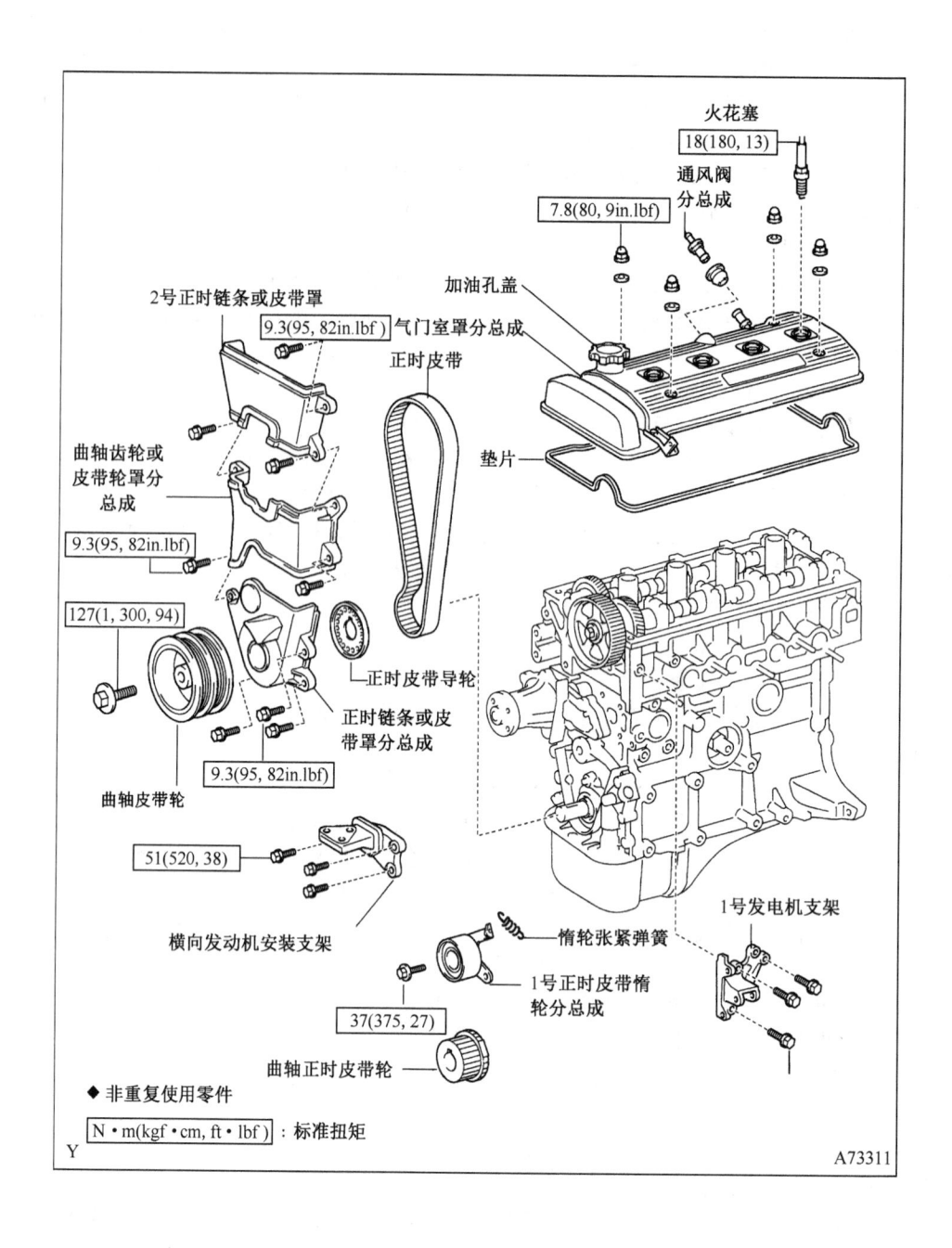

大修发动机 第 15 章

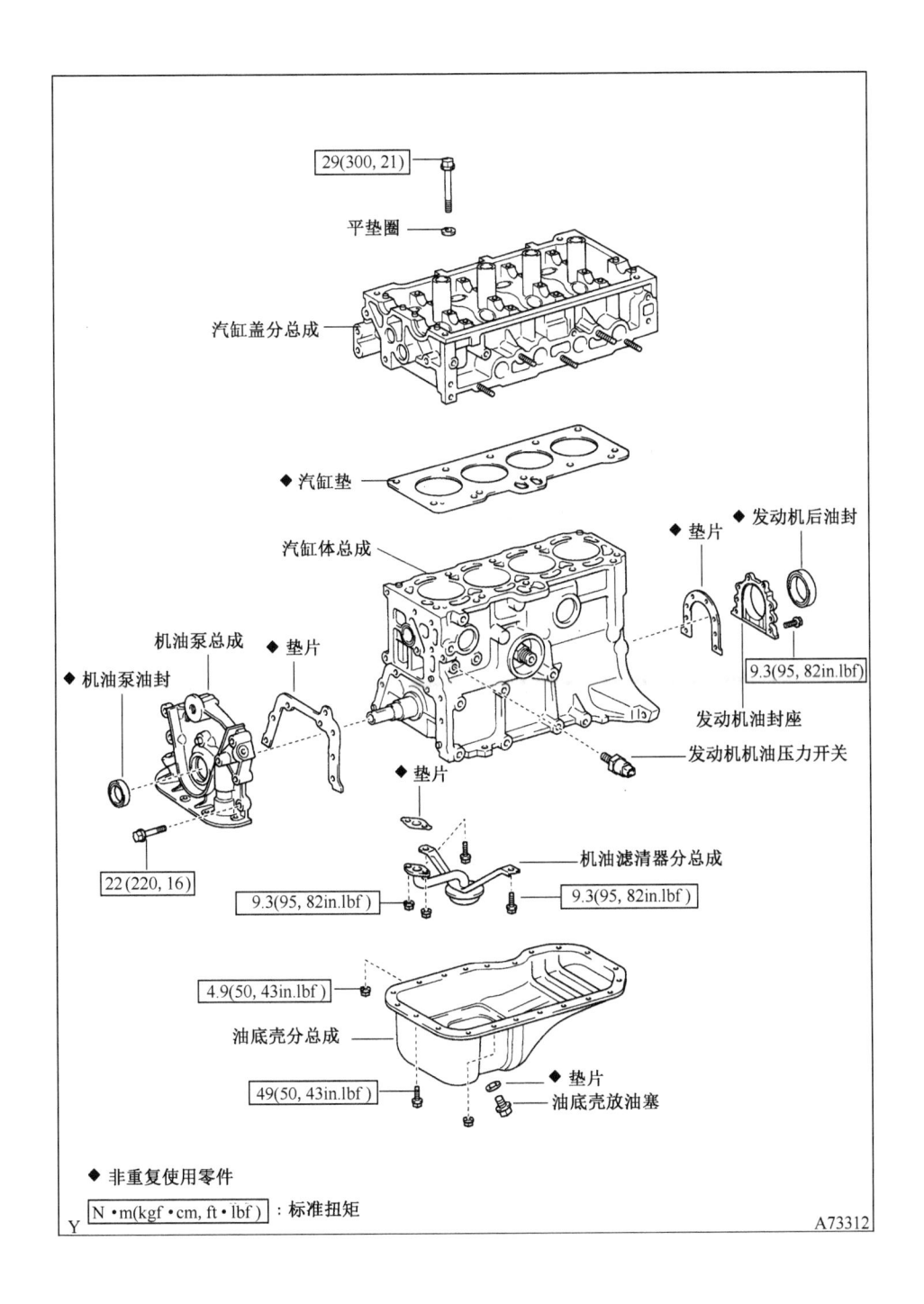

29(300, 21)
平垫圈
汽缸盖分总成
◆ 汽缸垫
垫片
发动机后油封
汽缸体总成
机油泵总成
◆ 机油泵油封
垫片
9.3(95, 82in.lbf)
发动机油封座
发动机机油压力开关
垫片
机油滤清器分总成
22(220, 16)
9.3(95, 82in.lbf)
9.3(95, 82in.lbf)
4.9(50, 43in.lbf)
油底壳分总成
◆ 垫片
49(50, 43in.lbf)
油底壳放油塞

◆ 非重复使用零件
N·m(kgf·cm, ft·lbf)：标准扭矩

A73312

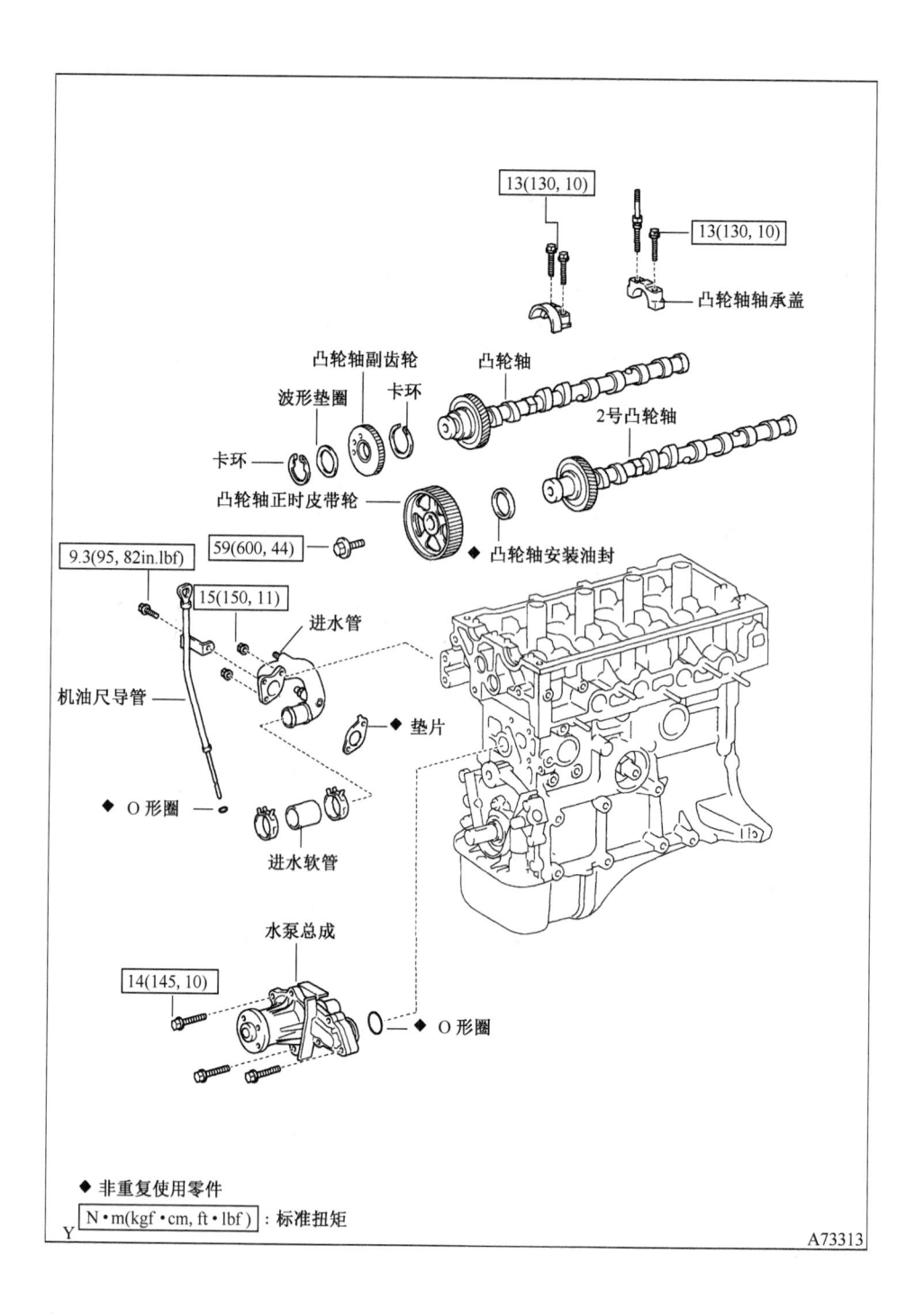

汽油发动机构造与检修

凸轮轴轴承盖

凸轮轴副齿轮　凸轮轴

波形垫圈　卡环

卡环　2号凸轮轴

凸轮轴正时皮带轮

凸轮轴安装油封

13(130, 10)
13(130, 10)
9.3(95, 82in.lbf)
59(600, 44)
15(150, 11)
14(145, 10)

进水管
机油尺导管
◆ O形圈
◆ 垫片
进水软管
水泵总成
◆ O形圈

◆ 非重复使用零件
N·m(kgf·cm, ft·lbf)：标准扭矩

A73313

大修发动机 **第 15 章**

2. 拆装和检修
（1）拆下火花塞。
（2）拆下通风阀分总成（见图 A73314）。
① 拆下通风阀。
② 拆下垫片。
（3）拆下气门室盖分总成（见图 A73315）。
① 拆下加油盖。
② 拆下 4 个螺母、4 个密封垫和气门室盖。

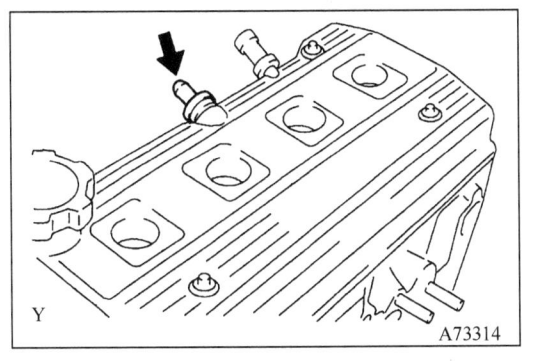

（4）拆下 2 号正时链条或皮带罩（见图 A73316）。拆下 4 个螺栓和 2 号正时皮带罩。
（5）拆下曲轴齿轮或皮带轮罩分总成（见图 A73317）。拆下两个螺栓和曲轴齿轮罩。

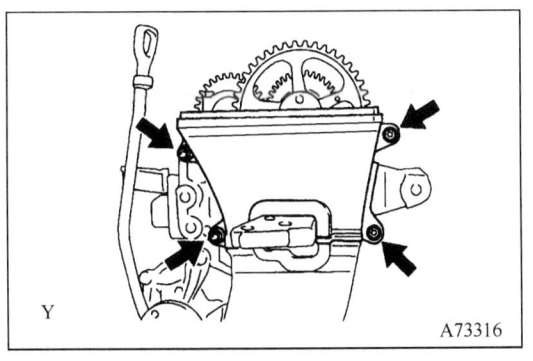

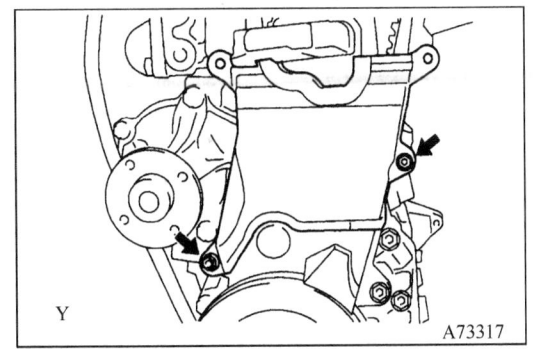

（6）将 1 号汽缸设定在压缩行程上止点位置（见图 A73318）。
① 转动曲轴皮带轮，将皮带轮槽口对准 1 号正时皮带罩上的正时标记"0"。
② 曲轴正时皮带轮的"K"标记应与轴承盖的正时标记对准。否则，转动曲轴一周（360°）。
（7）拆下凸轮轴皮带轮（见图 A73319）。

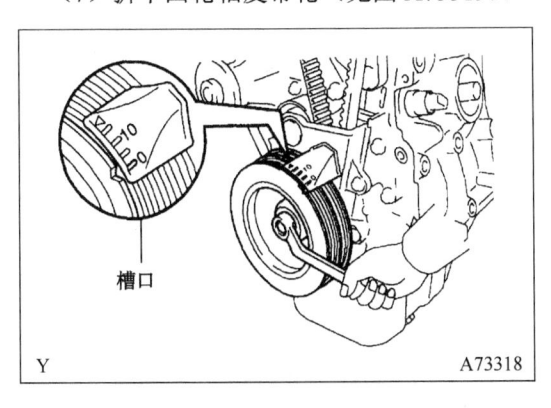

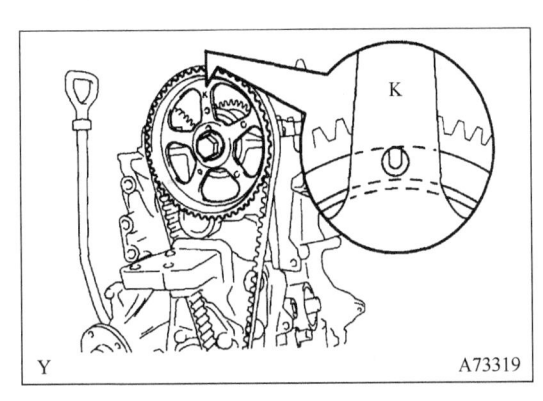

267

① 使用 SST 拆下皮带轮螺栓（见图 A73319）。SST09213-54015、09330-00021（90105-08076）。

② 使用 SST 拆下曲轴皮带轮（见图 A73320、图 A73334、图 A73333）。SST09950-50013（09951-05010、09952-05010、09953-05020、09954-05021）。

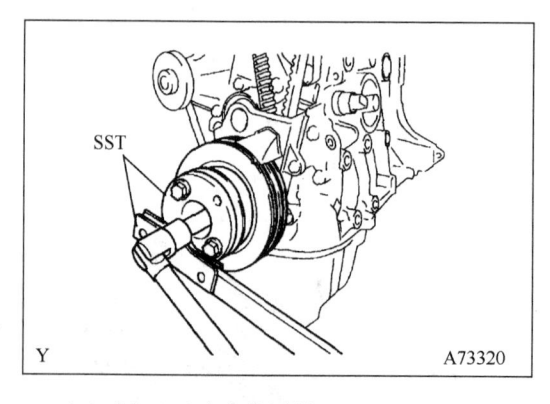

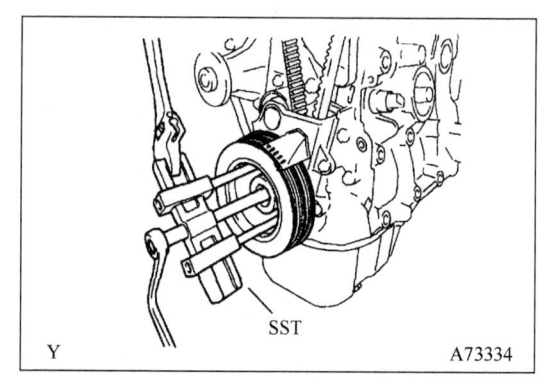

(8) 拆下正时皮带导轮。

(9) 拆下惰轮张紧弹簧（见图 A73321）。

① 旋松惰轮安装螺栓。

② 拆下张紧弹簧。

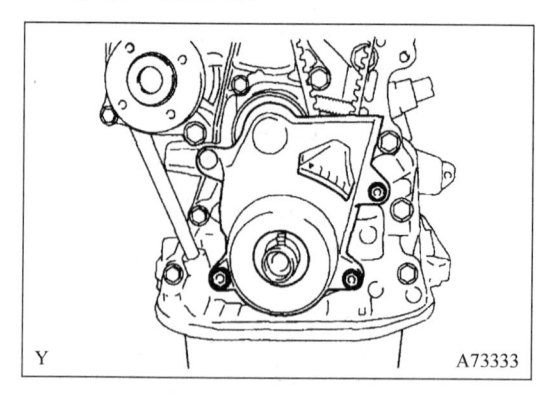

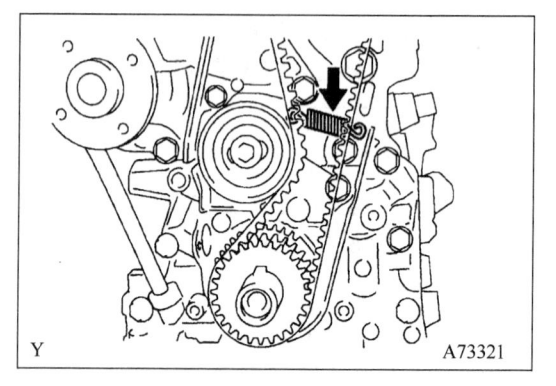

(10) 拆下正时皮带（见图 A73322）。

提示：如果重复使用正时皮带，则在皮带上画一个方向箭头（按发动机旋转的方向），并如图所示在皮带轮和皮带上做出定位标记。

(11) 拆下 1 号正时皮带惰轮分总成（见图 A73323）。拆下螺栓和 1 号正时皮带惰轮。

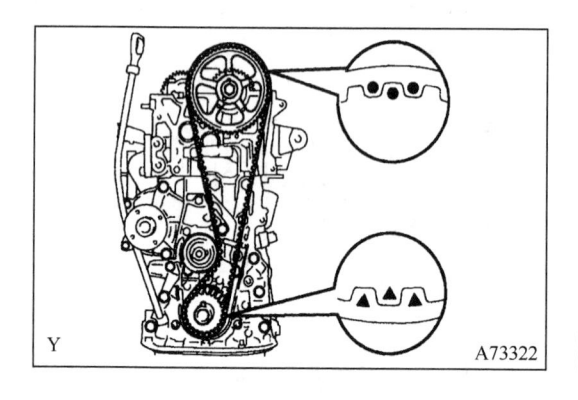

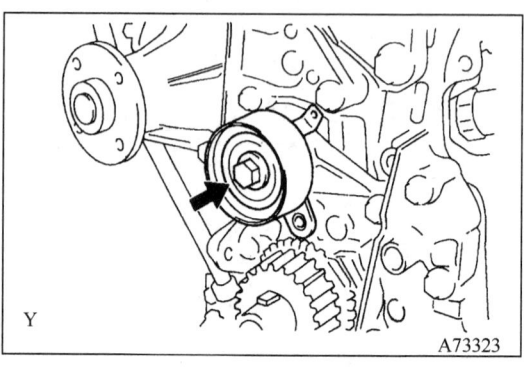

(12) 拆下横置发动机安装支架（见图 A73324）。拆下 3 个螺栓和发动机右侧安装支架。

（13）拆下曲轴正时皮带轮（见图 A73325）。如果不能用手拆下皮带轮，则使用两个起子。

注意：按图示垫上抹布防止损坏。

（14）拆下 1 号发动机吊钩（见图 A73326）。从发电动机支架上拆下螺栓，并拆下 1 号发动机吊钩。

（15）拆下 2 号发动机吊钩（见图 A73327）。从汽缸盖上拆下螺栓，并拆下 2 号发动机吊钩。

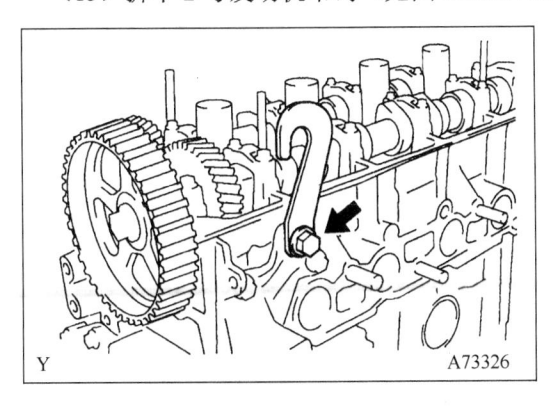

（16）拆下 1 号发电机支架（见图 A73328）。拆下 3 个螺栓和 1 号发电机支架。

（17）拆下机油尺导管（见图 A73328）。

① 拆下 3 个螺栓和机油尺导管。

② 拆下 O 形圈。

（18）拆下进水管（见图 A73329）。

① 拆下两个螺栓和进水管。

② 断开进水软管。

③ 拆下垫片。

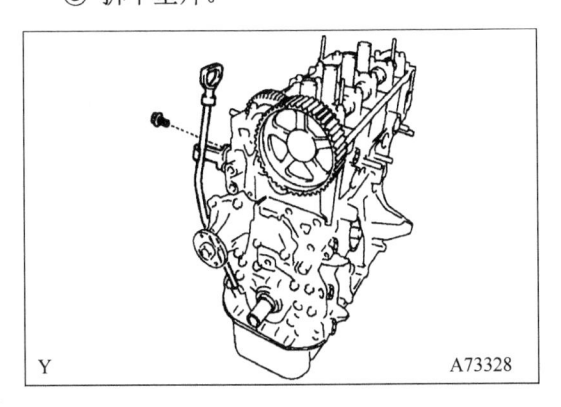

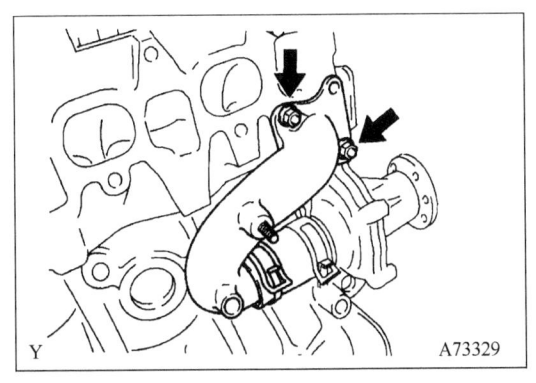

（19）拆下进水软管。从水泵总成上拆下进水软管。
（20）拆下水泵总成（见图A73330）。
① 拆下3个螺栓和水泵总成。
② 拆下O形圈。
（21）拆下凸轮轴正时皮带轮（见图A73331）。
① 用扳手夹持凸轮轴的六角头部分，并松开皮带轮螺栓。
注意：小心不要让扳手损坏汽缸盖。
② 拆下皮带轮螺栓和正时皮带轮。

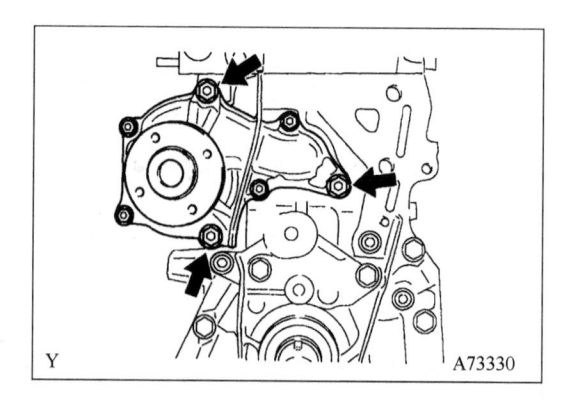

（22）拆下凸轮轴。
注意：由于凸轮轴的止推间隙很小，必须保持水平并垂直取出凸轮轴。如果凸轮轴不能保持水平，则汽缸盖承受轴的推力可能开裂或损坏，造成凸轮轴变形或断裂。为避免此种情况，必须执行下述步骤。
① 转动凸轮轴的六角部分将副齿轮小孔转上来(它定位主齿轮和副齿轮)（见图A71411）。
提示：上述状态允许进气凸轮轴的1、3号汽缸凸轮的桃心同时顶到各自的挺杆。
② 拆下两个螺栓和1号轴承盖（见图A71412）。
③ 使用维修螺栓固定主、副齿轮（见图A71413）。

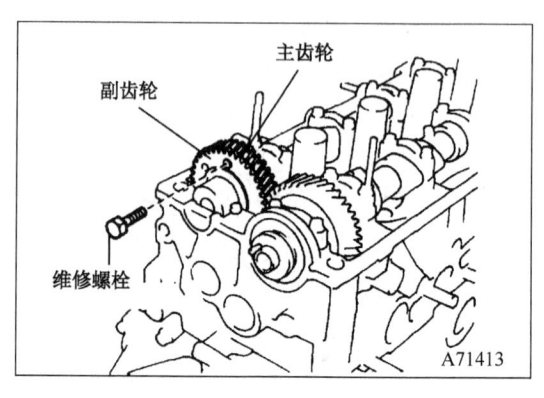

推荐维修螺栓：

螺纹直径	6mm
螺　　距	1.0mm
螺栓长度	16～20mm

提示：拆除凸轮轴时，确认通过上述操作已经消除副齿轮扭转弹簧的弹力。

④ 按标出的顺序分几次均匀地拧松8个轴承盖螺栓。

⑤ 拆下4个轴承盖和凸轮轴（见图A71414）。

提示：如果凸轮轴没有被水平地向上顶起，用两个螺栓重新安装轴承盖。然后向上拉凸轮轴齿轮并交替旋松，拆下轴承盖螺栓。

注意：不要用工具或其他物体撬动和用力拆除凸轮轴。

（23）拆下凸轮轴副齿轮（见图A71415）。

① 用台钳固定凸轮轴的六角部分。

注意：小心不要损坏凸轮轴。

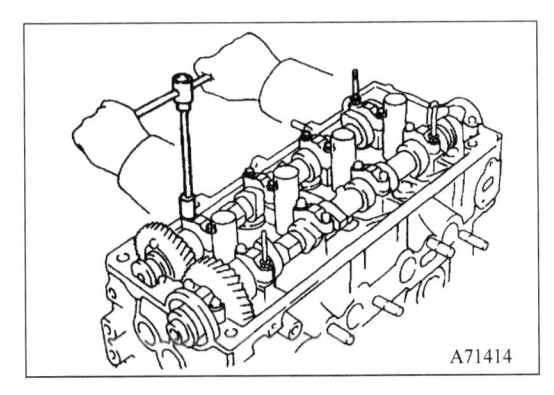

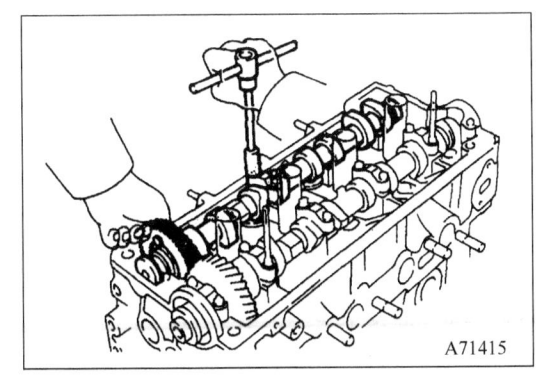

② 使用SST逆时针转动副齿轮，拆下维修螺栓（见图A71416）。SST09960-10010（09962-01000、09963-00500）。

③ 使用卡环钳拆下卡环（见图A71417）。

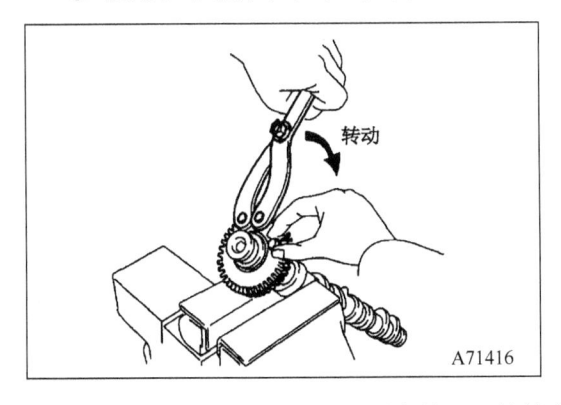

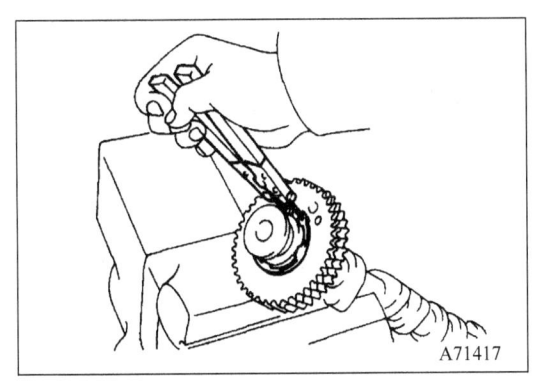

④ 拆下波形垫圈、凸轮轴副齿轮和凸轮轴齿轮弹簧。

（24）拆下凸轮轴定位油封（见图A71418）。

① 转动2号凸轮轴的六角部分，使定位销位于2号凸轮轴垂直中心线偏右的位置。

提示：上述角度允许2号凸轮轴的1、3号汽缸凸轮的桃心同时顶到各自的挺杆。

② 拆下两个螺栓、凸轮轴定位油封和1号轴承盖（见图A71419）。

注意：如果1号轴承盖不能用手拆除，没有带上轴承盖螺栓时，不要试图用力拆。

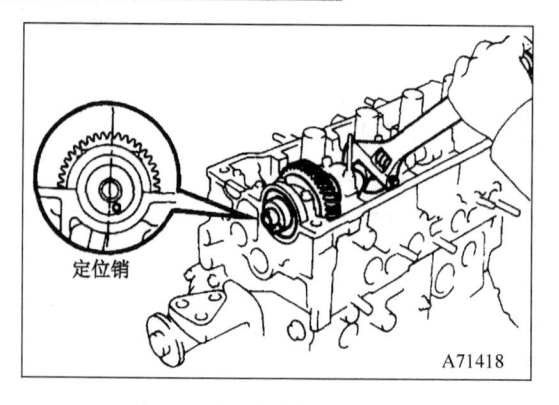

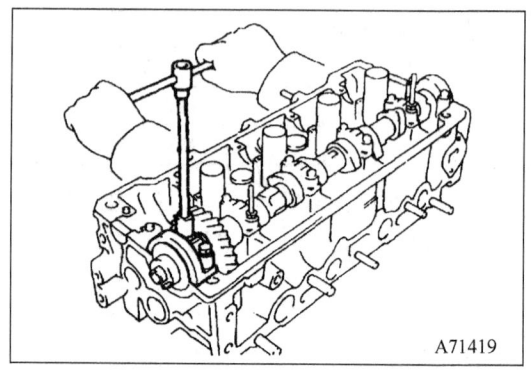

(25）拆下2号凸轮轴。

① 按标出的顺序分几次均匀地旋松8个轴承盖螺栓（见图A71420）。

② 拆下两个螺栓和4号轴承盖。

③ 拆下4个轴承盖和2号凸轮轴。

提示： 如果凸轮轴没有被水平地向上顶起，用两个螺栓重新安装轴承盖。然后向上拉凸轮轴齿轮并交替地旋松和拆下轴承盖螺栓（见图A71421）。

注意： 不要用工具或其他物体撬动和用力拆除凸轮轴。

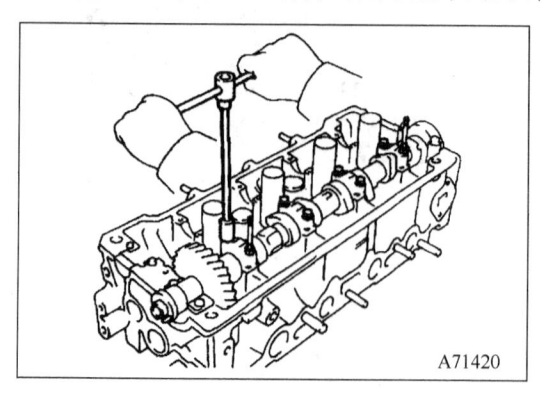

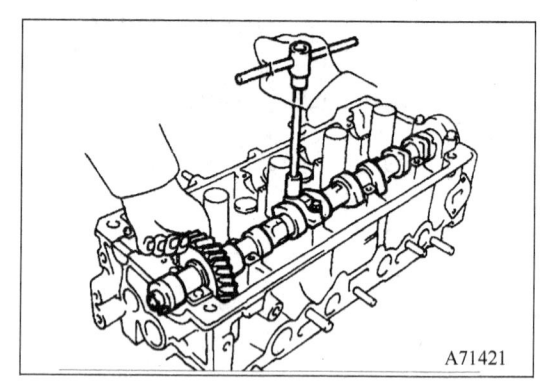

（26）拆下汽缸盖分总成（见图A71422）。

① 按标出的顺序分几次均匀地旋松10个汽缸盖螺栓。SST09205-16010。

注意： 如果螺栓不按正确顺序拆除，有可能损坏汽缸盖。

② 拆下10个平垫圈。

③ 从汽缸体上的定位销处撬起汽缸盖（见图A71423）。

④ 将汽缸体放置在长形木块上。

提示： 为了易于拆下汽缸盖，在汽缸体和汽缸盖之间的间隙插入起子撬起汽缸盖。

注意： 小心不要损坏汽缸体和汽缸盖接触表面。

（27）拆下汽缸垫。

（28）拆下油底壳分总成（见图A71424）。

① 拆下19个螺栓和两个螺母。

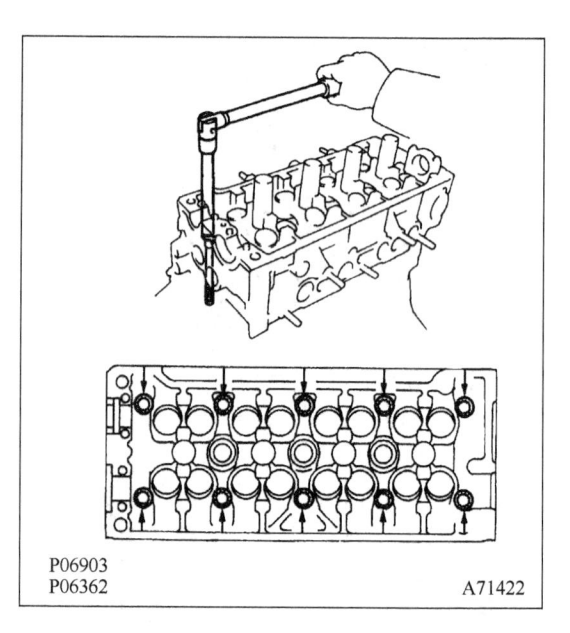

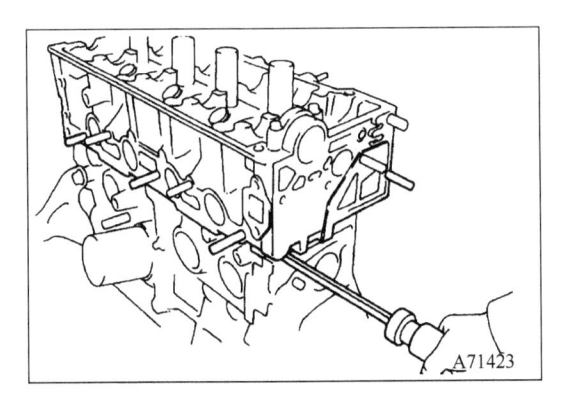

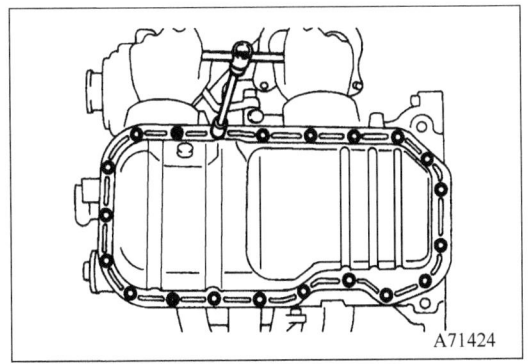

② 在汽缸体和油底壳之间插入 SST 的铲刀，铲掉密封垫并拆下油底壳（见图 A71425）。SST 09023-00100。

注意：不要在机油泵体和后油封座上使用 SST。小心不要损坏油底壳突缘。

（29）拆下机油滤清器分总成（见图 A71426）。拆下两个螺栓、两个螺母、机油滤清器和垫片。

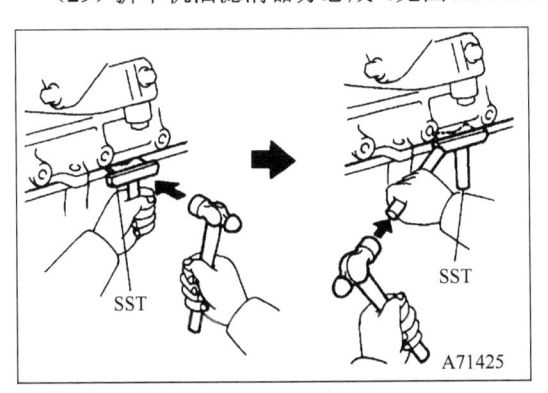

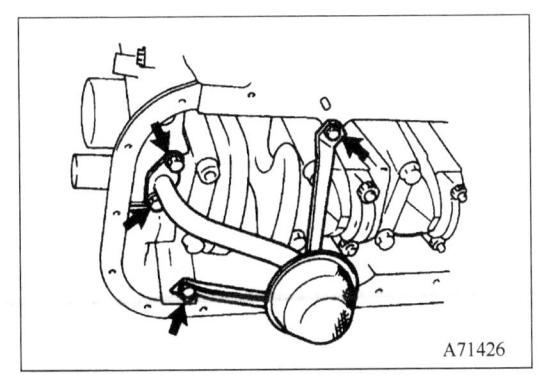

（30）拆下机油泵总成。

① 从机油泵上拆下 7 个螺栓（见图 A71427）。

② 用一个塑料锤子轻轻敲击机油泵泵体，拆下机油泵（见图 A71428）。

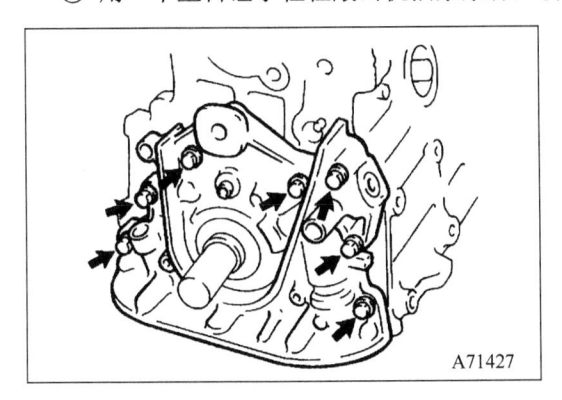

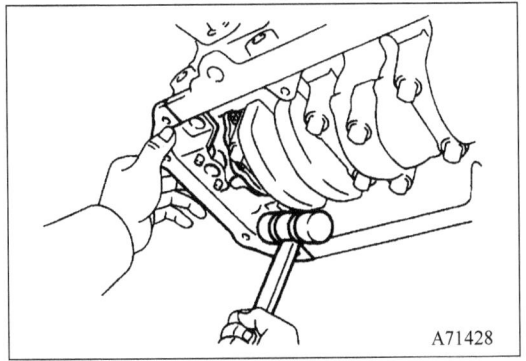

③ 拆下垫片。

（31）拆下发动机机油压力开关（见图 A73332）。使用 SST，拆下发动机机油压力开关。SST09816-30010。

（32）拆下发动机后油封座（见图 A71429）。拆下 6 个螺栓、座圈和垫片。

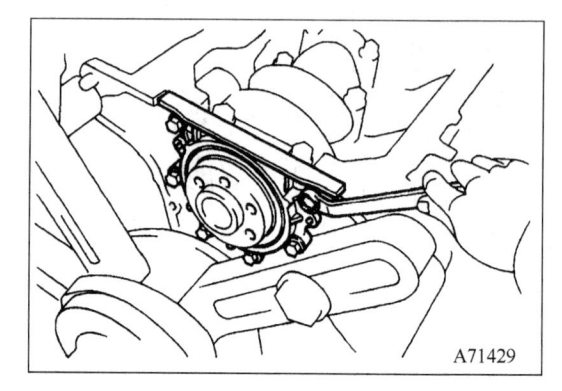

(33) 拆下机油泵油封（见图 A71431）。使用起子和锤子，敲出机油泵油封。

(34) 拆下发动机后油封（见图 A71430）。使用起子和锤子，敲出发动机后油封。

(35) 拆下火花塞密封套（见图 A71432）。
① 弯起通风盖板，以防止密封套滑出。
② 使用起子撬出密封套。

(36) 检查正时皮带。

注意：
- 不要弯曲、扭转或翻转正时皮带。
- 不允许正时皮带接触油、水和蒸汽。
- 安装或拆除凸轮轴固定螺栓时不要利用正时皮带的张力。

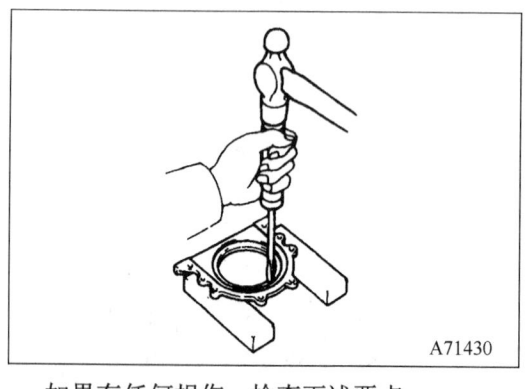

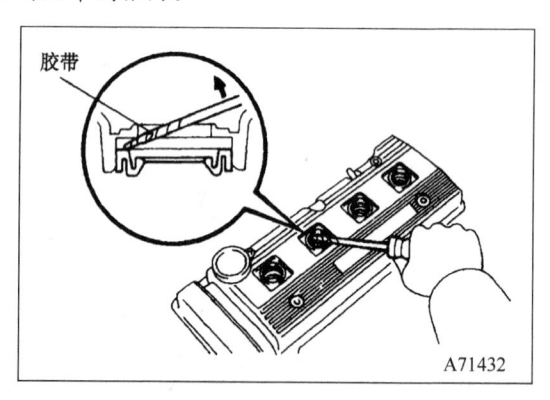

如果有任何损伤，检查下述要点。
① 过早脱落。
- 检查是否正确安装。
- 检查正时盖垫片是否损坏，有无正确安装。
② 如果皮带上的齿有裂纹或损坏，检查凸轮轴或水泵是否抱死。
③ 如果在皮带表面有明显的磨损或裂纹，检查皮带轮是否有破损。
④ 如果仅在皮带的一侧有磨损或损坏，检查皮带轮的导轮和每个皮带的定位。
⑤ 如果皮带齿有明显的磨损，检查正时盖是否损坏、校正垫片安装和皮带轮齿上的异物。
如有必要，更换正时皮带。

(37) 检查 1 号正时皮带惰轮分总成（见图 A71433）。检查惰轮转动是否灵活。如有必要，更换惰轮。

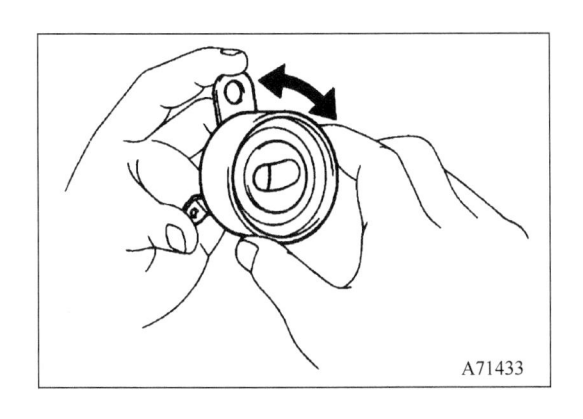

（38）检查惰轮张紧弹簧（见图 A71434）。

① 测量张紧弹簧的自由长度。

自由长度：36.9mm。如果自由长度不合适，则更换弹簧。

② 在弹簧标准安装长度下测量张力。

安装张力：（在 43.6mm）34～38N。如果安装张力不符合标准，则更换弹簧。

（39）安装火花塞密封套（见图 A71435）。

① 使用 SST 和锤子，按图示敲入新密封套。SST09550-10012（09552-1001、09556-10011）。

② 在密封套唇部涂一薄层 MP 黄油。

③ 弯曲通风盖板回到原位。

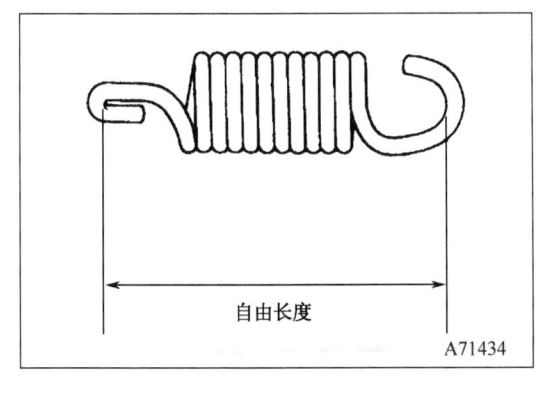

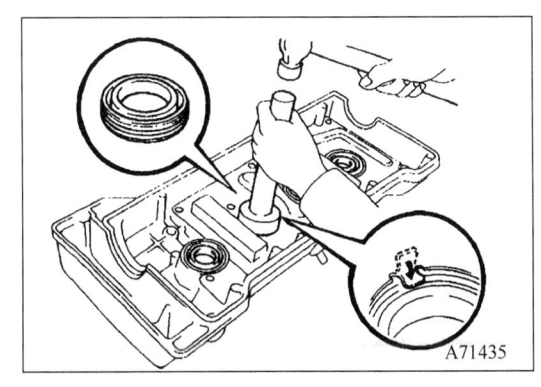

（40）安装发动机后油封（见图 A71436）。

① 使用 SST 和锤子，敲入新油封直到油封表面与后油封座边缘平齐。SST09223-15030、09608-30012。

② 在油封唇部涂 MP 黄油。

（41）安装机油泵油封（见图 A71437）。

① 使用 SST 和锤子，敲入新油封直到油封表面与油泵壳边缘平齐。SST09309-37010。

② 在油封唇部涂 MP 黄油。

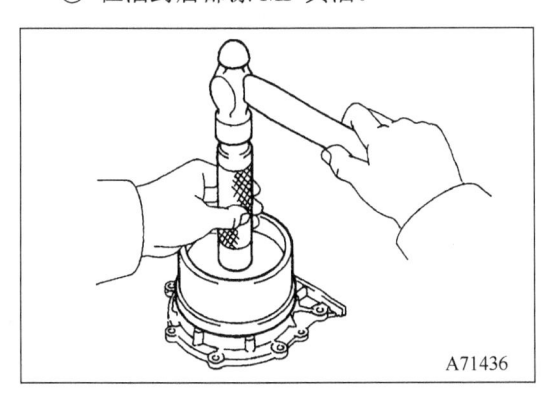

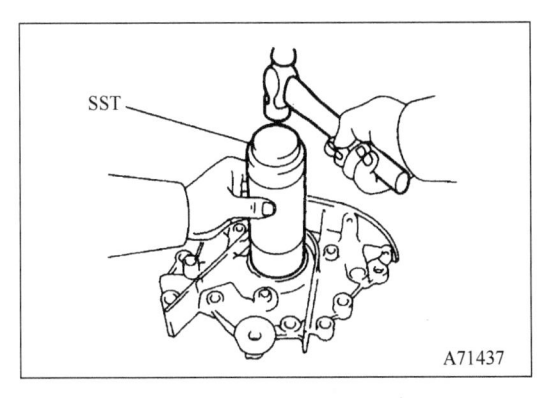

（42）安装发动机后油封座圈（见图 A71429）。安装一个新垫片和用 6 个螺栓安装后油封座圈，扭矩为 9.3 N·m。

（43）安装发动机机油压力开关（见图A73332）。

① 将胶粘剂涂在机油压力开关的2或3道螺纹上。

胶粘剂：Part No.08833-00080，THREE BOND 1344，LOCTITE 242 or equivalent 或类似品。

② 使用SST，安装机油压力开关。SST09816-30010。

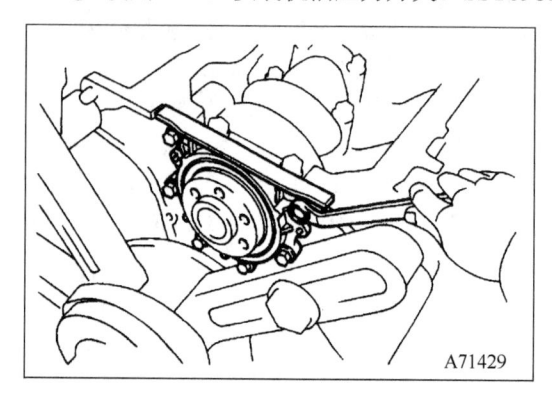

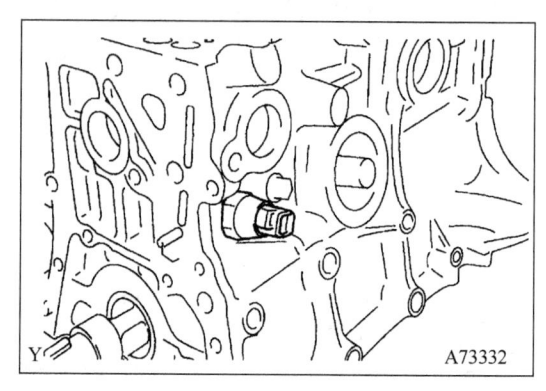

（44）安装机油泵总成。

① 在汽缸体上安装一个新垫片。

② 使机油泵驱动转子的花键齿与油泵侧曲轴的大齿啮合（见图A71438）。

③ 用7个螺栓安装机油泵（见图A71427），扭矩为22 N·m。

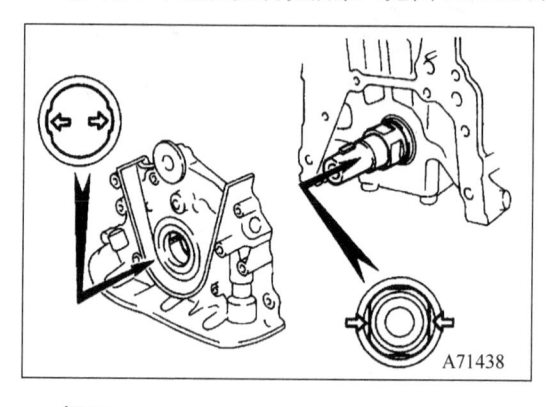

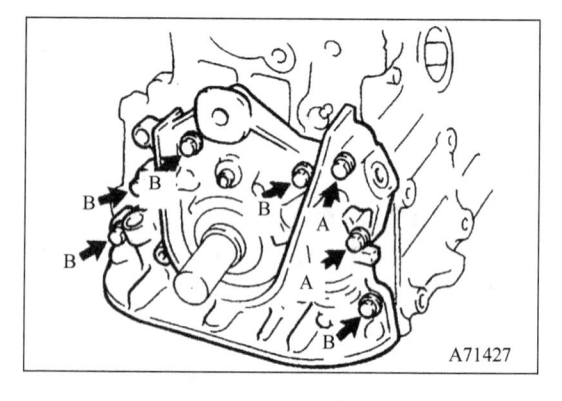

提示：

标　记	螺栓长度
A	35mm
B	25mm

（45）安装机油滤清器分总成（见图A71426）。用两个螺栓和两个螺母安装新垫片和滤清器，扭矩为9.3 N·m。

（46）安装油底壳分总成（见图A71439）。

① 清除旧密封材料（FIPG），小心不要使油底壳和汽缸体接触表面沾油。

提示：

- 使用铲刀或垫片刮刀清除垫片面和密封槽中所有旧密封材料（FIPG）。
- 彻底清洁所有组件，清除所有松脱的材料。
- 使用无残留的溶剂清洁所有密封表面。

注意：不要使用影响表面油漆的溶剂。

② 按图所示将密封填料涂在油底壳上。密封填料零件号为 08826-00080 或使用类似品。

注意：
- 安装一个切成 3~5mm 开口的喷管。
- 喷涂填料后必须在 5min 内组装，否则要清除填料重新喷涂。
- 从喷管上立即拆下喷嘴并盖好。

③ 用 19 个螺栓和两个螺母安装油底壳，扭矩为 4.9 N·m。

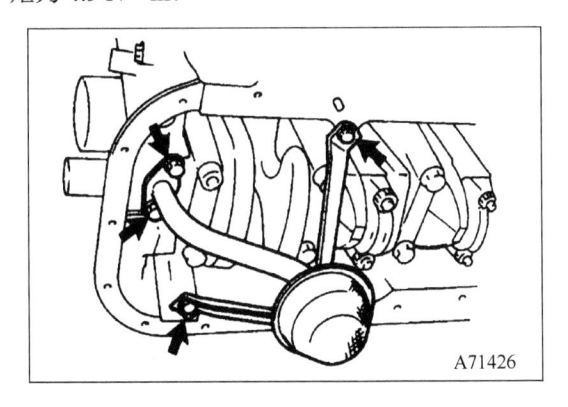

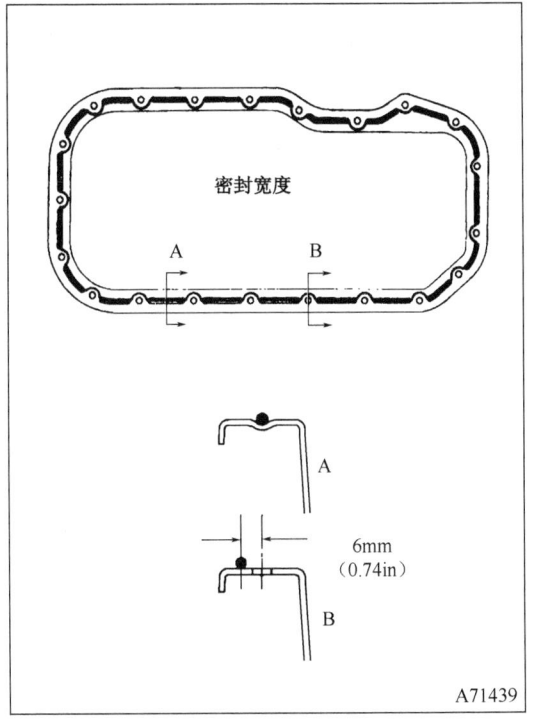

（47）安装汽缸盖垫（见图 A71440）。在汽缸体上安装新汽缸盖垫。

注意： 安装时注意安装方向。

（48）检查汽缸盖定位螺栓（见图 A30215）。使用游标卡尺测量螺栓的标准长度。

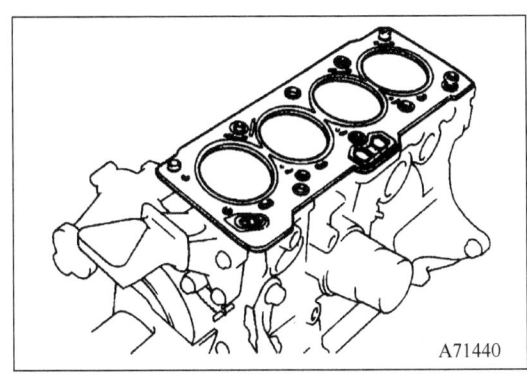

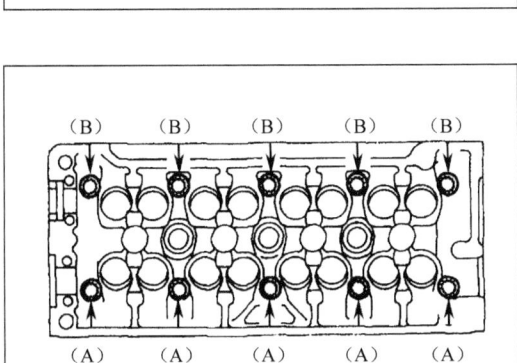

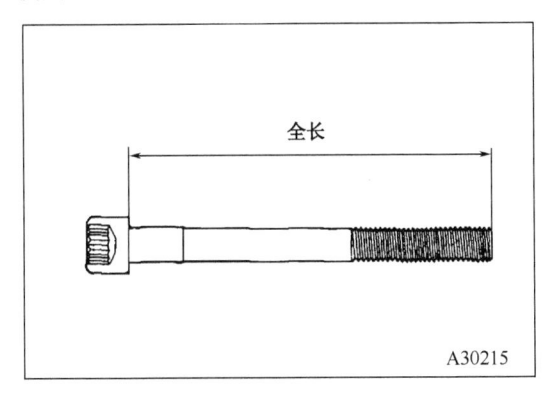

标准长度：

记　号	全　长
B	90mm
A	108mm

（49）安装汽缸盖分总成（见图 A73958）。

提示： 汽缸盖螺栓分两步拧紧。

注： 在汽缸盖螺栓的螺纹和螺栓头下部涂一薄层机油。

按顺序分几次均匀拧紧 10 个汽缸盖螺栓

（见图A71422、图A71443），扭矩为29 N·m。

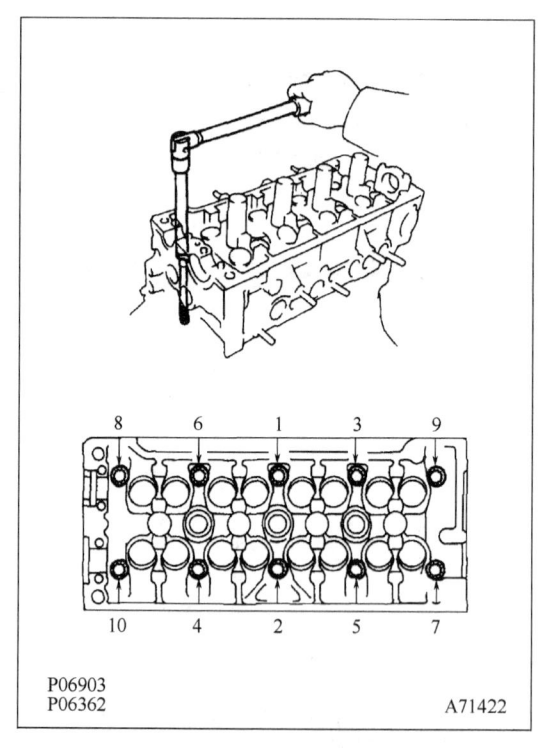

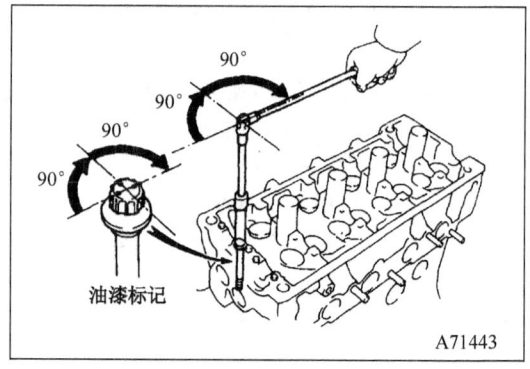

油漆标记

A71443

（50）安装2号凸轮轴（见图A71477）。

注意：由于凸轮轴的止推间隙很小，必须保持水平装入凸轮轴。如果凸轮轴不能保持水平，汽缸盖承受轴的推力可能开裂或损坏，造成凸轮轴变形或断裂。为避免这种情况，必须执行下述步骤。

① 在2号凸轮轴的止推位置涂MP黄油。

② 放置2号凸轮轴，使定位销定位在凸轮轴的垂直中心线偏右的位置。

P06903
P06362
A71422

提示：上述角度允许排气凸轮轴的1、3号汽缸凸轮桃心同时顶到它们的气门挺杆。

③ 清除旧密封材料（FIPG）。

④ 按图所示将密封填料涂在汽缸盖上（见图A71444）。密封填料：零件号08826.00080或类似品。

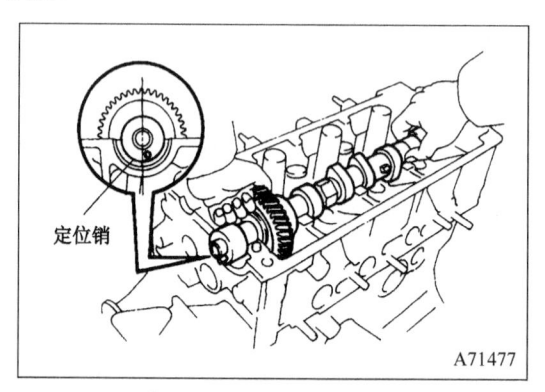

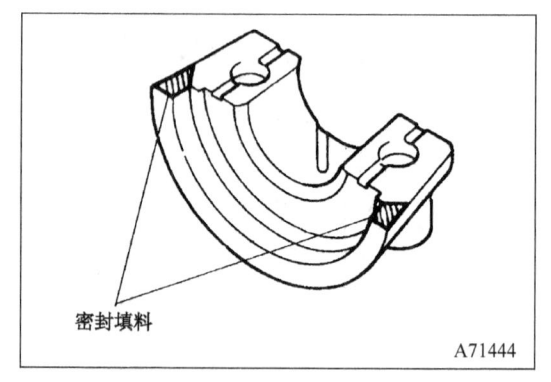

定位销

A71477

密封填料

A71444

⑤ 将5个轴承盖装在各自位置上（见图A71445）。

⑥ 在轴承盖螺栓的螺纹和螺栓头下部涂一薄层机油。

⑦ 按顺序分几次均匀拧紧10个轴承盖螺栓（见图A71446），扭矩为13N·m。

（51）安装凸轮轴定位油封（见图A71447）。

① 在新油封唇部涂MP黄油。

② 使用SST敲入油封。SST09223-46011。

注意：

• 不要将油封装错方向。

大修发动机 第 15 章

- 把油封插到汽缸盖的最深处。

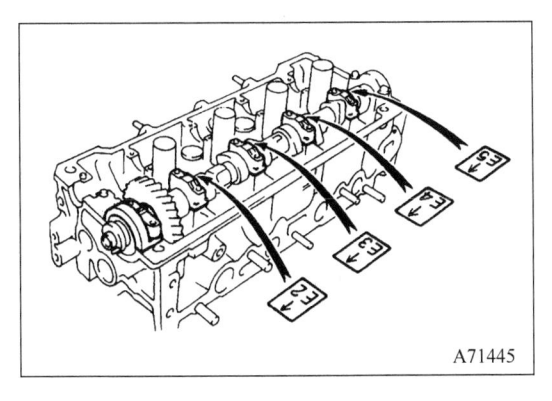

A71445

A71446

（52）安装凸轮轴副齿轮（见图 A71448）。
① 用台钳夹持凸轮轴的六角部分。
注意：小心不要损坏凸轮轴。
② 安装凸轮轴齿轮弹簧，安装凸轮轴副齿轮和波形垫圈。
提示：对准齿轮上的销子和齿轮弹簧端部。

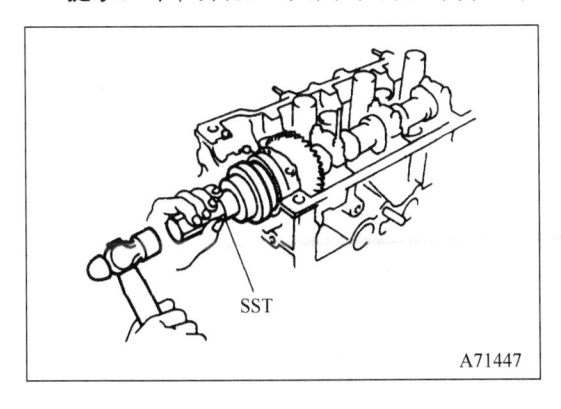

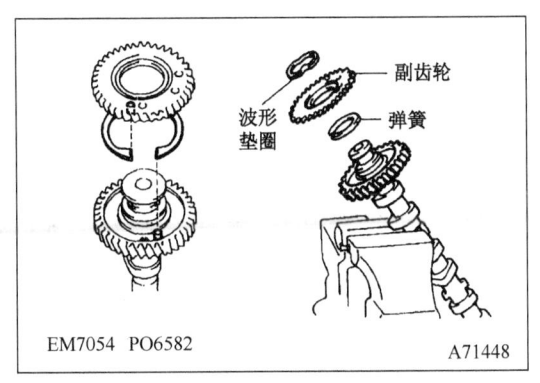

SST

A71447

副齿轮
波形垫圈
弹簧

EM7054 PO6582

A71448

③ 使用卡簧钳安装卡环（见图 A71417）。
④ 使用 SST，逆时针转动凸轮轴副齿轮，对准凸轮轴主、副齿轮孔，安装维修螺栓（见图 A71450）。SST09960-10010。

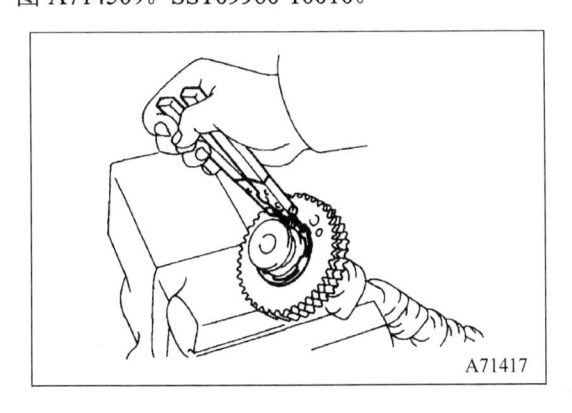

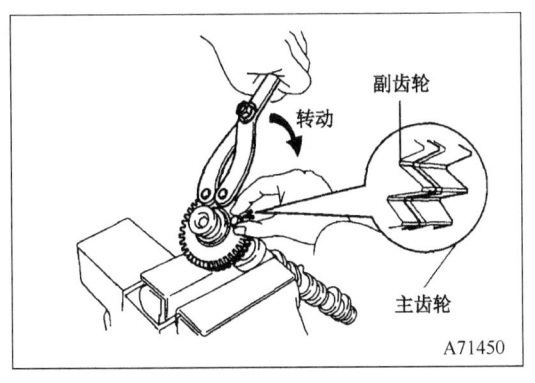

A71417

副齿轮
转动
主齿轮

A71450

（53）安装凸轮轴。
注意：由于凸轮轴的止推间隙很小，必须保持水平装入凸轮轴。如果凸轮轴不能保持水平，汽缸盖承受轴的推力可能开裂或损坏，造成凸轮轴变形或断裂。为避免此种情况，必须执行下述

279

步骤。

① 定位 2 号凸轮轴，以便定位销位于汽缸盖顶部稍微偏上的位置（见图 A71451）。
② 在凸轮轴的止推位置涂 MP 黄油。
③ 匹配每个齿轮的安装标记，让进气凸轮轴齿轮啮入 2 号凸轮轴齿轮。

注意：在每个齿轮上也有正时标记（用于 TDC），不要使用这些标记（见图 A71452）。

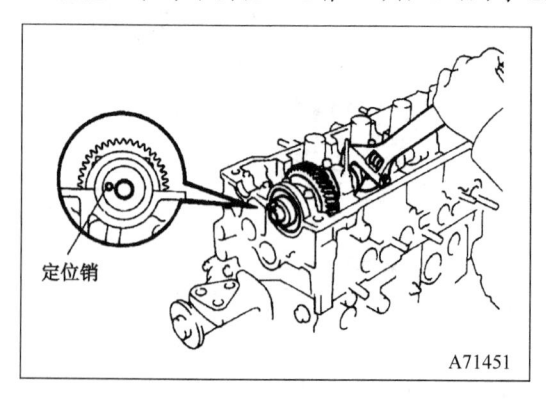

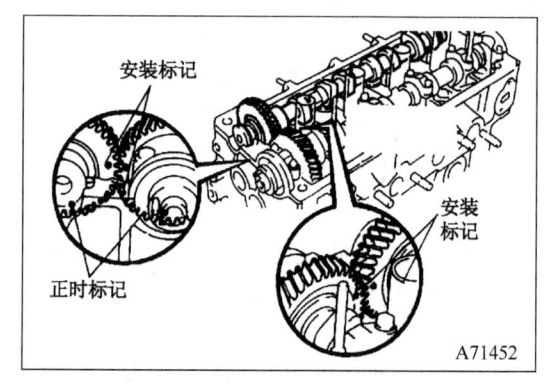

④ 沿着两个齿轮的啮合位置向下滚动进气凸轮轴落在轴承轴颈上。

提示：上述角度允许进气凸轮轴的 1、3 号汽缸凸轮桃心同时顶到它们的气门挺杆。

⑤ 将 4 个轴承盖安装在各自的位置上（见图 A71453）。

⑥ 在轴承盖螺栓的螺纹和螺栓头下部涂一薄层机油。

⑦ 按顺序分几次均匀拧紧 8 个轴承盖螺栓（见图 A71454），扭矩为 13N·m。

⑧ 拆下维修螺栓。

⑨ 安装 1 号轴承盖，使标记箭头朝前（见图 A71455）。

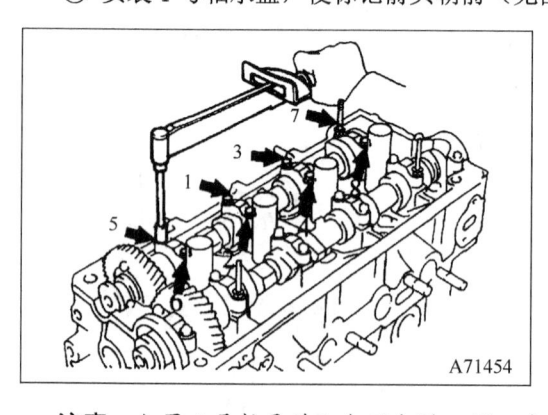

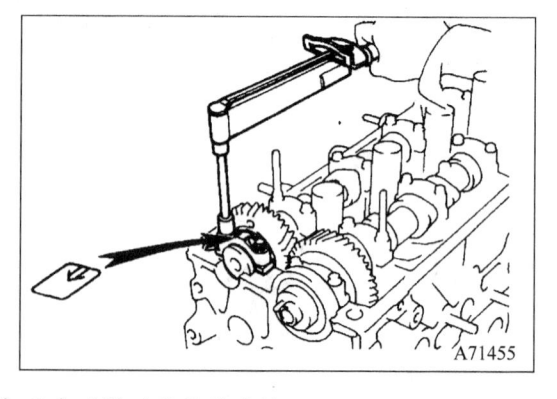

注意：如果 1 号轴承盖配合不合适，用一个起子向后撬动凸轮轴齿轮。

⑩ 在轴承盖螺栓的螺纹和螺栓头下部涂一薄层机油。
⑪ 交替拧紧两个轴承螺栓。扭矩为 13 N·m。
⑫ 顺时针转动 2 号凸轮轴，使定位销朝上（见图 A71456）。
⑬ 检查凸轮轴齿轮正时标记是否对准（见图 A71457）。

提示：安装标记在上面。

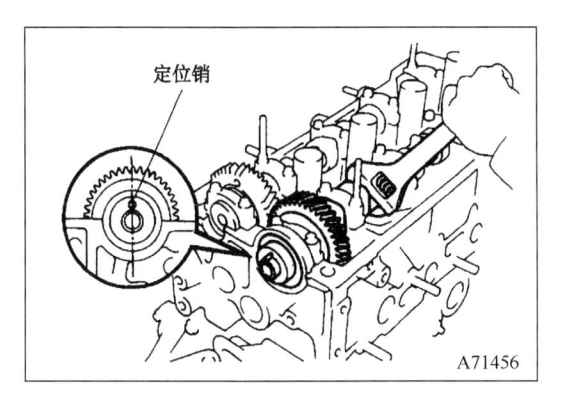

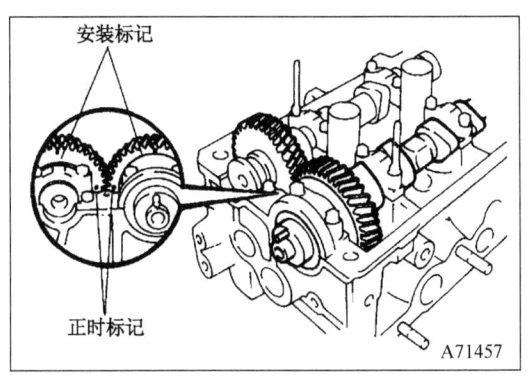

(54）安装正时皮带轮（见图 A71458）。

① 将凸轮轴定位销对准皮带轮带"K"标记的定位销槽，在正时皮带轮侧。

② 暂时安装正时皮带轮螺栓。

③ 夹持凸轮轴六角部位，拧紧正时皮带轮螺栓，扭矩为 59N·m。

(55）安装水泵总成。

① 在汽缸体上安装一个新的 O 形圈。

② 用 3 个螺栓安装水泵（见图 A73330），扭矩为 14N·m。

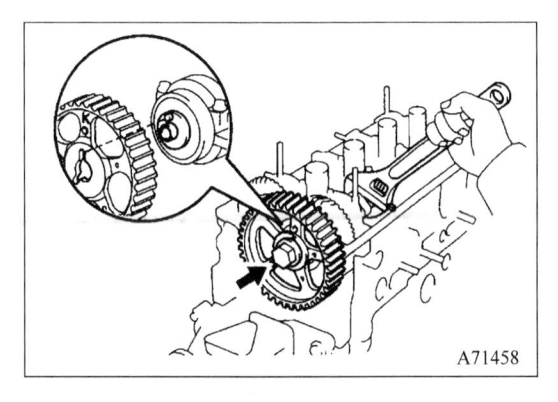

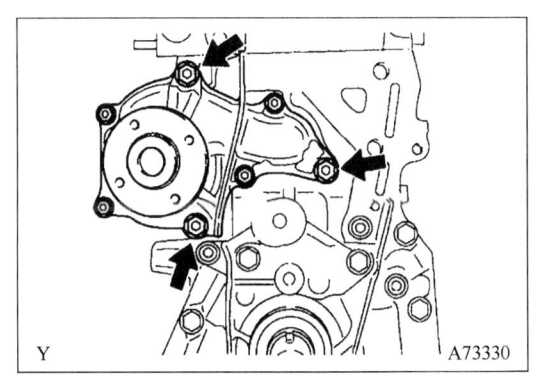

(56）安装进水软管。

(57）安装进水管（见图 A73329）。

① 在汽缸盖上安装一个新垫片，使标记朝上。

② 连接进水软管。

③ 用两个螺母安装进水管，扭矩为 15 N·m。

(58）安装机油尺导管（见图 A73328）。

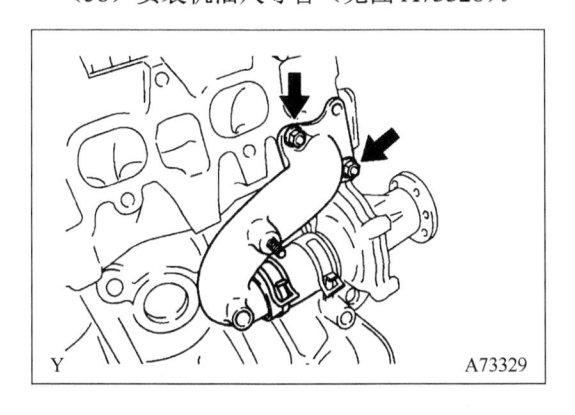

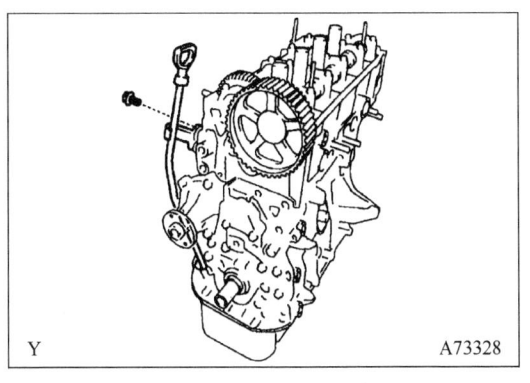

① 在机油尺导管上安装一个新O形圈。

② 在O形圈上涂机油。

③ 将机油尺和导管一起装上,并用螺栓固定,扭矩为9.3 N·m。

(59) 安装1号发电机支架(见图A73327)。用3个螺栓安装1号发电机支架,扭矩为26 N·m。

(60) 安装1号发动机吊构。用1个螺栓安装1号发动机吊钩,扭矩为30 N·m。

(61) 安装2号发动机吊钩。用1个螺栓安装2号发动机吊钩,扭矩为130 N·m。

(62) 安装曲轴正时皮带轮(见图A71460)。

① 对准皮带轮定位键和皮带轮键槽。

② 推入正时皮带轮,带突缘一面在内侧。

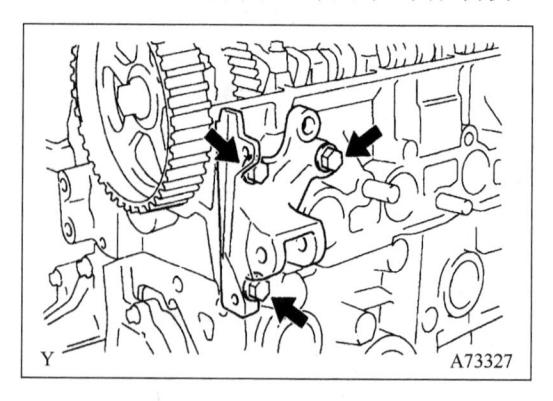

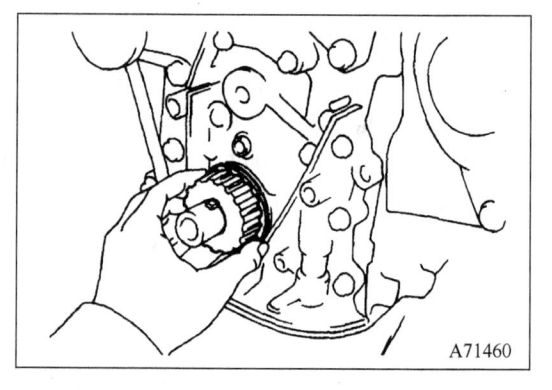

(63) 安装横置发动机安装支架(见图A73324)。用3个螺栓安装发动机固定支架,扭矩为51N·m。

(64) 安装1号正时皮带惰轮分总成。用螺栓安装1号正时皮带惰轮。

注意: 先不要拧紧螺栓。

(65) 安装惰轮张紧弹簧(见图A71461)。

① 安装张紧弹簧。

② 推惰轮尽量靠近皮带轮并拧紧螺栓。

(66) 将1号汽缸定位在压缩冲程上止点(见图A73319)。

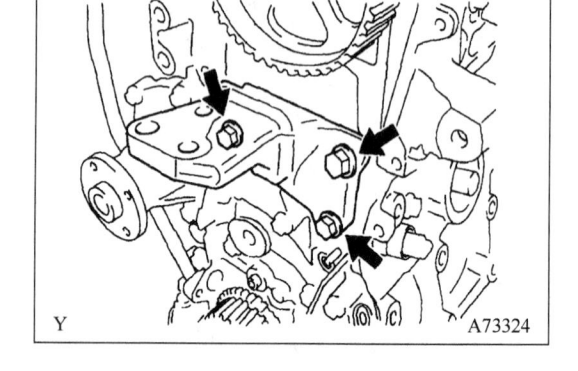

① 转动凸轮轴的六角部分,将凸轮轴正时皮带轮的"K"标记与轴承盖的正时标记对正。

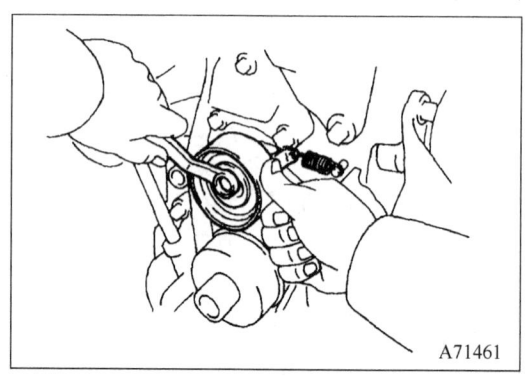

② 装上曲轴皮带轮螺栓,用工具转动曲轴并对准曲轴正时皮带轮和机油泵体的正时标记(见图A71463)。

（67）安装正时皮带（见图A73322）。

① 安装正时皮带，检查曲轴和凸轮轴正时皮带轮的张力。

提示：如果重新使用正时皮带，对准拆下时做的标记，并且将箭头方向指向发动机旋转方向。

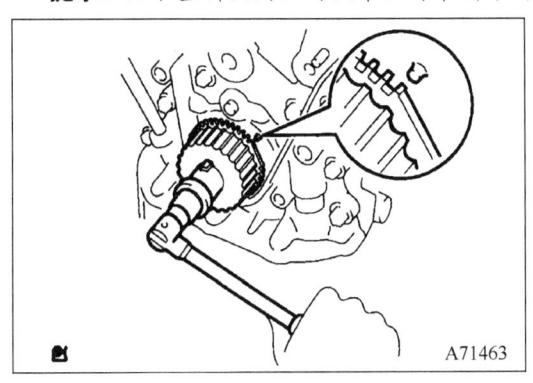

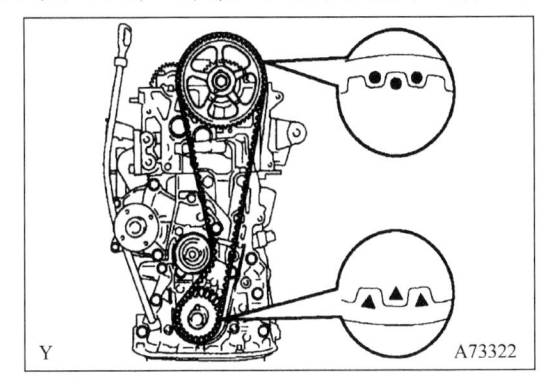

② 检查配气正时。
- 松开惰轮螺栓（见图A71465）。
- 从上止点位置慢慢转两圈再回到上止点位置。

注意：只能顺时针转动曲轴。
- 检查每个皮带轮是否对准正时标记（见图A71466）。

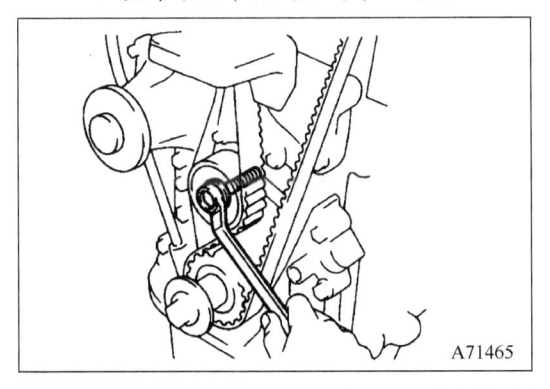

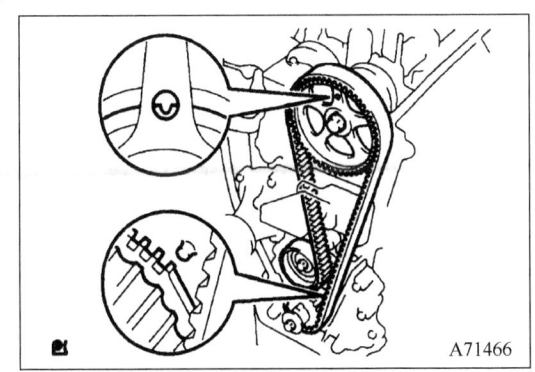

如果没有对准正时标记，拆下正时皮带重新安装。
- 紧固1号正时皮带惰轮，扭矩为37N·m。
- 拆下曲轴皮带轮安装螺栓。

③ 检查正时皮带挠度（见图A71467）。在图中所示的位置检查正时皮带挠度。

皮带挠度：5～6mm，20N时，如果挠度不合适，调节惰轮（见图A71468）。

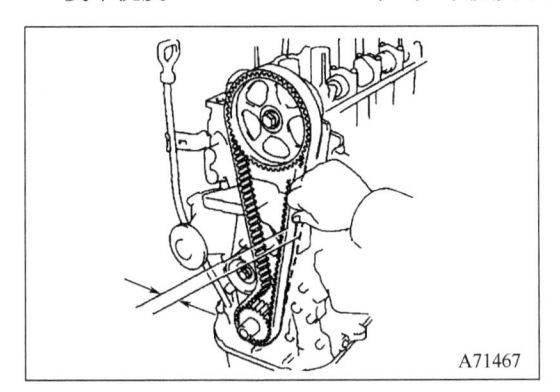

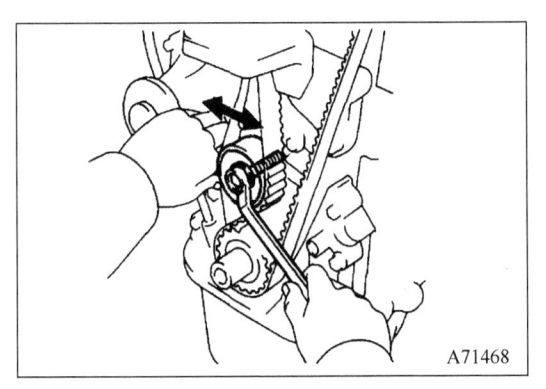

（68）安装正时皮带导轮（见图A71469）。安装导轮，面朝内安装。

（69）安装正时链条或皮带罩分总成（见图A73333）。用3个螺栓安装正时链条或皮带罩，扭矩为9.3 N·m。

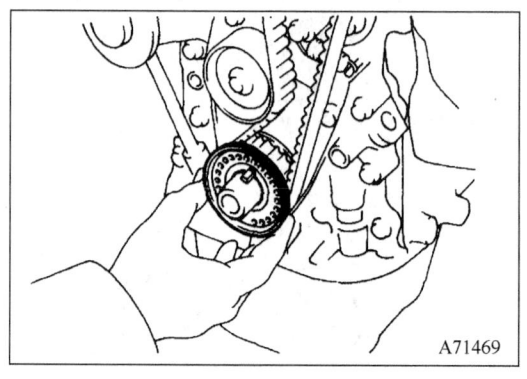

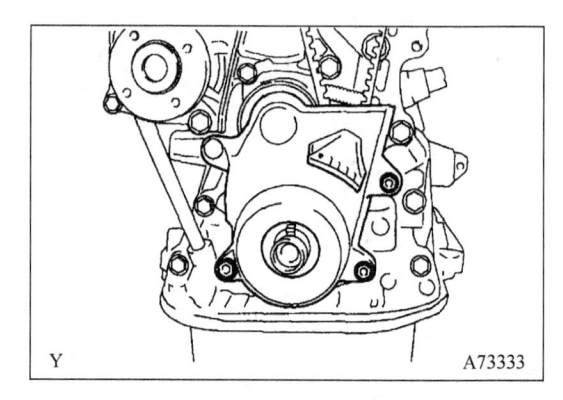

（70）安装曲轴皮带轮（见图A73320）。

① 对准皮带轮定位键和皮带轮键槽。

② 使用SST，安装皮带轮螺栓。SST09213-54015、09330-00021，扭矩为127 N·m。

（71）安装曲轴齿轮或皮带轮罩分总成。用3个螺栓安装曲轴齿轮或皮带轮罩（见图A73317），扭矩为9.3 N·m。

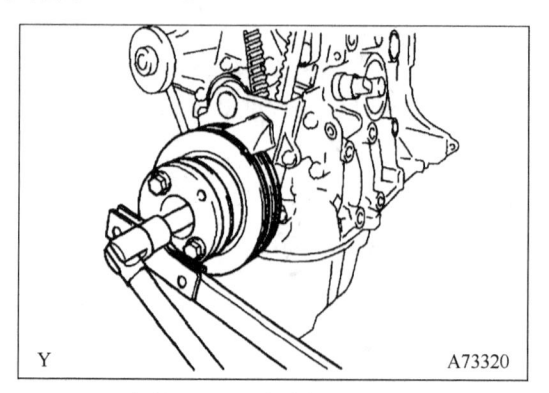

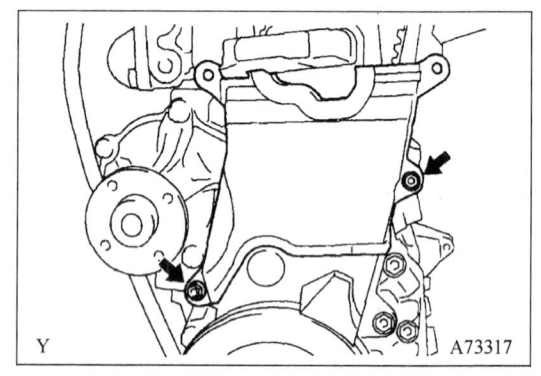

（72）安装2号正时链条或皮带罩。安装2号正时皮带罩（见图A73316），扭矩为9.3 N·m。

（73）将1号汽缸定位在压缩冲程上止点。

① 转动曲轴皮带轮，将它的缺口与正时皮带轮罩的正时标记"0"对正（见图A71471）。

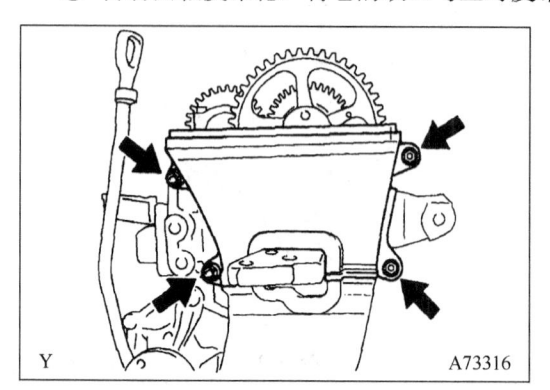

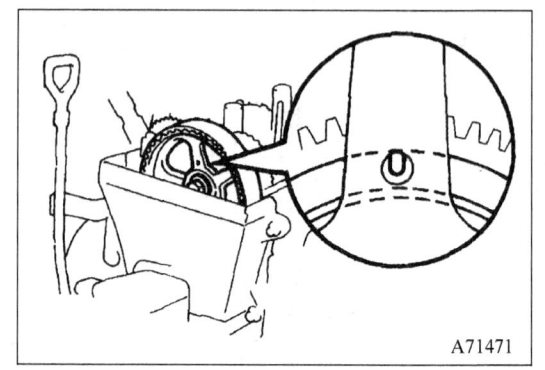

② 检查凸轮轴正时皮带轮的"K"标记与轴承盖的正时标记是否对正。如果没有对准，转动曲轴一圈（360°）。

(74) 检查气门间隙。

① 仅检查标出的气门（见图 A71472）。
- 使用塞尺测量气门挺杆和凸轮轴之间的间隙。
- 记录超出标准的间隙值，这些值在以后考虑更换调整垫片时使用。

气门间隙：

进气	0.15～0.25mm
排气	0.25～0.35mm

② 转动曲轴皮带轮一圈（360°），将它的缺口与1号正时皮带轮罩的正时标记"0"对正。

③ 仅检查标出的气门（见图 A71473）。
- 使用塞尺测量气门挺杆和凸轮轴之间的间隙。
- 记录超出标准的间隙值，这些值在以后考虑更换调整垫片时使用。

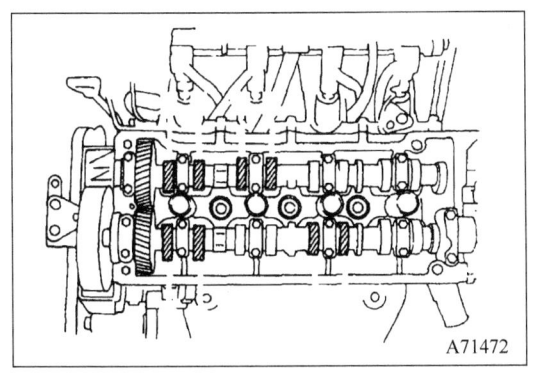

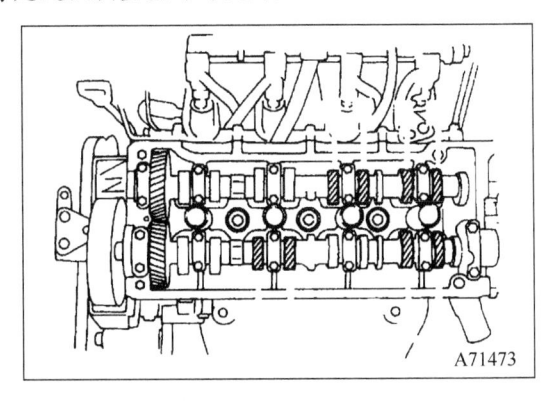

气门间隙：

进气	0.15～0.25mm
排气	0.25～0.35mm

(75) 调节气门间隙。

① 拆下调整垫片。
- 转动曲轴，把要调节气门对应的凸轮桃尖朝上（见图 A09617）。

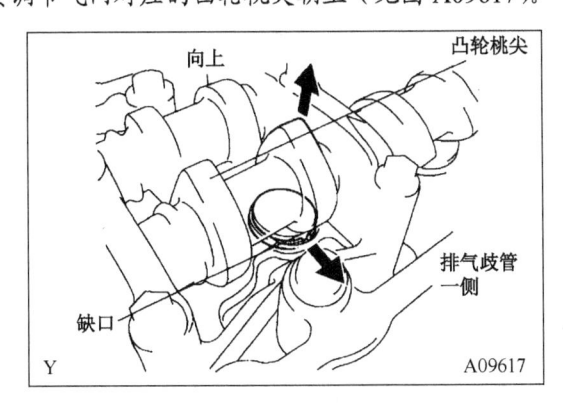

- 使气门挺杆的缺口朝向排气歧管一侧。
- 使用 SST（A），压下气门挺杆，在凸轮轴和气门挺杆之间放置 SST（B），拆下 SST（A）。
SST09248-55050（09248-05510、09248-05520）。

提示：使用带标记"11"SST（B）的一侧（见图 A09616）。

285

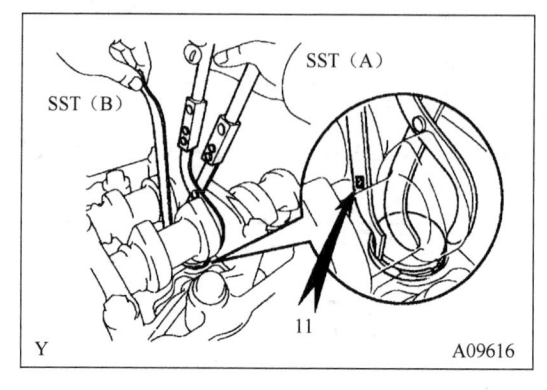

• 用一个扁口螺丝刀和磁棒拆下调整垫片（见图 A09615）。

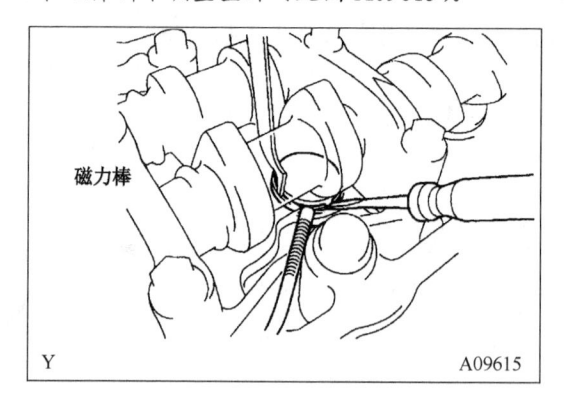

② 按下列公式或数据表确定更换调整垫片的厚度：
• 使用千分尺测量拆下的垫片厚度（见图 A54826）。
• 按标准值计算新垫片的厚度。

$$进气：N=T+（A-0.20mm）$$
$$排气：N=T+（A-0.30mm）$$

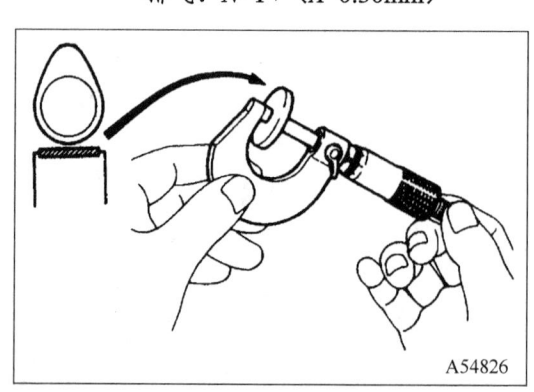

式中　T——拆下调整垫片的厚度；
　　　A——测量的气门间隙；
　　　N——新调整垫片的厚度。

③ 选择一个厚度尽可能接近计算值的新垫片。

提示：调整垫片的厚度在 2.55～3.30mm 之间有 16 级尺寸，每级增加 0.05mm，如下所示。

大修发动机 第15章

垫片号码	厚度	垫片号码	厚度
1	2.55(0.1004)	9	2.95(0.1161)
2	2.60(0.1024)	10	3.00(0.1181)
3	2.65(0.1043)	11	3.05(0.1201)
4	2.70(0.1063)	12	3.10(0.1220)
5	2.75(0.1083)	13	3.15(0.1240)
6	2.80(0.1102)	14	3.20(0.1260)
7	2.85(0.1122)	15	3.25(0.1280)
8	2.90(0.1142)	16	3.30(0.1299)

调整垫片选择表（进气）

进气门间隙（冷态）
0.15～0.25mm（0.006～0.010in.）

例如，安装2.800mm（0.1102in.）厚度的垫片，测量的气门间隙是0.450mm（0.0177in.），用11号新垫片替换厚度为2.800mm（0.017in.）的垫片

调整垫片选择表（排气）

垫片号码	厚度	垫片号码	厚度
1	2.55(0.1004)	9	2.95(0.1161)
2	2.60(0.1024)	10	3.00(0.1181)
3	2.65(0.1043)	11	3.05(0.1201)
4	2.70(0.1063)	12	3.10(0.1220)
5	2.75(0.1083)	13	3.15(0.1240)
6	2.80(0.1102)	14	3.20(0.1240)
7	2.85(0.1122)	15	3.25(0.1280)
8	2.90(0.1142)	16	3.30(0.1299)

排气门间隙（冷态）
0.25～0.35mm(0.010～0.014in.)
例如，安装2.80mm(0.1102in.)厚度的垫片，测量的气
门间隙是0.450(0.0177in.)，用9号新垫片替换原厚度
为2.800mm(0.0177in.)的垫片

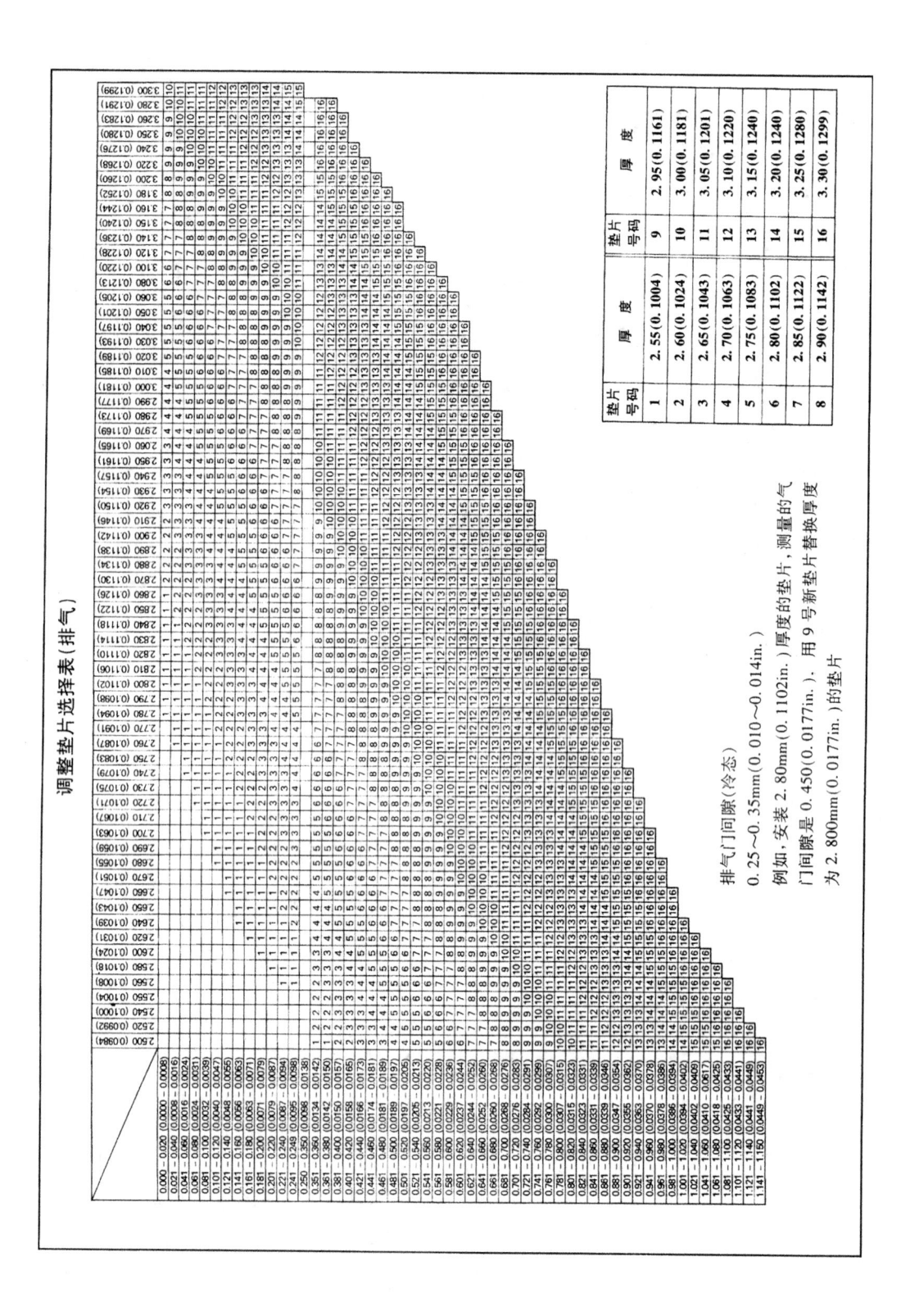

（76）安装气门室盖分总成（见图 A71476）。
① 清除所有旧密封填料（FIPG）。
② 按图所示在汽缸盖上涂新密封填料。密封填料：零件号 08826.00080 或类似品。
③ 安装气门室盖垫片。
④ 用 4 个密封垫圈和 4 个螺母安装气门室盖，扭矩为 7.8 N·m。
（77）安装曲轴箱通风阀分总成。
（78）安装火花塞，扭矩为 18 N·m。

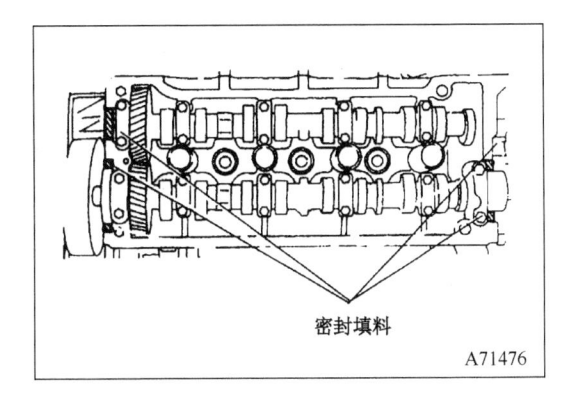

15.3 汽缸体总成大修

1. 丰田 5A-FE 发动机缸体组件

丰田 5A-FE 或 8A-FE 发动机缸体组件见图 A73310。

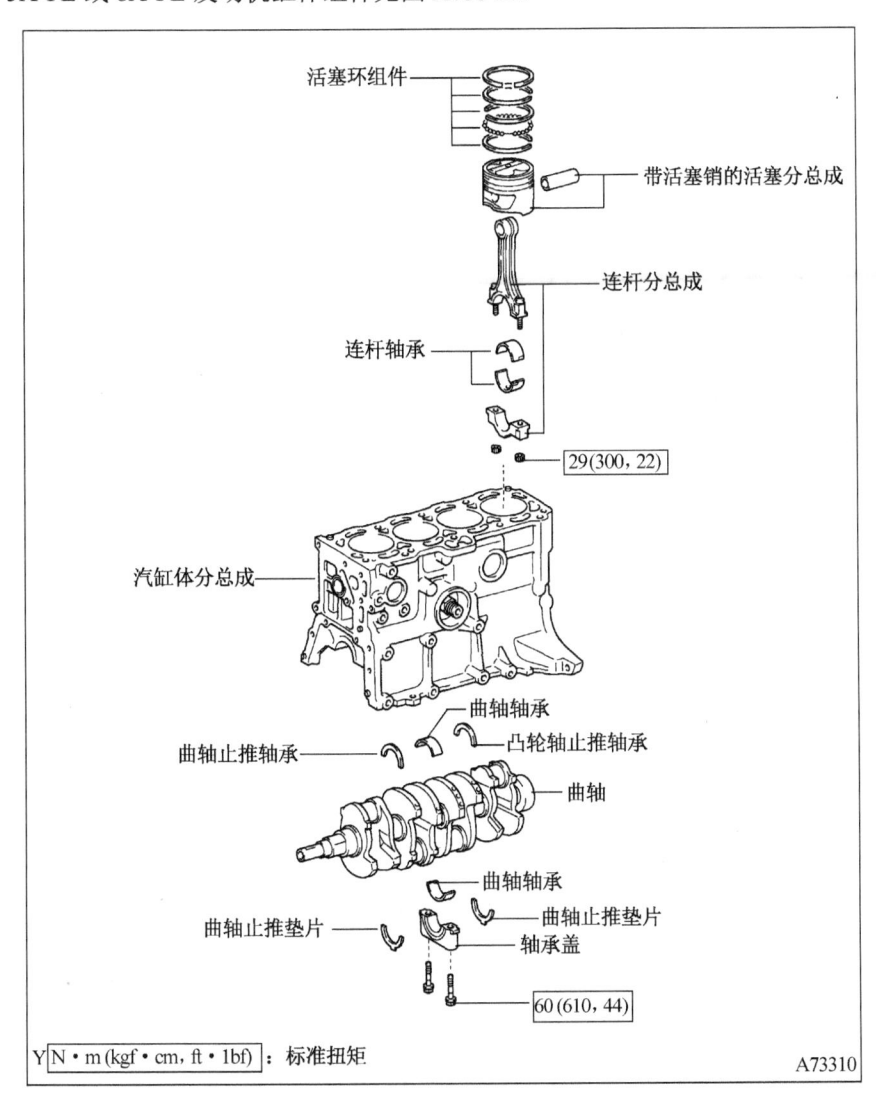

2. 大修操作

（1）检查连杆止推间隙（见图A73035）。使用百分表，前后移动连杆测量止推间隙。

标准止推间隙：0.15～0.25mm；最大止推间隙：0.30mm。如果止推间隙超过最大值，更换连杆总成；如果有必要，更换曲轴。

（2）检查连杆油隙（见图A73036）。

① 检查连杆和盖的配合标记，确保组装正确。

② 拆下连杆盖螺母。

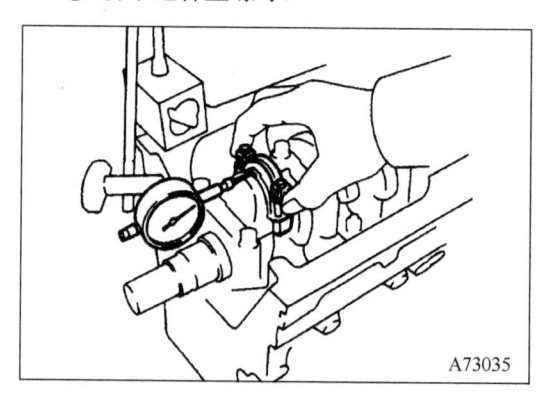

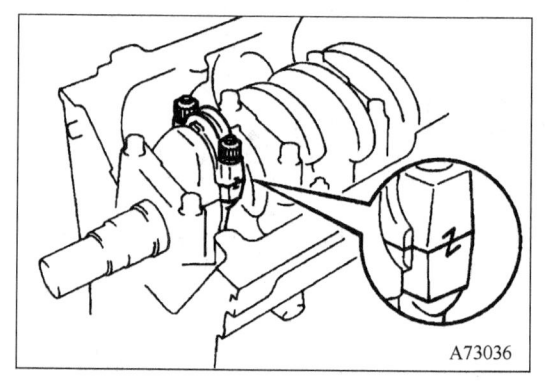

A73035

A73036

③ 使用塑料头锤子，轻轻敲击连杆螺栓，取下连杆盖（见图A73037）。

提示：将下轴承装入连杆盖内。

④ 用一段短软管套在连杆螺栓上，防止损伤曲轴（见图A73038）。

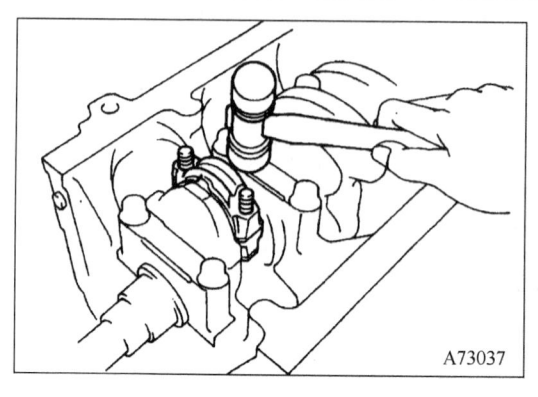

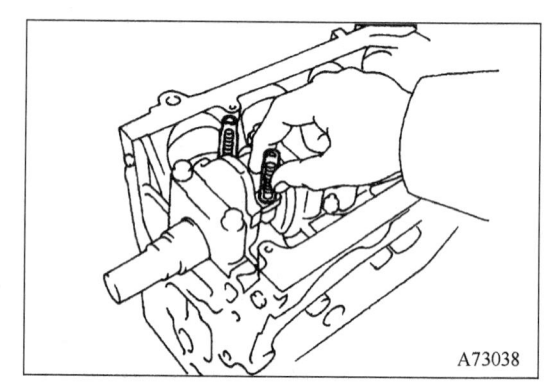

A73037

A73038

⑤ 清洁曲柄销和轴承。

⑥ 检查曲柄销和轴承麻点及划痕（见图A73039）。如果曲柄销和轴承损坏，更换轴承；如果有必要，刮削或更换曲轴。

⑦ 将塑料间隙规放到曲柄销上（见图A73040）。

⑧ 安装连杆盖（见图A73041），扭矩为29 N·m。

注意：不要转动曲轴。

⑨ 拆下连杆盖（见步骤②和③）。

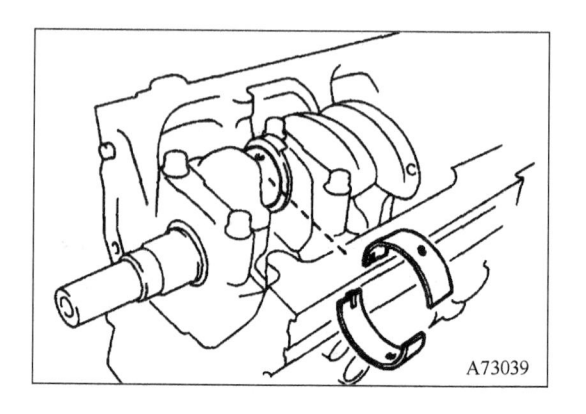

A73039

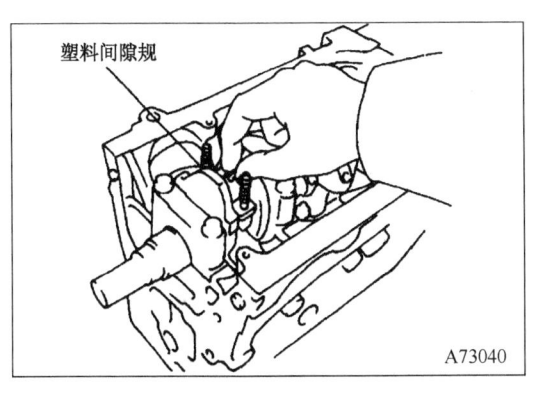

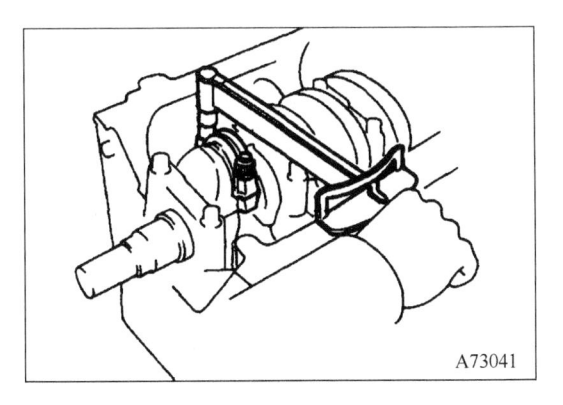

⑩ 在最大宽度处测量塑料间隙规（见图A73042）。

标准油隙：

标　　准	0.020～0.051mm
加大尺寸 0.25mm	0.019～0.065mm

最大油隙：0.08mm。

如果油隙超过最大值，更换轴承；如果有必要，刮削或更换曲轴。

提示：如果使用标准轴承，用在连杆盖上标有相同号码的连杆替换。有3种尺寸的标准轴承，分别标为"1"、"2"和"3"。

标准尺寸轴承中心壁厚（见图A73043）：

标　记	壁　厚
1	1.486～1.490mm
2	1.490～1.494mm
3	1.494～1.498mm

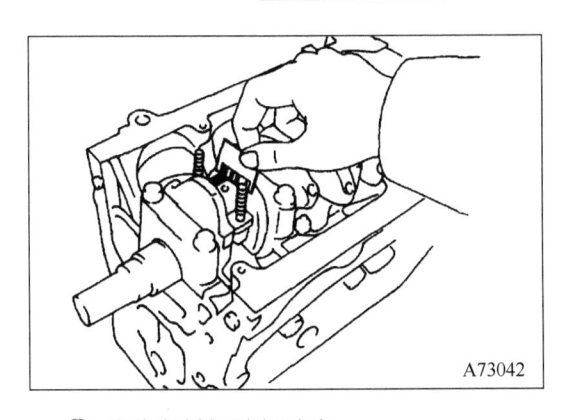

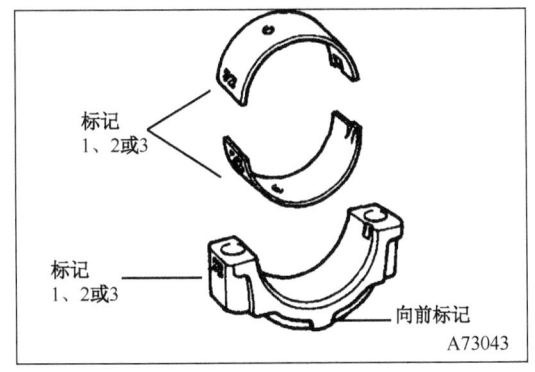

⑪ 消除塑料间隙规残留。

（3）拆下连杆分总成。

① 使用倒角铰刀，清除所有汽缸上部的积炭（见图A73044）。

② 用一段短软管套在连杆螺栓上，防止损伤曲轴。

③ 从汽缸体上面推出活塞、连杆总成和上轴承。

提示：

- 把轴承、连杆和盖放在一起。
- 按正确的顺序摆放活塞、连杆总成。

（4）检查曲轴止推间隙（见图A73045）。使用百分表，用起子前后撬动曲轴测量止推间隙。

标准止推间隙：0.020～0.220mm；最大止推间隙：0.30mm。

曲轴止推轴承的厚度：2.440～2.490mm。

如果止推间隙超过最大值，成套更换止推垫片。

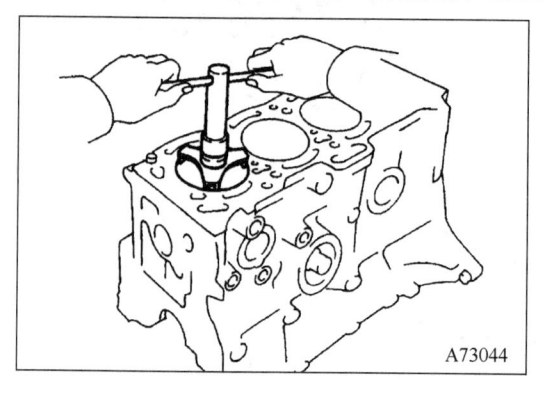

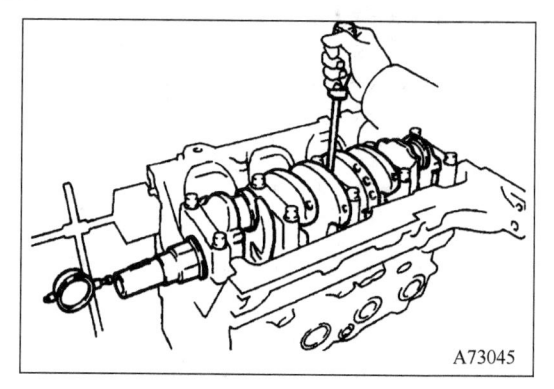

（5）检查曲轴油隙。

① 按顺序分几次均匀松开主轴承盖螺栓（见图A73046）。

② 使用拆下的主轴承盖的螺栓，前后撬动并拆下主轴承盖和下止推垫片（只在3号主轴承盖处）（见图A73047）。

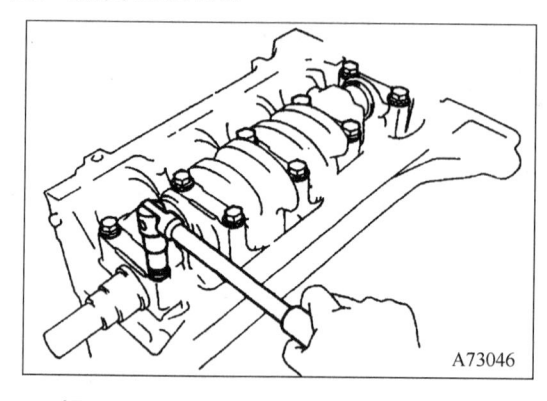

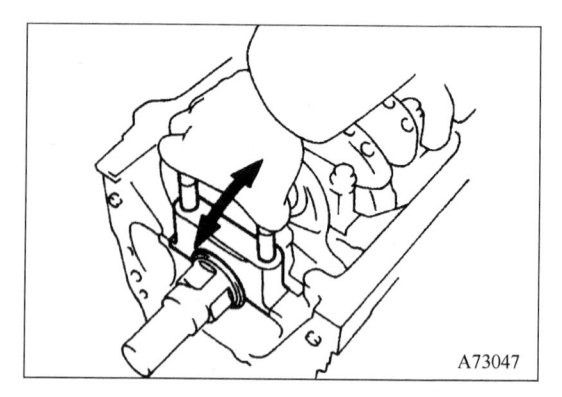

提示：
- 把下轴承和主轴承盖放在一起。
- 按正确的顺序摆放主轴承盖和下止推垫片。

③ 抬出曲轴（见图A73048）。

提示：把上轴承和上止推垫片与汽缸体放在一起。

④ 检查每个主轴颈和轴承（见图A73049）。

⑤ 检查每个主轴颈和轴承麻点及划痕。如果主轴颈和轴承损坏，更换轴承；如果有必要，刮削或更换曲轴。

⑥ 把曲轴放在汽缸体上。

⑦ 在每个轴颈处放一段塑料间隙规（见图A73050）。

⑧ 在主轴承盖螺栓的螺纹和螺栓头下面涂一点机油。

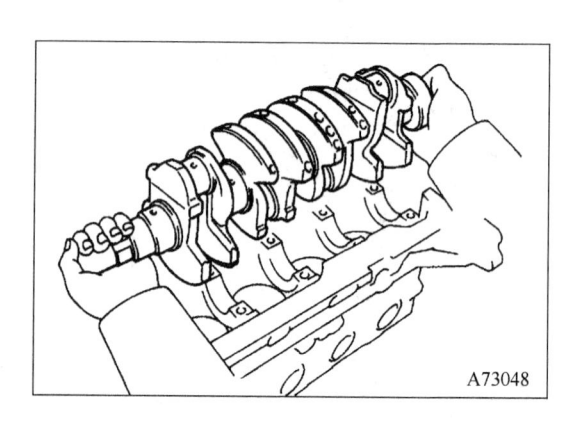

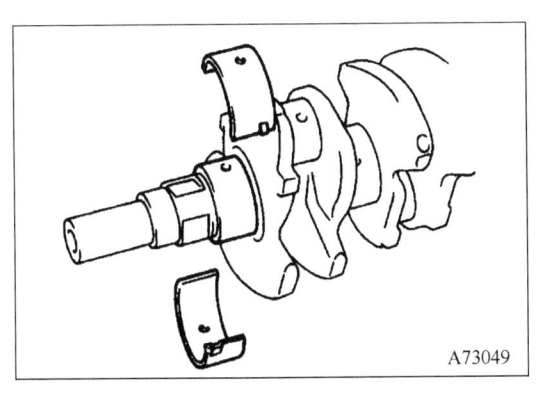

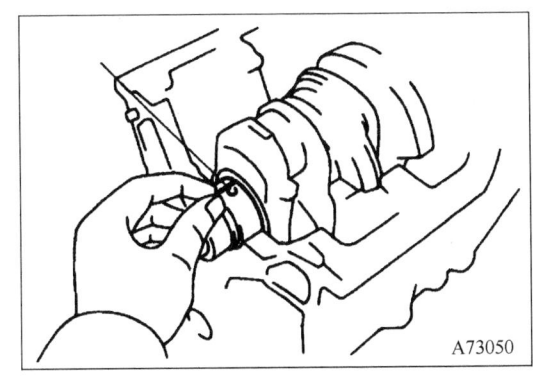

⑨ 分几分次均匀拧紧主轴承盖螺栓（见图A73051），扭矩为60 N·m。

注意：不要转动曲轴。

⑩ 拆下主轴承盖（见步骤①和②）。

⑪ 在最大厚度处测量塑料间隙规（见图A73052）。

标准油隙：0.015～0.033mm；加大尺寸0.25mm：0.016～0.056mm；最大油隙：0.10mm。

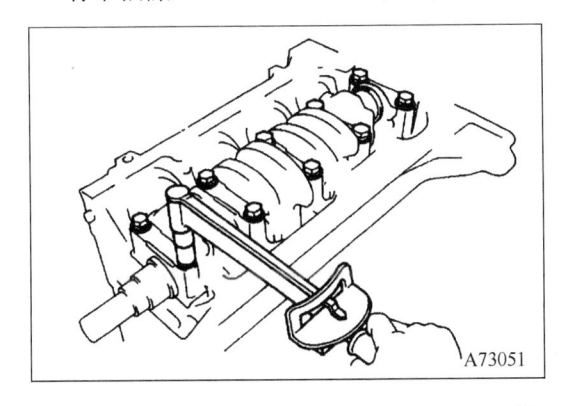

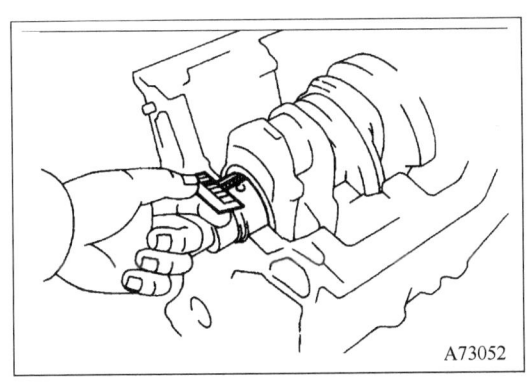

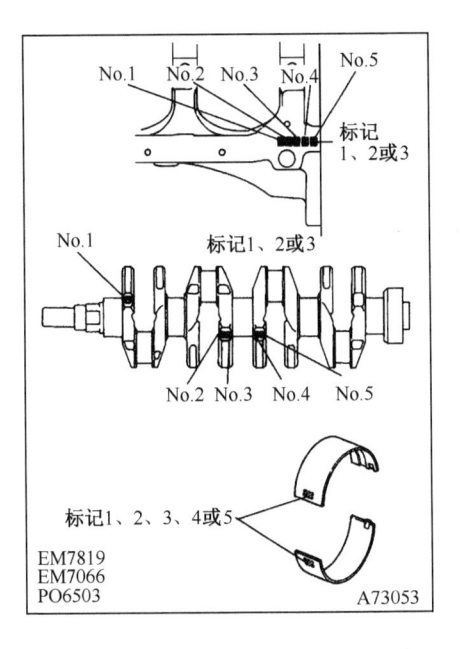

提示：如果更换汽缸体分总成，标准轴承间隙将是0.015～0.45mm。

如果轴承间隙超过标准值，刮削或更换曲轴。

提示：如果使用标准轴承，用同样号码的轴承更换；如果不能确定轴承的号码，把汽缸体和曲轴上印有的号码（见图A73053）加起来，按总数选择轴承。

项　　目	号 码 标 记								
汽缸体	1			2			3		
曲轴	0	1	2	0	1	2	0	1	2
使用轴承	1	2	3	2	3	4	3	4	5

标准轴承有5级尺寸，分别标为"1"、"2"、"3"、"4"、"5"。

汽缸体标记	尺寸（mm）
1	52.025～52.03
2	52.032～52.037
3	52.038～52.043

提示：例如，汽缸体"2"+曲轴"1"=总数"3"（使用轴承"3"）。参考：汽缸体主轴颈孔直径。

标 记	曲轴主轴颈直径（mm）
0	47.993～48.000
1	47.987～47.994
2	47.982～47.988

标 记	标准尺寸轴承中间壁厚（mm）
1	2.002～2.005
2	2.006～2.008
3	2.009～2.011
4	2.012～2.014
5	2.015～2.017

⑫ 消除塑料间隙规残留。

（6）拆下曲轴（见图A73054）。

① 抬出曲轴。

② 从汽缸体上拆下上轴承和上止推垫片。

提示：按正确的顺序摆放主轴承盖和止推垫片。

（7）拆下活塞环组（见图A73055）。

① 使用活塞环扩张器，拆下两个压缩环。

② 用手拆下两边的刮环和油环。

提示：按正确的顺序摆放活塞环。

（8）拆下带活塞销的活塞分总成（见图A73056）。

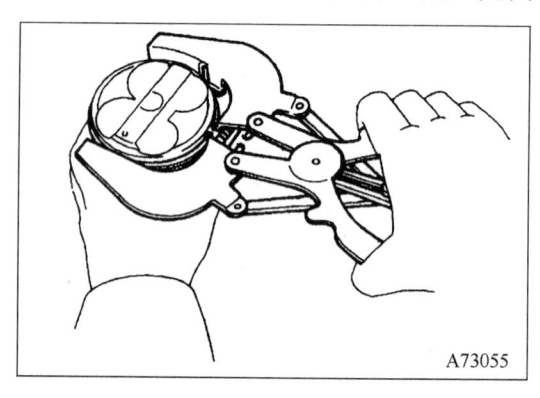

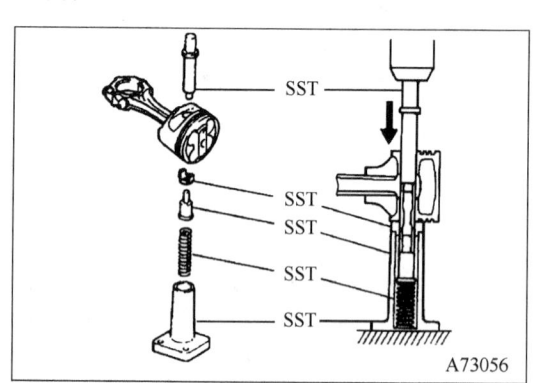

① 使用 SST，从活塞中压出活塞销。SST09221-25026（09221-00020、09221-00030、09221-00061、09221-00210、09221-00220）。

② 拆下连杆。

提示：

- 活塞和活塞销是配套的。
- 按正确的顺序摆放活塞、活塞销、活塞环和轴承。

（9）拆下双头螺栓、环销和直销。按图A73305中所示，拆下双头螺栓、环销和直销。

（10）清洁汽缸体分总成（见图A73057）。

① 使用垫片铲刀，从汽缸体的接触表面清除所有垫片。

② 使用软毛刷和溶剂，彻底清洁汽缸体。

机油泵侧　　　　　　　　　　　　　汽缸盖侧

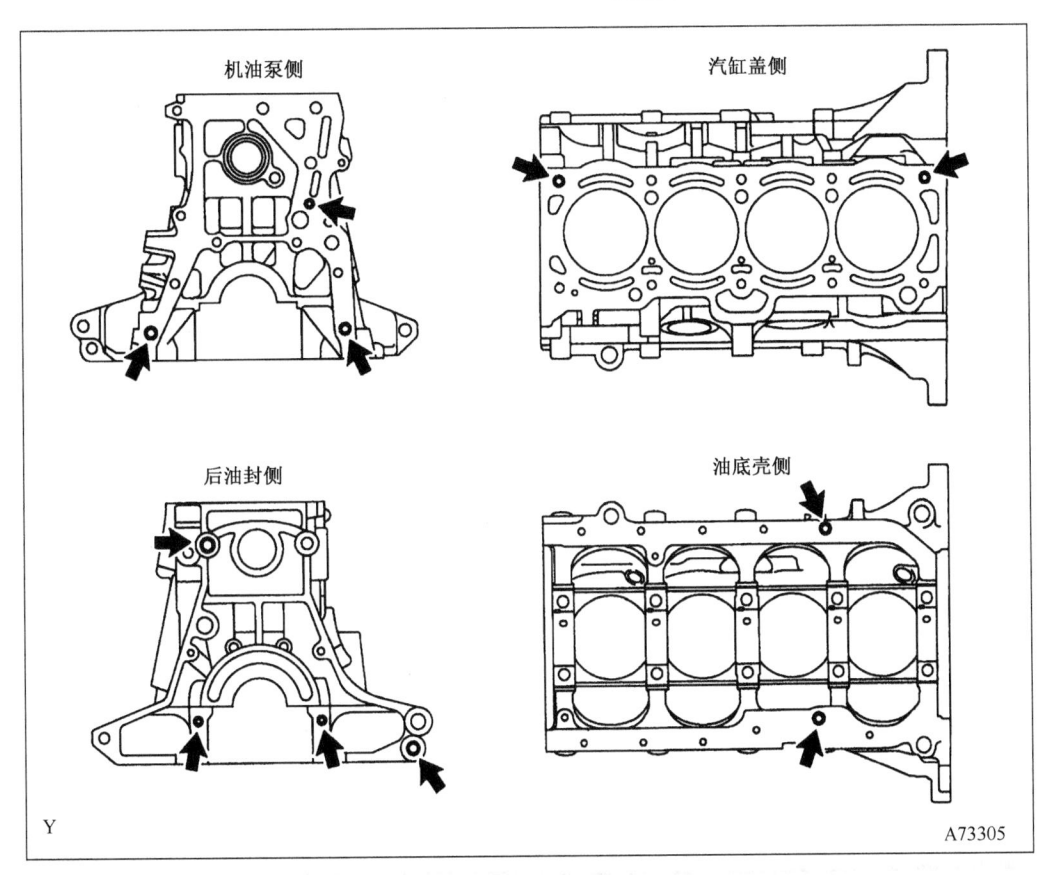

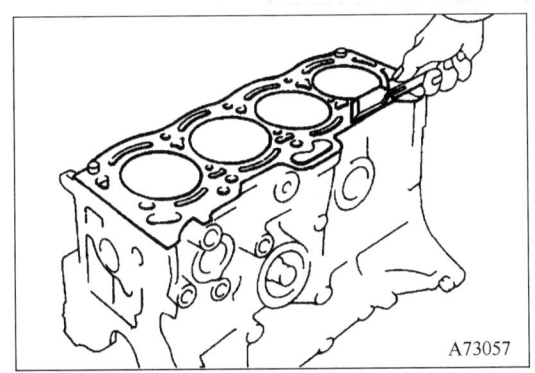

后油封侧　　　　　　　　　　　　　油底壳侧

（11）检查汽缸体分总成。

① 检查平整度（见图 A73058）。使用刀口尺和塞尺，测量汽缸体和汽缸盖接触面翘曲变形。最大翘曲变形：0.05mm。如果翘曲变形超过最大值，则更换汽缸体。

② 直观地检查汽缸垂直划痕（见图 A73059）。如果存在深度划痕，重新镗削所有 4 个汽缸。如果有必要，更换汽缸体。

③ 检查汽缸直径（见图 A73060）。

提示：标准汽缸孔径有 3 级尺寸，分别标记"1"、"2"和"3"，这个标记打在汽缸体上面。

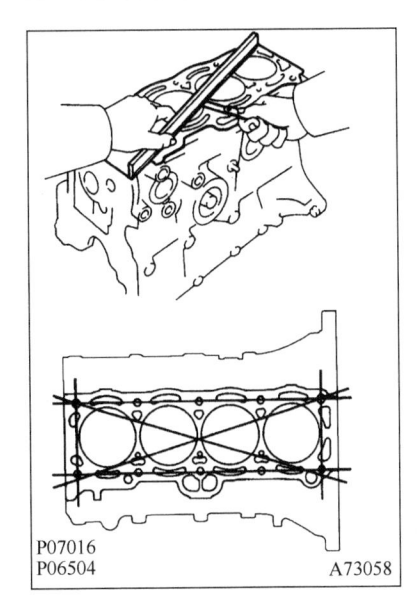

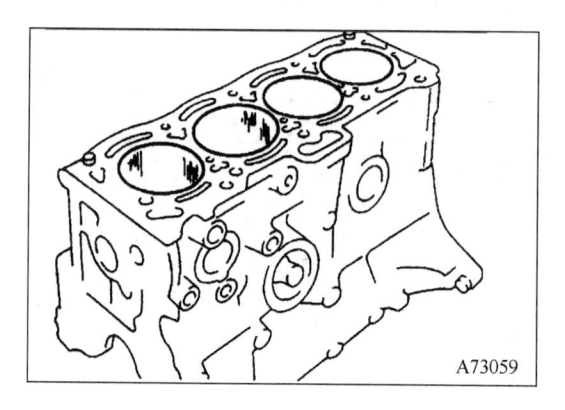

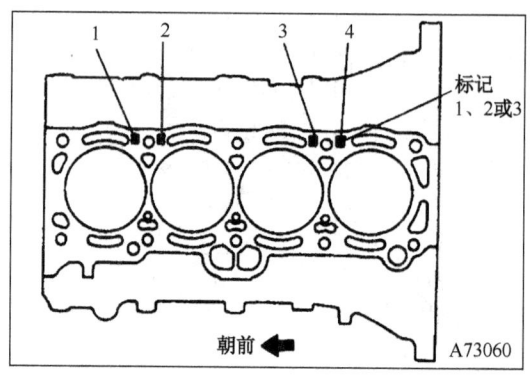

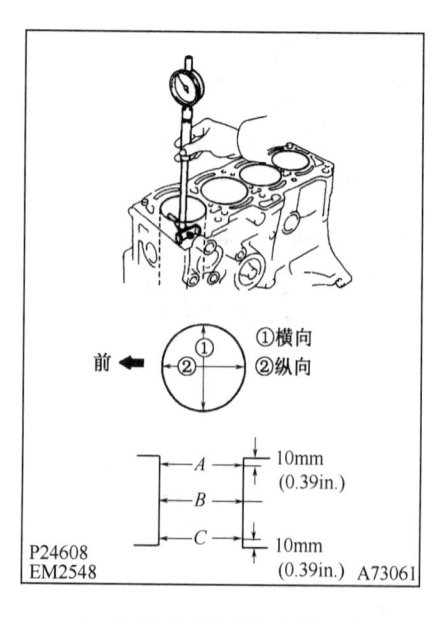

④ 使用量缸表，在 A、B 和 C 位置按横向和纵向测量汽缸直径（见图 A73061）。

标准缸径：

标　　记	缸径（mm）
1	78.700～78.710
2	78.710～78.720
3	78.720～78.730

最大缸径：

标　　准	
	78.93 mm
加大尺寸 0.50mm	79.43 mm

如果缸径超过最大值，重新镗削所有 4 个汽缸；如果有必要，更换汽缸体。

⑤ 清除汽缸上的凸台（见图 A73062）。如果磨损低于 0.2mm，使用倒角铰刀铰削汽缸的顶部。

（12）清洁带活塞销的活塞分总成。
① 使用垫片铲刀，从活塞顶面清除所有积炭（见图 A73063）。

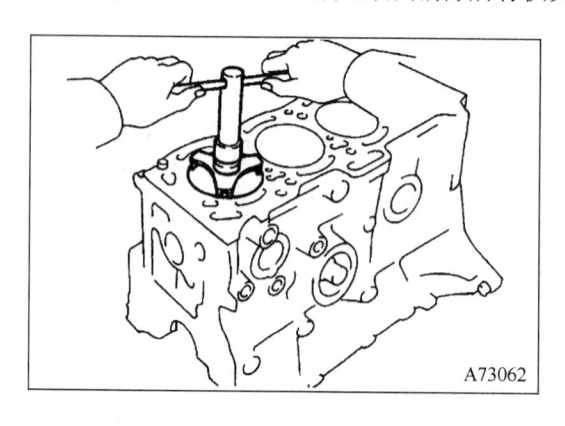

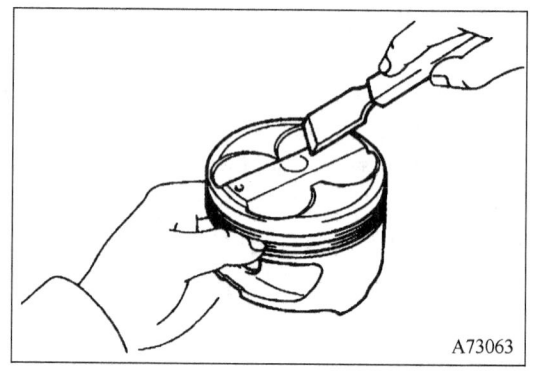

② 使用环槽清洁工具或旧活塞环清洁活塞环槽（见图 A73064）。
③ 使用溶剂和刷子彻底清洁活塞（见图 A73065）。
注意：不要使用钢丝刷。

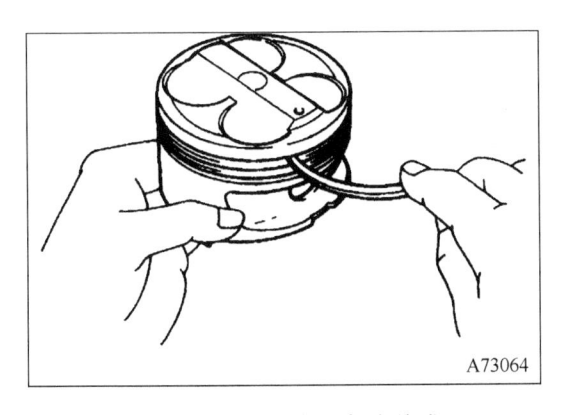

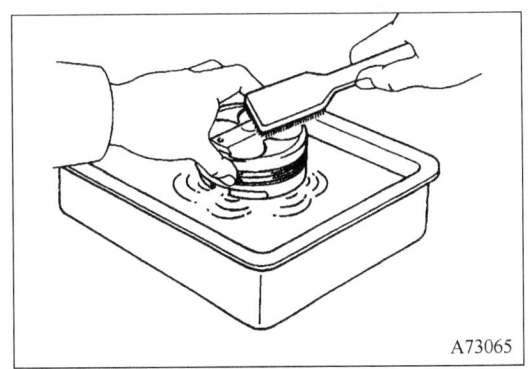

（13）检查带活塞销的活塞分总成。

① 检查油隙。

提示：标准活塞直径有 3 级尺寸，分别标记"1"、"2"和"3"，这个标记打在活塞顶上（见图 A73066）。

- 使用千分尺，在与销孔轴线垂直的方向距离活塞顶 28.5mm 处测量活塞头部直径（见图 A73067）。

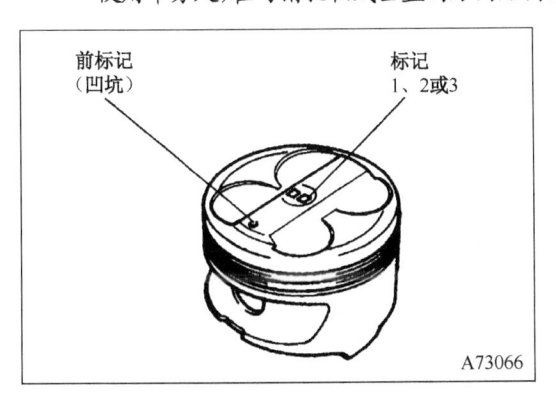

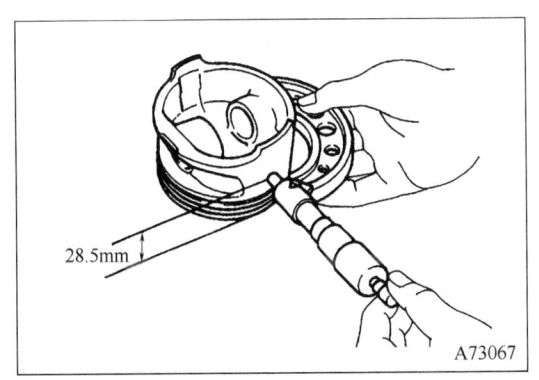

活塞直径标准：

标　记	活塞直径（mm）
1	78.615～78.625
2	78.625～78.635
3	78.635～78.645

加大尺寸 0.50mm：79.115～79.145mm。

- 按横向测量汽缸筒直径。
- 用汽缸直径减去活塞直径。

标准间隙：0.075～0.095mm；最大间隙：0.115mm。

如果间隙超过最大值，更换所有 4 个活塞并重新镗削所有 4 个汽缸。如果有必要，更换汽缸体。

提示：使用新汽缸体，使用与汽缸体上标记相同的活塞。

② 检查活塞环槽间隙。使用塞尺测量活塞环与活塞环槽侧壁的间隙。

活塞环隙：

活　塞　环	间隙（mm）
1	0.040～0.080
2	0.030～0.070

如果间隙超过最大值，更换活塞。
③ 检查活塞环端隙。
- 把活塞环插入汽缸筒。
- 使用活塞，推入活塞环到距汽缸体顶面 97mm 处。
- 使用塞尺测量端隙。

标准端隙：

活 塞 环	端隙（mm）
1	0.250～0.450
2	0.350～0.600
油环	0.15～0.500

最大端隙：如果端隙超过最大值，更换活塞环。

活 塞 环	端隙（mm）
1	1.05
2	1.20
油环	1.10

使用新活塞环，如果端隙超过最大值，应重新镗削所有 4 个汽缸或更换汽缸体。
（14）检查连杆分总成。
① 使用连杆校正器和塞尺，检查连杆变形。
- 检查弯曲（见图 A54727）。最大弯曲：0.05mm/100mm。如果弯曲超过最大值，更换连杆总成。
- 检查扭曲（见图 A54728）。最大扭曲：0.05mm/100mm。如果扭曲超过最大值，更换连杆总成。

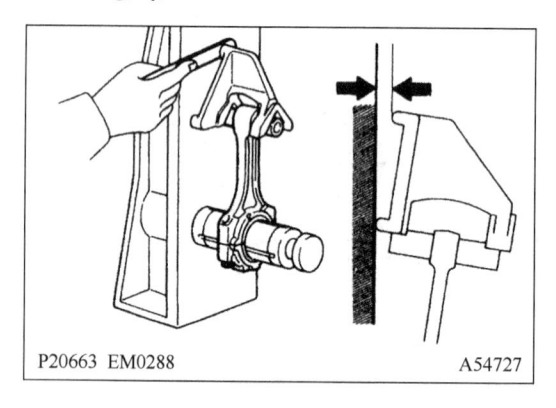

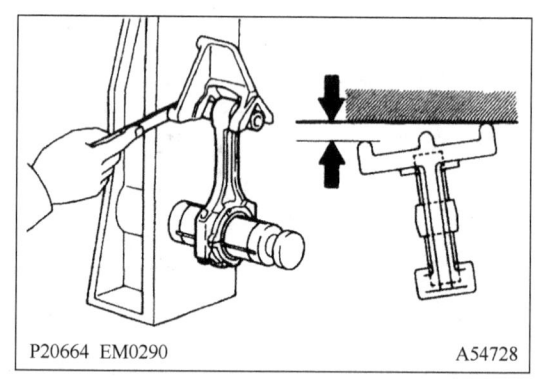

② 检查连杆螺栓。
- 把螺帽装到连杆螺栓上。
- 能用手轻易地将螺帽拧到底（见图 A73072）。
- 如果螺帽转动困难，用游标卡尺测量螺栓外径（见图 A73073）。标准外径：0.860～9.000mm；最大外径：8.60mm。

提示：如果不能直观检查判断，按图上表示的位置测量外侧的直径。
如果外侧的直径小于最小值，一起更换连杆螺栓和螺母。

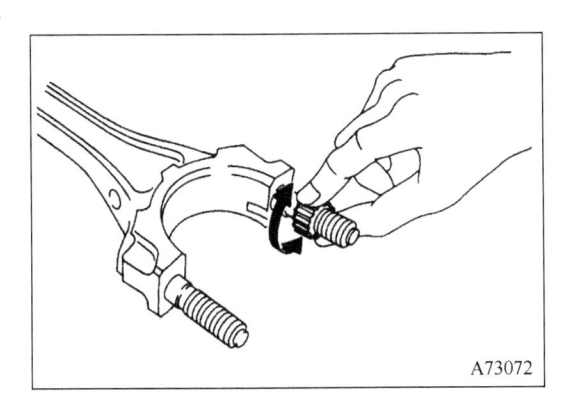

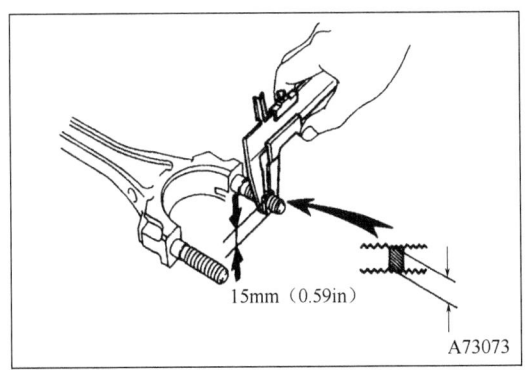

(15) 检查曲轴。
① 检查失圆度（见图 A73074）。
- 把曲轴放在 V 形铁上。
- 使用百分表，测量中间轴颈的失圆度。

最大失圆度：0.06mm。如果失圆度超过最大值，更换曲轴。
② 检查主轴颈和连杆轴颈（见图 A73075）。

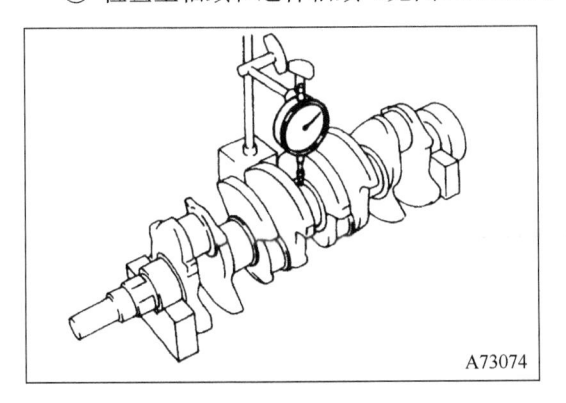

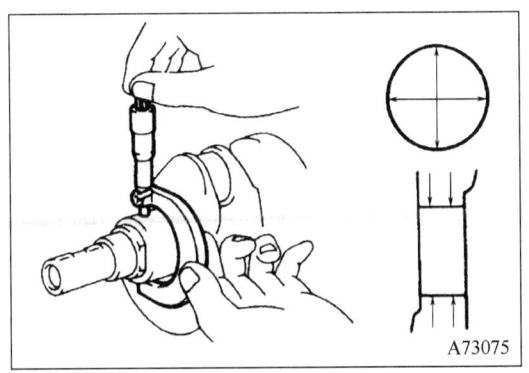

- 使用千分尺，测量每个主轴颈和曲柄销直径。

主轴颈直径：

标　　准	47.982～48.000mm
加大尺寸 0.25mm	47.745～47.755mm

曲柄销直径：

标　　准	39.985～40.000mm
加大尺寸 0.25mm	39.745～39.755mm

如果直径不标准，检查油隙。如果有必要，磨削或更换曲轴。
- 检查主轴颈和曲柄销的圆柱度和锥度。

最大圆柱度和锥度：0.02mm。如果圆柱度和锥度超过最大值，更换曲轴。
(16) 安装双头螺栓环销和直销（见图 A73306）。
① 安装两个双头螺栓。扭矩：双头螺栓 A 14 N·m。
② 使用塑料锤，安装 4 个环销和 5 个直销。标准伸出长度：直销 B 16mm、环销 C 4mm、环销 D 7mm、直销 E 12mm、直销 F 8mm。

299

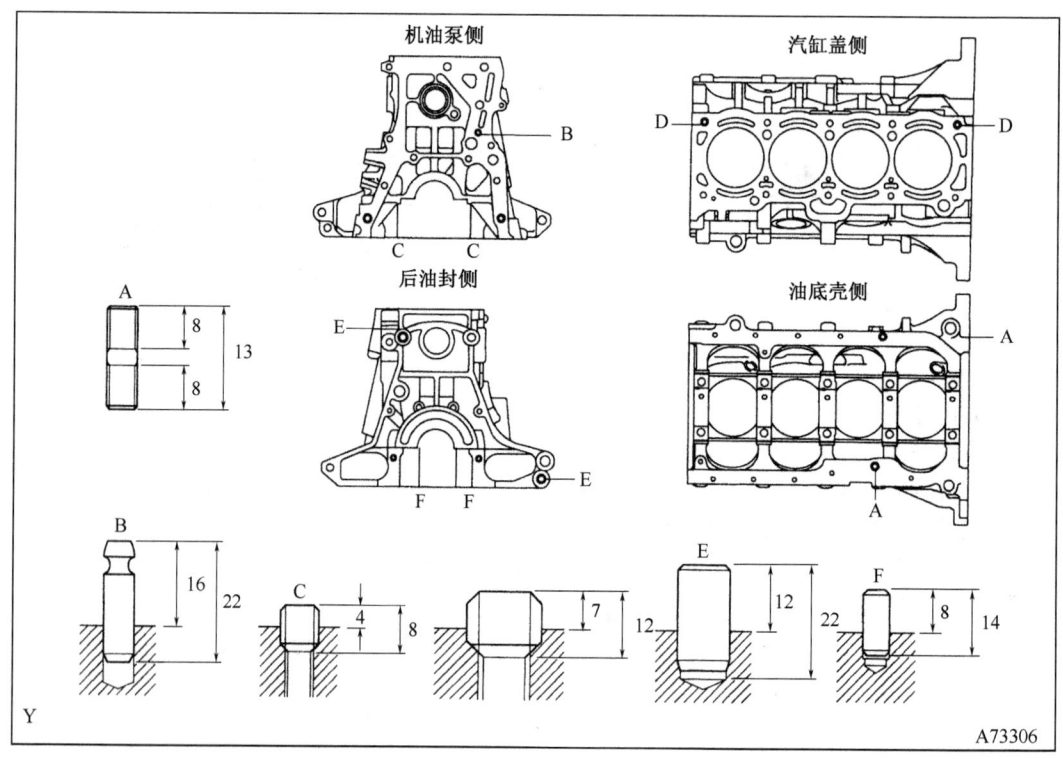

(17) 安装带活塞销分总成（见图A73076）。

① 将活塞销和销孔涂上机油。

② 对正活塞和连杆的向前标记，用拇指推入活塞销。

③ 使用SST，压入活塞销（见图A73077）。SST09221-25026（09221-00020、09221-00030、09221-00061、09221-00210、09221-00220）。

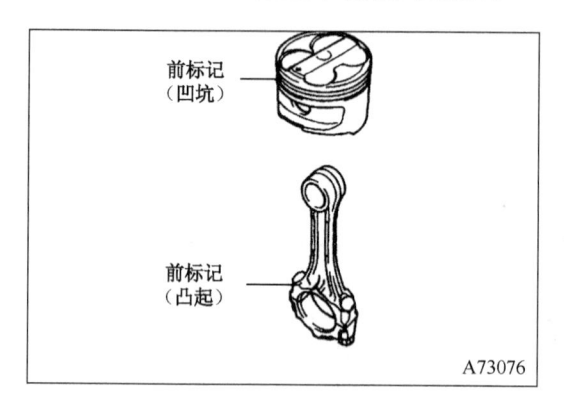

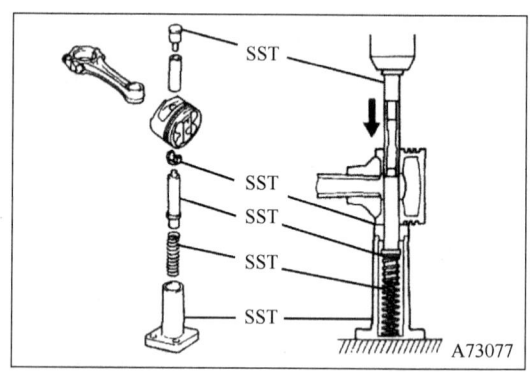

(18) 安装活塞环组。

① 用手安装油环弹簧和两个刮油环。

② 使用活塞环扩张器（见图A73078），安装两个压缩环，代码标记朝上（仅对2号压缩环）。代码标记（仅对2号压缩环）：T。

③ 布置活塞环端口（见图A73079）。

注意：不要对齐活塞环端口。

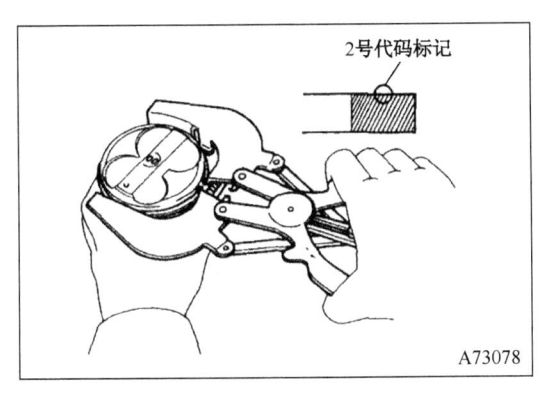

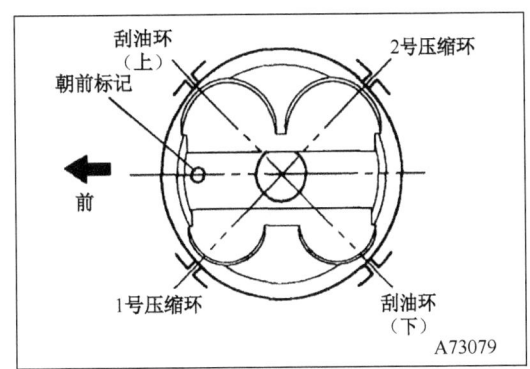

(19) 安装连杆轴承（见图 A73080）。
① 对准轴承凸起和连杆或连杆盖的凹槽。
② 将轴承安装到连杆和连杆盖中。
(20) 安装曲轴轴承。
提示：上轴承有一个油槽和油孔（见图 A73081）。

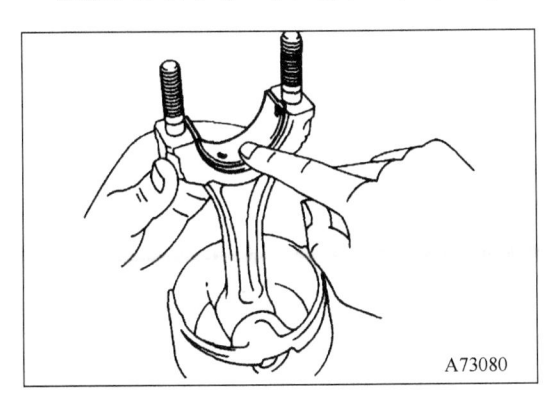

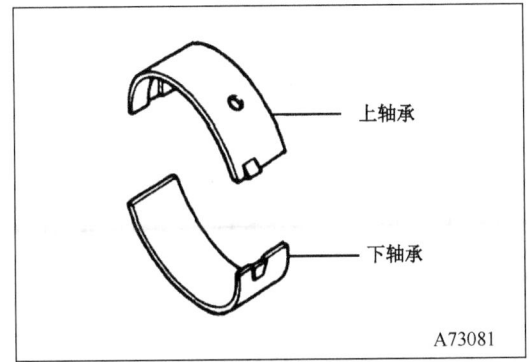

① 对准轴承凸起和缸体的凹槽（见图 A73082），装上 5 个上轴承。
② 对准轴承凸起和主轴承盖的凹槽，装上 5 个下轴承（见图 A73083）。

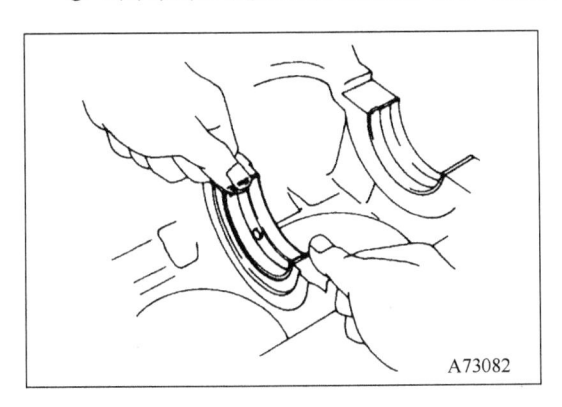

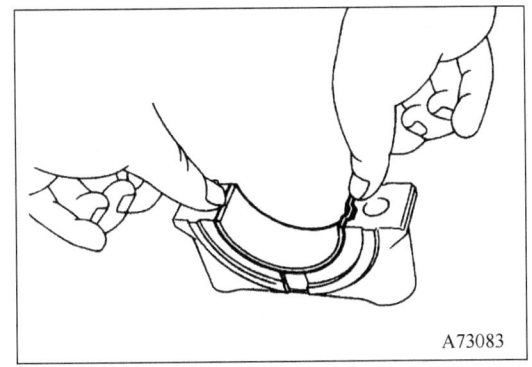

(21) 安装曲轴止推垫片。
① 在缸体 3 号轴颈位置安装两个上止推垫片，带油槽的一面朝外（见图 A73084）。
② 把曲轴放在缸体上。
③ 在 3 号轴承盖上安装两个下止推垫片，带油槽的一面朝外（见图 A73085）。

301

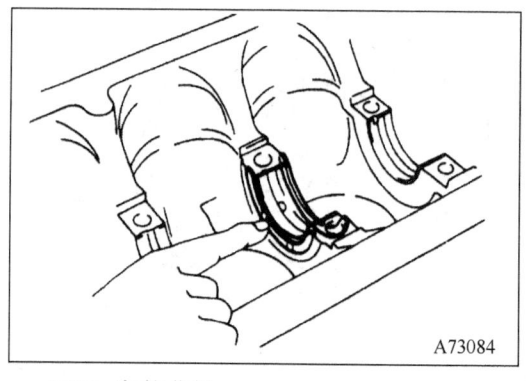

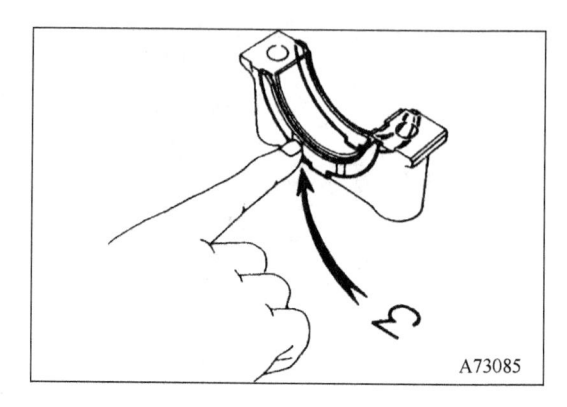

（22）安装曲轴。

① 在正确的位置安装 5 个曲轴轴承盖。

提示：每个轴承盖有代号和向前标记（见图 A73086）。

② 在主轴承盖螺栓的螺纹和螺栓头下面涂一薄层机油。

③ 按图示顺序分几次均匀拧紧 10 个主轴承盖螺栓（见图 A73051），扭矩为 60 N·m。

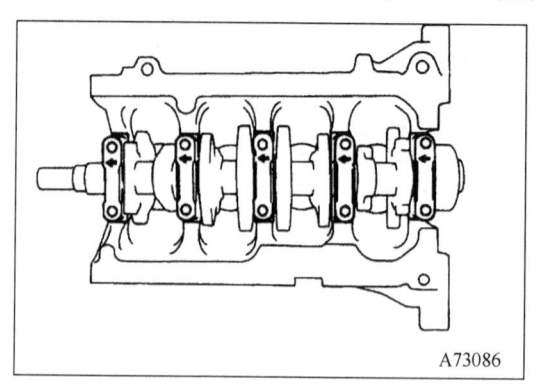

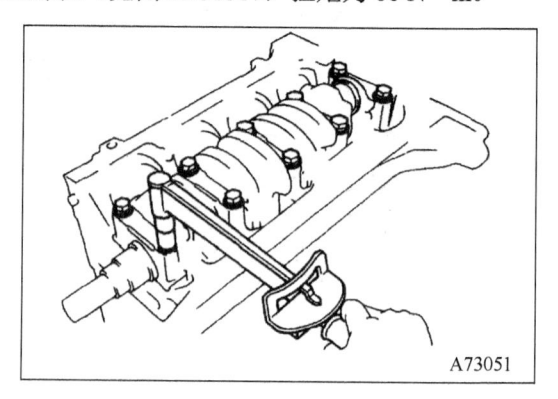

④ 检查曲轴转动是否灵活。

⑤ 检查曲轴止推间隙（见步骤（4））。

（23）安装连杆分总成

① 用一段软管套在连杆螺栓上，防止损伤曲轴（见图 A73087）。

② 使用活塞环收紧器（见图 A73088），按正确的位置把活塞和连杆总成推入各自的汽缸，活塞的前标记朝前。

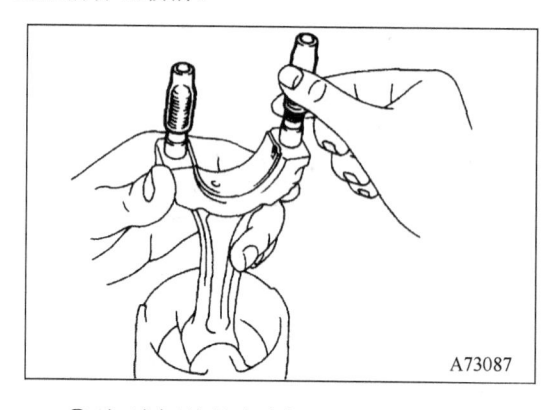

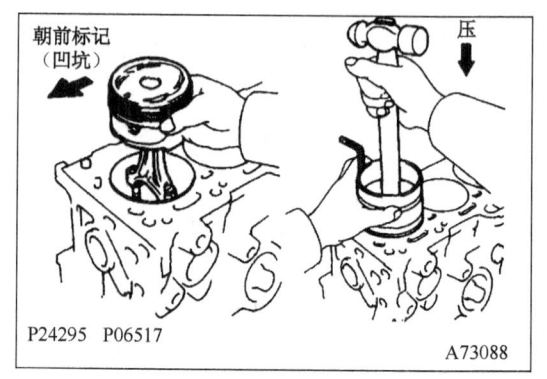

③ 把连杆盖装在连杆上。

- 匹配连杆盖和连杆的号码。

- 安装连杆盖，前标记朝前（见图 A73089）。
④ 在连杆盖螺母下方涂一薄层机油。
⑤ 分几次交替拧紧螺母（见图 A73090），扭矩为 29 N·m。

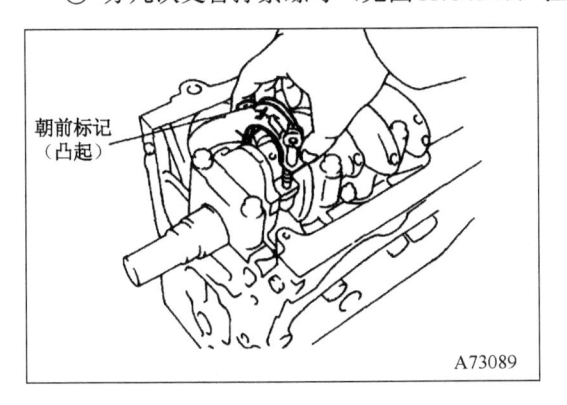

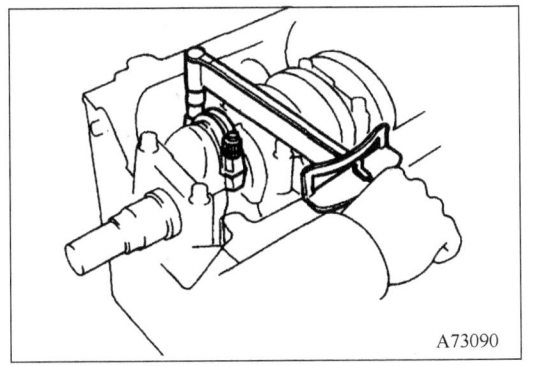

如果任何螺母不符合扭矩标准，更换连杆螺栓和螺母，不必成套更换。
⑥ 用油漆在螺帽和连杆螺栓上做标记（见图 A73091）。

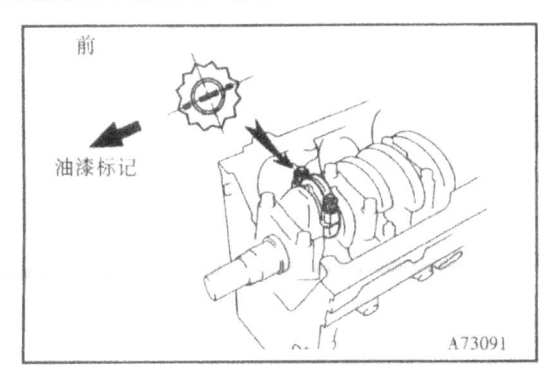

⑦ 再将螺帽拧紧 90°（见图 A73092）。

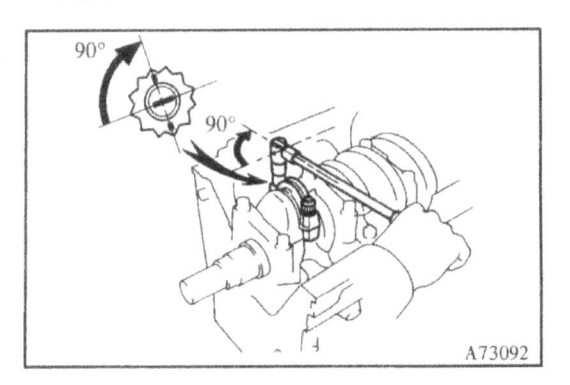

⑧ 检查曲轴转动是否灵活。
⑨ 检查连杆止推间隙（见步骤（1））。

第16章

汽车发动机电路图

【本书参考资料说明】

- ◆ 大众捷达AHP（97年五阀）发动机电路图；
- ◆ 大众捷达ATK（两阀）发动机电路图；
- ◆ 2005年大众捷达发动机电路图；
- ◆ 迈腾1.8T发动机电路图；
- ◆ 尼桑阳光发动机电路图。

16.1 捷达五阀发动机

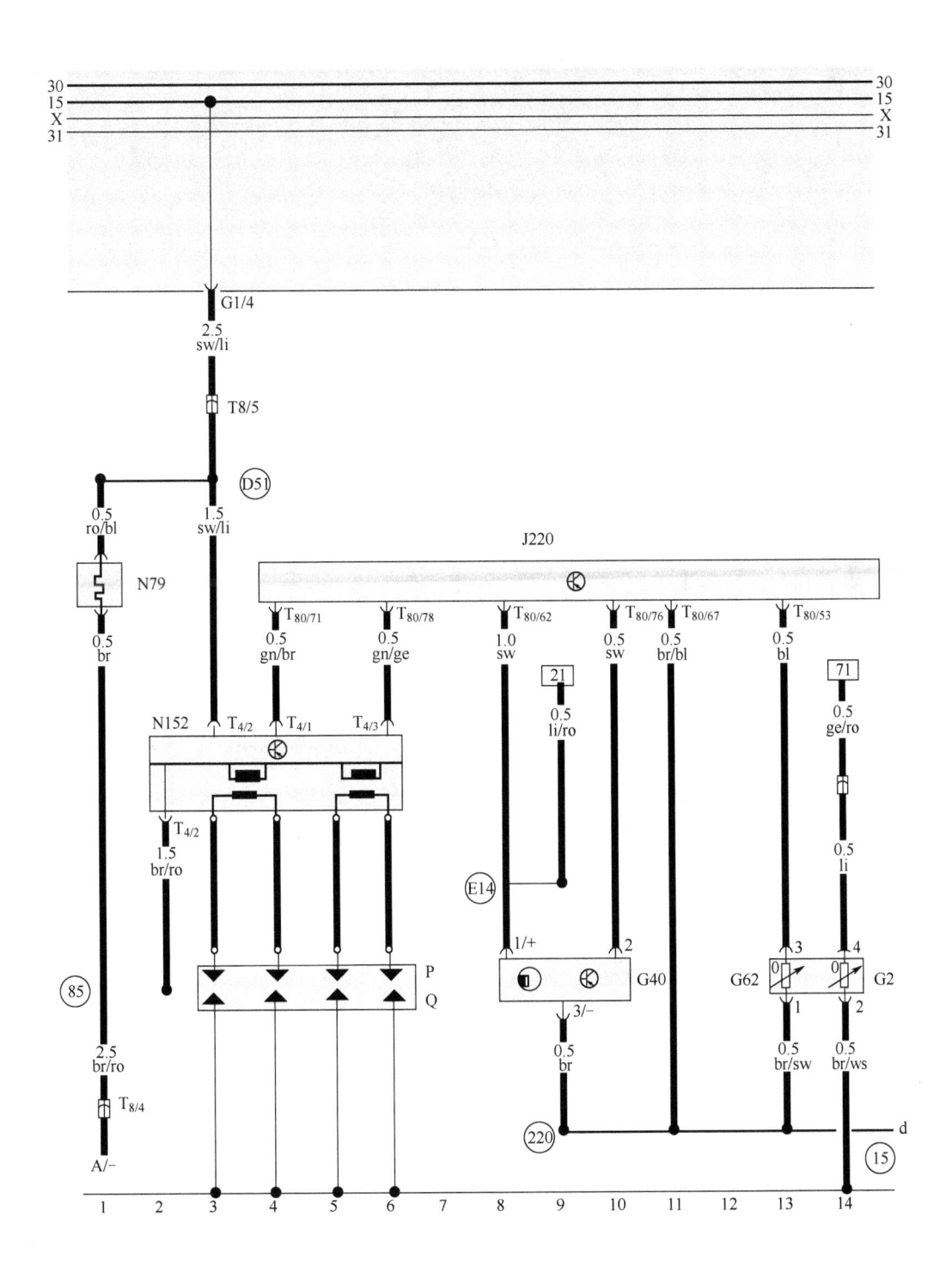

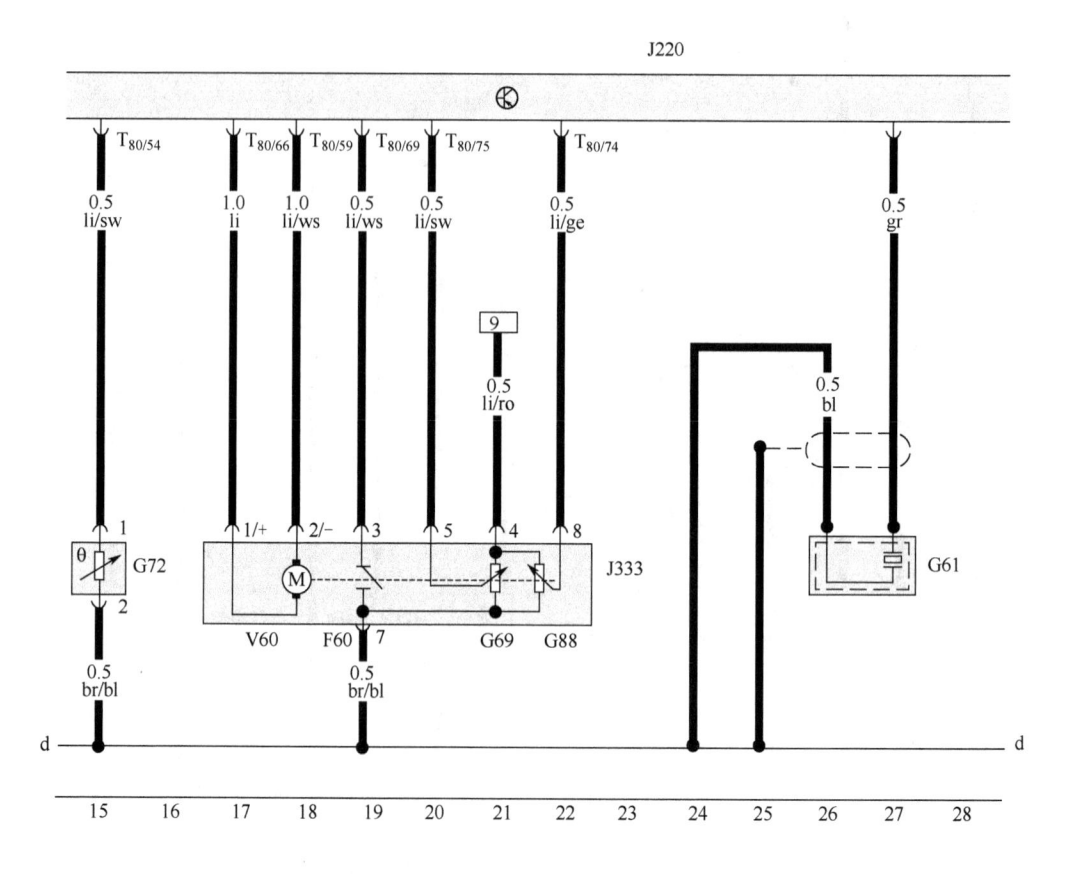

汽油发动机构造与检修

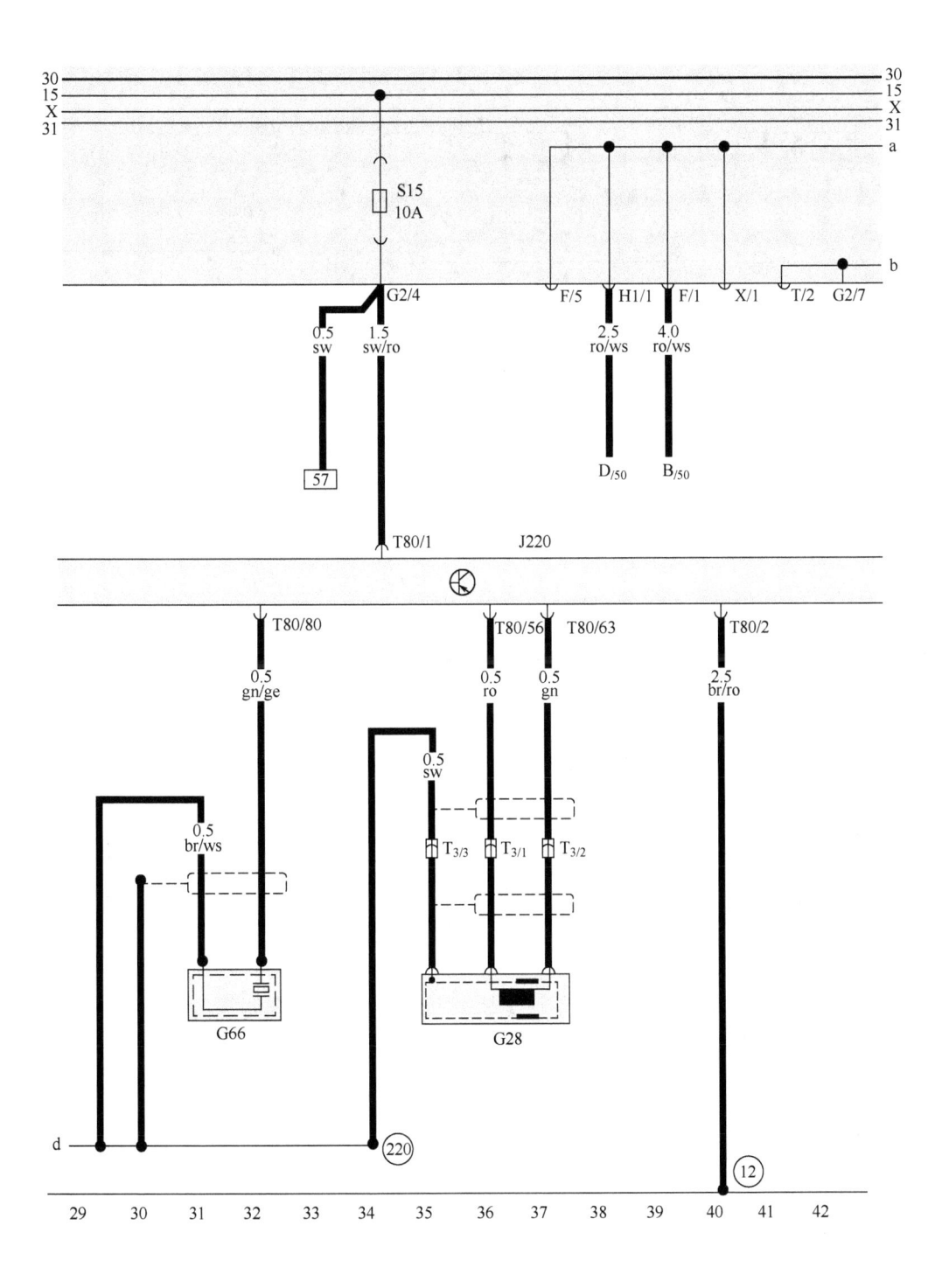

汽车发动机电路图　第 16 章

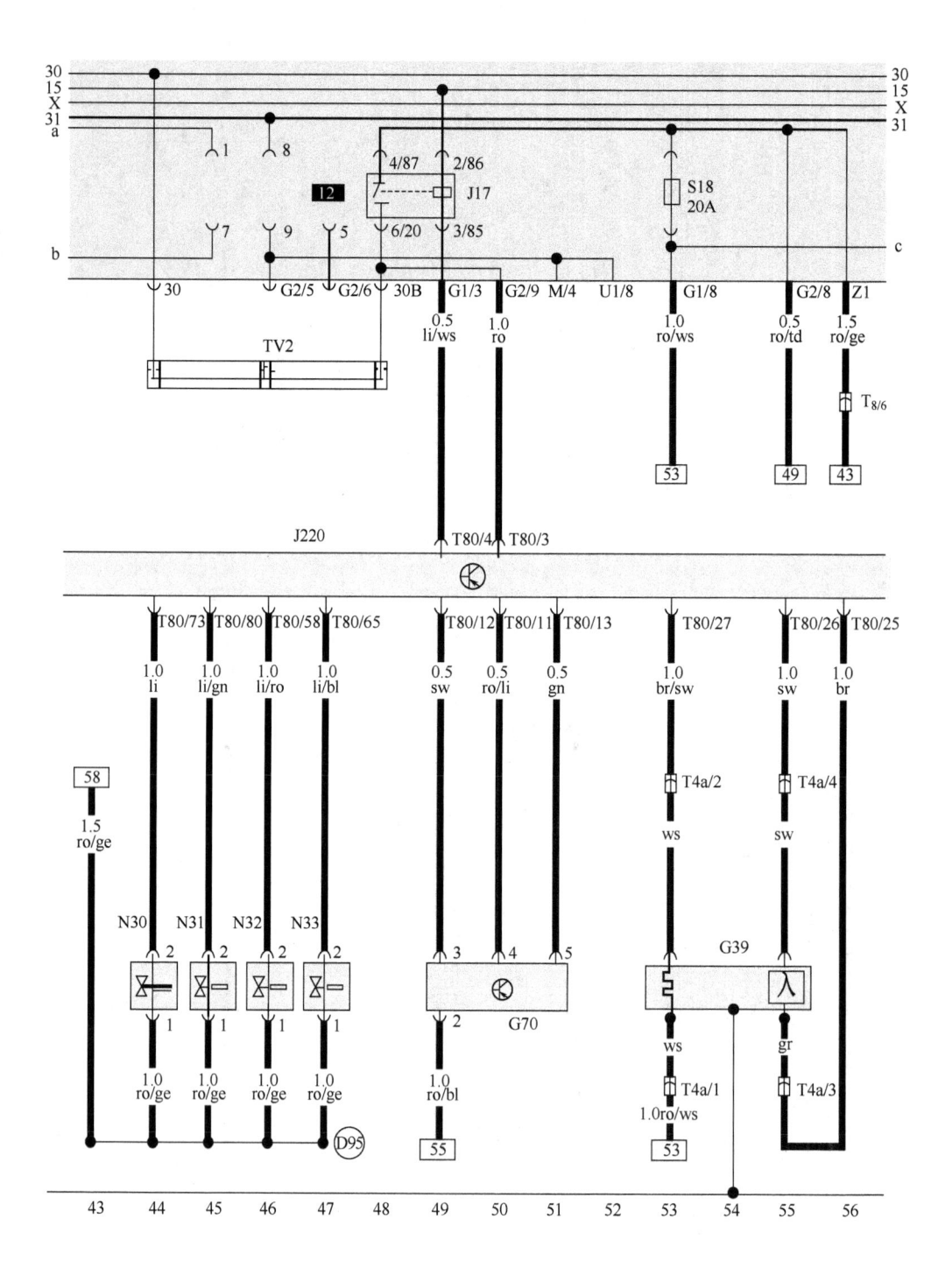

汽油发动机构造与检修

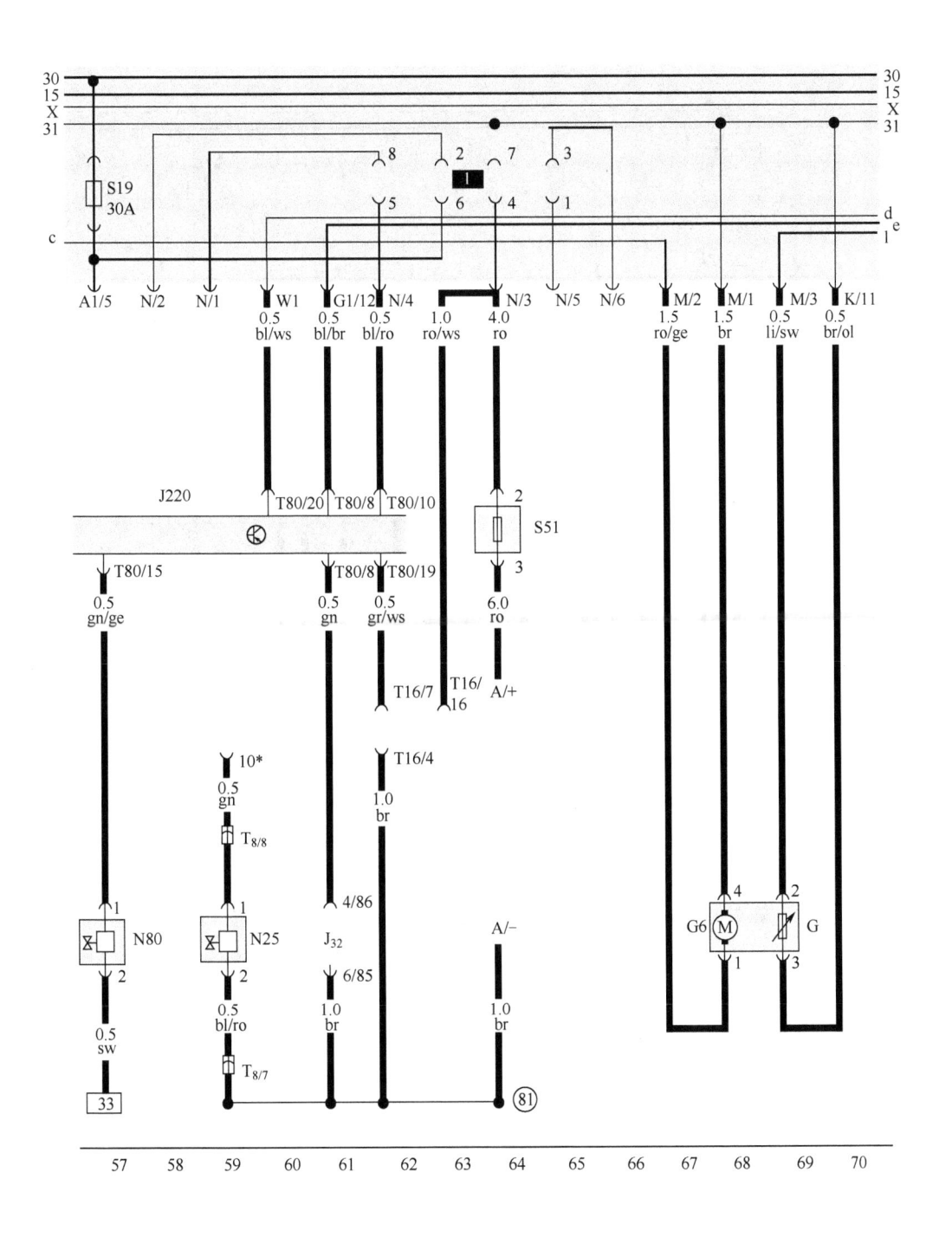

汽车发动机电路图 第16章

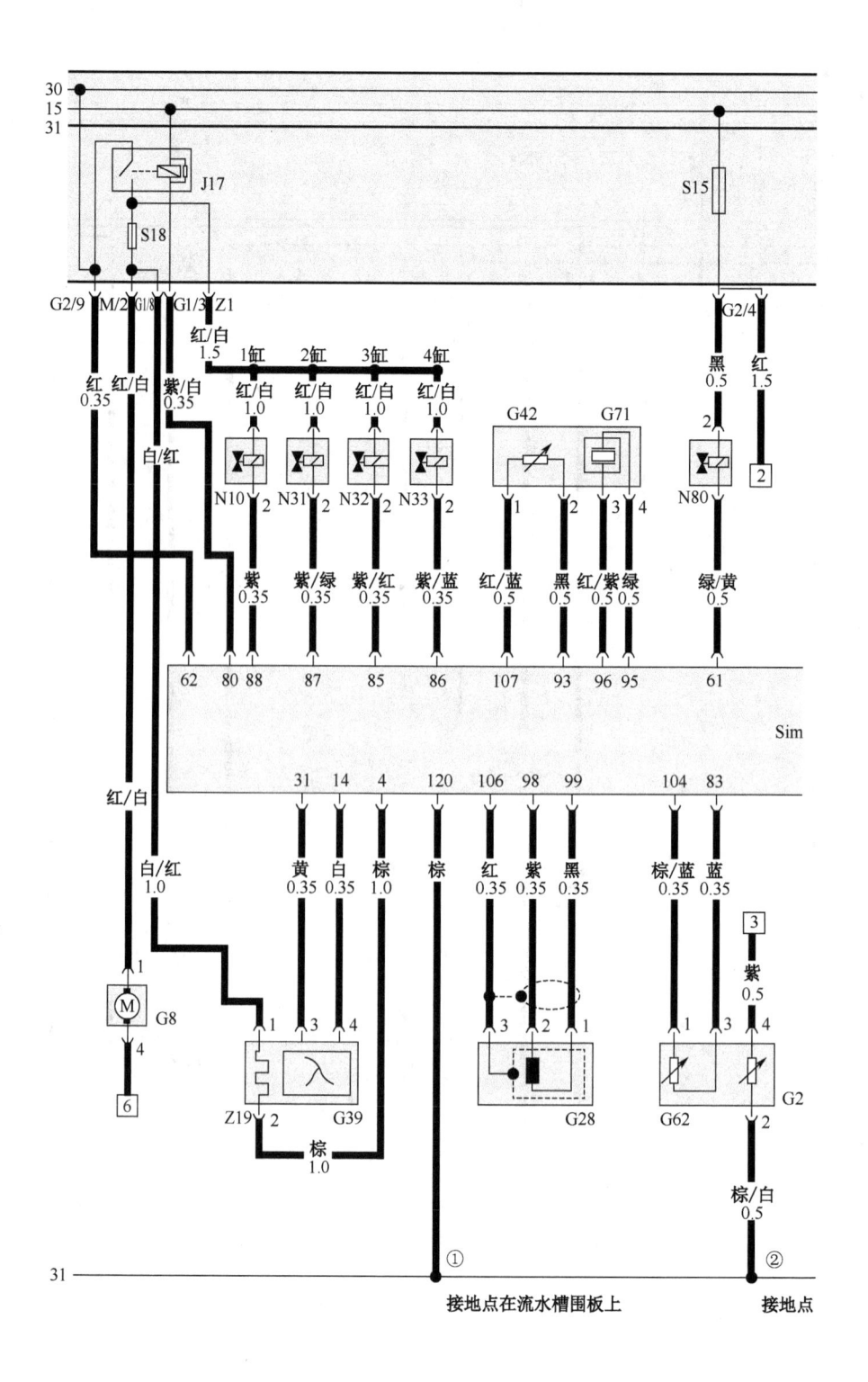

16.2 捷达两阀发动机

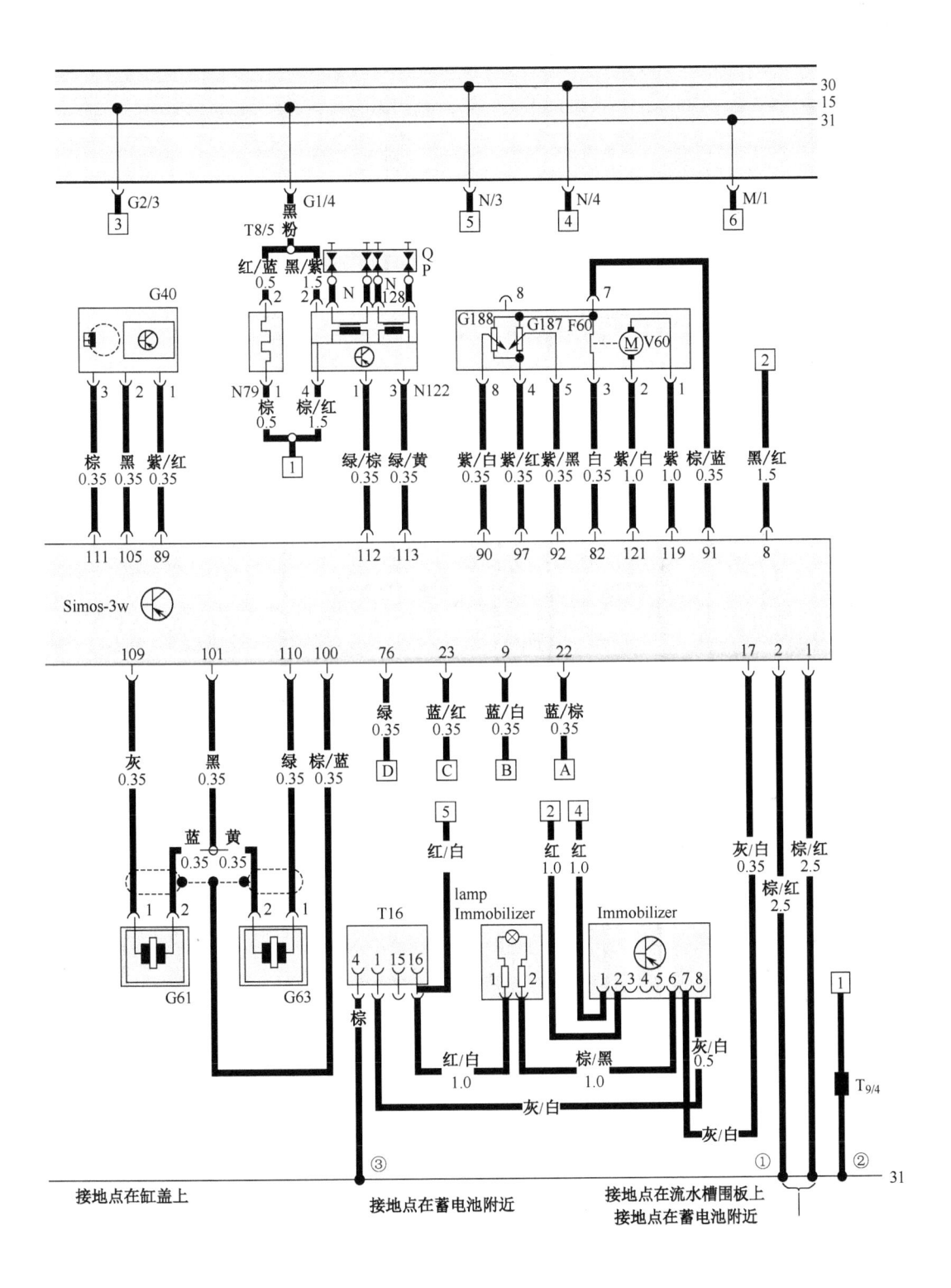

汽车发动机电路图 第16章

16.3 2005年捷达发动机

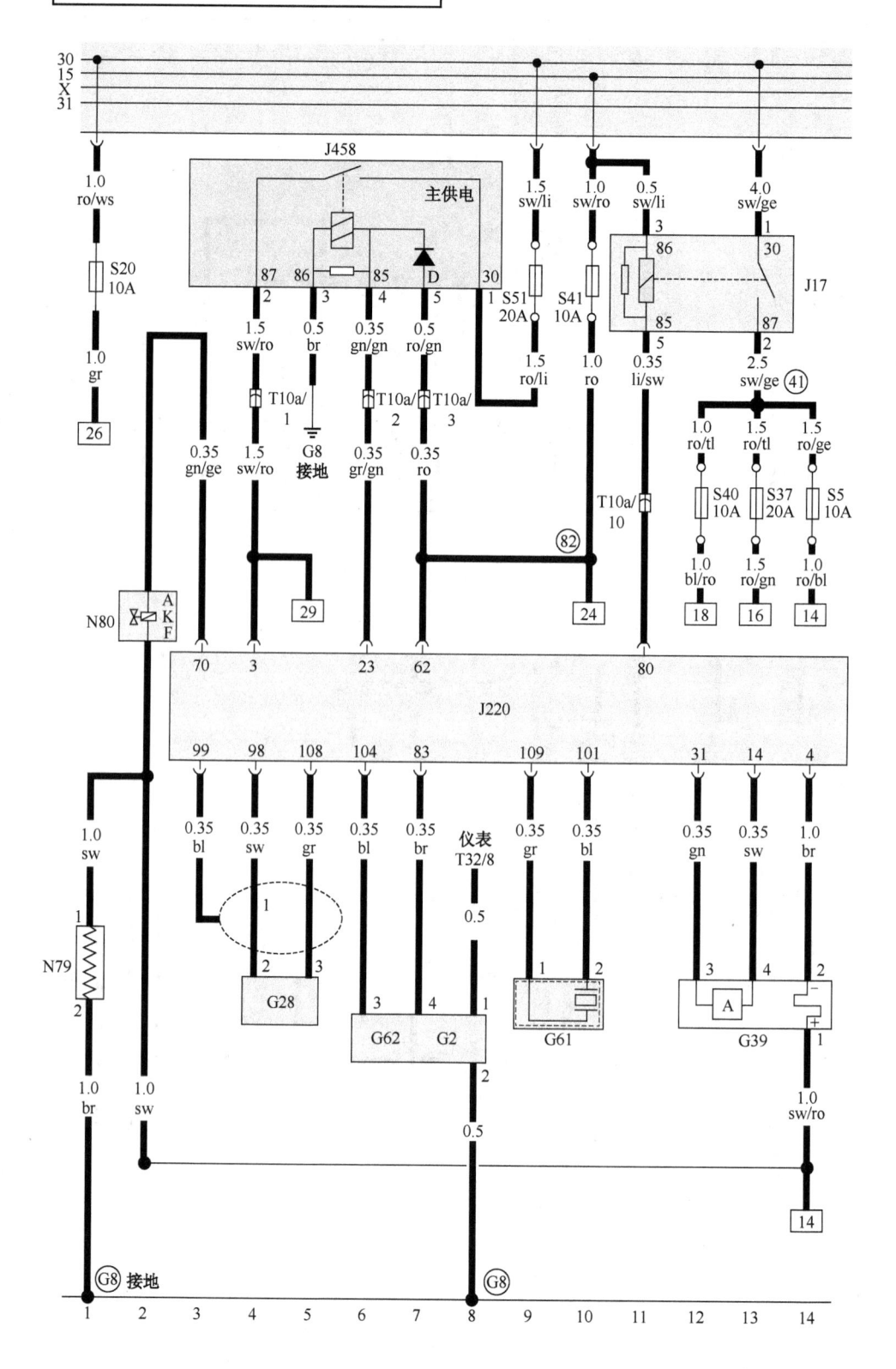

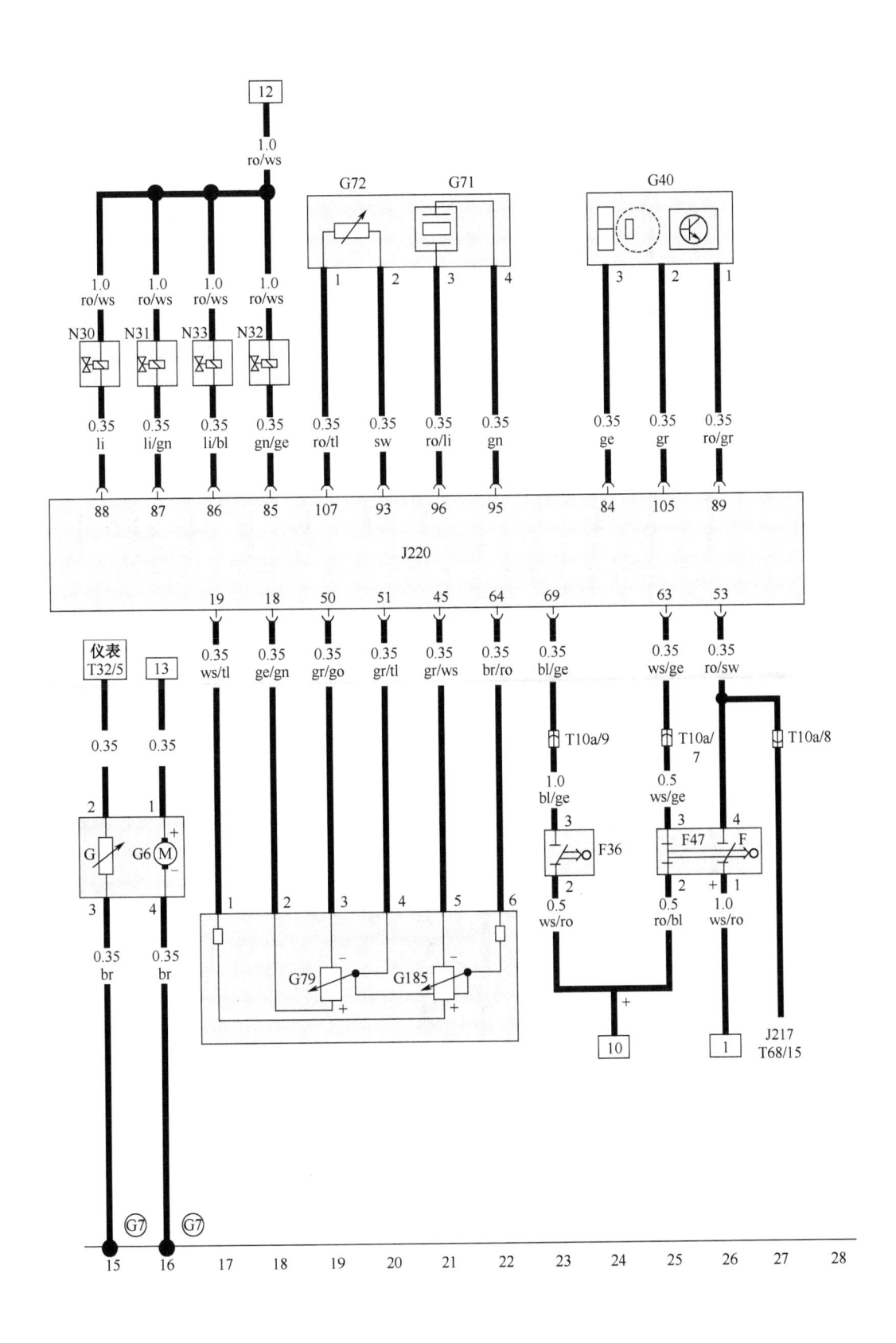

汽车发动机电路图 第16章

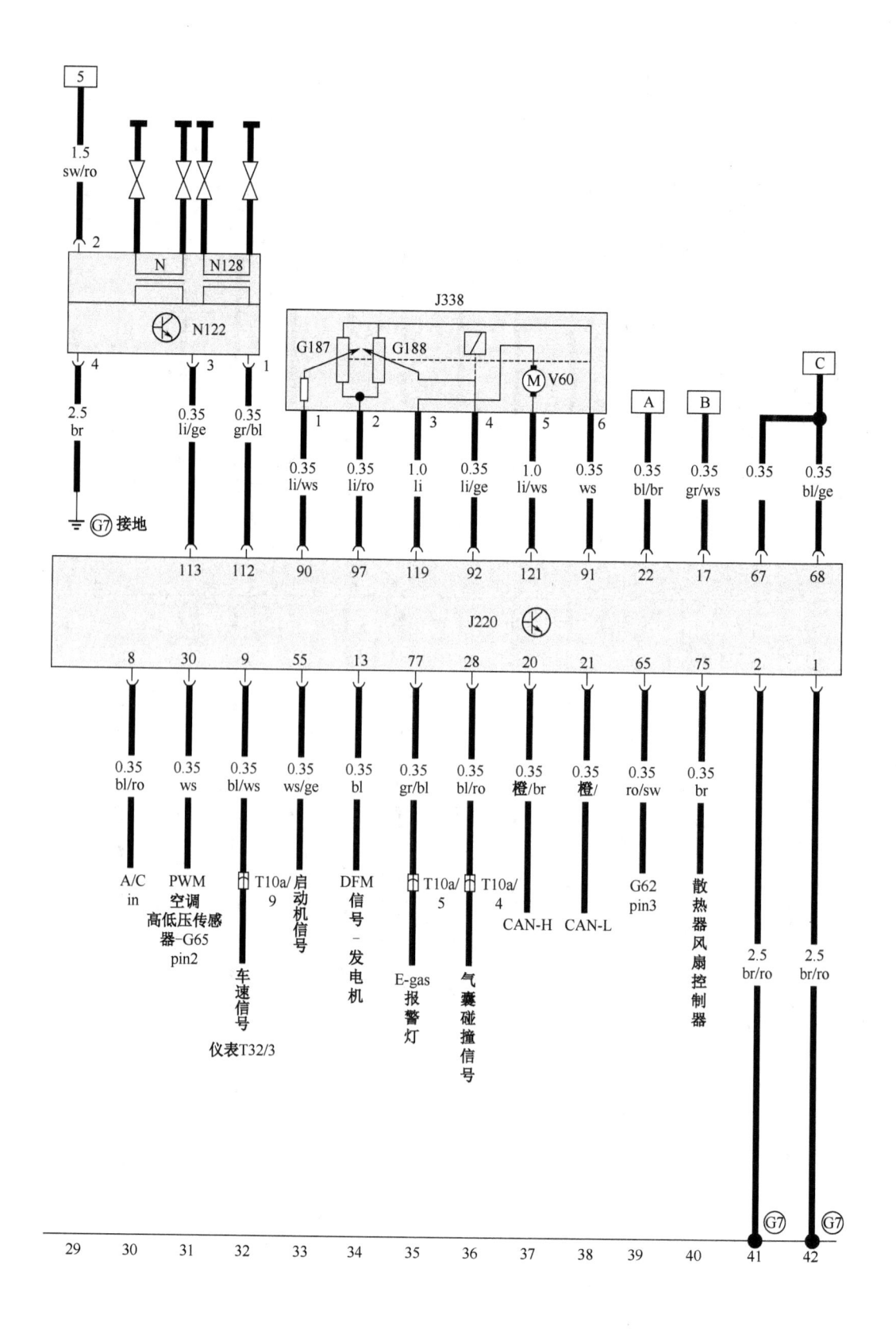

汽油发动机构造与检修

314

16.4 迈腾 1.8L 发动机

1.8L 汽油发动机型号 CEAA 或 CGMA，时间自 2011 年 7 月起。

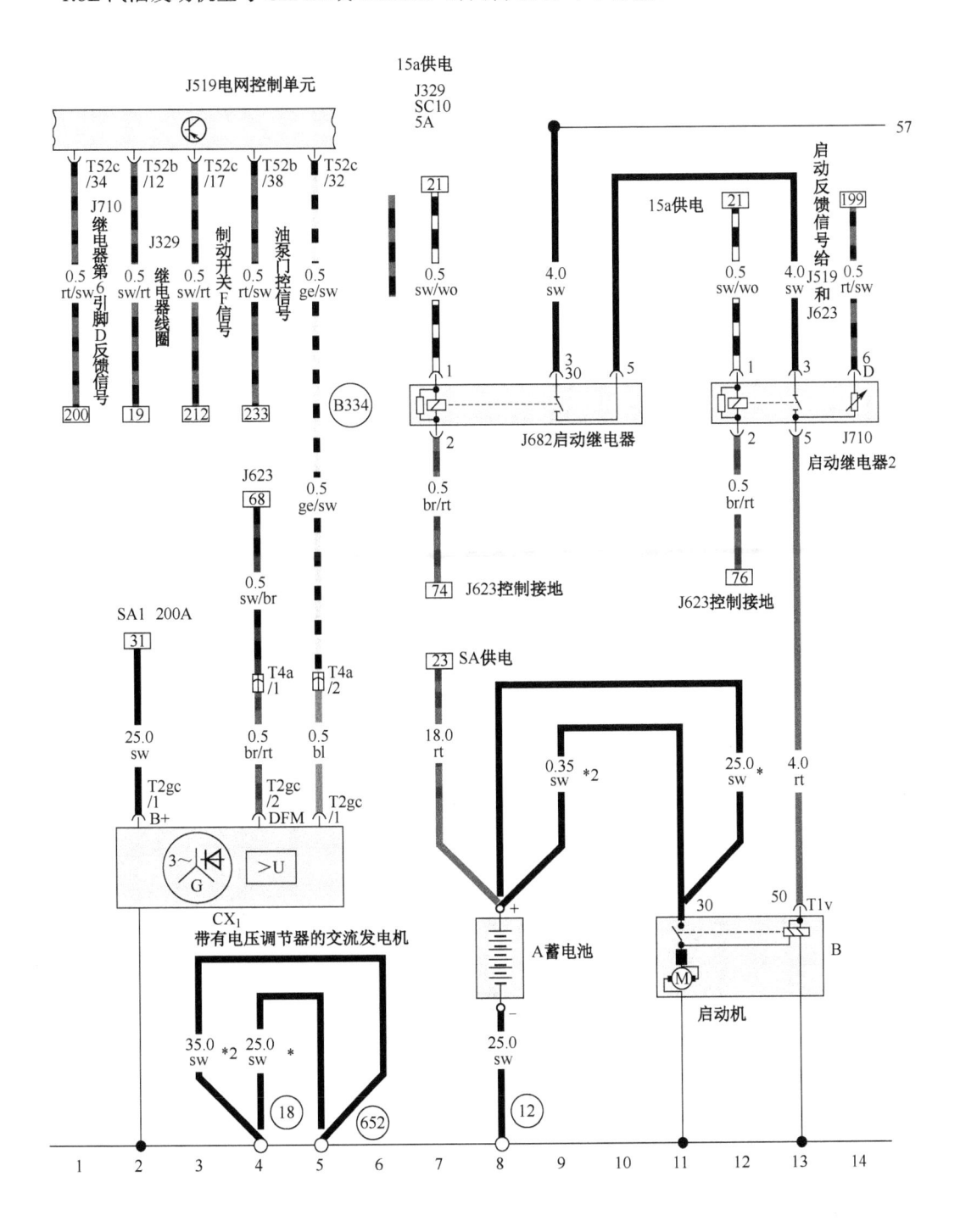

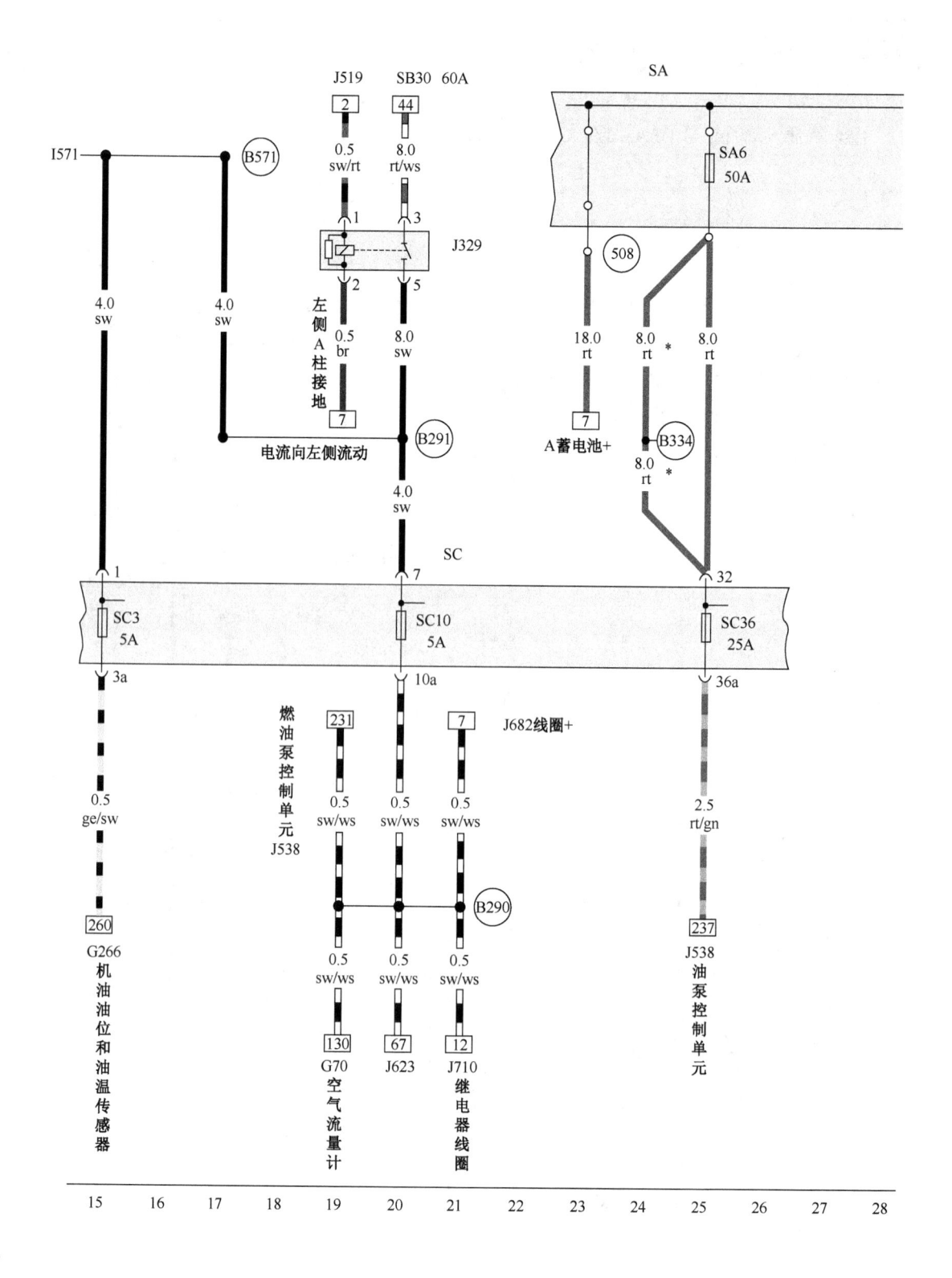

汽油发动机构造与检修

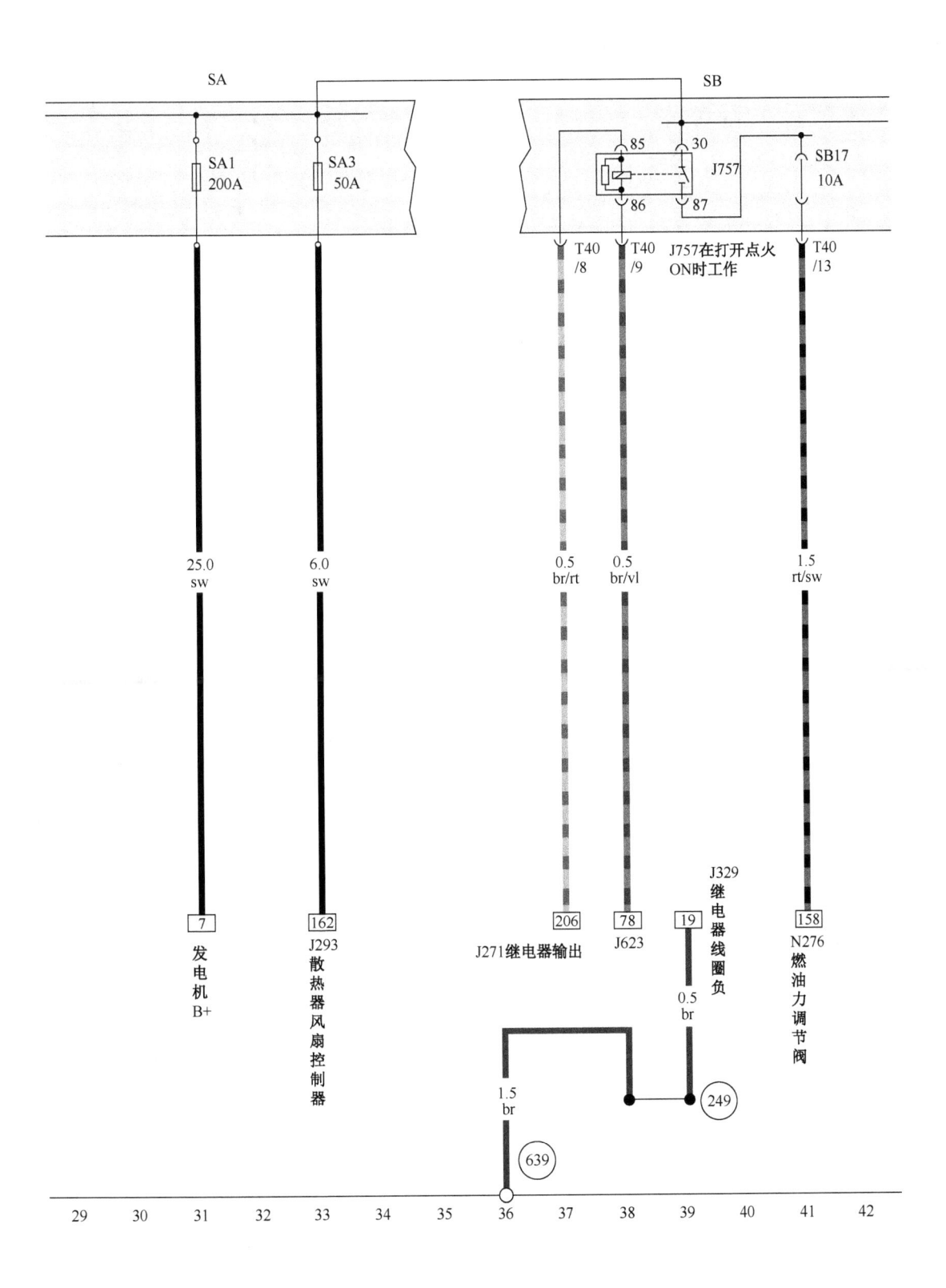

汽车发动机电路图 第16章

SA			SB			
SA1 200A	SA3 50A		85 30 J757 86 87		SB17 10A	
			T40/8	T40/9	J757在打开点火ON时工作	T40/13
25.0 sw	6.0 sw		0.5 br/rt	0.5 br/vl		1.5 rt/sw
[7] 发电机 B+	[162] J293 散热器风扇控制器		[206] J271继电器输出	[78] J623	[19] J329 继电器线圈负 0.5 br	[158] N276 燃油力调节阀

(249) (639) 1.5 br

汽油发动机构造与检修

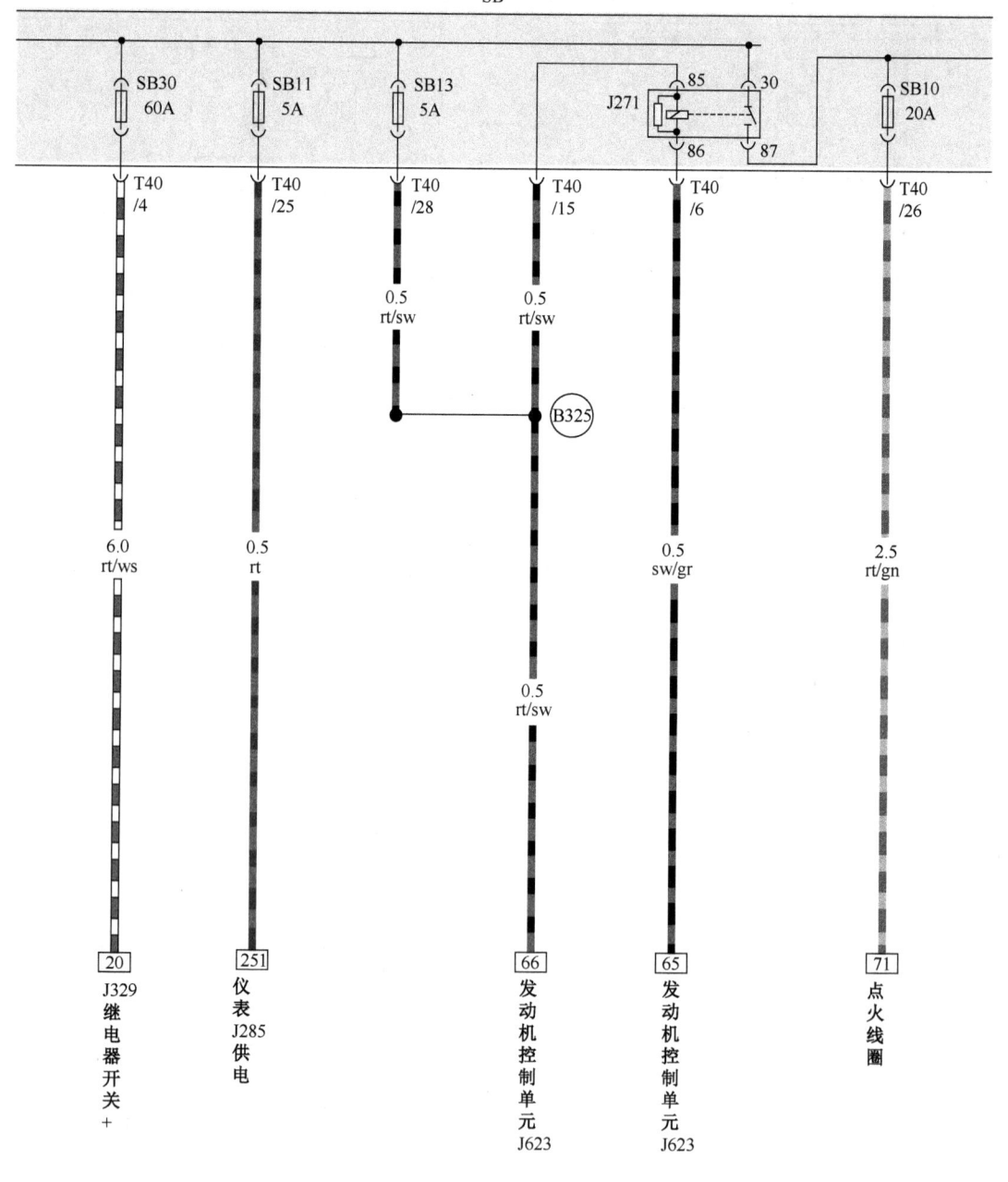

SB30 60A	SB11 5A	SB13 5A	J271 85/30/86/87	SB10 20A
T40/4	T40/25	T40/28	T40/15	T40/6	T40/26

| 6.0 rt/ws | 0.5 rt | 0.5 rt/sw | 0.5 rt/sw (B325) | 0.5 sw/gr | 2.5 rt/gn |

| [20] J329 继电器开关 + | [251] 仪表 J285 供电 | | [66] 发动机控制单元 J623 | [65] 发动机控制单元 J623 | [71] 点火线圈 |

43　44　45　46　47　48　49　50　51　52　53　54　55　56

318

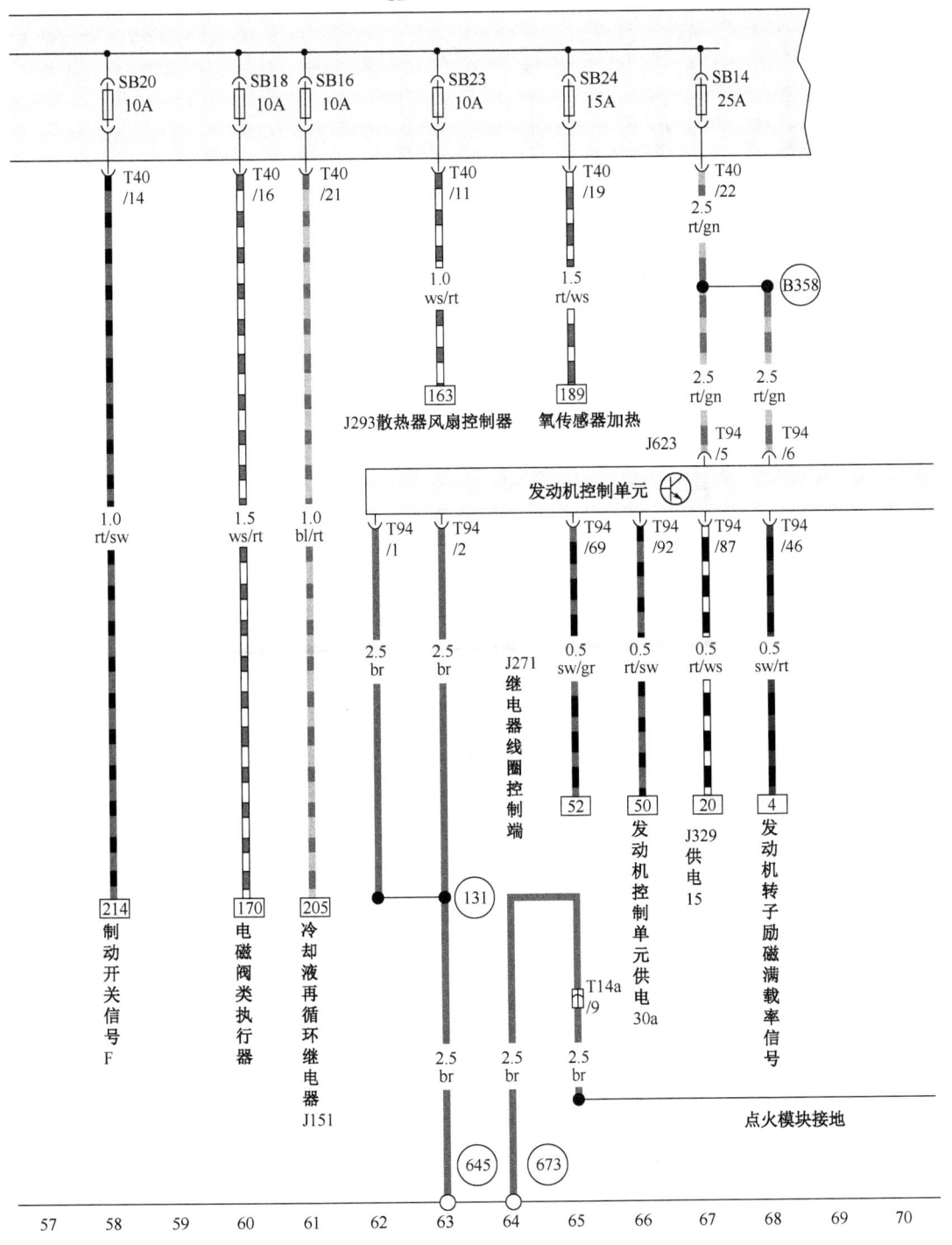

汽车发动机电路图 第16章

保险丝	SB20 10A	SB18 10A	SB16 10A	SB23 10A	SB24 15A	SB14 25A
端子	T40/14	T40/16	T40/21	T40/11	T40/19	T40/22
线径/颜色	1.0 rt/sw	1.5 ws/rt	1.0 bl/rt	1.0 ws/rt	1.5 rt/ws	2.5 rt/gn

- SB14 (T40/22) 2.5 rt/gn → B358；2.5 rt/gn → T94/5、T94/6 → J623
- SB23 (T40/11) 1.0 ws/rt → 163 J293散热器风扇控制器
- SB24 (T40/19) 1.5 rt/ws → 189 氧传感器加热

发动机控制单元

T94/1	T94/2	T94/69	T94/92	T94/87	T94/46
2.5 br	2.5 br	0.5 sw/gr	0.5 rt/sw	0.5 rt/ws	0.5 sw/rt

- 131 J271继电器线圈控制端
- 52
- 50 发动机控制单元供电 30a （经T14a/9）
- 20 J329 供电 15
- 4 发动机转子励磁满载率信号

- 214 制动开关信号 F
- 170 电磁阀类执行器
- 205 冷却液再循环继电器 J151
- 645、673 点火模块接地

57 58 59 60 61 62 63 64 65 66 67 68 69 70

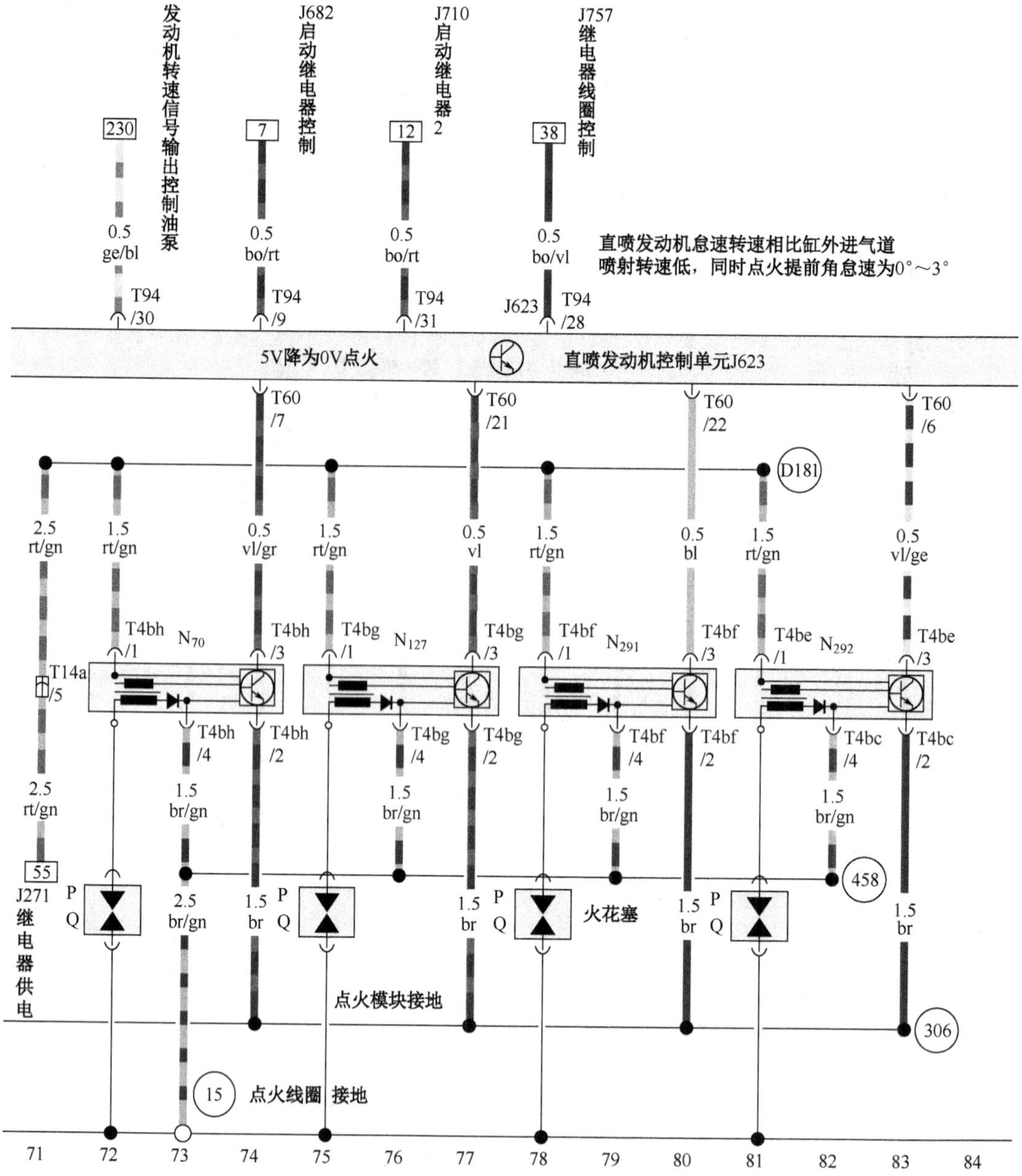
230
发动机转速信号输出控制油泵
J682
启动继电器控制
J710
启动继电器2
J757
继电器线圈控制
7
12
38
0.5
ge/bl
0.5
bo/rt
0.5
bo/rt
0.5
bo/vl
直喷发动机怠速转速相比缸外进气道喷射转速低，同时点火提前角怠速为0°～3°
T94
/30
T94
/9
T94
/31
J623
T94
/28
5V降为0V点火
直喷发动机控制单元J623
T60
/7
T60
/21
T60
/22
T60
/6
D181
2.5
rt/gn
1.5
rt/gn
0.5
vl/gr
1.5
rt/gn
0.5
vl
1.5
rt/gn
0.5
bl
1.5
rt/gn
0.5
vl/ge
T4bh
/1
N70
T4bh
/3
T4bg
/1
N127
T4bg
/3
T4bf
/1
N291
T4bf
/3
T4be
/1
N292
T4be
/3
T14a
/5
T4bh
/4
T4bh
/2
T4bg
/4
T4bg
/2
T4bf
/4
T4bf
/2
T4bc
/4
T4bc
/2
2.5
rt/gn
1.5
br/gn
1.5
br/gn
1.5
br/gn
1.5
br/gn
55
J271
继电器供电
458
P
Q
2.5
br/gn
1.5
br
1.5
br
1.5
br
1.5
br
火花塞
点火模块接地
306
15
点火线圈 接地
71
72
73
74
75
76
77
78
79
80
81
82
83
84

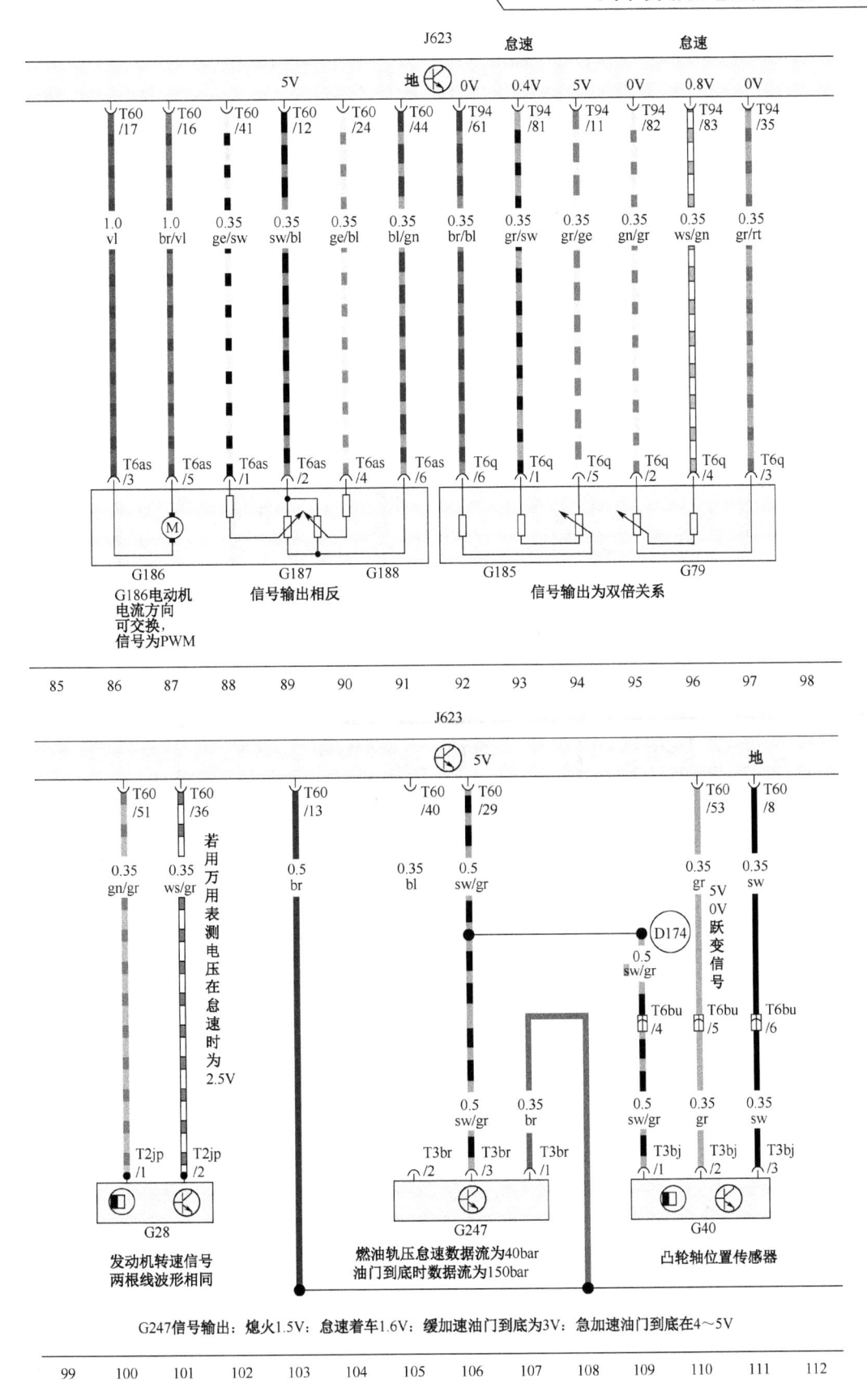

汽车发动机电路图　第 16 章

J623　怠速　怠速

| 5V | 地 | 0V | 0.4V | 5V | 0V | 0.8V | 0V |

- T60/17　1.0 vl　T6as/3
- T60/16　1.0 br/vl　T6as/5　→ G186 (M)
- T60/41　0.35 ge/sw　T6as/1
- T60/12　0.35 sw/bl　T6as/2
- T60/24　0.35 ge/bl　T6as/4　G187　G188
- T60/44　0.35 bl/gn　T6as/6
- T94/61　0.35 br/bl　T6q/6
- T94/81　0.35 gr/sw　T6q/1　G185
- T94/11　0.35 gr/ge　T6q/5
- T94/82　0.35 gn/gr　T6q/2
- T94/83　0.35 ws/gn　T6q/4　G79
- T94/35　0.35 gr/rt　T6q/3

G186电动机电流方向可交换，信号为PWM

信号输出相反　　信号输出为双倍关系

85　86　87　88　89　90　91　92　93　94　95　96　97　98

J623

| | | | | | 5V | | | 地 |

- T60/51　0.35 gn/gr　T2jp/1　G28
- T60/36　0.35 ws/gr　T2jp/2

若用万用表测电压在怠速时为2.5V

发动机转速信号两根线波形相同

- T60/13　0.5 br
- T60/40　0.35 bl　T3br/2
- T60/29　0.5 sw/gr　T3br/3　D174　0.5 sw/gr　T6bu/4　0.5 sw/gr　T3bj/1
- 0.35 br　T3br/1
- T60/53　0.35 gr　5V 0V 跃变信号　T6bu/5　0.35 gr　T3bj/2
- T60/8　0.35 sw　T6bu/6　0.35 sw　T3bj/3

G247　　G40

燃油轨压怠速数据流为40bar　　凸轮轴位置传感器
油门到底时数据流为150bar

G247信号输出：熄火1.5V；怠速着车1.6V；缓加速油门到底为3V；急加速油门到底在4～5V

99　100　101　102　103　104　105　106　107　108　109　110　111　112

汽油发动机构造与检修

怠速数据流为330mbar，油门到底时为990mbar　　　　　　　　　　爆震两根线怠速信号在1.596V附近波动

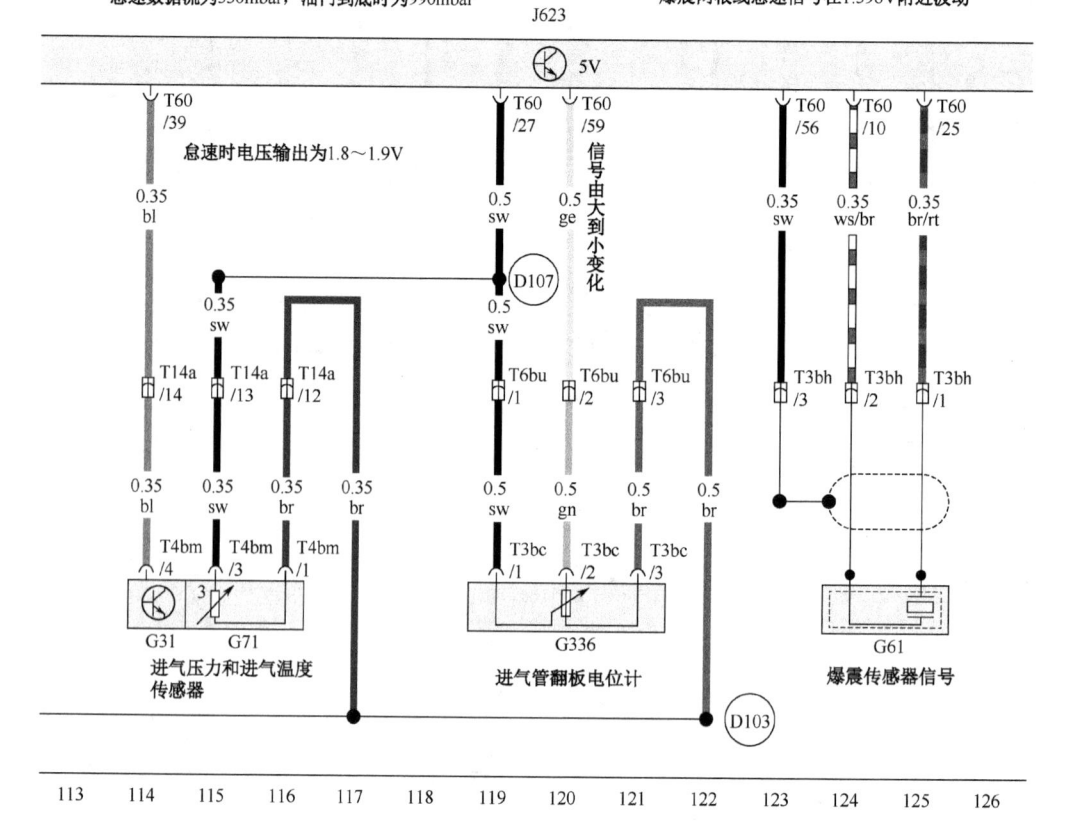

J623　5V

| T60/39 | T60/27 | T60/59 | T60/56 | T60/10 | T60/25 |

怠速时电压输出为1.8～1.9V　　　　信号由大到小变化

0.35 bl　　0.5 sw　　0.5 ge　　0.35 sw　　0.35 ws/br　　0.35 br/rt

D107

0.35 sw　　0.5 sw

| T14a/14 | T14a/13 | T14a/12 | T6bu/1 | T6bu/2 | T6bu/3 | T3bh/3 | T3bh/2 | T3bh/1 |

0.35 bl　0.35 sw　0.35 br　0.35 br　　0.5 sw　0.5 gn　0.5 br　0.5 br

| T4bm/4 | T4bm/3 | T4bm/1 | T3bc/1 | T3bc/2 | T3bc/3 |

G31　G71　　　　　　　　G336　　　　　　　G61

进气压力和进气温度传感器　　进气管翻板电位计　　爆震传感器信号

D103

113　114　115　116　117　118　119　120　121　122　123　124　125　126

汽车发动机电路图 第16章

怠速时为2000Hz，PWM=50%，T=0.5ms；

油门到底时为3300Hz，T=0.3ms；

怠速发动机限速转速为3800r/min；

数据流怠速时为2.06g/s

J623

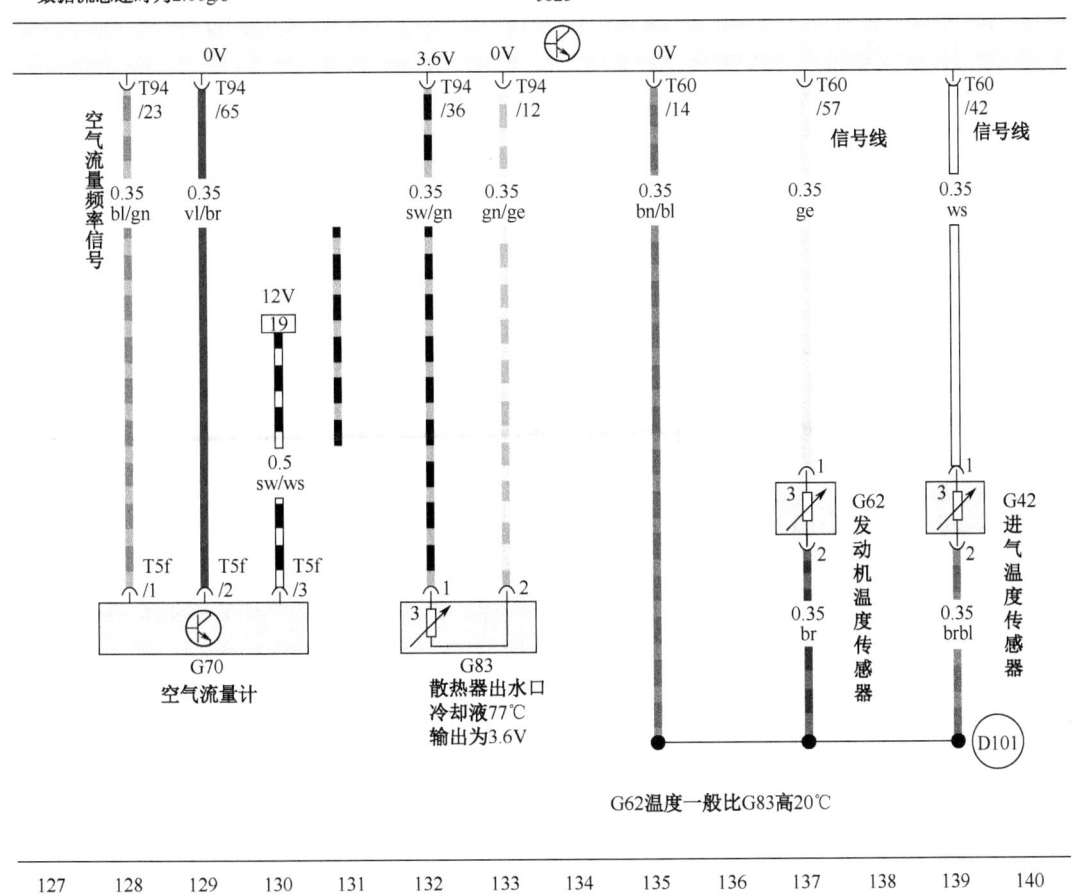

T94/23	T94/65		T94/36	T94/12	T60/14	T60/57	T60/42
0V	0V		3.6V	0V	0V	信号线	信号线
0.35 bl/gn	0.35 vl/br		0.35 sw/gn	0.35 gn/ge	0.35 bn/bl	0.35 ge	0.35 ws

空气流量频率信号

12V
[19]
0.5 sw/ws

T5f/1　T5f/2　T5f/3

G70 空气流量计

G83 散热器出水口 冷却液77℃ 输出为3.6V

G62 发动机温度传感器

G42 进气温度传感器

G62温度一般比G83高20℃

D101

127　128　129　130　131　132　133　134　135　136　137　138　139　140

323

汽油发动机构造与检修

数据流2.3平均喷油正时

- N30 1缸喷油器
- N31 2缸喷油器
- N32 3缸喷油器
- N33 4缸喷油器

- J942 一键启动控制单元
- D9 盒式点火开关
- B729 启动信号 50线启动时为12V
- N276 燃油压力调节器
- SB17 10A J757 继电器
- V177 散热器风扇2
- J293 散热器风扇控制单元
- V7 散热器风扇1
- SA3 50A
- SB23 10A

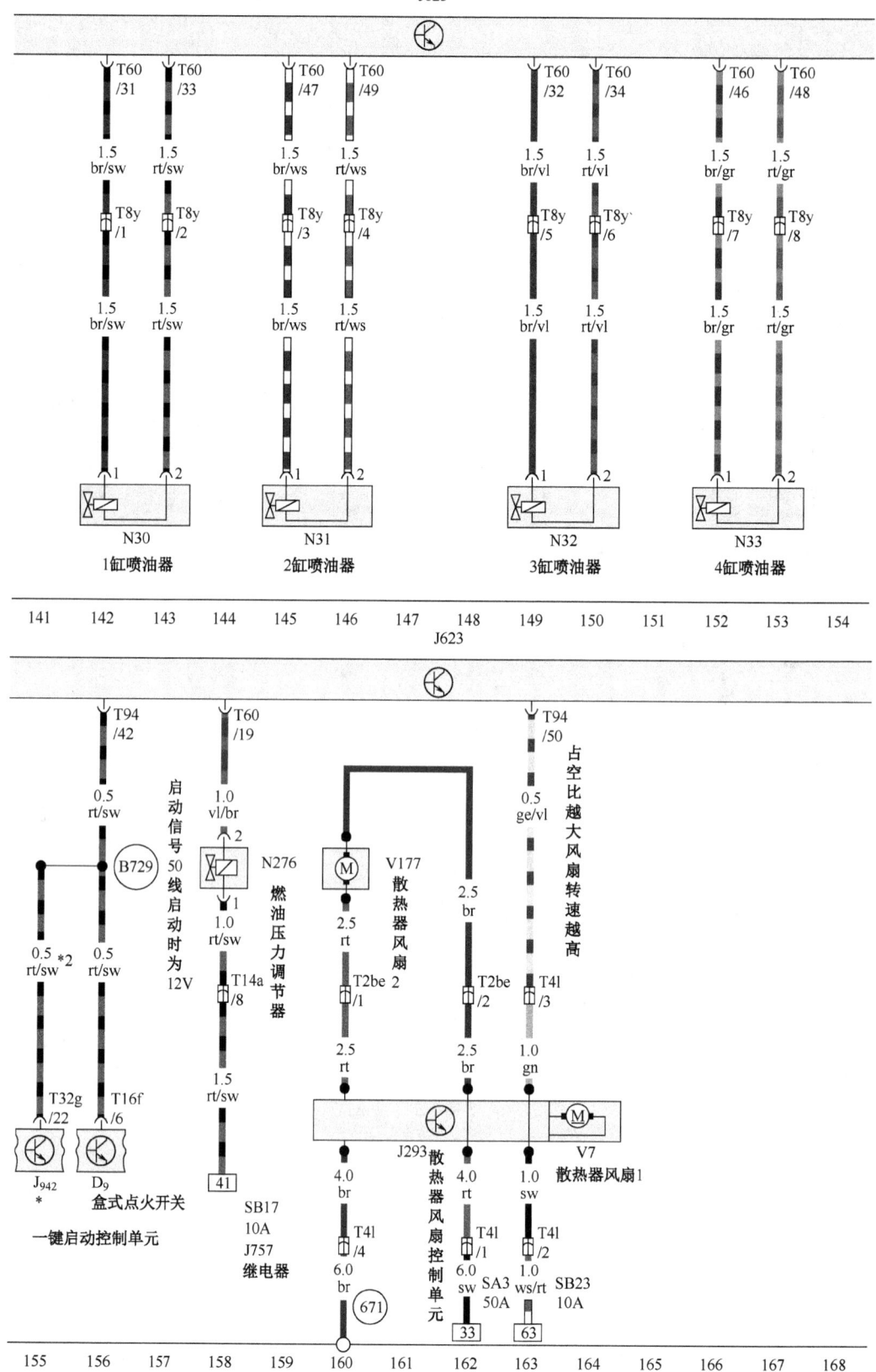

占空比越大风扇转速越高

汽车发动机电路图 第16章

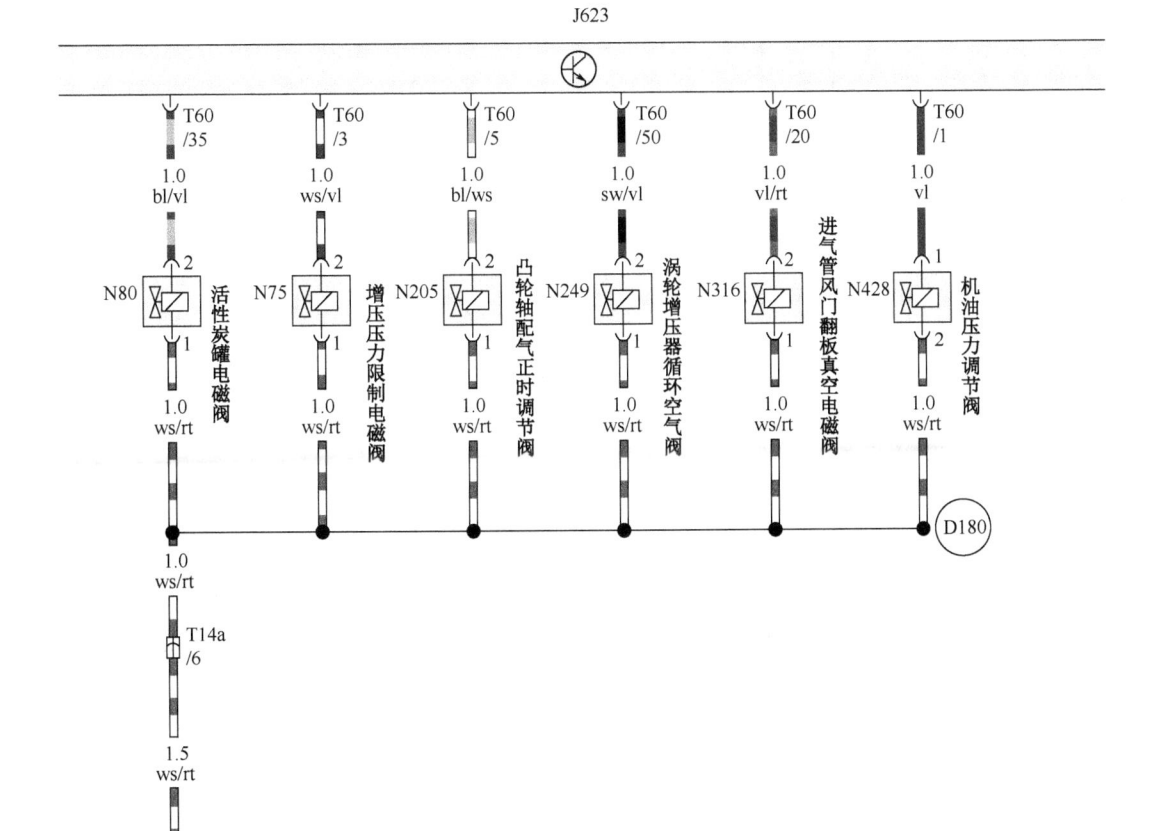

元件	名称
N80	活性炭罐电磁阀
N75	增压压力限制电磁阀
N205	凸轮轴配气正时调节阀
N249	涡轮增压器循环空气阀
N316	进气管风门翻板真空电磁阀
N428	机油压力调节阀

J271继电器给点火线圈和这些电磁阀供电

汽油发动机构造与检修

加热器数据流组号41.1，常见电阻为300Ω

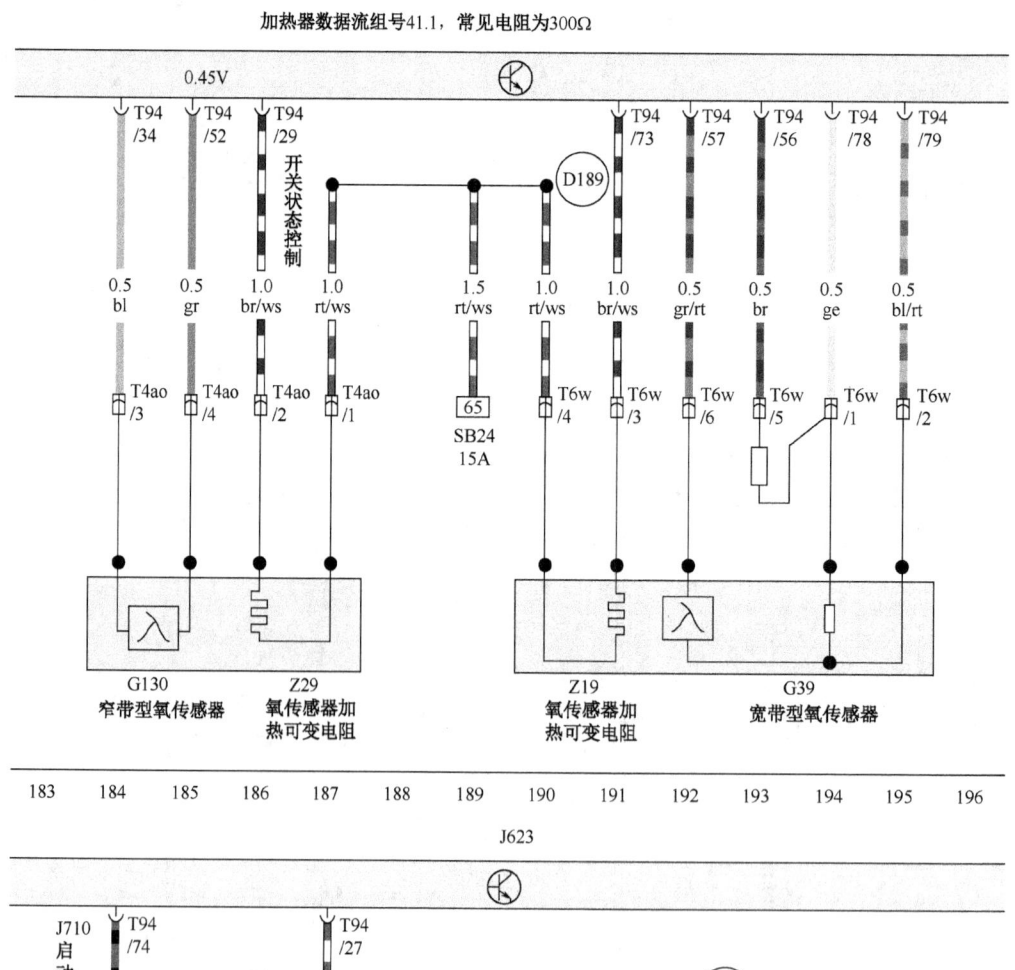

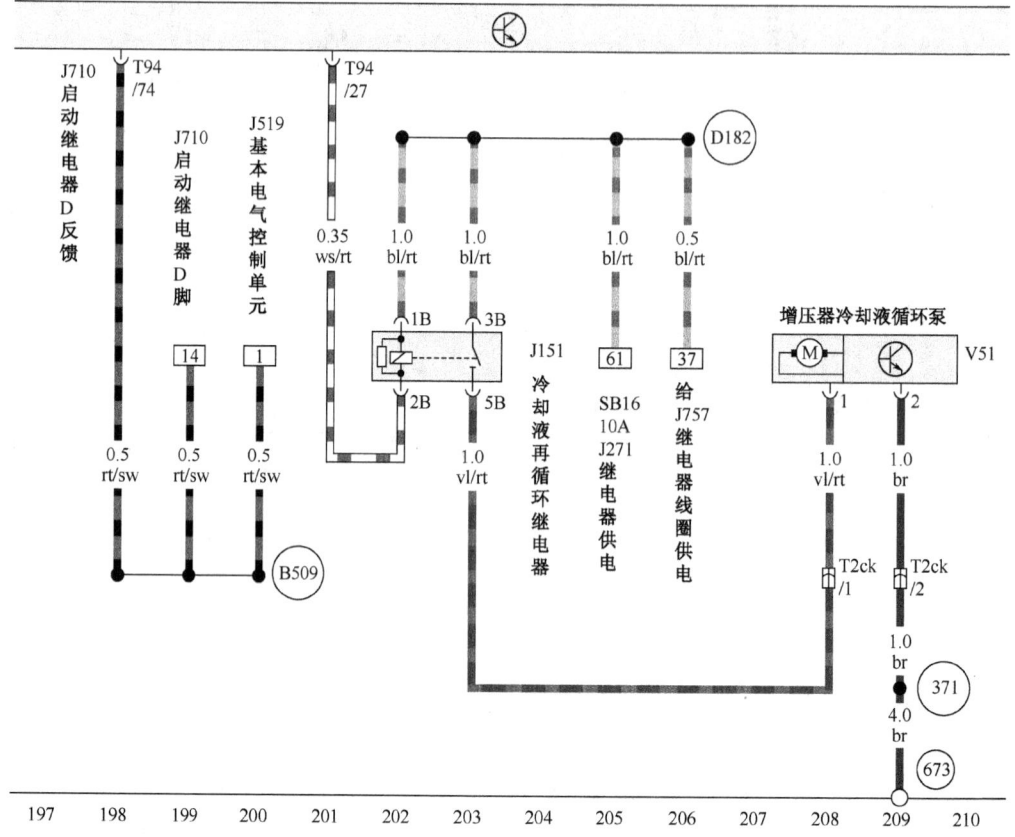

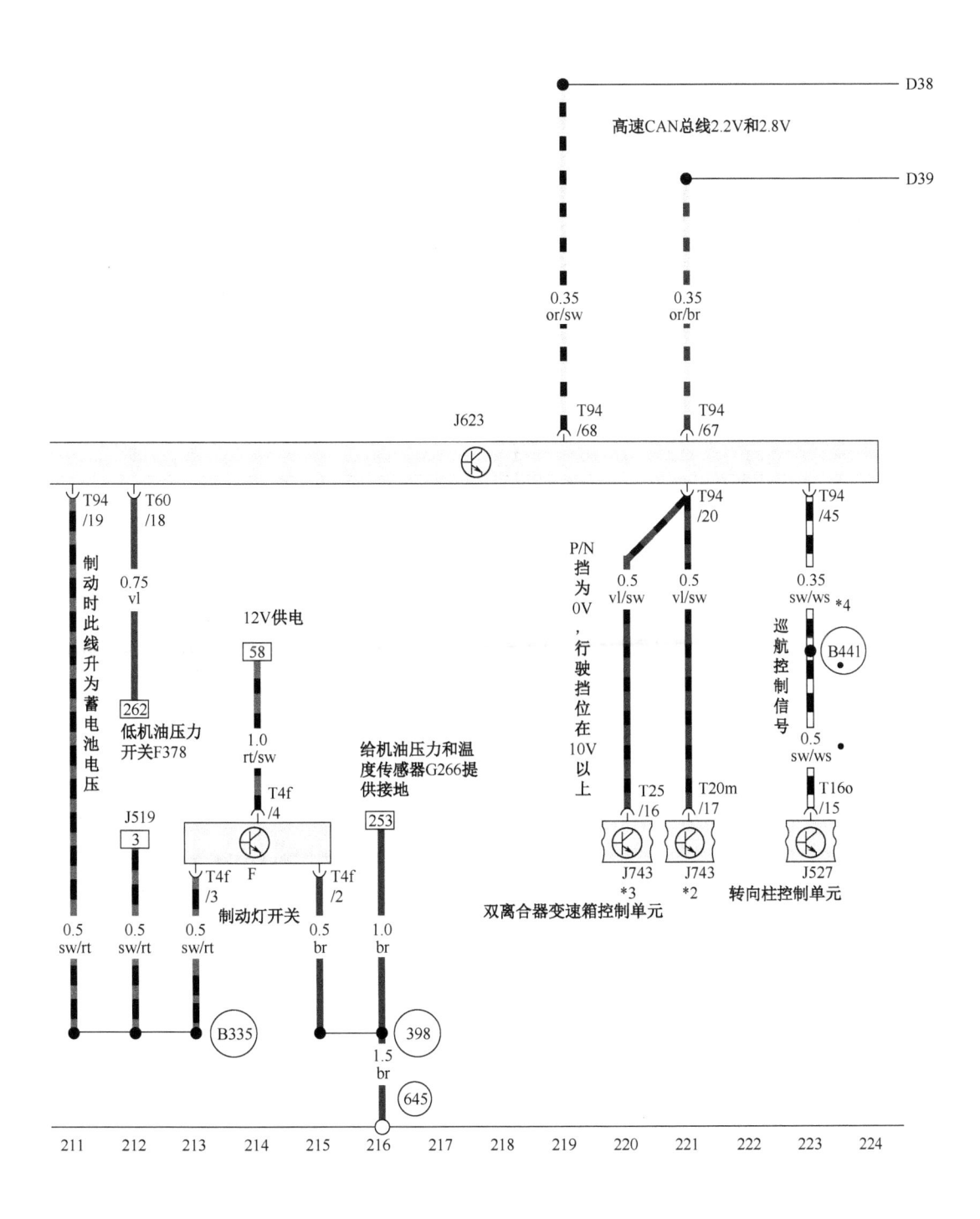

汽车发动机电路图 第16章

327

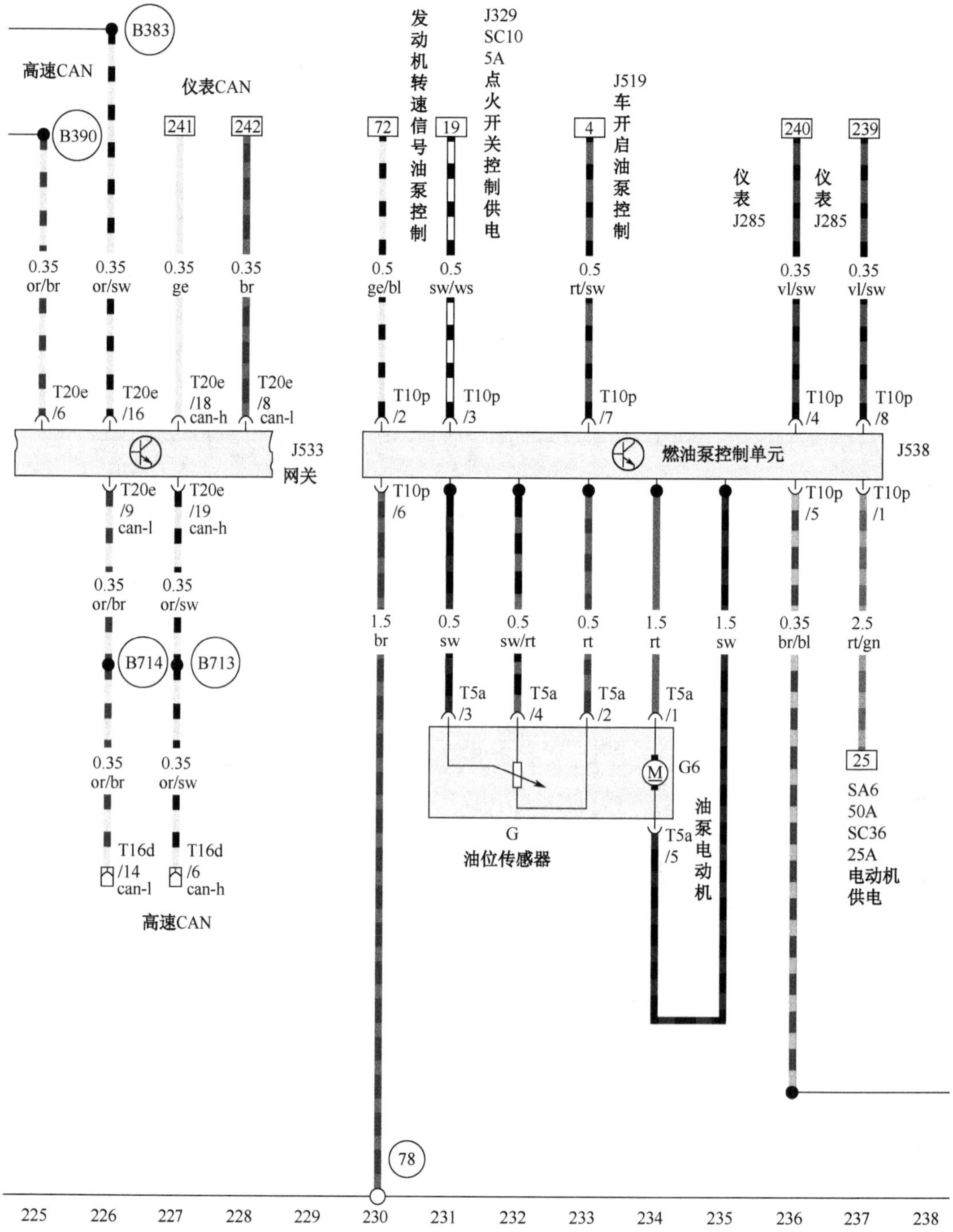
B383
高速CAN
B390
仪表CAN
241
242
0.35 or/br
0.35 or/sw
0.35 ge
0.35 br
T20e /6
T20e /16
T20e /18 can-h
T20e /8 can-l
J533
网关
T20e /9 can-l
T20e /19 can-h
0.35 or/br
0.35 or/sw
B714
B713
0.35 or/br
0.35 or/sw
T16d /14 can-l
T16d /6 can-h
高速CAN
发动机转速信号油泵控制
72
J329 SC10 5A 点火开关控制供电
19
J519 车开启油泵控制
4
仪表 J285
仪表 J285
240
239
0.5 ge/bl
0.5 sw/ws
0.5 rt/sw
0.35 vl/sw
0.35 vl/sw
T10p /2
T10p /3
T10p /7
T10p /4
T10p /8
燃油泵控制单元
J538
T10p /6
T10p /5
T10p /1
1.5 br
0.5 sw
0.5 sw/rt
0.5 rt
1.5 rt
1.5 sw
0.35 br/bl
2.5 rt/gn
T5a /3
T5a /4
T5a /2
T5a /1
G6
T5a /5
油泵电动机
G
油位传感器
25
SA6 50A SC36 25A 电动机供电
78
225
226
227
228
229
230
231
232
233
234
235
236
237
238

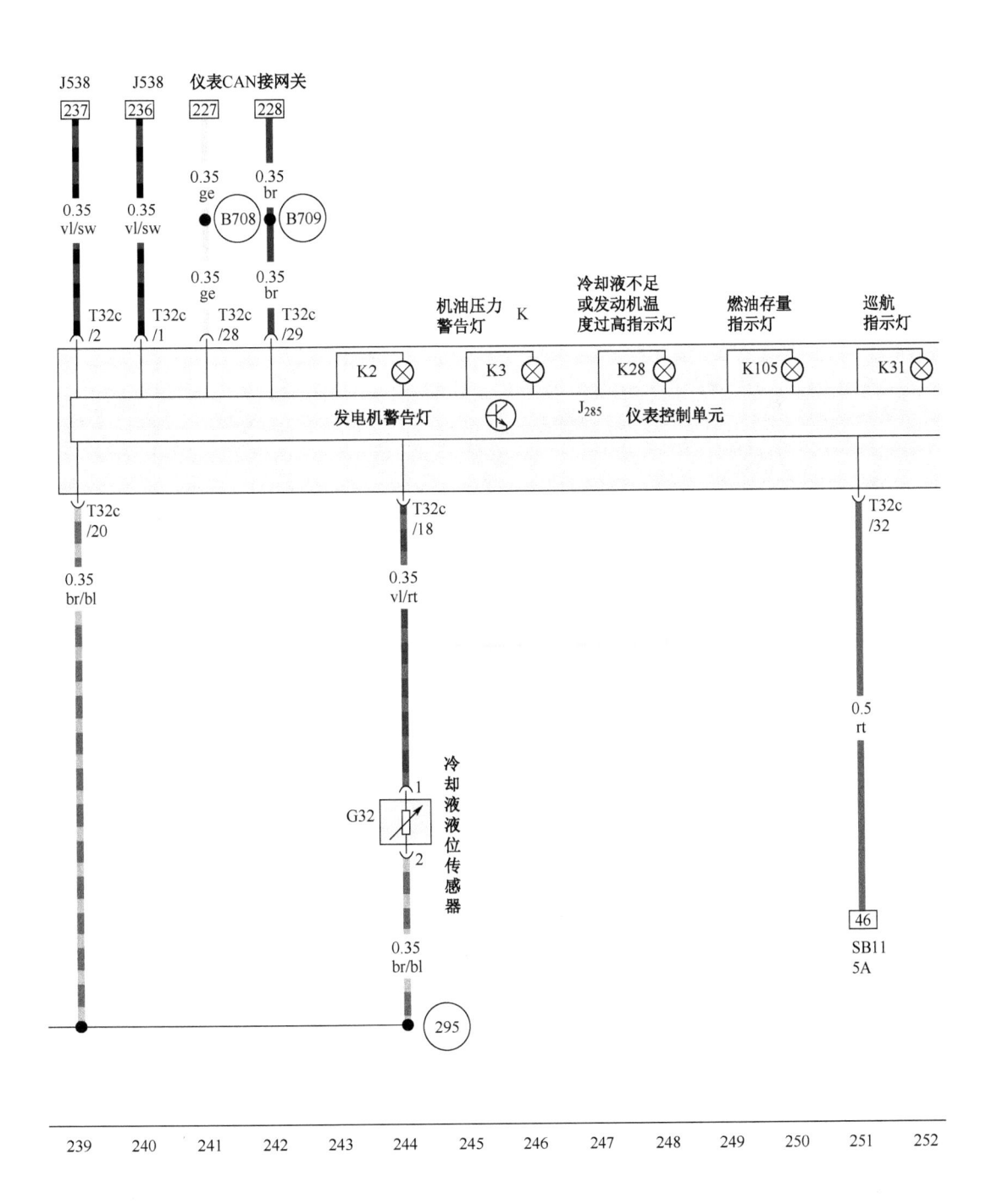

汽车发动机电路图 第16章

图示说明

端子	信号	说明
J538/237	0.35 vl/sw	T32c/2
J538/236	0.35 vl/sw	T32c/1
仪表CAN接网关 227	0.35 ge (B708)	T32c/28
228	0.35 br (B709)	T32c/29

- K2: 机油压力警告灯
- K3: 冷却液不足或发动机温度过高指示灯
- K28: （指示灯）
- K105: 燃油存量指示灯
- K31: 巡航指示灯
- J285: 仪表控制单元，发电机警告灯

下游连接：
- T32c/20 — 0.35 br/bl
- T32c/18 — 0.35 vl/rt — G32 冷却液液位传感器（1、2）— 0.35 br/bl — (295)
- T32c/32 — 0.5 rt — 46 — SB11 5A

列号：239 240 241 242 243 244 245 246 247 248 249 250 251 252

329

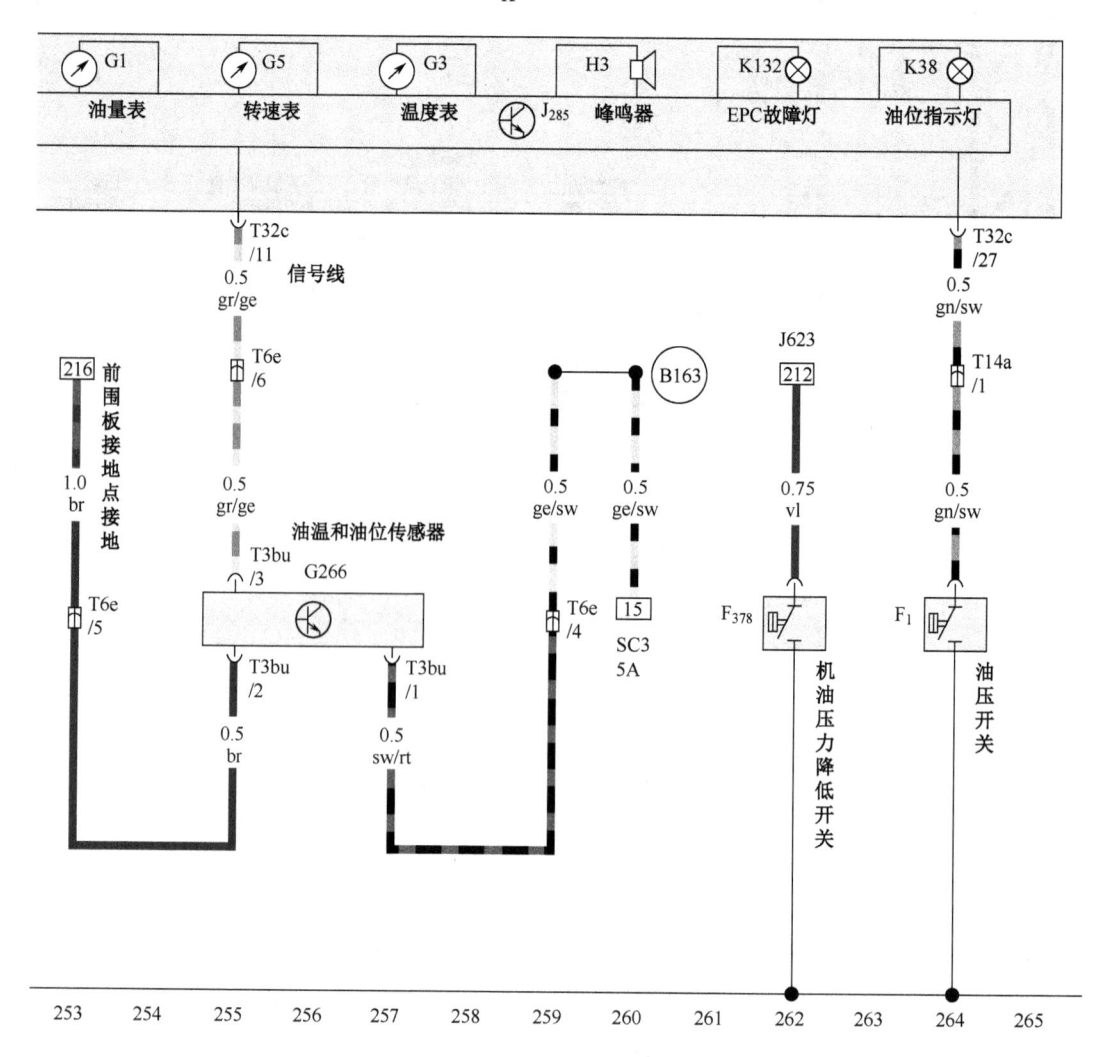

| G1 油量表 | G5 转速表 | G3 温度表 | J285 | H3 峰鸣器 | K132 EPC故障灯 | K38 油位指示灯 |

T32c/11
0.5 gr/ge
信号线

T32c/27
0.5 gn/sw

216 前围板接地点接地
1.0 br

T6e/5

T6e/6
0.5 gr/ge

油温和油位传感器
G266
T3bu/3

T3bu/2
0.5 br

T3bu/1
0.5 sw/rt

T6e/4
0.5 ge/sw

B163

0.5 ge/sw

15
SC3 5A

J623
212
0.75 vl

F378
机油压力降低开关

T14a/1
0.5 gn/sw

F1
油压开关

253　254　255　256　257　258　259　260　261　262　263　264　265

16.5 尼桑阳光发动机

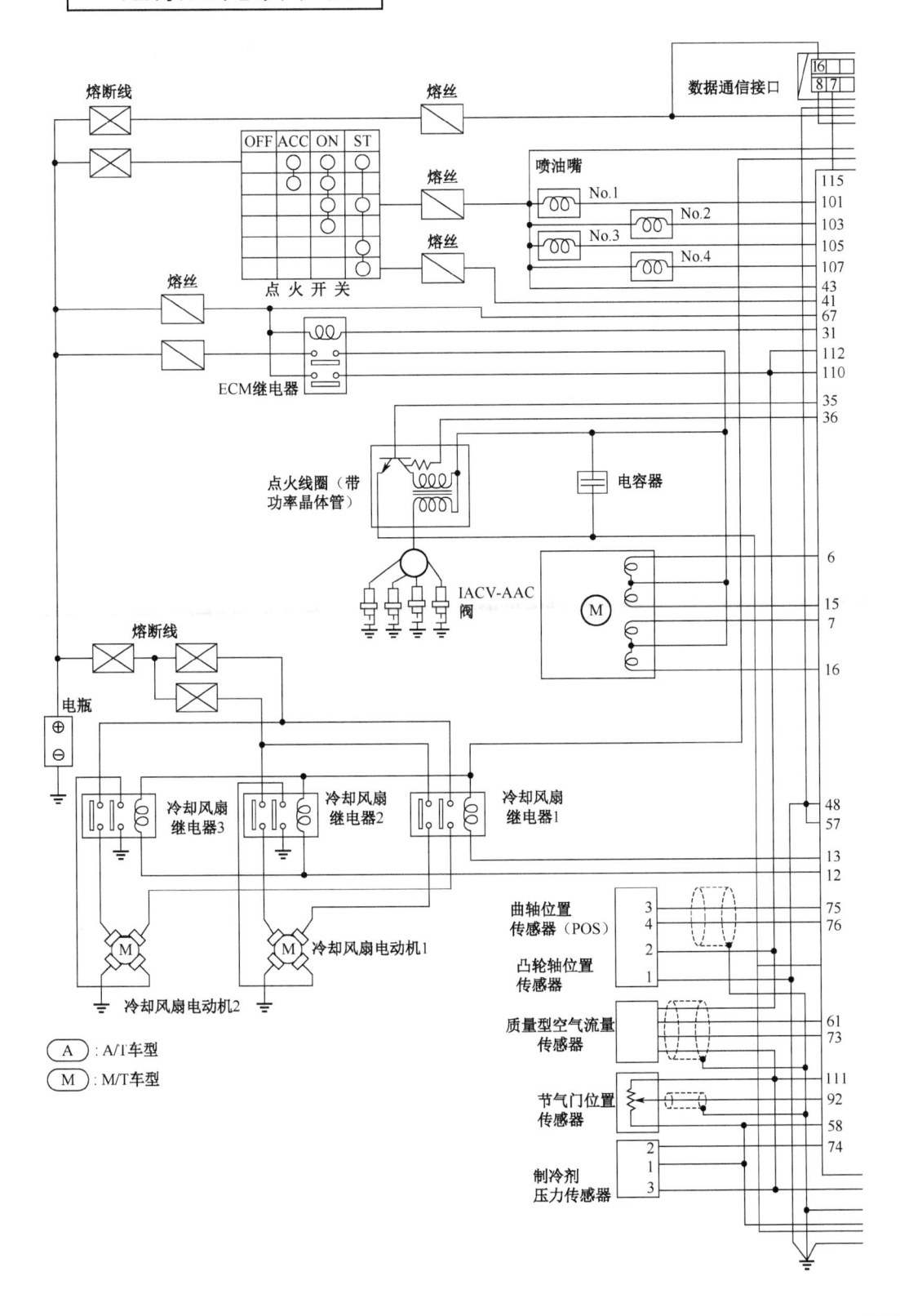

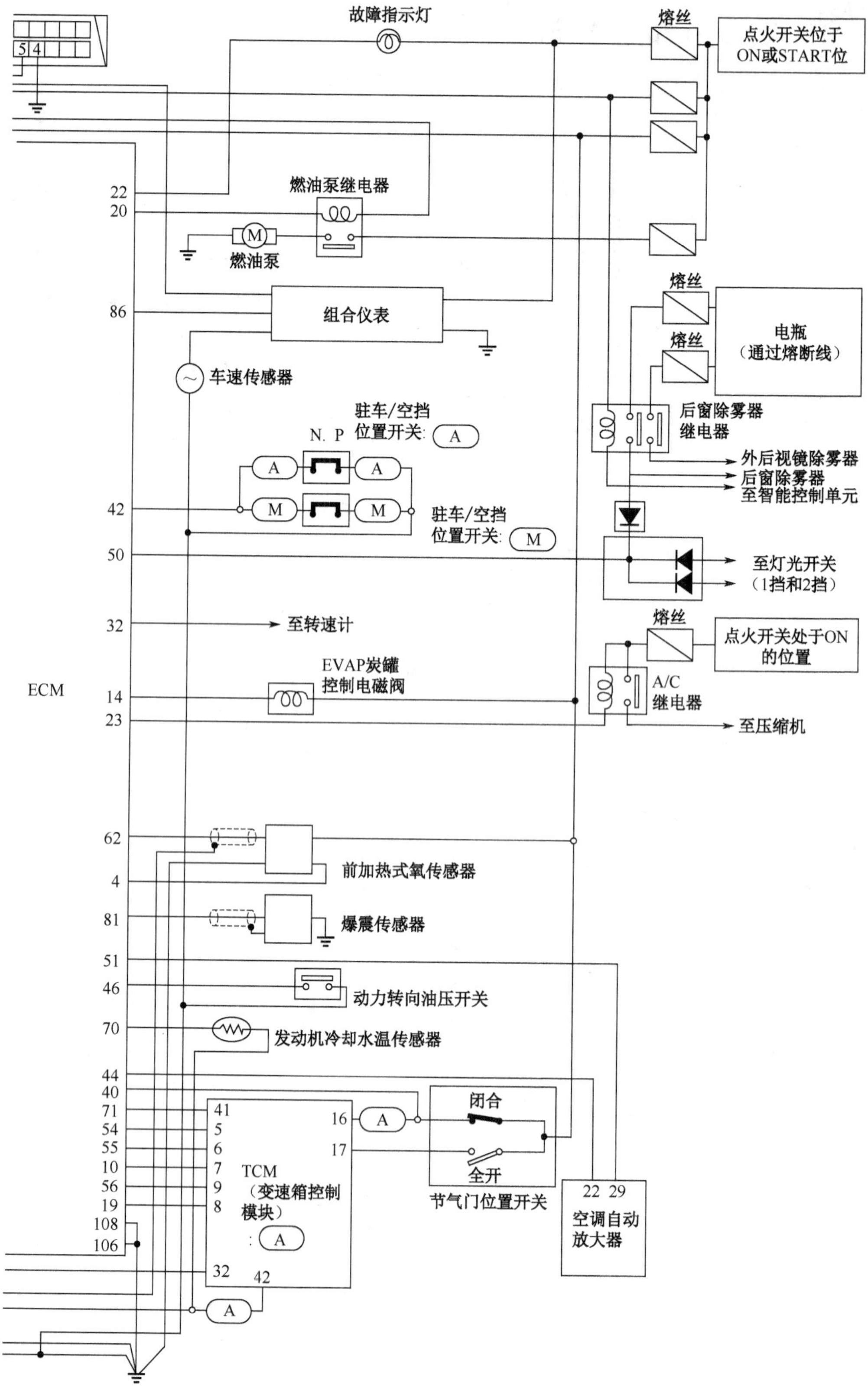
故障指示灯
熔丝
点火开关位于ON或START位
22
20
燃油泵继电器
燃油泵
86
组合仪表
熔丝
熔丝
电瓶（通过熔断线）
车速传感器
后窗除雾器继电器
驻车/空挡位置开关: A
N. P
外后视镜除雾器
后窗除雾器
至智能控制单元
42
驻车/空挡位置开关: M
50
至灯光开关（1挡和2挡）
32
至转速计
熔丝
点火开关处于ON的位置
EVAP炭罐控制电磁阀
ECM
14
23
A/C继电器
至压缩机
62
前加热式氧传感器
4
81
爆震传感器
51
46
动力转向油压开关
70
发动机冷却水温传感器
44
40
71
54
55
10
56
19
108
106
41
5
6
7
9
8
TCM（变速箱控制模块）: A
16
17
32
42
闭合
全开
节气门位置开关
22 29
空调自动放大器